ADDICTION BY DESIGN

Machine Gambling in Las Vegas

デザインされたギャンブル依存症

ナターシャ・ダウ・シュール
Natasha Dow Schüll
日暮雅通 訳

青土社

デザインされたギャンブル依存症

目次

デザインされたギャンブル依存症

情報提供者の匿名性について

本書では話し手の発言を録音して書き起こし、そのまま引用している。録音できなかったごく少数の例外もあるが、その場合は詳細な実地調査メモをもとにした。一部、筆者が句読点を加えたり、話し言葉ならではの冗長な部分を削ったりして読みやすくしたところもある。ギャンブラーへのインタビューという私的な内容に鑑み、本人が選んだ仮名を用いる。さらに、できるだけ身元の特定につながらないよう、話に出てくる特定の細部を変えてある。

ギャンブル業界の代表者たちの言葉を、刊行された業界誌の記事や展示会場での発表（公になっていて、図書館での閲覧やオンライン購入ができるもの）から引用する際には、本名を出す。私自身によるインタビューから引用する際も、原則として本名を示す。オフレコで話してもらった場合、あるいは身元を明かさないでくれとはっきり頼まれた場合に限り、「あるゲーム・デザイナー」、「あるギャンブル会社幹部」などといった呼び名を割り当てて匿名とする。

＊本書で［　］で囲んだ部分は訳者による註である。

序　〈マシン・ゾーン〉のマッピング

一九九九年秋、とある平日の夜。モリーと私は、ラスヴェガスの繁華街にあるメインストリート・ステーション・ホテル・アンド・カジノのサウス・タワー高層階の一室で、壁一面の窓際に座っていた。眼下には、四ブロックにわたって延びるフレモント街のきらきらした光が見える。以前はここが、いわゆるカジノライフの大動脈だった。フレモント街の端から始まるラスヴェガス大通り《ブールヴァード》、またの名を〈ストリップ〉地区のカジノ街の明滅する光が、南西の方向へ五マイルばかり続いた先の街はずれまで続き、ガソリンスタンドや屋外広告板にまぎれて砂漠へと消えていく。夜が更けていくと、この悪名高い往来の左右にある比較的薄暗い区域に、小さな光がいくつも浮き上がってきて、大通りからはずれた〝オフ・ストリップ〟に急増する地元客向けカジノのありかがわかる。

そういう店でしょっちゅうビデオ・ポーカーをプレイするモリーは、メインストリート・ステーション・ホテルの優待宿泊客だ。彼女の息子ジミーは一一歳だが、私たちの背後にあるベッドに寝そべり、テレビ画面に視線を釘付けにして、プレイステーションのコントローラーを両手で操作している。私たちが話をするあいだの暇つぶしにと、母親がフロントで借りてきたものだ。

「ママ、ヴェガスのゲームだよ」と、ジミーがベッドの上から言う。「ヴェガスじゅうをドライブして、いろんなゲームにトライするんだって」

「まあ、それじゃほかに何もいらないじゃない」とモリー。

今のジミーとたいしてかわらない年のとき、モリーが初めてした仕事は、父親が空軍将校として駐留していた米軍基地で、スロットマシン用の小銭を両替することだった。今の彼女は、ラスヴェガス最大にして世界第二の規模を誇るメガリゾート、MGMグランドのホテル予約係だ。私たちが話をしているあいだも遠くのほうで、緑色のガラス張りでオズの国を模した巨大な長方形のMGMが光を放っている。「ママ、勝ったよ！」ジミーが不意に声をあげる。一五分もするとまた、同じように興奮した声。「ママ、もう九五ドルも負けちゃった！」

「気をつけなきゃだめだって言うんですけど」とモリー。「困ったことになるからって。でも、聞く耳をもたないんです。いつもテレビゲームばっかりして。のめり込んじゃってる」言葉が途切れる。「もちろん、私はあんまりいいお手本になってませんね」

モリーはプレイを始めたいきさつと、それがどんなふうにエスカレートしていったかを語ってくれた。始まりは一九八〇年代、三番目の夫とともにラスヴェガスに移り住んだすぐあとだった。ポータブルゲーム機でのビデオ・ポーカーを、夫に教えられた。「小さいのにすごいマシンで、夢中になりました。そのうちにだんだん、本格的なマシンに進んでいって」週末にカジノで少しずつビデオ・ポーカーをしているうち、それが何時間にも延び、やがて何日も入りびたるようになっていく。プレイするたびに金づかいが荒くなり、とうとう二日で給料全額をつぎ込むまでになった。「プレイする金ほしさに、生命保険を解約して現金にしてしまいました」と彼女は言う。

大勝したかったのかと聞くと、彼女は短い笑い声をあげ、片手を振って否定した。「初めのころは勝とうっていう意気込みがあったけれど、賭けつづけていくうちに、自分にどの程度勝算があるかわかるようになったから。ただ、賢くはなっても、それまでより弱くもなって、やめることができなくなっていました。今では勝ったら――ええ、勝つことだってありますよ、ときどきは――勝ったぶんをそのままマシンにつっこむだけ。人からは理解されないんですが、私は勝とうとしてプレイしてるんじゃないんです」

では、なぜプレイするのだろう？「プレイしつづけるため――ほかのいっさいがどうでもよくなるハマった状態、〈マシン・ゾーン〉にいつづけるためです」と彼女は言う。

〈マシン・ゾーン〉とはどういうものか、モリーに聞いてみた。彼女はカラフルな光が揺れる窓の外を見ながら、私たちのあいだにあるテーブルの上で指を動かしていた。「台風の目のようなものって言ったらいいかな。目の前のマシン上では視界がクリアなのに、まわりでは世界がぐるぐる回っていて、何も耳に入らない。そこにはいない――マシンのそばにいて、マシンだけを相手にしているんです」

形勢逆転――増殖するマシン

メインストリート・ステーション・ホテルでモリーと話をした数カ月後、私はまた〈ゾーン〉をめぐる会話のまっただ中にいた。今度はラスヴェガス・コンベンション・センターの入り組んだ地下だ。カジノ業界の代表者たちが全国から集まって、利益有望なマシン・ギャンブリングの将来について公開討論している窓のない部屋で、すし詰めになった人々の後方に立っていた。〈マシン・ゾーン〉にいたいというモリーの願いそのもの――ギャンブラーたちの〈タイム・オン・デバイス〉（マシン滞在時間）、すなわち〈TOD〉への願望――が話題になっていた。テクノロジーにできることのレパートリーが広がり、その願望が助長されている。「この新製品なら、顧客はすっかり〈ゾーン〉に引き込まれるでしょう」と、有力な製造会社のゲーム開発者は言う。モリーばかりでなく、業界のパネリストたちも、ハマり状態を生み出すマシンに投資している。

私の出ていた討論会は、ワールド・ゲーミング・コングレス・アンド・エキスポで、今はグローバル・ゲーミング・エキスポまたはG2Eと呼ばれている、年一回開催されるギャンブル業界の展示会だ【図i・1】。二〇〇七年のG2Eには三万人の参加者が集まり、ビデオ・グラフィクスからエルゴノミック・コンソールやサラウンド音響効果、プラスチック製押しボタン、プレイヤー追跡システム用まで、業界最新の製品や応用商品を見てまわった。三〇万平方フィートに及ぶG2E会場に毎年ひしめく五二〇から七五〇のブース中、インターナショナル・ゲーミング・テクノロジー社（IGT）、バリー・テクノロジーズ社、WMSゲーミング社など機器製造の大手企業が最大スペースを占めて、ひときわ目立っていた。二〇〇五年の報道によると、「G2Eで人々の注意を引き寄せている重要な製品、それはスロットマシンだ。G2Eではスロット・テクノロジーの進化のほどを目の当たりにすることができる」という。(1)

往年の〝片腕の山賊〟［スロットマシンをあらわす俗語。レバーを腕に見立てたもの］には、コインスロット（投入口）やレバー、回転するリールといった機械的なからくりがあった。だが今日の標準的ギャンブリング・マシンは、デジタル・プラットフォーム上に一二〇〇以上の部品を集積した複雑なデバイスだ。「ゲームをデザインするプロセスは、集積化《インテグレーション》と組み立て《アサンブラージュ》てです」と、あるゲーム開発者に聞かされ

図i. 1　2005年のグローバル・ゲーミング・エキスポ初日。写真提供Oscar Einzig Photography

たことがある。そのプロセスには、スクリプトライター（台本作家）やグラフィック・デザイナー、マーケッター、数学者、それに機械や映像やソフトウェアのエンジニア（タッチパネル、紙幣認証システム、マシン筐体《キャビネット》といった補助物の設計者は言うまでもない）など、三〇〇人もの人々が関わる。「最新のスロットマシンが単一企業でつくられることは、めったにない」と、二〇〇九年G2E公開討論会の資料にある。「個々のテクノロジーが結集してひとつの体験をつくりあげる、交響曲のようなものなのだ[2]」

　ギャンブル体験は、テクノロジーの革新と歩調をそろえて進化してきた。かつてはプレイヤーが単一の図柄がライン上にそろうかどうかに所定の金額を賭けるという比較的単純なものだったが、今のマシン・ギャンブリングは、確率《オッズ》、賭け金額、特殊効果の無限のように思われる組み合わせから選択するところからスタートする[3]。

昔のようにスロットにコインを入れる代わりに、たいていのプレイヤーは紙幣やバーコードの付いた紙のチケット、あるいは入金額が記録されたICチップや磁気ストライプ式のプラスチック・カードを挿入する。ゲームを始めるのも、もうレバーを引くのではなく、ボタンを押すかスクリーンをタッチするだけであり、プレイの額面は一セント単位から一〇〇ドル単位までさまざまだ。プレイヤーはゲームごとに、賭けるコイン・クレジットを一から最大一〇〇〇まで選択できる。一般的にゲームが表示されるビデオ画面あるいはガラス越しの三次元リールの上方に配当表があって、特定の図柄やカードがそろった場合の払い戻しクレジット数が表示されている。[4] 右手にあるデジタル・クレジット・メーターには、マシンに残っているクレジット数が表示される。通信システム経由で中央サーバーにつながるマシンには、カジノ用がデータ収集をしてマーケティングに活かすための機能もある。スタンドアローンの装置ではなく、カジノの大規模ネットワーク・システムの重要なノードであるマシンは「カジノの中枢神経系となっている」と、ある企業代表者は二〇〇七年に言っている。[5]

一九八〇年代半ばまで、カジノのフロアではブラックジャックやクラップス［二個のさいころの出目を競うゲーム］など、緑色のフェルト張りテーブルでするゲームが主役だった。スロットマシンは、〝本物の〟ギャンブラーの連れの女性たちの気を引くべく、そばに控えて並んでいたものだ。通路沿い、あるいはエレベーターや受付デスクの付近に設置されることが多く、椅子はめったになくて、目当てのギャンブルというよりは、通りかかってちょっと遊ぶための装置という位置づけだった。[6] ところが一九九〇年代になると、フロアの主要ポジションに進出し、〝ライブ・ゲーム〟を全部合わせた収益の二倍を生み出すようになった。[7] G2E会場の通路や会議室で、ギャンブリング・マシンが業界の〝金のなる木〟とか、〝金の卵を産むガチョウ〟、〝馬車馬〟などと呼ばれるのを、よく耳にするようになったものだ。年次展示会を後援する営利圧力団体、アメリカ・ゲーミング協会会長のフランク・J・ファーレンコフ・ジュニアは、二〇〇三年、マシンが業界収益の八五パーセント以上をあげていると見積もった。[8]「今この業界を盛り立てているのはスロットマシンだ」と、彼は断言している。[9]

かつてギャンブル業界でぱっとしない地位にあったスロットマシンが、はなばなしく稼ぎ頭に躍り出るには、いくつかの要因があった。ゲームセンターで遊ぶ感覚で、あまり悪習という意識を伴わずにすむため、景気後退の著しい（レーガン＝ブッシュ政権にフェデラル・ファンドをカットされた）各州が課税以外の増収の道をさぐっていた一九八〇～九〇年代、女性や高齢者が商業ギャンブルの伸張に重要な役割を担った。[10]業界の代表者や州当局がギャンブルを〝ゲーム〟と定義し直し、不道徳でも落とし穴でもなく、主流消費者の娯楽として商業ギャンブルに対する一般人の支持を得ようとしたところへ、小さな賭けができる装置がうまい具合に適合したのだった。[11]パソコンやテレビゲーム機などの電子機器を介した娯楽の台頭にともなって、消費者が画面上のインタラクションにも慣れ親しんできていたため、マシン・ギャンブリングの文化的標準化はさらに進んだ。一方、ギャンブリング・マシンにデジタル・テクノロジーがどんどん編入されていき、プレイヤーの体験を小さくではあるが、はっきりと変えて、市場でのマシン人気を広げていくことになる。[12]また、ギャンブル規制がテクノロジー革新と同一の歩調で改変され、スロットマシンへのテクノロジー応用を認めたのだった。

マシンの収益がテーブルの収益を初めて上まわった一九八〇年代初頭以来、アメリカのギャンブル文化および経済におけるマシン優勢は、一貫して衰えを知らない。デバイスを認可する州は現状で四一

（二〇〇〇年の三一州から増加）だが、本書が印刷にまわる時点［二〇一二年］で認可を検討中の州もいくつかある。一九九六年、アメリカにはデバイスが五〇万台あった。二〇〇八年にその数は八七万台近くに達した。全国のバーや居酒屋、トラック向けサービスエリア、ボウリング場、レストランなどに置かれた無認可マシン、あるいは州の規制をかいくぐるように巧妙に設計されたビンゴなどのゲーム機、宝くじ式賭けゲーム機もあるが、そういう潜在的な市場は含めずにである。[13]

ラスヴェガス在住のネヴァダ大学心理学教授ボー・バーンハードは、マシン・ギャンブリングが普及したのはテクノロジーによるテーブル・ゲーム〝伐採〟の結果だと述べている。二〇〇〇年、ギャンブルとそのリスクに関する国際会議で、聴衆を前にこう語ったのだ。「たった今も、どこかのカジノで、ブラックジャックのテーブルが撤去されてマシンに場所を譲ろうとしています」[14] 彼の指導教官だった、ラスヴェガスではギャンブル依存症研究で有名な心理学者ロバート・ハンターは、その比喩を敷衍して、蔓延するギャンブリング・マシンを執拗にはびこる葛《クズ》にたとえている。葛は地表を這う蔓性植物で、大恐慌時代に日本から持ち込まれ、南部の農村で生態系を破壊したのだ。「適者生存ということですよ」と言ったのは、モリーと話をしたところからそう遠くないダウンタウンのカジノ、〈フォア・クイーンズ〉のフロアマネジャーだ。制服姿の男たちが用済みになったテーブルをいくつも裏口から運び出し、空いた場所にぴかぴかの新型スロットマシンを次々に据え付けていくのを、私と並んでながめていたときのことだ。[15]【図i・2】それからまもなく、ギャンブラーたちがそのマシンの前に座った。なかにはモリーのように、一度に何時間も、いや何日もプレイするようになる者がいるだろう。

図i.2　ラスヴェガスのダウンタウンにあるカジノ〈フォア・クイーンズ〉の、マシンが並ぶフロア。写真提供Quang-Tuan Luong Photography (QT Luong/terragalleria.com)

住み込みギャンブル——リピート・プレイの増加

本書は、アメリカでこの二〇年間に最新のマシン・ギャンブリングが急激に広まった意味を、ギャンブル行動のテクノロジー面での変遷と、ギャンブラーの体験の変化との関係を調べることによって、さぐろうとするものである。ギャンブルが合法的にすぐに楽しめる司法管区はたくさんあり、そのどこででも妥当な調査ができそうなものだが、ラスヴェガスには格別くっきりと問題を浮き上がらせるような背景がある。

一九八〇年代初め、文化評論家のニール・ポストマンが、アメリカを理解するにはラスヴェガスを見さえすればいいと言った[16]。一九九〇年代半ば、カジノの大物実力者スティーヴ・ウィンはこの意見を逆向きにして、こう言った。「ラスヴェガスが存在するのは、アメリカを完璧に映す鏡だからだ[17]」それ以来、ジャーナリストも学者も一様に、全国がラスヴェガスをまねようとしているのか、あるいはラスヴェガスが国全体に似てきているのかと議論してきた。ラスヴェガスの街を〝新たなデトロイト〟と称して、ポストインダストリアル経済の中心地という地位を表わそうとする者もいれば、デトロイト自体が今では大人気の〈モーターシティ・カジノ〉の本拠地であることを指摘する者もいた。[18] ラスヴェガスはアメリカの鏡なのか手本なのかという議論につきまとうのは、ラスヴェガスを人間の創意と高度テクノロジーによって姿を変えていく驚異の街と見るか、それとも消費者資本主義のディストピアと見るかという問題だ。[19] 文化全般との関係はどうあれ、二〇〇二年に都市歴史学者のハル・ロスマンとマイク・デイヴィスが書いているように、ラスヴェガスが「巨大な実験場になった」のは間違いない。そこでは、「さまざまな分野の資本が統合して変化する、いくつもの巨大な組織が、娯楽、ゲーム、マスメディア、レジャーのありとあらゆる組み合わせ方を実験している」[20] のだ。ラスヴェガスという実験場でマシン・ギャンブリングは、実験の手段であり目的でもある。

マシンベースのギャンブル経済が隆盛するにあたって決定的だった歴史的出来事は、一九六九年にネヴァダ州議会が企業賭博法を可決し、それまでは必要だった全株主の徹底的な経歴調査を抜きにして、企業のカジノ購入や創設を許したことだ。[21] 成長するサービス経済という一般的状況にあって、資本金調達が楽になったことから、ウォール街がこの街に旺盛な関心を示すようになる。ラスヴェガスは空前の成長期を迎え、カジノは犯罪組織から公正取引の法人に相手を替えて、休暇旅行や大会会場という巨大市場の中心へと変貌していった。ラスヴェガスが〝ディズニーランド化〟しているとよく言われた一九九〇年代を通じて、法人資本、法人経営のメガリゾート施設が〈ストリップ〉地区沿いに次々と建設された。[22] 一九八〇年から二〇〇八年までのあいだに、街を訪れる観光客が四倍に増えて四〇〇〇万人に達した。急発展するビジネスが求職者の群れを引き寄せ、同時期に居住者人口も四倍以上に――四五万から二〇〇万へと――増えたのだった。[23]

直接的にであれ間接的にであれ、ほとんどの居住者が、ギャンブル産業に頼って暮らしている。[24] 産業の側も居住者に、労働力としてだけでなく収入源としても頼るようになっている。ラスヴェガスのギャンブル圏に住む人々の、ゆうに三分の二にである。ある研究によると、居住者の三分の二が大いにギャンブルをする（週に二回以上、一度に四時間以上）、あるいは適度にギャンブルをする（月に一ないし四回、一度に四時間まで）。[25] そういう人々を業界では、（旅行客など〝一過性プレイヤー〟に対して）〝リピート・プレイヤー〟と呼ぶ。彼らがギャンブルをするのはたいてい、楽に駐車でき、保育施設などがあって便利な近所のカジノだ。モリーのように、地元ギャンブラーの八二パーセント近くが〈ステーション・カジノ〉の〝ボーディング・パス〟のようなお得意様クラブのメンバーで、どれだけプレイしたかが記録されるカードを携帯している。プレイした量に準じて食事や宿泊が無料になるなど、さまざまな特典がつくのだ。[26] 彼らは、ガソリンスタンド、スーパーマーケット、ドラッグストア、洗車場、その他地元の小売店などでもプレイする。そこからは、〝コンビニエンス・ギャンブリング〟という言葉が思い浮かぶ[27]【図i．3】。「ローカル・プレイヤーは目が肥えていますよ」と、住民たちのあいだで人気があるギャンブル場のスロットマシン担当者は言う。「自分の求めるものをよく知っていて、週に五回から七回もそこへ通うんです」

地元のプレイヤーが求めるものとは、マシンである。マシンびいきは、スロットマシン・テクノロジーの魅力増大とほぼ軌を一にして生まれた。好みのギャンブル形態はマシンだという住人は、一九八四

図i.3　“コンビニエンス・ギャンブリング”。上：ラスヴェガス南西部にあるスーパーマーケット、〈ラッキーズ〉の店内にある、ビデオ・ポーカーのコーナー。下：ラスヴェガス北部のAMPMガソリンスタンド。著者撮影。

年には三〇パーセントしかいなかったのが、ほんの一〇年ほどで七八パーセントに跳ね上がった[28]。小金しか賭けない地元のマシン・ギャンブラーが大勢で着実にプレイを繰り返すことによって、ものすごい収益が生まれ、ラスヴェガスのギャンブルシーンの名物だった、大金を賭ける観光客であるテーブル・ギャンブラーを追い払ってしまった。「ここはマシンの街なんです」と言ったのは、一九九九年にカジノ〈パレス・ステーション〉で、ギャンブリング装置がびっしり並ぶ通路を案内してくれたバーのウェイトレスだった[29]。

その年の業界年次総会で、ラスヴェガスは国内で最も〝円熟した〟マシン市場だと、たびたび言われた。この街はある種の実験的な未来指標であって、国全体がそれを手本として目指すことになるのではないかという発言もあった[30]。その七年後には、〈ステーション・カジノ〉がフランチャイズ営業を一三カ所で展開し、さいさきのいいことに、地元ギャンブラーのマシン・プレイによってギャンブル収益の九〇パーセント近くをあげていた[31]。「今後も、円熟した製品を求めて〈ストリップ〉地区にやってくる人々がどんどん増えていくでしょう」と、ある幹部は言う。「ありふれたプレイしかできないカリフォルニアや中西部、ニューヨークなどから、人が来ます。われわれはリピート・プレイの趨勢をはっきりと見極めていますから[32]」全国の州が経済的に沈滞している今の財政難を乗り越えるために、既存のマシン・ギャンブリングを合法化したり発展させたりする方向に進んでいるところへ、ギャンブリング設備製造業界は製品が売れる新たな市場を求めている。その趨勢は強くなる一方だ[33]。

文化の糸口としてのゲーム

フランスの社会学者で『遊びと人間』の著者、ロジェ・カイヨワは、遊び《ゲーム》が文化の基本的性質を知る糸口になると考えていた。(34)「ある文明をそこで特に人気のあるゲームという観点から診断しようというのは、あながちばかげた試みでもない」と、一九五八年に書いている。カイヨワの説によると、文化を診断するには、ゲームに以下の四つの要素がどう組み合わさっているかを調べる——アゴン（競争）、アレア（偶然）、ミミクリ（模擬）、イリンクス（眩暈）である。現代文化に特徴的なのは、アゴンとアレアの拮抗するゲームだという。アゴンは意志を主張するよう求め、アレアは運に身を任せるよう求めるのだ。

ラスヴェガスにおけるギャンブルの民俗学研究に基づいて、アメリカの社会学者アーヴィング・ゴッフマンが一九六七年にくだした文化診断で核をなすのも、その拮抗状態である。ゴッフマンは、ラスヴェガスでブラックジャックのディーラーを務め、やがてテーブルの最高責任者まで昇進したという経歴の持ち主だ。彼はギャンブルを、不測の事態を前にしたプレイヤーが度胸、品性、平常心を示してみせる"人物コンテスト"の機会だと見る。(35)ギャンブルはひとりの人間に思い切って運命に立ち向かう機会を与えることによって、市民が公然とリスクを背負って人格を表現する機会を奪われる官僚化社会で、"行動《アクション》"つまり重大な活動への実存的欲求をかなえてくれる。ゴッフマンは、ギャンブルはあまり日常生活からの逃避にはならないと考える。「現実生活《リアルライフ》の構造」をまねた有界《バウンデッド》の場であるため、「（プレイヤーは）そこで実証される現実の可能性に夢中になる」からだ。(36)

文化人類学者のクリフォード・ギアツも、似たようなことを言っている。一九七三年にバリ島の闘鶏ギャンブルを、社会基盤を模し、社会的地位をはなばなしくさらけ出す、「威信をかけたトーナメント」と解釈したのは、有名な話だ。その論によると、闘鶏という活動が共同の実存的な人生劇をリハーサルする手段となっている。カイヨワやゴッフマンと同様にギアツも、闘鶏における偶然性と競争の相乗作用を力説する。競技の結果予測が難しければ難しいほど、参加者が投資する金額もかける威信も大きくなり、「より深く」プレイにのめりこんで、ある意味、物質的な損益をはるかに超えた賭けになっていくのだというのだ。[37] フョードル・ドストエフスキーが『賭博者』で描く、スイスのルーレット・テーブルで降って湧いた儲けが、運、リスク、地位の絶妙な混合というギアツの考え方をうまくとらえている。「もちろん、自分の命よりも重いリスクを覚悟しなくてはならなかった。それでも、私はそのリスクを冒して、こうしてまた男のなかの男になった！[38]」

カイヨワ、ゴッフマン、ギアツの三者はそれぞれ、分析の過程で硬貨投入式のマシン・ギャンブリングに言及し、それぞれに、格下の、文化的分析に値しない非社交的なプレイだとして退けている。カイヨワの考えでは、マシン・ギャンブリングはアレア（偶然）一辺倒の、プレイヤーが負けるに決まっている、ばかばかしくもやみつきになるゲームである。[39] ゴッフマンは、社会とのつながりのない人間が、「自分は社会的に認められた人格の持ち主だとマシン相手に実証してみせる」方法だと考える。マシンは、相手が誰もいない場合に人の代わりを務めるのだ。[40] 彼は分析の最後の最後でマシン・ギャンブリングについて、「こんなふうなちょっとした自己衝動が起こるようになっては、この世も終わりだ」と書いている。「だが、この世の終わりにも機能と特性というものがある」一方ギアツの記述によると、スロットマシンは、闘鶏場の外縁で場内売店業者が営業する「くだらない機械式回旋盤」で、「無意味な、まったくの運だめし式ギャンブル」であって、関心を示すのは「女性、子供、青少年、……世間の嫌われ者、変人」くらいのものだという。[41]「闘鶏に賭ける男たちは、（マシンに）近寄るのも恥だと思っている」つまりマシンは、ドストエフスキーがルーレットについて書いているような、「男のなかの男」になる手段ではない。「とことん夢中になる」決闘《アフェール・ドヌール》のような深いプレイと違って、スロットマシンのプレイは深い意味も、のめり込みも、影響も伴わないというのだ。ギアツによると、文化の根本にある規範や関心事を読み解く糸口にならないマシン・ギャンブリングは、「社会学的存在《エンティティ》」にふさわしくない。

アメリカ社会では（その他の社会でも）、一九八〇年代以降にマシン・ギャンブリングが劇的に変化したが、私はそんなふうに放念したままでいいのかという疑問をいだくようになった。この変化にはきっと、現代文化に特徴的な価値観、傾向、関心事への糸口が見つけられるのではないか。だが、どういう糸口で、どうアクセスしていったらいいのだろう？　ゴッフマンのカードゲームやギアツの闘鶏とは違って、マシン・ギャンブリングは象徴的深みのある豊かな次元の場ではない。そこで演じられている大きな社会的・実存的ドラマを読み解く軸となるほどの、〝深さ〟がないのだ。深さのない、ひとりきりで没頭する行為が、時間、空間、金銭感覚、社会的役割を、ときには自分の存在感そのものまでも一時《サスペ》停止《ンド》させてしまう。「マシンに向かえばすべてを消去できる——自分自身だって消去できます」と言ったのは、ランダルという名のエレクトロニクス技術者だった。ギャンブルとは〝ただで手に入るもの〟を欲しがることだという一般的な考えとはうらはらに、彼は〝無〟こそを求めているという。先にモリーも言っていたように、だいじなのは、「ほかのいっさいがどうでもよくなる」〈ゾーン〉にいつづけることなのだ。

アメリカのギャンブルをとりあげた二〇〇三年の著書 *Something for Nothing*（ただで手に入るもの）で、文化史研究家のジャクソン・リアズは「より広い領域への通関港」としてのギャンブルに取り組み、のめり込むマシン・ギャンブラーたちがプレイを途切れさせたくないばかりにカップで小用をすます場面から書き起こしている。(42) ただし、そういう特異なギャンブラーが以降の分析の主流にとりあげられるわけではなく、リアズは、「運の文化《チャンス》」（端的に示すのは、投機好きで大胆な人物）と「抑制の文化《コントロール》」（端的に示すのは、プロテスタントの勤労至上主義にのっとって鍛錬されたたたきあげ精神）とのきわどい拮抗状態によって国民性が明確になると論じている。マシン・ギャンブラーたちの言によると、彼らをプレイに駆り立てるのは運でも抑制でもなければ、その二つのあいだの拮抗状態でもない。彼らの目的は、勝つことでなく、続けることにあるのだ。

医者となる訓練を受けながら、私と話した時点ではカード・ディーラーとして働いていたシャロンが、プレイをつづけることの価値を、運をくいとめておく能力という観点から説明してくれた。

たいていの人が、ギャンブルはまるっきりの運まかせで結果はわからない、と考えています。でも、マシン・ギャンブリングの結果なら私にはわかります。私は勝つことになるのか、負けることになるのか、どっちかしかない。コインが必要だとか、コインを支払うとかは、どうでもいい。新しくコインを入れたら新しいカードが五枚手に入り、並んでいるボタンを押せば続けることができる。それだけです。

だから、本当はぜんぜんギャンブルなんかじゃない。——そう、私が何かを確実だと思える、数少ない場所のひとつなんです。運だめしだとか、時間や方法や進め方が任意だとか考えていたら、おじけづいちゃってギャンブルなんかできなかったでしょうね。もしマシンを信用できないとしたら、人間の世界だって、やっぱりぜんぜん予測がつかないことでは変わりないでしょう。

シャロンの話によると、ギャンブリング・マシンは、「安全だがせわしない」日常生活〔ゴッフマンの言葉〕を送りながら、社会的意味をもつプレイをさせてくれるとか、そこから劇的な解放をしてくれる存在ではなく、気まぐれで一貫性がなく不安定と感じる「人間の世界」から隔離された〈ゾーン〉を確保してくれる、信頼できる機械《メカニズム》なのだという。マシン・ギャンブリングを続けていれば、世界で起こりうるさまざまなことを一時停止のような状態にして、ほかにでは手に入れにくい確かな〈ゾーン〉にいられる——前出のモリーが「台風の目」と表現した〈ゾーン〉だ。「プレイヤーは仮死状態になっているようなものだ」と、あるマシン・ギャンブリング研究者は書いている。(43)

機械的リズムを繰り返すうちに、時間や空間、社会的アイデンティティが停止する〈ゾーン〉。それは、文化を分析するのに有望な対象とは思えないかもしれない。それでも、そういう〈ゾーン〉をひとつの窓として、現代アメリカの生活を惑わしているさまざまな不確かさや不安が、そして個々人がその不確かさや不安への対処にとりいれがちなさまざまに入り交じるテクノロジーが、見えてくるのではないだろうか。過去二〇年間にわたって社会学者たちが注目してきたのは、地球温暖化などの破局的な環境破壊から、財政難や求人市場不安定まで、広範囲に不安定が生まれるにはテクノロジーが主要な役割を果たしているということだった。[44]「造り出された不確実性」（社会学者ウルリッヒ・ベックによる用語）の結果としてリスク社会ににじみ出る内面的な不安は論じられてきたが、その一方で、前述のシャロンのように、個々人が〝確実性製造テクノロジー〟を利用していることを調べた例は、ほとんどない。[45]マシン・ギャンブリングは、これまで目を向けられなかったが重要なことではひけをとらない領域への、リアーズの言葉を借りれば、「通関手続き地」となりうる。マシン・ギャンブリングは明白にリスクを伴う行為であるが（当然ながら社会的、経済的価値を測る重要手段である金銭を含む）、ギャンブラーにとって日常的なテクノロジーとの相互作用の典型となることで、それを自己バランスモードになることを許し、頼りきってしまうという構造自体にも、リスクがあるのだ。

人間とマシンのかかわりが「どんどん親密に、どんどん大規模に」（社会学者ブルーノ・ラトゥールの言葉）展開していく歴史的な時代にあって、コンピューター、テレビゲーム、モバイルフォン、iPodなどが、個々人が感情の状態を管理できる手段に、さらには身のまわりの世界の不確実性や悩みに対する個人的緩衝〈ゾーン〉をつくりだす手段に、なっている。[46]双方向の消費者向けデバイスは、選択肢、つながり、自己表現のかたちを新たに増やしてくれると思われがちだが、選択の幅を狭くし、つながりを断ち、自己からの逃げ場をつくるほうへ機能することもある。特異な依存症の事例研究、ギャンブリング・マシンに集中する依存症の調査を超えてこそ、人生という広い〈ゾーン〉に特徴的な状態、傾向、課題といったものへの糸口がもたらされるのではないだろうか。[47]

ヒューマン＝マシン依存症

双方向デバイスの増加が日常生活の本質を変えたように、マシン・ギャンブリングの増加はギャンブル依存症の様相を変えた。一九九〇年代半ばには、ラスヴェガスで自助グループ、ギャンブラーズ・アノニマス（GA）の地元集会に参加する圧倒的多数が、もっぱらマシンでプレイしていた。一九八〇年代以前は、GAメンバーといえばたいていカードやスポーツに賭けていたものだが、驚くほどの変わりようだ。二〇〇〇年、ボー・バーンハードがロバート・ハンターの外来クリニックについて、こう報告している。「今私が働いている治療センターでは、九〇パーセント以上がビデオ・ギャンブル依存で治療中の患者です[48]」彼は、ギャンブル依存症の罹患、経過、病歴に、急速に広まるこのギャンブル形態がどう影響しているのか調査するよう、学者たちに力説した。

だが、今日なお大半の調査が、ギャンブラーのやっているギャンブル形式にではなく、ギャンブラー側の動機づけや精神医学的側面に集中する傾向にある。この傾向が強くなったのは、アメリカ精神医学会が一九八〇年に〝病的賭博《パソロジカル・ギャンブリング》〟という診断を公式に是認したことによる[49]。すぐに〝ギャンブリング障害〟と呼び方が改まったこの診断は、失職、負債、破産、離婚、不健康、ひきこもりなどに結びつき、患者が自殺を図る率が二〇パーセントと、依存症全体のなかでもいちばん高い[50]。その他の依存症の場合に準じて、その症状の判断基準には、没頭、容認、抑制の失敗、撤回、逃避、深追いなどがある[51]。【図i．4】これまでも精神医学文献は度を超したギャンブルを精神病の一種として記述してきたが、そこではたいてい、ギャンブラーの性質に注目するよりも、ギャンブルそのものの中毒性や衰弱効果のほう

没頭	賭博にとらわれている（例：過去の賭博を生き生きと再体験すること、ハンディを付けること、または次の賭けの計画を立てること、または賭博をするために金背印を獲る方法を考えることにとらわれている。
容認	興奮を得たいがために、掛け金の額を増やして賭博をしたい欲求。
抑制の失敗	賭博するのを抑える、減らす、やめるなどの努力を繰り返し成功しなかったとがある。
撤回	賭博をするのを減らしたり、またはやめたりすると落ち着かなくなる。またはいらいらする。
逃避	問題から逃避する手段として、または不快な気分（例：無気力、罪悪感、不安、抑うつ）を解消する手段として賭博をする。
深追	賭博で金をすったあと、別の日にそれを取り戻しに帰ってくることが多い。（失った金を深追いすること）
嘘をつく	賭博へののめりこみを隠すために、家族、治療者、またはそれ以外の人に嘘をつく。
不法行為	賭博の資金を得るために、偽造、詐欺、窃盗、横領などの非合法的行為に手を染めたことがある。
人間関係の危機	賭博のために、重要な人間関係、仕事、教育または職業上の機会を危険にさらし、または失ったことがある。
財政援助	賭博によって引き起こされた絶望的な経済状態を救うために、他人に金を出してくれるように頼る。

図i.4　病的賭博の判断基準。5項目またはそれ以上に該当する患者は該当者と診断される。American psychiatric Association, Diagnositic and Statistical Mannual of Mental Disorders IV-R, 2000.
［この表は2000年のDSM-4であるが、DSM-5では「不法行為」の項目が削られ、「4項目またはそれ以上」が該当者となっている］

が強調されていた。[52]一九八〇年の診断はそれと対照的に、ギャンブル依存を「持続的で反復的な不適応的賭博行為」という問題として呈示し、ギャンブラーが内面の衝動に抵抗できないことを強調するものだ。過去に、どんなギャンブルにもすべて潜在的な問題があるとみなされていたのだとしたら、今の〝正常な〟ギャンブル行為と〝問題のある〟ギャンブル行為には質的な違いがあることになる。問題のあるギャンブラーは特異な人種なのであって、それ以外の人々はギャンブルをしても心配ないというのだから。[53]

度を超したギャンブルが医療の対象となったことで、意志が弱いとか道徳心に欠けるとかいうギャンブラーへの非難がいくぶん減ったものの、結局はそれで、社会や道徳を堕落させる活動を提供している業者への非難のほうは、もっとかすんでしまった。[54] ギャンブル業界は、診断とその示唆するところをありがたがっている。つまり、ある評論家が適切に表現しているところによれば、問題のあるプレイは「ごく少数の、もともとそういう性質をもった、あるいは心の不調をかかえた、問題のあるギャンブラーに限られる」ということになってしまうからだ。[55] ここで言う「ごく少数」とは、症状の判断基準を適用されたことがある一般人口の一ないし二パーセントに加えて、比較的軽度ながら「問題のあるギャンブラー」とみなされた三ないし四パーセントのことだ。[56] 罹患率の尺度が複雑すぎるにもかかわらず、だいたいこの数値が研究者たちのあいだに広く周知されている。[57] それでも、〝一般人口〟の範囲でこの問題を評価するのは間違いだという考えも多い。〝ギャンブル人口〟中では、病的ギャンブラーや問題のあるギャンブラーの比率がもっと高いし、〝常連〟、つまり〝リピート・ギャンブラー〟の人口中では、さらに高くなる――二〇パーセントという評価もあるくらいだ。[58] どう計算しようとともかく、ギャンブルする人々のうちで問題のあるギャンブラーおよび病的ギャンブラーは、大きな比率を占めている。その大きな比率に支えられる経済波及効果が、しっかりと確立されているのだ。ギャンブルによる総収益の三〇パーセントから、信じがたいことに六〇パーセントほどが、問題のあるギャンブラーたちの懐から出たものだった。[59]

さらには、病的あるいは問題のあるギャンブラーという定義に当てはまる人の数だけで問題を評価するのは、間違いだと指摘する研究者もいる。常習的にギャンブルする人のほとんどが、どこかの時点で、問題のあるギャンブル行為に特徴的な経験をしている。つまり、その行為に費やす時間と金銭を抑制できなくなるなど、よくない影響が出てくるのだ。[60] ギャンブラーたちのあいだで問題のある経験が地続きであることを無視していたら、その現象の広がりを過小評価することになるのではないか、と彼らは指摘する。現在の医学界で主流の心理学的、発生学（遺伝子学）的、神経心理学的な要因に偏重していると、個々の患者を「不適応的賭博行為者」という集団に分離してしまいかねない。そうした偏重から離れることで、商業ギャンブルの活動と環境によって消費者たちがそういう行為に走りやすい状況が生まれている、あるいは助長さえしているという側面を解明しよう、というのだ。

問題のあるギャンブルの審査では、さまざまにあるギャンブルの形式や環境をはっきり区別しないことがほとんどだが、形式や環境の区別に着目したいくつかの研究は一貫して、マシン・ギャンブリングがギャンブラーに最も有害だという結果を出している。「マシン・ギャンブリングをとりあげた学術論文は、わずかな例外を除いて、それを非難している」と、ギャンブル研究者二人は述べる。「電子ギャンブリング・マシンが州とギャンブル場経営者の双方にすばらしい収益を生んでくれるという合意がある一方、そのマシンが一般の人々に厄災をもたらすという点でも意見は一致している」[61] 研究者、政治家、臨床医、そして当のギャンブラーのなかにも、ギャンブリング・マシンに対して、煙草やアルコール飲料、小火器、自動車、脂肪過多食品などの消費者製品に対してしばしば問われるのと同じ疑問をもつ人が増えてきている。はたして、問題のありかは製品なのか、消費者なのか、それとも両者の相互作用なのだろうか？[62]

二〇〇二年、その方向の最初の研究で判明したのは、常習的にビデオ・ギャンブリング装置でプレイする人は、ほかのギャンブラーの三倍から四倍早く（三年半に対して一年以内に）依存症になる。過去にほかの形態のギャンブルを常習的にしていて、問題がなかったとしてもである。[63] ギャンブラーに病状が現われるというよりも、「抑制力が損なわれて二次的な問題が出てくるというのが、常習的な強度の（マシン）プレイの、当然かつ〝無理もない〟結果だろう」というのが、また別の研究者たちの立てた仮説である。[64] この仮説を支持して、オーストラリアのある独立連邦委員会は二〇一〇年、次のように決議した。「ごく普通の利用者にすぎないたいていのギャンブラーがかかえる問題は、利用者自身の習性の結果であるのと同等に、ゲームのテクノロジーやその手軽さ、ゲーム現場のあり方および運営管理の結果でもある[65]」

ギャンブル業界はこの決議を、強引で科学的根拠がないとしてしりぞけているが、科学者たちはとうの昔に、依存症は人とものの相互作用におけるひとつの機能だということを理解しているのだ。[66] ギャンブル依存症の分野で卓越した研究者、ハワード・シェーファーはこう書いている。「望みどおりの内面《サブジェク》的変化《ティヴ・シフト》を確実にもたらしてくれる、特定の対象あるいは多くの対象（ドラッグ、運だめしゲーム、コンピューター）との相互作用が繰り返されたとき、依存症になる可能性が出てくる[67]」したがって、依存症の研究者は「依存症に苦しむ人間の属性でも、彼らが依存する対象でもなく、両者の関係を重要視する」べきだという。[68] 依存症は、どちらか一方にだけ属する特性からではなく、主体と対象のあいだで「相互作用が繰り返された」ことによって生まれる関係なのだと考えれば、対象も主体と同等の重要性をもつことが明らかになるのだ。

特定の人がほかの人よりも依存症になりやすいのとまさに同じで、薬理学的特性あるいは構造上の特性のため、ほかの対象よりも依存症を誘発したり促進したりしやすい対象があるのも、また事実だ。その強制的に主観を変化《シフト》させるたぐいの能力のなかにこそ、人を依存させる明らかな力が潜んでいる。「絶対確実で、即効性のある、強力な〝変化させるもの〟には、依存的な障害の発現を刺激する大きな潜在力がある」と、シェーファーは述べている。[69] これは、薬物依存症の研究者ならすぐ認める点だろう。彼らは、特定の薬物が利用者にどう作用するかを理解せずに研究することなどめったにないからだ。特定の繰り返し行為は、薬物の場合と同じ神経伝達経路を刺激する。そのことがどんどん明らかになっていくにもかかわらず、薬物のからまない、いわゆる行動嗜癖という性質上、科学者も一般人も同じく、依存症患者（患者の遺伝的形質、心理学的プロフィール、生活環境）のほうに偏って目を向けてきた。[70] たとえば、ギャンブル依存症についての議論で現代のスロットマシンが考慮されることは、あまりない。「絶対確実で、即効性のある、強力な」とは、その装置のことを言い得て妙だというのに。

どんな形態のギャンブルにも利益配当率のランダム・パターン化がつきものだが、マシン・ギャンブリングのきわだった特徴は、たったひとりで連続的にすばやく賭けられるというところである。「馬の出走や、ディーラーのシャッフルとディール、ルーレット盤の回転停止」などを待たずとも、三、四秒ごとにひと勝負終えることが可能なのだ。[71] 行動心理学の専門用語で言うなら、ありとあらゆるギャンブル行為のなかで最も集中的な〝発生頻度〟を伴う行為である。[72]「それこそまさに、依存症生産装置と言っていいものだ」と言うのは、一九七七年に初めて非電子的ギャンブル依存症について単行本一冊分の民俗学的論文を著したのち、マシンが普及してからはカウンセラーとなった社会学者のヘンリー・レシアーだ。[73] ほかにも、現代のビデオ・ギャンブリングは「人類の歴史上最もたちが悪い種類のギャンブル」とか「電子版モルヒネ」などと呼ばれてきたが、とりわけ有名なのは「ギャンブル界のクラック・コカイン」だろう。[74]「クラック・コカインの吸引がコカイン体験を変えたように、エレクトロニクスがギャンブルの体験のしかたを変えていくのではないだろうか」と、シェーファーは一九九九年に予測していた。[75] 彼がのちに詳述したところによると、映像をベースにしたギャンブリング・マシンは「機械的《メカニカル》な形態のものよりも速い」ため、「コカインやアンフェタミンのような精神刺激薬としてははたらく可能性がある。脳の活性化と不活性化を、より急速な周期で繰り返すことになる」というのだ。[76]「《ウォール・ストリート・ジャーナル》に、ビデオ・ギャンブリング・マシンをクラック・コカインにたとえた言葉が引用された」心理学者のロバート・ハンターは、一九九五年、私にこう語った。「業界には気に入られなかったものの、あれは的を射た引用でしたね。コカイン常用者が語るのは十年前のことですが、クラック・コカイン常用者の話は去年のことですから、ビデオ・ギャンブラーとそっくりじゃないですか」センセーショナルな比喩はさておき、たいていの研究者が、さまざまな形態のギャンブルを強度の順に並べている。宝くじやビンゴ、機械的スロットから、スポーツやさいころ賭博、カード賭博、そして最後にくるのがビデオ・スロットやビデオ・ポーカーである。[77]「マシン・ギャンブリングほど人間の心理をみごとに操作するギャンブル形態は、ほかにありません」と、ギャンブル依存症研究者のナンシー・ペトリは記者に語っている。[78]

　ギャンブルの形態によってプレイを助長する強度が異なるばかりでなく、そこから引き起こされる内面的変化の種類も違う。それぞれのギャンブリング・タイプごとに、プレイヤーは特有の手順を踏み、特定の現象に参加する。賭けのシーケンスとそれにかかる時間、利益配当の頻度や金額、スキルが関係する程度、行動様式（帳面につける、チェックボックスにしるしをつける、券をスクラッチする、カードを選ぶ、ボタンを押す）などにより、そのギャンブル独自の「エネルギーと集中力のサイクル」や、それに付随する感情の浮き沈みのサイクルが生まれるのだ。(79) たとえば、クラップスでは、勝利の幸福感でなおいっそう高まる、活気に満ちた緊張状態が生まれるが、そのスリルは社交的なフィードバックによるところが大きい。対照的に、ひとりきりの、途切れることのないマシン・プレイの過程では、トランス状態にも似た安定状態が生まれがちで、その状態が、不安、憂鬱、退屈といった「内面や外部の問題をまぎらわせてくれる」。(80) ラスヴェガスでの臨床業務を基にして、ハンターは、現代のビデオ・ギャンブリングはほかのギャンブル形態よりももっと「解離プロセスを助長する」という結論を出した。(81) マシン・ギャンブリングについて彼が私に話してくれたところによると、「患者たちの体験談に共通して出てくるのは、無感覚や逃避といった表現です。彼らは勝負や興奮といったことを話さない――画面にもぐり込んで迷ってしまうというような話をするんです」

私が話をしたギャンブラーたちは、〈ゾーン〉を言葉で表わすのに、催眠術や磁力という変わった一九世紀的用語に、テレビ視聴、コンピューター処理、自動車運転といった二〇世紀的事例を足して表現した。あるギャンブラーは「トランス状態になっていて、自動操縦に任せている」と言うし、別のギャンブラーは「〈ゾーン〉というのは磁石みたいなもので、人をただ引きつけて、そこにくっつけてしまう」と言う。(82) 体験記を著したメアリ・ソジャーナーは、ビデオ・ギャンブリングをすると「トランス状態になったように没頭して、そのトランス状態を永続させるだけで充分報われる」と述べている。(83) モリーやシャロンが私に語ったように、マシン・ギャンブラーがやみつきになるのは、勝つチャンスにではない。マシン・プレイがもたらしてくれる、世界が溶けて消えていくような、主観が一時停止して感情が落ち着く状態に、やみつきになるのだ。

　この状態がプレイヤーとマシンの動的相互作用《ダイナミック・インタラクション》の機能でしかありえないのだとしたら、ギャンブルを研究している社会学者リチャード・ウーリーが述べているように、「テクノロジーの変化、および進歩したテクノロジーがもたらす体験の可能性へのギャンブラーの適応を考慮せずに」今のマシン・ギャンブリングを理解するのは、不可能だ[84]。本書ではこれから、ギャンブリング・マシンのデザインに含まれる要素や、感情的自己管理の類に細心の注意を払いつつ、それらがギャンブラーにもたらすものの理解を試みることにする。ギャンブラーの体験と、ギャンブラーが相互作用する一連の環境、対象物、ソフトウェア・プログラムを行きつ戻りつしてたどりながら、技術哲学者ダン・アイドが「ヒューマン・テクノロジーの現象学」あるいは「唯物論的現象学[85]」と呼んだものに、取りかかってみようと思うのだ。そうしたアプローチで、厳密な唯物論がテクノロジーを自律的、決定的な力として扱う傾向を避けながら、人間中心のアプローチで陥りがちな、テクノロジーを受動的、中立的なツールとみなすことも避けていく。どの段階においても焦点を当てるのは、対象と主体が互いとの出会いを通してともにどう行動するかである。ブルーノ・ラトゥールの論によれば、行動《アクション》とは主体や対象の内にあらかじめある本質ではなく、両者が「共同制作」するものなのだ[86]。このアプローチを薬物使用の事例に適用した二人の社会学者は、こう述べている。「出会いの時点で使用者は、要所を突かれる……使用者自身が実行することによって、および使用する対象の特性によって、可能にも有意にもなるというアフォーダンス［環境が動物に対して与える「意味」」という要所を、突かれるのである」[87]依存症が現れる要素の総体よりも大きな同時生産物としての依存症、という考え方は、ここまで概説してきた依存症の科学的解釈と共鳴するものであり、とりわけ双方向ギャンブリング・テクノロジーへの依存を研究するには向いている[88]。

　ギャンブリング・マシンがある程度ギャンブル依存症に関与しているという声が大きくなってきていることへの戦略的対応として、アメリカ・ゲーミング協会は二〇一〇年、『スロットマシンを解明する』という白書を公開した。全米ライフル協会（NRA）の有名なスローガン、「銃は人を殺さない、人が人を殺す」をまねて、白書でこう断言している。「問題は〔プレイヤーが〕乱用する製品にあるのではない、個人の内にある[89]」。この一方的な報告のなかで、マシンはただの「機械装置《メカニズム》であり、それを通じて既存の心理的障害が表わされるのだ」と、ある研究者は述べている[90]。《グローバル・ゲーミング・ビジネス》誌の記者は、「ギャンブル批判者たちは……マシンが単なる無生物の物体《オブジェクト》にすぎないということを理解できていない」と結論づけた[91]。

　一方ブルーノ・ラトゥールは、物体が「単なる無生物」などではないわけを説明する方法として、前述の上記NRAのスローガンに異を唱えると同時に、それに対する銃所持反対派のやはり一方的なスローガン、「銃が人を殺す」にも異を唱えた。「人は銃を手にすると変わる。銃も人に持たれると変わる。人は銃を持つことによって別の主体になり、銃は人と関係を結ぶことによって別の対象物となるのだ」と[92]。言い換えれば、銃も人も殺さない。殺すというのは、二者が互いを〝媒介〟として共同しなければ生まれない行為なのだ。本書では、この媒介という論理に沿ってギャンブリング・マシンへの依存について記述し、ギャンブラーかギャンブリング・マシンのどちらかではなく、二者のあいだの動的相互《ダイナミック・インタ》作用《ラクション》の内にある依存症をつきとめたい。

ただし、この問題に対する人間とマシンそれぞれの寄与が、質的に同等であると提唱したいわけではない。人類学者、社会学者、哲学者、技術史学者が論じてきたように、人間対マシンのやりとりの場合には、人間の行為者側に「特別の責任《アカウンタビリティ》」がある。そうしたやりとりの環境を設定する立場にある人間たちには、なおさらだろう。[93] ギャンブリング・デバイスを通して自分の感情を調整するという目的でみずから行動するギャンブラーと違い、マシンの設計者《デザイナー》や販売者、管理者たちは、離れたところから他者に及ぶ行為をする立場にあり、人間を特定の行動に誘ってその行動を継続させるという仕事を、テクノロジーに任せているのだから。ラトゥールやその同僚たちは、マシンデザインの概念を、消費者が相互作用することになる製品にデザイナーが使用法を書き込む、「処方」のプロセスととらえている。そこから生まれる製品には、特定の行動を他者に誘ったり求めたりするのを禁止あるいは防止する、「処方箋《スクリプト》」［コンピューター用語のスクリプトは、特定の順序で実行される一連の指示］が備わる。「ユーザーの行為のためにパラメーターを設定することによって」、所定の製品が――ひいては製品を設計したチームが――ユーザーのふるまい方を導く役割を果たすのだ。[94]

ギャンブリング・マシンは好適例と言えよう。スロットマシンは無力、無効のものだとみずから公言しながら、ギャンブル産業は、テクノロジーを通してプレイヤー行動を導くプロジェクトに人材や生産力を大量投入し、最大限の〝有効顧客ひとり当たりの収益〟を引き出すことができる製品の製造に励んでいる。それがはっきりした目的なのだと、彼らは率直に、しかし内輪の場に限って語っている――大会のパネルや機関誌上、展示会場の通路や会議室でだ。いかにしてより長い時間、より速く、より集中的にギャンブルをさせるか？　いかにして軽度のプレイヤーをリピート・プレイヤーにするか？　そういった目的と依存的行動への勧誘とには紙一重の差があるとはいえ、業界人のほとんどは、無理にでも意識してその二つを切り離しておくようにし、消費者に有害な影響を及ぼす可能性を置き去りにして利益優先の処方をしている。ＩＧＴ社で責任ある《レスポンシブル》ギャンブリング担当重役の任にあるコニー・ジョーンズの発言が、状況をよく表わしている。「わが社のゲーム・デザイナーたちは、依存症のことなど考えてもいません――彼らの頭にあるのは、バリー社はじめ他社をしのぐことです。最大の収益を生むマシンをつくりたいと願うクリエイターたちなのです[95]」ジョーンズの言葉は、国際的に広がる害についてギャンブル産業にも責任があるのではないかという見方に対する弁明を意図したものだが、かえってゲーム・デザインにおける欲得ずくの体質を大っぴらに認めることになっている。おまけに、「ゲーム・デザイナーたちは依存症のことなど考えてもいない」と軽はずみに断言したことで、言い訳をするどころか、問題をさらにはっきりさせてしまった。

本書のねらいは、特定のデザイナーや企業を名指しして非難することでも、ましてや業界全体を非難することでもない。これまで概略を述べてきたような関係性としての依存症という解釈から逸脱しないように、マシン・ギャンブラーと、デザインの意図や価値観および商業ギャンブルの環境やテクノロジー関連の手法との動的相互作用から、ギャンブリング・マシンへの依存症が現われる経緯を注意深く見ていくのが、ねらいである。原書名（ADDICTION BY DESIGN デザインによる依存症）には、〝問題のあるギャンブリング〟は問題のあるギャンブラーだけの話ではないという意味を込めた。問題のあるマシン、問題のある環境、問題のある商習慣の話でもあるのだ。

モリーのマップ

本書は、一九九八年から二〇〇〇年にかけての一八カ月の継続滞在を含め、一九九二年から二〇〇七年のあいだに数回、ラスヴェガスに長期滞在しておこなったいくつかの調査を基にまとめたものだ。その調査は三つの段階にわたって展開した。まず、一九九〇年代には、当時広がっていた法人カジノ施設建造ブームのあいだに登場した建築やインテリアデザイン、運営業務の記録文書を研究した。[96] 私がフィールドワークをしているうちに、現地の人口が急速に増加し、近隣にできたばかりのさまざまなカジノが門戸を開放した。それとともに、ギャンブル環境とテクノロジーにどっぷり浸かった街に住んで働く、住人たちの経験に、私の興味がつのっていった。〈ストリップ〉沿いの旅行客向けカジノから焦点を移してみると、地元の風景のいたるところにマシン・ギャンブリングが存在することに、衝撃を受けた——屋外広告板の上、食糧雑貨店や薬局の店内、レストランやバーのなか、洗車場にまで。

この第二段階の調査中、私は行く先々で必ずと言っていいほど、親しい人のなかにマシンで〝ギャンブル問題〟をかかえることになった者がいるという人々に出会った。初期のこの出会いが、やがてインタビューさせてもらう大勢のギャンブラーにつながっていったのだ。そのほとんどが、ギャンブル依存症《アディクション》、マシン依存症《アディクション》、問題《プロブレム》のあるギャンブラー、強迫的《コンパルシブ》ギャンブラーを自認していた——以下、本書ではこれらの用語を適宜使っていく。[97] 大多数が、GA(ギャンブラーズ・アノニマス)の集会や、私が研修生になった、問題のあるギャンブラー専門クリニックのグループセラピー・セッションに参加して、知り合った人だ。[98]

インタビュー相手をひとつのカテゴリー（たとえば、二五セントのスロットマシンでプレイする、中年で平均的な収入がある男性）におさまるマシン・ギャンブラーに限ってはいない。また、統計的に信頼できるような無作為抽出で実例情報提供者を構成しようともしていない。ただし、できるだけ多様な集団と話をするよう、心がけた。結果的に、年齢、民族的背景、学歴、収入といった観点からすると、全体集団はまったく混成のものとなった。三十歳から五十歳までの白人女性の例が多く抽出されたのは、私が大多数のインタビューをおこなった当時の、ラスヴェガスにおけるマシン・ギャンブラーの人口統計的特徴を反映している面もあれば、私が女性だけのGA（ギャンブル・アノニマス）集会によく参加していたせいでもある。[99]

マシン・ギャンブラーたちのあいだにある社会的、経済的格差や生い立ちの違いは、それぞれのマシンプレイに大きく影響していたが、それにも増して驚きだったのは、境遇が違ってもマシンがもたらす経験に同じような連続性があることだ。[100] たとえば二〇〇二年のある日、私はその日のうちに、街の北東部にあるトレーラーハウス駐車場に住む若いビュッフェ・ウェイトレスと、サマーリン南西郊外の富裕層が多いゲーティッド・コミュニティ［安全確保のためゲートとフェンスで囲った住宅地］に住む中堅ビジネスマンにインタビューした。[101] ウェイトレスは一回五セントのマシンを、たいていはスーパーマーケットでプレイし、かたやビジネスマンは一回一ドルのマシンを、近所にある設備の整ったカジノでプレイしていた。ウェイトレスは給料を一度に全部使い果たしては、子供たちに学校の給食費を持たせられなくなりそうだと後悔していた。ビジネスマンはクレジットカードを限度額いっぱいまで使ったうえに一家の蓄えをとりくずし、返済に間に合うよう銀行口座間で金をなんとかやりくりしては、延滞金がかからないようにできるか、督促状を阻止して妻に浪費を隠しておけるかどうかと、頭を痛めていた。境遇もゲームプレイに使うコインの単位も、ギャンブルの経済的結果も完全に違う二人なのに、ウエイトレスとビジネスマンがマシンとのインタラクションを不気味なほどに似通った言葉で描写する。インタビューを書き起こした原稿を読み通した私は、その点で二人の話は入れ替えてもわからないくらいだと思った。同一のマシン・インターフェースとの長時間の集中的な対面の繰り返しが、さまざまな人生を歩むギャンブラーたちを、どんなに境遇が違っていようとおかまいなしに、共通する経験の〈ゾーン〉へ連れていくらしいのだ。

調査を続けるうち、しだいにはっきりしてきたのは、こうしたギャンブラーたちの経験を充分に理解するためには、彼らがプレイしているマシンをもっとよく理解する必要があるということだった。そのため、私はプロジェクトの範囲を三たび広げ、ギャンブリング・マシンの歴史と内部の仕組みについて、そしてギャンブリング・テクノロジー供給者のデザイン業務や市場戦略についても学びはじめた。ラスヴェガスのネヴァダ大学ギャンブル研究センターで長時間過ごし、マシン製造業の業界誌、プレスリリース、年次報告書を何年分も読みあさった。ギャンブル産業のテクノロジー展示会や公開討論会にも足を運び、経営者やゲーム開発者、販売担当者にインタビューした。

私が話を聞いた業界人の大多数は、自分たちのつくって売っているマシンに潜在する悪影響に話題が向いたときにでも、率直に応対してくれた。施設を見学させてくれ、同意書に署名し、インタビューの録音を許可してくれた。インタビューでは、テクノロジー・デザインへのアプローチや販売戦略や、問題視されることもある新製品のギャンブラーへの影響について、みずからのギャンブリング・マシン体験についてまで、腹蔵なく語ってくれた。無頓着な人もいれば、注意深い人もいた。保身的な人も冷笑的な人もいた。ギャンブル依存症と業界の構造、あるいはデザインや販売のしかたとのあいだに関係があるかもしれないと、不安を吐露する人もわずかながらいたが、たいていの人が両者のあいだにはっきりと線引きをしていた。

それに対して、私が会ったギャンブル依存症者たちは、自分自身の行動とその結果を非常に内省的な目で見ていた。自分の行為が無意味で有害だということに気づかないのが典型的依存症者かと思っていたら、みずからの苦境を明快かつ洞察たっぷりに語るのだ。モリーはこう述べていた。「お金の問題かって？　違います。楽しいから？　いいえ。罠にかかったということ？　そうです――自分がそもそもどうしてそこにいるのかってことについて、判断力を失ってしまったという話なんです。内側からはなかなか察知できない、いくつもの罠にからめとられているんです」カトリーナというギャンブラーは、マシンとの関わり合いに伴う「絶えず存在する、破壊的プロセスに陥っているという自覚」について書いた手紙をくれた。「頭の一部がどうしようもなく夢中になっているときでも、奥のほうにひっそりと、何が起こっているのか敏感に気づいている部分があるのですが、たいした役には立たないようです」[102]「敏感に気づいている」その部分は、依存症の〈ゾーン〉から彼女を引っぱり出すことこそできないが、そこに分析的価値が潜在するとカトリーナは主張する。「濃密に関わり合ってはいても、人は自分の状況から抜け出して〝客観的〟になり、状況を見抜く本物の〝洞察力〟や、他人の目で観察するような視点をもつことが充分できる、そういうチャンスがあるといいのですが」本書は、私が話をしたギャンブラーたちにそういうチャンスを与える試みである。正道をはずれた、あるいは不適応な消費者だとひとくくりにせず、本書では彼らを、自分たちがとらわれてしまったその〈ゾーン〉の専門家という部類に入れる——それは、現代資本主義社会に生きる大勢の日常的経験とある程度共鳴する〈ゾーン〉ではないだろうか。

インタビューの終わりごろになって、それまでいつも自助の十二段階をまとめた小冊子をめくっては言葉を探そうとしてきたモリーが、ラスヴェガスでの暮らしのようすをマップにしてくれた（【図i・5】参照）。描きながら、マップ上のそれぞれの地点と、それが彼女の日々の生活に果たす役割を説明してくれた。まず紙の左上隅に、彼女が部屋の予約係として働くカジノリゾート・ホテル、MGMグランドを描いた。その右に、帰り道で車に給油しがてらときどきギャンブルもする、セブン-イレブン。その隣には、近所のカジノ、〈パレス・ステーション〉。夜と週末はそこでギャンブルをする。その下に、買い物とギャンブルをするスーパーマーケット、〈ラッキーズ〉。またその下には、不安障害の治療薬をもらいに立ち寄る無料診療所を描く。最後に左下隅に描いたのは、毎週水曜日の夜にGAの集会があるショッピングモールだ。私たちはそこで出会った。モリーがそれぞれの場所と場所をつなぐ道を描くと、ひとつながりのループができあがる。手を止めてマップをじっと眺めていた彼女は、仕上げに自分自身を描いた。ループの真ん中に宙吊りになった、スロットマシンの前に座る姿を。

『ラスヴェガスから学ぶこと』［訳注　邦訳『ラスベガス』、鹿島出版会］によれば、カジノの看板が特大サイズなのは、急発展する自動車文化では大きいほうが視覚的優位に立つからだという、その有名な分析を引き合いに出して、モリーは自分の通り道にある、不釣り合いなほど大きい看板のある場所にそ

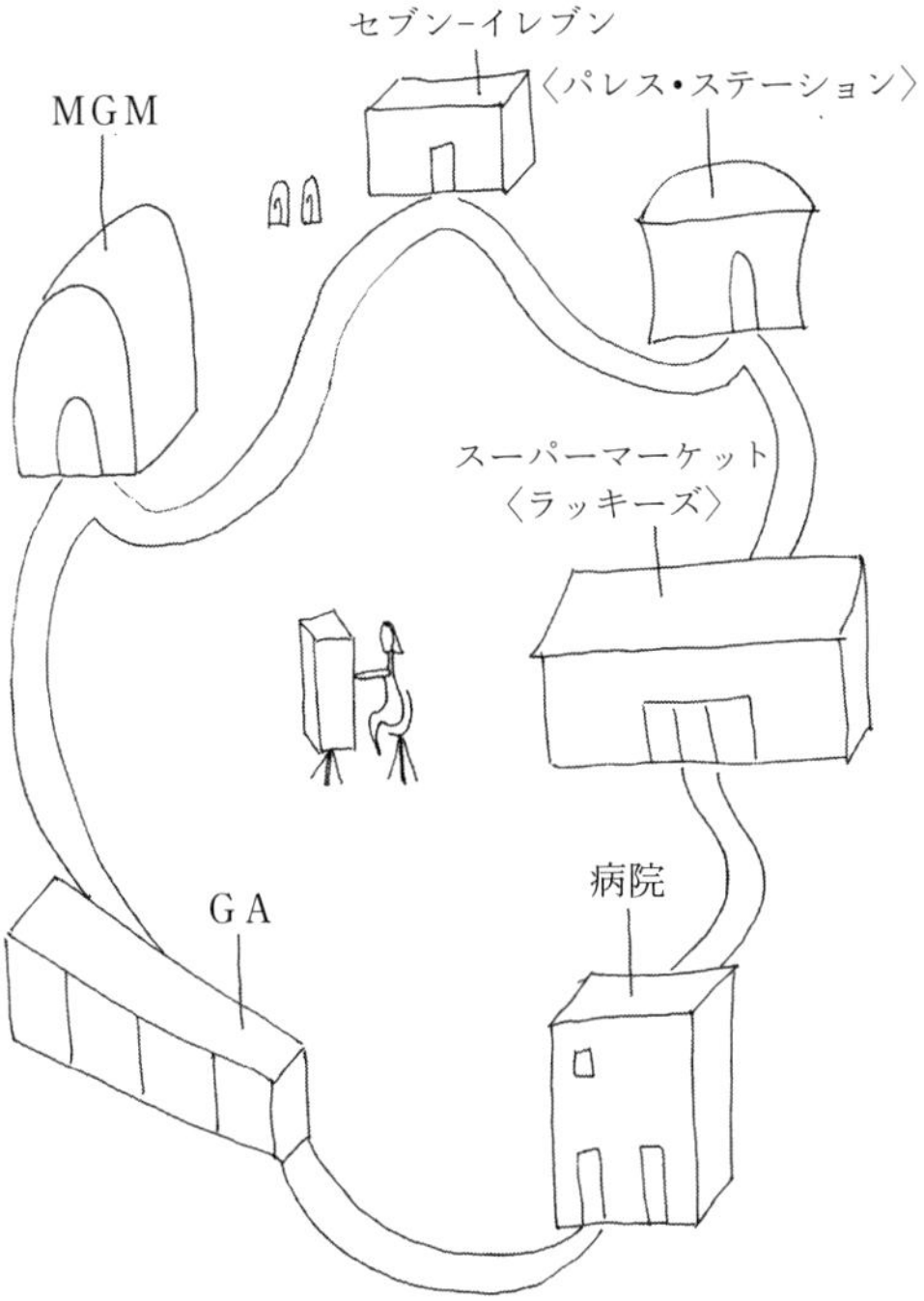

図i.5　モリーが著者のために描いてくれた、ラスヴェガスでの日常生活マップ。1998年。

れぞれ印をつけた。[103] ただし、彼女のマップから学ぼうとするのは、ポピュリズム化した商業的街路構造や最先端の自由自在な自動車移動についての教訓というよりは、車で通る特定の経路上にある、罠にかかったり束縛されたり、一時的な逃避になったりする場所のことだ。[104] モリーは言う。「ときどきランチョ（ランチョ・ドライブ）を走るんですけど、気がつくとパラダイス・ロードを走っていて、どうやってそこに来たのか思い出せない。〈パレス・ステーション〉に着くまで、家に帰るまでの時間が抜け落ちてしまう——時間が途切れ途切れなんですね。ずっと州間幹線道路《インターステート》を走ってやっと出口ランプまで来たと思ったら、ぐるっとひと回りしてふりだしに戻っただけだと気づくんです」彼女が思い描く道のりには出口はなく、さまざまな悪習にひたれる停泊地がある――そしてその治療をしてくれるところもある――閉じた回路のようだ。その回路の内側に（あるいは外側なのかもしれないが）、彼女の姿はただギャンブリング・マシンという錨につなぎとめられて浮かび漂う。マップを描き終わった彼女に、真ん中の人間とマシンのペアを指さして、「これはどこ?」と聞いてみた。彼女の答えは、「どこでもないところ、それが〈ゾーン〉です」だった。

モリーのマップを携えて、本書は〈マシン・ゾーン〉の探検に乗り出す。〈ゾーン〉が出現する場所として、あるいは〈ゾーン〉が逃避を求める場所としての、物質的、社会的、政治経済的環境という、より広い世界の探検に乗り出すのだ。構造的戦略、テクノロジーの能力、感情的状態、文化的価値観、人生経験、治療技術、規制の進め方といったものが、どんな動的回路となって、ギャンブラーが自制心を失いギャンブル産業が利益を得ようとする中間地帯を生むような状況をつくっているのか? 私はモリーのマップの中央に描かれた人間とマシンの出会いを分析の基本ユニットとして、そこから漸進的に枠を広げていった。[105] つまり私独自のマップは、以下の四部にわたって描いてある。マシン・ギャンブリングの回路に沿って存在するさまざまな立場の領域を、それぞれの部で明らかにしてあるのだ。

第一部「デザイン」では、カジノ経営者やギャンブリング・マシン製造業者が、ギャンブルの環境およびテクノロジーに関する計画をどう練っているか考察する。第一章で、現代カジノのマシン志向の構造や状況、それらが顧客をマシンに引きつけ、マシンプレイに夢中にさせておくように考慮されたものであることを紹介する。第二章は、マシン・インターフェースそのものと、マシンのデザイナーが、より長く、より速く、より集中的にプレイさせるために、プレイヤーの身体的、感覚的傾向に細心の注意を払っていることについて。第三章ではマシンの内部まで踏み込み、機械式からデジタル式へテクノロジーがシフトしたことで、ギャンブル産業の確率制御力がいかに高まったか——ひいてはその変化によって、ギャンブラーのマシンとのインタラクション状況がどう変わったかを熟考する。

第二部「フィードバック」では、ギャンブリング・テクノロジーおよび環境のデザインが、ギャンブラーのプレイの好みやパターンに応じて、その好みやパターンを特定の方向へ向けようとするようすに肉薄する。第四章では、ゲーム・ソフトウェア刷新とプレイヤーの好みの変化とのあいだにある動的関係を、〝勝つためのプレイ〟から〝デバイス上で過ごすためのプレイ〟への転換が広がったことに焦点を当てて、探っていく。第五章では、ギャンブル産業が、マシンになおいっそう熱中させるべく、個々のプレイヤーごとの好みを追跡して分析、調整する能力を進化させていることについて考える。第六章では、ギャンブラーが自己崩壊したり〈マシン・ゾーン〉に入り込んだりする際の、選択や自制感覚の反直観的役割に焦点を当てる。

第三部は「依存症」。分析の焦点は、マシンおよびそのデザインから、依存症になったギャンブラーの側へと移る。第七章で探るのは、ギャンブラーがマシンプレイにのめり込むことにより明らかになった、彼らの生活に影響する社交的相互作用《ソーシャル・インタラクション》、金銭、時間に関連する広範な社会の力、価値観、期待について。第八章では、スロットマシンとの出会いで生じた、ギャンブラーの私的な生活史における、コントロールと敗北のきわどい心理力学、およびその一見常軌を逸した心理力学が表わす、ギャンブラーの特異な経験という範囲を超えたプロセス、傾向、実存的不安を探る。

最後の第四部「順応」では、問題のあるマシン・ギャンブルの矯正が、まさにその問題に〝固定〟する意図のうかがえるものになってきているという矛盾をさぐる。第九章の焦点は、マシンプレイという自己治療行為と、目的や手法の区別が時としてつきにくい治療法の実行に苦闘する、ギャンブル依存症者の回復中の二重拘束《ダブルバインド》についてだ。第十章では、政策の領域に目を向け、マシン・ギャンブリングをめぐって具体化されてきたさまざまな規制案とともに、それに付随する、リスク管理の責任はギャンブラー、ギャンブル産業、行政のどこが負うのかという議論を考察する。しめくくりに、世界中の新たな場所、また新規開拓された国内市場におけるマシン・ギャンブリングヒリピート・プレイの普及ぶりを追い、ギャンブル産業に携わる人々や行政の代表者たちが、この増収益モデルを推進するにあたって倫理問題をいかにないがしろにしているかを探る。

第一部　デザイン

スロットマシンを五〇台導入するときは、ネズミ獲りがまた五〇個増えたと考えるようにしている。ネズミをつかまえたいなら、手段を講じなければならないからだ。お客から金を最大限にしぼり取る――それがわれわれの仕事だ。

――ボブ・スタパック（ラスヴェガス・ストラススフィアCEO、一九九五年）

AEDの導入実験

二〇〇〇年。ラスヴェガスの北西、さびれたカジノが集まる〈旧ストリップ〉のはずれにある病院の駐車場で、何人かの救急隊員が救急車のまわりでコーヒーを飲みながら煙草を吸っていた。彼らの話では、カジノからお呼びがかかるのはほとんどの場合、スロットマシンで遊んでいた客が心臓発作を起こしたときだという。カジノは出入りが面倒なことで有名なため、出動要請がくると、みな不安になるそうだ。訓練の休憩時間、救急隊長はカジノに出動する際に遭遇する面倒をひとつひとつ数え上げてくれた。「カジノの正面玄関で、駐車係になかに入れてほしいと頼むのがいちばん簡単ですが、カジノ、特に〈ストリップ〉にあるカジノは、救急車を玄関前に駐めさせてくれません。商売上まずいからです。客に不安を与えたくないのでしょうね」。だから、救急隊は救急車を裏口に停めて、通用口から屋内に入ることになる。

建物のなかに入ったら、今度は複雑な通路を進むことになる。「どこのカジノも同じです――現場に直行できる通路はなく、エレベーターで上がったり下がったりしなきゃならない。カーペットの敷かれた廊下を何度も曲がるうちに、方向感覚もなくなってしまいます」。なんとか病人のもとにたどり着くと、問題は、建物内の複雑なレイアウトから周囲の一般客たちに移る。みな、プレイ中のマシンから離れたがらないのだ。「ギャンブルに夢中の客たちは、われわれに道をあけてくれません」と語るのは、ずらりと並ぶスロットマシンの列のあいだの細い通路で、患者に点滴の針を刺した経験のある救急隊員だ。

カジノのなかには発作が起きてからの対応時間を短縮しようとして、スロットマシンの列を監視するカメラを付けたり、スタッフに心臓発作患者を見つける訓練をおこなったりするところもある。一九九七年にはそのような対策をさらに進め、警備員たちにAED（自動体外式除細動器）の扱い方を教えはじめた。救急隊員たちに勧められ、私はカジノAEDプログラムを策定したクラーク郡の救急医療コーディネーター、リチャード・ハードマンに話を聞きに行った。四〇代でスレンダーな体型のハードマンを取材しようと〈ストリップ〉の南端からそう遠くないクラーク郡の消防本部を訪ねると、デスクの上は乱雑に散らかり、テレビが病院みたいに天井から吊るされた狭いオフィスに案内された。

一九九五年に医療評価プログラムを実施した際、ハードマンの部署はクラーク郡の心臓発作死亡者数がほかの郡の三倍近いことに気づいたという。調べてみると、心停止の三分の二はカジノで発生していたが、この死亡率の高さは、救急隊員がカジノ内の複雑な通路を進むのに時間がかかるからだとハードマンは考えた。救急車は、通報を受けた四分半から五分後にはカジノの建物に到着する。だが、建物内の患者にたどり着くのに平均一一分かかっていた。その数分が生死を分けるのだと、ハードマンは言う。

「いったん心臓が停止したら、生存率は一分ごとに一〇パーセントずつ下がっていきます」

そこでハードマンは、公衆衛生の研究者に相談した。その研究者も、医師以外の人物によるAEDの使用を試すのに、ラスヴェガスは理想的だという彼の意見に賛同し、二人はこの実証研究の実施を計画した。次にハードマンは、AEDを購入して使用方法をスタッフに教育してほしいと、カジノの経営者団体に働きかけた。当初、経営者側は装置の不適切使用で訴えられることを心配して尻込みしていたが、AEDは呼吸と心臓が停止した患者にショックを与えるだけで、事態がそれ以上悪化することはないと説得し、ようやく納得させたという。「AEDを使用する際、使用者側が判断を下すことは何もないのです」とハードマンは力説した。「AEDは自動式で誰にでも使えるようにつくられていますから、状況はすべて機械が分析してくれます」。そこでカジノ側は、AEDの使用方法を警備員に教育することにした。スタッフのなかで施設内をいちばん熟知しているのが、彼らだからだ。実際にやってみると、警備員の動きは非常に迅速で、なんと二分から三分で患者に対処できるようになった。「当初はカジノ側も難色を示していましたが、今では彼らも装置を適切に利用しています」とハードマンは語る。

以来、AEDはラスヴェガスのカジノで何千回となく利用され、生存率はなんと五五パーセント（病院の生存率よりも高い）にまで上昇。一〇パーセント以下という全国平均をはるかに上回るようになった。[1] ハードマンはこれを〈心臓病患者サバイバル活動〉の一環として議会で証言し、海外でも講演活動をおこなっている。彼の講演が説得力にあふれているのは、AEDを実際に利用している場面のビデオを使用していることが大きい。「実は、これは監視カメラの映像です。カジノ側が自分たちも知らないうちに資料ビデオをつくってくれていたというわけです」とハードマンは教えてくれた。彼は音声がなくて申し訳ないと言いながら、私をデスクの前に座らせると、自分はテレビの下に立ち、画面に映るビデオに合わせて慣れた調子で説明をしてくれた。あらかじめ注目すべき小さな動きを教えられた私は、画面を食い入るように見つめた。画面では、同じような場面が三度たて続けに繰り返された。登場するのは、三つのカジノ、三人の瀕死の患者、そして命を救う三つのＡＥＤだ。

最初のビデオはモノクロだった。カードテーブルのディーラーが水をくれと頼むのだが、それを飲もうとしたところで崩れ落ち、二つのテーブルのあいだに倒れてしまう。その状況に気づいた監視カメラはすぐさまアングルを変え、そのあとに続くＡＥＤによる救命活動を記録していた。二本目のビデオはカラーで、スロットマシンの前に座る六〇代前半の男性を頭上から撮影した映像から始まった。胸が痛いと訴えた男性に、カジノのスタッフが酸素ボンベを持ってくる。その後、具合がよくなったらしく、男性はカウボーイハットをかぶると、もう大丈夫だと告げ、長い通路をカジノの出口へ向かって歩きはじめる。男性がカジノの建物を出ていくまで、七台のカメラがその姿を追いかける。彼はエスカレーターを下りると、高くなった通路を歩き、カジノのフロアを横切ってドアを出ていく。「カメラは彼を追って無事を確認しますが、おそらくこれには法的な理由もあったのでしょう」とハードマンは付け加える。彼の言葉は、ＡＥＤだけでなく、この徹底した監視カメラシステムのことも賞賛しているように聞こえたが、ビデオではＡＥＤと監視カメラのどちらがより重要な役割を果たしているかは、わからなかった。その後、カジノの屋根に設置されたカメラが屋外の駐車場へ歩いていく彼を追い、車の列のあいだを歩く姿が大写しになる。と、そこで彼は崩れるように倒れてしまった。通りがかりの人たちが集まってくるのと同時に、カジノの警備員たちもＡＥＤを手に駆けつける。装置の準備を整えて男性の身体に装着し、衝撃を与えて意識を回復させる。七分半後、救急隊員が駆けつけてきた。「もしＡＥＤがなかったら、彼は七五パーセントの確率で死んでいたでしょうね」とハードマンは言った。「駐車場で倒れたのはさいわいでした――カジノの建物内だったら、救急隊員が到着するまでにもっと時間がかかったはずです」

　なかでも最も恐ろしかったのは、三本目のビデオだ。監視カメラは、偶然にもテーブルでプレイしている人物をとらえていた。椅子の背にもたれ、こめかみをさすりながら、頭をはっきりさせようとしていたが、突然、隣の人に倒れかかった。ところが、倒れかかられたほうはまったくの無反応だ。一方男性は、発作に苦悶しながら床へ崩れ落ちる。それに気づいた通りがかりの二人が、彼を床に横たえた。さいわい、二人のうちのひとりは非番のER（救急救命室）担当看護師だった。周囲にいた何人かの客が席を立ち、カメラは下に振れ、床をクローズアップする。それから一分も経たないうちに、ひとりの警備担当者がAEDを手に現れた。警備担当者は倒れている男性にパッドを貼り、彼から離れてから、ショックを二度与える。九分後、救急隊が到着したときには、男性は意識を回復していた。少し混乱していたものの、やがて意識もはっきりして話しはじめた彼は、複数のカメラに見守られてカジノをあとにした。

　そこでハードマンは説明を中断し、このビデオで最も興味深いのは、周囲の人々の反応というよりはむしろ、周囲の人の無関心さだと言った。そう言われるまで私は、倒れた男性ばかりに気を取られ、このビデオがなぜこれほど不気味に見えるのかわからなかった。そうだ、驚くべきは心臓発作そのものよりも、人の心臓が止まっているという事実と、その周囲で平然とギャンブルが続けられているという事実の、あまりにも大きな乖離だ。それはまるで、まったく違う場面のビデオを重ね合わせたかのようだった。意識不明の男性が自分の足元に倒れ込み、自分の椅子のすぐ近く、今にも触れそうな場所に横たわっているというのに、彼らはそれでもギャンブルに興じつづけているのだ。

第一章 〈ゾーン〉とインテリアデザインの関係 建物、雰囲気、感情

カジノのスロットマシン・フロアのマネジャーたちとのインタビューでは、マシン・ギャンブリングをする人たちはプレイに熱中するあまり、洪水が足元に迫ろうが、煙が室内に漂って火災報知機が大音響で鳴り響こうが、まったく気にしないだろうという話を、よく聞いた。確かに、先述の監視カメラのビデオでもわかるように、マシン・ギャンブリングをしていると、周囲の状況、すなわち自分の隣りにいる人のことも、足元で死にかけている人のことも気づかないことがある。モリーも、そんな極端な無関心を目撃したことがあった。プレイするマシンを物色しながらカジノの通路を歩いていたとき、ずらりと並ぶマシンの列のあいだで床に横たわる男性と、それを囲む小さな人だかりに遭遇したのだ。「彼は心臓発作を起こし、救急隊が電気ショックの機械を持って駆けつけてくるところでした」と彼女は語った。「通りがかりの人はみんな彼のことを見ていましたが、私は一ドル台のスロットマシンの前にいる女性から目が離せませんでした。なぜって彼女、マシンの画面から一瞬たりとも目を離さないのです。まわりの騒ぎなどおかまいなしにゲームを続け、手を止めようともしませんでした」。その後、やってきた救命士がAEDを男性に装着して心拍を取り戻そうとしているあいだも女性はゲームを続け、その手は心拍とは別のビート、彼女をまわりの光景や音や出来事から隔絶された〈ゾーン〉に漂わせるビートを、刻みつづけていた。「そうなったら、もう、自分はそこにいないんです」モリーは以前、〈ゾー

ン〉のことをそう説明した。「自分とスロットマシンしか存在しない世界、それが〈ゾーン〉なのです」と。

引退した元電気通信技師のダニエルは、その〈ゾーン〉に入り込んだときに感じる〝周囲から切り離された〟感覚は、そのときの周囲の環境に関係があると語る。

それは、カジノに向かうときから始まります。車の運転中も、意識はすでにカジノのなかにあり、プレイするマシンを考えています。駐車場に入ると、その感覚はいっそう強くなり、カジノの建物に入るころには、すでに半分〈ゾーン〉に足を踏み入れています。そんな気分になるのは、通路を歩いているときに耳や目に入ってくる、カジノの音、照明、雰囲気のせいです。そしてようやくマシンの前に座ってゲームを始めると、もはや自分さえもがそこにはいない気になり、すべてが消えていってしまいます。

ダニエルの経験では、彼が入り込んでいく〈ゾーン〉をつくりだすのは、ある意味、その〈ゾーン〉に〝消えていってしまう〟周囲の建築的、環境的世界だ。この章では、彼のこの見方を出発点に、カジノのインテリアデザインと〈ゾーン〉の関係を検討していく。

ラスヴェガスから学び直す

一九七二年、建築家のロバート・ヴェンチューリ、デニス・スコット・ブラウンとスティーヴン・アイズナーは、共著『ラスヴェガスに学ぶこと』でラスヴェガスとその人工的な環境の文化的重要性を論証し、この街はまさに大衆のための建築の実験場だと論じた。[1] 社会の価値観や理想とされる行動を人々に植え付けることが建築の役割だというエリート主義的考え方を否定する彼らは、ラスヴェガスの道路沿いに並ぶ建物は、その土地固有の大衆言語と自動車文化が産んだ新たな自由の記念碑として、自然発生した建築物だと主張する。そんな彼らがこの画期的な著書のなかで紹介する建築物には、近代建築の非現実的で圧倒的な虚飾との決別、そして〝共通の価値観〟と〝現状〟への解答が、民主的かつ包括的に表現されている。

　近代的な建物は、高い天井、ゆったりと広い空間、たっぷりの照明と窓、そしてミニマリズムのすっきりした美しさが特徴だ。一方カジノは、天井が低く、訪れる者を奥へ奥へと取り込んでいくつくりで、空間の境界が曖昧なうえ、「互いに名前も知らず、明確なつながりもない人々」が集う小部屋の迷路でできている。[2]

　一般に好まれるそのほかの共有空間と同様、カジノもまた「一緒に過ごしながらも、一定の距離は保っていたい」というアメリカ人のニーズを上手に満たしている。ヴェンチューリと同僚は「ギャンブル場やその小部屋のうす暗さと、外界から遮断された雰囲気の組み合わせは、そこにいる人々にプライバシーや安心感、集中力、万能感をもたらす。外光は入らず、外界との接点もないうえ、天井も低い複雑な迷路になっている。そんな場所にいれば、人は空間の感覚も時間の感覚も失い、自分がいる場所も時間もわからなくなってしまう」と語る。[3] そのような場所は、社会学者デイヴィッド・リースマンが現代社会全般の特徴として絶望的に語った〝孤独な群衆〟の社会的病《やまい》を癒しはしない。むしろカジノは、ア

メリカ人たちの現実逃避願望を批判することなく満たし、そのニーズに対応したのだ。(4)

『ラスヴェガスに学ぶこと』が出版されたのと同時期、ネヴァダ州では企業賭博法が成立し、カジノ開発の新たな波が起きた。そして、この波は一九九〇年代にさらに勢いを増していく。野心的な若きカジノ王、スティーヴ・ウィンが一九八九年にジャンク債で資金をつくり建設した、熱帯雨林がテーマのリゾート〈ミラージュ〉が、驚異的な大成功を収めたからだ。これに刺激された他の企業も、〈ストリップ〉地区に〈ミラージュ〉と同様の施設を建てはじめた。その結果、ヴェンチューリたちが称賛したラスヴェガスならではの建物は、大企業が運営する巨大なメガリゾートに姿を変え、〞総合的環境〞の綿密な建築的計算も、その変化に飲み込まれてしまった。〈ミラージュ〉のようにテーマを明確に打ち出した新しいカジノの非現実的な正面玄関《ファサード》――ポリネシアの熱帯雨林、古代エジプト、イタリアの湖畔など――のうしろには、売り上げ最大化を至上命題とした標準計画に基づくインテリアデザインが待ち受けているが、ここにもまた、別の種類の『ラスヴェガスに学ぶこと』を見ることができる。(5) 一九九一年、フレデリック・ジェイムソンは『ラスヴェガスに学ぶこと』の書評のなかで、ヴェンチューリたちは近代主義の否定にやっきになるあまり、自分たちが見た建築形態に芽生える〞後期資本主義の文化的論理〞を見落としたと、述べている。(6) 確かに、そのような建築形態への志向は近代主義的でないが、同時にそれは道義的でも公共的でもなく、臆面もないほどに実利主義的で、自制や社会調和の代わりに自暴自棄を助長し、企業利益の追求を促す。

そして今、カジノの〞商業的ヴァナキュラー・スタイル〞、すなわちその土地固有の商業様式は、現実逃避を求める大衆のニーズや欲望を誘導する、より大掛かりな仕掛けの一環として、彼らのニーズや欲望を満たしている。「カジノの設計で重要なのは、客をフロントからカジノ本体に誘導すること」と言ったのは、〝人間工学〟の概念とカジノの設計の関係を学者に尋ねられたときの、ある一流建築家の答えだ。さらに彼は、自社がうたう〝体験型〟建築の意味について、「私たちは人の動きやカジノ内を歩くパターンに影響を与えており、それをすることで人々の体験を管理しています」と説明している。[7] 一方、ウィンは、そのような設計戦略を強調せず、〈ミラージュ〉の成功は「小細工ではなく混沌がもたらした」結果だと語る。だが実際には、彼が所有するカジノはどれも、コンセプトから仕上げに至るまで、また壁の処理からBGMに至るまで、すべてが綿密に計画されている。[8] たとえば、〈ミラージュ〉の平面図【図1．1】が出来上がったあとも、彼は設計コンサルタントや元カジノ・マネジャーのビル・フリードマンの修正案を検討するために、建設の着工を遅らせている。カジノの設計に対するフリードマンの実際的な考え方については、このあと触れていく。

カジノ設計にかけてはギャンブル業界第一人者のフリードマンは、一九七四年、カジノの経営本の決定版とされる著書を発表し、その地位を築いた。[9] その後の二五年間、彼はさらなる著書のために調査を続け、二〇〇〇年に全六三〇ページ、『競合相手を圧倒するカジノの設計』という大胆なタイトルの大著を発表した。この本で彼はカジノを迷路と呼び、その理由を「私が信頼する『アメリカン・ヘリテイジ英語辞典』には、迷路という言葉は〝混乱させる、あるいは当惑させる〟を意味する言葉に由来し、〝庭園や迷宮などにある、複雑で入り組んだ相互接続の通路網〟を指すとあるからだ」と説明している。[10] ウィンと違い、フリードマンが〝混乱〟を持ち出すのは、自身の設計上の小細工をないがしろにするのではなく、むしろ特徴づけるためだ。彼が語る建築的視点からの〝混乱〟は、『ラスヴェガスに学ぶこ

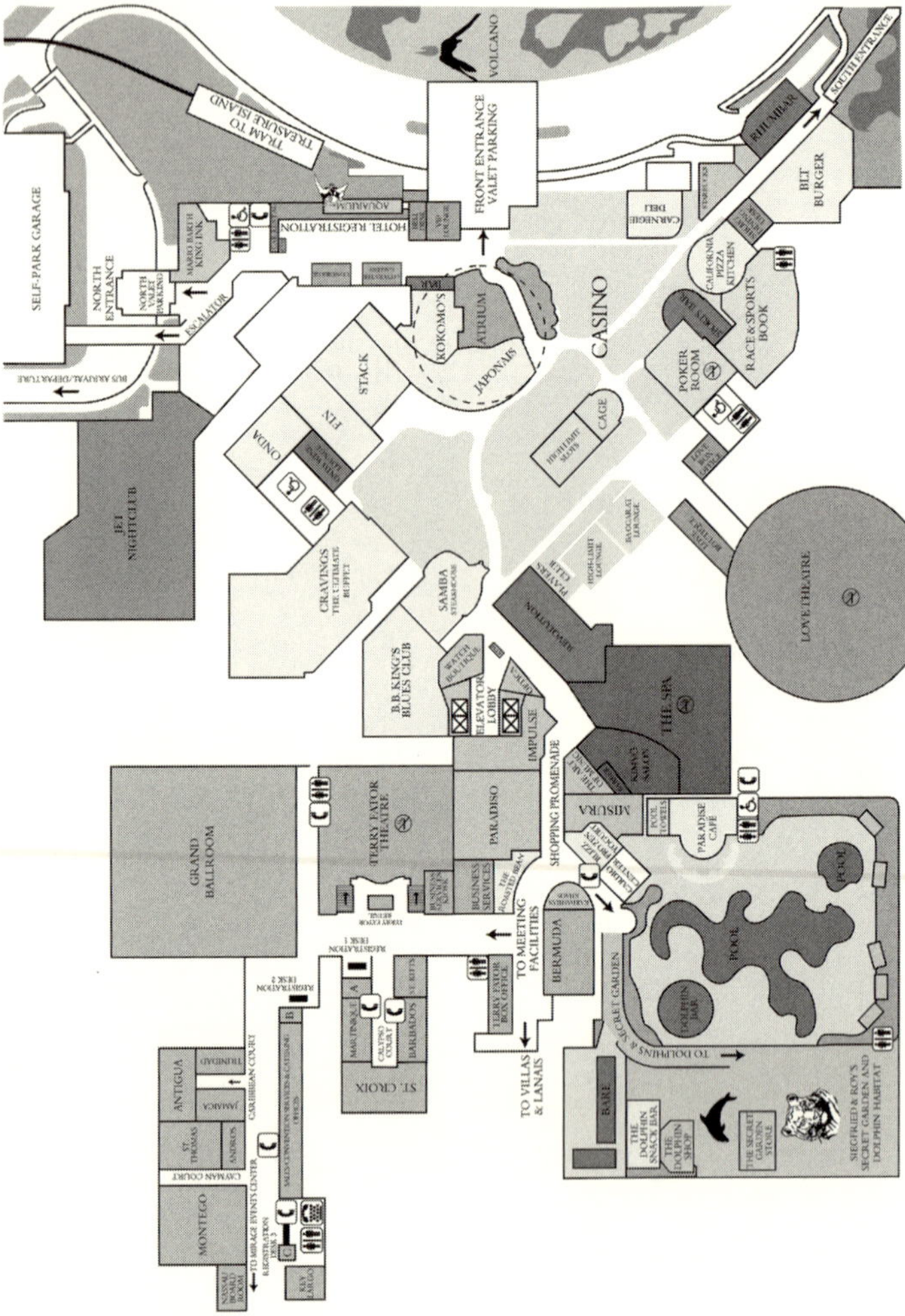

図1.1　1989年にスティーヴ・ウィンが建設したカジノ〈ミラージュ〉のフロアプラン。vegascasinoinfo.com提供。

と』で語られた〝入り組んだ迷路〟に非常に似ているが、ポストモダンの大衆主義よりは行動主義の応用との共通点が多い[11]。「ハーメルンの笛吹きがすべてのネズミと子供たちを引き連れていったように、適切に設計された迷路もカジノに来る大人の客たちを引き寄せることができる」と彼は書いている[12]。

フリードマンの迷路が、今日のギャンブル産業における唯一有力なカジノ設計のテンプレートというわけではないが[13]、最高のデザインと言われ、マシンとも調和するこの迷路は、カジノ内部のデザインが、マシン・ギャンブリングをする人たちの精神状況とどうかかわっているかを分析するには、ふさわしい出発点となる。迷路とその誘導戦略が、マシン・ギャンブリングの異世界〈ゾーン〉をつくりだし、調整することを目的としているのは明らかだからだ。

迷路の設計

フリードマンは著書のなかで、「カジノのオーナーや運営担当者、建築家、インテリアデザイナー、室内装飾家」は主観的な好みや高尚な設計コンセプトばかりを重視し、何が賭博行為を促し、何が抑止するのかといった実際的な知識を軽視しがちだと非難している。「彼らのコンセプトや提案は、ギャンブルをする人たちの目的や行動を考慮していない」というのだ[14]。ギャンブルをする人々の目的や行動に関する彼の豊富な知識は、二五年にわたり、八〇を超えるカジノで実施してきた現地調査（ならびに一九三一年から現在までの歴史的な分析）で培われたものだが、かつてスロットマシン依存症だったという彼の実体験によるところも大きい。フリードマンは自著の序文で、みずからをこの分野のオーソリティと称し、「私がギャンブルをする人の動機や経験を理解できるのは、二五年前にきっぱり足を洗うまではこの私自身、どうしようもないギャンブラーだったからです」と語っている。[15]

マシン・ギャンブリングの〈ゾーン〉を身をもって知るフリードマンは、自分の体験を例に引きつつ、ギャンブラーが求めるゲームプレイとは「周囲のすべてが見えなくなるような、自分の内側に向けた高度な集中」だと説明する。「この個人的かつ内省的な経験を最もうまく提供できる建築家、マーケッター、事業者が、最も多くの客を惹きつけ、カジノビジネスを成功させるのだ」と。カジノの設計は、現実から逃避したい客の願望に応えなければならないというフリードマンの主張は、ベンチューリたちの主張とも共通するが、彼らと違い、フリードマンの目的は近代主義の虚飾を非難することでもなければ、顧客の好みに合わせることでもない。彼が目指すのは、大きな組織の金儲けのために、客の行動を操作する環境づくりだ。

ギャンブル産業の経済的優先順位に従い、フリードマンはその注意の大半をマシンでゲームをするマシン・ギャンブラーに向けている。インテリアデザイナーの多くはスロットマシンを、客をカジノに呼び込む小道具ぐらいにしか見ていないが、フリードマンはむしろ、カジノ内の環境すべてが客をマシンにいざなう手段でなければならないと考えている。「すべてのカジノに何かひとつ共通点があるとすれば、それはギャンブリング・マシンだ。それこそまさに、客がギャンブリング・マシンをいちばん重要だと考えている証なのだ」と彼は書いている。[16] また、プロの装飾家たちの感性を無視したものだと知りつつも、彼は単調な環境がいちばんだと言い、「スロットマシンを派手な装飾で隠したり、ごまかしてはいけない。そのような装飾はできる限り排除し、マシン自身が自己主張するようにしなければいけない」と語る。[17] 彼と同じように考えるカジノ事業者は、二〇〇九年、カジノの設計についての討論会で

「客に天井を眺めてもらう気はありません。天井を見てもらったところで何の得にもなりませんから」

と発言している。[18] カジノ内にあるすべてのものは、客の注意をマシンからそらすのでなく、マシンに集中させる役割を果たさなければならない。天井の高さからカーペットの柄や照明の明るさまで、通路の幅から音楽、温度調整に至るまで、すべての要素は客に〈マシン・ゾーン〉の内側に入り込んでもらうための工夫でなければならない、とフリードマンは言う。そのために彼は、〈フリードマンのカジノ設計理念〉と名づけた一三のルールに基づいた包括的デザイン戦略を提案している。

空間を圧縮する――建物のつくり、分割、シェルター

フリードマンによれば、カジノの設計でいちばん大事なことは、マシン・ギャンブリングをする人たちが「隔離されたプライベートな遊びの世界」に入っていけるように、「周囲のエリアの空間的関係性、ならびにその場を包む構造的ボックスの形と感触」をしつらえることだという。[19]「客はにぎやかなカジノでギャンブルをすることを好むが、いったん建物内に入ると、今度はカジノの喧噪から隔絶された、自分だけのこぢんまりとした世界を求める」と彼は語る。[20] したがって、そのような隔絶された世界を求める客たちのニーズに応えるために、彼はカジノのレイアウトに〈空間消去の法則〉を採用している。

『ラスヴェガスに学ぶこと』は近代主義を批判しているが、フリードマンもまた、客に空間感覚を教え込もうとする主流派建築家たちを批判する。「抽象的には、〝広大〟という言葉は聞こえがいい。自分の領域のプライバシーや安全性が守られている気がするからだ。また、思うままに自由に、そして独立して歩き回れる印象があるうえ、豊かさまで感じられる」[21] しかしフリードマンの実証研究によれば――

彼はカジノの〝客の流れ〟や〝機器の稼働率〟そして客の滞在時間を調査した――稼働率が最も高いスロットマシンがあるのは決まって「まわりから隔絶された飛び地のような場所」や「小さなアルコーヴ（壁のくぼみ）や奥まった場所、部屋の片隅」、あるいは「人目につかない場所や物陰」だ。[22] ギャンブラーたちも、フリードマンのこの発見が正しいことを裏付ける。モリーも、「私はなんとなくいつも、人目につかない隅に行っていました。そこなら安心して、自分の〈ゾーン〉に入ることができたからです」と言っていた。一方シャロンは、両足を自分がプレイしているマシンの両側にのせることで、自分だけのこぢんまりした避難所をつくっていた。ダニーは「私は背後がスカスカなのが嫌なんです」と言い「自分だけの小さな暗い部屋にいたいんですよ」と語っていた。

「ギャンブルをしているときの彼らがいちばん避けたいのは、広々としたスペースだ」というのがフリードマンの結論だ。[23] 広々とした場所とは、「過剰な横スペース、過剰な奥行き、過剰な縦スペースがある」場所だ。[24] たとえば、頭の上ががらんとしていると、「エネルギーが放散」するうえ、他人の視線にさらされているようで不安になる。[25] フリードマンは、そのような空間をなくすことができなかった、あるカジノのことを「完全にオープンで、見晴らしがよく、天井も高いそのカジノは、まるで飛行機の格納庫のようだった」と言っている。[26] 設計に失敗した別のカジノでは、客の目の前に「無数のマシンがずらりと並び、その頭上にはがらんとした空間が無限に広がっていた」という。[27] 空間を消せなかったカジノの失敗要因を語る際、彼はスティーヴ・ウィンのカジノ〈トレジャー・アイランド〉のスロットマシンのフロアを例に挙げ、これを「アメリカ最大のスロットマシンの海」と呼んだ【図1．2上】。この絵では、フロアの片隅にいる女性がバッグにしっかり手をかけ、あとずさるような姿勢で、カジノの奥まで延々と続くスロットマシンの海、「まるで無限に続く海」のようなスロットの密集群を、肩越しに眺めている[28]。このように客を不安にさせる存在感たっぷりの空間では、客はスロットマシンの置かれたエリアに足を踏み入れにくく、彼らが求める〈ゾーン〉に入りこむこともできない、とフリードマンは言う。

〈空間消去の法則〉によれば、設計者はスペースを〝圧縮〟してギャンブルを安全に楽しめる場所をつくらなければならない[29]。ゲームプレイ自体は〝オープン〟で〝分割されておらず〟、〝無限〟で〝広大〟、そして〝果てしない〟とフリードマンは言うが、それこそが、彼がギャンブル環境において最小限に抑えようとしている現象的特徴なのだ[30]。それを実現する手段のひとつに、カジノのフロアを分割して隔離し、互いに見えなくするという方法がある[31]。たとえば、キャノピー（天蓋）や格間、幌、アーチなどの建築技術を使えば、がらんとした広いスペースを分割し、こぢんまりした雰囲気や、〝シェルターに守られている感覚〟をつくりだすことができる。「このような仕掛けがあると、その下にあるギャンブリング・マシンがすっぽり覆われているような錯覚が生まれる。つまり、キャノピーや幌とその下にある機器が、架空の線でつながっているように思えるのだ。これによって、そのエリアはカジノのほかの場所から心理的に切り離される」とフリードマンは書いている[32]。カジノのインテリアについてはヴェンチューリたちも指摘していたが、「小さく区分けされたスペースは、プライバシーや安心感、集中力、有能感を生み出す」のだ。これに従って〈ミラージュ〉の設計者は、ポリネシア風の小屋の屋根を無数に低く吊るし、「九万五〇〇〇平方フィートの広大なスペースに、こぢんまりした親密な雰囲気をつくりだした[33]」。これをつくった建築家のひとりは、一九九三年にこう言っていた。「吊り下げられた小

図 1.2 （上）ネヴァダ州にある「アメリカ最大のスロットマシンの海」、カジノ〈トレジャー・アイランド〉の完成予想図。カジノのフロアデザインにおける､広すぎた空間の問題を指摘するために描かれた。ビル・フリードマン著『競合相手を圧倒するカジノの設計』（2000 年）p.259 より。
（下）設備の密集と、視線の切り詰め、入り組んだ迷路のようなレイアウトによって、空間の消去を成功させた例。flickr.comからダウンロード。

屋風の屋根は、広大なスペースを小さく分割し、人はそんな小さな屋根の下に集まります。あのカジノは非常に広いのですが、どこにいてもその広さを実感することはありません。私たちの狙いは、カジノのお客の感覚をコントロールすることでした」[34]【図1．2下】

注意を集める——複雑化、手がかり、カーブ

スペースを圧縮し、感覚をコントロールする手段としてフリードマンが勧める方法には「すぐ目に入る場所にギャンブリング・マシンを置く」というものもある。そうすることで「カジノに足を踏み入れたとたん、客はギャンブルすることを余儀なくされる」というのだ。また、「設備を密集」させるという方法もある。マシンを「狭い場所にぎっしり」詰め込み、マシンの群れに取り囲まれた気分をプレイヤーに味合わせるのだ。ギャンブルをする人たちは「密集して入り組んだレイアウト」を好むため、「廊下や通路は、快適性や安全性が損なわれない範囲で、できるだけ狭くするべきだ」と彼は言う。[35]また、客たちの方向感覚やマシンへの関心も、できるだけ狭い範囲または〈ゾーン〉に封じ込めなければならない。

しかしフリードマンも言うように、これを実践するには細心の注意が必要で、封じ込めが行き過ぎれば、すべてのバランスが崩れてしまう。「建物の構造やレイアウトから余分な空間をすべて取り除いてしまうと、客は自分がどこにいて、どこに行きたいのかわからなくなってしまう」のだ。このように方向感覚を失ってしまうと、彼らは「あてどもなくさまよい、あたりをただぼんやり眺める」だけとなってしまう。[36]このような事態を避けるためには、「効率的に整理された密集状態」をつくらなければならない。その鍵は「不親切な混乱」[37]ではなく「計算された混沌」をつくりだすことにある。「迷路」をつくること、それが「防御策」だとフリードマンは語る。[38]「迷路状のレイアウトなら、来場者たちの視線は、すぐ目の前にある機器に釘付けになる。短く細い通路の行き止まりにスロットマシンがあれば、客はそれを真正面から突き付けられる。複雑で先が行き止まりの通路なら、歩いてきた客は嫌でも行き止まりにあるマシンを見ることになる。ギャンブルへの性向のある人なら、そのような迷路状のレイアウトにより、ギャンブルをしたいという衝動がかきたてられるはずなのだ」と彼は説明する。[39]一般に、複雑な迷路は方向感覚を失わせると言われるが、フリードマンの迷路はスペースを収縮させ、組み立てることで客を特定の方向に進ませるうえ、戦略的に配置した道しるべに客の視線を〝釘づけ〟にして、鏡のような目的地に誘導し、足を止め、座り、ゲームをプレイしたいという彼らの〝性向〟を呼び起こす。

ギャンブリング・マシンは、次の手札や回転に注意を惹きつけることでプレイヤーを駆り立てていくが、同様に建物の迷路構造も、客たちの視線を断ち切ることで彼らを前進させていく。「迷路を歩く人の目には、すぐ目の前にあるものしか見えず……いかなる方向、すなわち前も横も、頭上も見晴らすことはできない」のだ。この設計は「通路の先を部分的に隠す」ことで「(歩行者)をギャンブリング・マシンのさらに奥へ奥へと」誘っていく。[40]またフリードマンは、カジノの設計者に対し、その先に何があるかについてのヒントを客に与えるよう助言する。しかし、先にあるものを教えたり、カジノの奥を見せたりしてしまえば、もっと奥に行こうという気持ちが損なわれる可能性があるため、絶対にそれをしてはいけないとも警告する。[41]また、通路が広すぎたり、見晴らしがよすぎたり、色彩の調和が悪かったりすると、プレイヤーたちはゲームエリアに足を踏み入れず、カジノを通り抜けてしまう傾向がある。フリードマンはこれを〈黄色いレンガ道効果《イエロー・ブリック・ロード》〉と呼んでいる。皮肉なことにオズの魔法使いをテーマにしたMGMのカジノにも、文字通り黄色いレンガの通路があるが、その通路は、まさに彼がここで指摘する問題を実証している。

迷路風のカジノ設計は、通路の先にあるものが見えすぎてもいけないが、客が足を止めることなくマシンにたどりつける程度には、わかりやすくないといけない。そのためには、「デザインを利用した効果的な案内が必要だ」とフリードマンは強調する。〈シーザーズ・パレス〉の正面玄関に続くトンネルは、「境界が不明確で方向がわからなくなる」ため、大混雑になってしまうことが多かったが、この問題がちょっとした手がかりを配置しただけで解決した経緯を、あるライターがギャンブル業界紙にこう書いている。「大理石の幅木のすぐ上に、帯状に照明が設置された。連続パターンでゆっくり点滅するライトは、滑走路ですばやく明滅するチェーシングライトが、滑走路に接近してくるパイロットに与えるのと同様の効果を発揮する。トンネルに設置されたライトは、客たちの視線をカジノの入り口へと導き……通路を抜ける手がかりになったのだ」[42]。別のインテリアデザイナーは、「人を〝ネズミ捕り〟の奥に誘い込みたいなら、彼らの目を引く手がかりをカジノ全体に配置することだ」と語っている[43]。

通路に人々を引きこむには、こういった手がかりのほか、カーブも有効だ。カジノの客は「直角に曲がることを嫌う」とフリードマンは言う。なぜなら「歩くスピードを落として、スロットマシンがある通路へ直角に曲がるには覚悟が必要」だからだ[44]。別の業界関係者によれば、一九八〇年代半ばには「直角に曲がる通路を減らし」、「たくさんのカーブ」を導入することが、カジノ設計のひとつの戦略になったという[45]。ある建築家は、二〇〇九年のグローバル・ゲーミング・エキスポの公開討論で「途切れることなく続く曲線状の通路以上に重要なものはない」と語っている[46]。

カーブはカジノの敷地の外から始まっていなければならない、とフリードマンは言う。「カジノの入り口は客を招き寄せるよう設計し、通りや歩道から、なだらかなカーブで入っていけるようにすること。また、通りからカジノのエントランスに入っていくドライブウェイは、運転しやすい道であることが重要だ」[47]。道は、モリーの地図にあるようにゆるやかなカーブを描いていなければならず、直角に曲がったり、一時停止の標識があったりしてはいけない。〈ストリップ〉の多くの場所が歩行者専用になるにつれ、カーブの原理は屋外通路や動く歩道へと広がり、最後には一般の歩道にまで適用され、プレイヤーをカジノへと運びこむようになった[48]。あるカジノでは、エントランスに続く通路の曲がり角を直角からわずかに曲線状にしただけで、「歩行者の行動ががらりと変わって驚いた」とフリードマンは言う。その結果、カジノに入ってくる歩行者の割合は、それまでの三分の一から三分の二近くまで跳ね上がったのだった[49]。

カジノの内部では、「通路は客が方向感覚をなくすように、緩やかなカーブでくねくね曲がっていなければいけない」[50]。また、ギャンブリング・エリアに続く通路は「徐々に狭くなっていくことが重要で、そのような通路だと、客は別のエリアに入ってしまったと気づかないうちに、ギャンブルに没頭できるこぢんまりとした世界に入りこんでしまう」[51]。通路のカーブがゆったりと緩いカーブを描いていれば、足を止めたり、方向転換をしたり、自分の動きを確認する角が〝なくなる〟ため、歩行者は自分が建物のレイアウトに誘導されていることに気づかない。理想は、彼らが「目に入るものをあれこれ分析することなく、くねくね曲がる通路を歩き」、「自分のギャンブル心をかき立てるものがないかと、ぼんやりまわりを眺めてくれる」ことだ。[52] カジノのレイアウトの役割りは、歩いている客を暗示にかかりやすい状態にし、感情的に影響されやすく、次に与えられる環境的刺激に反応しやすい状態におくことなのだ。

感情を調節——感覚に訴える雰囲気

次の章でも述べるが、客がいったんギャンブリング・マシンの前に座ったら、それを誘導する役割の大半は、カジノ内の環境からマシンへと移る。その後も、環境は誘導の役割りを果たすが、今度は建物よりも雰囲気による誘導が主になる。つまり客に働きかけるのは、通路のカーブや視覚的手がかりや密集などのフロアプランでなく、〝カジノの雰囲気〟になるのだ。この〝カジノの雰囲気〟と言う言葉を、ネヴァダ州立大学ラスヴェガス校ホテル経営学部のコンサルタント二人は「サービス施設内外の環境と関連する管理可能な要素」——温度、照明、カラー、サウンド、香り——「客の感情的、生理的反応を引き出すもの」と定義している。[53] 彼らによれば、このような要素は客の〝体験的感情〟に強く働きかけてマシンへいざなうだけでなく、彼らをギャンブルの〈ゾーン〉に没頭させ、〈ゾーン〉内にいつづけさせるのだという。

感情とは意識の外にある感覚、エネルギー、注意力の動的状態だが、行動を起こすには必要不可欠なもの、とフランスの哲学者ドゥルーズは言っているが、だとすれば雰囲気は、意識されないレベルで作用したときに最も効果的と考えられる。[54] したがってカジノの設計者たちも、空間戦略同様、環境戦略においても感情を受け身なもの、あるいは静的なものではなく、能動的でダイナミック、そして利益向上の手段に利用できるものとして扱っている。[55]「ラスヴェガスのカジノでスロットマシンに利用される香りの効果」と題された研究では、特定の芳香をつけたスロットマシンが設置されたエリアでは、スロットの売り上げが四五パーセント上昇したが、同じようにいい香りでも、違う種類の香りをつけたエリアでは売り上げが変わらなかったという結果がでている。[56]この論文の著者は、特定の香りは「状況への感情的な適合」を生み、より長時間のプレイを促す、つまり「特定の環境に合致する」香りは、「行動を促す」のではないかと推測している。[57]また、この著者は「意識過程がないとされる動物を使った条件反射実験により」、「条件反射に意識は必要ないようだ」とも述べている。[58]

だとすれば、客には意識下のレベルで働きかけるのがいちばんだとフリードマンは語る。そうすれば彼らは「自分の感覚に反応する」というのだ。[59]雰囲気を構成する要素は、客の気を散らしたり、彼らがストレスを感じたりしないレベルに調整しなければならない。温度にしても、「数度高すぎたり低すぎたりするだけで、客はその場からいなくなってしまう」言う。[60]同様に「装飾が過剰でも客のプレイタイムは短くなり」、「色が明るかったり鮮やかだったり、不調和だったりしても、客の感覚には負担になる」という。[61]自分は〝不快な過剰さ〟を見極めるのがうまいと豪語するフリードマンは、「私は周囲の環境に非常に敏感だ。過剰な明るさや騒々しさも、がらんとした空虚さも、広すぎるのも苦手だし、不適切あるいは矛盾するデザイン上のヒントも嫌いだ」と語る。[62]また、天井や壁の照明がほかより極端に明るいと、明度のバランスが崩れてしまうため、人間の「知覚システム」はその処理に余分なエネルギーを使うことになるという。（図1.3の左欄参照）。「余分なエネルギーを使えば、客は疲れてしまうため、その理由はわからなくても、予定より早くその場を離れてしまう場合が多く、ふたたび戻ってくる確率

フートキャンドル［照度］		デシベル［音の強さ］	
1	暗い	66-68	非常に静か
2	薄暗い	69-73	静か
3	穏やかに明るい	74-77	適度に静か
4-5	適度に明るい	78-81	うるさい
6-7	明るい	82-83	非常にやかましい
8	非常に明るい	84-87	きわめてやかましい
9-10	きわめて明るい	88-95	けたたましい
11-15	極度に明るい		
16-20	異常に明るい		

図表1.3　ビル・フリードマンの、カジノ環境における光と音の最適なレベル（フートキャンドルおよびデシベルによる測定）についてのガイドライン。『競合相手を圧倒するカジノの設計』（2000年）p.625より。

も低い」[63] このような知覚エネルギーの負担を避けるためにも、照明は穏やかで明るさが一定していなければいけない。また、照明は明度だけでなく、角度にも配慮する必要がある。カジノでおこなった消費者調査によると、ギャンブルをしている人にとっては、照明の光が額にあたっているときが一番疲れやすいという。

照明と同様に音響も、感覚に負担がかかるほど大きすぎても、小さすぎてもいけない【図1．3右欄】。特に気をつけなければならないのが、音のゆがみだ。フリードマンによると「一般にギャンブルをしている人たちが不快に感じるのは、音が室内の壁などから跳ね返り、実際はどこから聞こえているのかわからないときだ」という。[64] カジノの空間構造や視覚的表現が客をまごつかせてはいけないのと同様、音も「平板で方向性のない音がひとつの雑音になってあちこちからいっせいに聞こえてくるようではいけない」。フリードマンは、ギャンブルをしている人の顔を見れば、そのような音が生む負の感情に気付くことができた。「もし、大きくて不快な雑音があらゆる表面から跳ね返ってくる場所に行く機会があったら、そこでギャンブルをしている人の顔をよく観察するといい。客たちの表情にはきっと、疲労や緊張、苦痛が浮かんでいるはずだ。ゆがみのないナチュラルな音が流れるカジノでは、そんな表情の客を見たことが一度もない[65]」

ゲームプレイを促すにあたり、慎重に考慮するべきもうひとつの音は、音楽だ。BGMを提供するディジグラム社は、時間帯で変わる客層に合わせて音楽をスケジューリングできるようにしている。同社は、「(カジノの支配人は)お客様がひとつの集団の日中にはスローな音楽やマイルドな音楽を流し、場内が混みはじめたら音楽のテンポ徐々に上げていくことも、できます。つまり、音楽で雰囲気をコントロールできるのです」と説明する。[66]参考として彼らが挙げる研究によると、消費者が小売スペースを歩く速度や滞在時間、使う金額は、どれも流れている音楽に大きな影響を受けるという。[67]カジノにBGMを提供する別の企業、DMXミュージック社の副社長は、ある記者に対し、「場内の環境に反応するよう客を刺激する(カジノの)お手伝いをするのが、私たちの仕事です」と語っている。[68]

ほかの環境要素と同様に音楽も、それが目立たずに利用されているときに、行動の調整装置としての効果を最も大きく発揮する。みんなが知っている曲や、音量やリズムに変化のないスローな曲なら、それとなく消費者の行動を調整することができるため、ディジグラム社はこの手の曲を〈機能的音楽〉と呼んでいる。[69]カーブする通路やバランスの取れた照明と同じで、こういった音響も客の知覚システムに繊細かつ安定した刺激をとぎれることなく与え、〈ゾーン〉状態の維持を促すのだ。一方、このような条件に当てはまらない音楽は「客の意識を合理的な意思決定ができる状態に……戻してしまう」ため、ギャンブル行為の妨げになると、あるカジノ設計のアナリストは語っている。[70]

つまり、建築空間や環境空間の仕掛けが目立たなければ目立たないほど、客はゲームに没頭しやすくなる。[71] また、ゲームに没頭すればするほど、不安定または破壊的な環境要素に鈍感になり、気づきにくくなっていく。ギャンブルに夢中になるうち「自分の周囲の空間が消えていってしまう」と社会学者のゲルダ・リースは説明する。空間は「一点に集約されていき、広がりがなくなっていく」というのだ。[72] マシンを使ったギャンブルの場合、その〝一点〟とはマシンの画面だ。だが、このとき意識が集中する画面は、空間というよりはむしろ空間からの出口である。「視野がどんどん狭くなり、周囲の音も聞こえず、まわりのものも見えなくなる」と語るのは、核地質学者だったロッキーだ。「言ってみれば、もはや存在するのはマシンの画面だけです」。フリードマンも書いているように、マシンでギャンブルをしている人は「現実感覚を失い、刹那的になり、次の賭けのことだけしか考えられない別次元」に入ってしまうのだ。この〝別次元〟では、物質世界におけるすべてのものは消え、ただ一瞬、一瞬が延々と果てしなく繰り返されるだけになる。だが、そんな別世界のような〈ゾーン〉をつくりあげ、維持していくうえで大きな役割を果たすのは、建物や雰囲気を構成する世俗的な要素だ。

感情に働きかけるカジノ・デザインの効果が最も顕著に現れるのは、それが客の意思と対立するとき、つまりギャンブル依存症の人がマシンの魅力に抗おうとするときだ。二〇〇二年に私が参加したGA（ギャンブラーズ・アノニマス）のミーティングで、トッドという青年から聞いた話だが、友人と待ち合わせたランチの場所に行こうとカジノのなかを歩いていた彼は、カジノ内の環境の強力な誘惑をはねのけるのに大変な苦労をしたという。カジノに入ったとたん、建築上のしかけや雰囲気が、ギャンブリング・マシンとともにいっせいに彼に襲いかかり、彼のなかに強烈な心理的、生理的反応を引き起こしたという。

ギャンブル用フロアの入り口に来たとたん、ぼくの身体はぶるぶる震えだした。フロアを横切ろうと歩きはじめると、カジノの騒音がぼくの神経系に襲いかかり、まるで自分の神経がその音に乗っ取られたかのような気分になった。とにかくまっすぐ前を見て歩きつづけろ、と自分に言い聞かせたけれど、目的の場所がなかなか見つからない。誰かに聞こうと足を止めたところ、尋ねた相手は、現金をチップに両替するチェンジ・レディで、ちょうどスロットマシンの前で誰かにチップを渡しているところだった。ぼくは彼女と話しながらも、自分に『マシンを見るな、絶対にマシンを見るな』と言い聞かせていた。さらにもう少し歩いたものの、やはり目当ての場所がわからない。そこでもう一度別のチェンジ・レディに道を聞いた。彼女もまた誰かにチップを渡しているところで、ぼくはもう一度『見るな、絶対に見るな』と自分に言い聞かせた。ようやく待ち合わせたビュッフェに着いたけれど、友人はまだ来ていない。ぼくはベンチに腰をおろし、まわりのスロットマシンの音を聞かないようにしながら、じっと床を見つめていた。その後、ランチを終えて帰ろうとしたら、ぼくの好きなマシンすべてが目に飛び込んできた。そのカジノに来たのは初めてなのに、それぞれのマシンがどこにあるか、手に取るようにわかるんだ。気がつくとぼくは過呼吸に襲われていて、ほとんど走るようにしてカジノから出なければならなかった。

この章の冒頭で紹介したダニエルの体験、すなわち、もっとギャンブルをしたいと思っていた彼の気持ちにカジノの物理的環境が合致し、彼の欲求はさらにかき立てられたという体験とは対照的に、トッドは「その場の状況に感情的な不調和を覚えた」のだった。客を店の奥へと引き込んでいくカジノの迷路が、ギャンブルをしないと誓ったトッドの意思と真っ向から衝突し、彼が言うところの〝神経系〟をひどくかき乱したのだ。

先に触れた『ラスヴェガスに学ぶこと』は、カジノの建物は客の現実逃避感情に対応しなければならないと説いている。体験型カジノ・デザインと呼ばれるデザインもまた、それを念頭に置いているのだが、その様式は必ずしも大衆的とは言えない。それどころか、現代のカジノ・デザインのなかには、規律的施設と共通する要素をもつものまである。それはカジノの設計会社、ディ・レオナルド・インターナショナル社の社長が語った、自分はハーヴァード大学のデザイン大学院で「刑務所などの規律的施設で環境心理学を実験的に応用していた同級生たちの影響を受けた」という言葉からも明らかだ。[73]

しかし、緩やかにカーブする通路や、こぢんまりとした小部屋、照明の暗いスロットマシンから成る迷路は、かならずしも哲学者ミシェル・フーコーが「個人を変容させるために運営されている建築物、そこに収容される人々に働きかけ、彼らの行動を支配する建物」と語った、管理され、不安をかき立てる近代的な規律的建築物の様式には、当てはまらない。[74]もちろん、カジノの構造、装飾、雰囲気などの環境は客の行動に影響を与えるように考えられているが、その手法は、抑止でなく誘惑、処罰でなく褒美、変容させるのでなく誘導だ。客をカジノの建物や雰囲気に合わせるのでなく、「建物を絶えず調整」して「幸福な監禁」を促す、「人間工学に基づいた迷宮」を生み出すことを、フリードマンや、体験に配慮するカジノ・デザイナーたちは推奨する。[75]確かに、カジノのマシンの前に座ってボタンを押しつづけるプレイヤーは、従順な工場労働者や兵士、囚人、学生に見えないこともない。だが彼らは、規律的な空間で自意識や自制心をもって過ごしている人々とは違う。フリードマンの言葉を借りるなら、彼らは「ゲームをプレイするひとりきりの小さな世界」に没頭する、自制心のない自暴自棄な人々なのだ。

では、カジノ内の環境が人に及ぼすこの特別な作用を、どう説明すべきだろうか？　一九九〇年代、ジル・ドゥルーズは、かつての西洋社会で主要な権力モデルだった規律型権力が、今や〝管理〟型権力に移りつつあると主張した。すなわち権力は、監禁や活動を制限するのでなく、資本や情報、身体、感情の継続的かつ流動的な流れを規制するようになったというのだ[76]。懲罰で服従させる規律型権力と違い、管理型権力には服従者の主観は必要ない。また、彼らの主観をつくりだそうとも、操ろうともしない。これまで見てきたように、カジノのデザインは、あるトップ企業が〈没頭パラダイム〉と呼ぶパラダイムに従い、絶え間ない動きを提供することでプレイヤーたちの主観を奪う。そうすることで、前述の学者コンサルタントが〝体験的感情〟と呼んだ状況にプレイヤーたちを駆り立て、誘導して利益を得るのだ。哲学者や人類学者が主張するように、現代の資本主義が戦略的に消費者の感情に働きかけ、価値を生み出しているというのなら、商業的カジノのデザインはまさにその好例だろう。次の章では、議論の焦点をカジノの環境から、ギャンブリング・マシン技術そのものに移し、〈没頭パラダイム〉とそれが感情をどう調節するかについて説明する。

第二章　体験をデザインする　プレイヤー中心デザインの生産的経済

洗練された建物と環境は客をギャンブリング・マシンに誘導するが、マシンの役割は客を惹きつけてゲームプレイを続行させ、〈ゾーン〉状態を維持するよう仕向けることにある。その狙いは、客を一カ所に釘付けにし、彼らがゲームを終えるまでの時間を管理することだ。これについて、カジノの経営コンサルタント、レスリー・カミングズは、マシンは「〝持続的なゲームの生産性〟を向上させるために、テクノロジーを利用しています」と語り、次のように説明している。

一般に生産性という言葉は、労働者ひとりあたりの生産高といった測定単位を指し……〝ゲームの生産性〟は、ひとりの客が一度のゲームプレイでおこなうギャンブルの回数を指します。また、〝促進する〟とは、ギャンブル（プレイ）の進行を促してその速度を上げることを言い、これにより生産性は高まります。なぜなら、ギャンブル行為を促進すれば客の一回ごとのゲームプレイ速度は上がり、また一度のプレイ時間は長くなり、その結果賭ける金額も増えるからです。(1)

カミングズが言う「持続的なゲームの生産性」の促進は、相互に関連する三つの作業にはすなわちゲームプレイの〝加速〟と時間の〝延長〟、掛金の〝増大〟があり、この章ではそのひとつひとつについて検討していく。

ギャンブルが〝生産的〟になりうるという考え方は、大衆の余暇が増え、資本主義経済で消費の重要性が高まり、大手のギャンブル企業が誕生した二〇世紀に発達した。工業時代は、非生産的で無駄なだけとされていたギャンブルが、その古いイメージを脱ぎ捨て、それ自体がひとつの産業へ生まれ変わったのだ。(2) 以来ギャンブル産業は、一九世紀および二〇世紀に製造業界が開発してきた管理技術によく似た方法で時間とエネルギーを利用してきた。(3) もちろん、その管理技術には微妙な調整がおこなわれてきた。なぜならその技術を応用する場はカジノという商用分野であり、その生産活動(すなわち〝賭博行為〟)は消費者が自分の意思で購入を選択する体験であり、報酬を見返りにした労働ではないからだ。

前の章の空間の扱いでも見たように、現代の資本主義は感情を重視する傾向があるが、その指向性に従い、ギャンブリング・マシンのデザイナーもプレイヤーの肉体的、感覚的、認知的性質に細心の注意を払うようになってきた。ギャンブルをするという自発的な行為から利益を得ることを目的にした価値生産モデル――ジャーナリストでギャンブルの研究者でもあるジュリアン・ディッベルが言う〝ゲーム資本主義〟の典型的モデル――に従い、彼らはギャンブル産業における生産機械を消費者の好みに合わせるべく努力してきた。(4)

プレイヤーが求めるもの――〝プレイヤー中心主義〟として知られるようになったマシン・デザインの手法をこのフレーズで巧みに表現したWMSゲーミング社の二〇〇六年の広告は、その年のグローバル・ゲーミング・エキスポで盛大に宣伝され、高い柱や屋外看板サイズのビデオパネル、さらにはマシンをディスプレイする通路のいたるところで繰り返し披露された。また、受付近くに吊るされた大きなポスターには「（これは）たんなるモットーではありません」、「ゲーム開発に向けた、非常にユニークで継続的な取り組みの結果です」と書かれていた。このようにユニークさを強調してはいるが、実はプレイヤー中心のギャンブリング・マシンは、ユーザー中心主義という世のなかの風潮に沿ったものであり、プロダクトデザイナーは、プレイヤー中心のマシンをデザインすることで、消費者の体験から価値を引き出す、あるいは「新たな現象的支持層を掘り起こす」ことを狙っている、と社会学者のナイジェル・スリフトは書いている。[5]「経済は、物をつくってサービスを届けることから、体験の創出へと移ってきている」とは、二〇〇九年のグローバル・ゲーミング・エキスポでWMSの代表がベストセラーのビジネス書『経験経済』を引き合いに出して語った言葉だ。[6]「体験を設計することが、私たちの仕事です」と彼は同業者たちに呼びかけていた。

こうしてギャンブル業界では、体験という言葉が頻繁に使われるようになってきた。「われわれはすべての段階でプレイヤーの体験を重視しています」とは、二〇〇七年にスロットマシンのメーカーが言っていた言葉だ。「〈ゾーン〉体験をつくりだす腕にかけては、わが社の右に出るものはいません」と二〇〇八年に言っていたのは、カジノの運営会社だ。[7] 次の章ではマシン内部の仕組みやデジタル・アルゴリズム、ゲームプレイを導くゲームソフトの話をするが、その前にまず、ゲームをする際にプレイヤーが触れるインタラクティブな構成要素、すなわちボタンや紙幣識別機《ビル・アクセプター》、サウンドやビデオ・エンジニアリング、人間工学に基づいたコンソール（キャビネット）、座席、金銭処理、アクセス技術のプレイヤー中心デザインについて検討していく。ある業界関係者は同業者に「補助的な製品はたんなる補助としてではなく、体験の一部として考えなければいけない」とアドバイスしている。[8] また、ギャンブリング・マシンのインターフェースをデザインするデザイナーたちは、より速く、より長く、より集中的なゲームプレイを実現しようと、〈ゾーン〉体験の現象学的条件に細心の注意を払っている。

ゲームプレイを加速する

〈ゾーン〉を体験するうえで、スピードは非常に重要な要素だ。中年の税理士シェリーは、「私のプレイスピードはすごく速いんです」と私に言った。「待つのが嫌で、次に何が出てくるかすぐ知りたいんです。だから、マシンのスピードが遅いときは、速いマシンに移ります」。大学生のジュリーは「いつもは片手でプレイしている」と言った。「ほかの人には、出てきたカードが見えないと思います。それぐらい速くプレイしているので」（マシンの画面を思い浮かべたのか、彼女の大きく見開いた瞳はどんより曇り、人差し指は猛烈なスピードで架空のボタンを叩いていた）。ギャンブル依存症の人たちはスピードの速さを一種のスキルのように語る。スピードを求めるあまり、勝てるはずの勝負に負けてもかまわないのだ。[2]「（ビデオのポーカー）マシンでプレイするうちにすっかり勢いがついて、いい手札まで捨ててしまうことがある」と言っていたのは、本書の序章に登場したシャロンだ。「正しい決断を下すことより、ペースを保つことのほうが大事なんです」

彼らが言うように、〈ゾーン〉を体験するうえで「ペースを保つ」ことは非常に重要だ。「速いスピードでプレイしていると気持ちが安らぐ」と語るのは、食堂のウェイトレスで四人の子を持つローラだ。「それで興奮するわけじゃない。むしろ鎮静剤みたいに気持ちが落ち着くのよ。スピードが、私を〈ゾーン〉に連れて行ってくれるの」。四〇代後半の電気技師ランダルは長年、オートバイやドラッグレース、ビデオ・ポーカーなど、スピードで現実の憂さを忘れさせてくれる趣味を楽しんできた。「逆説的ですが、スピードは私を落ち着かせてくれるんです。自分が今運転している、あるいはプレイしているという事実と、それに伴うリスクで気持ちが安らぐんです。一種、機械的ですしね」と彼は語る。彼が言うように、機械がつくりだすテンポは、ひとつの予測可能性となって彼のゲームプレイを構築、規制し、リスクをリズムに変えていく。だからスピードが一定に保たれている限り、彼らは〈ゾーン〉のなかで漂っていることができるのだ。

スピードによって〈ゾーン〉状態を維持するための技術はさまざまで、それは時間の経過とともに変遷してきた。いちばんの変化は、ギア駆動のレバーが電子式の押しボタンに取って変わったことだ【図2．1】。「手はボタンの上に置いておくだけです」と語ったのは、一九九二年にこれを開発したWMSゲーミング社の社長だ。「もう、手を動かす必要はありません」[10]。「押しボタンの登場で、ゲームプレイを促進する度合いは劇的に変わりました」とカミングズは言う。「レバーを引くタイプのマシンなら、一分間で平均五ゲーム、一時間に三〇〇ゲームです。でも押しボタンを使ってプレイすれば、ゲーム回数は二倍、一時間に六〇〇ゲームにまで跳ね上がります」[11]その後、ギャンブリング・マシンにビデオ技術が導入されると、リールの回転を待つ必要がなくなり、ゲームプレイのスピードはさらに加速した。熟練のビデオ・ポーカー・プレイヤーなら、一勝負を三秒から四秒、なんと一時間で九〇〇回から一二〇〇回勝負できるようになったのだ[12]。また、〝ビデオスロット〟もヴァーチャル・リールの〝回転〟が速いため、プレイのスピードも速くなる[13]。さらに、ボタンがまったくないタッチスクリーンのマシンもあるが、これは実際に指がスクリーンに触れるより先に反応するぐらい感度が高い。「ギャンブリン

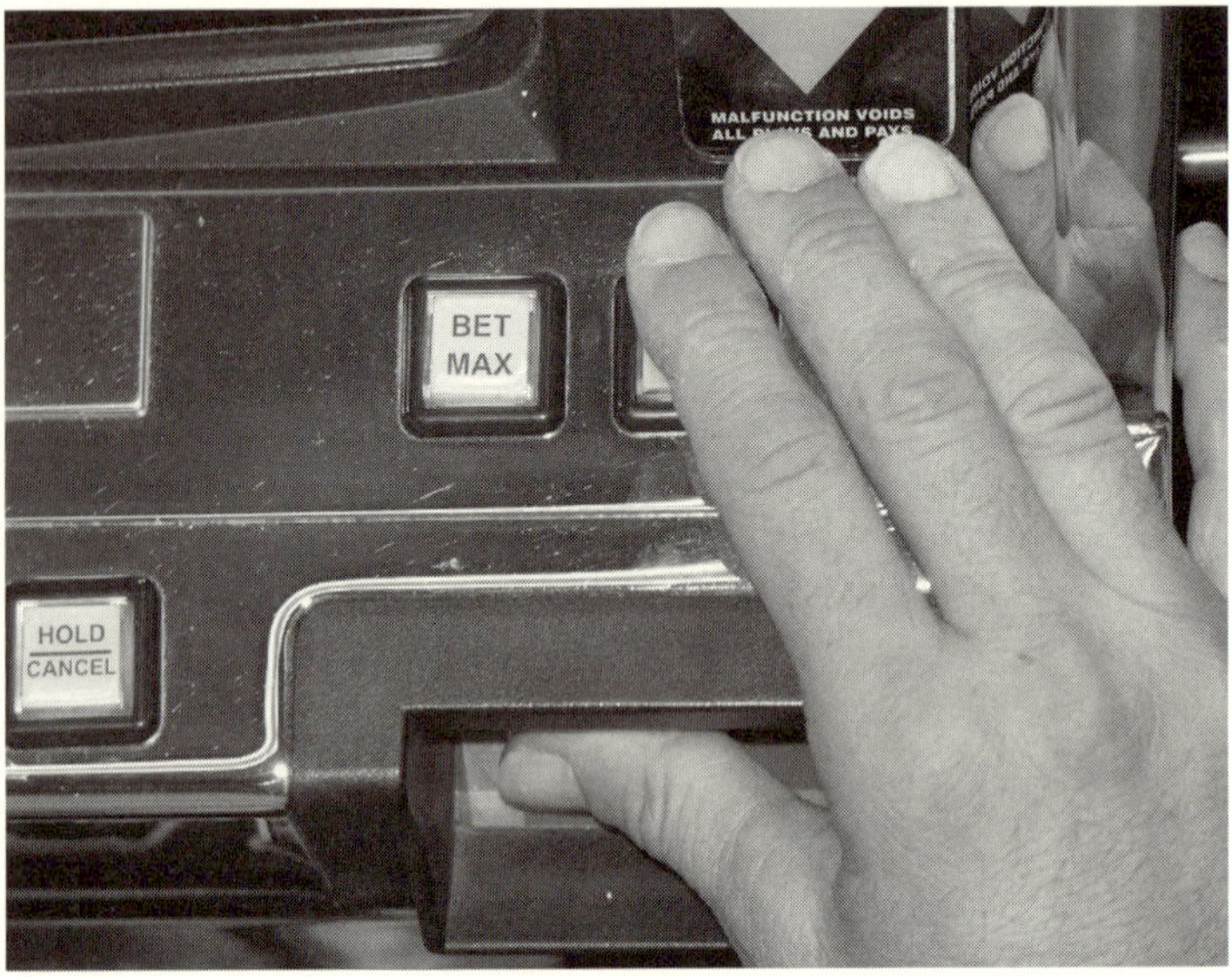

図 2.1　ギャンブラーの片手はビデオ・ポーカー・ターミナルのコンソールに置かれている。親指は紙幣識別機の上にあり、ほかの指は「ディール」「ドロー」「マックスベット」のボタンを押せるようにかまえている。著者による写真。

グ・マシンは超高速の金食い装置です」とはバリー社の代理店の言葉だ。「一ゲームの所要時間は、長くても三・五秒ですから[14]」

スロットマシンの〝金食い〟部分の革新もまた、押しボタンやタッチスクリーン同様、ゲームプレイの加速に大きな役割を果たしてきた。コイン・ホッパー（払い出し機）がまだスロットマシンに組み込まれていなかった一九六〇年代、七〇年代には、コインを二〇枚以上獲得すると、いったんゲームを中断して係員に勝敗を確認、清算してもらわなければならなかった。「これはゲームのペースを遅らせるだけではありません」と一九九四年に語っていたのはスロットマシンのパイオニア、ウォレン・ネルソンだ。「清算してしまうとなんとなく、これでゲームは終わりという気分になる……客は、もうこのあたりで終わりにして、稼いだ金を持って帰ろうという気になるんです」[15]。だが、コイン・ホッパーはマシンの支払いトレイに最高で二〇〇枚まで出すことができる。そうなると「そのコインがふたたびマシンに投入される可能性」は上がり、プレイヤーたちにも弾みがついて、スムーズなゲームプレイを楽しめるのだ。

紙幣識別機が導入されると、ゲームプレイの速度はさらに速くなった。プレイヤーたちは一回ごとに、プレイを中断してコインを入れなくても、高額紙幣を挿入し、デジタルメーターに表示されたクレジットを使えるようになったからだ【図2．1】。また、現金がクレジットに変換されると、実際の価値がわかりにくくなり、現金を賭けるという行為のハードルは低くなる。さらに、両替作業に手間がかかるコインがなくなったことで、カジノの収益向上を妨げる、人間の運動能力の限界も緩和される。「プレイヤーのなかには、それほど運動神経がよくない人もいますから」と、あるゲームデザイン会社の代表者は語っていた[16]。「五セント硬貨を五、六枚投入できるマシンの場合、プレイヤーが硬貨を投入し、それがちゃんと受け付けられたかを確認するまでに時間がかかります」と、カジノのマーケッターも言っていた。「もしコインを速く入れすぎたり、落としてしまったりすれば、それは直接、カジノの売上に関わってきます」[17]。コインを使わないスロットなら、プレイヤーは「すぐにゲームを始められる」と一九八五年、あるジャーナリストは喜々として業界紙に書いている[18]。そのうえ、プレイヤーは獲得した金を清算することなく、簡単にマシンに再投入できるため、「そのままゲームを続けられる」というわけだ。一九九〇年代には紙幣識別機の搭載が業界標準となり、ゲームプレイに要する時間は一五パーセント短くなり、プレイヤーが使う金額は三〇パーセント増えることとなった[19]。このキャッシュレス・ギャンブル――コインやキャッシュではなく、チケットや磁気カードでプレイするギャンブル――の登場により、現金投入時のプレイ中断問題がさらに改善されたことは、あとでまた触れていく。

本章の冒頭でも述べたように、マシンを使ったゲームが持つ運動感覚的要素と時間的要素を、合理的な生産的経済に変えようと努力してきたギャンブル業界は、一九世紀の工場や現代の規律的施設（学校、軍隊、刑務所）に採用された行動管理技術を手本としてきた。そのような技術についてミシェル・フーコーは「それぞれの動作には方向性と能力と持続時間が割り当てられ、その順番も指定される……大切なのは、より多くの瞬間が利用可能になった時間から、そして、より有用になった一瞬、一瞬からどれだけしぼりとれるかだ」と書いている。[20] ひとりの人間の身体から経済的価値を引き出すには、彼らの行動を正確に誘導し、計測可能な時間枠にはめこまなければならない。一八六〇年、ある工場のマネジャーがカール・マルクスに「一瞬、一瞬が利益をつくりだす要素」と言ったことはよく知られている。[21] 時間的規律が利益を生むというこの考え方に同調するように、ギャンブル・コンサルタントのカミングズも「ゲームプレイにおける各段階の無駄な時間や非生産的な動作を排除すれば、一回により多くのプレイをすることが可能になる」と書いている。[22] 機械労働者の行動管理同様、ギャンブリング・マシンをプレイする人たちの行動管理も、その目的はできるだけ多くの動作を最小の時間単位に詰め込むことにある。

一九三九年、哲学者で批評家のウォルター・ベンヤミンは、ギャンブルを高速で反復、連続する機械労働者の動作になぞらえて、次のように書いている。「ギャンブルには、機械作業をする労働者と同様の動作まである。なぜならチップを置く、カードを拾うといった素早い手の動きがないと、ギャンブルは成立しないからだ。機械のガタガタいう震動は、ギャンブルでいうところの大当たりのようなものだ[23]」つまり、工場の組み立てラインで絶え間なく動く機械に遅れないよう必死に働く労働者（これをチャップリンは、映画『モダンタイムス』で巧みに皮肉っている）と、無我夢中で金を賭ける動作を繰り返すギャンブラーは、よく似ていると言っているのだ。しかし、プレイヤー中心にデザインされたコンソールの前に座ったギャンブラーと工場労働者は、少し違う。工場労働者は「自身の動作を機械の均一で絶え間ない動き」に合わせて働くとマルクスは言ったが、ギャンブラーは自分のペースを自分で決めているからだ、とベンヤミンは語る（この点については、現在のゲームプレイも、一九八〇年代のビデオゲーム黎明期にシェリー・タークルが書いた「ゲームのペースは自分では決められない。ゲームのリズムはマシンしだいであり、ペースを決めるのはプログラムだ」という状況からも変わってきている[24]）。

一九九〇年代後半に考案された〈ダイナミックプレイ・レート〉は、ユーザーがゲームプレイのペースをコントロールできるようにした革新のひとつだ。これはビデオ・ポーカー機〈ファントム・ベル〉に搭載された機能で、メインのプレイ画面の上にある補助画面に、カードディーラーの手のアニメーションだけが映る。[25]ディーラーの手は、プレイヤーのペースに合わせてゲームを進めていく。つまり、動きが遅いプレイヤーにはゆっくりカードを出し、動きの速いプレイヤーには素早い手さばきで対応し、最も速いプレイヤーのときにはディーラーの手自体が消えてしまうのだ。二〇〇〇年のゲーミング・エキスポでは、ゲーム・エンジニアのステイシー・フリードマンが、ブース内で〈ダイナミックプレイ・レート〉を実演してみてくれた。「こちらがゆっくりプレイすれば、向こうもゆっくり対応してくれます」と彼は説明した。「また、スピードを上げれば、マシンはそれに気づいて適応します」。〈ダイナミックプレイ・レート〉の特許には、この〝適応型コントロール手法〟のデザイン上の論理的根拠が「標準的なプレイスピードより速いプレイを求めるお客様が動作（お金を入れ、選択をし、レバーを引く）を加速しても、マシンの反応スピードが変わらなければ、お客様はイライラがたまり、ゲームの楽しさも損なわれてしまう」と明確に記されている。だが、ゲーム自体が「プレイヤーのスピードに合わせれば、プレイヤーはマシンとのあいだに意思の疎通がある気になる」というのだ。[26] この〈ダイナミックプレイ・レート〉機能は、プレイが中断されるとリセットされ、次のプレイヤーのプレイスピードに対応する状態に戻る。

客の移動に合わせて「建物自体を調整していく」体験型のカジノ・デザイン同様、プレイヤー中心のギャンブリング・マシンも、プレイヤーの独特な動きやスピードに敏感に対応する。このマシンの究極の目標（つまり、〈ダイナミックプレイ・レート〉の特許にもあるように、目指すのは〝マシン所有者の利益向上につながるスピードの向上〟だ）も製造機器のそれと同じだが、この目標に対するマシン・デザイナーたちのアプローチは、工業用機械とカジノ用の機械で大きく異なる。カジノ用の機械では、そのマシンを操作する人の気持ち、すなわちプレイヤーの欲望や苛立ち、楽しみ、意思の疎通ができているという実感への配慮が必要不可欠だ。[27]

〈タイム・オン・デバイス〉（マシン滞在時間）を延ばす

ギャンブリング・マシンの常連客は、スピードの速さだけでなく、できるだけ長時間のプレイを求めるが、ギャンブル業界が〈タイム・オン・デバイス〉と呼ぶ、マシンの使用時間を長くしたいというプレイヤーの思いと、持続的な生産性を求める業界側の思惑は非常に相性がいい。「鍵は、プレイの持続時間を長くすること」と、あるコンサルタントは言い、「プレイヤーには〝人間として可能な限り長く〟マシンの前にいてもらう、それが彼らを負けさせる秘訣です」と説明する。[28]「重要なのは、彼らをシートに座らせ、そこに釘付けにすることですよ」とマシン・デザイナーも言う。「だから私は、お客の快適さを第一に考えています。繭のなかにいるような気分になってもらいたいのです」[29]。そんな快適な繭をつくるために、デザイナーはプレイヤーたちのあらゆる希望やニーズを満たす装備をマシンに搭載する。ギャンブリング・マシンの外側には、長年にわたり黒いボックスやはめ込みパネル、追加のボタンなどが追加されてきたが、これはみは、プレイヤーのあらゆる望みに応えてきた努力の結果だ。「いったんマシンの前に座ったら、そこでどんなものでも手に入る状況が理想です」と語るのは、店内にスロットを設置しているラスヴェガスの居酒屋のオーナーだ。[30]なかには「さまざまなゲームが一カ所でプレイできるように」プログラムされているマシンもあり、プレイヤーは「シートから離れることなく、同じボックス内のさまざまなゲームを眺めたり試したりできます」という。[31]また、ビンゴのチケットをプリントアウトするプリンターを搭載したマシンもあるため、マシンでプレイしている客がわざわざ席を立ってビンゴゲームのチケットを買いに行く必要もない。さらに、小さなテレビが埋め込まれているマシンまである。「これは新しいシステムです」と一九九七年にカミングズは説明してくれた。「プレイヤーは同じマシンでプレイしながら、テレビや有線番組を見たり、個人的なメールをやり取りしたりできるので、プレイ・エリアから出る必要がありません」[32]このような機能の有効性には議論の余地があるが――かえって客の気を散らしてしまい、〝ゲームの継続的な生産性〟というマシンの最終目的を妨げる可能性がある――このような機能の誕生は、彼らがプレイヤーの離席をひどく心配している証しにほかならない。あるギャンブリング・マシンのデザイナーによれば「業界にすれば、マシンを離れてもいい正当な理由は、トイレに行きたいかショーの開演時間が迫っている、あるいは軍資金が尽きた以外にはありません」[33]

それ以外の理由での離席を防ぐために、一九九〇年代にはギャンブリング・マシン用電子メニューが開発された。これは、プレイヤーがリクエストをコード化された選択肢から選んでパッドに打ち込めば、両替やドリンクの注文、機械操作の支援といった具体的な要望が〝振動式呼び出し装置〟を身につけて巡回している最寄りのスタッフに直接伝わるという仕掛けだ。こうすることで、「プレイヤーは自分がプレイ中のゲーム・システムから信号を送り、サービスのリクエストをすることができる」とカミングズは書いている[34]。これはさらにバージョンアップされ、プレイヤーは画面上の〈サービスウインドウ〉や〈ホスト〉を通じて集中管理されたシステムにリクエストを出し、そこから指令を受けた係員がやってくるというかたちになった。プレイヤーが自分の要望やニーズをカジノ側に伝えるチャンネルや幅広い技術的リソースを備えたマシンは、ゲームプレイを妨害しかねない要素を、むしろゲームに没頭するきっかけに変えることで、ゲームの中断を防いでいる。

プレイヤーの自覚的な欲求を予測することで、マシンの利用時間を延ばすだけでなく、無意識の欲求にも働きかけるというデザイン戦略もあるが、これは建築物や雰囲気で感情に訴えかける方法によく似ている。見本市や業界の刊行物でも注目を集めているこのような戦略では、マシン装置を現象学的に説得力のあるミニ環境としてとらえている。たとえば、バリー社が商標登録を持つ〈プライバシー・ゾーン〉キャビネットは、インテリアデザイナーの用語である〝プライベートなプレイワールド〟や、プレイヤーたちが使う〈ゾーン〉といった用語を反映するように、ゲームプレイ用スクリーンがボックス型フレームの奥に配置されている。こうやってプレイヤーを外界と隔絶することで「プレイヤーは気が散ることなく、自分だけのゲーム環境にどっぷり浸れる」のだ。「(マシンは)それ自体が照明や表示、サウンドシステムを完備したひとつの環境になっている」と書かれていたのは、二〇〇七年のグローバル・ゲーミング・エキスポ、G2Eで開かれた公開討論会『マシンの生産性向上――環境をつくる』の解説だ。

インテリアデザイナー同様にマシンのデザイナーも、〈ゾーン〉内にいるプレイヤーの感情の均衡を保つために、バランスのいい雰囲気づくりに腐心している。「考慮すべき要素は、色、照明、アニメーション、サウンド、空間の五点だが、そのどれもが魅力にもなり、いらだちの種にもなる」と業界の専門家は記している。「スロットマシンの表示部分にあるチェイシング・ライトのスピードが速すぎればプレイヤーは落ち着きを失い、遅すぎれば眠くなる。マシンのサウンドが大きすぎればプレイヤーは耳が痛くなり、音が小さければマシン内のエネルギーが低下してしまう[35]」。「また、プレイヤーを刺激し過ぎてしまう可能性もある」と語ったのは、二〇〇六年のG2Eで行われた公開討論『感覚への過重な負担――スロットマシンの照明、サウンド、動き』の講演者だ。

視覚を過剰に刺激することがないように、デザイナーたちはマシンのタイトルも派手すぎたり、明るすぎたりしないように配慮している。またタイトルをマシンのずっと高い場所に配置したりもしない。客の視線が上に行きすぎて、マシンからそれる可能性があるからだ。同様に、電飾の点滅が速過ぎても、不規則でも、ゆっくり過ぎてもいけない。また、ビデオモニターは目に優しい解像度にし、反射も抑えている。また、グラフィック・エンジニアたちはプレイ中の客の神経に触らない心地よい色調の映像やアニメーションを目指したため、彼らのカラーパレットは比較的短期間のうちに二五六色から何百万色にまで急増した。WMS社は最近、ゲームをさらに楽しくしようと、ゲームの結果に合わせた照明を演出する〝情緒的照明〟機能搭載マシンも発表した。同社は、G2E誌に二〇〇六年の広告キャンペーン『プレイヤーが求めるもの』を掲載し、映像はプレイヤーが求めるものと一致していなければいけないと訴えた。

この広告キャンペーンは人間の三つの感覚、すなわち視覚、聴覚、触覚をそれぞれ女性の目、耳、裸の背中に置いた手のクローズアップ写真で表現した、三ページからなる全面広告だ【図2．2】。これらの身体部位こそがデザインプロセスでは最も重要なのだと宣言するかのように、その年のエキスポではWMS社のブースの上に設置された大画面モニターが、目、耳、手の映像を使ったプロモーションビデオを一日中延々と流していた。またブース内でも、マシンを展示する回転台それぞれの端に五フィートのプラズマ・スクリーンが設置され、やはりそのビデオが繰り返し流された。このキャンペーンの主張は明らかで、プレイヤーをプレイ体験にどっぷりと浸らせることで彼らの生産性を上げるには、マシンの機能と人間の感覚中枢を調和させ、スロットマシンの〝感情をつかむ力〟（ナイジェル・スリフトの表現）を強化することが重要だと言っているのだ。[36] WMS社が発表したこのアプローチの新バージョン〈イクスペリエンス・デザイン〉には「プレイヤーの体験をさらに高める、感覚に訴えるイノベーションが搭載されている。

テクノロジーの発展により、知覚に配慮する傾向にはさらに拍車がかかっている。グラフィックデザ

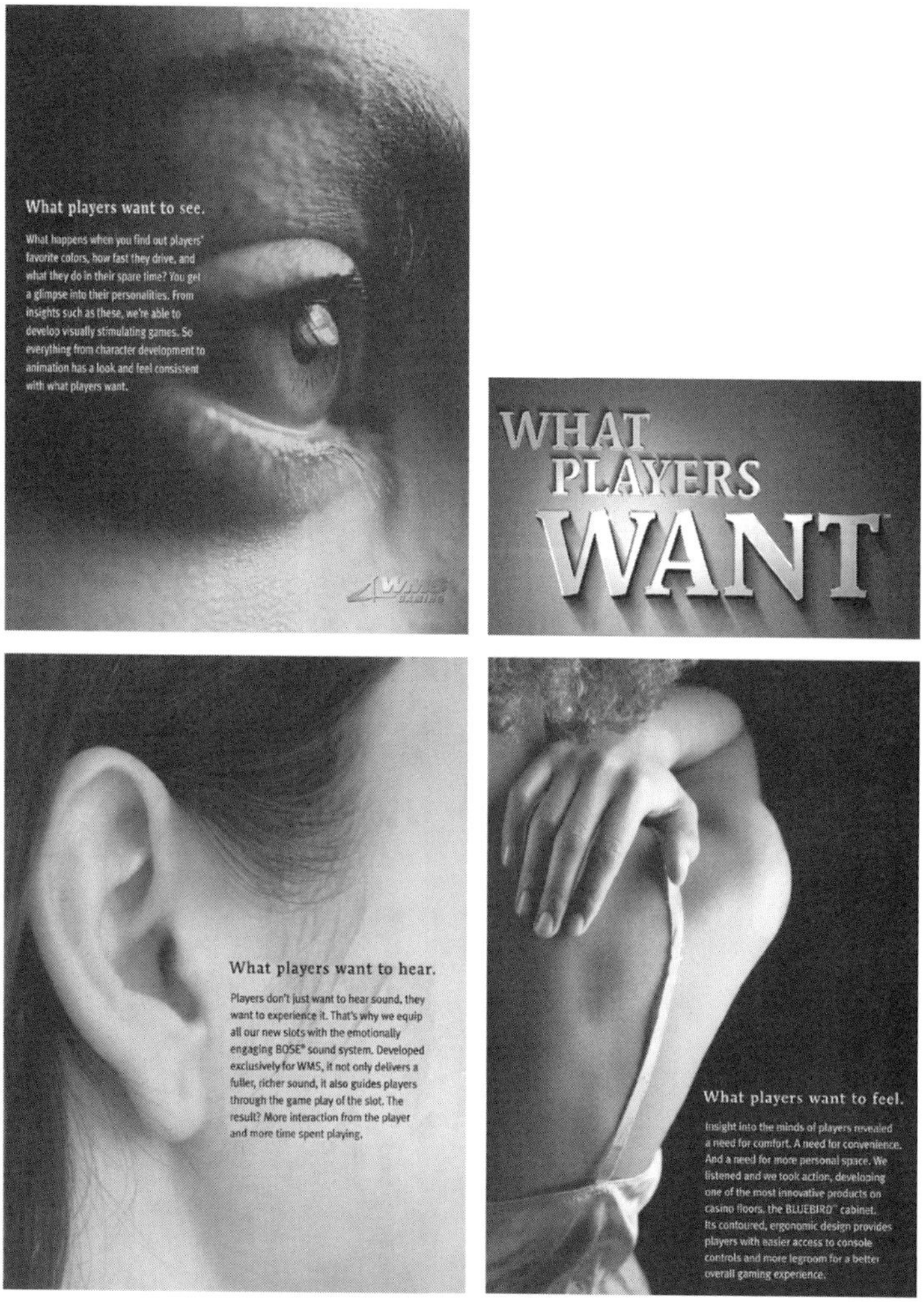
What players want to see.
What happens when you find out players' favorite colors, how fast they drive, and what they do in their spare time? You get a glimpse into their personalities. From insights such as these, we're able to develop visually stimulating games. So everything from character development to animation has a look and feel consistent with what players want.
WHAT PLAYERS WANT
What players want to hear.
Players don't just want to hear sound, they want to experience it. That's why we equip all our new slots with the emotionally engaging BOSE® sound system. Developed exclusively for WMS, it not only delivers a fuller, richer sound, it also guides players through the game play of the slot. The result? More interaction from the player and more time spent playing.
What players want to feel.
Insight into the minds of players revealed a need for comfort. A need for convenience. And a need for more personal space. We listened and we took action, developing one of the most innovative products on casino floors, the BLUEBIRD™ cabinet. Its contoured, ergonomic design provides players with easier access to console controls and more legroom for a better overall gaming experience.

図2.2 2005年のグローバル・ゲーミング・エキスポ誌に載ったWMSゲーミング社の『プレイヤーが求めるもの』広告キャンペーン。

イナーのカラーパレットやピクセル数が急増したように、サウンド・エンジニアが使う音の種類も増え、以前はひとつのゲームに一五の音しか使っていなかったのが、今ではBGMでありながらプレイの楽しさも強化する独自の〝音の種目〟が、平均四〇〇も使われている。[37] サウンドは適切に構成すれば「プレイヤーのやる気をかき立て、より長時間マシンの前にいさせることができる」とギャンブル業界のコンサルタント、デイヴィッド・クレーンズは書いている。[38]「マシンのサウンドが良ければ、より長時間プレイできる」と長年のマシン愛好家は語る。「先週末、プレイ中のマシンのサウンドが切れてしまったの。結構ツイていたんだけど、ゲームはやめちゃったわ。ウンともスンともいわないマシンじゃプレイできないもの。なんとなく、いつもと違うのよね」。

ゲームにコインを使っていた時代のギャンブル業界では、音の扱いはもっと原始的で、音が果たす役目はギャンブリング・マシンがそこにあり、当たれば賞金が出ることを知らせるだけだった。たとえば、スロットマシンの管理者たちがマシンにステンレスのトレイを取り付けたのは、落ちてきた音がジャラジャラと盛大な音をたて、客のやる気を起こさせるためだった。[39] 一方、コインを使わない現代のギャンブルでは、オーディオ・エンジニアがジャラジャラと落ちてくるコインを連想させる音をデジタルでつくっている。エンジニアのチームが「二五セント硬貨が金属のトレイに落ちる音源をいくつかミックスし、そこに一ドル硬貨が落ちる音を加えて厚みを持たせる」のだ。[40] 現代の音響技術と昔のそれが違う点は、音がデジタル化されたというだけではなく、その機能もまた違っている。現在の音響技術は、たんに音を増幅あるいは〝厚みを持たせる〟だけでなく、音を〝コントロール〟し、客の行動を誘導するきっかけを持続的に与えつづけるのだ。その好例が、「安定したゲームプレイを約束する音響技術」、インクレディブル・テクノロジーズ社の〈ContinuPlay〉だ。WMS社は音響の広告には「プレイヤーたちはただ音を〝聞く〟だけでなく、体験したいのです。だから、私たちは新しいスロットマシンすべてに、感情に訴えかけるBOSEサウンドシステムを搭載しました。このサウンドシステムは、より豊かなサウンドを提供するうえ、プレイヤーたちのゲームプレイを誘導する役割も果たします」と記されている。そのような誘導は「プレイヤーからさらなる反応を引き出し、プレイ時間も長くなる」のだという。【図2．2】。

オーディオ・エンジニアたちは、マシンの利用時間を延ばすには、ソフトでバランスのいいサウンドづくりが重要であると学んできた。たとえば一九九〇年代後半には、新興企業、シリコン・ゲーミング社のオーディオ・ディレクターが、自社のビデオスロットのサウンドすべてを、誰からも好かれるハ長調を使ってプログラムした。さらに彼は、この音がカジノ内のそのほかの音と、うまくなじむか調べるために、スロットマシンが設置されたさまざまなフロアのノイズをサンプルとして収集した。その狙いは「既存の音と喧嘩しない、新しくて、より良い音を加えるため」だった。[41] また、騒音防止技術を利用し、音響の邪魔になる音を抑えようと考えた者もいた。プレイヤーの真正面にサウンドコーンができるようにスピーカーを配置するのは、〝耳に入ってくる雑音〟を制限して、疲労を抑える方法のひとつだ、とクレーンズは説明する。[42]

このような視覚技術や音響技術同様、最近注目を集めている触覚技術も、その狙いはギャンブル体験の調整と誘導だ。「ユーザーの触覚につながることで、視覚や聴覚では不可能な方法でユーザーを惹きつける」と主張するイマージョン・コーポレーションは、触覚フィードバック技術を使って「触覚を、人間とデジタルマシン間のインターフェースに統合」し、「触れると反応するタッチスクリーン」をつくっている【図2．3】。プレイヤーが画面に触れると、そのうしろにある電磁作動装置が起動するのだが、装置それぞれには特定の振動触覚プロフィール、つまり独自の振動数や波形、エネルギー規模、持続時間を持つ〝効果〟がある。したがって、プレイヤーが画面上のボタンを押せば、本物のボタンを押したのと同様に、カチッと音がして脈打ち、振動し、反発してくる。こういった手ごたえがあれば、プレイヤーは自分のひとつひとつの動作を「はっきりと認識」でき、「より直感的で自然、そして多感覚に訴える体験」を味わえるため、よりゲームプレイの時間はより長くなる。[43] キャパシティブ・タッチスクリーン・システム（イマージョン社はシステム名を改名）は、プレイ中の動作を、さらなるギャンブル継続を〝可能にする〟手段として捉えているというわけだ。

視覚的一貫性、音響の調和、触覚による確認。デザイナーたちは、技術的な要素と人間の感覚のあいだに密接な関係をつくりだすことで、プレイヤーのマシン使用時間を延ばそうとしている。人間工学に基づいたエルゴノミック機能も、一回のギャンブル時間を延ばすうえで有効な手段で、これは、プレイヤーの身体とマシン本体をぴったりなじませるというかたちで実現されている。たとえば、ＷＭＳ社の『プレイヤーが感じたいもの』広告では、指と画面の接点だけでなく、プレイヤーの身体全体に焦点を当てている。女性の裸の背中の写真の横に入ったコピーは「コンソールのコントロール装置が使いやすい、身体の線に沿ったエルゴノミック・デザイン。さらに足元のゆったりしたスペースが、より快適なゲーム体験を実現します」とある【図2．2】。

同様に、この数年前にはＶＬＣという会社が、画面が三八度傾いたマシンを開発した。「プレイヤー

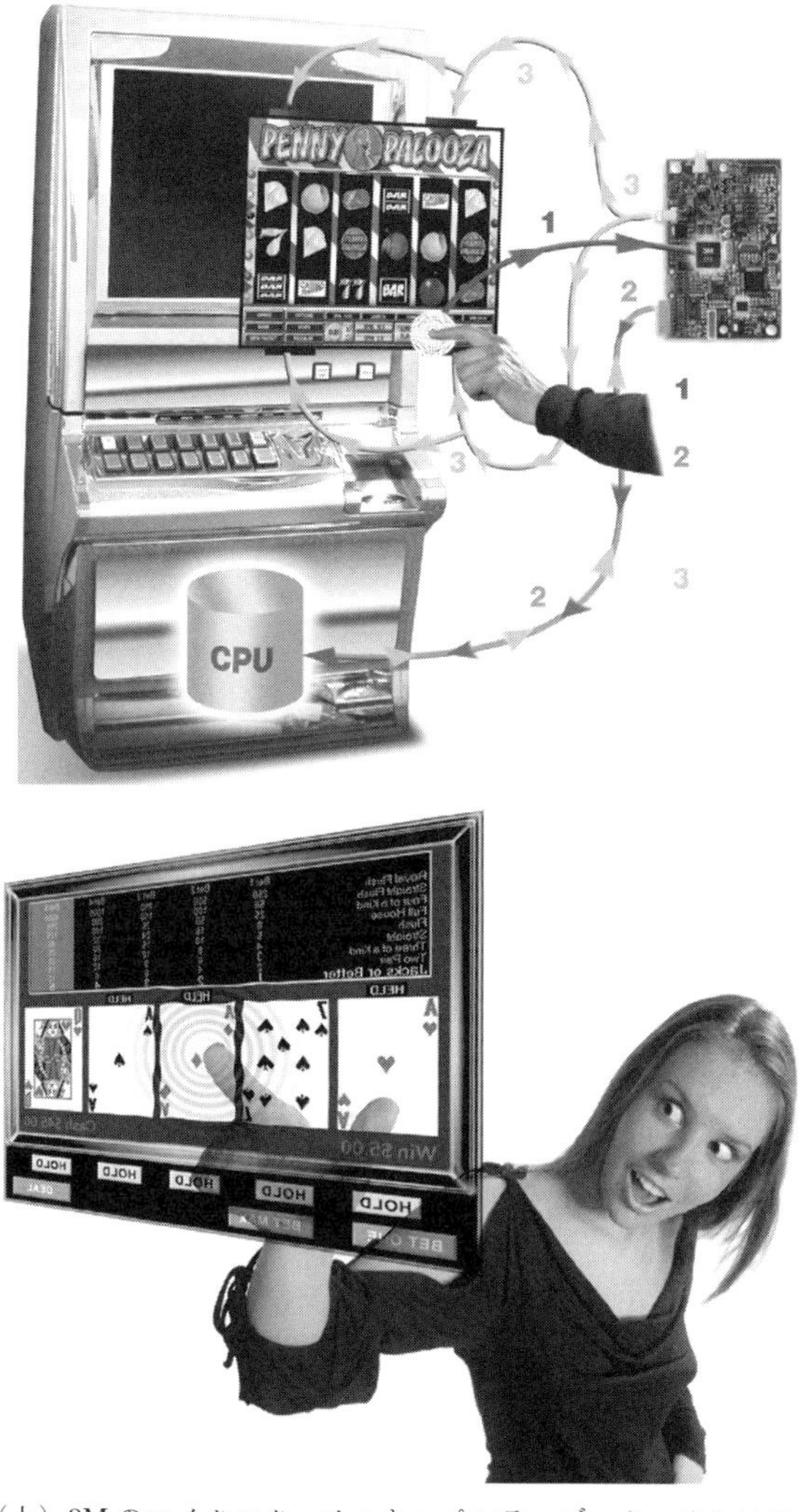

図 2.3 （上）3M のマイクロタッチ・キャパシティブ・タッチセンス・テクノロジー（3m.com でダウンロード）（下）イマージョン社のタッチバックするタッチスクリーン。イマージョン・コーポレーション提供。©2009 Immersion Corporation.

の疲労で、あなたの利益を減らしてはいけません」と銘打った同社の広告はそのデザインを採用した理由を次のように語っている。

私たちはなぜ、プレイヤーたちを前かがみにさせているのでしょう。あれでは疲れるのも無理はありません。そこで私たちは、プレイヤーをスクリーンに近づけ、彼らが椅子の背にゆったりと身体を預けられるようにしました（ボタンのないタッチスクリーンならプレイヤーとスクリーンのあいだに何もないので、簡単でした）。さあ、これでプレイヤーたちも猫背にならずにすみ、簡単に疲れることもありません。

身体全体を支えるVLC社のデザインは、プレイヤーに直立の姿勢を強いる代わりにマシンと身体の角度に合わせることで、彼らが猫背になるのを防いだ。また、マシンと人のあいだの〝障壁〟をなくして両者を〝ぴったりと〟一体化させたことで、より長いプレイ時間も実現した。同様に、IGT社も二〇〇三年、トップが傾いたマシンを開発したが、これは「工学中心に発想された自社のデザインでは、必ずしもユーザーにとって快適で直観的に操作できるマシンにはならないと気づいた」からだ、とその製品のクリエイティブディレクターが自身のウェブサイトで語っている【図2．4】。このちょっとした革命的（進化的）成果をきっかけに、業界のデザイナーたちは人間の身体の自然な曲線に対応しようと「マシンに曲線を採用」することが多くなった。[44]

曲線の採用が増えていったことは、二〇〇五年のG2Eで行われた公開討論『より良いネズミ捕りを

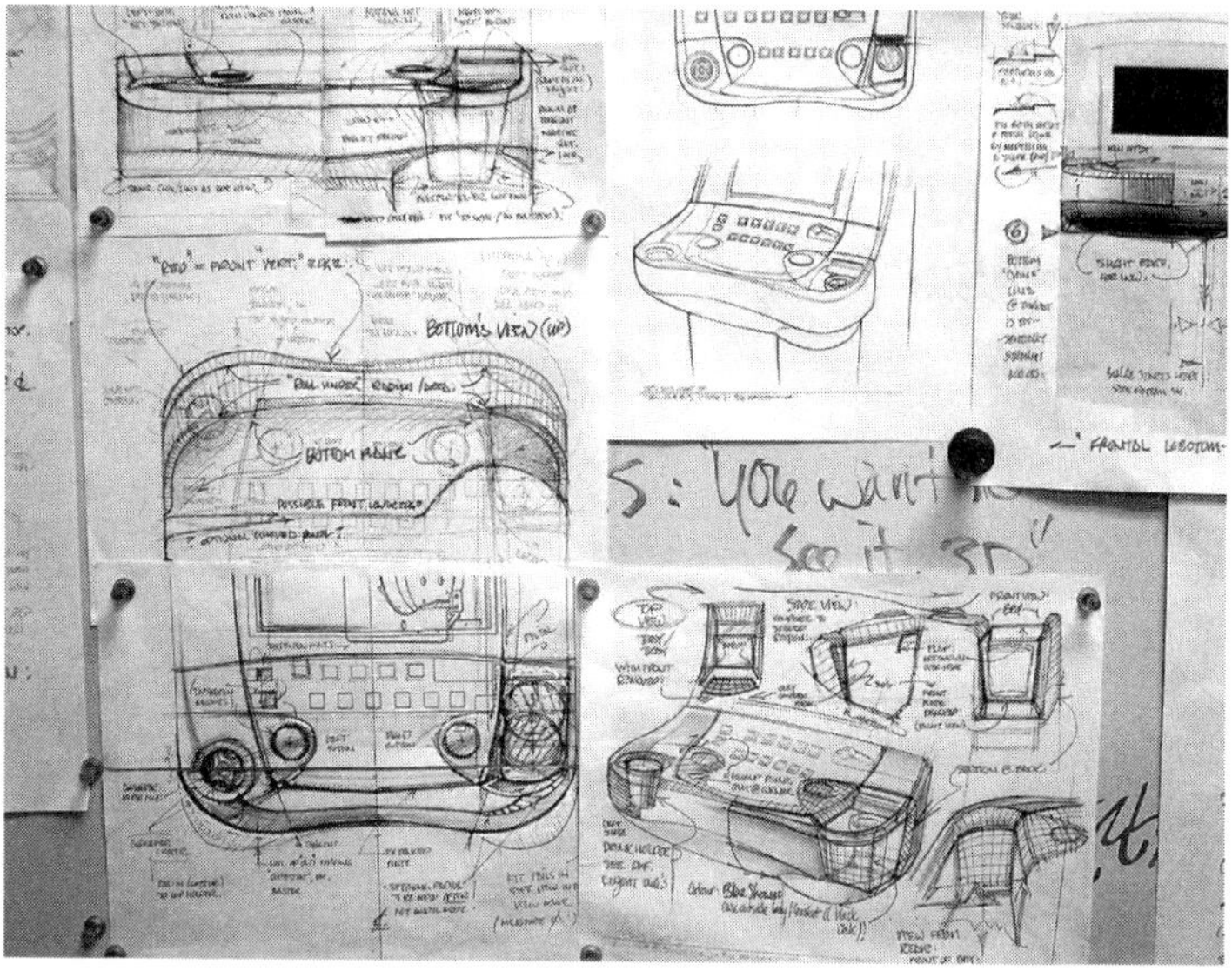

図 2.4 IGT 社の 2003 年 AVT――エルゴノミクスに基づきトップがなめらかに傾いたマシン・キャビネット――のための、一連の改良型プロトタイプを貼ったホワイトボード。「IGT は従来のマシンを厳しい目で見ることにより、工学中心に発想された自社のデザインでは、必ずしもユーザーにとって快適で直観的に操作できるマシンにはならないと気づいた」と、プロジェクトのクリエイティブディレクターは自身のウェブサイトで語った。設計目標：「製作上の利点でなく、プレイヤー優先のエルゴノミクスに基づき、すべてのコンポーネントの配置を再考する」NKADesign のクリエイティブディレクター、ニコラス・ケーニヒ提供。

つくる――エルゴノミクスの科学』で、自社の〝eモーション〟マシンの開発について語ったアトロニック・ゲーミング社の代表者の話でも、よくわかる。全世界でフォーカスグループ（定性調査）を実施した結果、プレイヤーたちは腕の痛みを訴えていることがわかった。マシンを使うときになんのサポートもないというのが理由だ。また、マシンのとがった角や固い金属のせいで、寄りかかりにくいと感じていることも判明した。「プレイヤーたちに快適に過ごしてもらうには、すべては滑らかで、丸みを帯びていなければいけません」と彼女は聴衆に語りかけた。また、プレイヤーのゲーム体験をより快適なものにするために、eモーションの試作品には、ウレタン製のリストレスト、右利き用と左利き用のボタン、上下に動き、傾けることもできる調節可能スクリーンを搭載して、プレイヤーが「操作装置すべてを簡単に操れるように」したという。ポイントカードの挿入口は、バンジーコード（カードをなくさないよう、付けられていることが多い）が腕のそばでぶらついてプレイの邪魔にならないよう、低い位置に設置された。同様に、紙幣の挿入口も低い位置につくられた。「お札は腕を上げずにマシンに挿入できるのがベスト」だからだ。試験運転では、eモーションは稼働率もマシン使用時間もすばらしい数字を記録した。「人間工学により、プレイヤーの生産性はさらにアップした」と業界のジャーナリストは書いている。[45]

それまでギャンブル業界では、〝客の快適性に配慮〟するという考え方――バリー社は二〇〇九年に発表した〈コンフォート・ゾーン〉コンソールで、これを自社のトレードマークにした――は、かならずしも利益と結びつけて語られてはこなかった。一九八七年、ガッサー・チェアーズ社のCEOは、カジノの運営者たちが「滞在中の客の快適さを気にしはじめたのはごく最近のことだ」と語っている。[46] ギャンブル業界が自分たちの技術や環境を人間の身体の形に適応させる動きを見せはじめたのは、一九八〇年代、サービス部門労働や消費者経済の分野でパーソナル・コンピューターの重要度が高まり、人間工学の世界でも、人間を機械に合わせるのではなく、機械を人間に合わせるべきだという考え方が主流になったからだ。[47]

したがってオフィス同様カジノでも、エルゴノミック・デザインが最初に採用されたのは座席だ。スロットマシンがまだ大きな収入源となっていなかった時代、立ったまま短時間プレイするマシンとしてつくられていたため、一般に座席は装備されていなかった。一九八〇年代には、椅子の設置が標準となったが、それでも快適さよりは丈夫で長持ちが主眼となっていた。[48] しかし一九八〇年代半ば、この状況が一変する。ガッサー・チェア社が、人間工学を考慮した新たなオフィスチェアの概念をカジノに持ち込んだのだ。「座席の高さはスロットのレバーに合うように綿密に計算」し、「脚の動脈を圧迫しないよう、固い角もなくした」。固い角をなくしたのは、大動脈が座席の角にあたって血行が悪くなると、しびれの原因となるためだ。[49]「もともと血行が悪い人だと、それ以上に大変なことになります」と一九八七年にガッサーは語り、自社の椅子は特に「スロットマシンの前に何時間も座ることが多い」年配の客にメリットが大きいと主張した。このコメントにあるギャンブラーたちの血流は、カジノ・マシンに入っていくギャンブラーたちの時間と金の流れにも直結している。つまり、エルゴノミクスは経済《エコノミクス》なのだ。ガッサーのライバル、ゲイリー・プラットも、〈Xテンデッド・プレイ〉の座席の広告で「エルゴノミック・デザインはマシンの使用時間を延ばす」と語っている。

エルゴノミックなマシン・デザインと同様、エルゴノミックなカジノの座席も、歳月とともに進化していった。「うちのスロット用椅子はすごいですよ」と二〇〇六年、〈レッド・ロック・カジノ〉のスロット・マネジャーは胸を張った。「下にローラーがついた最先端の椅子ですから、簡単に動かせるし……高さも変えられるので、自分に合う高さに調節できるんです。そのうえ、椅子から立てば、自動的に元の位置に戻り、高さも戻ります」[50]。最新マシンのいくつかの座席に触覚の容量性理論を採用したIGT社は、ゲーム内で起こる事柄に連動して震えたり脈動したりする座席を開発。プレイヤーがゲームを体感できるようにした。スロットマシン機能にスロットマシンの椅子の機能を統合したこの椅子は、

IGT社が新たに商標登録をした新規開発およびデザインプロセスのヒューマン・マシン・インターフェース（HMI）の一部だ。同社は、この包括的プロセスから生まれたある製品について「すべての点――すなわち座席の高さから、ボタンの表面、キーボードの傾斜やスクリーンのサイズまで――工業デザインの専門家たちに検討してもらい、プレイヤーにとっての究極の快適性、利便性、プレイしやすさを実現したことで、わが社のエンジニアはプレイヤーのゲーム体験を劇的に改善、強化するマシンをつくり上げました」と書いている。

ゲーム体験の強化は〝体験の収益化〟、すなわち体験を企業の利益へ変えることにほかならない、とある業界関係者は語る。[51] そしてIGT社もHMIの論理的根拠について、「心身ともに快適に過ごすことができれば、客の滞在時間は長くなる。そしてそれは直接、カジノの収益アップにつながる」と語っている。[52]

流れ込む資金を増やす

建築空間の障害物を排除してプレイヤーたちをスロットマシンに誘導するのがインテリア・デザイナーの仕事だとすれば、賭博行為の物理的、時間的な流れの邪魔となる障害をなくし、〝ゲームの継続的な生産性〟を促進するのがマシンデザイナーの仕事だ。これまで、私たちはボタンやタッチスクリーン、人間工学がどのようにこの役割を果たすかを見てきたが、この章で取り上げる現金の取り扱いや、資金へのアクセスシステム、プレイヤー補助のテクノロジーは、ギャンブラーたちの資金調達方法を効率化することでこれを実現する。もっと正確に言えば、ギャンブルを続けたいというプレイヤーの衝動と、ギャンブルを続ける方法のあいだに生じる間《ま》を縮めることで、プレイヤーが思い直したり、自制したりする可能性を最低限に抑えるのだ。あるカジノ業界のコンサルタントは、著書『カジノの経営』のなかで「もし、カジノ側の目的が、客を誘導してスロットマシンに金を投入させ、プレイを始めさせ、そのお金がなくなってもなおプレイを続けたいと思わせることだとしたら、客がお金をスムーズに入手できるようにすることが理にかなっているのではないだろうか？」と問いかけている。[53] ギャンブラーたちが〈ゾーン〉と呼び、業界関係者がギャンブルの持続的生産性と呼ぶ、完全に没頭した状態について言えば、ゲームプレイのスピードやゲームの継続時間同様、ゲームの軍資金が途切れずに入ってくることも重要だ。そのため、資金の流れに関する技術はこの二五年間で急速に進歩した。

一九八〇年代半ばまでは、マシンで軍資金を使い果たしてもなおゲームを続けたい場合、わざわざカジノ内のATMに行って現金を引き出し、そのあとは両替所またはコイン・カートを押してフロアを歩いている両替係からコインの束を買ってから、ふたたびマシンに戻らなければならなかった。マシンに戻っても、今度はコインの束をばらし、一枚一枚マシンに挿入しなければならない。紙幣識別機やデジタルのクレジット・カウンターが導入されると、手間のかかるコインへの両替はなくなったが、それでも清算時のコイン問題までが解決したわけではなかった。スロットマシン・フロアのマネジャーに聞いた話では、コインでプレイしていた時代はつねに、マシンにコインを満杯に入れ、大当りに備えていたという。「お客様は、お金を受け取るときに待たされるのを嫌います。たった三分でも、二〇分も待たされたように感じるんです。マシンにさっさと動いてもらいたいのです。ですから、マシンにはできるだけ早くコインを補充しなければなりませんでした」

その後、ポイントカードが導入されると、賞金は直接ポイントカードにチャージされるようになり、会員登録をした人には清算の手間がなくなった。また、ポイントカードのおかげで軍資金の補充も容易になった。たとえばキャッシュ・システムズ社のキャッシュクラブ・プログラムに登録すると、ポイントカードには自分のクレジットカードやデビットカード、当座預金口座のアカウント情報が直接結びつけられる。ゲーム用の資金がなくなったときは、カジノのATMでこれらのカードや口座から金をポイントカードに送ればいい。あとは、ポイントカードを持ってマシンに戻り、ゲームプレイ用のクレジットとしてその金をダウンロードするだけだ。PersonalBankerシステムも同様で、プレイヤーはスロットマシンから直接引き出すことができ、アカウントに資金を預けておくことができる。

一九九九年に登場し、今やほとんどのカジノで利用されているチケットイン／チケットアウト（TITO）技術により、ポイントカードを持たない客もコイン精算をしなくてすむようになった。獲得賞金をマシンが紙にバーコードとして印刷してくれるからで、これはセルフサービスのキオスクで換金することも、ほかのマシンで再利用することもできる。[54] TITOは導入されるとすぐに、その収益力を証明した。マシンの〝ダウンタイム〟（コインの入手や取り扱いにかかる時間および精算を待つために費やされる時間）を削減し、ゲームプレイの全体的なスピードと規模をなんと二〇パーセントも増やしたのだ。[55] 完全に〝キャッシュレス〟なこのシステムは当初、「プレイヤーに前代未聞の利便性を提供します。もはや両替を待ったり、大当たりの賞金を手渡しでもらったりする必要はなく、プラスチックの重たいコインカップを持ち歩くことも、コインの取り扱いで手を汚すこともありません」と宣伝された。[56] だが、カジノにとってこのシステムは、ギャンブルによる収益を押し上げただけではない。コインの詰まりを直し、プレイヤーにコインを渡し、カジノ・フロアでコインを運搬し、コイン計数機にコインを投入する人手が省けたことで、TITOは費用対効果まで押し上げたのだ。また、これまで場所をとっていたキャッシャー・ケージ［コインの両替や換金をする場所］は、コンパクトなキオスクに代わり、ギャンブリング・マシンを置くスペースも増えた。[57]これ以降、キオスクはさまざまな現金調達手法を一カ所にまとめた〝ワンストップ〟の多目的ATMとなった。早くも一九九七年には、カジノはデビットカードやクレジットカードに対応したATMを導入。これにより、客は一日の引き出し限度額以上の現金を引き出せるようになり「好きなだけ金を引き出せるようになった」。「お客様がATMの引き出し限度額に達したときは、当行のシステムにより、お客様はPIN（暗証番号）なしにご自身のクレジットカードにアクセスできます」と、バンク・オブ・アメリカの担当者は説明する。[58]のちにグローバル・キャッシュ・アクセス社が発表した同様のシステムでは、初のカジノでの利用に特化した専用クレジットカードが導入された。この〈アライバ〉カードでは、カジノでキャッシングサービスを使って借りた金は〝エンターテインメント購入費〟として扱われる。したがって、通常のクレジットカードでのキャッシングサービスのように高い手数料を取られることも、高い利子を取られることもないうえ、カードのポイントまで付くのだ。[59]カードは要望に応じて提供され、客はものの数分で、最高一万ドルまでの融資を受けられる。グローバル・キャッシュ・アクセス社は、自社のキオスクで客が現金を引き出すときの手順をどう合理化したか、次のように説明している。

一日の引き出し限度額に達してしまった場合、私たちは（プレイヤーに）もう金は引き出せないと告げるのでなく、デビットカードでの支払いを希望するか尋ねます。これで、プレイヤーはさらに資金を調達できます。デビットカードの限度額も超えてしまった場合、今度は、クレジットカードでキャッシングしたいか尋ねます。つまり、私たちのシステムでは調達できる資金の限度額が、ほかよりずっと高くなるのです。デビットカード、デビットカードのポイント、クレジットカードの利用を可能にすることで、私たちはお客さまに、すべての資金を調達方法が利用できるようにしています。[60]

現金を調達する際に起こるあらゆる障害を回避するようにプログラムされた、このシステムのおかげで、当初は拒まれた客でも、資金調達を続けられるというわけだ。[61]

ギャンブラーたちが証言するように、銀行口座やクレジットカードを使うと、〈ゾーン〉にいつづける時間は長くなるが、ゲームの軍資金を使い果たすペースは加速する。地元の病院の看護師ナンシーは、自分のマシンゲーム熱が高まったのは――結局、彼女は自己破産の憂き目を見た――カジノがATMを導入したからだと語る。「以前は、現金を持ってカジノに行っていたんです」。一九九五年の日曜の朝、彼女はそう話してくれた。「持ってきたお金がなくなれば、しかたがありません。あとは、帰るしかありませんでした。でもATMが設置されると、事態は一変しました」。郵便物の束のなかから、彼女は分厚い銀行の取引明細書を引っ張り出し、私と彼女のあいだのキッチンテーブルに広げた。ページを繰りながら「ああ、たとえばこれは先月の木曜の夜」と言い、その明細書をこちらに向けた。左の欄には、ATM引出しという項目がずらりと並んでいる。それも午後九時からのわずか五時間半のあいだだ。最初の引き出し金額は一〇〇ドル、次は六〇ドル、さらに四〇ドル、四〇ドル、四〇ドル、二〇ドルと続く。その時点で、彼女は一日の引き出し限度額三〇〇ドルに達していた。深夜零時を過ぎて日付が変わると、限度額は再設定される。するとふたたび、一日の限度額に到達するまで引き出しが続いた。結局、彼女が午前二時半にカジノを出たときには、口座の残金はわずか一〇九ドルになっていた。ATMに一一回行ったときの引出手数料も含めると、なんと総額六二七ドル五〇セントも散財していた。

銀行の取引明細書からわかるのは、単に時系列に並んだナンシーの現金引き出し状況だけではない。そこには、彼女が自分から〈ゾーン〉へと入っていく状況も現れていた。明細の行間には、ゲームプレイでの彼女の感情の満ち引き——ATMを訪れる切迫感と、その間の〈ゾーン〉で漂っている時間——が見て取れる。つまり、彼女が〈ゾーン〉に入ることと現金を引き出すことのあいだには、相関関係があるのだ。〈ゾーン〉に入ることを可能にするのはギャンブリング・マシン、現金入手を可能にするのはATMだ。そしてこの二つの機械が、彼女の感情を左右し、彼女のお金をカジノへと流入させているのだ。ギャンブル好きのカトリーナという女性は、私に宛てた手紙のなかで「ギャンブリング・マシンやATMといった機械を使うと、意識と現実とのあいだに一種の断絶が生じ、実際のお金がゲーム用のお金に見えてきてしまいます。TITOのような新しいシステムを使えば、現実との断絶はもっと容易に起こるため、その傾向はさらに強まると思います」と書いている。インテリアデザインが、プレイヤーたちの邪魔にならないよう音響や照明を調整しながら彼らの体験を誘導していくように、TITOなどの金融ツールも、現金の実際の価値を曖昧にし、〈ゾーン〉を体感するための通貨に変えることで、ギャンブラーたちにお金を提供するのだ。

ギャンブル産業にとっては、ギャンブラーがマシンの前にいながらにして軍資金を補充できるシステム、プレイを中断しなくとも預金の引き出しや送金、預入や前借りができるシステムが理想だ。一九九七年には、プレイヤーはマシンから直接、自分の当座預金口座にアクセスできるようになり、一日最高一〇〇〇ドルまでをゲーム用のクレジットのかたちで送金できるようになった。[62] だが、ネヴァダ州は二〇〇三年、ATM機能をスロットマシンに統合することを禁じる（衝動的プレイを促し、問題のあるギャンブル行為を悪化させる可能性があるという理由だ）州法に違反しかねないとして、この技術の承認を撤回した。[63]

しかし、このような法的障害のない地域も多かったため、ギャンブル技術企業はマシンから直接、資金を引き出せるシステムの開発を続けてきた。

たとえば、キャッシュ・システムズ社がバリー社と協力して開発したシステム、〈パワー・キャッシュ〉では、プレイヤーはギャンブリング・マシンの前にいながらにして、自身の口座（当座預やクレジットカード、デビットカードの口座）からプレイヤークラブのカードに資金を移すことができる。「〈パワー・キャッシュ〉なら、マシンから離れることなく資金の調達ができるので、プレイヤーはより多くの時間をプレイに費やせる」のだ。[64] 一方、グローバル・キャッシュ・アクセス社はIGT社と協力し、このシステムにTITOを連携させた〈チケット・アウト・デビット・デバイス〉（TODD）を開発した。これはスロットマシンに設置された小さな端末だ。客がこれに銀行のデビットカードを通して口座にアクセスし、引き出したい金額を入力すると、その金額がクレジットとして直接マシンに表示される（引き出し限度額があるATMと違い、これは口座に資金がある限り引き出すことができる）。[65]

スロットマシンにATM機能を持たせることを禁じている地域では、スロットマシンが並ぶ通路の端に独立型のEDITH（エレクトロニック・デビット・インタラクティブ・ターミナル・ハウジング）が設置されていることもある。[66] このEDITHにより、資金をゲーム・ユニットと統合することなく、できるだけギャンブリング・マシンに近づけることができる。資金をさらにギャンブラーに近づけるのが、キャッシュ・システムズ社の手持ち式無線装置をはじめとする携帯型ATMで、「カジノの客は、差し出された〈ステイ・アンド・プレイ〉装置に自分のIDカードやクレジットカード、またはデビットカードを通し、レシートにサインするだけ」だ。[67] ネヴァダ州はそのような携帯型の装置を禁じているものの、ほかの地域では利用されており、いずれはあらゆる地域のカジノで導入されると業界は見ている。[68] また、消費者が自分の手持ちの機器（スマートフォンやiPadなど）を使って資金をワイヤレスでスロットマシンに送るという方法はヨーロッパでは一般的だが、これもまた、当局が〝技術の進歩に追いつき〟規制された、業界がアメリカで実現したいと願っている革新のひとつだ。「カジノ内での資金調達をさらに容易にするうえで唯一の障害となっているのが、規制だ」と二〇一〇年のIGT白書は書いている。[69]

一方、銀行とギャンブリング・マシンを別の方法で結び付けようと考えたオートメーテッド・カレンシー・インスツルメンツ社は、「カジノでのエンターテインメント体験の一環となる」ATMを考案した。銀行取引とゲームの一体化、つまり「お客さまが資金の引き出し手続きを待つあいだも、（ATMの）楽しいディスプレイで客の興味を惹きつけて楽しませる」というものだ。[70] ギャンブリング・マシンにATMの機能を持たせるのではなく、ATMに遊びの機能を持たせることで、資金を引き出す行為そのものをゲームにしたのである。

アンバランスな共謀

カール・マルクスは工業生産について、労働者は機械を操作する過程でみずからを疎外していく、と説いたが、ミシェル・フーコーは、人間と規律的機械との関係を疎外ではなくむしろ連結と捉え、「生産装置との強制的な連結」が、人間の身体とその身体が操作する物体を結びつけるとした。(71) もちろん、現代のギャンブラーとマシンの関係は、疎外よりも連結のほうが近いが、この章で取り上げる内容は、その連結が強制ではなく、マシンの構造及び機能と、ギャンブラーの認識能力、感情的能力、身体的能力の〝共謀〟によって構築されることを示唆している。

この強制から共謀への変化は、現代社会を〝資本主義の変異〟と呼ぶドゥルーズの考え方、すなわちそれまでの規律や制約の論理が、身体や感情や資本の継続的で流動的な動きを規制する管理の論理に取って代わったという考え方と、一致する。(72) マシン・ギャンブラーは、カジノという閉鎖空間の固定された装置の前に座ったまま同じルーティンを繰り返すが、クレジットを途切れることなく利用することで、彼らは非空間の〈ゾーン〉へと入っていき、そのクレジットが尽きるまでは、カジノにとって〝継続的な生産性〟を保つことができる。ジャーナリストのディベルは、彼がルド資本主義、すなわちゲーム資本主義と呼ぶ現象について「資本家の搾取は、搾取される側のゲームをしたいという衝動と平和的かつ生産的に共存することで成立する」と語っている。(73) スリフトは、マシン賭博の感情経済もまた現代の価値生産のひとつのかたちであり、「与えられたり与えられなかったり、楽しんだり、搾取されたりが同時に、そして自発的に行われる」現代の価値生産のひとつだと書いている。(74) 継続的な生産性を目指すデザイン戦略は、〈ゾーン〉を持続させたいというギャンブラーの欲求と一致する。したがって、カジノが利益を最大化するうえで、ギャンブラーは彼らの協力者となる。

このような協力関係においては、企業の利害と「消費者の利害はいまだかつてないほど接近し」、製品はダイナミックな〝共創〟のプロセスで誕生するが、いわゆる経験経済の研究者たちもこの協力傾向には気づいている。(75) たとえば社会学者のミシェル・キャロンと彼の同僚たちは、消費財のデザインを連続的に調整がおこなわれる相互プロセスと捉え、「そのプロセスで追及されるのは消費者が求める製品と提供される製品を著しく近似させることだ」と語る。(76) 彼らはこの関係性を、対称のコラボレーション、すなわちバランスのとれた「需要と供給のコラボレーション」と呼び、企業と消費者はその協力関係のなかで、それぞれの欲求を満たすために対等な立場で手を結んでいると考える。そして、企業がよく使うユーザー中心主義という言葉に同調するように、「企業が提案するものと消費者が求めるもののあいだの相互適応」について書いている。(77)

だがこの章では、企業のデザイナーたちが支持する〝バランスのとれた〟というレトリックをもう少し懐疑的に見ていこう。ギャンブル技術のプレイヤー中心デザインも、消費者の欲求や感情や身体に調和させようとするデザイン姿勢も、元来は決して搾取的なものでなく――その利用は強制的と言うよりはむしろ共謀的で、疎外を生むことはない――対称的でもない。だが、この共謀において、ギャンブラーとマシンのそれぞれが果たす役割は対等ではない。それどころか、〝プレイヤーが求めるもの〟とギャンブル業界における生産性・効率性の追求手法を一致させることで、両者の最終目標がまったく違うという事実は曖昧になってしまっている。

筋金入りのマシン・ギャンブラーにとっては、ゲームをプレイするという体験そのもの、すなわち価値を超えた〝自己目的の〟〈ゾーン〉こそが目的であるため、プレイを続けるにあたっては「その体験を持続させること以外の見返りは必要ない」[78]。一方、ギャンブル業界にとっての〈ゾーン〉は目標を達成するための手段でしかなく、〈ゾーン〉自体に価値はないが、そこから価値を引き出すことは可能だ。それを実現するのが、先に触れたカミングズの言葉で、スピードと継続性と激しさの〝促進〟だという。その言葉は、マルティン・ハイデッガーがテクノロジーについて書いた著名なエッセイでの議論に驚くほど似ている。「促進とは、最初から何かほかのものを先に進めようとすること、すなわち最低限の費用で最大限の利益を上げようとすること」だと彼は書いているのだ[79]。

実際、〈ゾーン〉のなかで永遠に漂っていたいというギャンブラーたちの衝動は、ギャンブル業界の技術にうまく誘導され、最終的には完全な枯渇へと導かれてしまう。サイバービュー社のシルビー・ライナードは、同僚たちへの助言として「マシンをプレイヤーに合わせて微調整したりカスタマイズしたりすればするほど、プレイヤーたちはさらにゲームに没頭して自滅していき、それが劇的な収益増につながります」と語っている[80]。彼女がここでいう〝自滅〟とは、プレイヤーの資金が尽きることを指す。その時点で、マシンはプレイヤーに反応することをやめ、このアンバランスな共謀関係がその姿を現す。ギャンブラーは勝てないばかりか、勝つためにプレイしてさえいないのに、ギャンブル業界は最初からずっと勝つつもりでプレイしているのだ（カミングズによれば、業界が目指すのは「プレイヤーがより大金を賭けるよう彼らの行動を絶えず繰り返させ、カジノ側がプレイヤーに対して最大の勝率を保つこと」だという）[81]。プレイヤーとギャンブル業界の関係は、二つの価値システムの衝突というよりはむしろ、市場の経済ルールで支配される価値抽出のシステムと、プレイヤーにとって市場経済のルールが一時停止した、価値とは無関係な、つかのまの〈ゾーン〉との、アンバランスな相互依存だ。「人はもはや囲い込まれた人ではなく、負債を負った人なのだ」とドゥルーズは書いている。[82]

第三章　偶然をプログラムする　魔法の計算

私は学校に行くことにした。スロットマシンのことを学ぶため――マシンの分解方法や組み立て方、コンポーネントや、配線、そのほかこまごました部品のことを知るために。そしてスロットマシンの修理工になった。私は、電子工学や数学にすごく強かったのだ。学校ではさまざまなことを学んだ。眠っているあいだも、夢のなかでマシンを分解しては、組み立て直した。そして開校以来最も優秀な成績で、学校を卒業した。

マシンの仕組みさえわかれば、それまでの神秘のベールは剥がれおち、あれほど夢中になることもないと思っていた。マシンの動きがすべてわかると思ったからだ。でも、そうじゃなかった。マシンをバラバラに分解し、再度組み立て直しても、その仕組みはわからなかった。なぜなら、チップだけは組み立てられなかったからだ。マシンのなかにある、あのミステリアスな小さいチップのことは、誰も教えてくれなかった。でも、リールをスピンさせるのも、カードシャッフルするのも、あのチップだ。

結局、私のギャンブル熱がさめることはなかった。学校にはマシンが二台あり、休憩時間にはそれでプレイした。スロットマシンを組み立てる会社の夜勤仕事に就いてからは、職場ではスロットマシンを組み立て、昼休みは外で、休憩時間のあいだじゅうスロットに興じた。自分が組み立てているのと同じマシンを使って。

――ローズ

インテリアデザインは、カジノの客をギャンブリング・マシンに誘導する。また、最適に構成されたインターフェースは、プレイヤーがマシンに使う金額を増やし、滞在時間を長引かせる。だが、プレイヤーたちにゲームを延々と続けさせるのは、マシン内の秘密のプロセス、すなわちプレイヤーの勝敗を決めるマシン内のプロセスだ。ローズがスロットマシンの修理工になったのは、マシンの内側の仕組みを知れば、逃げ出すことのできないマシンの魅力から解放されるかもしれないと期待したからだった。だが、その試みは失敗した。その理由は、誰からも教えてもらえなかった「ミステリアスな小さいチップ」のせいだと彼女は手記に書いている。チップのなかには、偶然を決定するシナリオが入っている。それは、あるデザイナーが「偶然を操作可能にする」と呼んだ、各々が連動する一連の計算で、それがゲームの結果を決めるのだ。計算でつくられたこのシナリオには、まったく異なる二つの機能がある。プログラミングの段階では、運に一定の予測可能性を与え、長期的にどれだけの累積利益が期待できるかをカジノの運営者側に教える機能。また、ゲームがプレイされている段階では、偶然を、これまで以上に謎めいた魅惑的なものにするという機能だ。(1)

二〇世紀初頭、社会学者のマックス・ヴェーバーは「人間は［神々を］追い払い、それまでは偶然で片付けられていた物事を理論的に説明し、それを計算可能、予測可能なものにしてしまった」と指摘した。(2) ものごとが計算可能、予測可能になるうち、世界からどんどん「幻想が打ち砕かれ」ていき、「計算できない、不思議なことがらがなくなっていく」というのだ。(3) 謎が消えるというヴェーバーの懸念を、ギャンブリング・マシンはすぐさま実証したが、マシンはそこにもうひとひねり加えた。確かにギャンブリング・マシンは、幻想を打ち砕く手段と言える。なぜなら、「ギャンブラーの賭け金を正確かつ調整された〝科学的〟方法で再分配する複雑な計算装置」であり、マシンの所有者は偶然を利用して利益を上げ、長期的な利益予想を正確に計算できるようになったからだ。[4] だが、マシンと人が向き合った瞬間、マシンは人を魅了する手段となり、ジグムント・バウマンが言う「予測も妥当な根拠も太刀打ちできない自発性、意欲、衝動、意思」、あるいはヴェーバーが言う「計算では説明できない不条理で感情的な要素」を刺激するのだ。[5] マシンには「ミステリアスで計算不能な要素」がないわけではなく、むしろそのような要素はたっぷり入っている。

　現代のギャンブリング・マシンにも、人を魅了する謎めいた力はある。だがそれは、幻想を打ち砕くはずのマシンの設計プロセスが失敗したからではない。むしろその設計プロセスの結果なのだ。それは、リスク理論を説いた社会学者、ウルリッヒ・ベックの言葉を借りれば、「つくられた計算不能性」[6]、人類学者でゲームの研究者、トマス・マラビーのコンセプトを借りれば「つくられた偶然」だ。[7]

　英国の国営宝くじについて書いたヴェーバー派の社会学者は、「理性的な思考やプロセスは、それ自体がみずからを（再）魅了することができる、またはみずからを（再）魅了する手段になることができる。（再）魅了すること、それは完全に理性的で体系化された営みなのだ」と書いている。[8] ヴェーバー自身も「いまや人は、魔法に頼らずとも霊魂を呼び出すことができる。技術と計算がそれをしてくれるからだ」と語っている。[9]

　これから見ていくように、ユーザーがギャンブリング・マシンに不思議な力や驚きを感じるのは、マシンが偶然を引き起こすために利用する〝手段と計算〟がユーザーから隠され、不透明であることと、大きく関係している。テーブルを囲んでプレイするカードゲームならばルールも確率も明確だが、ギャンブリング・マシンの場合は内側の仕組みも確率も、つねに箱のなかに隠されている。[10]「ネヴァダ州で、自分が勝てる確率をプレイヤーが知らないゲームはひとつしかありません」とネヴァダ州の賭博取締官は、そんなふうにスロットマシンのことを語る。「確率をマシン上に掲示することに賛成するカジノなどありません。そんなことをしたら、ギャンブルにまつわる不思議さ興奮、娯楽性やゲームプレイのリスクがなくなってしまいますから」[11]。彼が言うように、見せないことが人々を引き寄せる魅力なのだ。

ローズの例にならい、この章ではIGT社の工学・デザイン担当副社長が「美しい金庫室」と呼んだマシンの内側に分け入り、偶然を不思議な力に変えて人々を魅了し、さらには利益へと変えていく計算の論理を解析していく。[12]そこで明らかになるのは、（ギャンブル産業による）確率の操作だ。それは、一連の技術によってもたらされる、ギャンブラーたちがその目で見てプレイしているゲームと、ゲームの結果を決める実際の仕組みのあいだの断絶だ。ゲームにおける偶然性をつくりだす装置は、サイコロを転がしたり、カードを切ったりする〝明示的〟なものから、コンピューターのプログラムという〝暗示的〟なものに切り替わった、とマラビーは指摘する。[13]これはギャンブリング・マシンにもあてはまり、マシンの機械部品は、デジタル・インフラに取って代わられた。「すでに短命になっていた賭けのための道具が、コンピューター化の流れにより、さらに非物質化が進んだ」と社会学者のリチャード・ウーリーは書いている。[14]機械式から電子式への移り変わりを追っていくと、業界とギャンブラーとの非対称な関係が、マイクロチップとそのプログラミングというミニチュア規模でも展開されていることが、よくわかる。

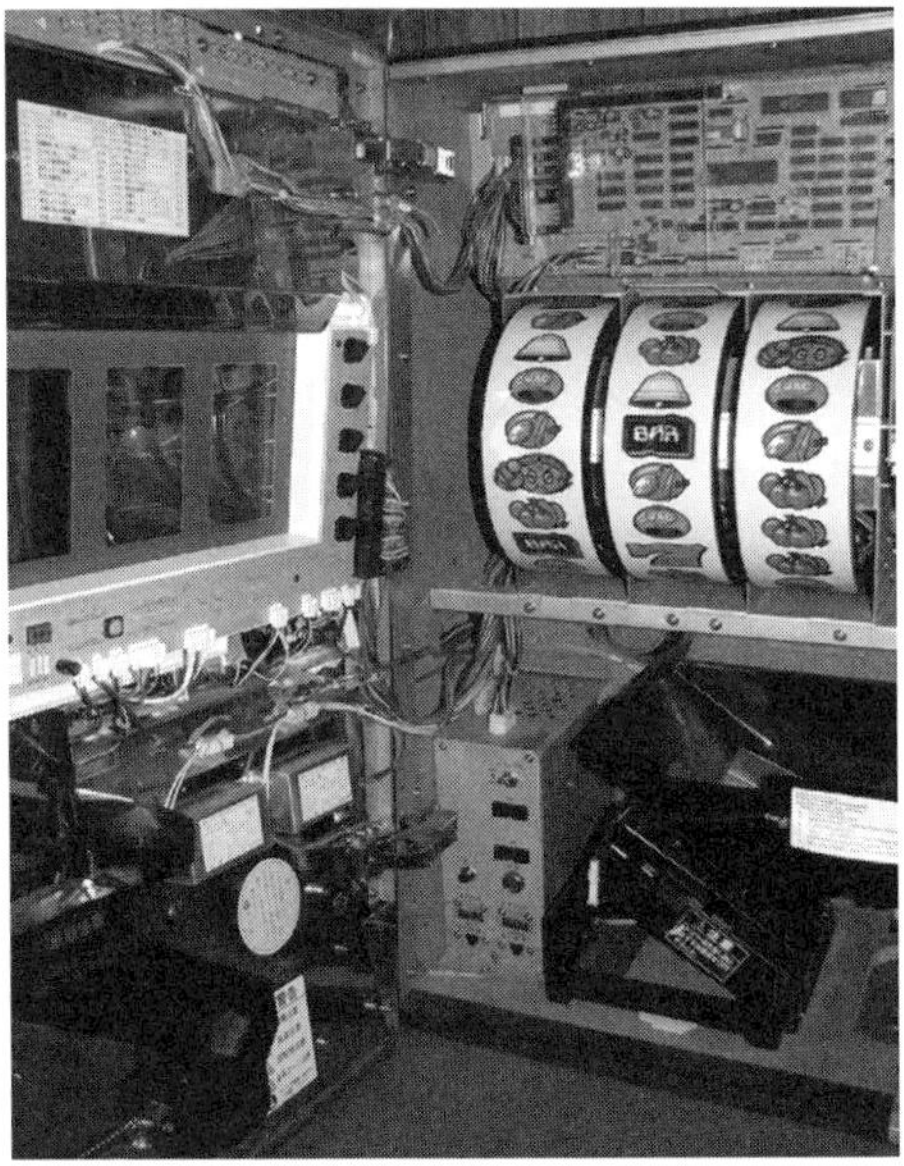

図 3.1 （上）インターナショナル・ゲーミング・テクノロジー社製造工場のスロットマシン組み立てライン。ネヴァダ州、リノ。IGT.com のメディア用資料からダウンロード可能。（下）3 リール・スロットマシンの内側。ローズ・ペタル撮影。Bigstock.com より。

機械式から電子式へ――〝本当に新しい神〟を設計する

現代のギャンブリング・マシンは、一九世紀末のアメリカの産業革命時に登場したコイン挿入型の自販機や遊戯装置の親戚だ。そういった自販機は、食品やガソリン、キャンディを販売していたが、なかには物品以外のもの、たとえば手品や占い、恋愛占いやアドバイスを提供するものもあった。[15] ギャンブリング・マシンがそんなコイン挿入型遊戯装置と違うのは、提供するのが金そのものであり、利用者との取引のあいだに偶然という要素が入り込むことだ。つまり消費者は、機械が見返りをくれるのかも、その見返りがいくらなのかも、あらかじめ知ることができないのだ。一方、ギャンブルの提供者側にとっては、この手法は大成功だった。「こんなに少ない投資と手間で、これほどの利益をもたらしてくれる機械は、これまでなかった」と一九五〇年にある社会学者は言っている。[16] 現代のギャンブリング・マシンの前身となったのは、一八八〇年代初めにブルックリンで発明された、ドローポーカー［五枚のカードが伏せて配られ、手札を捨てて代わりに新しいカードを引くことができるゲーム］をベースにしたマシンだ。カウンターに置かれたこの機械装置には、五五枚のカードの絵柄があるドラムが五つあり、プレイヤーがサイドレバーを引いてドラムを回転させると、五つの絵柄がのぞき窓に表出する。その後、このマシンの別バージョンとして登場した、カードが貼られた五つリール（回転輪）のマシンが、全国のシガーショップやバーで人気を博し、〝五セントマシン〟として知られるようになった。この機械には、勝利につながる無数のカードの組み合わせを読み取り、相応の賞金を払い出す機能はなかったため、勝利した客には店側は賞金をドリンクや葉巻あるいは現金で支払っていた。[17]

一八九八年、バイエルン人移民で機械技術の天才だったチャールズ・オーガスト・フェイが、自動支払いができるマシンをつくりだした。カードが貼られたリールを三つにすることで、賞金が出る組み合わせ数を自動支払いが可能な数にまで削減したのだ。その一年後、彼はカードの絵柄を図柄に変え、リールがスピンする現代のスロットマシンの試作機とも言える、あの有名なマシン〈リバティ・ベル〉を発表した。ゲームには、スプリングで回転するリール（回転輪）が三つあり、リールそれぞれには五つの図柄、すなわち蹄鉄、ベル、ハート、スペード、ダイヤの柄がある。[18] 中央にあるペイライン（支払い線）に三つのベルが並んだら、賞金として五セント硬貨がもらえるという仕組みだ。リールは、レバーとブレーキシステムに接続した金属製のシャフトを軸に回転し、タイミングバーがリールの回転を左から右へと順番に止めていくため、サスペンス感はさらに盛り上がる。一九〇〇年代なかばには〝スロット業界のヘンリー・フォード〟として知られるハーバート・スティーヴン・ミルズが、図柄の数、すなわちリールの〝コマ数〟を一〇から二〇に増やしたため、プレイヤーが大当たりする可能性は減り、マシンは、利益はそのままに、しかし高額の賞金を提供できるようになった。[19] ミルズはまた、リールが見えるのぞき窓の幅も広げた。これでペイラインの上下の列の図柄もプレイヤーに見えるようになり、〝ニアミス〟感を味わう可能性は高まった。ペイラインの上下にある図柄を見れば、あと少しで勝てたのに、という気持ちが高まるからだ。

だがスロットマシンは、人気が出たとたん、禁酒運動家たちの悪徳撲滅運動の標的となった。一九〇〇年代から、実力行使もいとわない改革主義者たちは頻繁に〈リバティ・ベル〉やその後継機種を破壊した。多くの都市や州が、これらのマシンを禁止した。しかし、賭博を禁じる法律はおおむね無視されるか、巧みに抜け道がつくられ、テクノロジーは進化を続けた。ギャンブルが違法な地域では、ギャンブリング・マシンはリールにフルーツの図柄（サクランボ、レモン、オレンジなど）が描かれたガムの自販機に見せかけられ、のちに現金と引き換え可能な賞品がもらえた。違法にもかかわらずスロットは人気を博したが、このような巧妙なごまかしがピークを迎えたのは、一九三〇年代の恐慌時だった。スロットからの収益が、ガソリンスタンドやドラッグストア、そのほかの小規模な商売が生き残っていくうえで貴重な手段となったからだ。[20] スロット業界は戦後、一九五一年のジョンソン法が施行されるまで隆盛を極めたが、この法律により、州法で禁じられている州にあった闇市場のスロットマシンはすっかり廃止されてしまった。そして一九六〇年代には、スロットマシンはネヴァダ州と軍事基地以外のすべての場所で、法律違反となったのである。

一九六三年、電気機械技術を組み込んだことで、スロットマシンは大きな変貌を遂げた。それまでリールはスプリングとギアで動いていたが、電動モーターとスイッチの回路基板を使うことで、メーカーがその動きをコントロールできるようになったのだ。[21] リールから運動装置がなくなったことで、プレイヤーがスロットマシンを傾けたり揺すったりして不正を働くこともなくなり、ゲーム結果もその影響を受けなくなった。[22] こうしてマシンの動作の信頼が高まり、「デザイナーたちの関心は、ギャンブラーを魅了し、惹きつけつづけるマシンの力を最大限まで伸ばすことへと移っていった」と、ある歴史家は語る。[23] カジノのマネジャーたちは、電気機械式マシンの不正防止機能が気に入ったが、プレイヤーたちはこのマシンが搭載するモーター駆動のホッパーが気に入った。最高五〇〇枚という前代未聞の数のコインを払い出すということは、より多くの、そしてより頻繁な支払いがされることを意味するからだ。一九七八年、デジタル・マイクロプロセッサ（メモリ付きのコンピューターチップ）がマシン・ギャンブリングの世界に登場したことで、マシンにはそれまで以上の安全性と魅力が加わった。ギアとスプリングがモーターとスイッチに取って代わられたように、デジタルパルスがスロットマシンのリールを動かすようになったのだ。このテクノロジーの発明者は、特許の申請書に「ユーザーを考慮した場合、機械式のスロットマシンと同じように操作できる遊戯装置を提供することが望ましいが……しかし不正な操作ができないものでなければいけない」と書いている。[24] プレイヤーたちが向き合うのは依然としてリールだが、今やリールの回転結果を決めるのは、プレイヤーにはその動作がまったく見えないデジタル装置となったのだ。

ローズが言っていた「ミステリアスなチップ」、すなわちゲームの個別の得点スキームと既定の控除率（または〝ハウスエッジ〟）を実行する数学アルゴリズムでプログラムされたチップは、乱数発生器（RNG）と連携してゲームの結果をつくりだす。[25] また、そのギャンブリング・マシンが使われていないときでも、マシンのRNGはリールの図柄やカードのさまざまな組み合わせを一秒に約一〇〇〇回の頻度で繰り返し生成しつづける。つまり、プレイヤーがいてもいなくても、この装置は延々と作動を続けているのだ。プレイヤーがレバーを引くか、スピンボタンを押してゲームを開始すると、プログラムはRNGに〝問い合わせ（ポーリング）〟をし、その瞬間にRNGがたまたま回転させていた数字――各リールにひとつずつ――が生成される。こうして生成された数字は一般に一から四〇億のあいだだが、それにアルゴリズムを適用し（コンピューター・プログラムの世界では〝間接〟または〝間接参照〟として知られるプロセスだ）、マイクロプロセッサの〝バーチャルリール〟上のコマに変換する。[26] そして、ここで決まったバーチャルリール上のコマが、それに対応する実際の物理的リールのコマに伝達されるというわけだ。実はこのすべては一瞬で決定されており、マシン上のリールの回転が止まるより先に結果は決まっている。「マシンを操作するには、レバーを引かなければならない」と一九八〇年にあるジャーナリストは言っている。「だが、もはやこれはギャンブルとは言えない――ただ読み出し表示装置を起動させているにすぎないのだ[27]」

電気機械装置がスロットマシンに組み込まれた一年後、フランスの哲学者で社会学者のジャック・エリュールは、テクノロジーはどんどん自律的になっており、それを開発し操作する人間の役割りは小さくなっていると論じた。「人間は触媒のレベルに成り下がってしまった」と一九六四年に彼は書いている。「人は、スロットマシンに挿入されるスラグ（偽のチップ）のようなものだ。マシンを稼働させるだけで、その動作には一切参加していない[28]」。もしエリュールが現代のコンピューター化されたスロットマシンを目にしたら、技術の自律化のさらなる証拠を目にしたことだろう。そのようなスロットマシンでは、プレイヤーは文字通り自律的なマシンの処理を促す、単なる触媒の働きをしているだけだからだ。

だがギャンブル企業は、リールを動かしているのは機械だという幻想をつくり上げ、プレイヤーたちに、すべては彼らの動きに直接反応しているのだと思い込ませている。たとえば、マシンメーカーのなかには、新型マシンのレバーに「スプリングと重りを付けて、以前のマシンの感触を演出している」ところもある。[29]「次にわが社のスロットで遊ぶときは」と一九八一年、バリー社の社長はプレイヤーたちに言っている。「レバーをゆっくり引いて、リールが巻き上げられていく感覚を味わってみてください……その感覚を残すのにはずいぶん苦労しました。そのために、私たちはリールの部品に機械的な接続部品を残しているのです[30]」。だが、スピンするリールを見せたり、レバーの〝感触〟を繊細に演出したりする努力は、デジタル・スロットマシンではすでに時代遅れとなっている。現在ではレバーのあるスロットマシンはほとんどないが（あったとしても、そのレバーは〝時代遅れ《レガシー》のレバーと呼ばれている）〟、マシンの見た目とリールのスピンは、機械がプレイヤーの動きに直接反応しているという幻想を与えつづけている。

とはいっても、完全にデジタル化され、リールもコンピューター・アニメーションで〝スピン〟するビデオスロットでは、そのような幻想を維持するのは難しい。そこでマシンメーカーは、そのようなリールを三次元に見えるようにする方法を思いついた。WMS社の〈トランスミッシブ・リールズ〉は、機械的なリールとビデオリールを〝融合〟させたもので、絵柄のない三次元のリールの上に、半透明のビデオスクリーンを重ね、リールが回るとそこに、いかにも本物らしい図柄のビデオが映し出される。「私たちはビデオスロットのプレイヤーも、機械式スロットのプレイヤーも遠ざけたくなかったのです」と、このハイブリッド技術を生み出した会社の代表は語っている[31]。これと同様に、バリー社の〈トランスペアレント・リールズ〉（現在は〈インタラクティブ・リールズ〉と名前が変わっている）も、実際の電気機械的リールの上にスクリーンを重ねて「ビデオスロットと機械式スロットの境界を曖昧」にし、ボーナス・ラウンドには「リールの前にアニメーションが浮いて見える」ようになっている[32]。IGT社が特許を持つ〈REELdepth〉の仕組みはこれと少し違い、「二枚またはそれ以上の液晶ディスプレイを巧みに重ね合わせる」ことで、視覚的に「本物の奥行き」をつくりだす。「紛争地域のマルチレイヤー地図」をつくるのと同じ手法だと同社は言っている。〈REELdepth〉は「見た目も振動も機械式マシンを真似ているため、プレイヤーは機械式リールをスピンさせている錯覚に陥る」という。(33) 逆説的ではあるが、デジタル技術の発達により、ギャンブリング・マシンはアナログマシンを装うのがうまくなり、もはや存在しない物理的な機能やユーザーの操作度を巧みに演出するようになったのだ。

なかには、リールのスピンが止まる前に、ひとつまたはすべてのリールのスピンをプレイヤー自身が止められるようにし、自分がマシンをコントロールしていると錯覚させるマシンもある。ストップボタンを押すか、スピンボタンをもう一度押すか、あるいはビデオスクリーン上のひとつまたはそれ以上のリールに直接触れることで、スピンを止めるのだ。(34) 実はゲームの結果は、スピンボタンを最初に触れた瞬間に決まってしまうが、そのような〝停止〟ボタンを使うプレイヤーは、自分の動きがゲーム結果を決めていると感じるらしく、ほかのマシンよりもプレイしつづける時間が大幅に長いことがわかっている。(35)

これと同様の感覚、つまり自分がゲーム結果を左右しているという感覚をつくりだすために、ビデオスロットの第二の〝ボーナスゲーム〟では、プレイヤーに自分がこのゲーム結果をコントロールしていると思わせる(だが実際はそうではない)行動を促す。たとえばアンカー・ゲーミング社の二〇〇〇年のゲーム、〈ストライク・イット・リッチ〉のボーナスゲームは、画面上のボウリングのボールをトラッキング・デバイス(追跡装置)で誘導するというもので、プレイヤーはビデオの画面上でボウリングのボールを持ち上げ、狙いを定めて、仮想のボウリングピンに向かって投げる。しかし、ボールが転がるルートは、シミュレートされたボールが転がり終わるよりずっと前にRNGによって決定されている。

ＩＧＴ社のレーシングカーをテーマにしたボーナスゲームも、プレイヤーがジョイスティックでレーシングカーを動かすことができるため、自分が車の動きをコントロールしている幻想を抱く。二〇〇〇年の同社の製品説明にも明記されているように、この手のゲームのポイントは、プレイヤーたちに「自分が結果をコントロールしている」と感じさせることにある。[36] そういった感覚はむしろギャンブルの謎めいた魅力を消してしまうのではないかと考える人もいるが、そうではない。むしろそれによって、ギャンブラーたちは、自分はマシンに〝命を吹き込む〟ことができる、曖昧でミステリアスな偶然を決定するプロセスに、いわば魔法の力を及ぼすことができるという感覚を覚えるのだ。

ゲームの結果を決め、勝敗を告げるギャンブリング・マシン内の不透明な動作こそが、ギャンブラーたちの驚きや憶測の源であり、それはインターネット・フォーラムで彼らが交わしている無数の議論からも明らかだ。「マシンがコンピューターで動いているとわかっても、何も変わらないわ」とローズは言っていた。「それがかえって、ゲームをミステリアスにするのよ」と。ギャンブル雑誌《カジノ・プレイヤー》のある記事は「哲学における最も重要な疑問のひとつは、機械的で有形の人間の身体に、はかなく、つかみどころのない心がどうやって宿るのかだ。つきつめればこれは、マシンのなかには〝亡霊〟か〝神〟がいるというシンプルな答えに行きつく。現代のスロットも同様だ」と始まる。[37] つまり、はかなくて亡霊のような、乱数発生器（ＲＮＧ）を呼び出すわけだが、ギャンブル業界の関係者のなかには、この乱数発生器を「本当に新しい神」と呼ぶものもいる。[38]「ＲＮＧはコンピューターチップ上で動作しているが、まるでＲＮＧが魔法をかけているかのように思っている」とあるデザイナーは言っていた。

人は電子装置を擬人化しがちだ、と科学者たちは言う（機械的自動装置を擬人化していたのと同じだ）。これは、コンピューター「の内部がよく見えず、予期せぬ行動をしがち」なことに関係している、とルーシー・サッチマンは指摘する。[39] シェリー・タークルによれば、電子玩具が一貫性のある予測可能な動きをせず、ごまかしているように見えるとき、子供はそれを擬人化し、「インチキするっていうことは、あなたは生きてるのね」と言うそうだ。[40] 与えられたマシンに対してユーザーが感じる魅力の程度は、そのマシンが持つ意外性や生き生きとした特性に関係がある、と彼女は言う。だとすれば、コンピュータ技術とスロットマシン――ユーザーに偶然を運ぶことを目的とした装置――の融合は、とりわけ魅惑的な合体と言える。プログラム化されたものと、気まぐれなものがひとつになったデジタル・ギャンブリング・マシンは、少なくともその前身である機械式のマシンよりもずっと魅力的だ。[41]

スロットマシンが結果を出すまでの駆け引き――特にRNGの仕組み――については、紙媒体やオンラインによる参考書が山ほど出ている。人気のギャンブル雑誌には、「マシンの謎」、「不気味な話」、「ESP」といったキャッチーなタイトルの記事（ここでは、ギャンブラーたちがマシンとの〝不思議な体験〟を披露しあっている）のほか、「スロットの統計入門」や「スロットマシンの神話と誤解」、「知識は力」など、マシンが故意に何かしていると考えるギャンブラーたちの思い込みを解消するコラムもある。「RNGは生きているわけではありません」と、《ストリクトリー・スロッツ》誌のコラム「ビギナーズ・コーナー」の著者は書いている。「RNGは、あらかじめ決まっているルールに則って計算しているだけです。RNGはあなたの勝敗も、誰かが新たにプレイを開始したかも知らないし、そもそもそんなことは気にもしていません」[42]

専門家たちはよく、ものを知らないギャンブラーの場合、ツキがないと思ってプレイをやめた直後に、次の客がそのマシンで大当たりを出すと、自分の勝ちを〝盗まれた〟気になって憤慨すると言う。だが実際は、たとえその人が同じマシンでプレイを続けても、次に来て勝った客と寸分たがわぬタイミングでボタンを押すことはできないから、まったく同一の勝ちが出るようRNGを作動させることはできない。「絶妙のタイミングでボタンを押せば勝てると言い切る人がいますが、実際には不可能です」と、あるゲームデザイナーは言う。(43) ギャンブラーに人気の作家で、自身も以前はゲームデザイナーだったその人物は、たとえRNGの〝サイクル〟パターンを知っていても、そのサイクルの特定の瞬間を〝つかむ〟ことは不可能と言う。「普通の人の場合、反応時間は五〇から三五〇ミリ秒、一方マシンの機械的および電子的な伝達時間は、プレイのあいだで一六から五〇ミリ秒しかない」からだ。(44) 人間とデジタル技術では、情報を処理して反応する能力が違うと彼は言う。そしてこの違いが、ゲームデザイナーとプレイヤー間のさらに大きな非対称性となり、ギャンブルの謎のベールを剥ぐテクノロジーと、ギャンブルに魅了された状態の非対称性を反映している、と言うことができる。

確率を上げる――〈バーチャルリール・マッピング〉

RNGの仕組みがわかっている人でも、その次に起こることのせいで全体像を完全に把握しきれない場合は多い。次に何が起きるかと言えば、四〇億個近い数字のプールのなかから無作為に選ばれたひとつの数字が物理的リールのコマに変換され、そのコマが、それよりはるかに限られた数のゲーム結果のプールの一部になる、というものだ。マシンの隠れた動作や、そのプロセスを見せているようでいて、実際はそうでないマシンのディスプレイ（たとえばリールのスピンの遅れ）が、プレイヤーを混乱させ、ゲームプレイにおける原因と結果の関係が曖昧になってしまうのだ。無作為の数字をリールのコマに変換するとき、実際には何が起こっているのだろうか。ギャンブリング・ゲームの第一人者、ジョン・ロビンソンは、マシンのプログラミングについて「リソースに直接アクセスするのでなく、途中でもう一段階をかませることで、さまざまなすばらしいことができるのです」と語っている。[45]

その「すばらしいこと」のひとつが、〈バーチャルリール・マッピング〉だ。マシンの実際のリールに関係なくゲームの確率をコントロールする技術だ。これは一九八二年に特許となった技術だが、その目的は、物理的なリールの構造的限界を克服することにあった。デジタル方式になった結果、リールの役割は、コンピューターが決定した結果を表示するだけとなってしまったが、リール上のコマ数――一九七〇年までにその数は二二になった――と、おそろしくアナログなリール、あるいは〝仮想〟リール上にある図柄の一対一の相関関係は残った。そのようなマシンの場合、組み合わせ数は最大で二二×二二×二二、すなわち一万六四八通りだ。となると、ひとつのリールにひとつのジャックポットがあるマシンでジャックポットが出る確率は一万六四八分の一ということになる。したがって一ドルマシンの場合、一万六四八ドルを超えるジャックポットを出すことはできない。それ以上ではマシンが損をしてしまうからだ。つまり、カジノ側の利益を確実なものにするには、ジャックポットの賞金は一万六四八ドルを下回らなければいけないのだ。

では、マシンメーカーはどのようにしてこの制約を回避し、ギャンブル用語でいうところの〝確率を上げて〟いるのだろうか？　メーカーは、リールをできるだけ大きくして図柄の数を増やしたり、リールの数を追加したりしたが、プレイヤーはそのようなモデルには寄り付かない。リールが大きい、またはリールの数が多いマシンでは、図柄の数が増えたぶんチャンスが少ないと、本能的にわかるからだ。確率を上げるもうひとつの方法が、物理的なリールを擬似リールのビデオディスプレイに変え、空白や図柄の数を無限に増やすというやり方だ。これは、ビデオゲームの誕生とともに可能になったが、消費者は画面を使った技術にまだなじみがなく、あまり信用しなかった。だが一九九〇年代なかばにはこの不信感も消え（これについては次の章で触れる）、数学者で発明家のインゲ・テルネーズは、衝撃的で暫定的な解決法を〝不均衡リール〟あるいは〝加重リール〟と呼ばれる〈バーチャルリール・マッピング〉というかたちで世に出した。[46]

この技術を利用するマシンでは、ディスプレイされるリールのコマは引きつづき、一リールあたり二二個――一一の空欄と一一の図柄――なのだが、バーチャルリールのコマはゲームデザイナーが好きなだけ増やすことができ、何百コマになることもある。電子化されたすべてのスロットマシンは、プレイヤーがスピンボタンまたはベットボタンを押すと、その瞬間にRNGが生成した数字がバーチャルリールのコマのひとつに変換される。もちろん、それぞれのコマが選ばれる確率は同じだ。しかし、実際のリールよりもバーチャルリールのほうがコマ数が多いため、RNGが選んだバーチャルリールのコマを実際のコマに変換するには、第二の〝マッピング〟プログラムを書く必要がある。この中間段階でおこわれる〝すばらしいこと〟とはすなわち、バーチャルリール上の低賞金または無賞金のコマを、高賞金のコマよりもずっと多く実際のリールに〝割り当てる〟ことを指すのだ[47]【図3．2】。

実際のリールとバーチャルリールの均衡を崩したことで、マシンメーカーはゲームの結果をこれまで

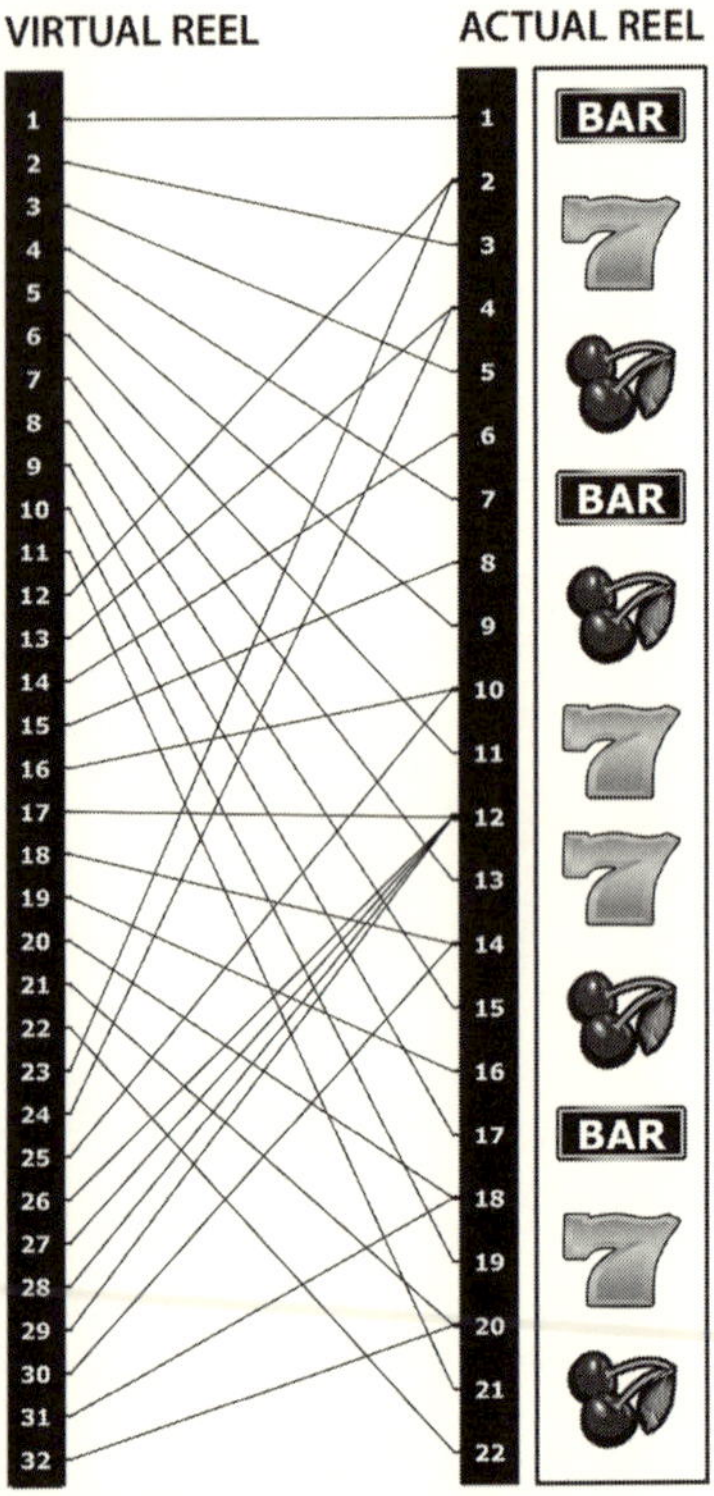

図3.2a　バーチャルなコマが32、実際のコマが22あるスロットマシンの〈バーチャルリール・マッピング〉を説明するイラスト。32コマのバーチャルリール上にある最初の11コマを実際のリールの11の図柄に割り当て、残りのコマをすべてブランク（空白）に割り当てることで、価値の高い図柄が当たる確率を見た目よりも低くしている。さらに、“クラスタリング”という技術で、ジャックポットの図柄の真上か真下のブランクスペースに、バーチャルなコマを不当に多く割り当てている。これにより、偶然よりもはるかに高い確率で、ペイラインの上下にジャックポットの図柄が現れるため、プレイヤーたちの“ニアミス”感が高まる。Game Planit, Inc.提供。

よりずっと正確にコントロールできるようになり、さらには巨額のジャックポットを約束しつつ、その数学上の確率を最低限にまで抑えられるようになった。[48] バーチャルリールのコマがそれぞれ六四あるマシンでは、三つのリールすべてが同じ図柄のジャックポットを当てる確率は六四の三乗、すなわち二六万二一四四分の一だ。したがって、マシンは損をすることなく二六万二一四四ドルのジャックポットを提供できる。バーチャルリール上のコマが五一二あるマシンの場合、ジャックポットの確率は一億三四〇〇分の一となるため、たとえ二〇〇〇万ドルまたは三〇〇〇万ドルという多額の賞金を約束しても、長期的には利益を見込むことができる。[49] この前代未聞の数学的融通性により、ギャンブリング・マシンにはいまだかつてないほどの〝変動性〟（または劇的な大勝の可能性）が生まれ、市場へのアピールは倍増した。〈バーチャルリール・マッピング〉は「チャールズ・フェイのスロットマシン発明以来の大革命をスロットマシン業界に引き起こした」と、最終的にこの特許を買収したIGT社の社員は語っている。[50] 業界のエキスパート、フランク・レガートは、この発明を「スロットマシンの人気を急上昇させた立役者」と書いている。[51]

RNGのことがわかれば、リールのスピンはゲーム結果になんの関係もないことがわかる。また、テレネーズのマッピング技術がわかれば、リール自体もゲームの結果になんの関係もないことがわかる。テレネーズは、米国特許商標局に提出した申請書に「この発明では、物理的なリールは標準的なスロットマシンと違い、乱数発生器の結果を表示するためにのみ利用されており、リール自体がゲームを構成しているわけではない」と記している。[52]「ゲームを構成しているわけではない」――からもわかるように、〈バーチャルリール・マッピング〉は、プレイヤーが向き合っているゲームと、その結果を決定する仕

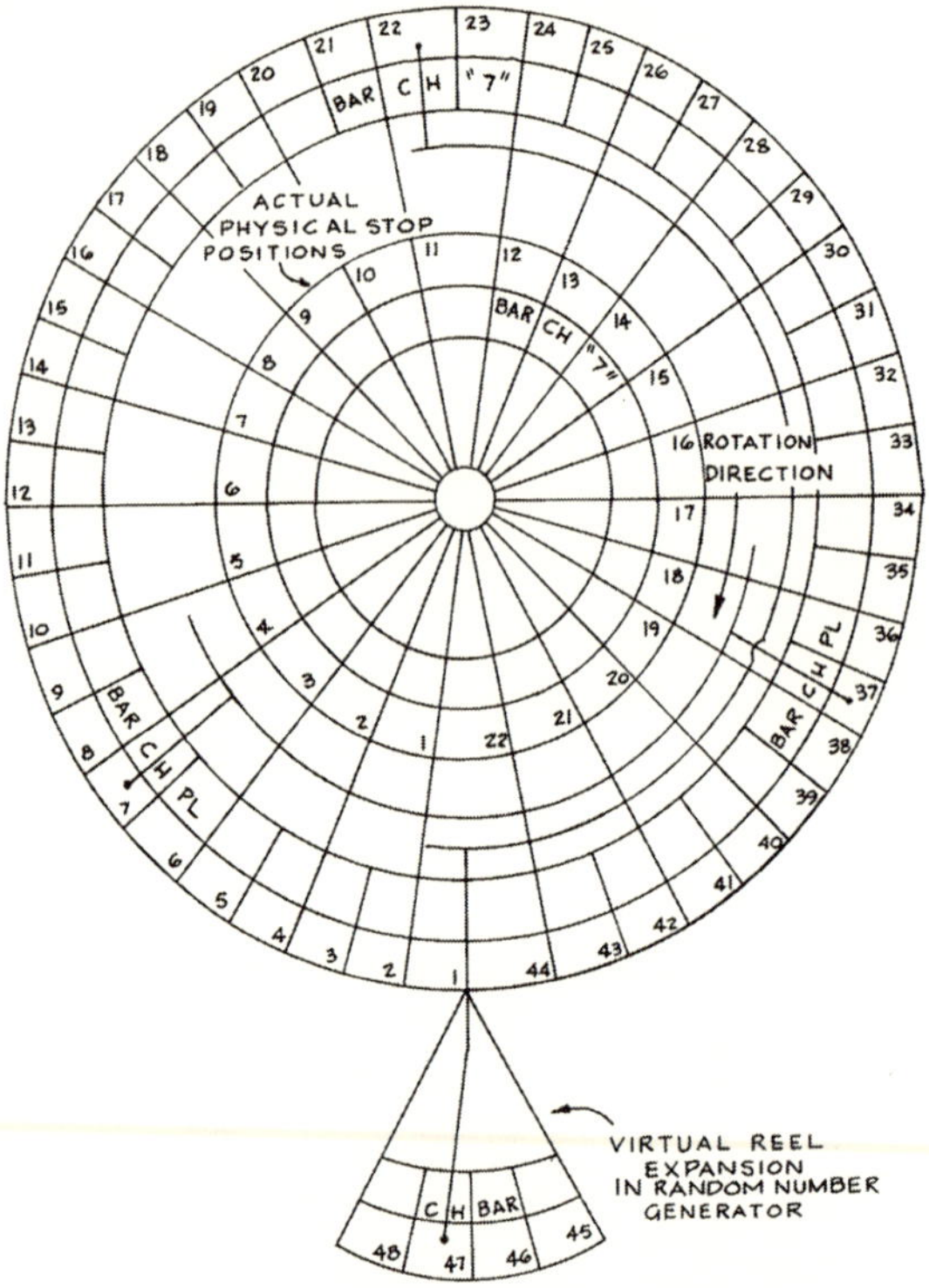

図3.2b バーチャルリールを図表化したもの。US Patent No. 4448419, Inge Telnaes, 1984

組みとのあいだの距離をさらに一段引き離した。この技術の登場により、ゲーム開発者のクリエイティブな関心はマシンの構造――レバーの感触、リールの円周――から、マシンの数学的プログラミングへと移っていった。そして初めて、ゲームの確率をハードウェアではなくソフトウェアの再構成で変更できるようになったのだ。[53]

開発者たちは、物理的なリールのコマに依存しなくてすむようになったが、それと同時に、スクリーン上のリールに対するプレイヤーの依存――および、そこから利益を得ること――の維持にやっきになるようになった。以前の機械的な機能を失ったリールは、錯覚をつくってプレイヤーを魅了するという新たな役割を果たすことになったのだ。マシンのチップ内にあり、プレイヤーに不利になるように重みがつけられている〝リール〟が出した結果が、プレイヤーの目の前でスピンする実際のリール上に表出するのだが、プレイヤーたちにはそのリールが、自分たちにとって実際よりもはるかに有利に見える（図3．2aにあるように、ジャックポットの図柄が四つある場合が多い）。プレイヤーの目には、それぞれ図柄が当たる確率は平等に見えるが、実際はそれぞれが当たる確率は違う。実際のリールは、単にそれよりもずっと大きなバーチャルリールのマッピング決定を表示するだけに過ぎない。プレイヤーに錯覚させるのは「実際より当たる確率が高いと感じさせる」ようにするため、とテルネーズは率直に語っている。[54]

コンピューター・ソフトウェアのアルゴリズムの専門家、ケヴィン・ハリガンは、その確率がどれぐらい高いかを計算する方法を考え出した。彼は六四コマあるバーチャルリールのプログラミングを分析し、そのマシンが二二コマの実際のリールと同様に当たりを出すとしたら、プレイヤーは二九七パーセントの確率で勝てることになるのに気がついた。[55] マシンによる確率の虚偽表示――または物理的リール歪曲ファクター（PRDF）――は、人間の知覚システムをごまかし、プレイヤーの思い込みを促進する作用がある、と彼は言う。

〈バーチャルリール・マッピング〉による知覚のごまかしや、可能性の歪曲は、ハイテク不正行為だと言う人もいる。水銀をサイコロに詰めたり、カードを足してトランプ一組の枚数を増やしたりする代わりに、ごまかしの方法をプログラムしている、と言うのだ。[56] ネヴァダ州のゲーミング管理法によれば

〝不正行為〟とは、ゲームの結果を決める「偶然の要素や選択の方法、または基準を変更すること」であり、これには「確率を計算する装置の利用」も含まれる。[57]

〈バーチャルリール・マッピング〉はこの定義に当てはまるのだろうか。少なくとも、誤解を招く可能性のあるグラフィックを禁じる消費者保護法のバリエーションで「ゲーム結果の正確な表現を表示しなければならない」というゲーミング委員会の規定には違反しているように見える。[58] 先ほど触れたように、テルネーズの特許は、〈バーチャルリール・マッピング〉の誤解を招く力、すなわち「実際よりも、賞金獲得の可能性を過大に見せる」力を明示している。

この特許を使用したスロットマシンが、ネヴァダ州賭博管理委員会の一連の公聴会で審議にかけられると、ギャンブル業界の有力者たちが、このマシンの機能は視覚的に不正で倫理に反するとして異議を唱えた。当時の二大マシンメーカー、IGT社とバリー社は、テクノロジーがプレイヤーに誤った結果を伝えるのではないかという懸念を表明した。「視覚の点から言えば、このマシンはプレイヤーに誤解を与える」とバリー社の社長は証言した。彼の説明はこうだ。

リールがスピンするスロットマシンが、その始まりからこれまでずっと成功してきました。それは、プレイヤーたちが幾度となくレバーを引きながら、すべてのリール上のすべての図柄を眺め、いずれはそこに当たりの組み合わせが表出する、と思えたからです。スロットマシンの機械式リールにセブンの図柄が四つあるのに、コンピューター上にはひとつしかないということであれば、それはプレイヤーが視覚的に欺かれているように見えます。[59]

IGT社の弁護士も「この手のマシンには詐欺的問題がある」と指摘している。[60]
このように業界内部の姿勢は慎重だったが（彼らの懸念が、詐欺問題よりも業界内の競争にあることは明らかだった）、〈バーチャルリール・マッピング〉の認可申請は「基準からの容認可能な逸脱」とみなされたと、のちにネヴァダ州賭博管理委員会の主任弁護士は語っている。[61] 当時の委員のひとりは公聴会で、プレイヤーたちはマシンにだまされることを期待しているのだと強調し、こう締めくくった。「私はこのマシンをいいと思います。だから賛成に投票するつもりです。コンセプトもエキサイティングだし」[62]
こうして委員会は、より高額なジャックポットを可能にした〈バーチャルリール・マッピング〉を承認し、これを機にマシンはアメリカのギャンブル市場でその存在感を大きく拡大していった。ラスヴェガスの〈フォア・クイーンズ・カジノ〉に導入された一〇〇台以上のバーチャルリール・マシンは、またたくまに同等数の非バーチャルリール・マシンの二倍の利益を叩き出した。[63] ネヴァダ州規制当局の〝ゴールデン・スタンダード〟に従い、このマシンの売上げから入る税収をあてこんだそのほかの州も動き出した。そして「業界では〝ザ・ラボ〟で通る」検査と認証をおこなう試験所、ゲーミング・ラボラトリー・インターナショナル（GLI）の支援を受けながら、続々とバーチャルリールのソフトウェアを認可していった。[64]
一九八九年にテルネーズの特許の独占権を獲得したIGT社は、この技術を創造的な方法で利用し、さらにはそのほかのスロットマシン・メーカーを特許権侵害で提訴することで、業界の主導権を握っていった。[65] 二〇〇二年に彼らの特許が切れると、ソフトウェアは業界全体の標準となったが、一九九七年までには、リールがスピンするスロットマシンの八〇パーセント以上（現在の平均的カジノのスロットフロアではマシン構成の三五パーセントから四〇パーセントを占めている）が、このアルゴリズムを使用していた。[66]

今日、知覚を歪める〈バーチャルリール・マッピング〉の怪しげな機能が指摘されても、それに対する弁解は一種の堂々巡りだ。裁判官たちは、これは詐欺ではないと言う。なぜなら、規制関連のすべての試験所が承認しているからだ。ＧＬＩのような試験所は、自分たちの仕事は消費者保護法を精査して守ることではなく、カジノの運営者側が依頼してきたマシンの機能を試験するだけだと答える。またメーカーとカジノの運営者たちは、規制を設定するのは自分たちではないと逃げるのだ。[67]

〝負け〟を再設定——ニアミス

〈バーチャルリール・マッピング〉は、ゲームの確率に対するプレイヤーの認識を歪めるためだけでなく、〝ニアミス〟効果で彼らの負けに対する認識も歪める。ゲームデザイナーは〝クラスタリング〟という技術で、実際のリール上の価値の高い図柄のすぐ隣に、バーチャルリールのブランクのコマを不当に多く割り当てる。そうすれば、これらのブランクの図柄が中央のペイラインに現れると、その上下には偶然よりもずっと高い確率で価値の高い図柄が現れるのだ（図３．２ａ参照）。[68] リールが回転するたびに、プレイヤーがペイラインのすぐ上やすぐ下の図柄を目にすると仮定した場合、ハリガンが分析した六四コマのバーチャルリール・マシンでは、プレイヤーたちはこのゲームの払い出しパーセンテージ、すなわち〝プレイヤーの利益〟が一九二パーセントから四八六パーセントのあいだだと思い込まされる（一九八八年、ＩＧＴ社のマシンを分析した業界のアナリストは、これよりさらに高い二五〇パーセントから一〇〇〇パーセントを算出している[69]。確率に対するプレイヤーの認知をゆがめるこの手法を、彼は〝ペイライン・ウインドウ歪曲ファクター因子・上／下〟（PWDFaとPWDFb）と呼んでいる。

一九八四年の公聴会で、IGT社の弁護士はクラスタリングとニアミスの問題点を取り上げ「ペイラインの上または下にジャックポットの絵柄が出る頻度が実際のコンピューターで出る頻度の四倍ある……これが、おそらくこの手のマシンの成功の理由だろう」と言い、見せかけの図柄で人々を惹きつけているのなら、これは虚偽広告だと思う」と指摘した[70]。だが同時に、「もしバーチャルリール技術が承認されるのなら、もちろんわれわれもぜひそれを利用したい。これは競争上優位になる」とも付け加えている。（その言葉どおり、のちにIGT社はこれを利用し、大成功を収めた）。

負けを潜在的な勝ちのように言いかえるニアミス（あと少しで勝ち《ニア・ウィンズ》のほうが正確、と指摘する人もいる）は、さらなるゲームプレイを促す[71]。ある調査の参加者は「ニアミスだと、ついボタンを押して、ゲームを続けたくなる」と答えている。「あと少しだった、とつい期待してしまうんです。それでさらにトライしてしまう。パターンをしっかり理解して、タイミングをつかまなきゃと思うんです」と[72]。ニアミスがなぜプレイヤーにゲームを続けさせるのか。行動心理学的には、ニアミスは「そのあとに続く行動を活性化したり、促進したりする効果がある」という〈固執のフラストレーション理論〉や、もう少しで勝てたのにと後悔するのを避けるために、すぐにまたプレイを続ける〈認知的後悔〉の理論などで説明される[73]。「もう少しで大当たりだったのに、と思えば、プレイヤーがそのマシンをプレイしつづける確率は上がるが、マシンのオーナーにとっては、余分なコストをかけずにプレイの継続を促せる都合のいい方法だ」と行動主義の心理学者B・F・スキナーは一九五三年に語っている[74]。

北米のマシンでは、ニアミスは絶対に起こらない、とギャンブル業界は言うが、これは極めて独断的な主張で、ニアミスという言葉をかなり狭義で使っていると言わざるをえない。彼らが言うニアミスの定義が誕生したのは、日本のユニバーサル社がアメリカのライバル企業たちによってネヴァダ州賭博管理委員会に呼び出された、一九八八年の法的公聴会でのことだ。[75] 当時ユニバーサル社は、新しい方法でニアミス効果をつくりだすリールマシンを開発し、大成功を収めていた。その方法とは、リールのスピンの結果を表紙する前に、プレイヤーが勝ったか負けたかチェックし、プレイヤーが負けていた場合はマシンが第二のオペレーションを開始し、あと少しで勝てたかのように、その結果をペイライン上に表示する(たとえば、7、7と並べ、三つ目の7はペイラインのすぐ下に表示する)。[76]

ユニバーサル社は、ほかの競合企業もクラスタリング技術でニアミス効果を利用していると抗議し、「プログラマーは、より多くのニアミスのシナリオをバーチャルリールにロードし、ニアミスが頻繁に出るようにしている」と指摘した。[77] IGT社の弁護士はこれを率直に認め、「確かに、われわれのペイラインの上下には、サブリミナルな刺激があり、人々はそれを視界の片隅で見ている」と言っている。[78] だが、そのようなニアミスは「自然に起こるもの」だと賭博管理委員会の委員のひとりは証言している。図柄の配列は、リールがスピンする前につくってプールされているものから抽選されており、スピンしたあと第二のソフトウェアによって選ばれたものとは違うというのだ。ユニバーサル社は、〝自然に〟プログラムされ、〝視界の片隅に〟見えるニアミスも、第二のソフトウェアでプログラムされ、ペイラインに表示されるニアミスも、プレイヤーに与える効果は同じだと抗議した。唯一違うのは、一方の技術、つまり自分たちの技術のほうが、より進んでいるというだけだと主張した。この議論の最中、ユニバーサル社はネヴァダ大学のコンピューター技術分野の教授職のスポンサーになることを申し出た。管理委員会は、規制も知識も従来の機械式スロットマシンをベースにしているため、その教授に委員会の教育コンサルタントになってもらったらどうか、と提案したのだった。(79)

委員会は結局、ユニバーサル社にとって不利な裁定を下した。みずからの規制を改定し、ギャンブリング・マシンの各リールの結果は乱数発生器によってそれぞれ決定されなければならず、そのようにして決定された結果と表示される結果は同一でなければならないとしたのだった。「いったんゲーム結果を選んだら、プレイヤーに見せる結果に影響を及ぼすような第二の決定をしてはならない」ということだ。だがバーチャルリール・マッピングは、RNGがバーチャルリールのコマを選んだあとに適用される計算プロセスであり、これもやはり〝バイアスをかける第二のシステム〟となる。しかし委員会は、ニアミスをつくるために内蔵されたこの手法を、偶然の純粋性を汚すものではないとみなしたのだった。賭博法の権威、I・ネルソン・ローズは、この決定に対し「ネヴァダ州は、コンピューターで制御されたニアミスをペイラインに表示することを禁じた。だが、それ以外のことはなんでもありらしい」とコメントしている。(80)

そうこうするうち、この決定はニアミスを〝禁止〟したものとみなされるようになった。当時、委員会の主任弁護士だったエレン・ホイットモアは現在、ニアミスを〝禁止〟したことは自分の重要な業績のひとつだと考えている。しかし、一九八九年の公聴会の最後に委員会が実際にしたのは、当時すでに業界に定着していたバーチャルリールとクラスタリング技術によってつくられたニアミスなら法的に容認される、と決定することだった。辛辣な見方をすれば、当時、プレイヤーをごまかす一連のデザイン戦略は委員会の監視のもとで蔓延し、業界に莫大な経済的利益をもたらしていたが、委員会にとってこの決定は、それを正当化すると同時に禁止する絶妙な方法だったと言える。もっと言えば、この公聴会で下された決定は、アメリカのマシンメーカーを外国のライバル企業から守るためのものだった。一方、もう少し素直な見方をすれば、機械式デザインが長年続いていたせいで、委員会はデジタル技術を規制できるほど、その仕組みを理解できていなかったとも言える。いずれにせよ、委員会は、乱数の発生メカニズムを規制対象にすると決定したのだ（一方で、偶然の実現をかたちづくる新たな手法と、それに対するプレイヤーの認知を形成する新手法については目をつぶっていた）[81]。

ビデオスロットにはマッピング機能がいらないため（ビデオスロットはすべてのリールがバーチャルなので、物理的なリールは存在しない）、初期のビデオスロットでは、ゲーム開発者はビデオリールを追加するだけでニアミス効果を持たせることができた。左側を価値の高い図柄で〝膨らませ〟、右に行くにつれて価値を低くして〝やせさせる〟のだ。プレイヤーたちは左から右へと順に停止していくリールを見て、〝もう少しで当たったのに〟という感覚を覚える[82]。言い換えれば、バーチャルリールのマッピングがニアミス効果をリール上に垂直方向で実現するのだとすれば、複数リールのビデオスロットはニアミスを、リールを横断するかたちで水平方向に実現するのだ。〝不均衡な〟または〝加重された〟に対し、〝アンバランスな〟または〝非対称な〟と言われるこのリールの技術は、合法だ。なぜなら、各リールの結果は独立した無作為のプロセスで決定されなければならない、という条件が守られているからだ。だがやがて、この技術はすたれていった。ビデオスロットが〝リール〟をどんどん増やしていったせいで、多くの組み合わせが自然にニアミスを発生させるようになったからだ。現代のビデオスロットのデザイナーたちは、実際よりも大きな勝率をプレイヤーたちに伝える、いわゆる〈ティーザー・ストリップ〉（焦らす組み合わせ）と言われる手法も利用している。ビデオリールが〝スピン〟すると、価値の高い図柄で加重された〈ティーザー・ストリップ〉が現れるが、リールが止まると、それが価値の低い図柄の組み合わせに置き変わるのだ[83]。〈バーチャルリール・マッピング〉と、その不均衡なリールから、ビデオスロットの非対称リールまで、ストップボタンやジョイスティックがつくりだすコントロール性の錯覚から〈ティーザー・ストリップ〉による幻の確率まで、これらの手法は企業からも、企業の法務部からも、そして規制機構からも認められている。そのため、マシンのデザイナーは確率やチャンスの見せ方をより自由に操作しながら、〝コントロールの幻想〟でギャンブラーたちを魅了し、確率の認知をゆがめ、ニアミス効果をねらっている。デザインや、綿密な調整によって偶然をつくる技術が生む一種の魔法が、〝本当に新しい神〟として機能し、プレイヤーたちをとりこにするのだ。

幻滅から魅了へ

「（合理化により、）現在のわれわれは、アメリカ・インディアンたちより自分たちを取り巻く状況に対する理解を深めたと言えるだろうか？」一九二二年にヴェーバーはこう問いかけている[84]。いや、それどころか、合理化の進展にともなってテクノロジーがどのように設計され、構築され、機能するかについてのわれわれの無知は深まったのだ、と彼は論じた。「物理学者でもない限り、路面電車に乗る男は、それがどうやって動くのかまったくわからない。だが、彼はそれを知る必要などないのだ。彼は路面電車の動作を〝信頼〟することで満足し、その信頼に基づいて行動する。だが、どうすればこのように動く電車をつくれるのかについては、まったく知らない」。この章の冒頭でも触れたように、ローズはもはやギャンブリング・マシンの「動作を信用できる」と思えなくなり、何がその動きをつくっているかを知ろうとした。そして、スロットマシンを開き、なかを分解してみたら、マシンへの執着から解放されるのではないかと期待したのだが、さて、その期待はどうなっただろう？　もし、彼女がそのマイクロチップを理解したら——スロット修理工になるための学校はチップについて教えてくれなかった——彼女はゲームプレイに幻滅し、スロットへの執着から解放されるだろうか？

一九九〇年代後半、オンタリオ州の元依存症カウンセラー、ロジャー・ホーベイは、ギャンブル・プレイヤーや政策立案者たちを教育するソフトウェアの設計に着手した。彼によるとその動機は、依存症カウンセラーやカウンセラー育成のトレーナーとして働く自分の役割に、いらだちを覚えたからだという。スロットマシンの内側で何がおこなわれているかをどんなに説明しても、その仕組みを理解する人がほとんどいなかったのだ。特に、マシンが確率と無作為をどう設定しているか、先のマラビーが言うところの、マシンが〝不自然な偶発性〟をどう設定しているかを、理解してくれるものはいなかった。「無作為だと言いながら、重みづけをすることがどうしてできるのか？　偶然任せなのに、どうして一定のハウスエッジ、すなわち控除率があるのか？　みな、そこのところがわからないのです」とホーベイは言う。そんな彼がコンピューター学者のハリガンと出会ったことから、二人は自分たちでスロットマシン・シミュレーターを開発することにした。「自前でスロットマシンをつくって、その仕組みがユーザーに見えるようにし、通常のスロットマシンがどう機能しているかを理解してもらおうと考えたのです」
　しかし、この教育用のソフトウェアの設計は、ひと筋縄ではいかなかった。知的所有権の観点から、技術をもつ企業が〝配当表《ペイテーブル》およびリール・ストリップ（PRA）シート〟――ゲームの確率の設定方法やバーチャルリールがどのようにマップされているかを記したもので、〝確率説明報告書〟とも言う――の提供を断ってきたのだ。[85]「まさに極秘扱いでした」とホーベイは言う。「マシンを所有するカジノでさえ、PARシートはもらえないのです。鉄壁の守りでしたよ」。そこで、彼とその同僚たちは偵察のために業界の見本市を訪れ、出展メーカーのブースでできる限りの情報を集めた。最後には、多くのスロットマシンが特許を受けている米国特許商標局にまで出向いたのだった。[86]そして特許を研究所に持ち帰ると、科学捜査官を雇って、そこで使われている計算を逆行分析した。こうして出来上がった教育用ソフトウェアSafe@Playは、ユーザーにリールマシンの内側を紹介し、そのメカニズムがどのように働くかを紹介している。「リールを伸ばしてみたり」、「マイクロプロセッサを引き抜いたり」することができるうえ、乱数発生器（RNG）の機能を見ることもできるこのプログラムは「ゲームの隠された機能を見ることができる」のだ。[87]
　ベテランの依存症カウンセラーであるホーベイは、スロットマシンへの幻滅を促すこの活動の限界も――そのばかばかしささえ――よくわかっていた。「たとえ教育を通じてマシンの神秘のベールをはぎ取ったとしても、（衝動的ギャンブラーたちは）やはりプレイしつづけるでしょう」。なぜなら「一回はまってしまうと、その人のなかで何か別のものが作動し、もうやめられなくなるのです。すべての思考が飛び去ってしまい、ただひとつ残った思考が頭のなかを独占してしまいます」。ホーベイがここで言う

「何か別のもの」、つまり〈ゾーン〉の強烈な魅力は、マシンプレイを最初に始めたときに感じた大当たりへの期待も、プレイヤーを魅了する知覚の歪曲によってマシンのプログラミングは強化されているかもしれないという懸念も、圧倒してしまう。本書の序章でモリーが言っていたように、最初は、勝てるかもしれないという思いから繰り返しマシンプレイに興じていたという。だがそのうち、マシンが自分を〈ゾーン〉に連れて行ってくれることに気がついた。持続的で衰えることのない可能性を感じさせる状態である〈ゾーン〉が、勝利という有限の見返りに勝るようになったのだ。ホーベイは、ギャンブリング・マシンの誘惑的な不可解さは、プレイヤーを〝つかまえる力〟というより、むしろ〝わな〟だと言う。彼に言わせれば、それは〝早期捕獲メカニズム〟、または「〈ゾーン〉につながるドライブイン」だと言うのだ。このような捕獲メカニズムは、新米ギャンブラーたちの期待につけこむため、勝って儲けたいという彼らの目的が、いつしか彼らを破産に追い込む〈ゾーン〉の目的に取って代わられてしまうまで、ひたすらゲームを続けてしまうのだ。ホーベイは、開発したソフトウェアを予防活動として広め、「依存症に続く道の入り口ランプを阻止する」方法として活用している。いったんゲームプレイの繰り返しのループにはまり込んだら、「理性的な行動は絶対にとれなくなるからだ」と彼は語る。

ギャンブル依存症の人たちは、〈ゾーン〉にいるときの自分にはもはや理屈など通じず、マシンの内側の仕組みがわかっても、のめり込む気持ちを抑えることはできないと、よくわかっている。「マシンのメカニズムのことなんて、私にはどうでもいい」と食堂のウェイトレス、ローラは言っていた。「マシンがコンピューター制御だということも、マシンにコンピューターチップが入っていることもわかっているけど、そんなことはどうでもいいの。そもそも、プレイ中はそんなことまったく考えないわ。そんなことよりもただ、次のカードが見たいだけ」。税理士のシェリーも同じことを言っていた。「マシンの仕組みについては人と話したことがあるし、マシンをつくる人や、プログラミングをしている人とも話したことがあります。でも、プレイ中にはマシンの内側のことなんてまったく考えないわ」。先に登場した電子技術者のランダルは、マシンの内側を調べたことがあり、メモリチップがどのように働くかも理解していた。「私はかなり知的な人間ですし、理性的でもあります。でも、ことギャンブルにかけては、理性など頭から吹っ飛んでしまうんです」。ローズは結局、マシンの神秘のベールをはぎ取るという自分の計画が不毛であることに気がついた。「マシンの修理学校を卒業したとき、私はスロットマシンのなかで起こっていることすべてを理解したわ。だから、プレイを始めるときは、それが知識として意識のなかにあるの。コンピューターの内部で何が起きてるかも、ちゃんと頭に浮かぶわ。でも、そのあとは、そのスイッチを切ってしまうのよ」

ゲーム・デザイナーたちも、みずからがデザインしたマシンをプレイする際は、知識の〝スイッチをオフにする〟とよく言っている。デザインをするときの彼らは、計算に基づいた、合理性の領域で仕事をしている。マシンのカラーやサウンドを選び、洗練された数学的アルゴリズムをつくり、ペイアウト率とリスク率を計算し、その成績を注視する（ヴェーバー的分析で言えば、彼らは「かつては偶然が支配していたと考えられていた事柄を、計算可能、予測可能」にしようとしているのだ）。しかし、いったんゲームプレイを始めれば、打算的な合理性は吹き飛んでしまう。「統計的には、自分が勝てるチャンスがどのくらいあるかわかっているのに、プレイ中はついリスキーで迷信深いことをしてしまう……そんなはずはないとわかっていても、絶対にありえないリスクを取ってしまうんです」とアンカー・ゲーミング社のジョン・ヴァレーホは言っていた。同様にバリー社のデザイナーも、「私はこのゲームの数学的確率をつくっているというのに、プレイ中にはリスキーで不合理なことをしてしまいます」と言う。「確率がわかっていても、それが私のゲームプレイの邪魔になることはありません。マシンの前に座ると、なぜかそんなことはどうでもよくなってしまうんです」。人間とマシンの関係性について書かれた文章のなかでサッチマンが論じたように、「(その内部の仕組みに関する知識を) 持っている人も、独特な人工物であるコンピューターには〝絶対性〟を感じている」のだ。[88] コンピューター化されたギャンブリング・マシンは、それをつくったデザイナーからも離れて独り歩きを始め、構成部品の集合体というよりはむしろ、魔法にかかった仲介者となる。シリコン・ゲーミング社のガードナー・グラウトは、マシンの作用を感じるその感覚が自分のプレイ体験をどのように魅力的にしたかについて、こう語っている。「マシンについての知識は頭から追い払うことにしています。マシンの動作が完全に無作為で、自分が何をしても結果に影響しないことを認めてしまったら、私が求めている体験を味わうことができませんから。だから、知識がある側の脳は休めてしまうのです。言ってみれば、自分自身をだますようなものです」

　ギャンブリング・マシンと向き合うと、複数のだましが同時進行する。ギャンブル界のデザイナーたちは、ギャンブルをする人たちをだます技術を積極的に収集するが、あるときは自分たちのだましの戦略を心配し(先述の賭博管理協会の供述でもわかる)、またあるときは、自分たちはギャンブルをする人たちに「彼らが欲しがっているもの」を提供しているだけだと主張して、そのような戦略をかばう。一方、ギャンブルをする人たちも、マシン内部の仕組みに関する知識を〝スイッチオフ〟することでそのだましに協力し、自分が求めるあの圧倒的な状態へ入っていく。前章で触れた、プレイの知覚的、感情的側面に起きることと同様の〝非対称な共謀〟が、ここでも起こっているのだ。しかしこの場合、非対称なのは、偶然の魔力に対するまったく異なる二つの姿勢、すなわち実際的かつ経験的知識に基づいた世俗的な二つの姿勢だ。

デザイナーの姿勢は、打算的で理性的、そしてはるか将来の利益を約束する統計学的領域に焦点を当てたものである。一方ギャンブルをする人たちの姿勢は、体験的で感情的、そして次のスピンの予測不可能な結果だけ焦点を当てたものだ。そんな彼らがゲームプレイにはまっていくと、いつしか勝つことよりも、プレイを続けるほうが大事になってくる。だが、マシンで繰り返しプレイする人が〝非論理的〟に行動しているわけではなく、そのことは二人の研究者によって明らかになっている。「彼らの戦略は、複雑で直観的で適応性がある」が、次の章でも述べるように「強欲ではなく、〝理性的な〟確率の計算に頼ったものでもない」からだ。[89] 別の研究者も「たとえ勝てる確率が低く、最終的には自分が負けると知っていても」、ギャンブルをしているときには、異なる「タイプの意識が……作動してしまう。特に、このような効果を持つようにマシンがデザインされていれば、なおさらだ」と語っている。[90] 計算と直観のあいだのギャップ、理性と感情のあいだのギャップのなかで、ギャンブル業界は収益を追求し、一方プレイヤーは〈ゾーン〉を追い求めているのだ。

第二部　フィードバック

さまざまなタイプのマシンがそれぞれ、似合うタイプの社会にすんなりとけこんでいく——マシンが適合しようとするからではなく、マシンとはそういうマシンを生んで使うことのできる社会形態を表わすものだからだ。

——ジル・ドゥルーズ

ラット・ピープル

ダーリーンと名乗るギャンブラーが、インターネット上のあるギャンブル依存症からの回復サイトに、次のような活動記録を投稿していた。

午前三時、もう少しで最後のひとりになる、トイレに行かなくちゃ、マシンを離れたくない

午前五時、まだいる、煙草のせいで息苦しい、はらぺこ、膀胱がさしこむように痛い、座りっぱなしでお尻が痛い

午前六時、ようやく立ち上がって、コートを着たもののまだ帰れない。おしっこするあいだ店員にマシンを見ていてもらう。ほっとして泣けてきそう。トイレの鏡に映る自分の姿を見て、ぎょっとする。二目と見られないような女の顔——トイレに行ったり家に帰ったりする良識ももちあわせない、すさまじい女、すすけて、空腹にげっそりした女。プレイを続ける——コートを着て、立ったままで

午前八時、もう朝食の客がやってくる時間、知り合いに見られてしまうのが怖くなった。やっと店を出る……

どうしてこんな限界まで？　十五時間も？　人生で十五時間ぶっとおしに何かしたことなんかない

のに、赤ん坊だった子供たちの世話くらいのものか。人生の限界をすっかり超えて、おばあさんになってしまったのかも。それにしても、どんなおばあちゃんよ？　自制というものができないばか、催眠術でもかけられたみたいに麻痺しちゃって――何に？　マシンに？　音楽？　照明？　どういうこと？？

私はそこそこいい人生を送ってきた――酒は飲まない、ドラッグはやらない、ぺちゃくちゃおしゃべりしない。子供たちはいい子に育った。幸運だ。楽しい、すばらしい、恵まれた人生だった。どうしてこんなことになったのかわからない。

マシンのせいで落ちぶれたというダーリーンの投稿に対して、共感のこもる反響や励ましの言葉が返ってきたが、彼女の差し迫った疑問には――どういうわけか――返答がなかった。彼女は言葉を換えてまた質問した。

自分も「そうだった」とみんな言う。ほんとに？　ほかの人たちにも、同じように動けなくなる経験があるの？　なぜそんなことが起きるんでしょう？　その麻痺状態を説明できる人はいませんか？　人を催眠術にかけるような効果のことを。妄想の産物なんかじゃない。私にはまさに現実だった――席を立つことができなかった。それがどんなに強い力なのか、わかってもらえますか？　私には、それに抵抗してトイレに行く力さえなかったんです！

その後また、麻痺のような状態を経験したというダーリーンの言葉を肯定する応答があったが、彼女の疑問には答えていない。「お気持ちはわかります、私もビデオポーカー・マシンの前に一日中座っていることがよくありましたから」と、あるギャンブラーは書いている。「私も、マシンに向かうと絶対に席を離れられませんでした」と、また別のギャンブラー。「接着剤で貼りつけられたようだった。十時間ぶっとおしで座っていて、漏らしてしまいそうになるまでトイレに立てなかった――本当に粗相してしまうこともありました」。さらに別のギャンブラーいわく、「その気持ち、わかります。私もよくカジノであの呪いの椅子に座ると、まるで動けなくなった。金が底をついてやっと、断腸の思いで、離れていけるんです」

こうした投稿にこもる共感だけでは満足できないダーリーンは、改めて問いかけた。

それでもまだ、あの〝催眠〟現象のことが気になります。あれがどんなふうにはたらくのか、何かご存じありませんか？　なぜ、時間や責任感や良識、動きさえもぬぐい去ってしまう、麻痺したような状態に陥ってしまうのか？　排泄衝動を無視するなんて普通じゃないことなのに、私にはまさにそれが起こったし、どうやらほかの人たちだってそのようじゃありませんか。

ある女性が、それまでより診断的な、症状とそれに関連する心理学的解釈を分類した投稿を返してきた。

カジノに長時間いたあとの、頭がもうろうとする状態や悪心《おしん》といった症状は、次に挙げるもののうちひとつ以上の組み合わせに関係して起こります。不食、不眠、カフェイン過剰摂取、排泄をがまんする、長時間座っていすぎたこと、刺激過多（ベルの音、照明）、勝ち負けによる感情の大変動。気になることに、女性のギャンブル常習者は膀胱の感染症、イースト菌や細菌による感染症を繰り返し患うことが多いんです。

だが、この返答のような臨床的考察もやはり、ダーリーンの質問の核心をついてはいない。彼女はなおも食い下がった。

それとは別の、ビデオマシンの催眠効果のほうに、もうちょっとこだわりたいんですけど。そんなに強力なものがあるとは信じたくないけど、パッケージ全体が私たちを病みつきにさせるようにデザインされていて、私たちはまんまとそれに乗っているような気がする。マシンと、それに付随するカジノの雰囲気は、私たちをある種のトランス状態に放り込むよう計算されたものに違いないって。

ついに、これまでとは種類の異なる答えがそのサイトに投稿された。

あのね、ダーリーン。スロットマシンってのはずばり、人間用の〝スキナー箱〟なんです！　どうしてマシンに釘付けになってしまうのかは、たいして謎でもない。マシンが人間を釘付けにするようデザインされているから。マシンはオペラント条件づけの原理にのっとって作動する。発祥となった条件づけの研究で、F・スキナーはラットを使って実験した。きっと小学校で習った覚えがあると思うけど。ラットたちは外部からの刺激を断った箱に入れられている（カジノみたいに！）。箱の中に、レバー（またはペダル）がある。ラットがレバーをたたくとペレット（食べもの）が出てくる（スロットマシンで二五セント硬貨が出てくるみたいに）。ラットは、レバーを押すことによってごちそうがもらえると学習する（正の強化ね）。

さて、ここから先が意地悪くなっていきますよ。レバーをたたくと毎回ごちそうがもらえるというんなら、話はそれでおしまいなんだけどね——おなかがすいたらレバーをたたく、ただそれだけ。でも、それじゃあ条件づけにならない。間欠強化というコンセプトの登場。意味を簡単に説明すると、報酬（ペレット）が与えられるスケジュールがランダムだということ——ラットが何ももらえないこともあれば、ペレットをちょっぴりもらえたり大量にもらえたりする（なんだか覚えのあるような話になってきた?）。いつペレットをもらえるかちっともわからないもんだから、ラットはレバーを押し続ける。繰り返し何度も、何も出てこなくても。ラットは取り憑かれたようになる——中毒になる、と言ってもいい。そう、これこそが、スロットマシンがやっていて、あなたにはたらいている、心理学的原理なの。

ダーリーンは返事を書いた。

まあ、なんてすごい回答なんでしょう！　行動心理学の再教育講座に連れてってもらったみたい！　条件づけとか反応対話とかの仕組みがわかっていなくたって、不気味な機能がはたらいて、〝普通の〟人たちを罠におびき寄せていることはわかりました。……私が事実だと知っていることを言葉にしてもらいました。

私たち、派閥を結成して〝ラット・ピープル〟とでも称したらどうかしら。ペレットが落ちてきたら、それが青酸カリだろうがチョコレートだろうが変わらないってことを、みんな知っているんだから。私の心の目に見える自分は、六一歳のラット・ウーマン。疲れ果て、みじめで空腹で、のども渇いている、膀胱はぱんぱんで髪はぼさぼさ、肌はかさかさ、ニコチンのしみがこびりついて、服はしわしわ、よれよれ。スロットマシンにおおいかぶさるようにして、もう一度ペレットをと期待しながら際限なくレバーを押しつづけ……

間欠強化についての投稿は、ダーリーンを納得させたばかりではない。それをきっかけに、火がついたようにどっと、それまでそのフォーラムで表現を見つけられずにいた者による行動主義心理学寄りの意見が出てくるようになった。続く何週間ものあいだ、投稿にラットが繰り返し登場した。「ギャンブルしていると、罠にかかったラットの気分になる」と、あるギャンブラーが言えば、「同感、私もラット・パーソンの気分。お金がすっからかんになったら、暗い巣穴から外に出てくる」と別のギャンブラーが返す。ラットは――伝書バトや医学実験用のアカゲザル、よだれを垂らすパブロフのイヌも――ギャンブラーたちの投稿にゲストとして登場しつづける。「きっと、一列に並んだなかで、ごほうびをもらいたくて最初にレバーをたたくのは私なんだ」と、ある人は書いた。

第四章　市場をマッチングさせる　新機軸《イノベーション》、深刻化《インテンシフィケーション》、習慣化《ハビチュエーション》

一九九八年、モリーが無料で泊まっているメインストリート・ステーション・ホテルの部屋の窓際で、彼女のギャンブル歴を振り返ってもらった。始まりは一九八〇年代半ば。夫が、ポータブル機でビデオ・ポーカーのやり方を教えてくれたことだった。「この小さいけれどすごいマシンで、私はスキルに磨きをかけました。決定するこつをつかむとかいったようなスキルです。手札に4が二枚あったら、キングとクイーンのどっちを残したらいいか、みたいな。夢中になりました。どっぷりのめりこんじゃって」。そこから彼女は、本格的なビデオ・ポーカー・マシンに進み、〈デューシズ・ワイルド〉「2の札をワイルドカードとするポーカー」というバージョンでプレイするようになる。それから、〈ダブル・ボーナス〉に進み、最近はまっているのは〈トリプル・プレイ〉――同一の手札を三列並べてそれぞれで異なったプレイができるゲームだ。彼女いわく、「三列並んで、考えられる結果が三通り――耐性《トレランス》がつくようなものかしら、お酒が好きな人もそうでしょう。どんどん強いものがほしくなっていく。そして、私の欲求に合うマシンが必ず出てくるんです」

次に耐性《トレランス》という言葉がギャンブリング・マシンとの関連で使われるのを耳にしたのは、一九九九年のギャンブル業界年次総会でだった。全国から集まった業界専門家たちが、「これからのビデオマシン」について考える公開討論会で、パネリストのひとりがこう発言した。「テクノロジーは社会のあらゆる

領域に浸透しています。人は身のまわりにあるものになじむ。この種のデバイスを利用するのは典型的行動様式になりつつあります。どんどんテクノロジーへの耐性がついていくでしょう」[1]。どんなにテクノロジーが強度を増しても依存してしまうことを伝えようとして、モリーがこの言葉を使ったのに対して、こちらで言わんとしているのは、市場にはゲームをどんどん複雑なものにしていくテクノロジー刷新に応じた適応力があるということだ[2]。

依存現象あるいは適応現象、どちらの枠組みから見るにせよ、モリーとパネリストの言う耐性を最も強力に形成するのは、ゲームの〝配当スケジュール〟、つまり、償金を出す（あるいは出さない）頻度を決める数学的処方である[3]。二一世紀になって、伝書バトとラットの実験から判明した行動心理学の知見によると、ギャンブル研究者たちももう気づいているとおり、特定の〝報酬スケジュール〟が行動を強化する能力は、被験者が経験する正味損益にはあまり左右されず、それよりも報酬が分配されたりされなかったりする頻度やパターンによるところが大きい[4]。IGT社で長く重役を務める人物に、思わず引き込まれるゲームとそうでないものがある理由を尋ねてみたところ、彼は心理学者B・F・スキナーの行動強化理論である、〝オペラント条件づけ〟についての教科書を示した[5]。そういえば、一九五三年にスキナーが、スロットマシンを使って最も効力のある強化スケジュールを例証してみせていた。いつ、どれくらいの報酬があるか被験者には決してわからないスケジュールが、いちばん効力を発揮したのだ[6]。

ギャンブル依存症オンライン・フォーラムへの自称〝ラット・ピープル〟の投稿からもわかるとおり、このタイプのスケジュールでは、ギャンブラーがプレイを続けるには充分な頻度で報酬が出てくるが、デバイスが有り金を全部はき出してしまうほどの頻度では出ない。スキナーはこう書いている。「ギャンブル事業者は、賭けが続いたとしても結局のところ配当額が賭け金よりも少なくなるようなスケジュールで報酬を出す[7]。また、ギャンブラーが負けはじめてもプレイしつづけるように、強化スケジュールを「引き延ばす」ことによってプレイ継続時間を延長できるという。「期せずして延長することもあるだろうが（初めにしばらくつきが続いてから微妙につきが落ちてくると、ギャンブラーはたいていはまる）、配当率をコントロールする者が、比率を故意に引き延ばすこともある[8]」。前章で考察した〈バーチャルリール・マッピング〉の発明によって、ゲーム開発者は機械的《メカニカル》リールの構造的次元に頼らなくてもすむようになり、配当率を思いのままにコントロールできるようになったし、革新的な配当スケジュールで実験する能力も得た。本章でこれから見ていくように、ビデオ・テクノロジーの応用によって物理的リールにいっさいとらわれずにすむようになった開発者たちが、実験をどんどん進めて、ギャンブラーのプレイの配当率や継続時間をさらに「引き延ばす」ような強化スケジュールのゲームを生み出しているのだ。

引きつける《フック》から引きとどめる《ホールド》へ

「数学は、いわば私が使う槍の先端にあたります」。ゲーム・デザイナーのニコラス・ケーニヒは以前そう語っていたが、その言葉から、スロットマシンにひそむ数学的プログラミングが、プレイヤーの注意を〝引きつける《フッキング》〟というタスクに不可欠であることがうかがえる。それにしても、数学は魅力的な引きつけるもの《フック》、つまり〝投げ槍〟として機能する（ニアミスやその他確率の視覚的歪曲というかたちで）とともに、引きとどめるもの《ホールド》としても負けず劣らず機能する。ケーニヒの言葉はこう続く。「いったん引き込まれた人は、全部手に入れるまでお金を引き出しつづけたくなる。逆刺《かえし》があって、罠《フック》を引っぱっていくようになっているんです」。そのあと比喩をあまり攻撃的でないものに変えて、数学の引きとどめ方を穏やかな説得にたとえる。「プレイヤーが数学モデルにもたれかかっているようなもので、彼らには気持ちよくなってもらわなくてはなりません。目に見えない構造に金をどっさりつぎ込むプレイヤーは、信頼できる構造だという気分にさせてもらいたいでしょう。報酬を出すことによってその信頼に応えなくてはならない」。IGT社のチーフ・テクノロジー・オフィサーの言葉を借りれば、要点はプレイヤーを「その数学の触感を気に入る」ようにさせることだ(9)。「数学で、彼らをとどまっているようにさせられます」と、私とのインタビューでバリー社最高幹部のマーカス・プレイターも言っていた(10)。

ゲームにおける数学の引きとどめる力を強くするために、マシン製造各社は高等数学者たちの勤める部署を置く。そこでいわゆる数学農場《マス・ファーム》を運営し、さまざまな配当スケジュールの効力をシミュレートしている。そのシミュレーション情報をもとに、微妙な人口統計学的操作によって、「数学を市場に合わせ、プレイヤーのタイプごとにスケジュールのタイプを合わせる」のだと、プレイターはそのタスクを性格づけた。「外見上似たような二台のマシンも、実はそれぞれにまったく違う勝算の式にのっとって作動するんです」。声の調子を変えて、人間についても同じことを言った。「さまざまなタイプの人間が、さまざまなマシン、さまざまな数学を通じて自分を現わす――まるっきり生態学ですよ」。自社ゲームの数学的環境設定を調整することによって、デザイナーはギャンブルの場という人間対マシン環境内で、どんどん範囲を広げて人の好みに訴えかけようとする。「私たちは、人間のことを理解したうえで、そのための数学を生み出しています」とプレイターは言う。【図4.1】

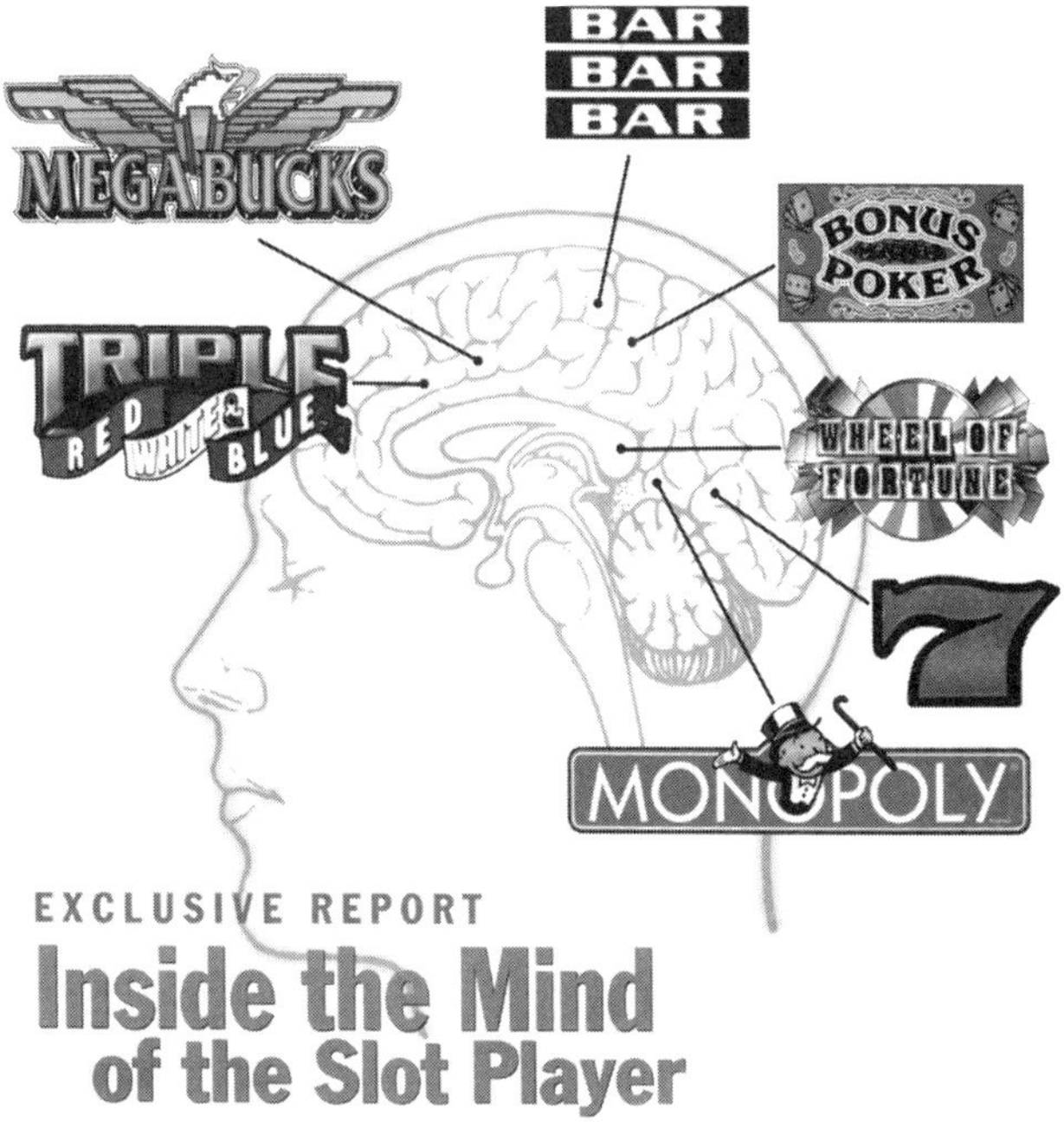

図4.1 カジノ業界誌に掲載された「スロット・プレイヤーの頭の中」という特集記事より。《カジノ・ジャーナル》提供

プレイヤーのタイプについては、「基本的に、対極に二通りのタイプがあって、そのあいだにいくつかの段階があります」と、当時アンカー・ゲーミング社に在籍していたジョン・ヴァレーホが説明している。アクション・プレイヤー、あるいはジャックポット・プレイヤー、勝ちをねらうプレイヤーとも呼ぶタイプは、大勝ちするために潔く大負けするので、リスクと忍耐が大きな配当で報いられるが、長々といっこうに勝ち目が出ないこともある「標準偏差（ボラリティ）が大きく、的中頻度の低い」ゲームを好む[11]。「そういうタイプは、スモールエンドのものには目もくれません」とヴァレーホ。「ジャックポットねらいだから、平

気で数百ドルくらいつぎ込むんです」。一方、エスケープ・プレイヤーあるいは〈タイム・オン・デバイス・プレイヤー〉［デバイス上にいる時間をかせぐプレイヤー］、またはプレイを続けるために勝つプレイヤーとも呼ぶタイプは、着々と勝ってプレイ時間を延ばすため、大当たりはねらわないので、恒常的にちょっとずつ配当（すなわちスキナーの言う報奨／強化）が出るようプログラムされた、「標準偏差が小さく、的中頻度の高い」ゲームを好む。〝ドリップフィード〟（点滴注射）ゲームなどと言われるもので、資金を少しずつけずり取っていく。[12] ヴァレーホは、「じわじわしぼり取られたいという人もいるわけです」と言っている。

プレイターはバリー社デザインの、それぞれ「リスクテイカーとしての特徴がはっきりした客層」に対応する、二通りのゲームの配当グラフを見せてくれた。ひとつは乱高下するスパイク波が連続して比較的早くゼロに達する、頻度の低い大当たりが出て、デバイス上にいる時間は短めになるゲーム。もうひとつの、小さめのスパイク波がもっと頻繁に現われて、ゆるやかな勾配が長めに続くグラフは、リスクを嫌って、着実な勝ちでプレイ継続時間を長びかせるのが好きなタイプ向けのゲームだ。「どちらのマシンでも、行き着く先は同じ場所、つまりゼロです」とプレイター。「第二のマシンのほうがそこまでに時間がかかるというだけで。手持ち資金をゆっくりと減らしていくわけです」（【図4．2】、上のケーニヒによる手描きグラフ参照）。プレイで賭けを重ねていけば結局、いずれのタイプのゲームでもギャンブル施設側に利益をもたらすことになる。彼らがやるべき仕事は、市場の好みに合うよう、売りものとなる特定の調合を考案することだ。あるゲーム・デザイナー兼コンサルタントがこう書いている。「これはバランス技で、ゲームがどうふるまうか、プレイヤーがそれをどう感じるかを正確に、細心の

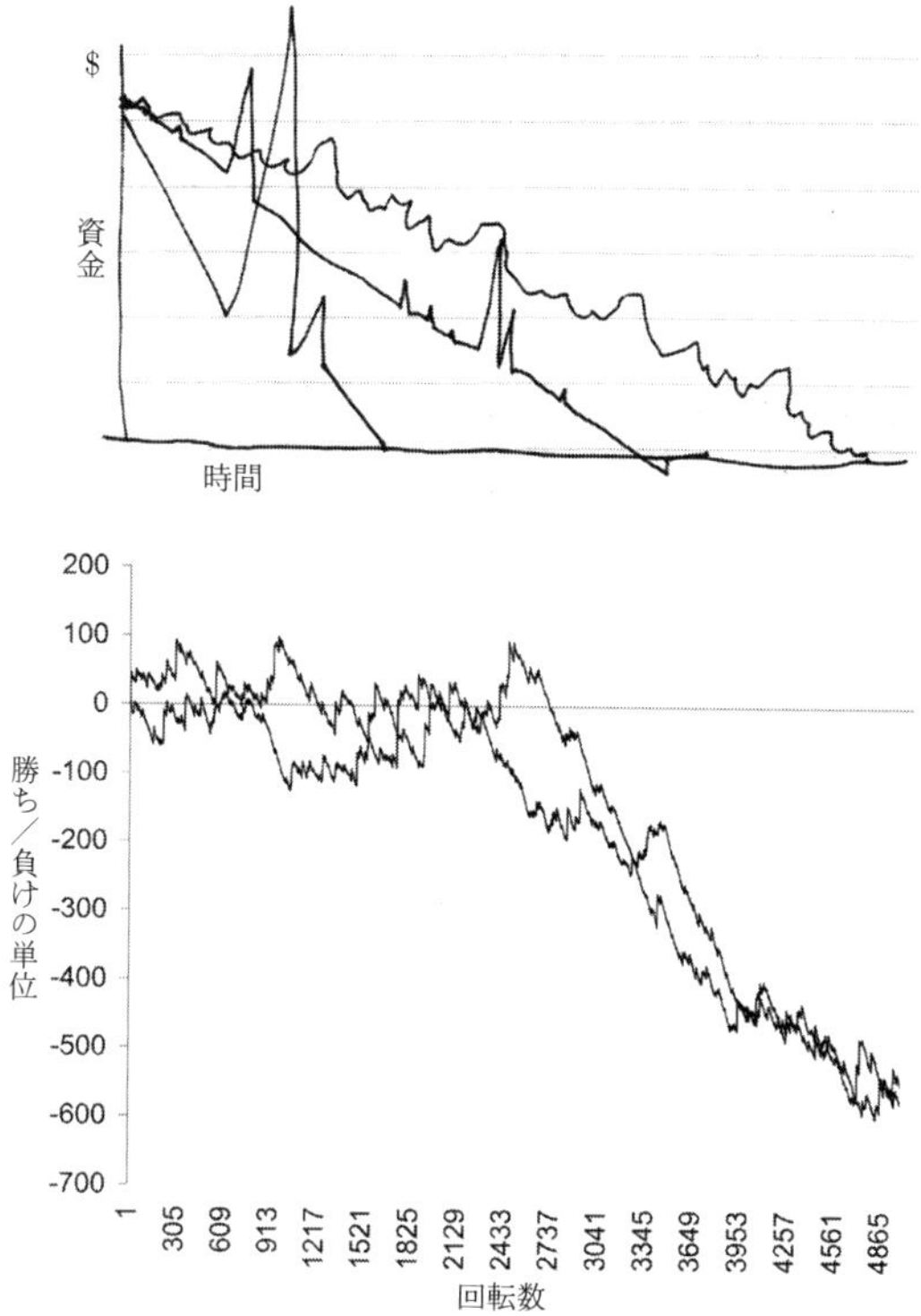

図4.2　上：最初の手持ち資金を同額とみなして、異なるゲーム3種のプレイ動向を表わす。最短の折れ線が“変動性が高く的中頻度の低い”ゲーム、最長の線が“変動性の低い、的中頻度の高い”ゲーム、その中間の線は変動性も的中頻度も中程度のゲームを示している。ゲーム・デザイナーのニコラス・ケーニヒが著者のために描いてくれたもの。　下：控除率を5パーセントに設定した同一ギャンブリング・マシンで、ギャンブラー2人がプレイした結果のシミュレーション。2人の最初の賭けから5000スピンまで、4時間から8時間かけた（マシンのスピードとプレイのスピードによって差がつく）プレイを示す。右肩下がりのグラフが、時間とともにプレイ資金がしだいに減らされていく“チャーン”を例証している。ギャンブラーは2人とも勝ちを何度も経験するが、ハウスエッジ（控除率）のため、賭けを繰り返していくと次第に勝ち分が削られていく。1スピンあたり3ドル賭けるとして、それぞれプレイ終了時の負けは平均900ドルになる。ギャンブル・アナリストのナイジェル・ターナー作成のグラフ。

注意を払わなくてはならない[13]」

本章では、ゲーム開発者の数学的調整が、単に現行市場の好みをつきとめてそれに合わせるという以上に、その好みを変化させるほどの影響力をもつことについて論じる。緊密なフィードバック・ループ[二つの因子が互いにはたらいて、それぞれの作用を高めあっているサイクル]のうちで、ゲームの強化スケジュールがプレイヤーの傾向を芯にしてかたちづくられると同時に、ゲームにプログラムされた特定の〝勝利の方程式〟に繰り返し長期間接することから、プレイヤーの傾向もやはりかたちづくられるのだ。「プレイヤー、市場、ゲーム商品は、三者それぞれに、はやりすたりや動向をもった動的存在《ダイナミック・エンティティ》だ」と、IGT社が見込みある技術者たち向けに用意している研修用小冊子にある。「新しいゲームが絶え間なく登場し、マーケットが絶えず活発に変化する。テクノロジーの変遷とともにプレイヤーも変わっていく[14]」

以下、ギャンブル・テクノロジーと市場でのプレイ・スタイルとが相互に影響し合ってシフトしていくなかで現われた、ある一連の変化をたどっていく。一九八〇年代以降、合法的ギャンブルと〝リピート・プレイ〟が広まり、ゲーム開発者もプレイヤーも高頻度で当たりの出る数学的構造のゲームに引き寄せられていった。開発者はそういうゲームのほうが大きな利益を生むと学習し、マシン・ギャンブラーはそういうゲームでデバイス上に長くいられる——つまり、大きなスパイク波状にではなく、わずかな増加単位で「手持ち資金をゆっくりと減らしていく」——と思えると学習した（図4．2、下のグラフ参照[15]）。それは多分になりゆきの学習だったが、数学的操作にプレイヤーが対応した結果だ。業界はそれ以来、初心者向けドリップフィード型のじわじわしぼり取る極のほうへと、戦略的にプレイヤーを誘導するようになった（そのプロセスはしばしば〝マイグレイト（回遊）〟とも表現される）。それは量で利益をあげるやり方で、ある業界人はそれを「コストコ型ギャンブル」と呼んだ。[16] プレイターの言う「楽しい数学体験を届ける」ために、ゲーム開発者が市場に合わせて考案してきた巧妙な手段の数々は、たちまちプレイヤーに適合して、彼らのプレイを強化することになる。「業界が成長していき、プレイヤーが成長していく。どんどん上を要求される」と、自社のゲームが複雑になっていくことを話題にして、アリストクラート社の販売マネジャーは語った。[17] その〝成長〟プロセスに組み込まれたプレイヤーたちは、ゲームで出くわす新たなレベルのプレイ強度に耐性をつけていき、それがまたデザイナーたちをさらなる努力へと駆り立てるのだ。

時間をかせぐプレイ――ビデオ・ポーカー

一九九八年、とある水曜日の午後、サムズ・タウンのカジノ・フロアア。ローラと私は、ギャンブリング・マシンが何列も並ぶ通路を、あと五分で彼女がシフトに入ることになっているビュッフェに向かっていた。マシンの列の上に、「プレイも食事も！」という看板がかかっている。別の列には、「本日ステーキ・ナイト！」の看板。一九七九年、ラスヴェガス南東に広がる砂漠の一画、閑散とした交差点に開業して以来、〈サムズ・タウン〉は街で一番人気の地元住民向けカジノのひとつに数えられてきた。地元客のひいきが強い施設はどこもそうだが、ここでも客寄せのために、盛大にギャンブルする人たちには食事の無料クーポンやさまざまな優待企画を提供している。その日の午後、カジノは満員でもなければ閑散としてもいなかった。マシン一列にひとりか二人程度、ギャンブラーが点々と座っている。「誰もプレイ中におしゃべりなんかしないから、人から離れたところに座るの」と、通りすがりにローラが言った。

サムズ・タウンのフロア見取り図は、単純明快だ。細長い列の連なりで見通しがきき、通路も一直線に伸びている。地元客向けカジノに通用するそういうレイアウト原則が、一九七〇年代、増加する人口を受け入れるため、旅行者向け施設のレイアウト上の配慮とは別に現われはじめた。休暇中の旅行者ならたいてい、方向感覚を失うような空間や、入り組んだ迷路のようなフロア・デザインのかもしだす、不思議な感覚に気分が高揚してめぐり歩きたくなるものだが、そういう室内は地元客には願い下げだ。一九九三年、あるデザイン・チームの一員が、私にこう説明してくれた。「地元の人たちは、はっきりとわかりやすく、気楽に動き回れる状態を求めています。車を駐めて、入っていって、ギャンブルしたい――放牧牛かなんかのように集めてもらいたがっているんです」。人気の地元カジノが以前、ラスヴェガスの〈ストリップ〉地区にいくつもできていく、ファンタジーをテーマにしたリゾートをまねて、環状のフロアデザインを取り入れてみたことがあるが、収益が激減したため、やむなくもとのグリッド構成に戻したという。「地元の人たちにはそういうのが我慢ならない。いちばん手っとり早い方法がいいんですね」(18)。そこらじゅうの舞台効果をねらって凝りに凝ったインテリアの旅行客向けカジノだらけであること辟易しているのか、それとも自分の行き先がとっくにわかっているからなのか、常連客はマシンのところまでまっすぐ、楽に行けるほうを好む。地元市場カジノのデザインは、魅惑するのがねらいではない。利便をよくしてなじんでもらうためのデザインなのだ(19)。

ビデオポーカーが地域カジノで大々的に売りもののマシンになっているのは、地元客がそのゲームを熱烈に好むからである。一九七九年、開業した同年に〈サムズ・タウン〉が、IGTポーカー・マシンのお披露目の場所に選ばれた。[20] まず試しに正面入り口付近に一二台の装置が設置され、誰もが驚いたことに、それはいきなり大人気を博した。「あのマシンの列には一日中プレイする人が絶えず、行列までできました」と、あるデザイナーは振り返る。プレイヤーを引きつけたのは、敬遠されるのではないかと業界内で最も心配されたまさにその点——マシン・プレイにスキルを導入したこと——だった。「まったく新しい性能属性」と、ある産業史研究者は書いている。[21]

標準的ビデオ・ポーカーの画面上には、五枚のカード裏面が一列に並んで出ている。プレイヤーがディール・ボタンを押してゲームを開始すると、乱数発生器（RNG）がバーチャル・デッキの五二枚（一枚以上のワイルド・カードが使用されていればもっと多い枚数）から五枚のカードを配る。配られたカードの表面が、それぞれ下のホールド・ボタンに対応する位置に現われる（【図4．3】左上参照）。プレイヤーは勝てる手役をそろえるために、持ち札のうちどのカードを残す（ホールドする）か捨てるか選択し、ドロー・ボタンを押して捨てたカードを取り替える。マシンはまたRNGをポーリングして（今度はバーチャル・デッキの残り四七枚から選んで）、捨てたカードに替わる新たなカードを表示し、結果を明らかにする。スリーカード（8-8-Q-8-3）、フラッシュ（例えばすべてのカードがダイヤ）などといった手役によって、プレイヤーのもらえる賞金額は異なる。[22]

リール・スピナーに代表される運頼みの公式には見向きもしなかったギャンブラーに市場を広げることによって、「ビデオ・ポーカーがギャンブリング・マシンの方程式をまるっきり反転させた」と、あるゲーム・デザイナーは言う。「スロットマシンなら、単にレバーを引いてリールの回転が止まるのを

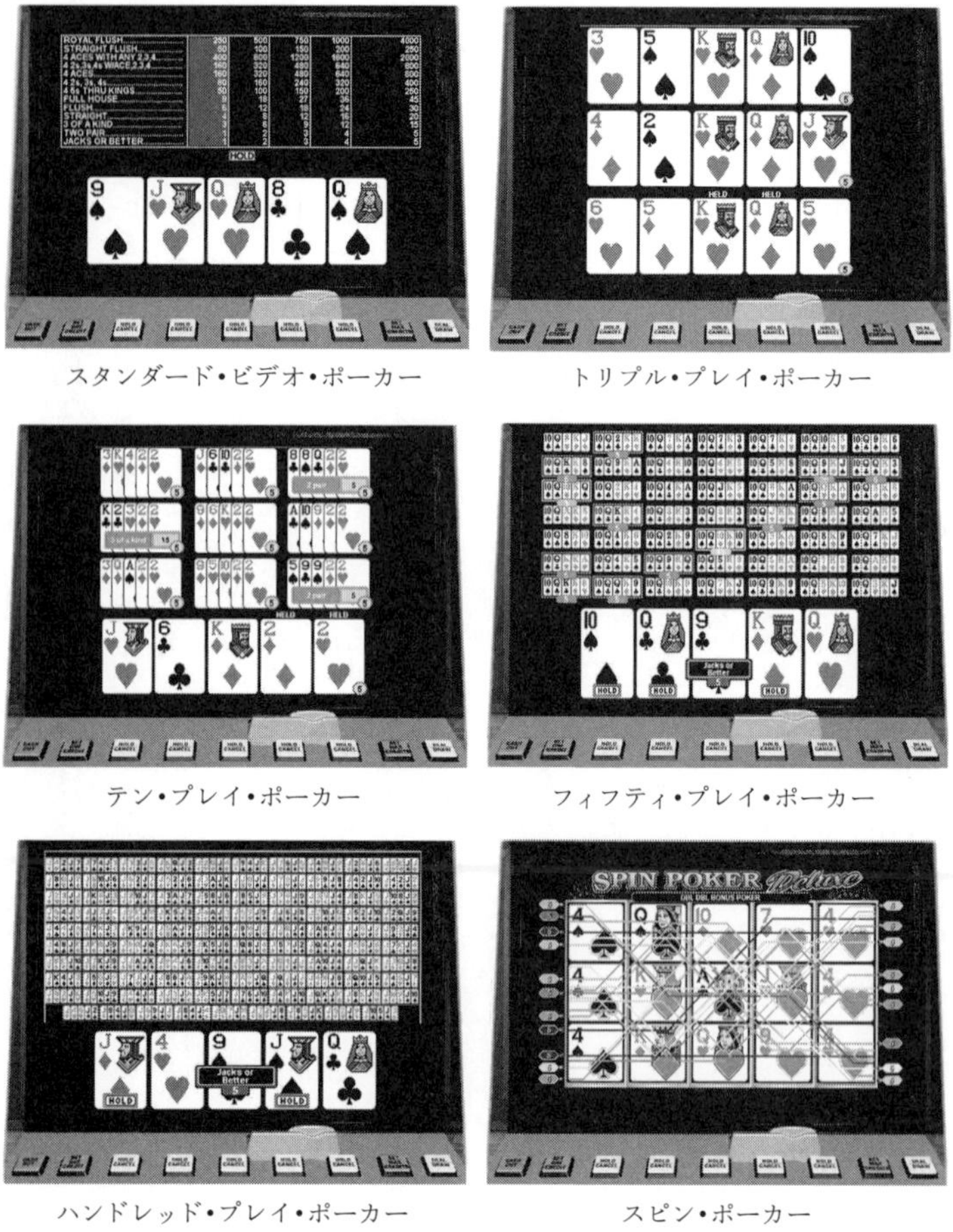

図4.3　左から右へ、どんどん複雑化していくビデオ・ポーカーのバージョン。写真提供Action Gaming/VideoPoker.com.

待つだけ――やりたいとも思いませんでした」と振り返るのは、何年も実際のポーカーをプレイしてきて、デバイス登場直後にビデオ・ポーカーに切り換えたという、古くからのラスヴェガスの住人のひとりだ。選択操作やスキルという要素が解離を促すゾーンの流れにそぐわないように思えるのに、従来型スロットマシンで経験する受動的な期待を、強制的な相互作用への関与に変えることによって、かえってプレイヤーたちをいっそう熱中させたのだ（この逆説については第六章でじっくりさぐっていく）。

「業界があけてくれた小さな抜け穴を利用して」何百万ドルも獲得したボブ・ダンサー――彼にあやかりたいと願うラスヴェガスの住人たち向けに人気のワークショップを開いている――は、ビデオ・ポーカー・プレイヤーとスロット・プレイヤーをこう区別する。「スロット・プレイヤーが人に運転してもらいたがるのに対して、ビデオ・ポーカー・プレイヤーは自分で運転したがる」。彼の言う、その「別々の人種」の違いは、旅行客と地元客の違いとぴったり重なる。つまり、たまにプレイする初心者と、経験を積んだリピート・プレイヤーとの違いだ。「旅行客が求めるのは目新しさ、驚き、娯楽」と言うのは、先ほどのヴァレーホだ。「彼らはスキルのいらない、ボタンを押したら結果が出てくるようなゲームを好む。旅行客向け市場はあまり複雑化していないんです」。アリストクラート社の創設者が記者に語ったところによると、「みんなが与えられたものを受け入れるしかないバケーション市場と、みんな与えられたものをそのまま受け入れようとはしない地元客市場では、状況がまったく違う」という。[23] 業界から見るところ、ビデオポーカーが好まれることは、〝成長した〟リピート・マシン・ギャンブラーたちはもう、昔ながらのスリーリール・ステッパー・スロットのベルやホイッスル、まぐれ当たりのスピンなどにつり込まれたりしないというしるしになった。ちょうど、曲がりくねった通路や別世界のような仕掛けといった旅行客向けカジノのインテリア・デザインを、彼らがもはや喜んだりしないのと同じようにだ。「ビデオ・ポーカーは地元客にいちばん好まれるゲームです」と、一九九九年にプレイターも言っていた。

地元客は、ビデオ・ポーカーの選択するプロセスにだけでなく、ビデオ・ポーカーが精通したプレイヤーに提供する気前のいい確率にも引き寄せられる。[24]「うまくなればそれだけ支払い率が高くなっていき、デザイナー並みのパーセンテージにまで達します」と、シリコン・ゲーミング社のガードナー・グラウトが説明してくれた。彼は感嘆の口調で、自分がデザインしたまさにそのゲームで客に負かされるのだと認めた。「あんなハイスコアを出す人たちがいるなんて、信じられない。プログラムされたゲームなんですよ、つくった私がいちばんうまいはずじゃありませんか。なのに、その私に完勝するんですから。カードが目にもとまらぬすばやいプレイで——それで的確に選択しているんです」。最善のプレイ戦略に近づく達人たちは、〈タイム・オン・デバイス〉（TOD）をどんどんかせいでいく。彼らのスキルに対する報酬は楽勝大当たりではなく、プレイ・セッションの延長なのだ。

一九七八年にビデオ・ポーカーの特許権を取得して、業界で競争力のある地位についたIGT社（社名はまだSIRCOMAだった）のゲーム開発者たちは、プレイヤーがTODを重んじることを認識し、そこから自分たちも独自の価値を発見しようとした。「一〇〇ドル使ってスロットマシンでプレイしたら、一時間ぐらいはもつでしょうが、ビデオ・ポーカーなら、同じ一〇〇ドルで二時間はプレイできるようにデザインされています」と、ゲーム開発者のシー・レッド。[25] TODを倍増させるゲームの対策は、配当スケジュール（つまり報酬を出すパターン）のデザインにある。ジャックポットが出ることもあるけれども、まったく勝てないプレイヤーにはさっさと見限られてしまいがちな機械式リール回転のようなものとは違って、ビデオ・ポーカーはプレイヤーに多種多様なジャックポット――ほとんどが小さいかそこそこの当たりである――を提供する。従来のスロットマシンの平均報酬頻度がほんの三パーセントであるのに対し、新型ビデオ・ポーカー・マシンは四五パーセントのプレイでプレイヤーに報酬を出す――まさにスキナーが指摘していた、持続的行為を引き延ばすスケジュールだ[26]。単位時間あたりかかる金額はスリーリール・スロットの半分ほどのビデオ・ポーカー・マシンだが、ギャンブラーのプレイ時間が四倍になるため、二倍の収益をあげる。たいていは「金よりも時間がたっぷり」ある地元のリピート・プレイヤー相手なら、TOD方式のほうが業界の得になるのだ[27]。

ビデオ・ポーカーが〈サムズ・タウン〉に登場してから一〇年後、ラスヴェガスの地元客向けカジノではそのゲームが、マシンからの総収益のゆうに半分以上を生み出していた[28]。カジノだけにおさまらず、ビデオ・ポーカーは街じゅうの地元客が〝利用しやすい《コンビニエンス》〟場所でも実質的な収入源となった――レストランのロビー、バーのカウンター、ガソリンスタンド、コインランドリー、ドラッグストア、スーパーマーケット。そういう場所の従来型リール回転式スロットマシンは、地元客にほとんど見向きもされずにたびたびアフターサービスが必要なばかりで、利益をあげられたためしがなかった。ビデオ・ポーカーは、常連地元ギャンブラーを引きつけ、つなぎとめるという、ほかのゲームではできなかったことをしてのけるうえ、アフターサービスも最小限ですむ。街の人口が急増して、ビデオ・ポーカー・デバイスに大規模な地元市場がもたらされた[29]。IGT社のウェブサイトでは、こう回想する。「このマシンが大人気になり、当初のアップライト・モデルをバートップ・モデルに改造、それによって地元の酒場に新たな収入源をもたらす勢いのいい流れが生まれた」。一九八三年に、地元のある技師が記者にこう語っている。「ラスヴェガスのバーにはマシンが五〇〇台以上あって、そのうちリール回転式スロットマシンはたったの二台しかない。こんなことになるなんて思ってもみなかったが、このへんのバーにいる地元客みたいな場数を踏んだプレイヤーのあいだじゃきっと、昔ながらのスロットマシンがある日も、もう数えるほどなんじゃないだろうか[31]」

一九八四年、登場してからわずか五年で、ギャンブルをするラスヴェガスの住人のうち三二パーセントが、自分の好きなゲームとしてビデオ・ポーカーを挙げた。一九九八年には、その占有率が五四パーセントまで上がっていた（旅行客の占有率は一一パーセントにすぎなかった[32]）。地元市場でインタラクティブに〈タイム・オン・デバイス〉をかせぐプレイの優位がはっきりとかたちづくられ、それと並行して新たなゲーム・デザイン理論もできあがった。

ＩＧＴ社の研修用小冊子が意欲的なスロット技術者たちに語りかけていたように、「プレイヤー、市場、ゲーム商品は、三者それぞれに、はやりすたりや動向をもった動的存在《ダイナミック・エンティティ》」であるならば、ビデオ・ポーカーのデザインは、新たに現われたプレイヤーの好みと手を携えて、いったいどのように進化していったのだろうか？　ギャンブル規制法によって、乱数発生器（ＲＮＧ）がカードを〝引く《ドロー》〟バーチャル・デッキにはカードがきちんと五二枚なくてはならないのだから、前述のようにリールをいくらでも拡張して何百もの図柄を取り入れることができる機械式スロットやビデオ・スロットで作用している、独創性のある数学的確率《オッズ》再構成のたぐいが、ビデオ・ポーカーには限られている[33]。ヴァレーホはこう説明する。「ビデオ・ポーカーのようなゲームの数学的世界は有限で、そこから緻密な技巧の数々を絞り出すしかありません――統計学的にあまり融通がきかないのです」。ビデオ・ポーカーのデザイナーにできそうなことといえば、勝負手札の組み合わせごとに割り当てる配当金額の変更くらいのものなので、ゲームの原型のバリエーションが矢継ぎ早に現われはじめた。モリーが話題にしていたデューシズ・ワイルドというバリエーションでは、2の札がワイルドカードになる（勝負する手札の勝率が高くなる代わりに、配当金が減る）。ダブル・ボーナスというバリエーションでは、フォーカードが特別高く評価される。ダブル・ダブル・ボーナスでも同様だ。

デューシズ・ワイルドのマシンでプレイするようになり、それからダブル・ボーナスに進み、最近はまっているのはトリプル・プレイ――同一の手札を三列並べて同時にそれぞれのプレイを続けられるバージョンだ。小さい勝ち、そこそこの勝ちに付加価値を上乗せすれば、ビデオ・ポーカーの的中頻度が高くなり、それと同時に強化の機会も増える（「少額配当がたびたびあるほうが、顧客の強化になるようだ」と、第一章に登場したカジノのインテリア・デザイナー、ビル・フリードマンも指摘していた[34]）。

ビデオ・ポーカーの配当スケジュールが進化するのと歩調をぴったり合わせるようにして、ギャンブラーたちは集団的にプレイ戦略を変化させ、ねらいをジャックポットからそこそこの勝ちへと移していったようだ。「プレイをかなり続ければ、マシンの支払い方に感づくようになってきます」と、空いた時間にギャンブルするというバリー社の古参数学者、ドム・ティベリオは言う。「私たち地元の人間は、もとのビデオ・ポーカー・マシンでプレイするよりもフォーカードのプレイのほうが勝てる回数が多いって学習したんです。そっちのほうが長くプレイを続けられる」。ロイヤルフラッシュの大当たりをねらうのでなく、地元住民たちはプレイの方向を小さめだが成功率の高い勝ちをあげるほうへ向けた。スーパーマーケットでスロットマシン係を長く務める人に、プレイヤーがロイヤルフラッシュ離れした結果の、ひとつの話を聞いた。「昔は、マシンに八つ当たりする客がもっといたものです——叩いたりガラスを割ったり、悪態をついたりして。でも、それもめっきり減りましたね……もうあんまり大当たりをねらわなくなって、役がそろわなくてもそんなに腹が立たないからじゃないでしょうか」。ティベリオが二〇〇〇年に説明してくれたところによると、ギャンブラーがそんなふうにプレイのしかたを調整したように、「メーカー側も、いわゆる〝アッパーミドル程度の支払いスケジュール〟に的を絞るようになっていって、今はそればっかりですね」。その年、いくつもの住宅地を長々と斜めにつっきる幹線道路沿いに、あるカジノの屋外広告板が現われ、ドライバーたちにこうささやきかけた。「ロイヤルフラッシュにこだわらなくたって……」道のもう少し先で、二枚目の広告板が続ける。「フォーカードで勝てばいいじゃない?」

「まるでギャンブルする一般人が〔ロイヤルフラッシュの〕大当たりに耐性《トレランス》をつけてしまったようなもの」という、一九九九年のハンターのコメントは、次のように続く。

ビデオ・ポーカーが出はじめのころ、プレイヤーはロイヤルフラッシュを出したことが何回あるかとか、一日に何回出したとかよく自慢していたものです。このごろはいなくなりましたね。今いちばん人気の、いちばんどころか群を抜く人気のビデオ・ポーカー・マシンは、ロイヤルフラッシュではなくて、フォーカードやダブル・ボーナス、トリプル・プレイ・ディールねらいの人たちの気を引くようにプログラムされている。強化作因としてロイヤルフラッシュほど強力ではありませんが、もっと頻繁に強化されることになります。

さらに続けて彼が言うには、「この種の強化は逃避型《エスケープ》ギャンブラーにぴったりです。彼らは金もうけなどどうでもいいんですから――できるだけ長いことそこにいられればいいと思っている。カジノ側はそれを見抜いているんでしょう」

ハンターが言い表わしているのは、ギャンブル業界がいちばん熱心な顧客たちのプレイ時間を延ばしたいという願望を「見抜いて」、それにマシンを順応させる一方、顧客たちも同時に、次々新しくなるマシンとのインタラクションにどう順応すればいいかを「学習」する（ティベリオが言うように）という、打てば響くような調整のプロセスだ。[35] デバイスが市場の傾向にぴったり合うようになると、今度は市場の傾向が変わる。その原動力となるのは、フィードバックを通じてなされる微妙な変更のひとつなのだ。ゲームの的中頻度を高くすればプレイが強化される率が上がり、プレイヤーの期待が変化すれば、それがまたその先のデザイン刷新につながり、さらに強化率が高くなっていく。

市場の好みとゲーム・デザインとのあいだに展開するそういう微妙な相互形成動力学が、ラスヴェガスにおけるギャンブル依存症人口の構成にも顕著に表われている。一九九〇年代はじめには、ハンターのクリニックで治療を受ける女性の九七パーセント、男性の八〇パーセントがビデオ・ポーカーだけのプレイヤーになっていた。男性のマシン・プレイヤーの増加とともに、その数字も増えていく。[36] その昔、ギャンブル浸りになるのはたいていスポーツやカードで賭けをする年長の男性で、ギャンブル歴を一〇年くらい経てから援助を求めるようになるのが相場だったが、今は子供が二人いる三五歳女性がビデオ・ポーカーをプレイして、二年足らずで援助が必要になっている。[37] たまにしか出ない大きな報酬ではなく、小さくても途切れずに報酬が頼みの、強化する――そしてそこから利益をあげる――方式のゲームが登場して広まっていくとともに、ギャンブル依存症という舞台の中央をこれまでにないギャンブラー像が占めるようになった。そのギャンブラー像が極端なかたちで体現するのは、アクション・プレイからエスケープ・プレイへ、刺激よりも〈タイム・オン・デバイス〉を求めるという、広がった市場の傾向である――その趨勢が今後十年でもっと強くなりそうだ。

なめらかな乗り心地――ビデオスロット

ラスヴェガスでは一九八〇年代に、ビデオ・ポーカーがリピート・マシン・ギャンブラーの一番人気になったが、ギャンブラー全般はまだ、コンピューター化されたスクリーン中心のゲームに対して慎重で、全体としてはリール回転式が手堅く人気を保っていた。バーチャル・リール・テクノロジーによって大きな当たりを提供できるようにはなったが、何回も延々とプレイを続けられるほどには配当頻度が足りなかったのだ。アメリカ人ギャンブラーたちのあいだで〈タイム・オン・デバイス〉かせぎのプレイへと大きな転換があったことを理解するには、回り道をして別のギャンブル市場を通る必要がある。ゆくゆくはアメリカじゅうに広まっていくのに先駆けて、違う形態のビデオギャンブルが開拓された市場を。"マルチライン"のビデオスロットという新しい形態が、的中頻度、TOD、強化率を増大させる斬新な方法を見いだしたのだ。

アメリカでは一九五一年にジョンソン法が成立して、カジノ・ギャンブルがネヴァダ州に限定されたことから、国内の大手スロットマシン製造業者はほとんどが衰退した。その法制定の折しもオーストラリアのニューサウス・ウェールズ州でカジノが合法化され、ほどなくして世界第二の規模のスロットマシン市場が育った。アリストクラートという社名の企業（現在は世界市場でIGT社以外どこにもひけをとらない）が、たちまちのうちに国内のギャンブリング・マシン製造業の先頭に立ち、続く数年のうちにはテクノロジー革新企業として国際的に評価を上げていく。一九九〇年代には、オーストラリアの遊戯機器メーカーが金欠状態のいくつもの州機関と手を組んで国の経済を活性化させたのにともない、マシン・ギャンブルの規制が緩和された。一夜にしてと言ってもいいほどの勢いで、国じゅうのコミュニティセンターや社交の場にスロットマシンがあふれ、景気のいい地元市場が生まれた。[38] 生産能力の限界に達したアリストクラート社は、新型レーザー金属カッターを導入して生産スピードを上げ、引き続くマシン需要に応えた。[39] 一九九八年には、オーストラリア人の八〇パーセントがギャンブルをするようになり、そのうち四〇パーセントは日常的にギャンブルしていた。[40]「あっちに行ったら、車よりもスロットマシンにひかれてしまいそうになる」と、一九九九年のグローバル・ゲーミング・エキスポ（G2E）で設備の整ったアリストクラート社の展示ブースをひやかしながら、あるアメリカ人ゲーム開発者が言っていた。その年、オーストラリアには世界の全ギャンブリング・マシンの五分の一、ひとり当たり台数にしてアメリカの五倍にのぼる台数のマシンがあった。[41] 今もオーストラリアは主なギャンブル管区のどこよりも対人口のマシン台数比が高く、おおよそ成人オーストラリア人八〇人につき一台のマシンがある。[42]

オーストラリアにビデオ・ポーカーは事実上存在しないし、リール回転式もない。ほぼすべてのギャンブル・デバイスが、最近までアメリカでオーストラリア・フォーマット・スロットないしオーストラリア・スタイル・スロットと呼ばれていたビデオスロットで、オーストラリアでは日常的に〝ポーキーズ〟と呼ばれる（初の機械式ギャンブリング・マシンがポーカーを基にしていたところから）[43]。ビデオスロットは、バリー社が一九六〇年代に機械式スロットで普及させた〝乗数《マルチプライヤー》〟方式でつくられ、ギャンブラーは一回転あたり複数のコインを賭けることができて（一般的には三枚だが、五枚のこともある）、当たったときの払い戻しがコインの枚数倍になる[44]。一九六八年にバリー社製マルチプル・ペイライン（マルチライン）マシンが登場し、ギャンブラーはディスプレイ・ウィンドウに現われる複数の図柄の列に賭けられるようになった――上段に三つ、中段に三つ、下段に三つの図柄が並ぶ[45]。コイン一枚投入で第一のプレイラインにベット、コイン二枚で第一と第二のラインに、三枚で三つのライン全部にベットすることになる。ほどなくして五ラインのマシンが生まれた。ゲーム・ウィンドウで縦横に三つずつ並ぶ図柄のマトリックスの四隅を対角線上に結んで、プレイラインを二本追加したのだ。このゲームでは一回転で最低ひとつのラインで当たりが出る可能性は五十パーセントを上回る。つまり、プレイヤーの資金がぐんと長持ちする――したがってTODも大いに延びるということだ。また、マシンの強化力がシングル・ラインのゲームの五倍になったということでもある。

一九七〇年代のはじめには、アメリカではマルチラインのマルチプライヤーが当たり前になっていた。それでも、機械的リールの物理的要因がもとで、この方式をさらに拡張するには限界があり、アメリカではプレイヤーもメーカーもそういった限界を超えられたはずのビデオ方式には尻込みしていた。一方、オーストラリアでは違う現象が起きていた。ゲームセンターでビデオマシンの成長が著しく、すぐに機械式ピンボール・マシンと肩をならべるほどになったことに目をつけたアリストクラート社が、ビデオ方向にギャンブル・テクノロジーを開発しようと決めたのだ。(46) 一九八七年、リール回転式の二大人気ゲームに見た目も感覚も似せてデザインしたビデオスロットマシンが登場。そのデバイスがたちまちのうちにけたはずれの成功をおさめた。この成功に力づけられたアリストクラート社は、さらにビデオ・テクノロジーの実験を進め、小さめの報酬をもっと頻繁に出して、一九九〇年代の規制緩和後にオーストラリアのギャンブル市場で圧倒的多数派になった金づかいの荒くないリピート・プレイヤーに気に入られるような支払いスケジュールを編み出した。

一九九三年、アリストクラート社が初の九ライン・ビデオスロットを世に出す。たったひとつのラインにコインを三枚賭けるのではなく、プレイヤーは九つのラインそれぞれにコイン五枚まで、一回転当たり最大四五枚のコインを賭けられるようになった。そんなゲームの魅力とは、最善の配当率を達成するにはコインがはるかに多く必要になったことなどではなく、当たりの組み合わせが的中する頻度が格段に高くなって、プレイを長く続けられることだ。その後もビデオ・スロット方式を反復適用して、プレイラインは増え続ける――一直線のラインばかりか、ジグザグのラインまで。ビデオのフォーマットなら、リールを追加する（というより、シミュレートする）のもリールを長めにディスプレイするのも、プレイヤーにわかりやすいよう勝負中のプレイラインを色をつけて脈打たせ、目立たせるのも簡単だ。(47)【図4．4】に示す二〇〇六年版ゲームは、五本のリール、四列の図柄、それぞれに賭けられるラインを五〇を売りにしている。

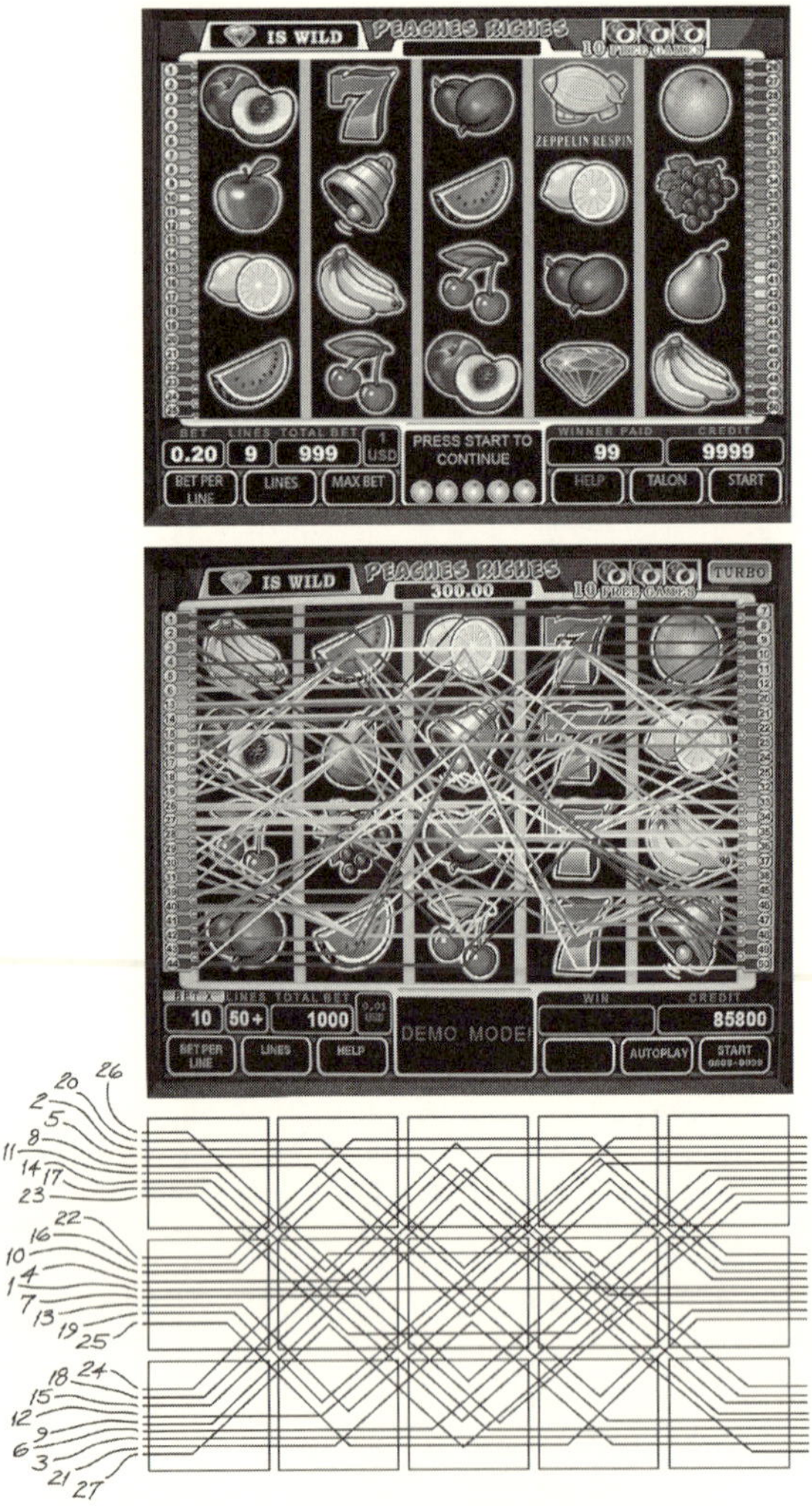

図4.4　上中段の画像：2006年版50ラインのビデオスロット・マシンの、静止中と回転後の画面。著者撮影。下：縦三段、横五列のディスプレイ・フォーマットに対応する27ラインの支払い配列図解。1996年米国特許第5580053号、フィリップ・クラウチ。

ビデオスロットにラインがひとつ追加されるごとに、的中頻度も強化の度合いも増加する——そして人気も上昇する。大当たりが出る可能性はどのゲームでも似たようなものだが、いきなり負けがこんだり、プレイの資金が早々と底をついたりするリスクは少ない。資金が急激に減ることがあっても（クレジットで賭けて、相当なスピードでプレイする場合にはそんなこともありうる）、それでもまだときどき微増を繰り返しながらのクレジットの減り方はゆるやかなものなので、プレイの流れをさまたげはしない——つまり、私が話を聞いたさまざまなデザイナーが「なめらかな乗り心地」と呼んでいたそれをギャンブラーに感じさせる（図4．2上のグラフ参照）。一九九九年にアリストクラート社の代表者が、マルチラインのゲームについて、「お得な印象を与えながら、どんどん金をしぼり取る」ことができるとコメントしている。[48]

現にプレイ時間が長くなるにしろ、そんな印象を与えるだけにしろ、マルチラインのスロットにしかけられたトリックはこういうことだ。機械式スロットなら所定のスピンに対して何も支払わないか当初の賭け金より著しく多く支払うかどちらかであるところ、マルチライン式は頻繁にある程度支払う——ただし、支払い金額はたいてい当初の賭け金よりも少ない。[49] あるゲーム・デザイナーおよびコンサルタントが書いているところによると、「私たちはプレイヤーが賭け金よりも少ない支払いを受けるような当たりをつくって、勝っているような気分にさせながら、（プレイヤーの）振り込み額が増えつづけるようにもしている」[50] その「勝っているような気分」は、ギャンブラーに色とりどりのまたたくラインや効果音、付帯音楽といった、実際に当たりが出たときとそっくり同じ視聴覚的フィードバックを提示することによってかもしだされる。アンカー・ゲーミング社のランディ・アダムズは、「気分としては連戦連勝ですよね、実際にはそうじゃない――五セント硬貨を二五枚投入して払い戻しは一五枚、四五枚入れて戻ってくるのは三〇枚ってことの繰り返しなんですから」と言う。

バーチャル・リール・マッピングやニアミスと同様に、「心象」もかかわってくる――ただしこの場合、伝えられる心象はマシンが報酬をくれるという約束ばかりではない。実際には口約束を果たすようなものなのだから。つまり、新種の半勝ち（ニアミスとは違う）を出すことによって、実際には負けているということをごまかしているのだ。それを、ある研究チームは「勝ちを偽装した負け」、LDWと呼んでいる。[51] マルチラインのビデオスロットの、それとはわかりにくいが根本的な革新というのは、まさにその、負けをギャンブラーたちには勝ちと思わせる力をつけたことだ。プレイヤーたちは着実に負けながらも勝ちによる強化を経験することになる。「正の反応強化が負けを覆い隠す」と、シリコン・ゲーミング社のあるデザイナーは説明してくれた。その強化を担うのが、照明や音楽、視覚的グラフィクスといった、〝勝ち〟の伴奏になるような環境刺激や感覚信号である。ギャンブラーがビデオスロットで経験する着実な部分的〝勝ち〟は、当たりはずれの大きいゲームのようにプレイを中断させたり妨げたりすることがなく、むしろTOD目当ての〝プレイするために勝つプレイ〟モードのギャンブルに適合する。[52]

マルチラインのビデオスロットの〝強化ポテンシャル〟とでも言おうか、この力はプレイヤーに調整制御の手段を与えることによってさらに倍加する。複雑に配置されたボタンが用意され、賭けるラインの数やコインの枚数をさまざまに変えられるので――それはビデオ・ポーカー・マシンでも大きな魅力になっているが、それとは違いどんなスキルも必要としない――インタラクティブな意思決定をしているような気分が味わえるのだ。[53] この第二部冒頭で触れたギャンブラーたちのオンライン・フォーラムの言葉を借りれば、彼らは自分たちでデザインしたスキナー箱の中の〝ラット・ピープル〟をけしかけている。あるオーストラリア人研究者の指摘によると、「スロットマシンで賭けるラインを手広く買えば、プレイヤーが強化される頻度が増え、強化されないプレイの量は減る」。[54] 全ラインに賭ければ、手堅く報酬を得られる率が上がるのが確実になるばかりではない。賭けていないラインに当たりが出てプレイヤーが後悔することも〝確実に防げる〟。[55] スロット歴が長いオーストラリア人プレイヤーのカトリーナは言う。「なんだか、どんなゲームもミニ宝くじみたいになっていきますね。あんなにたくさんのライン全部に賭けるのは、宝くじの券を全部買い占めるなんていういかれたやり方とあんまり変わらないのに。でも〝念のため〟、ラインを全部買わなくちゃいけないような気がしてしまう」

アメリカのギャンブル業界には当初、ビデオスロットの複雑なオプションやはっきりしない結果は、一九九〇年代なかばにはまだ大多数が旅行客だった自国の市場にしっくりこないのではないかという懸念があった。「オーストラリアの市場はこの国の市場よりも進んでいる」と、一九九七年、ある疑り深いゲーム開発者が言っていた。「新フォーマットのマシン上の、信じられないほど複雑な当たりの組み合わせを、彼らは全部理解しているんですからね」。その年、業界の集まりでオーストラリアのブースに並ぶビデオスロットの前で立ち話をしたバリー社の代表者は、「この業界にいる私にさえ、あれは理解できません」と打ち明けていた。その通路の先、IGT社のブースでは、社の代表者からオーストラリアの市場が進んでいるのはプレイ頻度のせいだという意見を聞いた。「あっちの人たちはいつもプレイしている。それこそ週に四回から五回もね。学習率も上がるってもんでしょう」。アンカー・ゲーミング社のヴァレーホは、文化的なことに踏み込んで説明しようとした。「典型的なアメリカ人プレイヤーが複雑なゲームになじまないのは、アメリカ人は考えたり戦略を練ったりしたがらないからでしょう。何でもわかりやすいのがいいんですよ。とはいえ、われわれもオーストラリア・モデルへ移行しつつあります。みんな、だんだん複雑さを楽しむようになってきましたから」。バリー社のプレイター も似たような意見だった。「オーストラリアの市場というのは、こっちではヴェガスのビデオ・ポーカー市場のようなものです。ヴェガスじゃ、カジノに週に三回くらい通うプレイヤーたちが、支払いスケジュールを理解していますよね。合衆国のほうが先を行っているのかもしれない、ああいうマシンが普及しているところをみると」

「オーストラリアが通ってきた道をここ北米大陸もたどることになるのか?」一九九九年、業界の集まりで、『ビデオゲームの今後』という公開討論会司会者は問いかけた。[56] アリストクラート社のマーケティング担当重役の答えは、「ビデオギャンブルは徐々に、アメリカのギャンブル管区に食い込んでいますが、それぞれの管区ごとに受け入れの進み方は違った段階にあります」[57]。アリストクラート社のマルチライン・マシンを最初に採用した管区は、インディアン特別保留地と中西部の州だった。コネティカット州でスロットマシンを売買する部族経営会社、モヘガン・サンの副社長は、そのゲームは「あまりテクノロジー志向でない顧客」にとって魅力がないのではないかと疑っていたが、驚いたことに、その人気は年齢、性別、階級を超えた。[58] ラスヴェガスのカジノ・マネジャーたちもやはり、一九九六年にネヴァダ州賭博管理委員会がマルチラインを認可したあとに同じような驚きを経験した。[59] 一九九九年、パレス・ステーションのスロットマシン担当副社長が、七五歳のビンゴ・プレイヤーたちがオーストラリア式のマシンでギャンブルしているという報告をした。「年配の常連客も喜んでいます。週に三回から四回も来店する手持ち資金が限られた地元客が多いんですが、そういう人たちは時間かせぎが目的ですから。すっかりビデオリールに推移しましたね」[60]。市場の新型マシンへの適応を加速しようと、二〇〇四年のある会合で出席者たちが、従来型三リールおよび五リールの機械式（ビデオではない）マシンにビデオスロットのゲーム構造と数学モデルを組み入れることを提案した。それで〝入口製品《ゲートウェイ・プロダクト》〟をつくりだし、顧客をビデオフォーマットに慣れさせて、推移を楽にしようというのだ。パネリストは「プレイヤーたちを移動させるにはうまい方法ですよ。ついでに適応の助けにもなりますし」と言っていた[61]。

ビデオスロットへの適応移動にはずみがつくとともに、ペイラインがとんでもなく増えた。二〇〇五年のグローバル・ゲーミング・エキスポで、アリストクラート社は創立五〇周年を記念して五〇ラインのビデオスロットを発表、二〇〇七年には一〇〇ラインのスロットを発表した（ご親切にも「プレイヤーがより使いやすく、理解しやすいように、新たに特許を取得したライン・インジケーターを内蔵」と、社のプレスリリースに特筆してある）。ビデオスロットに詰め込むいわゆるマルチプライヤー・ポテンシャルを増やしていく、この企業の〈リールパワー〉の技術の呼び物は、ペイラインはもはや関係なく、各リールに特定の図柄がいくつ出るかをもとに二四三通りの当たり設定されている[62]。「大多数のプレイヤーが五つのリールを全部に賭けます」と、アリストクラート社のウェブサイトは謳う。マルチプライヤー・ポテンシャルをさらに増やしたボーナスゲームでは、（通常は左から右に並ばなければならない）図柄がどう並ぶかは関係ない。リールパワー・フォーミュラがボーナスモードにおいて進化したスーパー・リールパワーは、ギャンブラーになんと三一二五通りの当たりを提供する。

まさに文字どおり別の方向へ革新を遂げたマシン・メーカーもある。たとえば、インクレディブル・テクノロジーズ社の〈サイドワインダー〉マシンは横方向に回転し、〈アングル・ペイ〉マシンは、上段にある任意の図柄から右斜め下方向に回転する。WMS社は、自社マシンに〈ラップ・アラウンド・ペイズ〉という立体的プレイを上乗せした。そのマシンでは、「五つのリールに加えて巻きつけ式ラップアラウンドのどこからでもプレイラインを始められ、それまではありえなかった当たりの組み合わせが生まれる」という。[63] IGT社が導入した〈マルチプレイ〉ビデオスロットはというと、プレイ画面が四分割されて、それぞれに「ベースゲーム的中頻度が非常に高い」ミニ・マルチラインがフィーチャーされる。[64] 各マトリックスが別々に回転して、四つの異なる結果が出る。二〇〇九年に発売されたこのマシンは「とてつもない」利益を生んだ。ある超人気のモデルなど、プレイヤーが賭けられるラインが二〇〇もある。「ラインがあまりに増えすぎて、勝ってるか負けてるかにもう注意を払っていられない」と、カトリーナは言う。「画面をあんまりじっくり調べている間もないうちに、もう次の回転のボタンを押しちゃってるんですから」

プレイラインがこれでもかとばかりに増えつづけ、ギャンブラーにどんどん金をたくさん賭けるオプションを与えてきた。一回転あたりのオプションが一〇〇〇にのぼるモデルもある。そのため、プレイの単位は急落した。ビデオスロットが隆盛になるまでは、ギャンブル業界の期待はプレイの基準が二五セント《クォーター》単位からドル単位へ移ることにあった。五セント《ニッケル》や一セント《ペニー》のコインを過去のもの、金欠者、高齢者やリスクを嫌う人々相手のみみっちいギャンブルの場でしか使われないコインとみなしたのだ。ところが意外にも、高めの単位でプレイする人々がニッケル・マシンに、さらにはペニー・マシンにまで乗り換えていったばかりか、そういう単位が低めのマシンでプレイしているほうが、複数枚のコインを賭けることになるオプションのせいで、それまでよりも大きく負けてもいた。一九九九年の公開討論会、『ビデオゲームの今後』で、司会者があるカジノ・マネジャーの懸念を報告した。ドル単位で賭けるスロット・プレイヤーたちが、いつものマシンのところからふっつり姿を消したので、追跡調査したのだという。すると、彼らは新世代のクオーター・マシンのほうへ移っていた。プレイ単位を落としたにもかかわらず、一回転当たりに賭ける単位が非常に多く、プレイ時間が大幅に延びたために、彼らは平均して一日に四〇〇ドルも負けていた。[65]

二〇〇〇年には、ニッケルがクオーターを追い越して一番人気のプレイ単位になろうとしていた。ドル・プレイヤーたちがマルチラインのクオーター・マシンに乗り換えたときと同じく、クオーター・プレイヤーたちもニッケル・マシンにそれまで以上の時間と金を費やすようになっていた。あるゲーム開発者によると、「ニッケル・マシンは本当のところ、ニッケル・プレイヤーを生んでいるんじゃありません。ドル・プレイヤーやクオーター・プレイヤーに付加価値を与えているだけです」という。つまり、それによってギャンブル業者の増収になるという意味だ。「ニッケルを一度に九〇枚も賭けるんじゃ、ニッケル・ゲームもニッケル・ゲームじゃなくなりますよ」という、別の開発者からの指摘もあった。[66] ペニーもニッケルのすぐあとを追って成長した。オーストラリアの市場では、二セント以下の単位のマシンが九〇パーセントにのぼるところもある。ネヴァダ州では、二〇〇八年にペニー単位のマシンは一八パーセントしかなかった——それでも、二〇〇四年に六・三パーセント、二〇〇〇年にはほんの〇・二パーセントだったところからすると、かなりの跳ね上がりを表わす数値だ。[67] デジタル・マイクロプロセッシングやバーチャル・リール・テクノロジーがゲーム開発者に、大きな当たりを約束してスロットマシンを普及させるのには欠かせない、確率を支配する力を授けたとしたら、マルチラインのビデオスロットは、賭け金自体を分割して増加単位をどんどん小さくしていき、それによってギャンブラーのプレイ・セッションを引き延ばすと同時に業界の利益を増やすことを可能にした。IGT社のあるゲーム開発者は言う。「的中頻度がすごく高くて、〈タイム・オン・デバイス〉がすごくかせげるから、プレイヤーは大好きになる。文字どおり一日じゅうプレイすることだってできます[68]」

かつて、単位の低い機械式のリール回転マシンでギャンブラーを「一日じゅうプレイする」ようしむけるのは、へたなマーケティング案と考えられていたが、ビデオスロットのこととなると、業界はギャンブラーの賭け金額ではなくプレイの量が利益につながることを見てとった。ACコイン社の代表は言う。「〈タイム・オン・デバイス〉を適正量提供すれば、プレイヤーはとどまってプレイするはずです。時間を早めに切りつめすぎると、プレイヤーが負けて、離れていくことになる[69]」。マシン数学を通して顧客との信頼関係を築く重要性を本章はじめのほうで力説していたケーニヒは、自分の母親にまつわるちょっとしたできごとをもちだして、TODによる利益という論理を説明してくれた。「いつだったか、母が私のつくったゲームに二〇ドル投入して、そのお金がたちまちなくなってしまったことがあります。それで愛想を尽かされ、私は母を顧客にするのには大失敗しました。私が母からお金を全部巻き上げるのに、あんなふうに最初からいきなり二〇ドル奪うなんてのは最善の方法と言えません。賭け金の大半を払い戻しつづけなくちゃ。そうしたら母は、お金が全部なくなってしまうまでプレイしつづけたはずですからね」。ギャンブラーたちにとっても業界にとっても、プレイの価値がまれにある金銭的な勝ちという軸から時間的な持続という軸へ、つまり刺激性から量へ移ったのだ（図4.2上のグラフ参照）[70]。「G2Eフロアに並ぶ当社ゲームの五〇パーセント以上が、TODを増やそうとしてペニー・スロットへ流れる業界の動向をまともに反映して、一セント単位のものになっていくでしょう」と、二〇〇三年、アリストクラート社のマーケティング・マネジャーは記者に語っている[71]。

ペニー・プレイのルネサンスは、ビデオテクノロジーにばかりでなく、新しく考案された金銭処理テクノロジーにもよるものだった。物理的に小さい一セント銅貨《ペニー》はそれまでずっと、マシン・ホッパーには処理の難しい物で、故障や配当エラーの原因になっていた。紙幣識別機やトークン化システムがペニー・プレイをやりやすくはしたものの、一回転に五〇〇枚ものペニーが賭けられるゲームのデザインにうまく対処するにはもの足りない。ペニーから価値を引き出すために、ギャンブル業界はペニー自体の姿を消してしまう方法を見つけ出さねばならなかった。二〇〇〇年、IGT社の〈イージー・プレイ〉のようなチケットイン・チケットアウト・テクノロジー（TITO）が登場、コイン（および紙幣）投入を時代遅れのものにすることによって、注意深くペニーの消滅を促した。プレイヤーは喜んでTITOに飛びついたりはしなかったが、そのころなじもうとしていた低単位マルチライン・ゲームのプレイをTITOがやりやすくしてくれると学習しながら、そのテクノロジーに親近感を覚えていった。ちょうどその年に、ネヴァダ州の市場へ参入する許可を得ていたアリストクラート社には、それが新たにアメリカの市場への強力な足がかりとなった。

アリストクラート社は、ラスヴェガスに独特なアプローチをとった。「一過性プレイヤーよりもリピート・プレイヤーをターゲットにするという戦略を、われわれはあくまでも貫きます」と、ヤングは記者に語っている。「〈ストリップ〉地区に進出すべきだと誰もが言いますが、そういう立場はとってこなかった。われわれの合い言葉は、〈ストリップ〉地区を囲んでしまおう、です。人が足繁くやってきてプレイするところに製品を並べてもらう。〈ストリップ〉地区はあとからそれに付け加えよう、とね」[72]。ギャンブル業界のほとんどが相変わらず、ネヴァダ州の地元市場ではビデオ・ポーカーのゲームを二五セント単位でプレイするのが好まれていると考えていたころ、アリストクラート社はその市場の一部を低単位のオーストラリア式ビデオスロットのほうへ傾けられると確信していた[73]。そしてそれはそのとおりだったと言えるだろう。二〇〇五年に〈ステーション・カジノズ〉では三〇パーセントのスロットがペニー・マシンになっていた。「どこよりもペニーの大流行が顕著なのが、ラスヴェガスの地元カジノ」と、業界ジャーナリストがその年に報告している[74]。二〇〇八年には、ラスヴェガス観光コンベンション局の住民調査が、好みのプレイ単位という質問に対する答えの選択欄に「ペニー」を追加していた。その年、地元住民の四三パーセントがまだクオーター単位でプレイしていたが、かなりの割合になる二三パーセントがペニー単位、一二パーセントがニッケル単位のプレイを好んでいた。二年後、クオーター・プレイヤーの数が三八パーセントに下がる一方、ペニー・プレイヤーは二九パーセントにまで増加。プレイ単位が低いほうへ切り替わっていくのと軌を一にして、二〇〇八年に地元住民が一回転当たりに賭けるコインは平均十五・五枚と、十年前の四・五枚から大幅にアップしていた。二〇一〇年には一回転当たり二五枚のコインを賭けるようになった[75]。ビデオ・ポーカーの動向とそっくりに、地元のビデオスロット・プレイヤーたちの賭け方も変化するテクノロジーに即して移り変わり、ハンターが〝耐性《トレランス》〟形成のようだと言い表わした過程に沿っていったようだ。オーストラリアの社会学者、リチャード・ウーリーはこう述べている。「ギャンブル行動は、新たな賭け方のオプションや呼び物となるゲーム機能が出てくることによって、時間をかけて増加方向へ再設定されていく[76]」

ギャンブラーの大多数がリピート・プレイヤーで、実質的にギャンブリング・マシンといえばすべてがビデオスロットであるオーストラリアでは、そういう行動の「再設定」効果がギャンブル常習者コミュニティ内で明らかになっている。いくつもの公衆衛生学研究が一貫して、問題のあるギャンブラーたちはプレイするラインが多いほうを、プレイの単位は低いほうを好むと示してきた。〝ミニマキシ〟という賭け方式（最小限《ミニマム》の、あるいはそこそこの単位で、最大限《マキシマム》の数のラインに賭ける）に順応していくのだ[77]。ある研究によると、彼らはプレイ時間の九〇パーセント近くを一セント単位のゲームに費やしている。そして、負けの三分の二が、そういう低単位のプレイ中に起きている[78]。二〇〇五年に、ジャーナリストのマーク・クーパーはこう言っている。「新世代のギャンブリング・マシンは、予想どおりのことだが、新世代のギャンブル常習者を生み出した。大きく賭けてダイスを振ったりカードをめくったりしてどっとアドレナリンが駆けめぐるのを生きがいにするプレイヤーではなく、ひたすら回転を続けるリールが生み出す、なめらかな無感覚状態を切望する、〈ゾーン・アウト〉した〝逃避型／エスケープ〟プレイヤーを[79]」

賭け金を増やしていく――テクノロジーへの耐性《トレランス》

低単位、マルチラインのビデオスロットが、ラスヴェガスの地元ギャンブルというミクロ生態系内で徐々に人気を博してきた一方、ビデオ・ポーカーの刷新も途絶えることなく――なかにはマルチプライヤー・フォーミュラをあからさまにまねたものもあった――、いちばん足繁く通っていちばん長時間プレイする住民たちのあいだでは主要な地位を維持してきた。[80] 依然として「誰もが認めるビデオ・ポーカーの王者」であるIGT社だけは、今も五〇バージョンものビデオ・ポーカー・ゲームを提供している。[81] 一番人気は、ビデオスロットの分割増加《デバイド・アンド・マルチプライ》戦略を取り入れた〈マルチハンド〉ゲームだ。[82] その第一号にあたるのは、一九九八年のトリプルプレイ・ドローポーカーだった。一度に三ゲームをプレイできて、三倍のコインを賭けられる。[83]「アイデアが浮かんできて、目と目のあいだにガツンときた」と、開発者のアーニー・ムーディは言う。「一回の勝負で別々の三組のデッキからドローができたらどうだろう? 本当にいい手が配られたら間違いなくいいことだし、配られた手がよくなかったとしても好転のチャンスがたっぷりあることになるじゃないか[84]」。『プレイヤーはもう二台のマシンで〈同時に〉プレイしなくてもよくなる!』――IGT社のウェブサイトのこの言葉から、常連ギャンブラーたちがよく、刺激を強くしようと隣り合った二台のマシンで同時にプレイしていたことがうかがえる。三つの勝負を一ラウンドにまとめることによって、そのゲームはプレイを一気に加速し、的中頻度を上げる。ビデオスロットの場合と一緒で、このフォーミュラはゲームの強化スケジュールを増強する――この場合は、ラインやリール、ボーナス機能を増やすことによってではなく、カードのデッキを追加することによって。

エレクトロニクス技術者のランダルが、まるで本章冒頭のモリーの話をなぞるかのように、ビデオ・ポーカー・フォーマットの進化に従ってトリプル・プレイ・ポーカーにまで行き着いた自分のプレイ歴を語ってくれた。「プレイを始めたころはジャックス・オア・ベターくらいしかなかった。そのうち、デューシズ・ワイルドが出てきました。次はボーナス・ポーカー、そしてダブル・ボーナス、それからトリプル・プレイで一度に三勝負プレイするようになりました」。ムーディが開発を回想するなかで、「一度でも〈マルチハンド〉のビデオ・ポーカーをプレイしたら、〈シングルハンド〉のプレイにはなかなか戻れなくなります」と言っている。[85] モリーが見た夢に、それが表われている。「私は、カジノをさまよいながら適当なスロットマシンを物色していました。どれもみんなシングルプレイのビデオ・ポーカーなんですよ。トリプル・プレイがあったと思ったら、目の前で誰かに座られてしまって。いくつかほかのマシンを試してみたけど、何かしらの理由でしっくりこない——退屈すぎたり負けるのが早すぎたり、ちょっと私向きのマシンじゃなかったりして」。似たようにランダルも、どうしてもトリプル・プレイ・マシンでなければと言う。

トリプル・プレイ・マシンは、これまででいちばんすごい発明なんじゃないですかね。もう今さらジャックス・オア・ベターなんかプレイできない。デューシズもプレイできない、ボーナスもプレイできない——ダブル・ボーナスかトリプル・プレイしかプレイできない。ほかのやつはもうだめです。この先どうなるんだろう——五年くらいのうちに、十勝負はできるようになるのかな?

彼と話をしてから、現にトリプル・プレイは進化した――ファイブ・プレイ、テン・プレイ、フィフティ・プレイへ、そしてハンドレッド・プレイ・ポーカーにまで（【図4．3】参照）。トリプル・プレイの場合と同じく、それぞれのバリエーションで最初の手《ハンド》は、どのデッキでもまったく同じ。プレイヤーがどのカードをホールドするか選択したあと、複数の異なるデッキからそれぞれ取り替えカードが配られる。IGT社のウェブサイトで、ハンドレッド・プレイ・ポーカーはこう紹介されている――究極のポーカー。ひとつの画面上に一〇〇通りの手。一ハンドにつき一〇クレジット。フィフティ・プレイ・ポーカーは、シングルハンド・ポーカーの三〇ないし四〇倍の速さでプレイできる（そして勝ちやすい）。八〇時間に一回ではなく、二、三時間ごとにプレイヤーはロイヤルフラッシュに出会うことになる――それより小さめの勝ちにもたびたび出会う[86]。プレイヤーを刺激しすぎるどころか、そういうゲームの激化したスピードと報酬頻度はプレイの流れ《フロー》を強くする。ビデオ・ポーカーの達人、ダンサーは、「乗り心地がなめらかだ」と、マルチライン・ビデオスロットの話で多用される言い方を繰り返していた。「手《ハンド》がひとつだけだと、ぎくしゃくしますからね[87]」ランダルはマルチハンド・ビデオ・ポーカーをプレイするとき、「このごろはジャックポットを的中させても、驚きもしない、平常心です」と言う。行動主義心理学の言葉にすると、彼は高い等級の〝事象頻度〟に習慣化し、プレイ中に起きる運の急騰にある種の耐性をつけた。つまり、鈍感になったのだ。

　ここまで考察してきた増加傾向も極まった感があるのが、スピン・ポーカーという複雑なゲームである。ビデオ・ポーカー並みに複数の選択肢があるオーストラリア式ビデオスロットにつきものの、複数ペイラインを取り入れたこのゲームでは、マトリックス状に表示されたポーカーの手札がリールのように回転する。リールの回転が止まると、斜め方向およびジグザグも含めて九つのラインで賞金が計算される（【図4．3】下段右参照）。トリプル・スピン・ポーカーがギャンブラーにひとつの画面上で三ゲームのスピン・ポーカーを提供し、混成タイプの選択方法と高的中頻度をさらに別のレベルへ押し上げた。IGT社がこのゲームを売り込む口上に「トリプル・スピン・ポーカー登場は当然の進化」とあるのは、ペイライン増加とプレイ単位切り下げへ向かう趨勢にはっきりと言及するものだ。

デザイナーたちはその進化に拍車をかけつづけ――マシンに取り入れるライン、リール、デッキ、コインの調合をどんどん進め、プレイ単位を切り下げて、時間をかけてギャンブラーからいつもきっちり最大限の賭け金を引き出すような報酬フォーミュラに勝ちを分散させていく。ギャンブラーたちは順応しつづけ、そういう状況に対して新たなレベルの耐性に到達していき、今度はそれがデザイナーたちを駆り立てて、さらなる刷新で賭け金が増えていく。前出のデザイナーたちは、このフィードバック・ループは第一にプレイヤーの好みが〝成熟〟することによって動いていくのだと思っている（サイバービュー社のシルヴィー・リナードは「もっと速く、もっと速くとゲームの速度を上げていく――プレイヤーは速いゲームに慣れて、それに慣れるのも早くなっていく」と言っていた[88]）。しかしそれでも、ギャンブル常習者たちの主張によると、マシン自体がそのプロセスを進める決定的な原動力なのだ。本章の初めに、「どんどん強いものがほしくなっていく。そして、私の欲求に合うマシンが必ず出てくるんです」というモリーの言葉があった。その言葉どおり、変化していく彼女自身の欲求（すなわち、〈ゾーン〉に入るために必要なもの）に応じてデザインが絶えず〝マッチング〟しつづけ、その欲求に拍車がかかるという、人間対マシンの進行中の適合プロセスから彼女の依存症は発生している[89]。

ギャンブラーたちから話を聞くと、テクノロジーの進歩を通して自分の耐性が着々と高まっていくことを彼らは的確にとらえている。たとえばオーストラリア人ギャンブラーのカトリーナは、今にして思えば明らかに、ゲーム・デザインに加えられる特にどうということもないちょっとずつの変化が、ついには自分をどんどん高いレベルの心理的依存にまで押し上げていったのだと言う。「私の電子的なゲーミングマシンとのつきあいは約二〇年になります」と、二〇〇八年に彼女がくれた手紙に書かれている。「一ラインのプレイで満足していたころもありました。そのあと九ラインのプレイを楽しむようになるまでまっしぐらでしたが、今はもう二〇ラインをプレイしています。それに慣れてしまって、昔のモデルに戻って不満をいだかずにいることはできそうにありません」。カトリーナは、自分には対処できない強度のマシン事象《イベント》があるのを認識している。強度が低すぎても高すぎても、刺激が不足あるいは過剰で耐えられない《イントレラブル》状態が生まれ、プレイのゾーンに〝没頭する〟ことができない。マシンのリピート・プレイヤーに典型的な経験だ。

二〇〇六年のグローバル・ゲーミング・エキスポでプレイヤーたちによる公開討論会が開かれ、プレイヤーが満場の業界代表者を前に、最新のマシン・デザインに関してそれぞれの耐性閾《スレッショルド》を報告した。司会者の女性は「ペニー・スロットで気に入っていることのひとつは、プレイするラインの数をものすごく自由に変えられるところです。それにしても、何であれ一〇〇ラインもプレイする気にはまだなりませんね」と言った。年長の女性は、聴衆にこう語った。「私の場合は、快適にプレイできるのは二五ラインまでです。そのうち四〇くらいはプレイするようになるでしょうけれど、絶対に、絶対に一〇〇ラインのゲームだけはやめておこうと思います……お金がものすごい勢いで吸い込まれていきますから。

週に二回以上、六時間から八時間くらいプレイしますから、すっからかんになってしまう」。この女性たちは二人とも、それぞれ個人的に快適なゾーンを超える、一ゲーム当たりラインの数的限界をはっきりさせている。二人目の女性が述べたのは、ラインが多すぎると自分がなじんだ金銭対時間の比率が崩れてしまうということだ。それと同時に二人とも、時間がたって新たな強度の偶然性や強化に順応すれば快適ゾーンがシフトしていくだろうと気づいている（司会者は「何であれ一〇〇ラインもプレイする気にはまだなりませんね」と言っていた）。

カトリーナの手紙には、特定のマシン事象《イベント》を繰り返し経験することが行動の連続的再調整を促し、プレイを新たなレベルへと推進するプロセスが詳しくつづられている。ぬきさしならない状態に陥るのは、パターンが「現われはじめる」とき――つまり、現われはじめたと彼女が感じるとき――だという。

マシンをたまにしかプレイしない、あるいはごく浅いレベルでしかプレイしない人たちなら、マシンの繰り返しプロセスにあまり影響を受けないでいられます。でも、しょっちゅうプレイしていれば、そういう作用をいちいち絶え間なく受けているうちに、何もかも〝偶然〟でしかない中に繰り出される数々のシナリオに親しみを覚えるようになっていく。毎回、それまで何百回、いや何千回となく（長年プレイしてきたならば）起きたことが記憶された履歴を携えてマシンに向かうのですから。……全体がどんなふうに機能するかだいだいのパターンが現われはじめると、いつのまにか特定のことを期待するようになっていいます。

カトリーナは自分の依存症を、マシンの強化力増強に対する認識と感情の進行性順応とみなしている。このプロセスにおいて業界を優位に立たせるのは、彼女の習慣化、つまり〝マシン耐性〟とでもいうものばかりでなく、テクノロジーが発展するたびにテクノロジー刷新によってその耐性を不安定にするというやり方でもある――予想外に刺激を強くし、やりとりに意外な要素を取り入れて、それに応じて彼女が内心で期待することをさらに調整するよう促す、という。

そのプロセスを説明するためにカトリーナは、ビデオスロットでよく呼び物になっているボーナス・ラウンドやフリー・スピンという機能が、プレイにどう影響してきたかを語る。この機能は、無作為に現われるボーナス・ゲームで、ギャンブラーに賞金や賞金獲得のチャンス、無料のスピンなどを提供し、いずれにしてもプレイ時間（ＴＯＤ）が延びることになる。[21] そういう〝ゲーム中ゲーム〟がベースゲームの配当スケジュールとあいまって、第二階層の強化としてはたらくのだ。彼女は振り返る。「初め、フリー・スピンはただ目新しくて、またひとつ取り組むべき新機軸が出てきたなと思いました。それが私のプレイ力学を変えてしまおうとは、思いも寄らなかった。だけどたちまち、その機能が付いていないマシンに私はまるっきり見向きもしなくなりました」。その新機能のせいで、ほかのプレイのしかたがつまらなくなりはじめたのだ。「通常のゲーム・プレイには魅力がなくなってしまうほどに。まだ重要ではありましたが、ある程度まで目的のための手段になっていました。フリー・スピン機能が起きるまでの待ち時間つぶしのようなものです」。彼女が慣れ親しんだ通常のゲーム・プレイは、フリー・スピンの予感やその偶然の訪れに追いやられて、単なる「待ち時間つぶし」になった。その偶然に賭ける金額が上がるとともに、彼女のクレジットは減っていく。

クレジットが減りはじめると、フリー・スピンの予感も高まりはじめ、フリー・スピンのための図柄にばかり注目するようになります。正規のプレイよりもずっとたくさん報酬がありますから、フリー・スピンが救いの手のようなものになるんです。フリー・スピン機能が作動すると、ある種の安堵感がある。（スピンで）かなりの好結果が出たと思いつつ、しばらくのあいだは満足していられますから、フリー・スピンのための図柄に注目するのもある程度おさまります。

偶然訪れるフリー・スピンに対するカトリーナの感受性は、高まったり低くなったり、満ち欠けする。感受性が高まっていくとき、フリー・スピン（および、それが訪れたときにもたらされる〝安堵感〟）を追い求めるあまり、もっとなじみのあるお決まりのスロット・プレイはどうでもよくなる。長年の経験を書きつづりながら、一回のギャンブルのあいだにフリー・スピン関連で展開しうるさまざまな〝シナリオ〟を、彼女は入念に分類してみせる。

本来フリー・スピンは予測のつかないものですから、マシンに何百ドルと投入しても空振りに終わることがありえます。サービスがよくて、ちょくちょく出くわすこともあるかもしれない。また、断続的に出ることだってあります。一台のマシンでどのくらいの時間プレイするかによって、一度座ったあいだに上記三通りのシナリオが、循環的に、ただし不規則に起こりえます。

その三通りのシナリオがカタリーナの外面的行為を左右するとともに、彼女の内面的状態にも密接な影響を及ぼす。炯眼な彼女は、自分のプレイを次のように現象学的に語る。

フリー・スピンまであと一歩なのに、ちっともフリー・スピンにならないこともあります。そういう場合には、極端に図柄にばかり注目するようになります。フリー・スピンのための図柄への注目度を微妙に強くするのが、その図柄がウィンドウに現われると鳴る特定の効果音です。感情はフリー・スピンのための図柄出現とともに、そしてその音楽とともに、高まったり落ち込んだりする。そんなふうに高まった期待と注目が絶えずくじかれていれば、クレジットを使い果たす傾向が大きくなります。それと同時に、ここでコレクト（支払いを受ける）ボタンを押すべきかどうかについてもよく悩みます。でも、難しい。だって、そう考えているあいだにもボタンを押して、何かが起きるのを待っているんですから。フリー・スピンが現われるとか……

引っ込みのつかない時点にまで達してしまえば、たいてい、もう（クレジットの）回収などどうでもよくなります。ときどき、クレジットがもうなくなりそうだというところでフリー・スピンが不意に現われることもありますが、もし現われずにクレジットが尽きたら、そのあととる行動はさまざまです。やめることもありますが、さらにお金をつぎ込むことのほうが多いですね。そして、そのあとすぐにフリー・スピンが出たりして、新規まき直しです。何もかもたちまちのうちに進んでいきます。フリー・スピンは下向きのスパイラルを悪化させます。

マシンの効果音、付随する音楽、偶然現われるフリー・スピン――そういう偶発的ゲーム事象《イベント》それぞれが、カタリーナの経験、期待、行動を条件づけする。[92] 彼女のプレイは、マシンとの途切れることのないすばやく敏感なインタラクションのうちに進展していき――その軌道はいつも下向きのスパイラルになる――考え込んだり動きを止めたりするような間も余地もない。

カタリーナが最後に挙げるフリー・スピンのシナリオは、はっきりと〈ゾーン〉を思い起こさせる――マシン・ギャンブラーたちが偶発性の向こうに求めてやまない、いわく言いがたい無我の地点だ。カタリーナがそのゾーンに到達し、しばらくそこにとどまっているためには、特定の状況がそろわなくてはならない。

最高のシナリオは、フリー・スピンがちょくちょく回ってきて通常のゲーム・プレイも好調そうで、ひいてはクレジットもかなり高めになっているとき――そういうのを理想的シチュエーションだと思うようになるんです。そうなったところからいよいよ、クレジットをあまり大きく減らさずにかなり長くプレイを続けられるゾーンへ流れ込んでいきます――一進一退を繰り返すかもしれませんが、比較的高いレベルを維持しながら。気をゆるめて、矛盾するようだけど、運まかせですごく不安定なのに〝安全〟なレベルのプレイに〝没頭〟できる。そのまま終わりが来なければいいと心から思います。もちろん、必ずある段階で状況は急降下を始めます。

カトリーナはそのゾーンを、「安全」であると同時に「不安定」だと理解している――穏やかに一進一退を繰り返すプレイ・クレジットが、穏やかに変動するプレイヤーの心情と重なる。どちらも、いつなんどき勢いを失って行き詰まりを迎えてもおかしくない。リズムがリスクを上まわるほうへ、安心感が不安を、慣れが驚きを上まわるほうへ傾いている、ぎりぎりの閾《スレッショルド》にしかゾーン状態はありえないのだ。[93]

すでに見てきたように、プレイヤーの習慣的反応と業界のテクノロジー刷新との動的相互作用《ダイナミック・インタラクション》の結果、そのスレッショルドは絶えず変動する。このインタラクションは、需要と供給の関係という経済的表現から著しく逸脱している。需要と供給というのは、市場の需要（分別ある消費者の固定的な好みと考えられる）が舵取り役となって、双方の釣り合いがとれるような方向へ供給を向ける関係のことだ。[94] それとは違って、マシン・ギャンブルを繰り返すことを特徴づけているのは、別モードの二つのフィードバック間の非対称的な相互作用である。個々のギャンブラーがネガティブ・フィードバック論理に従って、ゾーンの動的平衡状態を得ようと行動を絶えず調整しているのに対して、業界とそのデザイナーはポジティブ・フィードバック論理に従って、ギャンブラーがゾーンを獲得するのに必要なプレイ強度を徐々に引き上げていく。[95] これら二通りの非対称なフィードバックによって、業界の刷新もプレイヤーのマシン耐性も発生しているのだ。

第五章　ライブデータ　プレイヤーを追い、プレイをガイドする

ある晩、〈クリスタル・パレス〉でプレイしていると、男の人が隣に座って話しかけてきました。「ねえ、ぼくがこのマシンを考案したんだよ」って。私が、「どうやって思いついたの？」と聞いたら、「そうだな、あなたみたいな人たちに、どんなマシンがいいか、よくないかという意見を聞かせてもらって」ですって。「いつも誰とでも話をするようにしている。どこへ行ってもインプットをもらうんだ」。私は言いました。「すごい製品よね、スマートで魅力的で、一〇分ごとにちょっとしたごほうびをくれて。コインを入れる必要もないし――私、手を汚すのはいやだから」。私は彼に協力したの、インプットしてあげることでね。

――ローラ

ランディ・アダムズの名前は脚光を浴びつづけてきた。「彼こそまさにミスター発明家ですよ」と、バリー社のマーカス・プレイターは言う。アンカー・ゲーミング社の同僚からは「着想豊かなやつですね」と言われた。[1] 一九九九年のワールド・ゲーミング・エキスポでは、あるパネリストが「ランディ・アダムズは、五〇歳の女性の頭の中に入り込んで、彼女が欲しがっているものを理解するすべを、実によく心得ている」と感嘆まじりに紹介していた。私は再放送されたジェラルド・リヴェラのトークショ

ー『ラスヴェガス、アメリカン・ファンタジー』を見たあと、アダムズの秘書に連絡をとった。その番組では、地元の心理学者ロバート・ハンターにインタビューしたあと、リヴェラのバリトンの声が賭博産業とそれを取り巻く人々を語りはじめる。「ギャンブル技術を科学の域にまで高めた」と、アダムズが紹介される。「革新的ゲームデザイナー、ランディ・アダムズは人の心を操る名人。ゲームのテクノロジーをアップデートしては、今日のビデオ世代を誘惑します。アダムズはスロット界の帝王です」

アンカー・ゲーミング社は、ラスヴェガス空港に近く、バリー・テクノロジーズなど他社からもあまり遠くないパイロット・ロードの、巨大な合同オフィスビルに本社を構えていた。ロビーのショールームで、ディスプレイされたマシンから周期的に、ボーナス・フィーチャーのサウンドトラックらしき、鼻にかかった女性の声が「そっちへ行ってもだめ！　そっちへ行ってもだめ！」と唱えている。アダムズが遅れてあたふたとやって来た。ジーン・ワイルダーが映画『夢のチョコレート工場』で演じたウィリー・ウォンカに、なんとなく似ている――四〇代後半の、髭をきれいに剃った小柄な男性だ。盛大にふくらんだ髪の毛はブロンドかグレーかどっちつかずの色をしている。彼が通路を先に立って、私をオフィスへ連れていってくれた。窓のたくさんある部屋で、大型のデスクにカジノの間取り図やゲームのパンフレットが満載されている。

特大の革張り椅子に彼がひらりと座ったところへ、七〇代とおぼしき、細身で腹の出た長身の男性がつかつかと部屋に入ってきた。アダムズが彼を指さして言う。「あちらが、ポーカー・マシン第一号の開発者ですよ」。アンカー・ゲーミング社会長のスタン・フルトンは、IGT社の創業当時、ビデオ・ポーカー開発に取り組んでいた。(2)　フルトンがお返しにアダムズを指さす。「そして、そこにいるのが、スロットマシン界のミケランジェロ」。バプテスト派牧師のように、もったいぶって言葉を句切りながら続ける。「この人はね、顧客が何を欲しがっているか、それを見つけだすことに、そして望みどおりのものを、顧客に提供することに、人生を捧げているんです」

「うまいこと言いますね」とアダムズ。

「この人の、夜の楽しみはね」――フルトンは相変わらず指さしたままだ――「食事もそこそこに、カジノのフロアに出て、そこにいる人たちと、話をすることなんですよ。そのマシンのどこが気に入っていますか、って」。首をめぐらせたフルトンが、真剣な目つきで私をじっと見た。「そのマシンのどこが気に入っていますか?」そしてゆっくり向きを変えると、オフィスを出ていった。

前章で述べたとおり、ギャンブル業界が〝市場に合わせる〟ことを目指せば、変化するプレイヤーの好みに合うように、製品の調整を絶えず繰り返すことになる。本章では、プレイヤー本位にデザインされた製品から、プレイヤー本位にデザインする過程へ視点を移して、業界がプレイヤーの、特にリピート・プレイヤーの関連情報を収集する、さまざまな手法に注目する。マシンのデザインもだが、情報収集の手法も過去二〇年で飛躍的な進化を遂げた。一九八八年にIGT社が出した広告では、それぞれお気に入りのマシンのそばに立つギャンブラーを並べ(【図5．1】参照)、その下に添えた文章で、そのころ始まっていたプレイヤー本位のアプローチには情報収集が重要だと力説している。

ここに並ぶ人たちをはじめ、何千人というプレイヤーたちが、人気の出るカジノ・ゲームづくりに

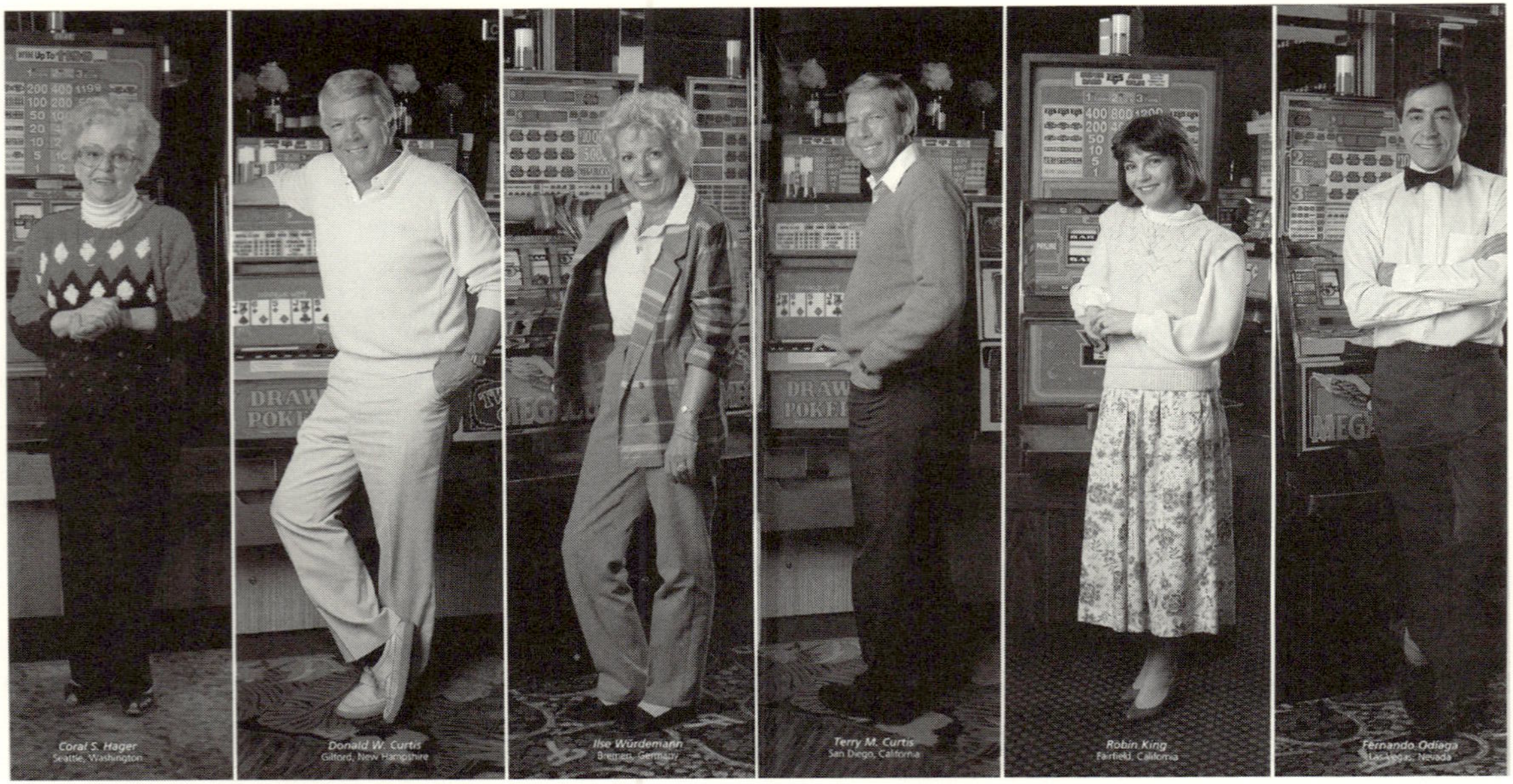

図5.1　インターナショナル・ゲーミング・テクノロジー社の広告。《カジノ・ゲーミング》誌1988年4月号に掲載。

ついて誰よりも多くのことを私たちに教えてくれる。だからこそ、カジノのスロット・マネジャーたちはたっぷり時間を割いて、プレイヤーに目を向け耳を傾ける。私たちはプレイヤーが気に入ること、気に入らないことを発見してきた。企業をずば抜けた地位に押し上げるのはたいてい、テクノロジーやコストよりも、顧客に近づこうとする姿勢のほうなのだ。言い換えるなら、（プレイヤーに）近くなればそれだけ、ゲーム界のトップの座に長くとどまっていられる。[3]

情報テクノロジーや通信テクノロジーのおかげで複雑な顧客追跡やマーケティングが可能になったため、IGT社の広告にうたわれた「目を向け耳を傾ける」手法に取って代わり、「顧客に近づこう」という根本的な目的は、なおいっそう強固になった。「プレイヤーと離れて、孤立状態で仕事をするようになってはならない」――二〇〇四年に、IGT社のあるデザイナーはそう繰り返していた。「プレイヤーと継続して結びついている必要がある」[4]

二一世紀になると、そういう結びつきの必要性が確立する。それを例証するのが、二〇〇六年のグローバル・ゲーミング・エキスポで『さて……プレイヤーたちからひとこと』というテーマの公開討論会が開かれたことだ。この種の討論会は初めての試みだったが、公開のフォーカスグループ型式で、常連ギャンブラーたち（大学生、五〇代夫婦、四〇代独身女性）が「プレイヤーの経験――マシンに向かっているとどんなことが起きるか」を自己洞察するというものだった。討論会はこう説明されていた。「本大会には大勢の業界専門家が詰めかけてゲームやマーケティングについて意見を交換しますが、エンドユーザーはどう考えているのでしょう？　この公開討論会で、経験豊かなスロット・プレイヤーたちがスロット・ディレクターやマーケティング専門家などを前に、いいゲーム経験はどんなことから生まれるのかについて、感想や意見を公表してくれます。真の〝専門家〟から学ぼうではありませんか」

一九八八年のIGT社広告に並んだプレイヤーたちが、いわば受け身の立場で教える役割を演じているとすれば、ここで登場するプレイヤーたちは、業界に自分の意見を〝公表〟しようとする、まぎれもない〝専門家〟である。その専門性はギャンブル・テクノロジーを深く経験しているところにあり、その専門知識が公表されれば、彼らの今後の経験をうまく操作する有用な情報となること間違いなしだ。いわゆる消費者理解から有用情報を引き出そうとする業界の活動にとって、手段でもあり目的でもあるリピート・プレイヤーたちは、デザインと経験のフィードバック・ループへどんどん引きずり込まれていく。

直観から分析へ

公開形式の前記G2E討論会はユニークだったが、フォーカスグループはもうかなり前からゲーム開発戦略の持ち駒にされてきている。グループ参加者が新ゲームを試し、その機能を評価する。選挙戦などで世論調査に使われる〝反応分析盤（パーセプション・アナライザー）〟を利用することもある。シリコン・ゲーミング社のガードナー・グラウトから、バナナ・ラマというゲームを開発していた一九九八年にかかえていたフォーカスグループの話を聞かせてもらった。「私たちにはまったく予想外でしたが、プレイヤーたちはボーナス画面に出てくるサルの動画をいやがりました」。木々の陰に座ってこちらをうかがっているサルたちが、首をめぐらせてリールの回転を見守り、リールが止まるとくるりとプレイヤーのほうへ向き直る。プレイヤーの勝ちなら笑いながら踊ってみせるのだが、そうでない場合は、まぶたひとつ動かさず無表情にプレイヤーを凝視する。それが〝気味悪い〟と訴えるテスト・プレイヤーもいたのだった。「すべての人がいやがったわけではないし、グラフィクスやアニメーションをやり直すにはコストがかかりすぎますから、インタラクティブ画面でサルをくすぐって笑わせたり、サルの頭の上にココナッツを落としたりできるような機能を追加しました」

長年のあいだに、フォーカスグループがゲームデザインの過程に有用だと信じなくなった、業界関係者も多い。「みんなの望みを聞いてそのとおりのものをつくると、うまくいかない。大間違いですよ。みんな自分の望むことなんかわかっちゃいないんだ[5]」。最近のフォーカスグループは、ゲーム開発の相談役としてというよりも、〝念押し〟のために活用されることが多い。心理学の学位取得者だというIGT社の首脳陣のひとりは、参与観察法〔調査者自身が、研究対象とする共同体の生活に参加して行なう現地調査法〕のような比較文化人類学的手法が、ゲームデザインの仕事には合うのではないかと言っていた。ランディ・アダムズも同意見だ。「パワーポイント方式のプレゼンテーションで、小型のノートパソコンを持って前のほうに座り、みんなにキーボードでゲームをプレイしてもらったってかまわない。でも、それじゃ何にも学ぶところがない。本物のテストは（カジノの）フロアでしかできないんです」。ジョン・ヴァレーホは二〇〇〇年に、彼とアンカー・ゲーミング社の同僚たちが日常的に行なう現地巡回について、次のように述べている。

カジノのフロアは、わが社独自の拡張版フォーカスグループのようなものだ。私たちは座ってプレイし、場に参加しながら、わが社のマシンについて、そして他社のマシンについても、プレイヤーたちに感想を聞く。チーム全体が取り組んでいることだ――ほかの誰にもまして顧客を知ることが、まっとうなエンジニアにとっては重要だから。数理担当のやつだって、観察したり質問したりに時間を割いている。みんなが本当に望むことを理解するには、自分が身をもって経験しなければならない。

アダムズは自分の現地調査スタイルを語ってくれたが、それは本章冒頭でローラが話していた場面の再現のようだった。「出かけていって、マシンの前に座る。隣にいる人のほうを向いて、声をかける。『ぼくがこれをデザインしたんです。それでこうして、あなたの隣のマシンで二〇分ばかりプレイしてたんです。それが仕事なんです。新しいゲームのストーリーボードをご覧にいれましょう――ご意見を聞かせてください』って。みんな、何でも話してくれる」

一九九九年、あるベテランのゲームデザイナーが、そういうやり方のことを自慢そうに話していた。「現場に出る――つまりカジノに、フロアにいる連中は、このごろちやほやされ始めているMBA連中なんかより、はるかに優れているよ。MBAたちは養成課程でこぢんまりとできあがってきてるからね。そんなやつらは願い下げ。指標だの円グラフだのがなんの役に立つもんか」。アダムズも、よく似た強がり方をしていた。

タイプの違う他社からすると、われわれみたいな連中はつまらないことをしているように見えて、自分たちが勝てると思っている。でも実際問題として、典型的なMBAタイプの経営哲学じゃ、この仕事はやっていけないんだ。ゲームの機能ごとにフォーカスグループやら委員会やらを付けて、部門別にデザインを進めたり、色だの音だののことでいちいち果てしなく会議を重ねたりしてたら、製品が現場に出るまでに時間ばっかりかかってしようがない――官僚的すぎるね。

スロットマシン・メーカーは一九八〇年代と九〇年代にもときどき一般的な商況調査をしていたが、デザインを進めていく上での中心としてではなく、あくまでも補足的な調査だった。ときにはフォーカスグループの他に、ギャンブラーたちのプレイを撮影して分析し、ゲームのストーリーボードに対する反応を記録し、ギャンブラーたちの好みをデータベースにしてデザイン選択時の一助とすることもあった。開発されたマシンがカジノのフロアに設置されると、市場で〝生きたデータ〟が集まり、マシン内部のセルフモニターからリアルタイムの評価が抜粋できるようになる。しかし、そういう情報が体系的、科学的なやり方で収集または利用されることはなかった。「われわれは情報を手当たりしだい吸収します」と言って、アダムズは肩をすくめた。「どこからどこまでは科学的だと言えればいいんですが。スタンが私のことをいみじくもミケランジェロと呼びましたね――私は科学者というよりも芸術家のようなものなんですよ」

ゲームデザインに芸術的、偶然的な性質があるということは、たとえばシリコン・ゲーミング社のグラフィック・アーティストから聞いた、あるゲームに出てくる魚のアイコンの話からも、うかがえる。魚の色を何度も変更したあげく、サキソフォンを持たせることになったというのだ。「理由も理屈もありはしなかった。広告やマーケティングと似たようなものです――みんなそれぞれに意見があって、誰も正しくないし誰も間違っていない。主観の問題ですよ」。プレイターも、バリー社のデザインチームが、ゲームで〝チーン〟と鳴る鐘の音が「うるさくないよう、心地よく響くよう」仕上げるのに丸々ひと月かけた、という話をしてくれたことがある。「とはいえ、ちゃんとした規則や基準にのっとってやったわけではなくて、気に入るまでひたすら耳で音を聞いて確かめただけです。どうしてその音がいいのかはわからず、ただそれがいいとわかるんですよ」そういうやり方を振り返ってみて、彼はこう言った。「一〇年、二〇年、三〇年とゲームの仕事をしてきた連中です――それだけ長くやっていれば、何がいいかはわかります。科学的というよりは直観的にね。本能の問題です」

とはいえ、この一〇年で、ギャンブル業界における本能の地位は着実に衰えてきた。「あてずっぽうと本能の時代は終わりを迎えるだろう」と、二〇〇八年にある産業アナリストが書いている[6]。本能が目に見えて衰えているのは、ゲーム開発ばかりでなくカジノ経営においてもだ。別の産業アナリストは、こう書いている。「現代のカジノ経営手法では、〝新種《ニュー・ブリード》〟のギャンブル業界幹部が台頭するとともに、〝思い込みによる直観的な〟営業スタイルがすたれてきている」[7]。ハーヴァード大学出身のMBAで、〝分析的タイプ〟を自認するバリー社のブルース・ロウは、その〝新種〟の代表格だ。彼は二〇〇七年のG2Eで私に、「率直に言って、この業界にいるテクノロジー担当者はだいたいが分析的じゃない」と言っていた。彼の見積もりによると、三分の二が高校を修了しただけで、残り三分の一は大卒、MBA取得者はほんのひとにぎりしかいないという。そして、現代ギャンブル界の難解にして複雑きわまりない〝組み合わせ論〟や、それに伴う価格や配置、控除率、単位などの各要素をどのくらいずつ、いかにダイナミックに調合するかなど、際限なく意思決定を迫られることを考えれば、この状況には問題があると述べた[8]（前章で学んだように、賭け金の単位ひとつとってみても驚くべき数の選択肢がある。かつて、賭け金の最大額は七五セントから一ドル五〇セントまでだったが、今では掛け金の幅は一セントから一〇ドルまでに広がったうえ、マルチコイン・ビデオスロットの場合など、同一ゲーム内でさまざまな選択肢があるのだ）。そういう決定をくだすためには、「分析的アプローチが不可欠です」と、ロウは断言する。ほどなくしてわかってきたのだが、〝分析的〟というのは、顧客データの分析にソフトウェアを活用するアプローチのことらしい。「テクノロジーの支援なくしてそういう決定をくだすのは、不可能になりつつあります。自分の直観や想定が恣意的でも不合理でもないと思うのは、アナリストの愚かさじゃないでしょうか」。テクノロジーの役割は、「この込み入ったマトリクス形式の中で何が進行しているのか、合理的に分析することだ」というのだった。

「顧客に近づこう」という姿勢でいる仕事が、どんどん分析テクノロジーに任せられるようになっていき、従来型ゲーム開発の芸術性や戦術的ノウハウは主役の座を失いつつある。本章ではこれ以降、この数年ギャンブル業界内で開発、応用されてきた、情報収集や分析のテクノロジーを考察していく。そうしたテクノロジーには、プレイヤー追跡システム、データ可視化や行動情報収集のソフトウェアなどがあり、さらにはネット上でダウンロードできるゲーム環境設定を通して、プレイヤーの好みをつきとめてリアルタイムに対応することもできる。こうした各ツールのおかげで、業界は一段と的確にマシン市場に〝合わせる〟ことができるようになった。MITの経営学大学院で学位を取得し、ハーヴァード大学経営学大学院教授を経てハラーズ・カジノズ社のCEOに就任したゲーリー・ラヴマンは、こうコメントしている。「これまでのやり方ではやっていけない、まるっきり新しい世界になっている。直観やヤマ勘が科学と交替するときです」[9]

プレイヤー追跡の隆盛

直観から科学への転換に、プレイヤー追跡システムは重要な役割を担った。アトランティックシティにあるハラーズ社のカジノで、初めてその種のシステムができたのが一九八五年。当時はやりだった、航空会社やクレジットカードの報酬プログラムに着想を得たものだった。[10] クラブの会員プレイヤーはパンチカードを携行し、ジャックポットが当たるたびに係員がカードに記録を刻む。刻み目がたまると、食事券その他の報酬に引き換えられる。そういうクラブ制が顧客に関する豊富なデータを収集する方法となる(他業種でもとっくに活用されているように)ばかりか、報酬ポイントを付与することによってリピーターを生み出すことにもなると、ギャンブル業界はすぐに理解した。[11] そのシステムをデジタル化して、ギャンブラーに個別の磁気テープ付きプラスチック・カードを配り、プレイのたびにスロットマシンにカードを挿入してもらうようにした。たいてい首に提げたりカラフルなバンジーコードで手首に着けたりするようになっている、いわゆるお得意さまカードが、ギャンブラーたちを中央データベースにつなぎ、毎回の賭け金額、勝ち負け、スロットマシンのプレイ・ボタンを押すペース、いつ休憩したか、どんな飲みものや食べものを買ったかといったデータが記録されていく。もはやプレイヤーたちは、一度のプレイで賭ける金額に応じてポイントを稼ぐのではなく、時間をかけて賭ける金額に応じてポイントを稼ぐようになった。その結果、以前は大金を賭けるギャンブラーしか見えていなかったカジノマネジャーたちの視界に、追跡テクノロジーが賭け金の低い〝リピート・プレイヤー〟を送り込むことになったのだ。

ギャンブラーのマシンプレイを追跡することによって、顧客に関する〝生きた情報〟を収集できるようになった――一九九〇年にある業界ジャーナリストが使った表現だ。[12] そのジャーナリストが特筆したところによると、ギャンブリング・マシンはスタンドアローンのゲームボックスから、ネットワーク化された電子監視デバイスに変貌したという。端末は相変わらず、プレイヤーを引きつけ夢中にさせるオブジェクトとして機能しながら、その端末が今では「生産性という目的のために行動をこと細かく監視、記録、相互参照することができる」ようにもなった――美術史家ジョナサン・クラリーの、現代ビデオ・エンターテインメント全般に対する見解である。「あらゆる種類のスクリーンを前にした逐一の行動が、フーコーの言うように〝常時監視〟され、フィードバックと調整《アジャストメント》という継続プロセスにどんどん組み込まれていく」[13]

カジノとその防犯カメラは、フーコーの論じるパノラマ的監視としてよく知られるが、プレイヤー追跡の監視は、パノプティコンとは違ったはたらきをする。総括的《パノプティック》モードの監視は、ギャンブラー（およびカジノの従業員）に、不正を犯そうとする者があれば暴いて罰するという、容赦ない威嚇の凝視を向ける。そういう戒め型の機構では、見られているという意識が、常時行動をチェックする、内在化されたカメラとしてはたらくことが狙いだ。[14] それに対して、追跡テクノロジーはプレイヤーたちの束縛なしのプレイをこっそり記録し、報酬を分配すると同時に、テクノロジーによってプレイをもっとうまく続けさせるためのヒントを収集している。こちらの場合は、ギャンブラーが監視に気づかないでいれくれるに越したことはない。

追跡されるギャンブラーたちは〝個人〟としての対象者というよりはむしろ、ドゥルーズの言う〝分人〟的な意味の対象――特性や習慣のひと束（個人識別番号や暗証番号、パスワード、個人認証アルゴリズムで束ねられているもの）として扱われる。その束をほかの束と体系的に比較することによって、カジノ側は独自の顧客層をより的確につきとめて売り込むことができるようになるのだ。[15] カジノ側はまた、所定のギャンブラーのプレイヤー・データを人口統計データとトライアンギュレート［複数の方法で観察を行い、その結果を照らし合わせること］して、プロフィールをつくりあげ、それをもとに、特定ギャンブラーにアピールするようカスタマイズしてゲームを勧めたり宣伝したりすることもできる。追跡の過程で、ばらばらのデータ・ポイントに分解されたギャンブラーだが、マーケティングの段階では組み立て直され、あらゆる角度から調査することのできる、はっきりした〝個人〟となる。二〇〇七年のG2Eでは、プレイヤー追跡を活用することによって、「三六〇度全方位から見た客の姿」を収集することが可能になったという発表があった。[16]「私はあらゆることを見ています。何もかも見えるのです」と言ったのは、ハラーズ社の営業開発担当本部長、リチャード・マーマンだ。[17]

当初はひとつのカジノ内で顧客を追跡するよう設計されたプレイヤー追跡システムが、みるみるうちに、酒場やスーパーマーケット、薬局、コンビニエンスストアなどのマシンをリンクすることによって、さまざまな場をまたいで顧客を追う能力を手に入れた。一九九七年、コネティカット州に広まりつつあるネイティヴ・アメリカン系カジノ、フォックスウッズのマネジャーたちが、「顧客が行楽地でも地元コミュニティでもあらゆる支出に、WC〈ウォムパム・カード〉を汎用決済デビット・カードとして使うキャッシュレス環境」を構想した。[18] このように「地元コミュニティ」をまるごとライブデータ収集の場とみなせば、プレイヤー追跡の範囲はカジノという物理的境界を超える。[19] 同じようにハラーズ社の〈トータル・リワーズ〉プランも、全国にチェーン展開するカジノの情報を中央でひとつのデータベースに集約することによって、プレイをアメリカ全土にわたって追跡するものだ。[20]

私が二〇〇〇年に話をした、あるゲーム開発者は、いずれは認識のための追跡カードをマシンに挿入する必要もなくなるだろうと予測していた。挿入するまでもなく、カードを携行しているプレイヤーが通りかかったらマシンが検知して、一定領域内でプレイヤーたちの移動を絶え間なく追跡できるようになるというのだ。「考えてもみてください――人の流れを把握するんですから、すごいデータになるでしょう」。その六年後、ステーションズ・レッドロック・カジノを会場にした業界の会合があり、RFID（無線自動識別）が大会参加者のあいだで試行された。[21] これはもともと犯罪者の動きを監視するために考案されたもので、小売り業者が消費者に購入された製品の追跡にとりいれたのだった。カジノ向けRFIDは、プレイヤー・カードに埋め込まれた追跡タグを利用して、あちこち動く顧客をリアルタイムで追う。[22] トランザクション・データと顧客の移動情報を統合すれば、カジノは「顧客の動きを逐一分析する」ことができるのだ。[23]

とはいえ、いったいどうやって分析するというのだろう？「人の流れ」を、どうやってカジノのゲームやレイアウト、マーケティング・キャンペーンの戦略的修正につなげるのか？かつて、いわゆる稼働調整《オペレーショナル・アジャストメント》といえば、試行錯誤をするか、あるいは投影モデルによるかしかなった。投影モデル技法の一例、〝確率論的移動〟では、提案されたデザイン変更――たとえばマシンの列を何フィートか左に移したり、ギャンブル・エリアへの入り口を広げたりする――前後のバーチャル環境シミュレーションで、実際の行動（たいてい観察筆記によって記録されたもの）をサンプリングしてつくりあげた架空の人物たちを追いかける。[24] そういうテクニックの課題は、現存する顧客の行動について、適切な情報を特定のデザイン変更の効果を予測するに足るほど得るにはどうするかだが、追跡テクニックの課題はまた別ものだ。絶え間なく流れ込んでくる、圧倒的に大量かつ詳細なライブデータから、いかにして意味ある洞察を引き出すか？　降り注ぐ生《なま》の情報がどんどん蓄積されていく一方の〝貯蔵庫《サイロ》〟を、いかにして読み取れるものにするのか？

カジノのデータ分析を専門にするある企業が、その疑問を大洪水のメタファで表現しているのが目についた。「あなたの事業から生じる顧客データや取引データが大津波のごとく押し寄せる――それが事業に新たなレベルの洞察と収益性をもたらしてくれますか？　それとも、高まる水位に幹部たちがのみこまれてしまいましたか？[25]」二〇〇七年のG2Eの場では、あるデータ分析専門家が仲間たちに、情報フローの大きさをはっきり認識させた。「一秒間に二万もの（行動）モデルがフロアからどっと流れてきます」と。[26] その同業者が二〇〇八年にも同様の発言をしている。「データが多すぎる。さまざまなシステムが一斉にデータを収集している。……大量のデータをどうやって集約し、それをどうやって洞察に転じるというのでしょう？[27]」個々のアナリストでは、たとえ集団で取り組んだとしても、これほどの規模の情報を集められはしないし、ましてや分析などできない。そのデータには人間の目では感知できない行動パターンも含まれていて、直観も論理も通用しない。そういうパターンを明らかにして、利益につながる方法を提案するとしたら、コンピューターで大量データを高速処理するしかないだろう。テクノロジーがさらなるテクノロジーを必要とするのだ。

行動分析――すぐに使える《アクショナブル》情報

数々の行動分析ソフトウェアが開発され、追跡テクノロジーの結果としてできあがった情報の深海を航行するギャンブル業界人たちを助けてきた。マリポーサ社（現在はIGT社と提携）のデータ可視化システムは、マーケティングへの「段階的で場当たり的なアプローチ」を克服して、「プレイヤーの行動パターンを完全に理解、予測する」ことができると、ユーザーに請け合っている。[28]「最適活用予測モデルに基づいてフロア配合を変えられるとご想像ください」と、企業パンフレットはうたっている。「データ可視化によって、顧客がどんな人たちなのかが、文字どおり目に見えるようになります。どこから来たのか、プレイしたいのはどんなゲームなのか……何もかもがリアルタイムで」[29]

このシステムではプレイヤーが、カジノのフロアに並ぶ、チェスのポーン形グラフィック・アイコンで表わされる（【図5．2】参照）。アイコン、つまり〝プレイヤー・ロケーター〟をクリックすると、そのプレイヤーの詳細なプロフィールが開いて、特定期間中このカジノを訪れた回数、訪れた曜日や時間帯、該当する場合は配偶者のギャンブルの好みまでが示されるのだ。ギャンブラーの「自己申告による好み」が、「算出された好み」の上に表示されている。たとえば、「ヘレンというプレイヤー」のプロフィールからは、一スピン五〇セントでプレイするアップライト型リール・ゲームという自己申告による好みが、傾斜画面のビデオ・ポーカーを一セントおよび二セント単位でというふうに算出された好みと一致していないことがわかる。そういう洞察の重要性を強調しつつ、このソフトウェア紹介ウェブサイトは、カジノ・マネジャーが「プレイヤーのことを本人よりもよく知る」ことができると提唱するの

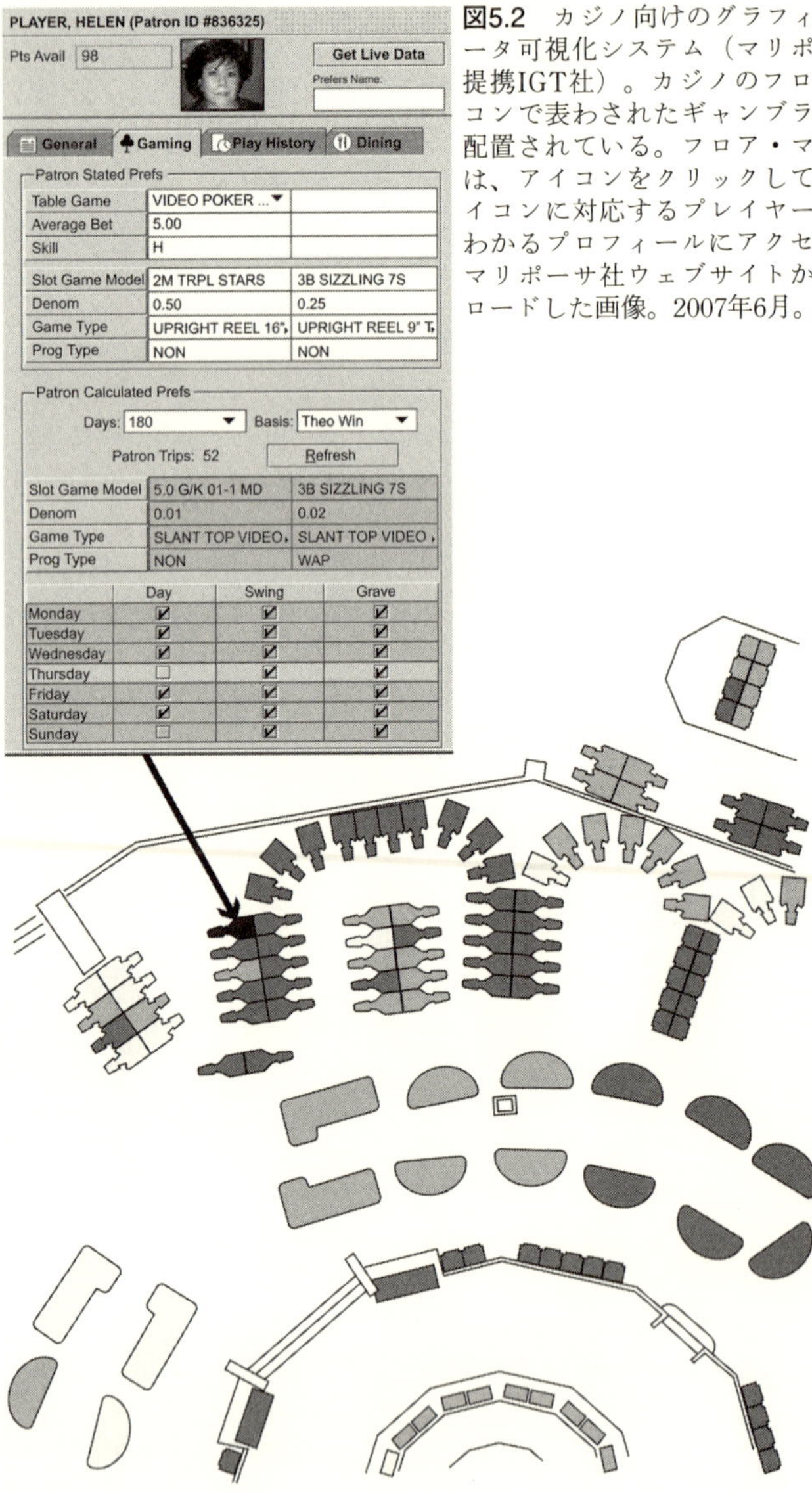

図5.2　カジノ向けのグラフィカル・データ可視化システム（マリポーサ社、提携IGT社）。カジノのフロアにアイコンで表わされたギャンブラーたちが配置されている。フロア・マネジャーは、アイコンをクリックして、そのアイコンに対応するプレイヤーの好みがわかるプロフィールにアクセスできる。マリポーサ社ウェブサイトからダウンロードした画像。2007年6月。

だ。画面右上の『ライブデータ取得』をクリックすれば、いつどんなときでもヘレンのプレイをのぞいて見ることができる。

現在バリー社と提携しているコンピューディグム社は、〈seePOWER〉というビジネス情報《インテリジェンス》ツールを生み出した。あるプレス・リリースによると、複数ギャンブラーのデータを分析し、集団の「傾向および好み」を明らかにすることに特化したものだという。そのテクノロジーは、大量のプレイヤー追跡情報を色とりどりのヒートマップに変換し、その時々や時間を経ての顧客の集合的行動を表わすという仕組みになっている（図5．3参照）。可視化処理は、追跡情報を毎日夜のうちにデータ集積所へダウンロードして行なわれる。そこで、特定のカジノが指定する何らかのパラメーターを介して〝みがかれた〟情報が、ある種の質問に答えを提供するのだ。いわく、子供のいる三〇代女性は何曜日のどの時間帯にプレイする傾向があるか？　定年退職した男性はどのマシンを好むか？　可視化された情報は、スロットのフロア再構成や新たなマーケティング・プオモーションの意味を読み取れるように整えられた、専門家言うところの〝すぐに使える《アクショナブル》情報〟になる。

〈seePOWER〉は「数字よりも画像や動画のほうをはるかに速く解釈する人間の脳の能力を利用する」ため、普通なら見てとれないパターンや異常も、すぐにわかりやすくしてくれる。(30)　二〇〇七年のG2E会期中、ある企業の代表者が私に、自分のノートパソコンでそのソフトウェアを実演してみせてくれた。彼女が『プレイ時間――女性』というタイトルのヒートマップを取り出すと、あるカジノのスロット・フロアで二四時間のあいだに得られた女性プレイヤーのデータが現われた。いちばん長い時間プレイされたマシンを表す濃い赤色のかたまりの周囲はだんだん薄れて〝冷えて〟――薄めの赤が一六時間、ピンクが一二時間、オレンジが八時間と続いてくいく。（【図5．3】参照）。低速度（コマ抜き）撮影動画で見ると、色のつくる模様が波のように活発に動いて、各所のマシンに寄せては引いている。同一エリアを五日間連続で撮影した動画から、奇妙なパターンが明らかになった。毎晩ほぼ同じ時間に、三〇歳以下の女性たちが、人気の高いスロットマシンの片側から別の側に移動し（あるいは、やめて帰っていき）、一方、五〇歳以上の男性たちはもとからの席に残っているのだ。詳しく調べてみたところ、それらのマシン近くのショールームで上演されるレヴューに興奮した男たちが、若い女性たちにしつこくからんでいたことが判明した。「コンピューディグムがなければわかりっこなかったでしょうね」と代表者は言った。カジノ・マネジャーたちは対応策として、「まったく新しい、女性客に安心してもらえるエリア」をつくって女性好みのマシンを配し、その新規スロットエリアを宣伝するダイレクトメールを送った。その結果、利益水準は回復したばかりか上昇した。

対象別マーケティング・キャンペーンのための情報を提供するために、〈seePOWER〉はカジノという物理的範囲を超えてデータを可視化し、対象となる集団の行動を詳しく解明することによって、〝内部マップ〟を補完する〝外部マップ〟を生み出す。「たとえば、五五歳以上の女性について利益率を知りたいとしましょう。対象はどんな女性たちか？　どのあたりに住んでいるのか？　どんなふうに誘導するといいのか？」くだんの代表者が、『地階フロア、やや年配の女性客、カード記録プレイ時間』というタイトルの、どこかの街の動画地図を見せてくれた。左上隅にある時計が回転し、ある日、とあるカジノの地階フロアで年配女性ギャンブラーたちがマシンプレイを始めたり終えたりするたびに、街の色どりがぱっと明るく脈打ち、彼女たちの自宅住所を示す。真夜中、その時点で現地にいるプレイヤー

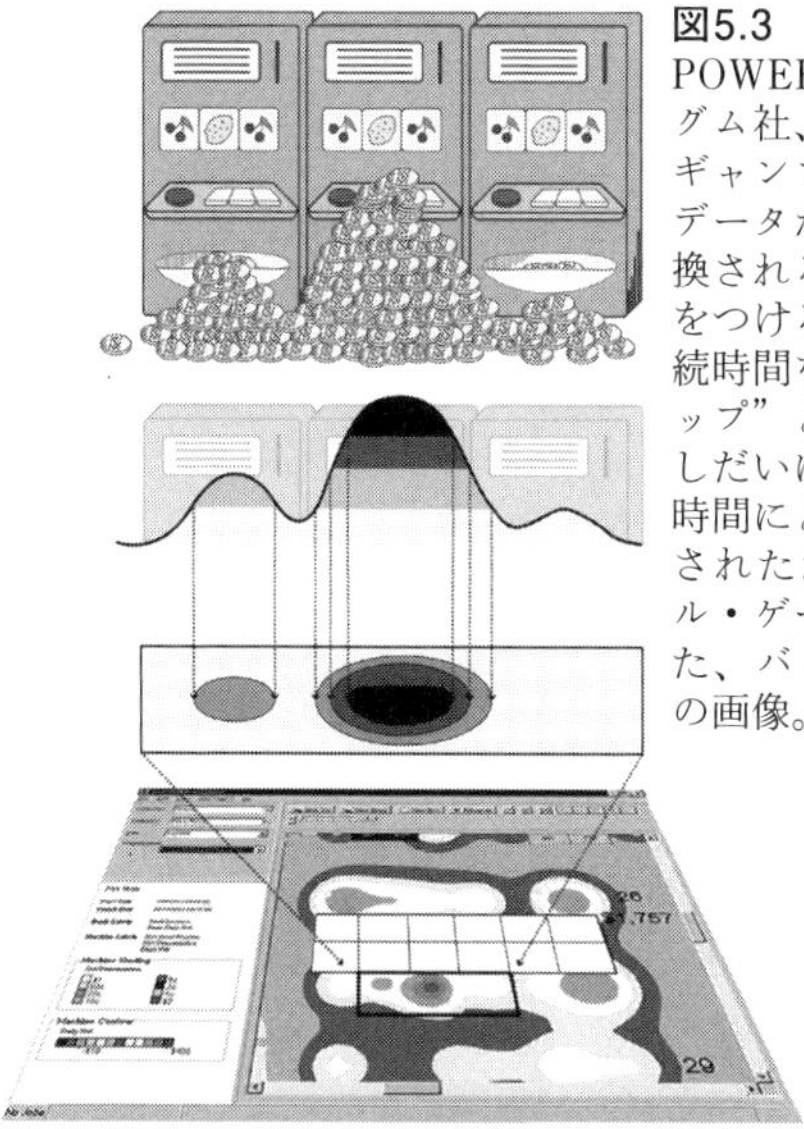

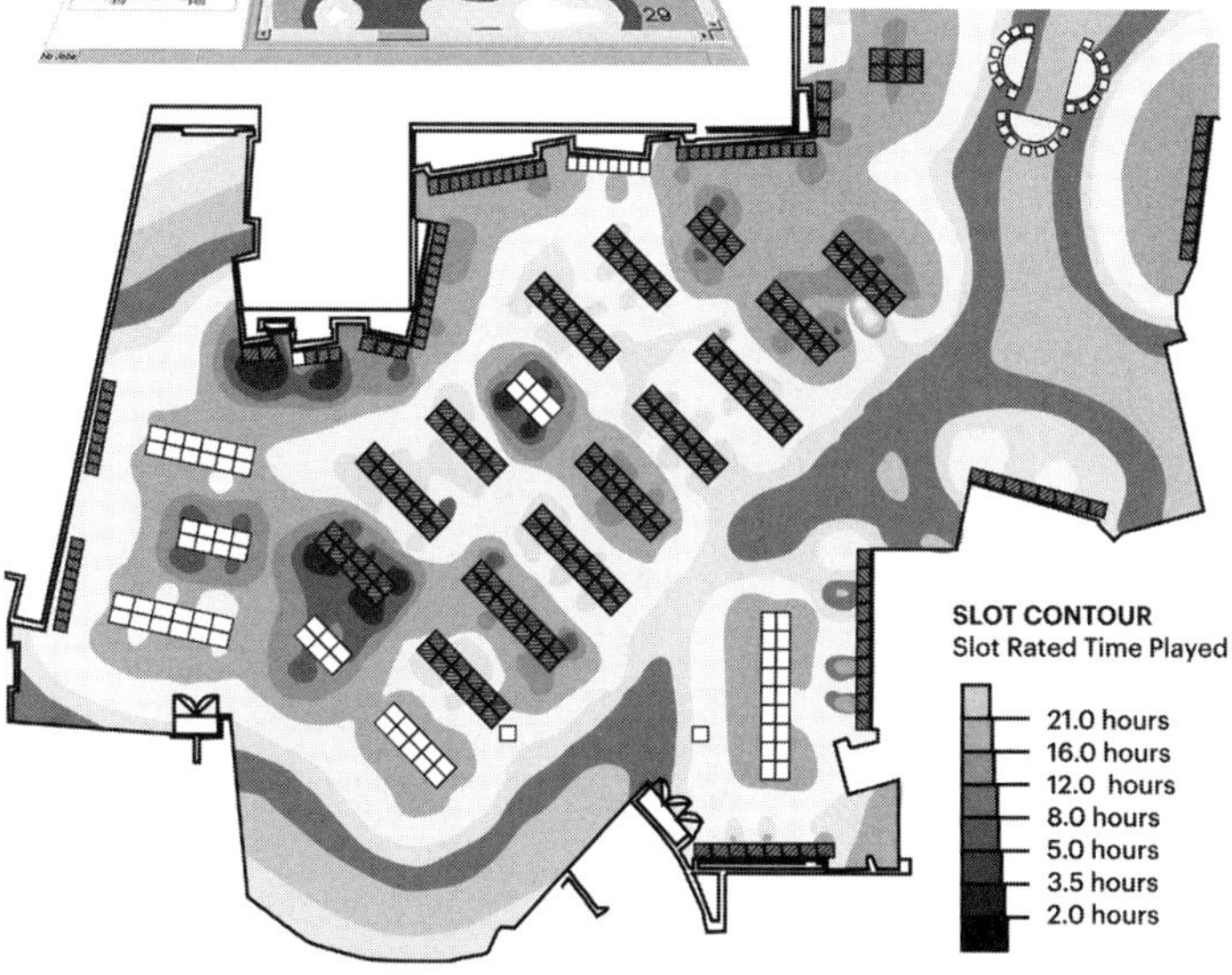

図5.3　熱力学データ可視化用〈see-POWER〉システム（コンピューディグム社、提携バリー社）。上：個々のギャンブリング・マシンで収集されたデータが、見てわかりやすい表現に変換される。段階別に円を色分けし、影をつけることで、賭け行動の強度と持続時間を示している。下：“ヒートマップ”として表わしたカジノのフロア。しだいに濃くなっていく色で、過去24時間にどのマシンが最も長時間プレイされたかを示す。2007年のグローバル・ゲーミング・エキスポで配布された、バリー社の行動情報処理デモCDの画像。

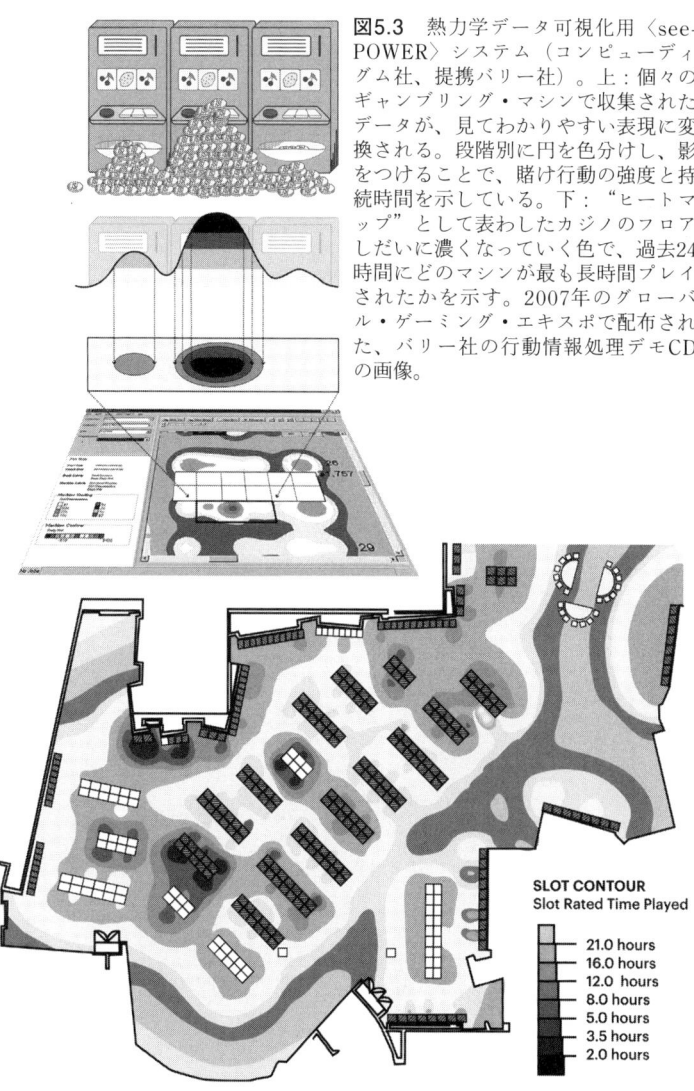

人口が最も集中している界隈を示す、中心の赤い小さな色のかたまりが地図上に点在している。午前八時になると、地図中央から外側に向かってぱっと赤い花が開いていく。その花のサイズが午前一一時に最大に達し、夜になるとまた縮む。街じゅうあちこちの引っ込んだ場所で、「やや年配の女性客」が夜通しギャンブルしつづけるのだ。こういう情報をもとに、カジノ側は特定区分に属するプレイヤーたちのプレイ・スケジュールに合わせたサービス提供体制をとる。

そのソフトウェアを利用するほとんどのカジノが、八カ月以内に二〇パーセント近く収益を伸ばすと、コンピューディグムは誇る。データ集積所を施設内に直接取り付けたカジノは「最新の情報を備える」ことになり、したがって「事業全体にわたる原子レベルのデータをリアルタイムで」処理することができるという[31]。システムを紹介するパンフレットの表紙は、カジノのフロア上に広げた巨大な両手が掲げる、大きなシャボン玉のようなもののなかに、スロットマシンをプレイしている人が見えているデザインで、まるで水晶玉占いのようだ。商業的監視およびデータ収集システムについて研究書を著わしたマーク・アンドレイエヴィクの見解によると、「消費者を分類し、対象にしたり除外したりするためのアルゴリズムがどんどん複雑に、不透明になっていくとともに」、消費者が「販売者の目にだんだん透けて見えるようになってきた」という[32]。次節で見ていくように、そうしたアルゴリズムのはたらきで、ニッチプレイヤーの傾向や好みばかりか、個々のプレイヤーの傾向や好みまでもつきとめたり分析したりするのだ。

接点――取引（顧客）関係管理

初期バージョンのプレイヤー・カード方式から最先端のデータ管理ソフトウェア一式まで、追跡テクノロジーは単なる市場調査ツールにとどまらず、〝関係管理〟のためのツールとしても機能する。ほかのサービス業でも同じだが、〝関係（リレーションシップ）〟というのはつまるところ、消費者が個人データを企業に譲り渡して販売に活用させ、そこから企業が消費者の〝愛顧（ロイヤリティ）〟を得るという、戦略的やりとりを婉曲に表現したものだ。たとえば、マリポーサのシステムが生み出す情報は、「完璧な〝きずな形成〟ツール」――「プログラムが確実に最高の成果をあげるところでループを閉じる」方法になる。顧客追跡テクノロジーのおかげで、情報を拾い集めてギャンブラーに訴える魅力をカスタマイズするだけでなく、プレイ中のギャンブラーにその魅力を直接伝えることによっても、〝きずな形成〟ができるようになった。「テクノロジーのおかげでこんなにもたくさん新しい接点ができた」と、コナミ・ゲーミング社の代表者は言う[33]。

プレイヤーを分析し、プレイヤーに〝接する〟ことができるのも、お得意さまプログラムに自発的に参加してもらってこそなので、業界は最大限の加入確保に一致協力して取り組む。ゆうに七〇パーセントのギャンブラーがお得意さまカードの利用者で、利用者数は着実に増えている（ラスヴェガス地元客の利用者は八〇パーセントを超える）。カードを持たずにプレイするギャンブラーがいれば、マリポーサのシステムや〈seePOWER〉のようなシステムがその人物を特定するので、スロット・マネジャーはそこへカジノのスタッフを派遣してカード加入を勧める。追跡テクノロジー支持者のひとりが、二〇〇五年のG2Eで聴衆にこう語っていた。「匿名プレイヤーには費用がかさみます。そこへいくとカード利用者なら――何に興味があるか、どんなゲームをプレイするのが好きかがわかっているわけですから、ライフルを構えて狙い撃ちするようなもので、対象別マーケティング・アプローチで相手の望むものをさっと提供できる。相手のことがわかっていなければ、どうやってこいつをしとめようか？　と考えながら、そこらじゅうをやたらとショットガンで撃ちまくることになりますからね[34]」

名を明かさずにいるよりも、知られたほうが得だということを顧客に納得してもらうため、カジノ側はプレイヤー追跡を便利なサービス、見返りとして特典を得る手段として紹介する。「お得意さまプログラムというのは、データをこちらに渡したら、そのデータをもとに金を稼げるという気にさせるものなんですよ」と、二〇〇八年に〝関係〟という言葉の裏にある利益目的をさらけ出した業界関係者もいた[35]。アンドレィエヴィクによると、「相互作用といっても両方向の道とは限らない。だんだん詳細な型式になっていく情報収集に進んで、あるいは知らず知らずに提供する見返りが、便宜的な情報共有だけということもしばしばである」のだ[36]。

「知らず知らずに提供」するような情報収集手法の例で、きわだっているのは、バリー社がお得意さまクラブ加入のいかんにかかわらずプレイヤーを追跡するやり方だ。中央データベースにリンクする小型カメラ経由で、ギャンブリング・マシンに生体認証機能を組み込んだシステムで、プレイヤーがカードを使わずにマシンを起動すると、内蔵カメラが「プレイヤーの姿を撮影して、ゲーム・プレイのデータとともにその画像を保存」し、「身元不明者」ファイルを作成する。カジノ側にその顧客の実名がわからなくても、「顧客の価値を全体的に眺めながら」その行動をずっと追跡することができる[37]。「ユーザーの目に見えない」このシステムは、未登録の顧客との関係を培う機会が失われないようにしてくれるわけだ。

プレイヤーとの関係を最大限有益に取り扱うため、業界はその関係の〝価値〟を明確に評価しなければならない。「ある顧客にとって御社との関係は、そして御社にとってその顧客との関係は、どんなものでしょうか？　その客は利益をもたらしてくれるのでしょうか？」と、二〇〇八年のG2Eでハラーズ社の幹部が問いかけている。[38] バリー社のロウも、「私にとって、そのプレイヤーの価値はどれくらいの高さだろうか？」と、似たような発言をしていた。[39] 統計的モデリングを活用し、カジノはさまざまなパラメーターに基づいてプレイヤーを〝層状に積み重ねた〟うえで、それぞれの層に〝顧客価値〟や〝理論的プレイヤー価値〟を割り当てる。つまり、理論的にプレイヤーが生み出してくれそうな収益に基づく価値だ。「顧客の格付け――顧客価値の新しい定義」という公開討論会では、ある専門家が顧客価値を評価する独自のシステムを紹介し、カジノ側で顧客ひとりひとりに〝最新スコア〟（最後に来店したのはいつか）、〝頻度スコア〟（どれくらい頻繁に来店するか）、〝金銭スコア〟（どのくらい金を使うか）をつけておいてから、その変数をもとに個別のマーケティング・アルゴリズムを生み出すといいと勧めていた。[40] ハラーズ社のリチャード・マーマンは、ジャーナリストに「ひとつひとつの関係を最大限に活用したい」と語っている。[41]

ハラーズ社のプレイヤー価値評価用統計モデルは、株式の将来的価値予測モデルと同様に、業界の最先端を行くものだ。九〇にのぼる顧客数統計区分を維持するハラーズのカジノ・フランチャイズでは、プレイヤー価値の評価にプレイ頻度、プレイするゲームのタイプ、一スピンあるいは一手あたりに投じるコインの枚数を、最も重視する。プレイ〝強度〟が高いギャンブラー（マシンのボタンをすごい速さで押すギャンブラー）は、もっとギャンブルするよう説得しやすいわけだから、バリー社にとっては格別に価値の高い顧客である。[42] プレイヤー価値アルゴリズムによって、プレイヤーがいつごろ、いくらくらいギャンブルしそうかという予定と予算が設定され、どういう勧誘をすれば相手に反応してもらえそうか示唆する『行動修正レポート』ができあがる。「予定を過ぎて」いるのに来店しないギャンブラーにはダイレクトメールが送られ、続いて電話もかかってくる。「相手にやる気を起こさせて、それまで続いていた頻度パターンに引き戻すのです」と、CEOのゲーリー・ラヴマンはジャーナリストに語った。[43]

ハラーズ社は、プレイヤーの〝予測生涯価値〟を算出する方法まで開発している。つまり、ハラーズ社フランチャイズでそのプレイヤーが一生のうち、いくらくらい金を失うかを見積もるのだ。最高に収益をあげてくれると目された顧客は、価値階層順に並べた顧客データベースと発信電話番号識別プログラムを組み合わせた電話対応システムによって、かけた電話にほかの人より早めに応対してもらえるなどの、特別待遇を受ける。そのようにして、「どのプレイヤーもみな詳しく把握され、自分がプレイする店に対する顧客価値によって何かしら優遇される」のだという。バリー社も同様に、収集した顧客データを「プレイヤー本位のボーナスを出す」基準として活用する。相手が誰であろうとマシンが無作為に出す、ゲーム本位のボーナスとは違って、プレイヤー本位のシステムが当人の出費プロフィールによって個人個人を分類し、その分類に従ってボーナスを出すのだ。そのシステムの広告は、「プレイヤーともっと深く、もっと有益な関係を築くことによって、マーケティング費用を最大限に活用しよう」とうたう。

二〇〇五年、ハラーズ社は、一回のプレイ時間内にプレイヤー価値を予測し、働きかけによってそれを最適化する方法を思いついた。リアルタイムの取引関係を即座に判定し、ソフトウェアがプレイヤーがどの程度の負けまでなら満足していられそうかを計算するアルゴリズムを用いて、特定個人の〝嫌気《ペイ》がさす時点《ン・ポイント》〟をさぐりだす。プレイヤーがそのペイン・ポイントぎりぎりまで近づいているのをソフトウェアが察知すると、生身の〝幸運の使者《ラック・アンバサダー》〟を急遽派遣して、食事クーポン、ショーのチケット、ギャンブル割引券などの報奨を出すのだ。[44] 社の代表者はこう説明する。「嫌気がさしそうになると、アンバサダーがやって来てこう言います。『お疲れさまです。うちのステーキハウスをお気に召していただいているようですね。こちらをどうぞ。費用はこちら持ちです、さあ、ご主人をディナーにお連れください』それでも、嫌《ペイン》な気分ではなくなります。楽しい経験になるんです[45]」。ちょっとした「勝ち」として機能する割引券には、ギャンブラーを継続的なプレイに引きとめておこうという狙いがある。

ラック・アンバサダーは、本来のゲームがもつ〝引きとどめる力《ホールディング・パワー》〟を、その強化スケジュールを補うことによって増強しようとするもので、副次的なボーナスゲームとよく似ている。あらかじめプログラムされて無作為に起きる副次的ボーナスゲームと違うのは、［負け具合への］ダイレクトな反応であるところだ。ゲームの当選確率をプレイセッションの途中で調整するのは違法であり、負けているプレイヤーを長くプレイに引きとめておこうと報酬を出すのは倫理にかなっているのだろうか、という疑問が呈されたこともある。[46] しかし、このシステムはマーケティングの一形態とみなされるということで、規制の管轄には入っていない。扱いがどうあれ、カジノはそのシステムのおかげで、履歴データをライブデータと統合してプレイヤーの情動をひそかにさぐり、戦略的に計算したうえでころあいを見計らった介

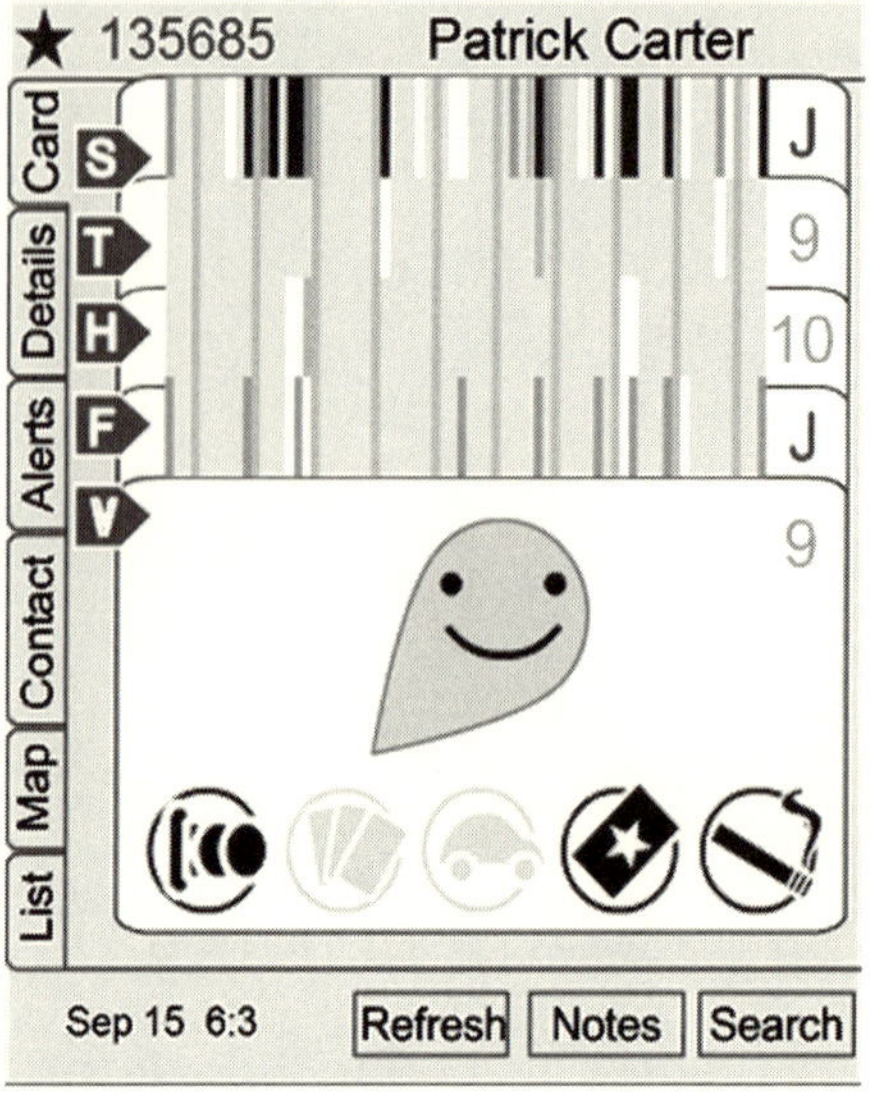

図5.4 画面にリアルタイムの“プレイヤー価値”データを表示するポータブル機、〈マイクロseePOWER〉。2007年グローバル・ゲーミング・エキスポで配布された、バリー社の行動情報処理デモCDの画像。

入によってプレイを継続させるよう、プレイヤーの生産性を最適化するすべを得たのである。

スタンフォード大学のある教授は、ハラーズ社のラック・アンバサダーのテクノロジー化をさらに進めた、〈マイクロseePOWER〉というポータブル機を考案した。そのデバイスはカジノのスタッフに、マシンに向かっているプレイヤーの経験がどう展開しているかを、つねに知らせてくれる。コンピューディグム社のシステムと統合されたデバイスの画面に、さまざまな表情の小さな黄色い顔文字を表示して、特定プレイヤーの現在の情動を知る手がかりとなる情報を伝える（【図5．4】参照）。たとえば、目と目のあいだが離れた顔つきはプレイヤーが非常に儲かっているという意味で、目がしかめられていると、不調というしるしだ。下方向にとがっている顔はプレイの趨勢が下り坂だと示し、そのプレイヤーにプレイを継続させるにはちょっとした励ましが（ボーナスを出すというかたちで）必要かもしれないという合図になる。「スタッフが推定なんかするまでもなく、マシンが代わりにやってくれる」と、バリー社の代表者は私に語った。カジノ全域にわたるデータ可視化のように、このテクノロジーも、混乱のもととなりかねない行動情報の流れを即時にすぐに使える《アクショナブル》知識にすることによって、カジノのフロア・マネジャーの目にギャンブラーが見えるようにするものだ。(47) もはや、ゲーム画面に向かってプレイするギャンブラーを観察しながら、直観に頼らなくてもよくなった。マネジャー自身が画面に現われた顔文字の表情からギャンブラーの感情を調べるわけだ。「視覚的解析によって、ビジネスの分析や予測から感情や当て推量を除去できるようになった」と、ある産業アナリストは述べている。(48)

一方、ギャンブラーたちは依然として「感情や当て推量」という直観的領域にとどまっている。前章終盤にも登場してもらったカトリーナは、彼女自身のライブデータがそのパターンの戦略的手がかりをつかむという展開中の事象から、すっかり除去されてはいない。ひっきりなしに張りつめた状態のプレイゾーンで、自分が将来もたらす収益を予測しようとするどころではない。分析的な力ではなく、感情的な順応が特徴の〈ゾーン〉なのだ。マシン・プレイの確率を知ること、そしてそこから時間をかけて引き出せそうな（感情的あるいは経済的な）価値を予測する統計的な計算を実行することにおいて、ギャンブラーとカジノ、それぞれの能力が釣り合っていない。その不釣り合いがそっくりそのまま、それぞれの相手を〝知る〟能力、その知識から価値を引き出せるようなプレイ環境を徹底的に分析したり、リアルタイムで調整したりする能力における、重大な不均衡に重なる。

ダイヤルアップ・ギャンブラー――フレキシブル・コントロール

本書が発行されるころ［二〇一三年］始まる予定のダウンロード・ギャンブルは、「カジノのフロアにインターネットの力をもたらす」と言われる。そうすることによって、ギャンブル業界にはまたひとつ、ライブデータをリアルタイムで実行可能なものにする道ができるのだ。(49) ネットワーク・ギャンブルまたはサーバー・ベース・ギャンブルとも呼ばれる、このテクノロジーを備えたカジノでは、ゲームがマシン筐体に保存されているのではなく、オンライン・サーバーである〈ジュークボックス〉からゲームをダウンロードするようになる。あるジャーナリストの解説によると、「かつて、スロットマシンの入れ替えは、マシンを開けて内部のコンピューターチップを取り替え、それからゲームのテーマをうたうガラス板ディスプレイを変えるという、めんどうな作業だった。変更には……部品の注文からマシンの修正まで、何千ドルという費用がかかるものだった」という。(50) これが、たとえばサイバービュー社のシステムなら「ポイント、クリック、コンバート」により、カジノはわずか二〇秒でゲームの要素《エレメント》（貨幣単位、控除率《ハウスエッジ》、フォントサイズなど）を、現われてはうつろい変わっていくプレイヤーの好みに合わせて調整できるようになる。(51)「そのうち、自動的にゲームを（顧客に）同調させられるようにしますよ」と、IGT社のアンディ・イングラムは言っている。(52) カジノのフロアに並ぶゲームのコンテンツはいずれ固定的《スタティック》なものではなくなって、顧客の偶発的な感情や行動に〝動的に反応する《ダイナミック》〟ようになっていくだろう。

ネットワークベース・ギャンブルの応答性の強さは、「ゲーム配信システムとしてだけでなく、（カジノの）オペレーターがスロット・フロアのパフォーマンスを分析するためのツールとしてもデザインされた」ことに由来する。[53] 分析情報を受けてゲームが配信されるというフィードバックの進行を、ＩＧＴ社の代表者が次のように表現している。「フロアにゲームが配備されると、その配備状況が分析されます。そこで、フロアをどう調整したり修正したりするか決められるようになる。このメカニズムを通じて、私たちはプレイヤーのインプットに常時反応していくのです」。それは、「どのように適合させ、調整し、どのようにデザインを改め、再配備するか」という問題なのだ。[54] ダウンロード・ギャンブルのテクノロジーに対する規制認可を最初に受けたサイバービュー社（二〇〇八年、ＩＧＴ社に買収された）の幹部たちは、これで市場の偶発性に対してリアルタイムで検出、解明、対処が可能になり、カジノのマネジャーたちの〝柔軟な調節《フレキシブル・コントロール》〟が叶うと力説する。フレキシブル・コントロールという発想は、機械工学で（もっと広げればサイバネティクスでも）言う適応制御《アダプティブ・コントロール》の定義と共鳴する——変化していく状態に対して、その状態についての予備知識に頼らずとも自己適応していけるような形態のコントロールだ。増加する〝フレキシブルな分化《フレキシブル・スペシャライゼーション》〟との共鳴とも言える。つまり、フォード方式の規格品大量生産から、変動する消費者の需要や気まぐれな好みに製品を適合させられるような、生産モードへの方向転換である。[55]

カジノのマネジャーは、どのゲームをインストールするかという選択に際して将来の顧客の好みを予測しなくてもいい。スロット・フロアにオンライン・サーバーからゲーム・コンテンツを受信するようになっているので、展開中の市場のギャンブル行動に合うようにゲームを切り換えられるのだ。[56]「地元客が終日増えていいますから、ビデオ・ポーカーを増やします。夜間はスロットを増やして」と言うのは、二〇〇六年にこのテクノロジーが試行された〈トレジャー・アイランド〉のスロット担当幹部だ。[57] 行動や顧客数のパターンを、事象の起きているあいだにつきとめられ、それに応じて、繁忙時にはゲームの確率を上げ、閑散時に下げたり、あまりプレイされないゲームを全面的になくしたりできるので、カジノは四六時中フロアを客でいっぱいにしておけるようになる。「急激な変化があったとしても、収入の大変動はなくなる」と、サイバービュー社の代表者はコメントする。流れ込んでくるライブデータが、生で流れている《ライブ・ストリーミング》ゲームとともに、「収入の流れをなめらかにしてくれるだろう」[58] というのだ（プレイヤーたちと同様に業界も、なめらかな、あまり不安定でない乗り心地を求めているわけである）。

収入をさらに押し上げる、資材面の理由もある。コンテンツがダウンロードできれば、マシン筐体が薄型になって、カジノのフロアにおけるマシン設置面積が減ることから、経営コストも減る。経営陣が「なくしたマシン・エリアにはスタッフを配置しなくてもよくなるし、空調や照明の電気料金を払って維持管理するスペースも減る」からだ。[59] そのうえ、カジノ内のどの筐体も一律に多数のゲームを提供できるようになるため、ずっと少ないマシン台数でも、はるかに多くのギャンブラーに対応できる。『これからのフロア』という産業テクノロジー評論では、著者たちが「カジノはスロットマシンの海が広がる広大なホールでなくてもいい」と述べていて、第一章に登場したビル・フリードマンの空間表現を思い起こさせる。「それどころか、高層や低層の垂直方向へエリアが重なった、および／または、平面上を小さなエリアに分割したカジノも考えられる」という。[60] エリアごとに、室温や照明のレベルから装飾や天井高まで、人口統計上の特定集団や特定の民族集団の空間的、環境的、文化的好みに合わせたデザインもできそうだ。たとえば高齢者向きエリアは、「杖や歩行器、車椅子、電動スクーターの利用者」

に配慮したレイアウトにし、「文化の違いを考慮してギャンブル装置筐体、標識、従業員の制服、カーペット、壁面や天井のデザインを変え、さまざまな環境の小エリアを展開」してもいい。[61] シンコー・デ・マーヨー［メキシコの奉祝日。五月五日］や春節［中国の旧暦元旦、新年を祝う祭日］には、マシンのバーチャルな外装の変更もできる。そのようにして、多様な「集団力学や好みにも適合させられる」のだ[62]。

ダウンロード・ギャンブル・テクノロジーの力を借りて、カジノは集団の好みに配慮すると同時に、マシン・コンソールに個人化したコンテンツを届けることにより、個人の好みにも配慮する。マシン上のセンサーが、そばを通りかかる顧客にお気に入りのゲームを用意し、名指しでプレイ継続を促すこともできるようになる未来を想像する人もいる。そういう新手の〝フレキシブル・コントロール〟が知られ、目に見えるようになれば、顧客が不安になるのではないかと心配する人もいる。二〇〇六年のG2Eでは、「陰でテクノロジーにコントロールされているとは思われないでしょうか？」という質問が会場から出てきた。二〇〇七年の会場では、あるスロット担当管理職がこう指摘した。「これまでずっと、私たちがオフィスにある大きなボタンひとつでゲームをいじくっていると思われてきましたが、ネットワークベースのギャンブルとなると、本当に狙いどおりにできる——私たちにはもう、現に、その大きなボタン並みの力があるわけです」[63] 二〇〇八年には、IGT社の代表者が似たような懸念を口にした。「プレイヤーたちはすでに、地下室にでかいダイヤルがあると思っている……私たちがそのダイヤルを実際につくっているところだと気づいたら、どうなるだろう？」[64] ギャンブラーたちがすでに「誰かがこっそりゲームの設定を調整しているのではないか」という不安をかかえているとしたら、この新しいテクノロジーをどうすればきちんと受け入れてもらえるというのか？[65]　サイバービュー社のトッド・エルサッサーが、思い切った解決策を打ち出している。

陰でやったりしてはいけません——プレイヤーが飲みものを取りにいっているあいだに設定を切り換えたりしちゃだめだ。いっそ、プレイヤーのほうから、自分の意思でゲーム変更を頼んでもらうようにしてはどうでしょう。舞台裏でパーセンテージを切り換えるのは、技術的にそう難しくない。ただし、切り換えをプレイヤー自身が頼むというところが、ダウンロード・テクノロジーのもたらす根本的な変化です。おそらくプレイヤーが望むのは、ジャックポットではなくて多額のキャッシュバックや、ゲームの流れでしょう。オプションを設定し、それをプレイヤーが見ればすぐわかるようにして——プレイヤーに選択してもらうわけです——「ご希望をおっしゃってください。ご自身でお選びいただけます」と、全面的にプレイヤーの自覚的な決定ということにする。プレイヤーがあなたに、自分への売り込み方をこれまでよりじょうずに教えられるようになります。プレイヤーが完全にコントロールするのです。[66]

エルサッサーの意見は、プレイヤーが自分の意思で自分のゲームを構成するよう勧め、それによってプレイヤーに「完全にコントロール」させることで、コントロールされているのではないかという不安を中和しようということだ。〝ラット・ピープル〟が箱に気づくリスクを冒さずに、ラットに自分たち用のスキナー箱をデザインさせようではないかという論理である。

サイバービュー社のCOOであるシルヴィ・リナードも、それと同じ戦略を述べている。「プレイヤーたちはよくわかっているんですから、オープンにわかりやすくして、（カジノの）経営陣と一緒にプレイしてもらえばいいじゃありませんか。私たちと一緒に、ゲームにあれこれ付け足していってもらいましょう。フリー・スピンが好きな人もいれば、インタラクティヴなボーナス・ラウンドがいいという人もいる——ですから、プレイヤーを方程式に組み入れて、オンデマンドで自分たちのやりたいゲームをつくるように頼んでは？　それでこそ、彼らを一人前に扱って舞台に出すことになるでしょう」(67)。『これからのフロア』の著者たちも、それと同じ路線で予測している。「プレイヤーがだんだん精通していき、自分の好みにぴったりする配当表や的中頻度、ゲームの強度を随時選択できるようになるだろう。シンプルなゲーム・ジェネレーターによって〝プレイヤーが自分のプレイするゲームを開発できるようになる〟というのは、あながちとっぴな想像でもない」(68)

現状のネットワークベース・ギャンブルでも、プレイヤーはオンライン・ライブラリからゲームを選択できるが、ダウンロード利用できるゲームの属性（貨幣単位、強化スケジュール、変動性）は、プレイ中の個人が生み出すライブデータではなく、集計された市場の好みをもとにあらかじめ処方されたものだ。言い換えるなら、ダウンロード・ゲーム提供によって対応可能な数学的、審美的好みの側面は集団（成員の加重平均で構成された）のものであって、それではまだ、特定プレイヤーの好みにリアルタイムで対応はできない。「目下のところ、スロットマシンはそこにどんな人物がいるのか認識せず、完全に単独で（ゲームを）決めている。プレイヤーがそれ以上のものを求めているのはわかっているんですが」と、IGT社のリッチ・シュナイダーは言う。ゲーム要素の構成にプレイヤーを参加させれば、ネットワークベース・ギャンブルの適合性、つまり〝フレキシブル・コントロール〟がまったく新しいレベルになり、業界は〝広範囲散布〟という粗雑な手法を抜け出して、もっと精巧な消費者向けカスタマイズを目指すことになるだろう。[69]『これからのフロア』の著者たちは次のようにコメントしている。

プレイヤーがシステム内で〝自分のゲーム〟を指定すると、システムはそのゲームを、どこだろうとプレイヤーがプレイしたいところへダウンロードする。どの時間帯でも、プレイを始めたり休んだり、移行し、やめ、再開したりできるようになるだろう。数日にわたる旅行中でも、あるいは移動の途中だろうと、特定チェーンのカジノを渡り歩こうと。……プレイヤーが無制限にゲームをプレイできるようになると想像される。[70]

シュナイダーは言う。「考えてもみてください、プレイヤーひとりひとりの好きなものがわかって、それぞれに好きなものを届けるんですよ。すごいでしょう！　彼らの欲しいものを欲しいときに届ける、というか、私が届けたいときにね[71]」

ゲーム開発者たちは、プレイヤーに自分用のゲームを構成させることによって、新しい知識や情報が得られると力説する。リナードによると、「プレイヤーの声がもっとよく聞き取れるようになるでしょう。なぜなら、プレイヤーがマシンに何かおもしろいことをしてもらおうと思うときに、そこから学ぶことができるから――みんなが望むことから学ぶのです[72]」。ここでもまた、「みんなが望むこと」が、ゲーム・デザインという閉じていく一方のフィードバック・ループにおいての、決定的要素だ。観察と聞き取りからプレイヤー追跡へ、行動情報収集ソフトウェアからダウンロード・ゲーム・テクノロジーへ——前出したリナードのフレーズのように、プレイヤーを〝方程式〟に組み入れる方向への動きがある。オプションとしてプレイヤーに自分のゲームを組み立てさせるのが、最先端のプレイヤー本位主義に顕著な特徴だ。そうなれば、業界は統計上の標準からはみ出してしまうような個々の特異な願望にも配慮して、ギャンブリング・マシンを特定個人向けの報酬装置に変えることができるだろう。

オプションが並ぶセルフサービスのビュッフェ式マシン・ギャンブルに、自分用のゲームをデザインするプレイヤーたちといった、リナードやエルサッサーの描くおめでたい未来図を、業界関係者の誰もが信じているわけではない。業界がどんどん〝フレキシブル・コントロール〟をするようになっていくと、プレイヤーたちが操られているように感じるのではないかと心配するゲーム開発者も出てくれば、ゲーム・デザインをプレイヤーにコントロールさせると、選択肢があまりに多くて途方に暮れてしまうのではないかと心配する者もいるのだ。たとえば、ずらずらと長いリストからゲームを選択するように言われても、困ってしまうだろう。専門的に難しいだけでなく、選択という行為そのものが難しいからだ。「やりたいゲームが見つからないでしょう——選択肢が多すぎて」と、二〇〇四年、長年スロット事業に携わってきたマネジャーのブッチ・ウィッチャーは懸念していた。[73] 二〇〇七年には、業界を開拓したミック・ローマーが、「プレイヤーは本当にもっと選択肢を欲しがっているのだろうか？」と問いかけた。「選択肢が多すぎるとプレイヤーが混乱することもあるし、そのせいで〈ゾーン〉からはずれてしまいかねない」[74]

自国の市場が複雑性に順応してきたことにすっかり慣れた、あるオーストラリア人ゲーム開発者は、顧客が選択肢の多さに困ったりしないかという心配はしていなかった。「大丈夫ですよ、彼らはゲームカタログから選んで、『このゲームを、これこれの単位で、背景を緑色にしてプレイしたい』と言うでしょう。問題はありません[75]」。しかし、そのカタログをどんなふうに見せればいいのだろう？　バリー社のブルース・ロウは、あまりに大量のオプションを並べることには慎重だ。「決断力が麻痺しない程度にというと、どれくらいの数の選択肢を示したらいいのだろう？[76]」さらに、心理学者バリー・シュワルツが著わした評判の本、『なぜ選ぶたびに後悔するのか――「選択の自由」の落とし穴』〔二〇一二年、武田ランダムハウスジャパン〕を引き合いに出した。WMS社のアル・トマスも同書に言及している。「抑圧的選択という考え方です――相手に与える選択肢を増やせば増やすほど、相手は満足のゆくものを選べそうになくなっていく。ですから、決断をくだせるようにちゃんと手助けしなくてはなりません」。顧客が求める理想は、構成オプションが無数にあるジュークボックスではないだろう、というのが彼の主張だ。ほかの業界関係者も言っていることだが、彼も選択をガイドしてくれるモデルの好例として、書籍販売のアマゾンやアップルのiTunesオンライン・ミュージックストアを挙げる。「楽曲や書籍をそのまま全部見せているだけじゃない――選択肢をあれこれ検索できるようにし、いろんな提案をして、どれが自分に向く経験か判断する手助けをしています[77]」。大事なのは、選択肢の調整、選択ガイド、「判断する手助け」だ。

インクレディブル・テクノロジー社が二〇〇九年に、〈ヴァーサタイル・ヴォラティリティ〉（融通のきく変動性）という、スロットマシンの選択をガイドする非ネットワーク・システムを売り出している。プレイヤーに「どんな勝ち方をしたいですか？」と単純な質問をするだけで、「数理的な謎を取り除く」

ものだ。答えの選択肢は三つ――「頻繁に」（刺激性は低く、〈タイム・オン・デバイス〉は長く）、「着実に」（中程度の変動性）、「大きく」（高い変動性）だ。〈フレキシブル・マス〉ソフトウェアという、うまい名前をつけられたこのシステムが、「カジノ経営者とプレイヤー両方に、何より欲しいものをもたらした――コントロールである」。ある評論家はそう述べたうえで、「〈ヴァーサタイル・ヴォラティリティ〉がつくられたのは、プレイヤーを啓発してコントロール感覚をもたせるためでもある」と、矛盾した主張をする。(78) インクレディブル・テクノロジー社のウェブサイトが主張するところによると、このシステムの機能は「ビデオスロット・プレイヤーの能力強化が実際に可能であること、また最も重要なことには、それが利益をもたらすことを証明する」という。その狙いは、プレイヤーに「フードの下をちらっと見せる」ことだと述べるのは、システム開発者のひとりだ。「混乱したりおびえたりしない程度に――ちょうど『オッケー、大金は賭けない。小金を賭けるほうだから、そのプレイ経験を選べばいいんだな』と言えるくらいに」。(79) スロットマシンのプレイヤー追跡システムをたびたび考案した人物が率いる、タロ・ネヴァダという企業も、スロットマシンのペースをギャンブラーの希望に合わせる方法を開発した。ただし、ギャンブラーに自分なりの刺激性を選ばせるのではなく、プレイヤー追跡をもとにマシンが「プレイヤーの好むペースを推測して、その希望にゲームを適合させる」ものだ。(80) はたして今後、ネットワークベースのシステム上でゲーム選択にどれくらい費用がかかるのか、どの程度制限されるのか。また、プレイヤーにはどの程度選択力がつくのか、あるいはどの程度プレイヤーをガイドできるのか、それはまだわからない。

プレイヤーが自分の好みをネットワークベース・システムに直接伝えられるようになろうがなるまい

が、システムのほうは彼らと直接のやりとりができるようになるだろう——個人化したゲームの提供ばかりか、個人化したマーケティング・アピールを通じても。事実上、ダウンロード・ギャンブルはゲーム・インターフェースを、ライブ・マーケティングその他の形式の関係マネジメント用ポータルに変えてしまうだろう。「私たちはギャンブリング・マシンの本質をゆがめて、顧客との関係マネジメント・システムの中核にしてしまった」と、業界のある代表者は言う。マリポーサ〈seePOWER〉などの行動分析ツールによって可能になるような、販促ダイレクトメールやカジノの全般的な販売促進活動とは違って、ゲームプレイに直接流れ込むマーケティングは、「プレイ中のプレイヤーとのリアルタイムの通信手段」なのだと、G2Eの公開討論会『新たな刷新、新たな経験、新たな効率』のスピーカーは言っている。

「現に製品を購入中の消費者に声をかけて売り込むことができるようになるツール・セットを、（カジノの）経営者に提供できるようになったわけです」という、インゲーム・マーケティング・システムの〈イクスピアリアンス・マネジメント〉をつくったIGT社のシュナイダーの言葉は、テクノロジーの刷新、消費者の経験、収益の効率をリンクさせようというギャンブル業界の試みをうまくとらえている。(81)そのシステムは、「（カジノの）経営者があらゆる接点でプレイヤーの経験を最適化できるようにする」ために——そして、それによってカジノの収益を最適化するために、デザインされている。前述した〝ラック・アンバサダー〟のデジタル版のように機能するソフトウェアによって、カジノが「まさに決定をくだそうとしている顧客と会話する」ことができるようになると、ある業界幹部は言う。「ゲーム中の顧客の行動に影響を与えられるようになります」と。(82) たとえば、プレイヤーが自身の〝嫌気がさす《ペイン・ポイ》時点《ント》〃に達したら、カジノはすかさず報酬を出すなどということも、できるようになりそうだ。「何か特別サービスを生み出して、ぴったりのタイミングで画面に表示してもいい」と、WMS社のマーク・ペース。「プレイヤーの経験をリアルタイムで操作できる」(83)カジノの内装や、マシン本体、ゲームのソフトウェアと同様に、追跡および販促のシステムも、プレイヤーの経験に応じて、その経験をかたちづくる方法としてデザインされているのだ。

ネットワークベースのギャンブルや、新たな経験の可能性に向けて、ギャンブル業界がカジノのフロア再編成に重点的に取り組んでいるのと時を同じくして、ワイヤレス、つまり〝モバイル〟のギャンブルという相補的な現象も出てきている。(84)ダウンロード・ゲーム・テクノロジーによって、カジノはどのエリアのプレイヤーにもゲームを届けられるようになる一方、ワイヤレス・ゲーム・テクノロジーはエリアからエリアへ移動中でもプレイヤーにゲームを持ち運ばせてくれる――ひょっとしたらプールサイドで、あるいはビュッフェの行列に並ぶ待ち時間に、プレイするために。端末でゲームをしている最中に施設内のほかの場所に行きたくなった、あるいは行かなくてはならなくなったギャンブラーは、特別なポータブル機にプレイ中のゲームを転送して持ち運べるというカジノが、ラスヴェガスにはいくつかある。そういうデバイスは、プレイヤー本位主義を新たなレベルに押し上げるもので、一種の装着型《ウエアラブル》ゲーム・テクノロジーとして機能し、物理空間のどこへでもプレイヤーに随行する。顧客のモバイルフォンを内蔵GPS経由で、あるいは〝ドングル〟(カジノ経営者が配布する小型ネックレス)経由でシステムに統合することが法的に認められ、そういうことができるようになる日を、カジノは心待ちにしているのだ。[85] 物理空間内でゲームを移動させせられるワイヤレス・ギャンブルが、「どんな小面積をも店にとっての増収源に変えて」くれるかもしれない。つまり、ギャンブラーが継続的に産む利益が移動的《モバイル》になるかもしれないのだ。

ライブデータの収集活動も——そのデータに基づくマーケティングもだが——モバイルになるだろう。二〇〇七年のG2E公開討論会でマイクロソフト社のパネリストが、こう発言していた。「これはインタラクティブな経験であり、CRM(顧客関係管理)もゴールドレベルです——客がインタラクトし、それと同時に私はすごいデータを収集する。私はその情報をできるだけたくさんつかんで蓄えておいてから、客がまだ私とともにいるうちに、その経験を個人化する」[86]。顧客が店内のどこにいるのか、正確な位置がわかれば、特定のギャンブル・エリアへ向かっている客にクーポンを出して、そのエリアでの賭けを勧めるといった、〝位置感知モバイル・マーケティング〟もできるだろう。[87]

モバイル・ギャンブルの今後、そして既存のプレイヤー追跡、行動情報収集、ダウンロード・ギャンブル・システムの改良をめぐる複数の業界予測によると、顧客、テクノロジー、環境に対するコントロール形態はどんどんフレキシブルになっていくという。現在のカジノの、ネットワーク化されたインフラストラクチャーは、ドゥルーズが一九九〇年に、デジタル情報や通信テクノロジーは(本章で述べた顧客追跡やマーケティング手法の基となっているものだ)日常生活に登場してきている、と述べるなかで描いた、〝コントロール社会〟を動かすような種類の力を象徴している。同年、当時台頭しつつあったプレイヤー追跡システムの見込みについて、ある産業コメンテーターがこう述べていた。「カジノ内でプレイヤーのもつ力が弱まり、再配分されて、プレイヤーのギャンブル習慣を操縦するマネジャーのコントロールが増えるのではないだろうか[88]」。その「操縦するコントロール」が、リアルタイム監視および調整のネットワーク化システムに、進化してきたのだ。二〇〇四年のG2Eで、あるゲーム開発者が聴衆にこう語りかけた。「詳細な反応履歴が手に入ります。『私たちの望んでいることを、プレイヤーにする気にさせられただろうか?』という問いに、答えることができるのです」。そのシステムが適応してフレキシブルになり、プレイヤーにレバーを引かせるのと、プレイヤーの動きを操縦するのとを同時にやってのける。プレイヤーの手に——いわば、指先に——コントロールを〝完全に〟預けると同時に、カジノの奥の部屋でデジタル・ダイヤルを調整することによって、その手の動きをガイドする。コントロール社会さながら、目には見えないが張りめぐらされた情報通信テクノロジーが、「しつけ、罰する」のではなく、けしかけ、報酬を出す。「コントロールされた人間は、連続的ネットワーク内をハイになって波動する」とドゥルーズは書いている。〝〈ゾーン〉内を〟と言い換えてもよさそうだ[89]。

ギャンブル業界の専門システムは、そういうコントロールがよりどころとしているさまざまな形態の追跡を代表するばかりか、率先してもいる。「知識は力であり、それがどこよりも顕著なのは、ギャンブル業界ではないだろうか」と、ある業界誌が主張したのは、一九九九年だ。グーグル、アマゾン、フェイスブックといったインターネット企業が消費者監視を革新したとして名をあげる、前のことだった[90]。数々の革新的な調査やマーケティングがまずカジノで活用され、あとになってからほかの領域にも取り入れられていった——空港、金融取引立会場、ショッピングモール、保険代理店、銀行、国土安全保障のような政策などに[91]。そんなふうに、新しい形態の追跡やコントロールがカジノという場で生まれ、試行されることが、なぜ多いのか。ある業界人の説によると、「われわれの業界に独特の強みは、一週間に、あるいはひと月に何百もの、一年になると何千もの接点があることです。そうした、ほかの分野にはないほどあふれんばかりのデータが手に入るからではないでしょうか」という。[92] 本章で見てきたとおり、その「あふれんばかりのデータ」を入手し流通させようという、業界の飽くなき探究は、またさらに進み、ギャンブル業界とギャンブラーたちとのあいだに非対称の共謀が起こる域まで来ている。どんどん精巧になっていく再帰的ループのうちで、追跡されるプレイヤーたちが、業界用語で言う〝プレイヤー推進のアクション〟を通じて、自分にぴったりするマシン、空間、サービスづくりに貢献する。[93] ギャンブラーの感情と行動は条件になるとともに、システムによって条件づけられるのである。

第六章　完全な偶然性《コンティンジェンシー》　制御から衝動へ

あるひとつの行動にあまりにも集中しすぎて、日々のトラブルや心配事と共に、時間の感覚も薄れていくような没入状態を示す〈フロー〉という言葉を世に広めたのは、心理学者ミハイ・チクセントミハイである。「〈フロー〉は日常の混沌からの逃避をもたらす」と彼は書いている。[1] チクセントミハイは、〈フロー〉の四つの〝必要条件〟を特定した。第一に、行動のそれぞれの瞬間には小さな目標がなければならないということ。第二に、そのゴールを達成するためのルールが明確でなければならないということ。第三に、その行動が、その人の立場で、瞬間ごとに確信が得られるように、即座のフィードバックを与えるものでなければならないということ。第四に、その行動の作業が操作上のスキルと合致していて、制御と挑戦が同時に起こっているという感覚を与えるものでなければならないということだ。[2] これまで見てきたように、マシン・ギャンブリングはこうした特性のそれぞれを備えている。どのゲームやスピンも、プレイヤーに小さなゴールを示す。ルールが限定され、明確に定められている。賭けて、結果が出て、その報酬が即座にプレイヤーに与えられるまでが、ほんの数秒のうちに行われる。リールの自動停止機能、反応の良いタッチスクリーン、マルチラインやマルチコインといった賭けのオプションなどは、ゲーム内で受ける不測の事態を潜在的にコントロールしているという感覚をプレイヤーに与え、ビデオポーカーは実際のスキルの要素を取り入れることで、この効果を強化している。[3]

集中的なマシン・ギャンブリングの〈ゾーン〉は、〈フロー〉の精神生理学的な移行や、脱主観的効果といったものに特徴づけられるというのも、驚くには値しない。ギャンブラーは「われを忘れ」、自分自身のものではないアクションによって前進させられるのを感じる。登山家はこれを、自分が登る岩と一体化する感じだと表現し、ダンサーは音楽によって「ダンスされている」感覚だと言うが、これと同じようにギャンブラーは、「マシンによってプレイされている」という感覚を味わっている。[4] しかし、彼らの経験はある決定的な点で、チクセントミハイの書物に登場する芸術家やアスリート、科学者とは異なる。これらの専門家にとって、〈フロー〉は人生を肯定し、元気を回復させ、豊かにするものである。つまり、毎日の生活の自立性を高めるのに「最適な人間の経験」という状態だ。一方で反復的なマシンギャンブラーは、使い果たす、罠にかかる、自立性の欠如という感覚と結びついた〈フロー〉を経験する。[5] この決定的な違いは何を意味しているのだろうか?

チクセントミハイは、どんな〈フロー〉活動も「潜在的に依存性があり」、その力への依存を倦怠、心配、混乱、また彼が〝心理的エントロピー〟（精神の無秩序）」と呼ぶものなど、ネガティブな感情状態を停止する方向へ誘うということを認識していた。[6] にもかかわらず、その書物の実存主義的傾向に沿って考えると、彼はこうした依存をある一定の〈フロー〉活動に特有の性質としてではなく、個々人の生まれつきの性癖から引き出されるものとみなしている。個々人は積極的で常習性のない、彼が〝前向きな逃避〟と呼ぶ類の〈フロー〉に、自己実現のために関わり、新しい現実を作りあげることで今抱えている現実の制約を超越しようとする傾向がある一方で、世の中を避けようとする人々はネガティブな〈フロー〉、つまり〝後ろ向きな逃避〟に関わり、能力を高めるような感情状態へ導いたり、新しい可能性を切り開いたりすることが、ほとんどないような行動を反復することで、現実の経験を鈍らせている。[7]〈フロー〉への依存は、それを促進する媒体ではなく、その背後にあるモチベーションに端を発していると彼は言う。逃避が前向きか後ろ向きかは、その客体ではなく主体に関わっているのだ。

依存を主観的な行き詰まり状態として特徴づけることは、適切でありながら不完全である。本書の冒頭で述べたように、依存は主体と客体とのあいだの持続する相互関係から発展する状態だ。つまり、その相互関係の両方の側面がそれぞれ重要なのである。前章では、〝ゲームの継続的な生産性〟を促進できるように、マシン・ギャンブリングの物質的設計特性とコンピューターによる設計特性が、どのようにその〈フロー〉をフォーマットし、調節しているかということに焦点を当てた。チクセントミハイは、ある種の行動は、より〈フロー〉を生成しやすい「報酬構造を提供」し、「〈フロー〉を理解することが、娯楽関連の製品やサービスの設計に関わってくる」ことを考慮に入れているが、一方で彼は、ユーザーの〈フロー〉設計の背後にある利益という動機を詳しく論じることもなければ、その構造がユーザーの逃避モチベーションを「後ろ向き」に引き込み、自己実現的な報酬なく自分を失わせるといったリスクを冒す製品やサービスに、これらの動機がどうつながっていく可能性があるかを示すこともない。[8]

本章は、本書の旅の第六の停泊地であり、私たちがマシンの前に座る人へと変わる前の最後の停泊地である。ここでは、〈フロー〉のある特定の側面と、マシン・ギャンブリングの依存的経験におけるその役割、すなわちプレイヤーの制御という要素に焦点を当て、これまでの分析に基づいて話を進めていく。ギャンブル業界のエキスパート、レズリー・カミングズが、「プレイヤーがゲームのいくつかの側面と互いに作用しあい、それらをコントロールできるような自立性の感覚」を促進するものと定義した

〝容量性〟の機能が、ギャンブル依存症者が言う〈ゾーン〉への入り口になるとはどういうことなのか？[9] 相互作用が没入へと変わり、自立性が自動性になり、制御が衝動になるようなテクノロジーの条件とは何なのだろうか？

エンターテインメントを超えて

ゲーム開発者は「プレイヤーが何を望んでいるか」ということにこだわるが、その正確な意味を説明しようとするとき、彼らが「言っている」ことと、プレイヤーが最も惹かれているように見えるその設計の側面とのあいだには、かなりの齟齬が生じている。率直に尋ねられれば、開発者は決まって、プレイヤーは〝エンターテインメント〟や〝楽しみ〟を求めていると主張し、これをリスク、選択、参加意識から引き出される刺激的な関わり合いとして定義する。「エンターテインメントは共通項です」とランディ・アダムズは私に話した。「人々はエンターテインメントを欲しがっているんです」。ガードナー・グラウトはインタビューの冒頭で、同じく自信をもってこう言った。「エンターテインメントこそ、みんなが望むものなのです」。ところがインタビューも終盤に差しかかると、彼はまったく正反対のことを口にした。「当初気づかなかったのは、人々が本当は楽しみなど求めていないということです。私たちのベスト・カスタマーは、エンターテインメントには興味がありません――彼らが求めているのは、完全に没入し、リズムにのめり込むことです」

ベスト・カスタマーのリズミカルな没入への欲求を、ギャンブル業界がしばしば理解しそこねているということは、こうした顧客がギャンブル業界が提示する新しい改革を拒絶するときに表面化してくる。

「私たちは多くの時間をかけて、賞金を獲得したときにアニメーションが現れるボーナス特典を設計してきました」と、二〇〇〇年にマーカス・プレイターは私に語った。「ところが、ずっとそこに座って、最後までアニメーションを見ていたくないという人もいます――彼らはただ、プレイを続けたいだけなのです」。アリストクラートの元CEOも同じような見解を示している。「副次的なボーナスゲームに最初は興奮しますが、しだいにうっとうしくなってきます――ダウンタイムの一〇秒から二〇秒間、これが流れるのですから」[10]。このダウンタイムに耐えられないという特徴は、プレイターが言うところの「本当に真剣で、ハードコアなビデオポーカー・プレイヤー」に特に顕著だ。「彼らは退屈させられるのが嫌いです。モニターと、自分の選択と、報酬スケジュールに自分を固定しておきたいのです」。こうした最速のプレイヤーが、シリコン・ゲーミングの機能的なプレイ速度に耐えられなくなったとき――そのアニメーション化されたゲームは、さまざまなプレイ速度に〝対応〟するように設計されてはいたが、彼らの光のような速度についていけるほどの速さでカードを配ることはできず、設計者はこの機能を再構成せざるを得なかった。「今、プレイヤーのプレイ速度が本当に速くなっているとすれば」と、一九九九年、設計者ステイシー・フリードマンの会社のG2Eブースに一緒に立っていたとき、彼は目の前のマシンのボタンを素早く押して、その熱狂したペースを真似ながら話しはじめた。「私たちはこの機能を無効にし、アニメーションなしでカードが現れるようにします」

「ハリウッドやシリコンバレーの精神構造を私たちのフィールドに投入しても、プレイヤーを続けさせることにはならないということが証明されました。実際、それは彼らを飽きさせてしまったのです……誰もがその特定の〈ゾーン〉に入っていきたいのです」と、二〇〇五年にミック・ローマーは感慨深げに語った。[11]「ギャンブルは映画とは違います」。G2Eパネルの進行中、あるカジノ運営者は繰り返しそう言った。「ギャンブルで重要なのは、プレイしつづけることです」。革新的なデジタルの仕掛けが、退屈で、単なる障害にすぎないことに気づいたプレイヤーは、エンジニアとそのエンターテインメントの哲学に立ち向かった。カジノ経営者は、「スイッチを入れてくれますか？　よりも、スイッチを切ってくれますか？　というリクエストを多く受けるようになっている」、とIGTの代表は少し落胆した表情で言う。[12]「人々を楽しませよう」という機能や効果はたいてい、自分たちのセッションが緊迫しているときに奥に引っ込んでいて欲しいとプレイヤーが望むようなものなのだ。「非常に印象的なものを思いついても、あまり利益にはならないのです。というのも、それは多くの場合、ゲームプレイにとって良いものとはまったく関係がないからです」と、『感覚過負荷』と題されたパネルのスピーカーは語る。「人々に〝プレイ続行〟ボタンを与えないと大変なことになります」。[13]

前章で述べたラック・アンバサダー・プログラムは、まさにこの点をついたケースだ。ハラーズ社にシステムの調査と評価を依頼されたコンサルタントは、なぜ設計者の期待どおりにギャンブラーを魅了することができないかについて、私にこう説明した。

負けているプレイヤーをシステムが特定すると、アンバサダーが彼らに近づき、「こんばんは！　今日はついていますか？」と言って彼らに五ドルを提示します。プレイヤーはたいてい、アンバサダーのことを頭がおかしいのではないかと思います。なぜなら、その五ドルを受け取るには、用紙に記入し、一連の手続きを踏まなければならないからです。ある女性はあまりのフラストレーションに、彼らを立ち退かせ、プレイを続けるために、自腹の五ドルをマシンに投入しました。ひどく腹を立てて、その場を立ち去った人もいます。[14]

ラック・アンバサダーのソフトウェアは、個々のプレイセッションを妨害しているということだけでなく、テストを受けている敷地内のカジノ全体のコンピューター・システムを、繰り返しシャットダウンさせるという点でも不合格になった。その間、プレイをひとつも追跡することはできなかった。プレイヤーのポイントカードで運営され、自分たちのプレイが正確に記録され、正しい報酬を受け取ることを顧客が期待しているようなビジネスにとって、これは悲惨なシナリオだ。企業の経営者は、プレイヤーが、実際に自分に近づいてくる生身のラック・アンバサダーにポジティブな反応を示さないという報告よりも、このクラッシュする傾向の方に焦点を当てた。つまり彼らは、システムがクラッシュしないようにすることができればうまくいくと、断固として信じつづけたのだ。「ところが彼らは、自分たちのプレイヤーが何を求めているかについてはわかっていませんでした」と、評価調査員は言う。人々にやる気を起こさせるようなプレイを目指したハラーズ社の革新的プログラムは、まさにプレイを妨害するような方法だったのである。

同じような問題が、ネットワーク・ベースのギャンブルや、それを可能にするコミュニケーションとマーケティングの直接的な形態をめぐる業界内の議論でも取り上げられている。WMS、ハラーズ、IGTで働く役員、キャスリーン・マクローリンは、G2E2008のミーティングで、直接的なマーケティングに対して慎重な態度を示した。「プレイ中の人に話しかけることができるようになるのはすばらしいことですが、プレイの最中に彼らの気をそらすことにならないように注意しなければなりません[15]」。過去には、プレイ中にドラマやスポーツの試合を見ることができたら少しでも長居してもらえるだろうと、マシンに小型テレビモニターを設置したカジノもあったことを、彼女は振り返る。しかし長居するどころか、「人々はチャンネルサーフィンでプレイに集中できなくなり、一平方フィートあたりの利益はダウンして」しまった。ギャンブラーに、押しつけがましいポップアップ広告やフェイスブックのアカウントへのアクセスを提供することは、この負の影響を再現することになる、と彼女は警告する。

バリー社のブルース・ロウも同じく、同僚のマーケティング・イノベーターのあいだに蔓延する斬新なテクノロジーに対する明らかな熱狂ぶりに異を唱える。「技術革新は、私たちのビジネスの主な目的、すなわちマシン利益という目的を抑圧すべきではありません。プレイヤーの主要なゴール――マシンをプレイするというゴールから気をそらせるような機能を彼らの前に置くことは、利益を下げることになりかねません。私たちのビジネスはエンターテインメントにあるのではなく、やはりギャンブルなのです[16]」。彼の同僚であるラミーシュ・スリニヴァサンは、さらに畏敬の念のこもった調子でポイントをついた。「いかなる代価を払っても、神聖であること――ゲームの神聖な特質――は守らなければなりません[17]」。マクローリンは、ギャンブラーが抱く〈ゾーン〉への欲望を尊重することの重要さについて詳しく述べている。

ギャンブルは、私からすれば、衝動的な非理性的行為です。残念なことに、退行したプレイヤーは、耳からも、目からも、邪魔されることを望んでいません。私が見てきたあらゆる研究からすれば、彼らが本当に欲しているのは、プレイして、すべてを忘れ、我を失うことなのです。だから、その集中を妨げる耳からの、目からの合図を彼らに投げかければかけるほど、その衝動——プレイヤーの言葉を借りれば——〈ゾーン〉に入りたいという欲求に、ネガティブな影響を与えることになるのです。[18]

この言葉が明確に示しているように、〝エンターテインメント〟こそ消費者のゴールだとして、内輪のあいだではそれを重視することを強調しているにもかかわらず、多くの業界関係者らは、その最も献身的な顧客の多くが、何か別の経験を求めていることに気づいているのだ——刺激、参加、行為主体であることの喜びではなく、妨害されない〈フロー〉、没入、自己消去に特徴づけられるような経験を。

完全な偶然性

ギャンブラーは、自分の行動がマシンの機能性と見分けがつかなくなるような地点で、最も難なく〈ゾーン〉に入りやすい。彼らはこの地点を、自分の意思とマシンの反応とのあいだのある種の一致だと説明する。「目が画面上のバーの上に整列しているように感じる——そのバーが向きを変え、そして止まるのが見えるの。まるで私の影響下にあるかのように」と、マシンのリールについてローラは語る。「自分がそのバーのまわりを回っていて、どこで止まるかを自分で決めているような感じね」。モリーはビデオポーカーのプレイを、伝達的振動という観点から説明する。「ときどき、私が欲しているものと目の前で起きていることとのあいだに、この振動を感じます」。それは「プレイヤーがマシン上の出来事を〝覆っている〟ような、マシンと同調してプレイしているような感覚だ」と、ギャンブリング心理学者は書いている。[19] ランダルも同じような言葉で、みずからのギャンブリングを音楽演奏、すなわち人と楽器がハーモニーを奏でながら同期して共通のビートを鳴らすことに喩えている。ギャンブラーの決定的な行為がリールをスピンさせたり、カードをめくらせたりしはじめるものの、一方でマシンの反応の即時性が、密閉閉鎖された行為の中で、制御の位置——したがって行為主体がどこにいるのかということが識別できなくなるまでに、人間とマシンを結びつけるのだ。オンライン・デジタルゲームの研究のなかでゲーム学者ゴードン・カレイヤが書いているように、自立した行為として始まることが、「自動的行為と行為者の反応の一部になり」、結果として「自己の感覚が失われていく」のである。[20]

子供のゲームソフトに関する研究で、伊藤瑞子は、制御機能のもと自分が意図していることを行うことと、ゲーム中に自己を失う感覚とのあいだに起こる、直感に反した関係について詳しく調査している。伊藤は、「効果の生成をコントロールし、操ることができるという経験を与える相互作用と聴覚からの特別な効果」を備えたゲーム設計に向かう傾向に言及し、こうした効果は、受動的というよりも能動的な参加を促すように見えるが、実際は内省的な意思決定よりも没入的な自動性の状態をもたらす傾向があり、これがプレイヤーとゲームとのあいだの境界をあいまいにしていると述べている。[21] 伊藤はさらに、プレイヤーはこれを〝独自の反応〟によっておこない、それが「あまりに強制的な方法でユーザーの行為を誇張し、演出するために、彼を他者から切り離し、マシンとの違和感を消し去ってしまう」と主張する。[22] シェリー・タークルが初期のビデオゲームに関する重要な研究のなかで書いているように、「自分が触れるものに瞬間的に、正確に反応するゲーム経験、またはそれ自体が常にその反応と一致しているコンピューター経験が優位に立つことになるだろう[23]」

即時性、正確性、反応の一貫性――マシン・ギャンブリングにおけるプレイヤーの刺激要因とゲーム反応のほぼ完全な一致は、〝完全な偶然性〟の一例として理解することができる。子どもの発達に関する文献のなかで発展したこの概念は、ある行為とその行為に対する外的反応とのあいだの完全な整列状態を説明するもので、ここではその二つを分け隔てるものは崩壊する。精神分析学者D・W・ウィニコットは、初期の乳児期を、彼らの必要性、希望、ジェスチャーに対する母親の反応の途切れのない適応から引き出される、母体との見かけの融合状態（その延長線上で考えると、より広い環境への融合状態）として記している。時が経ち、母親がしだいにその反応の即時性を弱めるにつれて――別の言葉で言えば、その共時性の完全さが薄れるにつれて――乳児はしだいに、自分は世界を魔法のようにコントロールすることはできないということを受け入れ、不安や予測不可能性、フラストレーション、他者と効果的に関係を持つために不可欠な段階に耐えることを学んでいく[24]。子供の発育に関する研究者は長いあいだ、生後三ヵ月以上の乳幼児は〝不完全な随伴性〟をより好むようになり、そこでは環境的反応は、強さ、感情、テンポの点で自分自身の音声や身振りによる行為に近いとはいえ、完全には一致しないと述べてきた。自閉症の子供は例外だ。彼らは外因性の存在がそれ自身の活力を示すような何かをおこなうときも不安定な状態のままであり、特に社会的随伴性、すなわち相手の見方や意図の予測不可能性に我慢できない。同一性、反復、リズム、ルーティンを好む彼らは、身体をゆすったり左右に揺り動かしたりといった、循環する、自己発生的で完全な偶然性や、ボールをついたり、ボタンを押しつづけたりなど、ほぼ完全な刺激反応型の随伴性を可能にするオブジェクトベースの相互作用へと引きこもっていく[25]。

また、ビデオゲームのなかでも特に複雑な知識を必要としない、インプットとアウトプットを繰り返すだけのループで構成され、その「戦術上の運動感覚的操作が非常にシンプルで、互いに密接に結びついているような」ゲームへの過度な没入現象の本質を自閉症に見る者もいる（スペースインベーダーのようなシンプルなゲームがその一例だ）[26]。展開する社会的物語に複数の参加者を関わらせるオンラインのロールプレイング・ゲームでさえ、予測可能なインプット／アウトプット・スクリプトを含む限定された双方向プロセスのきっかけを与える。その間、プレイヤーは観察され、「機械的な操作上のプレイに落ち着き」、あるゲーム研究者が述べたような「機能的自閉症」になっていく[27]。伊藤も同様に、子供向けのゲームソフトは「どこか反社会的で、しばしば［他人を］犠牲にしてまで、プレイヤーとマシンの密接な結びつきに依存する」ようなプレイを促進する可能性があると述べている[28]。「会話が融合に取って代わられる」とタークルは指摘する[29]。ビデオゲームは金銭的な賭けを伴うことはないが、そのプロセス上の特徴は、集中的なマシン・ギャンブリングと比較するに値する――いずれもリスクを味わったり、金を儲けたりするスリルというよりも、〈ゾーン〉の感情的釣り合いに関わる活動だからである（次章で見るように、これは、金銭がプレイヤーとマシンとの出会いとは無関係だという意味ではない）。

現代のギャンブリング・マシンの操作ロジック、容量的アフォーダンス、相互作用的リズムは、タークルの言葉を借りれば、「コンピューターによる特異性」をマシンに与え、これによりマシンは、完全な随伴性という〝機能的自閉症〟への後退に特に適した手段となる。乱数発生器のパルスで形成される、余分な装備を取り除いたクリーンな回路、勝つか負けるかという決断の二元性、それらの決断を示すクレジットメーターの上昇と下降、その規則的な変動に対するギャンブラーの懸念、そしてギャンブラーの指が叩くリズム……これらはギャンブル行為を、その数学的、認知的、感覚的な基本原理へと帰着させる。第四章で示したとおり、入念に較正された支払いスケジュールは、潜在的に「ガタガタ揺れる乗り心地」を「滑らかな乗り心地」に変え、分離的な偶然の出来事を、小さな勝利の継続的でおぼろげな記憶で覆い隠す。リピート・プレイヤーは即座に、こうした出来事を断絶として記録することをやめるか、あるいはそれらを自分の性向と区別することさえやめる。物事が自動的に、「あたかも魔法のように」起こっているかのように見えてくる、とチクセントミハイは〈フロー〉について記している。「催眠術をかけられて、マシンそのものになってしまったという感じね」と、ローラは私に話した。「まるで自分自身と戦っているみたい。あなたはマシン、マシンはあなた、っていうように」。マシンとの違和感があまりに効果的に消滅するため、ギャンブラーの没入は、ある限られた時間内にほぼ完全なものとなる。

ハラーズ社の副社長は二〇〇六年のG2Eの聴衆に向かって、技術革新についてこう語った。「この魔法への鍵は、どのようにテクノロジーを利用して顧客の好みに作用させ、(同時に)それをできる限り不可視のもの——私が「オートマジック」と呼ぶもの——にして経験させることができるか、その方法を見つけ出すことです」[30]。二〇〇八年に、彼は続けてこう述べている。設計者は、「インバウンド／アウトバウンド・チャネルのようなものによって、オートマジカルに何かを引き起こす」ビジネスに関わっている[31]。プレイの〈フロー〉が、無関係で過度な刺激によって阻害されるとき、ギャンブラーはそれらに作用するメカニズムを十二分に承知しているため、〈ゾーン〉に没入する魔法が解ける。最も効果的な設計は、ギャンブラーの経験を仲介する装置に対する彼らの意識をなんとか最小限に抑え、技術哲学者ドン・イーデが「他者関係」と呼ぶところのもの、すなわち技術的なものは自分とはまったく別個のものであるという感覚を弱めることだ[32]。第三章で見たように、この関係は、ギャンブリング・マシンの見せかけの快活さと、そのチャンスの到来にプレイヤーを引き込む初期の高揚段階において重要な役割を果たす。しかしプレイを繰り返すうちに、イーデが「肉体化された関係」と呼ぶものに近い何かが、マシンの他者性の感覚に取って代わる。この関係性のなかで人は、テクノロジーによるものが自分自身の認知的・運動的能力の拡張だと感じる。「マシンは肉体的なベクトルに沿って完成され、人間の知覚と行動に合わせて変えられていく」。イーデは、肉体化の感覚を促進するように設計されたテクノロジーについてそう書いている。「不可視性や透明性、そしてこのテクノロジーが許容する、その人自身の肉体的感覚の延長に近づけば近づくほど良い[33]」。「もはや自分の手がマシンに触れているという感覚すらなくなるところまで来ています」とランダルは私に話した。「プレイをしていると、マシンとつながっているような感覚になります。マシンは自分の延長で、誰も私をマシンから物理的に引き離すことはできないという感覚です」

結びつきと肉体的延長というイーデとランダルの話から逸れるマシンギャンブラーの最も極端な例は、肉体的な出口という観点から説明し、「肉体化」というよりも「脱肉体化」のほうが、自分とテクノロジーとの関係性を、より良く示す言葉としてふさわしいとするものだ。たとえば、イザベラという名のある保険外交員は、〈ゾーン〉に入ることを、テレビのSF番組の登場人物がビデオスクリーンのなかに吸い込まれていく様子になぞらえている。「テレビでは、これは牽引——肉体が実際にスクリーンのなかに消えていき、コンピューターゲームのなかを通過していく——と表現されています。これこそマシン・

ギャンブリングにも言えることです。そこにいるあいだ、私は存在しない――どこかに行ってしまっているという感覚です」と。ローラも同様に自分の肉体から離れ、牽引のような力によってマシンのなかに入っていった経験について話した。「スクリーンに入ると、それが磁石のように私を引き込むの。自分はマシンの向こう側にいて、そのなかを、カードのなかを、歩き回っているような感じ」。彼女は続けてこう語る。「私の肉体はそこに、マシンの外側にあるのに、同時にマシンの内側にもあって、キングとクィーンが逆さまになった内部にいるようだった」。皮肉にも、プレイヤー中心の設計が、ギャンブラーの感覚と肉体に向ける最大の関心――人間の自然な姿勢に合わせて形作られた人間工学的なシートとコンソール、没入できる音響効果、指に反応して取引確認ができる容量性のタッチスクリーン――は、プレイヤーの感覚的・肉体的意識を弱め、電子プレイの継続性が有機体の物理的・時間的継続性に取って代わる〈ゾーン〉に彼らを停滞させる効果がある。(34)

コンソールやスクリーン、ゲームのプロセスが、〈ゾーン〉状態を継続的に可能にしているときでさえ、その背景に後退するのはプレイヤーの肉体だけではない。マシンのボディも後退する。「マシンは実はそこには存在していないとも言えます」とジュリーは説明する。「最初はマシンが重要です。なぜならそれを見ているのですから。ところがプレイするにつれて、マシンはどんどん重要性を失っていく。まずはマシンから、次にカード――どのカードをキープするか――、そしてゲームの順で重要性を失い、最後は、ただゲームをするだけになる」。マシンがもつ当初の他者性は、カードを選ぶプレイヤーの初期の行為主体性と共にプレイの〈ゾーン〉へと消えていく。「物理的なマシン、物理的なプレイヤーは存在しない」と、タークルは書いている。プレイヤーは、ゲームを実行するのではなく、ゲームになっていくのだ。[35] これが起こるのは、ギャンブラーが〈ゾーン〉に入る瞬間——すなわち、他者性と行為主体性が後退していく瞬間である。

オートプレイ

多くのギャンブラー依存症者が気づいているのは、〈ゾーン〉に入って「ゲームそのものになる」という感覚を達成するため、時間が経つにつれてどんどんマシンとの相互関係を必要としなくなるということだ。二つか三つのハンドでプレイするだけ、もしくはただマシンにコインを入れるだけでいいという境地にたどり着く人もいるという。「ほとんど自動的」だとナンシーは言う。「最初の一押しで、私という存在は消えるんです」

オーストラリアの多くのスロットマシンが備える〈オートプレイ〉機能は、ナンシーが説明したような自動性を文字通りに解釈し、この機能によってプレイヤーは、そこに金をつぎ込んで自分のクレジットが登録されるのを待ち、それからボタンを押したりスクリーンをタッチしたりして、ゲーム「それ自体がプレイする」ことを可能にする。（ビデオポーカー・ゲームにも〈オートホールド〉と呼ばれる同様の機能があり、これは、最初に配られたカードのなかからどれをキープするかを決める作業を、マシンそのものに任せるというものだ。[36]）〈オートプレイ〉機能がマシンに正式に提供されていないような区域では、クレジットをマシンにロードし、継続的にプレイするように〈スピン〉ボタンに楊枝を詰め込むなどして、どうにか〈オートプレイ〉を再現しようとするギャンブラーもいる。ここでは、ゲーム開発者が現代のゲームを差別化するものと主張する選択と挑戦という要素が——今やプレイヤーは、自分でレバーを引くことすらしないということを除けば——従来のスロットマシンの生のままのチャンスへと逆戻りしている。その代わり、彼らはただ、クレジットメーターが上がったり下がったりするのを見つめるだけだ（これは、テクノロジーの自動性の増大を説いたジャック・エリュールの次のような意見を想起させる。「人間は触媒レベルにまで姿を変えてしまった……彼はそこに参加せずに操作を開始する」）。

これまで、参加という機能が、自己を消滅させるプレイの〈フロー〉にギャンブラーをどのように引き込むかについて考察してきた。たとえ参加の程度がほぼゼロにまで縮小しても、最初から個々の行為主体性の剥奪を伴う〈オートプレイ〉は、マシン・ギャンブリングがどのようにプレイを強制しつづけることができるかについての教訓的実例を示す。ゲームを制御する行為主体がもはや存在しないように見えるとき——すなわち、プレイが〈オートプレイ〉になるとき——のマシン・ギャンブリングを解明しようとする設計者の努力は、刺激的なエンターテインメントというレトリックと、〈ゾーン〉のリズミカルな継続性を望むプレイヤーの好みとのあいだの矛盾の顕れである。「〈オートプレイ〉にはエンターテインメント性はありません」とガードナー・グラウトは言う。「それは純粋なチャンスに過ぎない——キャッシャーにお金をわたして計算機を持たせ、これが勝った分、これが負けた分と言わせているのと同じことです」。ゲームの未来は、楽しむこと、関わり合うこと、プレイヤーが参加することだと私に話したプレイターに、オーストラリア製のマシンが備えるオートプレイ機能の魅力をどう説明するかと尋ねたところ、彼はしばらくあいだをおいてから、「どう説明したらいいかわからない」と答え、次のように続けた。

そのなかにはラスヴェガスのローカル市場はほんの少ししかないと思います。ビデオポーカーのプレイヤーを見たことがあるでしょう［彼は何度も指でテーブルを叩き、目を大きく見開いてじっと前を見ている］。そうしたプレイヤーは、エンターテインメントにもボーナスにも興味がないのです。実際、ボーナスに邪魔されていると言ってもいい。彼らは実に速い。トリプルプレイして、ゲームを眺め、あっという間に立ち去ります［と言って彼はテーブルを叩く］——自動的にね……

その声が小さくなるにつれて、私は、彼が引き合いに出したたとえの意味がよくわからないと伝えた。彼は、地元のビデオポーカー・プレイヤーは、マシン・ギャンブリングの選択とスキルを行使しようとしていると言っていなかったか？　それなのに今度は、彼らは〈オートプレイ〉のように、自分では決断を下さないと言おうとしているのか？

いや、違います。彼らは自分で決断します——実際、すべてが選択と決断の問題です。でもそれは……それは、いかにもそう見えないようにプレイボタンにマッチ棒を詰め込むといったようなことです……［長い沈黙］……彼らが何のためにプレイしているのかを説明するのは難しい。ある種の〈オートプレイ〉のように、ただ単にプレイしているだけのように見えるときもあります。［彼は両方の指でテーブルを小刻みに叩いた］

ランディ・アダムズも同様に、ビデオポーカーに関する論文のなかで、その自動的な性質と行為主体的な性質とを結びつけている。一方で「それは、意思決定プロセスを伴うがゆえにユニークなゲームで――どのカードを選ぶかで違いが出て、それが刺激的で挑戦的で楽しい」という。他方では「個人的なリズムとパターン、つまり〈ゾーン〉アウトを展開する可能性の方がもっと高い」。ビデオポーカーに関する設計者の説明に見られる矛盾は、地元のリピート・プレイヤーの二つの相反する見解に対応している。こうしたプレイヤーは、プレイに最高レベルの困難さと自動性を求めるがゆえにビデオポーカーを選択する知識あるエキスパートであると同時に、それ自体の継続性以外には目的をもたず、操られるがまま受動的な方法でギャンブルをするプレイヤーでもある。この二種類のプレイヤーは、結局はひとりの同一人物であり、この謎がプレイターを悩ませている。伝えるための言葉も数字も見つからないものを伝達するために、彼は支払い明細書と確率の会計報告書が散在するテーブルの上を、高速で叩いてリズムをとっている。

みずからのギャンブル行為について話すとき、プレイターはこの現象をもっとうまく話すことができる。エンターテインメント以外の何かを最大化するようなゲームを垣間見た罪深さを打ち明けようと、プレイターは、カジノフロアの実地調査をしているあいだに彼がついやってしまう、ある奇妙な行動について話す。

ボーナスゲームが取れるまで、二〇ドル、四〇ドルとコインを入れていって、どうなるか見守ります。コインがかさむ、こうした新しいゲームで、三〇コイン分をゲットして〈もう一度プレイ〉機能を使うことに罪の意識が働くとしても……［ここで彼はテーブルを繰り返し叩く］このときすぐにプレイボタンを押すとクレジットが自動的に一斉登録されるため、ひとつひとつ蓄積するのを待つ代わりにギャンブルを続けることができる。だから、自分の勝利を喜ぶことすらない――実際私は、その喜びの時間を割愛してまでゲームに戻りたいのです。

プレイターと同様、いったんプレイヤーが〈ゾーン〉に没入すると、最初に彼らを引き込んだ審美的で興奮するような〝容量性〟の機能はどうでもよくなる。操作の〈フロー〉が、行為主体であることの喜びを却下する。「それ以上、実際にプレイを見ないような領域にまで到達する」とランダルは言う。「私は〈オートパイロット〉を続けています。かつてジャックポットを獲ったときは、それがどんなカードだったかさえわかっていませんでした」

自動性に対する性向は、個々のプレイセッションだけでなく、マシンプレイに対する反復プレイヤーの継時的な方向性にも明らかに見て取れる。「衝動的になると、当初のようにゲームに刺激も挑戦も感じなくなります」とアダムズは言う。「だからこそ、最近のビデオポーカーは退化して、ビデオキノ［ロト宝くじ風ギャンブル］に切り替えているんです。それはほとんどやることがなくて、すべてがオートマチックだから」。彼が言うように、衝動的ギャンブリングと非衝動的ギャンブリングは、同じ連続体に当てはまる。つまり、プレイヤーは反復プレイによって衝動的「になり」、より完全かつ迅速に〈ゾーン〉に入ることができるゲームやプレイモードに「切り替える」のだ。

ビデオポーカー依存症の末期の頃、シャロンはみずから〈オートプレイ〉形式を編みだした。

カードを見ようともしませんでした。ただお金を入れて、クレジットをもらって、ボタンを押すということを大急ぎで繰り返していました。カードを配って、引いて、マックスベットする――配って引いてマックスベット、この繰り返し（「マックスベット」とは、一ハンドにつき最大クレジットを選択するボタンを指す）。ただクレジットメーターが上がったり下がったりするのを見ているだけです。勝ってメーターが上がると、こう考えます。すべてのお金を使い果たすまでに、いったい何回このボタンを押すことになるだろう、と。当初自分を引き込んだすべてのもの――スクリーン、選択、意思決定、スキル――は、すべて剥ぎ取られます。

基本的に、シャロンはビデオポーカーを単純化し、それを純粋にランダムなスロットマシンに変える方法を見つけたということだ。最初に彼女をこのゲームに引き込んだ制御的要素を避けて通ることで、彼女は制御不能な確率論的チャンスの流れに身を委ねたのである（トマス・マラビーの言葉を借りれば、彼女は〝行為遂行的随伴性〟を〝純粋な随伴性〟と引き換えたのだ[37]）。乱数発生器に勝つために賭けをする行為主体であることをやめた彼女は、自分のプレイがまさに文字通りマシンのプレイになるように、そのデジタルな手順に自分を一致させたのである。

一九九一年の論文「サイボーグ宣言」［初出は一九八五年］のなかで、テクノロジー理論家ダナ・ハラウェイはこう述べている。人間はテクノロジーとあまりに深く絡み合いすぎたため、単に本来の有機的存在としてだけでなく、〝サイバネティック・オーガニズム〟、すなわちサイボーグとしてもみなすべきである。つまり、その「自然な」側面は、フィードバックを与え、それを変えていくテクノロジー的側面と常に背中合わせになっている存在ということだ[38]。同時に、人類はテクノロジーにまったく束縛を受けないときに最も真正であるという考え方を退け、生物学的・軍事的テクノロジーや情報テクノロジーが私たちを脅かすかもしれないという脅威を認識するハラウェイは、マシンにしだいに巻き込まれていくことが、世界との、互いの、そして私たち自身との共生的関係性の発展を犠牲にするものであってはならないと強調する。「マシンは人工補充型の装置であり、親密な構成要素であり、フレンドリーな自己になり得る」と、彼女は用心深い楽観主義をもって記している[39]。

プレイヤー中心のギャンブリング装置についてはどうか？　これまで見てきたように、その親密でフレンドリーな序章にもかかわらず、より速く、より長く、より集中的な賭けを目指す台本は、リピート・プレイヤーを、チクセントミハイが〈フロー〉の理想的結果とした〝自己実現〟ではなく、自己清算への軌道に載せる。マシン・ギャンブリング依存を特徴づける、止まることのない〈フロー〉、すなわち〝後ろ向きな逃避〟は、もっぱらプレイヤーのモチベーションの一機能であるとは限らない。それは、そのプログラムに従う双方向のパラメーターが、戦術上の行為遂行的即興をギャンブラーにほとんど許さないようなマシンの構成にも関係がある。屋外の不安定な運動場ではなく、屋内ジムにあるトレッドミルの均一なゴムベルトの上を走るのと同じように、ギャンブリング・マシンとの相互作用は、ギャンブラーが主体的に「プレイ」する余地をほぼ残すことはない。その代わりに、マシンはプレイヤーのあらゆる動きを予測・測定し、それに応答し、ゲームの可能性をきっちりと管理し、ひとつの決まった方向に動きを合わせるのだ。これは活気ある拡張的なものではなく、チクセントミハイが記した経験、もしくはハラウェイが「サイボーグ宣言」のなかで想像した、象徴的な結合を可能にするものでもない。むしろ、罠にかけられるような、究極的には消滅させるような、マシンとプレイヤーの出会いなのである。

ギャンブラーがマシンプレイに長く持ちこたえるほど、エネルギー、リソース、バイタリティが枯渇した出会いを切り抜ける可能性が高くなる。この枯渇はプレイヤーの銀行口座に、そしてその物理的な肉体にも表れる。前述のローラは、自分の身体が何か物質的な抜け殻のようだったと話した。「私の身体はそこに、マシンの外側にあった」。こうして放置された彼女の身体は、それ自体で機能し、表われつづけた――時には絶望的なまでに。プレイセッション中、彼女は無意識のうちに嘔吐してシャツを汚したことが二回あり、失禁したこともあるという。ロバート・ハンターは、マシンに没頭していると自分の身体を意識しなくなることを知っていて、それに備えていたという元患者のことを話してくれた。「彼女は七五歳の魅力的な女性で、平均七二時間ギャンブルをしていました。二重になった暗い色のウールパンツをよく履いていたので、何度か失禁しても誰にも気づかれなかったんです」。ピートという名の、糖尿病を患う元消防士は、プレイ中に血糖値が下がるのを感じたが、清算してプレイをやめることができなかった日のことを思い起こす。そこにさらに三時間居座って、クレジットを使い果たす頃には、糖尿病性の昏睡状態に陥ったという。ボー・バーンハードが、ハンターと共に働いていた診療所の報告に書いているように、マシンプレイがギャンブラーの肉体に与える影響は、一度にたくさんというよりも累積的である。「二人（のギャンブラー）は、ビデオポーカーのしすぎで手根管症候群――プレイする方の右腕の動作等級は一五程度――を患っています。ビデオ・ギャンブル依存症について話をするときは、人間の身体の限界への挑戦についても話します[40]」

これらのケースは、個々のギャンブラーの病理学的過剰を示す以上のことをしている。ギャンブルの相互作用を仲介するテクノロジーの詳細な説明と共に考えるとき、これらは、こうしたテクノロジーがその行き過ぎを助長し、体裁を整え、増幅する上で果たす役割を解く手がかりを与える。「終わりのない、過度のギャンブルの機会は、テクノロジーの設計上・構造上の特徴に組み込まれる（ギャンブリング・マシンの）消費の基本構造となっている」と心理学者マーク・ディッカーソンは言う[41]。確かに、集中的な没入と肉体的意識の減退は、多くの活動に特徴的なものであり、そのすべてにテクノロジーそのものが関わっているわけではない。「トーナメント中のチェス・プレイヤーは、割れるような頭痛や破裂しそうな膀胱に、たいてい何時間も気づかない」と、チクセントミハイは報告している。「ゲームが終わってようやく、身体の状態に対する意識が戻ってくるのだ[42]」。しかしチェスや、儀式での意識朦朧状態、外科手術の施行など、自然な終末点を持つものとは異なり、マシン・ギャンブリングは、その唯一の確かな結末がギャンブラーの資金の枯渇であるという、潜在的に無尽蔵な活動なのである。マシンの操作ロジックは、ギャンブラーをその結末――ゲーム専門家が「絶滅」と呼ぶポイント――に到達するまで座らせておくような方法でプログラミングされている。

時に業界の専門家は不注意にも、〝ゲーム（ギャンブル）の継続的な生産性〟を目指す設計台本の基礎となる倒錯したロジックと、その潜在的に悲惨な結果を露呈している。一九九八年におこなった未来のギャンブリング・テクノロジーの見直しへのばかげた序章として、業界誌《グローバル・ゲーミング・ビジネス》の編集者フランク・レガートは未来を予測する説明のなかで、ギャンブラーが奴隷である限り、業界がギャンブラーにプレイさせることができると言った。

昨夜、私はスロットマシンに鎖でつながれている夢を見た。永遠にスピンをし、強制的に金を入れつづけさせられるのだ。誰かがスロットの前にいる私のところまで食事を運んでくれる……自分のすべての銀行口座から最後の一ペニーが搾り取られるまで――または死ぬまで――どちらが先に来ようとも、そこを離れることは許されなかった。未来のカジノにおけるすべては、人の尻をスロットの椅子に座らせつづけ、絶え間なくお金をつぎ込ませるように設計されるようになるだろう。「肉体的機能の問題」についてはどうか？　きっとそのことも考えるに違いない。「ジャック・ポッティ」とか、もしかしたら「ハンドル・プル・ハギーズ」なんていうものが、ギフトショップで売られるようになるかもしれない。(43)

本書の冒頭で考察した、カジノで芽生えようとしているインハウスのAEDを使った実験を無意識のうちに引き合いに出しながら、レガートはこの説明を次のような言葉で締めくくった。「自動化されたCPR（心臓蘇生法）が思い浮かぶ……スロットの参加者を救急医療隊員に見立てて訓練する。心臓発作が起こりそうだと思ったら、スロット・コンソールの〝平らに寝かせる〟ボタンを押すのだ」。そのユーモラスなトーンとは裏腹に、自動化されたギャンブリングに対するレガートのディストピア的なビジョンは、業界の利益追及プロジェクト――彼が言う「強要された」プレイや、マシンに「鎖で繋がれた」状態と区別されるプレイヤー中心の配慮によっても妨害されるようなプロジェクト――の暗黒面を指摘する。ギャンブリング・マシンが特定のユーザーのインプットに合わせて、それに対応するアウトプットを作り変えることに長けてくるにつれて、こうしたユーザーはますます、みずからの「絶滅」のなかで結託しながら、自分たちのために企てられたコースを最後までやり抜くことを余儀なくされるのだ。

第三部　依存症《アディクション》

〝底を極めた〟アルコール依存症者のパニックは、自分がコントロールしていたと思っていた乗り物がいきなり暴走しはじめたことを知った人間のパニックと、同じである。ブレーキだと思っていたものを踏んだとたん、乗り物は逆にスピードを増してしまう。それはシステム、つまり自分と乗り物を加えたシステムが、自分よりも大きいということを知ったことによるパニックなのである。……彼の認識論的な〝自己制御〟は破綻してしまったことになる。

――グレゴリー・ベイトソン

「自己なるもののサイバネティクス――アルコール依存症の論理」

コンビニエンス・ギャンブリング

午前一時、スーパーマーケット〈ラッキーズ〉

青いガラスのスライドドアを開けて、ひとりの客がスーパーの玄関通路に入ってくる。その両側には二〇台のビデオポーカー・マシンが並んでいて、彼女はそのうちの一台の前に座る。スロット・コーナーの隅にあるハイ・デスクの椅子についていたジャンが、引き出しを開けて今日のジャックポットの記録を見ると、その客に声をかける。「ベティ、そいつは今日、三回ヒットがあったわ。四時にはロイヤルフラッシュが出たの！」ベティは別のマシンに移っていった。

ジャンは四〇代の丸々とした女性だ。茶色のカーリーヘアを短く刈り、メガネをかけて、歯には矯正用の器具をつけている。この二年、午後一一時から午前七時までの深夜勤務で両替係をしてきた。「常連のほとんどは夜に来るわね」と彼女は教えてくれた。「目的は買い物じゃなくて、プレイすること」。大多数は女性で、しかも孤独な人たちだとジャンは推測している。お互いに会話をするんだろうかと聞いてみたが、午後一一時から午前三時のあいだにちょっとだけおしゃべりをするひと握りの人たちを除くと、ほとんどは黙りこくっている。ある年輩の女性は、病気の夫が家にいるのだが、夜眠れないため、スーパーの電話番号を夫のナイトスタンドの上に置いて、ギャンブルをしに来るのだという。別の女性は、いつも午前三時に四人の子供とやってくる。子供たちはストアの中へ買い物に行くか、ベンチに座って、プレイ中の彼女の気を引こうとして声を上げる。

先週、新顔の客が三日続けてプレイした。ジャンが火曜日のシフトに入ったころ来店して、彼女が木曜日のシフトを終えるまでいたのだ。「ぱりっとした服装で、不動産ブローカーか何かみたいなんだけど、一度だって着替えもしなけりゃ、うちに帰りもしなかった。何度か店に入って、カッテージチーズやらコーヒーやらクラッカーやら買ってね」。その女性は三枚のクレジットカードを限度額いっぱいまで使い、翌朝銀行が営業開始するまで待たなくてはならなくなったので、とうとう立ち去った。

ジャンのお気に入りの客は、〈ストラトスフィア〉カジノに勤める若いウェイトレスだ。子供のころピアノを習っていた彼女は、一度に二台のマシンを、まるでピアノを弾くようにプレイする。「何時間でも眺めていられるわよ」とジャン。「指がすごく優雅に、ボタンの上をすべるように動くの」。彼女はかすかに笑みを浮かべ、あたかもその指使いを見守ってでもいるかのように、眼鏡越しにマシンの列をじっと見通した。

午後四時、スーパーマーケット〈スミスズ〉

ブロンドに染めた髪がかわいらしい五〇代のマージは、たっぷりサイズのきらめく青いセーター姿でゴールドの輪っかのイヤリングをつけ、ベレー帽をややかしげてかぶっている。〈スミスズ〉で両替係として働いて一〇年。客がどのマシンを選ぶか、どのくらいの時間プレイするか、予測がつくようになった。一度に何日間もプレイする客もいる。彼女がシフトにつこうとすると、前回のシフトで見た客がそのままマシンの前にいるのだ。きのうはカートいっぱいに買いものをした女性客が、あり金を全部すってしまい、買ったものをそっくり返品して、戻してもらった金までマシンにつぎ込んだ。男性客が連れてきた幼児が二人、はだしで店内を走り回っていた。従業員たちが何度も連れ戻すのだが、二人はカートから抜け出しては、またどこかへ行ってしまう。父親はもう帰るからと口約束を繰り返しながら、いっこうに帰ろうとしない。「自分のまわりで何が起きているのかわかっているはずなのに。小さいほうの子が駐車場に駆け出してって、私、警察を呼ぶって脅しました。その人に、うちに帰って誰かに子守りを頼みなさい、そのマシンを押さえておいてあげるからって言ったわ」

ギャンブルをするためラスヴェガスに引っ越してきたマージは、仕事のない日にビデオポーカーをプレイする。〈スミスズ〉がアンカー・ゲーミング社のマシンで営業しているので、彼女が同社のマシンをリースしている施設でプレイするのは許されない。でも問題はない。彼女はカジノの環境のほうが好みだから。「食料品店やガソリンスタンドだと、おしゃべりが多すぎて。プレイ中に知り合いにあいさつしたり、おしゃべりしたりしたくないの。無名の客でいるほうがいい」

午後二時、ドラッグストア〈サヴォン〉

やせこけたバーニーは、自分で七〇歳と言うわりには元気そうで、目が覚めるように赤いぶかぶかの両替係ベストを着て、幽霊のようにふらふら動く。ラスヴェガスに移り住んでそれほど長くない彼が、ドラッグストア〈サヴォン〉のスロットセクションで働くようになって、三カ月になる。骨と皮ばかりの人指し指を、店の入り口近く、馬蹄形に寄り集まるビデオポーカー・マシンのほうへ伸ばす。ギャンブラーたちが無言で青い画面に集中している。「おれもよくポーカーをやったもんだ。ライブのポーカーだよ、人間相手の。ちょっとしたもんだった。勝てた。だが、マシン相手のポーカーってのは、勝つもんじゃないいな」客たちを長いこと見つめてから、涙っぽい目を私に向けた。「もっと運命に向かってまっしぐらだ」

午前一一時、メリーランド・パークウェイ上の簡易食堂《ダイナー》

O・Bはランチ・カウンターで私の何席かむこうの椅子に座り、一ロール〔四〇枚〕の二五セント硬貨を辛抱強く待っている。ダイナーの小さなロビーに置かれたマシンでビデオポーカーのプレイを続けようとして。頬に一枚だけ貼ったバンドエイドが、角ばった金縁の大きな眼鏡で拡大されている。ゴールドのネックレス、ボタンダウンシャツにブレザー、セミフレアのウエスタンパンツにカウボーイブーツという格好だ。脚を前に伸ばして、やや前のめりの姿勢で、足首を交差させ、両手を膝の上で握り合わせている。自己紹介がてら、顔の絆創膏の説明をしてくれた。前日の午後、腫瘍をとってもらったそうだ。「ガンになるリスクがあるってことだが、とったらとったで傷跡が残るリスクもあるってこった」。O・Bは笑いながら両手を上げる。片方は大きくて薄茶色の毛が生え、ゴールドの指輪をつけた小麦色の手。もう片方は小さくて毛も生えていない、部分的にしか成長していないピンク色の手だ。「おれは傷跡のことなら何でもござれだからね」と言って、小さな手を大きいほうの手の中に戻し、両手を膝に置く。「だから彼女に言ってやったんだ、さっさととっちまってくれって」

南カリフォルニアのボウリング・チャンピオンだった若いころ、その身体障害から彼は〝片腕の山賊〟［スロットマシンをあらわす俗語。レバーを腕に見立てたもの］の異名をとった。縮めてO・Bだ。やがてスロットマシンに依存するようになり、その名にもうひとつ皮肉な意味が加わったのが彼にはこたえた。その皮肉のほかにも、ボウリングとマシン・プレイのあいだにはつながるものがあると気づいた。「あのころは、悩みがあったらレーンに向かってゲームに集中したり、友人たちとしゃべったりしたものだった。今のおれは、悩みがあったらここへ来る――ここか、ガソリンスタンドか、カジノか――ビデオポーカーをプレイしにね。忘れるために、放心状態になるために」。彼が忘れたいものとは、どうしようもない孤独、成人した息子との張りつめた関係、薬物依存、そして自宅で彼を待ち受けている状況。病に倒れて寝たきりになった友人を、彼がたったひとりで介護しているのだ。「いわば、おれにとってマシンは恋人であり、友人であり、デートの相手でもある――だけどほんとは、そんなもんじゃない。掃除機だよ。おれから人生を吸い込む、人生からおれを吸い込むんだ」

第七章　ギャンブルですってんてん　人生の清算

緑色の目と黒っぽい髪をもつパッツィは四〇代で、彼女がギャンブルを始めたのは、一九八〇年代にネリス空軍基地への再駐留を命じられた軍士官の夫とともにカリフォルニアからラスヴェガスに越してきて、まもなくのことだった。ラスヴェガスではビデオ・ポーカー・マシンが一九七〇年代後半にギャンブル市場に進出しており、パッツィはスーパーマーケットに買い物に行ってそのマシンに出会った。「夫から食べものや牛乳を買うお金をもらっていくのですが、いつも入口でマシンにつかまり、二〇分ほどでお金は全部なくなりました……お金だけじゃなくて私自身もなくなりました。画面の中の〈ゾーン〉に入りこんで、消えるのです」

一〇年後、パッツィのギャンブル依存は進行し、仕事に出かける前、昼食事、休憩時間、仕事のあと、週末は一日中、ビデオ・ポーカー・ゲームをプレイするようになった。「私の人生はマシンを中心に回っていました。食事のときまで」。彼女は、私と会ったギャンブラーズ・アノニマスのミーティングの会場外で、思い出しながら話した。パッツィが夫と娘と三人で食事するのは、カジノで待ち合わせたときだけで、その場合も急いで食事を済ませると手洗いに行くといって席をはずし、ギャンブルをしにいった。たいていはひとりでギャンブルをして、駐車場に駐めたバンの中で眠った。「マシンの夢を見ました。夜通し数字を打ちこんでいました」。ひとりで食べ、ひとりで眠り、パッツィはある種のリビドーの自律を獲得した。彼女の時間も、社会的交流も、夢も、ギャンブル中心のものになっていた。「プレイしていないとき、私の全存在はあの〈ゾーン〉に戻ることだけを目指しました。あれはマシン・ライフだったんです」

オランダ人歴史家ヨハン・ホイジンガは、一九三〇年代後半、遊びは「〝実生活〟から一時的に、まったく独自の活動領域へと踏み出すこと」を伴うと書いた。彼はその領域を〝マジックサークル（魔法円）〟と呼ぶこともあった。[1] その二〇年後、アーヴィング・ゴッフマンは、遊びと実生活はそれほど分かれた関係ではないとして、運が左右するゲームは、「われわれを人生の可能性の体験にどっぷり浸からせることによって」人生の予行演習をさせる〝世界を構築する活動〟だと見なした。[2] ミハイ・チクセントミハイと共同執筆者は一九七一年、二者のアプローチをとりいれて、「運が左右するゲームでは、物理的な道具やルールによって、プレイヤーが予想可能なやり方で取り組めるリアリティの範囲がうまく設定されている……プレイヤーはゲームの可能性を予測することで、環境をコントロールすることができる」と書いた。[3] 近年の民族誌学研究においては、文化人類学者トマス・マラビーも、ギャンブルは「日常経験の不安定な性質の屈折した反映、すなわち偶然でいっぱいの人生を理解しやすいかたちにする一種の蒸留効果」をもたらすという同様の見解を述べている。[4] 彼はさらに理論を練り、一般にゲームというものは、「われわれがそれ以外のいたるところで経験する予測不可能さと制約をふくんでいる」と言っている。[5]

見解に違いはあっても、こうした研究者たちは例外なく、プレイと現実の生活の関係の性質について、さらには前者がどのように後者を壊し、前者が後者の予行になり、前者が後者を区切り、前者が後者を屈折させるかについて関心があった。だが前述のパッツィの話には、離れたり予行したりするのでも、日常の経験の限界を定めたり屈折させたりするのでもないプレイの形が描写されている。それは彼女の日常の経験にあふれ出し、彼女の食事や睡眠のスケジュール、あまつさえ夢の内容まで支配するようになった。彼女の人生がそれになったのだ。「私の生活はマシンを中心に回っていました」と彼女はいう。パッツィの日常生活とマシン・ギャンブリングの区別がなくなり、別の生活様式が現れた。日常生活かマシン・ギャンブリングのどちらでもなく、パッツィが完全にハマった、すべてを消耗させる〝マシン・ライフ〟だ。

これまでの章では、〈ゾーン〉の建築的、技術的、情報学的条件を見てきた。本章では、マシン・ライフから、ギャンブラーたちの生活という、より広い文脈について考える。日常世界と、〈ゾーン〉という現実離れした状態のあいだに挟まれた、孤独でやむにやまれぬこの存在形態の中に、集団的な苦境と執着についてどんな手掛かりが見つかるだろうか？　強度のマシン・ギャンブリングは、現代の生活の重要な要素——市場に基づく取引、金銭価値、基準時間、さらには自己を最大化すべきとする社会的期待やそれに伴うリスク管理の行動まで——を一時停止する。マシン・ギャンブリングにこのような一時停止ができるのは、それらの要素や期待される行動様式を超越したり打ち消したりするからではなく、それらを分離・強化し——マラビーによれば〝蒸留〟して——まったく違うものに変えてしまうからだ。この過程をたどることによって、社会的条件と規範的行動の理想がどのようにして、ギャンブル依存症患者たちの一見常軌を逸しているように見える〝マシン・ライフ〟形成の一因となるのかをつきとめ、そうした人々のマシン・ライフのなかに、大きな不満の内在する批判を見定めることが可能になる。

選択の一時停止

一九七〇年代後半以降、政府の規制が緩和され、個人の自主規制と自己責任への期待が高まるなかで、資本主義で民主主義の国家の人々は人生を「ある種の事業と見なし、計算された行いと投資を通じて、その存在そのものの価値を高め、フルに生かそうとするようになった」と言ったのは、社会学者ニコラス・ローズだった。[6] マックス・ヴェーバーが財務会計および経営生産性の手法のなかに見出した〝計算可能な態度〟(彼が近代の資本主義の特徴であると見ていた態度)に従えば、人生の選択は「収入、配分、経費、貯蓄、さらには利益」といった語彙をつかって表現され、また評価される。[7] 今日の進取的な自己についての計算レパートリーにはリスク分析や経営といったツールが含まれ、そのためある学者は現代の自我を、ある種の〝個人化された保険数理主義(アクチュアリアリズム)〟[数学などを駆使するリスク管理]と見なしている。そこでは個人が、企業や政府の官僚組織が財政的健全性を確保するための監査で使うテクニックを再帰的に自分の人生に応用する。[8]

保険、財務、国際政治といった分野と同様に、個人の人生というスケールでリスク評価テクニックを応用することも、金融資本主義において労働者だけでなく、社会全体で価値を生み出させるポスト・フォーディストが特定の偶然性を管理し——さらにはそこから利益をあげる——手段だ。具体的には、模範的な保険数理的自己は、〝柔軟な〟短期のサービス型の労働体制および社会福祉制度の縮小に伴う、増大する失業のリスクといった将来の損失にたいして対応するように求められ、同時に、この偶然性の高い分野に対してみずからも柔軟な、ときにはリスキーな反応をすることによってもたらされる経済的成果を得ることも期待される。この二つの期待に応えるには、個人はきわめて自律し、高度に合理的で、つねに自己とその決定に注意を怠らない主人でいなければならない。つまり、いつも偶然性を管理するという課題だ。[9]

実際には、この課題は選択という観点で考えられる。「毎日のリスクはわれわれに、あたかも終わることのない選択をしつづける必要をつきつけてくる」と、社会学者のアラン・ハントは書いている。人生の多くの局面でこれまで以上に選択が求められるようになり、選択は避けられないものになった。[10]「現代の個人は自由に選ぶことができるだけではない」。ニコラス・ローズは、同僚のアンソニー・ギデンズの議論に同調して言う。「自由を義務づけられた人は、選択という観点で自分たちの人生を理解し、演じる必要がある」。[11]心理学者バリー・シュワルツが指摘しているように、「重苦しいほど多くの」選択肢をふるいにかけなければならないというプレッシャーは個人を圧迫して弱らせ、失望、後悔、罪悪感の見込みを増大させて、自分の人生を「ちゃんと管理できていないと思わせる」。[12]負担になる原因は選択肢の多さだけではないと考える人々もいる。なぜなら、現代の資本主義社会の市民はたいていの場合、選択の効果を最大化する保険数理に秀でた企業化された自己になるための知識、先見性、資源をもたないままに、選択をしなければならないからだ。人々は多くの選択とリスクに直面して、その行動は、打算的な合理性と同じくらい、感情、情動、反射に基づくことになる。[13]そうした条件下での選択は、心配と不安を生じさせる。

選択の複雑な状況、個人に偶然性の危機管理をさせる文化的な要請、強度のマシン・ギャンブリング

〈ゾーン〉の三者のあいだに、どのような関連を明らかにできるだろう？　本書の前半で示唆したように、ギャンブリング・デバイスがプレイヤーにテクノロジーによってつくられた偶然性を提供するなら、プレイそのものが、ある種の〝テクノロジーによる偶然性の管理〟だと理解することが、可能かもしれない。プレイしている個人は、たえまなく重大な選択――すなわち、正しいのか間違っているのか、勝ちつづけるか負けをとめるか、自分の投資の大きさと速さを増大させるか縮小させるかといった選択――をする立場に置かれる。そういう意味でマシン・ギャンブリングは、現代の資本主義社会の住人に求められるリスク・テイキングと選択の機会を何倍にも増やしている。同時にそれは、リスクと選択を、デジタル化プログラムゲーム（その偶然性は六章で論じたように〝完璧〟であり、その結果は金銭で測られる）へと〝蒸留〟することによって、偶然性管理の課題の苛烈さを緩和している。これまで見てきたように、ギャンブリング・マシンは、リスキーな選択の範囲と危険をあまりに小さな単位に収縮させるので、その激動性は〝ならされ《スムーズド》〟、プレイヤーの資金への浸食は隠される。ギャンブルは非常に現実的な帰結をもたらすにもかかわらず、プレイヤーの日常において、リピートプレイのプロセスの一瞬一瞬では、結果を考慮に入れない非帰結的態度が幅を利かせる。マシン・ギャンブルのスムーズな〈ゾーン〉においての選択は、通常の選択に伴う現実世界の決定とリスクを無視する手段となる。つまりどの選択も、〈ゾーン〉を続ける選択になるのだ。

社会的交流《エクスチェンジ》の一時停止

マシン・ギャンブリングにおいて、現実社会での選択、偶然性、帰結を無視することがうまくいくかどうかは、ほかの人々を締め出すことにかかっている。「私はヒューマン・インターフェースなんていりません」と、ネヴァダ大学心理学部の学生であるジュリーは言った。「私の〈ゾーン〉に誰かが近づくのは我慢ができないんです」。マシン・ギャンブラーは、人と離れてひとりになるのに多大な努力を払う。隅のマシンや列の端のマシンを選ぶ人もいるし、両隣のマシンに逆さにしたコインカップを置いて隣に誰かが座るのを防ぐ人もいる。「誰かに自分のトランスを破られると腹が立ちます」と話すランダルは、プレイ中に誰かに話しかけられると、そのマシンをキャッシュアウト（現金払い）して別のマシンに移る。「勝ったときに音を出さないマシンが好きでした」とパッツィは思い出しながら言う。「誰にも知られたり――話しかけられたりしないように」。シャロンはカクテル・ウェイトレスにじゃまされないように、一リットルサイズのペプシコーラと煙草数箱を買ってからマシンの前に陣取るようになった。「私は片脚を上げていました。『放っておいて』という最後のバリアとして。背中に『ドント・ディスターブ』の札をかけておきたいと思いました」

マシン・ギャンブラーの求める〈ゾーン〉は、究極的には自己意識を消し去るものだが、他者との関係性の厳格な締め出しは、少なくとも最初は、きわめて自律的な行為に見える。その意味で、マシン・ギャンブリングは自己最大化の処方箋にふさわしいとも思われる――自己は人とのしがらみ、義務、依存によって妨げられることなく追求されるべきものであるからだ。「誰かに〈フロー〉をじゃまされるのは我慢できません」とライブカード・ゲームのジュリーは言う。「席を立ち、別のマシンに移ります――誰にもじゃまされず、止めるものもなく、自分の思い通りにできる――なんの妨げもなくとことんゲームができるところに」。ほかの人々は彼女の性向をじゃまする〝妨害〟の一形態でしかないのだ。

マシン・ギャンブラーの、ほかの人々にじゃまされない〈ゾーン〉を求める利己的な動因と並行して、同じくらい強く見られるのは、自己保護と社会的関係への不信の傾向だ。これは伝統的なカード・ギャンブルと比較するとすぐにわかる。カード・ギャンブルは強烈な対人関係への没頭であり、ゴッフマンによれば、それは〝目と目を合わせた生態学的群れ〟である。そこでは参加者各人が〝ほかの参加者が自分を監視しているのを〝知覚〟でき、ゲームの相手が思わず明かした戦略をもっともうまく読み解いた者が成功する。[14] ジュリーも同じように考えている。「ライブ・ゲームでは、ほかの人たち、つまり決定を下すほかの人々の心を、考慮に入れなくてはいけません。たとえば昇進をめぐって競争しているときのように、何がいちばんか決定する人を相手にするのです。彼らの心に入りこむことはできません。彼らのボタンを押すこともできません。何もできないのです。ただ坐って、希望しながら待つ以外は。でもマシン・ゲームなら、ほかの人々と競争することはありません」。彼女のこの説明では、ライブ・ゲームは過酷な人物コンテストであり、人々に取って代わられたり除外されたりしないように、「ほかの人々を考慮に入れる」ことが求められるが、奇妙なことに、彼女が計算の根拠にしたり分散して賭けたりするためのフィードバックは何も提供されない。対照的にマシン・ゲームは、社会的交流の不明瞭でリスキーな計算マトリックスからの一時的な逃避をもたらし、ほかの人々の視線から彼女を守り、また人々を監視する必要性から彼女を解放する。

前述した、ビュッフェのウェエイトレスとして働くローラは、この解放をある種の休暇と表現している。「毎日人を相手に働いていたら、休みにはほかの人と話すなんてまっぴらだと思うようになる。人間関係から休暇をとりたいのね。マシンなら、話しかけてくる人もいないし、人と接することもないし、なんのコミュニケーションもない。小さな四角い箱、画面があるだけ」。ローラのようなマシン・ギャンブラーは、非社交的でロボットのような遊び方のマシン・プレイを好むみずからの傾向を、不動産、会計、保険、販売などのサービス業等の、過度に社交的な仕事と結びつけることが多い。一九七〇年代、社会学者のダニエル・ベルは、ポストインダストリアル（脱工業化）経済では、工場労働ではなくサービス供給、人とマシン間の交流《エクスチェンジ》より人と人の交流に重点が置かれると論じた。[15] ベルの洞察を拡大するかたちで、アーリー・ホックシールドは、一九八〇年代、組立ラインでの生産からサービス供給への移行は、肉体労働から〝感情〟労働への移行を伴うものであり、その労働ではサービスを提供する感情的スタイルもサービスの一部と見なされるとした。[16] 肉体をつかう機械労働は、みずからの肉体からの疎外のリスクをかかえるが、感情労働は、みずからの感情や情動と疎遠になるリスクをかかえる。それは感情や情動が、社会的関係の市場において処理・管理されるからだ。

保険代理人のジョージーも、客を安心させ、説得する仕事による同様の感情的消耗を経験している。「一日中、家計や学費のことで人の相談に乗っています。相手が責任を負うのを手伝うんです。私は保険を、投資を売り、お金を受けとっています――そのうえで、私が売っているものは本物だとその人たちが信じるような人物にならなくてはいけない。仕事が終わったら、マシンに向かわないとやっていられませんよ」。一九九六年からネヴァダ州の問題のあるギャンブル審議会の専務理事をつとめていた元マシン・ギャンブラーのキャロル・オヘアも、同じ息抜きを見出していたことが、ある記事に書かれている。「彼女は、昼間はコンピューターを販売し、ランダム・アクセス・メモリやパフォーマンス・スピードの利点を、お客さんたちに説明していた。午後五時になると、オヘアはビデオ・ポーカー・マシンに向かい、ポーカーの札を選び、捨てるリズムで自分を治療した」[17]。「マシンに向かっていれば」とジョージーも言う。「私は安全などこかにいられます。誰も話しかけてこないし、誰も質問してこないし、キングかエースのどちらを持ちつづけるかより、大きな決断を迫られることもありません」。都市史学者のマイク・デイヴィスが「脱工業化経済のデトロイト」と呼んだ都市であるラスヴェガスにおいて、ユーザーが疎外される生産手段としてではなく、社会的労働による疎外からの息抜きの手段としてマシンが利用されるのは、ねじれた道理にかなっている[18]。

パッツィは、ネヴァダ州フードスタンプ［アメリカで低所得者向けにおこなわれている食料費補助対策］事務所の福祉職員として働いていたときのことを語ってくれた。「一日中、食べ物がないとか、望まない妊娠をしたとか、暴力をふるわれたといった悲しい話を聞いていました。でもそういう話は、左の耳から入って右の耳に抜けていきました。マシンに夢中になっていたからです。私はロボットでした。『次の方。パチン。あなたの郵便番号は?』人間ではありませんでした」。ギャンブリング・マシンと単純化された機械的な交流をしているとき、彼女は、ほかの人々の複雑でしばしばどうにもならない欲求と不安から自分を絶縁し、まるでロボットのようになって、人の苦しみにも、それをなんともできない自分の無能にも無感覚な状態に至った。「マシンの世界はまるで天国のようでした」とパッツィは言う。「マシンには話しかける必要はなく、ただお金を入れるだけでよかったからです」。「お金を入れる」ことでマシンが反応するデジタル化されたプロセスは、社会的関係の不確実さや測り知れなさの介在しない取引形式だ。

オヘアは、一九八〇年代の石鹸のコマーシャルを引き合いに出して、マシン・プレイによって仕事でのやりとりのストレスだけでなく、家族とのやりとりのストレスも軽減された様子を描写した。そのコマーシャルでは、女性が最高に幸せそうな微笑みを浮かべて泡風呂に身体を沈め、電話の呼び出し音も、子供たちの叫び声も、犬の吠える声も気にしない。「カルゴン、私を連れていって」……。温かい泡風呂と同じように、ビデオ・ポーカーはオヘアを非社交的な泡のなかに包みこみ、そのなかでは経済的に苦しいシングルマザーとしての差し迫った要求も消える。オヘアと同様に、ほかのマシン・ギャンブラーも、小さな子供を家に残し、遺産や学費をギャンブルに費やし、マシン・プレイのあいだは自分の名前さえ忘れたと語った。「プレイしはじめて最初に頭のなかから消えるのは、息子のことでした」。問題の多い一〇代の息子の父親の言葉だ。

一九八〇年代、マシン・ギャンブラーたちが依存症治療を求めはじめたころ、臨床医や研究者は、彼らが語る人間関係からの離脱の話は、ゴッフマンの『儀礼としての相互行為：対面行動の社会学』や、ヘンリー・レシアーの今や古典となった一九七七年の著書 *The Chase: The Compulsive Gambler* において、ギャンブル依存症者に関するその他の心理学・社会学文献に描写されている、高い地位を求める男性の話とは、違うということに気がついた。[19] レシアーがマシン依存症者の研究を始めたころ、そのほとんどは女性だった。レシアーは彼女たちの話から、〝アクション・ギャンブリング〟および彼が名づけた〝エスケープ・ギャンブリング〟の二者には、性別による違いがあるという仮説を立てた。つまり、男性はライブ・ゲーム（カード、競馬、商品取引など）を好むアクション・ギャンブラーで、女性はマシンを好むエスケープ・ギャンブラーであると。男は社交や競争やエゴの強化を求め、女は孤立や匿名性を求める。男が追求するのはスリル、興奮、刺激であり、女が望むのは自分の感覚を鈍らせること、深刻な問題からの逃避、過剰な対人関係の交流の重荷をおろすことだ[20]。レシアーは、逃避を求める男性ギャンブラー、特にルート上のドライブインでビデオ・ポーカーをプレイする長距離トラック運転手たちのケースに直面して、アクション＝エスケープの性差についての仮説を緩めた。そうしたギャンブラーは過剰な社交ではなく孤独に苦しめられており、つまり極度のマシン・プレイは性差のある社会的要求からの逃避というより、社会的つながりの世界全体――その過剰も、耐えがたい欠如も――からの逃避だということになる。

この逃避は、前述のスーパーマーケットやガソリンスタンドや薬局といった、社会的負担の過剰な人もいれば孤独で孤立した人もいる場所でも見られる。O・Bが話していたように、彼がギャンブルするのは、介護者の役割の過酷さから一時的に逃避するためであると同時に、心が離れてしまった息子との関係や、彼自身の女性との交友を切望する気持ちから一時的に逃避するためでもある。ロッキーは、自分がギャンブルにはまったのは、家族からの孤立、友人への幻滅、社会全体からの断絶に対する反応のせいだったと語った。一九七〇年代のエネルギー危機がきっかけで生まれた地球科学分野でのキャリアの成功のあと、彼は一九八〇年代半ば、リストラにあった。「アラブ各国が輸出制限を緩和し、原発開発の問題が顕在化した時代」だったという。地政学的な力によって開いたキャリアの扉が、地政学的な力によって突然閉まった。彼の妻もレイオフされ、子供を連れて実家に戻った。「私は自分がバラバラになったように感じました」と、ロッキーは当時を思い出して語る。「めちゃめちゃだったんです」。彼はラスヴェガスに引っ越してエネルギー省の仕事に就いたが、すぐにユッカ・マウンテン実験場における倫理にもとるような核廃棄物処理の方法に幻滅し、退職することにした。気づくと、ひとりでモニカ・ルインスキー裁判を報道するテレビ番組を見ていた。それは「社会の道徳律とずれている」という感覚をいっそう強める経験だった。初めは午前中、やがては午後と夜も、地元のパブでビデオ・ポーカーをして過ごすようになった。人恋しいから行くのだと自分に言い聞かせていたが、誰かに話しかけることはめったになかった。彼はマシンに、人間の世界からの出口を見出した。

「その交流《エクスチェンジ》は、人間関係のように面倒くさいものではありません」。シャロンは恋人とひどい別れ方をした話をしている途中で、ビデオ・ポーカーのプレイについて話し出した。「マシンは私のお金をとり、代わりに私は孤独と儲けるチャンスを手に入れる。その相互作用は明確で、パラメーターははっきりしている――私はどのカードをキープし、どのカードを捨てるか選ぶだけでいい。私がしなければいけないのは、イエスかノーを選ぶことだけで、ボタンを押せば、私が望んだとおりの反応が返ってくるとわかっているんです」。マシン・ギャンブリングの依存症者は例外なく、マシンは、要求、依存、リスクを伴うほかの人間との関係と対照的に単純で〝明確な〟交換を提供してくれると強調する。「マシンが相手だと安心できました」。シャロンは思い出しながら言った。「人間を相手にするときとは違って、私は勝つかもしれないし、負けるかもしれない。でも関係はそれで終わりです。それが契約の一部であり、暗黙の了解です。そしてまた新しく始まります」。マシン・ギャンブラーは、選択によってもたらされる不確実性や複雑な結果の網に巻きこまれることのない一種のセーフティー・ゾーンに入りこむ。デジタル・フォーマット化された選択は、他者とは無関係に行われ、表面的には誰にも影響を与えない。この選択方式は同時に、保険数理的な自己の自律を〝蒸留〟する。なぜならその行動は自己の最大化でも、リスクをとるもの、競争することでもなく、むしろ自己を消し、リスクを減らし、非社交的なものだからだ。

金銭価値の一時停止

マシン・ギャンブリングは、交流《エクスチェンジ》の性質を、人間関係からの断絶にまで変えるのと同時に、社会的な金銭の役割の性質をも変えている。金銭は通常は他人との交流を促進するものだが、ギャンブリング・マシンとの非社交的・絶縁された関係において、金銭は他者から、さらには自己からも断絶される代価となる。クリフォード・ギアツの、ギャンブルは公に演出された貨幣価値の社会的地位および世俗的意味への転換だとする解釈に反して、マシン・ギャンブリングの単独の取引において、金銭は集合的な価値形態を一時停止する手段に転換される。(21) 金銭の従来の価値は、最初だけはプレイに入る手段として重要だが、「ひとたびゲームに入れば、すぐに無価値と見なされる」とギャンブル研究者ゲルダ・リースは述べる。(22)「マシンに二〇ドル札を入れれば、もうそれは二〇ドル札ではない。その意味では何の価値もない」と。ジュリーは一九九〇年代の紙幣識別機のことを話した。「まるでトークンのように、お金の価値を完全に取り除きました」。また別の人の話では、クレジット・プレイでは「お金になんの価値も、なんの重要性もなく、ただのものです——ただ私を〈ゾーン〉に入れてくれる、それだけです」という。カトリーナも同意見だ。「〈ゾーン〉状態では、本物のお金は存在しません——あるのは管理するべきクレジットだけです」

金銭価値が〈ゾーン〉価値に転換されることは、シャロンの次のような話からも証明される。彼女はジャックポットを当てたときも、賞金をキャッシュアウトするより「プレイで使ってしまう」ほうがよかった。なぜなら、キャッシュアウトすれば、マシンが賞金を吐き出すあいだプレイが中断されるし、万一マシンのなかの箱の中身が少なければ従業員がやってきて清算することになるからだ。「おかしいんだけど」とローラは言った。「勝ったのにがっかりすることもある。特に、始めてすぐに勝ったときはね」[23]。すでに見てきたとおり、大きく勝つこと、早く勝つこと、何度も勝つことは、プレイのテンポを中断し、〈ゾーン〉の調和のとれた規則性を乱す。ジュリーの説明はこうだ。「ほどほどの日には——勝って、負けて、勝って、負けて——ずっと同じペースが続きます。でも大きく勝ってしまったら、〈ゾーン〉に留まっていられないかもしれません」。リースは、ギャンブルでは金銭は「それ自体が目的として評価されるのでなく、繰り返しのプレイを継続して消費できる力を評価されるのだ」と書いた[24]。日常の経済では、時間は金を稼ぐために使われるが、〈ゾーン〉の経済では、金は時間を買うために使われる。「お金のためにプレイしているわけではありません」とジュリーは言う。「クレジットのためにプレイしているんです——クレジットで長くそこに座っているために。それが目標ですから。大事なのは勝つことではなく、プレイを続けることなんです」

逆説的に、獲得する手段としての金銭が価値を失うためには、その価値はギャンブルの取引において賭けられなくてはならない。「取引は金銭を伴うものである必要がある」と、オーストラリアのギャンブル研究者チャールズ・リヴィングストンはマルクス主義の流れで論じる。「なぜなら、金銭はわれわれの時代の中心的な意味であり、社会関係の具体化であり、つまりは現代において手に入る人や物に至る橋であるからだ」[25]。つまり、マシン・ギャンブリングでは、金銭感覚が一時停止されることが可能であり、それは金銭が不在だからではなく、金銭が通常どおりに働かないようなやり方で金銭を流通させているからだ。金銭は人や物から離れて、価値が及ばず、社会的・経済的重要性が無となる〈ゾーン〉へと至る橋になる。〈ゾーン〉では、金銭は自己決定のツールとして働くのではなく、〝持続する不決断〟のための道具となると、リヴィングストンは論じる。

ピーター・アダムズは、マシン・ギャンブラーはプレイによって有限性――空間と時間の制約、間主観性の視線、個人の道徳的境界――を超えることを追求していると論じることによって、この不決断の性質を明らかにしている。〈ゾーン〉状態は、有限性（限られた予算という事実に具現化されている）と一回一回のスピンや手についてくる超越の可能性との微妙な緊張関係から生じると、彼は論じる。〈ゾーン〉は「絶妙なバランスだ」とアダムズは書いている。「（ギャンブリング・マシンは）それを獲得するのに理想的な手段だ」。マシンは、ギャンブラーをつねに賭け金のレートと大きさを思い出させることによって、〈ゾーン〉の〝絶妙なバランス〟を促進するので、ギャンブラーはけっして超越に到達することなく、個人的、社会的、経済的制約の超越に接近しつづける。[26] ジュリーは、典型的なプレイのセッションで起きる再調整について、息もつかずに語った。

私はエースのフォーカードを四回つくったことがあります。一枚二〇〇ドルだから、そのたびに八〇〇クレジットになります。つまり八〇〇ドルをキャッシュアウトできたということです。でもそのたびに私はプレイを続けて、八〇〇クレジットから二〇〇クレジットまで減らし、自分にこう言っていました。「またエースを引いたら、やめよう」。その後フォーカードができて、それで四三七クレジットとかになり、そこで私は「四〇〇になったらやめよう」と思うのですが、四〇〇になるとまたボタンを押して、四〇〇以下になり、そうしたら「四〇〇以下になっちゃったから、四〇〇に戻すまでやって、それからキャッシュアウトして帰ろう」と思うんです。それから三〇〇近くになり、「三〇〇になったら、もう行こう」と思います。三〇〇より少なくなったら、「こうなったら続けたほうがいいわ、するだけすってしまったんだから――またエースを狙ったほうがよさそう」……そうやって続くんです。

ジュリーは自分で決めた終点に到達するたびにそれに抵抗してしまい、そこでキャッシュアウトするということには、けっしてならない。自分のクレジットがどんなに増えても、〈タイム・オン・デバイス〉のトークンとしての価値は、その市場価値に勝る――市場価値こそ当初の（そして結局は）彼女のプレイの条件となるにもかかわらずだ。「長期的には」とリヴィングストンは述べている。〈ゾーン〉の「不決断の連続は決まってくるが、（マシン・）ギャンブラーは現在に集中している。そしてボタンを押す現在の瞬間は、いってみれば、不決断が支配する」[27]

金銭の確実性が前面に出てきてふたたび問題になるのは、クレジットが少なくなりすぎたときだ。「二〇クレジットぽっちになると、すごく緊張する」とローラは言う。「私のなかで緊張とか不安感とかが大きくなりはじめて、そのときの望みは、プレイしつづけるのに必要なクレジットだけになるの」。ジェーンも言う。「負けはじめるとペースがあがります――プレイヤー・クレジットがなくなるということは、お金がなくなるということで、あせりはじめるんです……」[28]。世俗的価値を帯びた金銭が〈ゾーン〉に侵入し、緊張のない状態が求められるところに緊張を、解離が求められるところに合理性を、もたらす。「頭のなかでは、いずれ終わるとわかっています。変化が訪れることも――〈ゾーン〉による世界ではなく、現実の世界になるのだと。私が逃避してきたものが脳に押しよせてくるんです」

世界が徐々に押しよせてきたとしても、〈ゾーン〉を決定的に壊す瞬間はいつも突然に感じられる。クレジットが完全になくなる前は、たとえ小さくても、プレイを続けられる可能性が残っている。完全になくなったとき、金銭が明確な制限と依存の媒体としてその場に戻ってくるのだ。「〈ゾーン〉では金は消える」とリヴィングストンは書いている。「だが金がなくなった瞬間、〈ゾーン〉も消える」[29]。従来の現実的な形での金銭は、依然として〈ゾーン〉にアクセスする根本的な手段であるがゆえに、金銭の価値はふたたび存在感を増すのだ。

とはいえ、現実世界での金銭価値が〈ゾーン〉での価値に影響をまったく受けないというわけではない。「ギャンブルは私と金との関係を変えました」とランダルは言う。「私はギャンブルする金をつくるために、ガソリンを節約しました。定期的にスーパーマーケットに行くのではなく、ウォールマートに行って一回ですませました――そうすればガソリン代は一回分で済みます。そうやって節約しました」。〝マシン・ライフ〟では、日々の節約行動――リスクを管理する自己の責任ある会計行動――が、〈ゾーン〉の非最大化かつ自己清算的な目的のために利用される。「買い物を節約して、食事を抜き、セールやバーゲンを狙ってお金をためたのに、スロット・マシンに一〇〇ドル入れて、それが充分でなくなるのを見ても、なんとも思いませんでした」とロッキーは言う。「お金はギャンブルの手段になりました。私にとってはそうでしかなかったのです」。イザベラも言う。「スーパーマーケットに行ってギャンブルできるように、わざと牛乳をこぼしました」。〈ゾーン〉と日常の世界のあいだにとらわれたギャンブラーは、明確な基準点のない価値のリストのなかで〝節約〟していた。パッツィは、彼女がプレイ・セッションのあいだに、とりつかれたようにおこなっていた予算の儀式について、教えてくれた。「私にとって、お金を集めるのがプロセスの一環でした。銀行に行って、一〇〇〇ドルでも四〇〇ドルでもおろしてきます。でも奇妙なことがありました。二〇ドルだけもっていくとか、四三ドルだけ使うとかはぜったいにできません――何百ドルも使わなければならなかったのです。そしてほかにも変な決まりがありました……もし勝ったら、五〇〇ドルになるまでは取り戻してもいいけど、六〇〇ドルもってたらいけない。八〇〇ドル取り返すのはいいけど、ほかにもある程度のお金をもっていないといけない――そういう、経済的にはまったく意味をなさない、おかしな決まりがたくさんありました」

ギャンブルの後、パッツィは座ってお金を数えた。「何度も何度も、車で、信号で止まったときに真っ暗ななかで、ひざの上で、数百ドルを――なんのためだったんでしょう？」金銭は呪物のようになり、交換価値から引き離されたものになった――彼女の言葉を借りれば、目的のはっきりしない「奇妙な」ものに。「私はいつもお金のことを考えていたり、お金にさわっていたり、銀行に電話して自分のお金の流れをたどったり、小切手がいつ決済されるのか尋ねたり、何度も何度もお金を数えて……でも実際には、まったく数えていなかったんです」。パッツィはギャンブルをやめた次の年、延滞税をおさめた。驚いたことに、ギャンブルしていた六カ月間、〝数えて〟はいなかったあいだに、一万ドル以上も負けていた。

文化史研究者ジャクソン・リアズは、アメリカにおけるギャンブルについて書いた本でこう問いかけている。「われわれのような社会では責任と選択が称賛され、資本を蓄積することは義務であり、現金は神聖視される。そのような社会において、単なるゲームのカウンターにお金を注ぎこみたがること以上に破壊的なことがあるだろうか?」[30] お金を儲けようとプレイするのではなく、お金を使ってプレイするギャンブラーは、最大化を追求するアメリカ文化の習性《エートス》に反すると、彼は結論づけている。[31] だが〝マシン・ライフ〟が示したとおり、一見、金銭を放棄しているようでいながら、ギャンブラーは頑固に主流の金銭価値システムのなかで行動しようとする。それはギャンブラーたちが、日々の家計や銀行取引について幅広い知識を有することからも明らかだ。レシアーは *The Chase* のなかで、ギャンブラーたちのギャンブル資金を手に入れる専門的技術について、民族誌的に驚くほど詳細に述べている——その一部は完全または一部違法だが、大部分は主流の金融機関との複雑な取引を伴うものだ。[32] 現在でも当時と同様に、ギャンブラーは金融システムの内側で活動し、住宅ローン、クレジットカード、銀行ローン、離婚扶助料をやりくりしている。

「私にはいつも収入がありました」パッツィは言う。「毎週いくらかの収入がありました——給料が六一〇〇ドル、養育費が五〇〇ドル、それに夫の退職年金。私たちはいつも三枚くらいクレジットカードをもっていたので、私は負けがこむとカードでしのぎました」。従来の経済的生活がパッツィの強迫的なギャンブルを支え、それが逆転することもあった。「あるとき、クレジットカードが三枚とも限度額いっぱいになったのですが、ジャックポットを当ててすべて返済しました」。こうした会計の三角関係は必ずしも保険数理的な自己を破滅させることはなく、むしろそれを強化したり、その理屈を〝限度いっぱいに〟利用したりする。これは一見、打算的な合理性に反するようだが、アメリカ国民の典型となった複数の金融機関の借金を日々やりくりすることと、相通じる部分がある(さらに、現代の資本主義の中心に位置して公に認められている多額の投機的取引——株式・証券取引、デリバティブなど特殊な金融商品取引、ヘッジファンド、もっと一般的には銀行取引も——とも通じるところがある。こうした取引は金銭を、現実世界の社会的・経済的制約なしに〝もてあそぶ〟ことが可能な浮遊性の代用貨幣《トークン》として扱い、しばしば価値の感覚を歪めるほど目まぐるしい富の振幅を生み出している[33]。

　ギャンブル依存症者の金銭の扱いは、日常の価値システムの働きをきちんと放棄するものでも、きちんとその通りにするものでもないが、その不満や矛盾を前面に押し出すようなやり方で、このシステムを変えている。ジョージーの言葉をふたたび引用しておこう。「一日中、家計や学費のことで人の相談に乗っています。相手が責任を負うのを手伝うんです。私は保険を、投資を売り、お金を受けとっています——そのうえで、私が売っているものは本物だとその人たちが信じるような人物にならなくてはいけない。仕事が終わったら、マシンに向かわないとやっていられませんよ」。昼間はほかの人々に、将来の損失に対して備える最善の方法をアドバイスするが、彼女は自分が売っている商品を信用していないような印象を受ける。まるで彼女は、保険業界が生命と投資に割り当てたリスクのレベルは書類に書かれているより恣意的なものだと気づいているからこそ、個人的にはより大きな金融リスクをとろうとしているかのようだ。彼女のギャンブルは、保険とそれを支える金銭価値の保険数理的なロジックを、利用すると同時に拒絶している。「ギャンブルを始める前は」と彼女は言う。「お金はまるで神のようでした。どうしても欲しいものでした。でもギャンブルにおいては、お金には何の価値も、何の重要性もなく、ただのものでしかない——私を〈ゾーン〉に連れていってくれる、それだけです……価値を失い、やがて何の価値もなくなります。〈ゾーン〉以外は——〈ゾーン〉が神になるのです」

時計《クロック》の時間《タイム》の一時停止

時間という要素もまた、ギャンブル依存症者がマシン・プレイを通して評価し直す打算的自我のリソースのひとつだ。ここでもまた、現実世界での時間の価値を〝蒸留〟することによって、まったく違う価値をもたせている。「時間は問題のあるギャンブラーのもっとも重要な通貨に換金される」とリヴィングストンは記している。「おそらくもっとも重要かつ重大な通貨だろう。だが時間それ自体はセッションの期間中は無視されている。社会的に認識しうる形では存在しなくなる」[34]。ギャンブル依存症者がマシンに一七時間向かっていたり、週末中ずっとマシンにかじりついていたりしたとしても、そうした長時間が測られる〝時計の時間《クロック・タイム》〟(彼らの呼び方)は〝どうでもよくなる〟。あるいは〝止まる〟か、〝どこかにいってしまう〟か〝なくなってしまう〟。「午後、仕事が終わると、[二五セント硬貨を]一ロール[四〇枚]だけプレイしようと考えます——でも完全にぼうっとした状態になり、ふと腕時計を見おろすと、あと二時間でまた仕事が始まるという時間になっているんです」とランダルは言う。「何時間も意識喪失のままギャンブルしていたんです」

〈マシン・ゾーン〉における時間は、クロノス的時間——ドゥルーズとガタリの言う〝物と人の位置を定め、形をつくり、主体を決定する〝標準時間〟——から逸脱して、〝イベントの無期限の時間〟に従う。それは〝相対的な速さと緩慢さ〟によって測られ、ほかのモードにおける時間が前提とする〝時計や時系列の価値から独立した〟時間だ[35]。ミハイ・チクセントミハイも同様に、〈フロー〉活動の時間は自身の体験に〝適応する〟のであって、その逆ではないと考えた。「昼夜のような外的なイベントや時計の規則正しい進行によって測られる客観的、外因的な持続時間は、活動によって命じられるリズムには関係がない」。〈フロー〉活動は独自のペースをとり、〝時間の専制政治からの自由〟を獲得する。(36)カジノの特徴である時計の不在について、リースは次のように述べている。「時計は共有の時間のコンセンサスをつくり、人間関係とその環境の流れに秩序をもたらす。時間の存在しないカジノでは、ゲームの長さ（またはプレイのレート）がギャンブラーの時間の単位となり、彼ら独自の体内〝時計〟となる」。(37)金銭と同様に、〈ゾーン〉の時間はマシン・プレイのリズムに合わせてその価値を変える一種のクレジットとなる。ギャンブラーたちは、「時間を費やす」、「時間を回収する」、「時間を浪費する」などと表現する。ランダルはビデオ・ポーカー・ゲームとレースカー・ドライビングの驚くべき類似について、どちらの活動でも自分が時間を〝曲げている〟ように感じると話している。「私は違う時間枠に入り、まるでスローモーションのように……そこはまったく別の時間枠です」

ギャンブラーが〈ゾーン〉の〝持続する不決断〟を続けるために充分な金銭クレジットを保持する必要があるように、時間クレジットも必要になる。時間が少なすぎると現実世界が〈ゾーン〉に侵犯してくる——仕事のシフトが始まったり、医者の予約を守らなければいけなかったり、学校に子供を迎えにいったり。時間が〝なくなりそう〟になると、ギャンブラーはそこからもっとプレイを引き出そうとする。ジュリーが次に述べているように、クレジットの決まりをリセットすることで〈ゾーン〉の価値を拡大するのと同じやり方で、プレイの終点をリセットすることによって〈ゾーン〉の時間を引き延ばすのだ。

帰る時間になって、スタートのときから逃避していたものが脳に押し寄せてくると、合理的に考えます。「本当は今日プレイしなくてもよかったのに」……そして従業員にマシンをキープしていてもらい、公衆電話まで走っていって電話をかけ、時間を稼ぎ、マシンに戻って続けます。三時間延長できたから。そしてその三時間が終わると、すべてのアポイントメントをキャンセルするために公衆電話で使うお金は、とっておかないといけないと考えます……そこに留まれるようにする方法、最大限有効にする方法を考えているのです」

プレイの継続をおびやかす緊張した合間に、ジュリーは同時に二つの時間のリスト――時計の時間と〈ゾーン〉の時間――を計算している。どのように前者を運用して後者を増やすか？　前述の彼女の言葉を借りれば、どうやって〝最大限有効にする〟か？　〈ゾーン〉の端でジュリーは、公衆電話で使う硬貨を〝とっておく〟ことに留意する必要がある。その硬貨によって、自分の時計の時間を使えるようにし、それによって〈ゾーン〉時間を使えることになるかもしれないからだ（ここでも、〈ゾーン〉は経済市場の測定基準を完全には失っていない。〈ゾーン〉時間を買うためには現実世界の金銭が必要だ）。

時間を買えなくなって現実世界の要求が押し寄せてくると、ジュリーは最後の手段として、スピードに訴える。それはプレイ・クレジットが危険なほど少なくなったときと同じだ。「どうしてもどこかに行かなければならなくなったら、その前にできるだけ多くプレイしました。急ぎはじめます。どんどんプレイを速くしていきます――やだ、あと一五分しかない、あと一〇分……」。〝時間を曲げる〟ことができると感じているランダルと同様、ジュリーもプレイの〝イベント頻度〟を増やすことで、ギャンブル時間の経験の強度をあげることができると思いこんでいる。プレイ・イベントの遅れや中断が少なければ、多くが起きると考えているのだ。[38] 彼女は時間を、時計主導《ドリブン》のものではなく、イベント主導《ドリブン》のものとして経験している。

より幅広い社会的・歴史的コンテクストで、イベント・ドリブンの時間を理解するには、ヴァルター・ベンヤミンが二〇世紀半ばに行った生産技術の分析が参考になる。そのなかで彼は、組立ライン労働の一時性とギャンブルの一時性を比較した。どちらの活動も繰り返される一連のイベントの継続を伴い、そのイベントは「まさに完全に同じ繰り返しだからという理由で、先行する作業となんらつながりをもたない」[39]。「機械（マシン）での各作業は」と、彼は工場労働について書いた。「先行する作業から遮断されている、それは運が左右するゲームの大当たりが、先行する大当たりから遮断されているのと同じだ……一からまた始めるのがゲームの、そして賃金労働の統制的考えである」。この〝一からまた始めること〟、先行する始まりすべてと不連続の恒常的な始まりは、労働やプレイの各行動が〝時間にはずれた〟非時系列のイベントとして経験されることを意味している。工場労働は時間を正確に計測・分割するために時計に頼っているが、その計測と分割の方式そのものが、ある時と別の時を〝遮断すること〟によって、時間を消している。同様に、ギャンブルの各〝モーメント〟をほかのモーメント——「象牙の玉が転がって隣の仕切りに入ったり、デッキのいちばん上にカードが載っていたりしている」——から遮断することによって、ギャンブルは通常の時間の流れから切り離されると、ベンヤミンは論じた。

ベンヤミンは、ギャンブルが時間を一連の切れ切れのイベントにすることによって、いかに時間から時系列を除去するかを強調したが、その後のゴッフマンの分析は、行動と結果がひとつのモーメントに圧縮されているというギャンブル・イベントそれ自体の一時性に注目した。「ゲームやコンテストの特徴的性質は、ひとたびベットが行われたら、結果の決定も払い戻しも同じ経験の幅のなかでおこなわれる」[40]。現在のマシン・ギャンブリングは、すばやいボタンの一押しでベットのイベントを決定することによって、不確実なタイムスパンをさらに縮小している。オーストラリアのギャンブル学者ジェニファー・ボレルが書いているように、「続けざまの期待と成就」には、不確定な未来を折りたたんで現在に詰めこみつづける効果がある[41]。マシン・ギャンブラーたちは、テクノロジーによって過剰なモーメントを注入された時間を経験し、彼らがプレイを速くするか遅くするかによってコースを変えられると感じさせられる。

〈マシン・ゾーン〉による時間の自在な伸縮は、金銭の自在な伸縮と同様に、現代の社会的・経済的生活の主要素を〝蒸留〟する。「時は金なり」、「時間は刻々と過ぎる」、「人生はあっという間だ」のような決まり文句は、資本主義がますます急速に動いているという現象をとらえており、マシン・ギャンブルはその現象の一例だ。E・P・トムスンは、工業化社会への移行に伴う新たな一時的な関係について書いた。そこでは時間は過ぎるものでなく、使うもの、つまり一種の貨幣になるように労働習慣が再構成される。彼はその技術的な条件付けにおける〝時間の感覚〟を懸念した[42]。それ以来、デジタル情報、コミュニケーション、輸送技術の発達によって、生産、旅行、消費、金融取引は、前の時代には考えられなかったほどスピードアップした。デジタル技術は、サービス業および金融業の仕事、メディアと娯楽、私生活にこれまで以上のモーメントを詰めこむことによって、さらに時間を〝圧縮〟した[43]。そうした条件下では、保険数理的な自己は、時間を最大化する自己となる必要がある。速いテンポを保てなければ、そうなるべきだと考えられている進取的な人間にはなれず、はっきりいえば「時代に取り残される」。マシン・ギャンブル業界は、ギャンブラーにこの歪んだ命令を発することによって儲け、ギャンブラーのなかには依存症になってまでそれに応えようとする人々もいる、ということもできる。何より重度のマシン・ギャンブラーは、継続した高速な行動への命令を体現する人たちだ。そのようなものとして彼らは、より広い社会でスピードが安定維持されていることの、広汎性と実存的危険を明らかにする。

現実社会の一時的な風潮が、〈ゾーン〉とそれに対するギャンブラーの依存に姿を現しているとするなら、テクノロジーによって加速された〈マシン・ゾーン〉の一時性がギャンブラーの現実時間の経験に入りこみ、しみこんでいるともいえるだろう。シャロンは言う。「プレイしているだけでなく、時間全般がとても歪んだものになりました。自分がしごく簡単に［時間を］操作したり、ほんのわずかな時間から多くを回収したりできると思いました。カジノに行く途中で食料品の買い物をして、カジノにいるあいだに携帯電話で医師の予約をとって、家に帰る途中で買わなきゃいけなかった靴紐を買う……私がすることは何もかもギャンブルの時間に関連していました[44]」

「私はどんどん仕事に遅刻するようになっていきました」とパッツィ。「休み時間になると、銀行に行ってきてもいいかと上司に尋ねて、すぐ外に出ました。私の時間の感覚は完全にはずれていました。ただ興奮していました。ロイヤル・フラッシュを引いたりすると、いらいらしました。従業員がやってきて賞金が払われるのを、待たなければならなかったからです。私が職場に戻ると、ほかの人たちが時計を見ました。いったいなんのために時計を見てるの？　大きなお世話よ、と思いました」。パッツィはことあるごとに時計の時間から逃避しようとするあまり、自分自身が時計のようになってしまっている。「興奮していた」も、大当たりの賞金が支払われるのを待つあいだに時間が刻々と過ぎて「いらいらした」も、時計に関係する表現であり、彼女が職場に戻ったときにには、腹を立てた同僚が時計を見た。「プレイしていないときは、私の全存在はあの〈ゾーン〉に戻ることだけを目指しました」。パッツィは本章の初めでもそう述べている。

マシン・ライフ

ベンヤミンは、マシン主導《ドリブン》の組立ラインと、運が左右するゲームを比較することで、パッツィのいうマシン・ライフの発生期の輪郭をとらえた。「偶然のゲームの参加者が自分を委ねるメカニズムは、彼らの身体と魂をがっちりとつかみ、そのためたとえ個人生活においても、彼らには反射行動以外の行動は不可能になる……彼らはオートマトンとして人生を生きる……完全におのれの記憶を消してしまった者として」[45]。ベンヤミンの描写した、プレイヤーをとらえ、その経験を消してしまう〝メカニズム〟としてのギャンブルは、今日のギャンブラーたちの話と一致する。「私はまるで、歩く屍のようでした」とパッツィは言う。「なんでも形だけはやっていました。でも本当には生きていませんでした。なぜなら私は、つねにマシンのことばかり考えていたし、マシンのことしか見えていなかったからです」。シャロンも言う。「起きているときは、一日が家を出てギャンブルしに行くことを中心に組み立てられていました。夜はマシンの夢を見ました――カードがめくられるところ、画面全体が見えました。私はプレイしていて、どのカードをキープしてどのカードを捨てるか、決めているんです」

シャロンの話のなかで、ゲームのインターフェースは、彼女の起きているときの生活と夢のなかの生活を、小さな〝決定〟の続く終りのない〈フロー〉で構築していた。本章で論じてきたように、マシン・ギャンブリングを形づくる、テクノロジーによって媒介されるミニ決定と、保険数理的な自己が自由市場社会で直面する増殖しつづける選択、決定、リスクのあいだには、複雑な関係が存在する。マシン・ギャンブリングは選択の幅を狭め、限られたルールの世界、つまり定形式《フォーミュラ》へと縮小する。[46] ギャンブルは選択肢を増すが、それは〝選ぶこと〟ができないなかで繰り返される行為の自己解消する流れとして、選択肢をデジタルに再フォーマットすることだ。そう考えると、ギャンブル依存症者に選択の余地がないのではなく、マシンによってフォーマットされた選択そのものが、彼らを強制する媒体となっているということになる。「私は、手間がかからずに決定をすることにとりつかれていました」とシャロンは言う。「結果がどんなものになるかわかっていることだけ、したかったんです」。本書の序章で彼女は、こう語っている。「たいていの人が、ギャンブルはまるっきりの運まかせで結果はわからない、と考えています。でも、マシン・ギャンブリングの結果なら私にはわかります。私は勝つことになるのか、負けることになるのか、どっちかしかない。……だから、本当はぜんぜんギャンブルなんかじゃない。――そう、私が何かを確実だと思える、数少ない場所のひとつなんです」。心理学者クレメンス・フランスも、一九〇二年のエッセイ「ギャンブルの衝動」のなかで、あらゆるギャンブルの根底には「安全の強い確信への願望」があると述べている。

人は不確実な状態を望み、そこに入っていくが、決着はつねに念頭にある。実際、確実性と確信を求める情熱が強すぎるあまり、人はおのれの安全を試すために何度も何度も不確実な状態に入らなければならないと感じる……。このように、逆説的に聞こえるかもしれないが、ギャンブルは確実性と確信、すなわち確かだと感じられることを求めるあがきである。単に不確実を求める願望ではない。(47)

「ギャンブラーの確実と確信を求めるあがき」――あるいはゴッフマンのいう「不確実な結果の迅速な解決」への願望――は、マシン・ギャンブリングのテクノロジーによっていっそう悪化する。(48)続く二つの章でマシン・ギャンブラーたちが語るとおり、彼らが追求しているのは、社会的、経済的、個人的な生活のなかで経験する不安定から連れ出してくれる、信頼性、安全性、感情的落ち着きだ。現代の資本主義的サービス経済で中心的な人生の側面――個人間の競争的取引、この取引での最高のシンボルとしての金、取引がおこなわれ、その価値が測られる市場ベースの一時的な枠組み――が、マシン・ギャンブリングでは一時停止される。マシン・ギャンブリングは、そうした人生の側面を〝蒸留〟して基本形にし（すなわち、リスクベースの交流、保険数理的な経済学的思考、圧縮された伸縮自在の時間）、それらをある行動方針にあてはめる。その行動方針は、自己＝事業の道具として働くのではなく、プレイを続ける手段として働くようにフォーマットされる。〝蒸留〟と一時停止のプロセルは、「後期資本主義に完全に内在する変化」であり、ティツィアーナ・テッラノーヴァが同様の現象について書いているように、「激化というほどの変化ではなく、したがって変化、広まった文化的経済的論理からの変化」なのだ。(49)

この変化では、保険数理的な命令の一時停止はけっして完全にはならない。この不完全さは、ギャンブラーたちがギャンブル中に直面する〝選択〟について表現する二面性に反映されている。すなわち、解放すると同時に閉じこめ、全滅させると同時に可能にし、安心させると同時に悪魔のようなのだ。ウエイトレスのローラは、「マシンのなかで休む」ことについて話したあと、その話のなかで、ビデオ・ポーカーの容赦のないカード選択の連続は威圧的だと表現した。――ビデオ・ポーカーは彼女の注意を「引き」、「保ち」、「つかまえる」のだ。「画面に集中するしかありません」とジュリーは言った。「どのカードを選んでキープするか、どのカードを選んで捨てるか、それ以外には何も考えられないんです」。〈ゾーン〉にいるギャンブル依存症者は、日常生活で直面する選択の連続から解放されることを求めているのに、彼らは積極的な自己という苦境にとらわれたままなのだ。

第八章　過熱状態　負けを追い求め、消滅するまでプレイする

毎朝、ポータブル機でビデオ・ポーカーをする——それが一日のペースを決める。朝起きたらまず三ゲームする。三回のうち二回勝てば「スーパーマーケットの」〈ラッキーズ〉にゲームをやりに行く。仕事に行くかゲームをしに行くか、このくだらないゲーム機で決めようとする自分に腹が立ってしかたがない。それでも従うことが肝心だと言い聞かせるが、結局はいつもプレイしに出かけてしまう。ある日、駐車場のレンガ塀にこのゲーム機を投げつけた。あとで戻ってくると、まだその場にあり、いまいましい機械は壊れずに動いた。もう絶対にゲームはやめると決意し、知り合いにプレゼントすることにして、手元から処分した。それなのになんということだろう——友人が誕生日に同じものをくれたんだ……だからそれも人にあげることにした。自分をコントロールするためにこういう小さなことを実行しているが、実際はコントロールなんてまったくできていない。

——ランダル

ギャンブラーたちの語るコントロールの位置づけは、一貫しないことが多い。ローラは「コントロールされた」状態でいるためにビデオ・ポーカーをすると語ったが、その直後、矛盾には気づかずに、自分で指示を出す機能のないロボットになりたいと打ち明けた。冒頭に紹介したランダルは、その日のペ

ースを「決める」ためにゲーム機でポーカーをすると言うが、彼はゲームをやめることを「決めた」とも語っている。その相反する主張では、それが自分の努力を阻害すると言っているにもかかわらずだ。ギャンブル依存症患者の話に矛盾が繰り返し現れることは珍しくない。コントロールを求めるのと同時に、そこから逃れることを求めている。ギャンブリング・マシンと対峙するとき、ある種の緊張関係が働いて、その両方の衝動が表れるのだ。

本書の前半で見たように、コントロールを行使する機会は、オプション、選択、そしてさまざまな〝容量性〟の機能という形で、ギャンブリング・マシンにプログラムされている。ところが何度も立て続けにこのコントロールを実行すると、コントロールしたいという欲求それ自体が消失して、無我の境地に至ることがある。この消失が起きるのは、ひとつには人生には内包される予期せぬ事件や困難、そして〝解決不能なもの〟――不確実性――が実質的に存在しない認知的かつ心理的状態をつくり出す、マシンの能力のせいである。だがプレイヤーもこの状態をつくり出すことに加担していること、その過程でコントロールが失われていることがわかった。この章では、なぜそうなるに至ったのか、ギャンブラーたちはなぜそれに固執するのかを考えたい。

ギャンブル依存症者の人生は、冒頭に示したランダルの談話が示しているとおり、コントロールの難しさに苦しめられている。事態を掌握したと思ったら手に負えなくなり、ふたたび掌握するといった状況を繰り返しているのだ。つかんだと思ったら手からこぼれ落ち、ふたたび手中に収め、今度はそこから逃げようとする。この困難にあって、ギャンブリング・マシンと抜き差しならない共存関係に陥っているギャンブラーの心理状態を見極めることは、不可能ではない。ギャンブル依存症者はどの道をたどって〈ゾーン〉に向かうのか、これまで見てきたどの技術的装置が適合してうまく作用するのか。ギャンブル依存症者の人生——そしてマシンプレイにおけるコントロールと敗北の心理力学は、時に極端な形をとることがある。だがこれらの心理力学は、単に病理への脆弱性を表わしているのではない。マシンギャンブルに典型的なプロセスや傾向が、はっきり表われているからだ。

イザベラ

〈トライメリディアン・ギャンブル・クリニック〉でおこなわれている夕方のグループセラピーが始まる直前、新しいメンバーが部屋に入ってきた。ジーンズとスウェットシャツ姿のイザベラは、三八歳という年齢よりも若く見えた。痩せ型で色白、金髪を輪ゴムでまとめて眼鏡をかけ、化粧はしていない。ほかの参加者よりテーブルから少し離れたところに椅子を置くと、硬い表情を崩さずに脚を組んで腕組みをした。

その日はイザベラの初参加の日で、カウンセラーが自己紹介を頼んだ。彼女は私たちに揺るぎない視線を向け、短く区切るように話しはじめた。フリーランスの保険外交員で、幼い息子と軽い知的障害のある妹、その子供、そして五年前にイザベラ自身が養子にした一五歳の女の子と一緒に暮らしていることと、全員が彼女の収入で生活していることがわかった。イザベラの声は、その率直な言葉とは裏腹に、どこか内にこもって自分を守ろうとしているように聞こえた。

二週間後、イザベラはグループを抜けた。感謝祭の日、通告なく車が差し押さえられたため、仕事に行くことができなくなり、福祉に頼らざるを得なくなったのだ。翌月、私はラスヴェガス北西部の労働者階級の人々が多く住む地区にある、彼女の寝室が3つある自宅を訪ねた。ギャンブルを始めたいきさつを教えてほしいと頼むと、彼女は幼い息子をベビーベッドに寝かせて寝室に消えた。そして〈トライメリディアン〉のセラピーグループで宿題としてルーズリーフにつづった、自分史を手に戻ってきた。「ここにすべて書いてあります」と言って、彼女は五ページにわたる手書きの紙を差し出した。(1)

私たち四人きょうだいはそれぞれ違う州で生まれ、私は子供の頃の大半をルイジアナで過ごした。わが家は圧倒的に貧しかった。父はあちこちを転々とする解体業者で週に二、三〇ドルの収入しかなく、生活は苦しかった――不潔で虫にまみれ、怠惰で、常にどんよりした空気に包まれた、教育レベルの低い貧困家庭だった。けれども私たちは貧困に打ち勝つことを期待されていた。矛盾に満ちた子供時代だった。

父は私が知るうちでもっとも知的な人間だったが、他人の感情については無知だった。アルコール依存症で、家にはできるだけ帰らないようにしていた。暴力的で、叩かれるのはいつものことだった。私たちは彼の所有物で、父は好きなように私たちを扱った。一六歳のとき膝の上に乗せられ、ディープキスをされそうになったことを覚えている。いちばん辛かったのは、私が父をなるべく近づけないようにするすべを身につけると、今度は自分を守れない妹のDのほうへ行くようになったことだ。父は弱い人間を好み、強い人間を弱くすることが好きだった。父にとってはただそれだけの意味しかなかったことに、私は今でも怒りを覚える。大きくなって自分に起きたことの意味を理解し、それを言語化できるようになると、私は自分に近づいてきて踏みにじろうとする人間を、すべて遠ざけた。

失敗は許されていなかったが、初めはすることなすことすべてに失敗し、そのたびに自分が価値のない人間のように思えて、それでますます失敗するという悪循環に陥った。一七歳で大学に入るために家を出た。最初はうまくやっていたが、飲酒を覚え、ビーチでぶらつくようになった。私は奨学金を失って大学をやめ、保険会社で働きはじめた。そこで夫に出会った――コンテストで私を負かした、ただひとりの男だったから、彼と結婚することにした。結婚を決意させるのに二年かかったが、彼を選んだのは、精神が安定していてお金の管理ができて、未来があったからだ。ほかの州での仕事の誘いがあったとき、彼はこう言った。「一緒に来ても来なくても、ぼくはかまわないよ」。私はついていったが、実際のところ、愛し合っているとは言えなかった。退屈な同盟関係で、互いに対する関心がしだいに薄れていくのを感じていた。

私たちはラスヴェガスに引っ越し、彼はバーテンダーとして働きはじめた。彼は夫婦の寝室からの逃げ場をきれいな女たちとコカインに求め、私はギャンブルに求めた。さらに復讐と腹いせの手段を見つけた。いくら失ったかを彼に告げることに、私は大きな喜びを覚えていた――それだけが私が彼から引き出せる感情だった。彼はとても穏やかな性格で、激しい感情を見せることはほとんどなく、リモコンを片手に一日中テレビの前に座っているようなタイプだった。けれども彼は、私のギャンブルを恐れて生きていた。負けはひと月に二〇〇〇ドルから四〇〇〇ドルにのぼるようになり、生活は破綻した。彼はさっさと私と離婚し、互いにとって無駄でしかない六年間は終わった。

それから私は、借りを返すことに決めた。過去に誰かを虐待したり傷つけたことがありそうだと思ったすべての男と寝た。私はセックスをコントロールのために使いはじめた。誰とも本気にならなかったが、男たちが求めているのは、そういう女のようだった。私は自分で自分の面倒を見られ、怒りを抱え、才気があった。すべての男をいいようにあしらったが、ひとりだけ違う男がいた。その男を泣かせたのだ。最高だった、それは力の行使だったからだ。それと引き換えに私の親切心や同情心が枯渇し、私は意地が悪くて、醜く、強情で、暴力的で、嘘つきの人間になった――つまりは軽蔑すべき人間に。男たちの名前さえ覚えていない。みなドラッグをやり、酒を飲み、女を殴り、自分たちだけでなく手を触れた相手すべてを辱めた。報いを受けて当然の人間たちで、私が確実に思い知らせてやった。そしてそのあいだ、まわりにはつねに誰かがいたけれど、私はひとりぼっちだった。これまでの人生で、男性と互いに信頼し合える関係を築いたことは一度もない。必要とあらば、彼らをうまく操ることができた。私を次の獲物に定めた相手を逆に引きずりまわすことに、大きな満足を覚えていた。

ビルとは洗車場で出会った。彼は私の歩き方が気に入ったそうだ。私も彼の歩き方が気に入った。長い脚、引き締まったお尻、いい車。私が電話をかけ、デートをするようになったが、あらゆる嘘が返ってきた。今思うと、今度は私が仕返しをする番だと感じたのかもしれない。彼は手あたりしだい女と寝ていた。私が聞きたいことしか言わなかったが、私より頭がよく世慣れている彼が欲しかっただけで、愛したことはない。頭から離れなかっただけだ。私はそのいやらしい心を制御できず、コントロールボタンを見つけられなかった。関係は三年間続いた。虐待と慰め、虐待と慰め。最終的に、私の神経は参ってしまい、二日間気を失って、目を覚ましたときには死んだも同然だった——感情も心もなく、脳みそも空っぽだった。すべてを根こそぎ奪っていくことを、私は許したのだった。私のなかには何も残っていなかった。ふたたびどこかの男に利用され、すべてが失われた。

その後私はバッグに荷物を詰め、祖母の家がある北カリフォルニアを目指して歩きはじめた。祖母は私を守ってくれた唯一の人で、人を寄せつけずに暮らしていた。インターステート93から95まで歩きつづけた。全部で三日かかり、足にはひどい水ぶくれができていた。祖母の家に到着すると、姉のDが出迎えてくれた。祖母は翌年、一九九三年に亡くなった。父もやって来たが、そのひと月後、アスベストが原因の末期の肺がんを患っていることがわかった。父はトレイラーに移り、体調のいいときに訪問客と会った。父は完全に私を利用し、怒りを解放するため私も父を利用した。私は父に、あなたは私たち全員に謝罪する義務があると言った。父は誰も虐待などしていない、なぜ私がそんなけじめを必要とするのか理解できないと言い、一年後にこの世を去った。

ラスヴェガスに戻った私は、平均4・0の成績で大学を卒業した。データ入力の仕事を得て、上司にこき使われながら働いた。カジノのためにマーケティングをおこなっている会社で、さまざまなデータを作成しているうちに、胸の悪くなる実態に気がついた。私は態度が悪いという理由で解雇されたが、嬉々として会社を去った。

息子の父親になる男性に出会ったあと、私はふたたびギャンブルを始めた。彼が仕事に行っているあいだ時間をつぶすためだ。初めはほんの少ししか賭けていなかったが、半年後には手に負えなくなっていた――週に二〇ドルだったのが九〇〇ドル、つまり給料を全額注ぎこむようになった。私が彼を愛するようになると、彼は去っていった。妊娠を知ったのはそのあとのことだが、彼には知らせなかった。

フリーランスで保険を売りはじめたものの、人とは関わりたくなかった。アポイントの場所に行こうと家を出ようとしても、ひどい吐き気に襲われ、身体がだるくてしかたがなく、代わりにカジノに行った。ライムを添えた炭酸水を飲みながらプレイをし、吐き気から自分を避難《ゾーン・アウェイ》させた。お腹が大きくなっていたから、まわりの人たちに「ここで子供を産むことになるんじゃないの」と言われた。カジノにいるべきじゃないと言われたときは、顔に煙草の煙を吹きかけないでと怒鳴り返した。妊娠してから煙草の臭いはとても耐えがたいものになっていた。

出産の数日前まで、ずっとギャンブルを続けていた。まわりでたくさんの人が煙草を吸うなか、あの椅子に一五、一六、一七時間と座りつづけていた。お腹のなかで息子が動きまわるのを感じる一方で、脚の感覚がなくなっていった。あとになるまで、それがどれほど不快か気づかなかった。身体にいいものを食べようと心がけたが、ギャンブルをしているあいだ、食事はどうでもよくなっていた。食べる代わりに制酸薬を飲んだ。空腹で気を失いそうになると、マシンの受け皿を逆さまにしてギフトショップに行き、クッキーを買った。食事にかける時間がもったいなかったからだ——すぐにでもマシンに戻りたかった。

息子が生まれてからも、ギャンブルをやめることはできなかった。姉に任せたまま自宅に何時間も置き去りにした。すべてを失ったあと、私に残るのは乳房からあふれた母乳が腰まで流れたときのシミだけだろう。息子が家でお腹を空かせているのに、私のほうはギャンブルで何もかもなくしてしまった。今でもギャンブルをやめようとしながら、店で粉ミルクを買っているときに、どうしてもマシンに気をとられてしまう。目を閉じてわきを通り過ぎようとしても、毎回うまくいくとは限らない。

息子が生まれたあと、姉のDが亡くなった。末期の肺がんで、誰も予期していなかった。父が解体業をしていたときのアスベストが原因だ。服について家に持ち込まれたのだ。私たち家族全員の肺のなかにあるのだから、私だっていつ発症してもおかしくない——突然悪さを始め、一年半後には死んでいるかもしれない。悪いことは起きるものだと信じる権利が、私にはある。実際悪いことは起きるのだから。私はそれを身をもって知っている。

イザベラの過去は、コントロールの失敗続きだった。他人に頼ることはリスクが高いと学んだはずだったが、彼らの望みはたいてい隠され、身勝手だとのちにわかった。彼女は異性との関係を、どちらかが必ず敗者になるゼロサム・ゲームだと語った。結婚したのは、相手がコンテストで彼女を打ち負かしたからだ。一日中「リモコンを片手にテレビの前に座っている」だけの相手の気を引くには、ギャンブルで負けた事実しかなかった――それが彼女自身のリモコンだ。関係を解消したあと、イザベラは「借りを返す」ことにした。「コントロールボタン」が見つからない相手に会うまで、彼女は男たちをもてあそんだ。異性との関係は、ときとして「仕返し」のための手段だったと認めている。それが終わったとき彼女は空っぽになり、「枯渇」した。ある男性を愛するようになると、その男は「去っていった」。彼の子供を身ごもっているあいだ、彼女はマシンに避難《ゾーン・アウェイ》し、すべてを失った。

会話の終わりでイザベラは、息子とのあいだに生じた無条件の相互依存に驚いたという話をした。彼女にとって未知のものだった。それに怯えたのは、いつかなくなってしまうのではないかという恐れと、大切にしていたものを失った経験とを、結びつけたからだった。

たしかに育児はすばらしい経験だけれど、慣れるには時間がかかる……私はこれまで、私の身体、考え方、人生、私のすべてに対して権利があると思っている人たちに、対処しなければならなかった――彼らはそれが私のものだと理解できなかったようだが、私はそれを取り戻すために必死に闘った。そんなときに息子がやって来て、突然私の身体は私のものではなくなった、息子のものになったのだ。

とはいえ、息子が「家でお腹を空かせて」いるあいだも、イザベラはマシンの前で母乳をあふれさせ、「ギャンブルで何もかもなくしてしまった」（お金も母乳も）。息子との関係に、これまでに身につけたコントロールの力学を持ち込んでしまうのではないかと恐れ、そうならないよう格闘した。

息子は私にとって本当に大切な存在だけれど、虐待してしまうのが怖かった。しないつもりでいたものの、心のなかにある衝動は自分ではどうしようもなく、父とまったく変わらなかった。虐待したくなるのは簡単だった。ときどき悪意が忍び寄ってきて、誰かにとてもひどいことをしたくなる。それが手に負えなくなることを、いつも私は恐れている。論理的思考と思いやりの心で、それと闘っている。物事にはフェアな精神で当たることを心がけ、弱点のある相手に対してつけこまないと決めている。それは保険を売るときでも、ふだんの生活においても、私が掲げているルールだ。

マシンプレイがおこなわれる〈ゾーン〉は、ジョージーも言っていたとおり、イザベラが人生の危険やルールから「離れて安心」できる場所だ。けれども彼女が救いを見出しているリスクや敗北、コントロール、そして依存の心理力学こそ、彼女をプレイに駆り立てているように見える。前の二章で見たとおり、マシン・ギャンブルはこれらの心理力学を、人生より機械的で制御可能で予測可能なものにすることによって、安全たらしめている。イザベラのようなギャンブラーは、ギャンブルすべきかどうか、いつやめるべきかという選択に関するコントロールを失ったと思っているが、プレイしているあいだはどうにか制御が働いている。彼女たちが行使しているコントロールは、矛盾しているようだが、敗北との関係を変化させるチャンスをもたらすことにもなる――負けを止めたり覆すのではなく、自分で実行することによって。

自発的な負け

一見矛盾しているギャンブラーの行動論理を理解する手がかりは、彼らが負けを区別したがる点に見出せる。予期せぬ出来事として負けた場合と、マシンと対峙して考え抜いた手で負けた場合とだ。敗北に打ちのめされているときに転勤や病、暴力、別離、死といった不測の事態に襲われると、彼らは自身のギャンブルから生じる事態をコントロールしていると感じる。コントロールした負けは、コントロールできなかった負けから生じる受け身の苦痛を、より能動的で支配可能なものに変換するための手段だと言う。ケネス・バークは、予期せぬことが起きた場合にふつうの人が見せる反応について書いている。「障害物につまずいた場合、それは行為ではなくただの動作だ」。「ところが」と彼は負けをコントロールしたがる依存症者の望みについてこう続けている。「この単なる偶然の出来事を、行為のようなものに変えることがある。まるで倒れているあいだに自分の意志に基づいて転倒したのだと考えるように(2)」。ギャンブル依存症者はマシンプレイについて、偶然の意図していない負けをバークが指摘したような〝意志に基づいた〟負けに変えるための手段として語ることがある。ローラもこう語っていた。「私を傷つけているのは私であって、ほかの何ものでもない。コントロールしているのは私なのよ」

アレクサンドラの問題も、この〝自発的な負け〟の道をたどって悪化していった。五年前、彼女は成人した息子を突然の病で失っていた。息子の死がどんな影響を及ぼしたか、彼女はこう語っている。

息子の病気はまったくコントロール不能のものだった。私には何も手出しができなかった。〝コントロール〟というのは、もしあの子が脚を折ったのなら、元に戻せる――病院に連れていって治してもらう、それが私なりの状況をコントロールするということ。けれどもこれは治せなかった。誰にもできなかった。これほど秩序が乱れて修復不可能な事態に陥ったのは初めてだった。それがこの息子の死と、ギャンブルだった。

息子の死に打ちのめされたアレクサンドラは、カジノのカードディーラーの仕事を辞め、気がつくと自宅からすぐのところにある二四時間営業のスーパーマーケット、〈アルバートソンズ〉に毎晩通い、朝までギャンブルをするようになっていた。「逃げ場を見つけたの、言うなればあのスロットマシンに。あれでプレイしていると、何も……考えなくていいから」。ギャンブルが息子の死と同様〝コントロール不能〟になったと認めながら、それによって得られる矛盾した感覚を覚えていた。「奇妙なのは、自分ではギャンブルをコントロールしていたと感じていたこと。マシンはコンピューターなんだからコントロールなんてできないとわかっているのに、自分自身を、つまり負けをコントロールしていると思っていたの」

ソーシャルワーカーで三人の子供の母親であるマリアは、自身のギャンブル体験で似たような〝負けのコントロール〟の感覚が働いていたことに気がついた。彼女はこれを暴力的な男と繰り返しつき合ってしまう経験になぞらえて語ってくれた。イザベラの談話を思い起こさせるものだ。

いつ殴られるかという恐怖におびえて暮らすより、殴られるとわかっているところから始めたい、誰が殴るのか、いつ殴られるのかを選ぶのは私よ［彼女は腿を叩きながら強調した］。私は危険な人に引きつけられるの、まるで自分で自分の負けをつくり出しているみたいね、彼らではなく――コントロールしているのは私なの、ギャンブルのときみたいに。

マシンプレイを通じて、マリアは自分が負けたときの状況をバークが述べたような〝行為のようなもの〟に飾り立てている。最後は必ず賭け金を失うことに変わりはないのだが。

トラウマ的な喪失やその状況に対処するにあたり、ふたたびその喪失を再現したり、喪失が起きる確率が高い状況に自分を置こうとうする現象は、ジークムント・フロイトが〝反復強迫〟という概念で理解しようとしたものだ(3)。この理論は幼い孫息子のエルンストがつくった遊戯にひらめきを得たものである。その遊戯でエルンストは、遠くにものを放り投げては、「いない！」と叫んでいた。のちのバージョンではひもに何かをくくりつて放り投げ、それからそのひもをたぐり寄せて「いた！」と叫ぶようになった。孫息子はなにかを〝消す〟ことで満足を得ている（「いた」のほうがエルンストにとって優先順位は低かったようだ）と考えたフロイトは、度重なる母親の不在への反応だと推測した。「いない」と宣言するとき、エルンストは母の不在と見捨てられた気持ちをコントロールしている感覚を得ていたのだろう(4)。

イザベラやアレクサンドラ、マリアの話からわかるのは、ギャンブル依存症者たちが同じような「いない」遊戯をマシンプレイでしていることだ。人生に突然降りかかる出来事が愛する人や仕事、安定を奪い去るように、ギャンブラーたちはデジタルを介して行われる賭けのプロセスを通じて喪失を〝再現〟していると言える。エルンストのゲームは、依存症者の行動の内面のメカニズムだけでなく外部のメカニズムにも光を当て、過去に経験した圧倒的な喪失の痛みをやわらげ、緩和し、あるいは征服するのにギャンブリング・マシンがどのように役立つのか解明する手助けをしてくれる。フロイトが記しているように、エルンストは喪失のゲームだけをしているのではない。母の不在と出現を繰り返し再現するのに、彼は放り投げたぐり寄せることのできる、糸巻きという人工物を考案した。この単純なテクノロジーを考えると、現在のギャンブリング・マシンは複雑でデジタル化された糸巻きの一種のように思える。この〝容量〟の機能により、ギャンブラーたちは大切なものが「いなくなる」ことに対するコントロール感を得ることができるのだ。

これまでの章で述べたとおり、ギャンブラーは偶然によるプレイの勝敗を、賭けの度合いを何度も調整することによって――たとえばクレジットを五ではなく一にしたりして――対応することができる。そうするとゲームの偶然性に翻弄されているのではなく、自分が舵を取っているような気分になれる。別の方法は、賭けのペースを調整し、ゲームの終わりに影響力を持っている感覚を味わうことだ。「マシンの前にすわることは、電話ボックスにいるようなものなの、二五セント硬貨がなくなったら途中で切られてしまう」と、マリアは語っている。「問題は、やらなくてはいけないのは、それを先延ばしにすることよ――いつ終わりがやってくるかをコントロールするの」。このように経済的損失を調整することにより、彼女はほかの危機的状況では手に入らない支配感を得ていると言える。前章で紹介したジュリーは、運を揺さぶる彼女なりの戦略を身につけていた。

一枚カードを捨てて新しいのと取り替えようと決めたら、マシンが時速一六〇〇キロの速さですべてのカードをシャッフルしはじめる。どのカードが出るかは私がシャッフルを止めるボタンをいつ押すかにかかっている。そのタイミングが肝心なんです。正しい瞬間をとらえるために急ぐ必要がある。私たちがコントロールできる唯一のものはスピードだと思う。何が起きるのかはわかってるけど（と彼女はここで声を潜める）、それがいつ起きるのかはわからない。でも、その瞬間をコントロールすることはできる。それ以外はすべて運任せ、スピードだけが運をコントロールする唯一の手段なんです。

もし彼女が言うように、運が私たちを驚かせたりつかまえたりするものなら、マシンによって加速されたスピードはその驚きを先行し、幸運の瞬間を捕まえる手段だ――運を意のままにする手段なのだ。

コントロール不能

リサーチをおこなううえで出会った〝自発的に負ける〟ケースで、もっとも印象的で手が込んでいたのは、おそらくシャロンの場合だろう。四〇代のイタリア系アメリカ人で、一〇代後半のとき家族でラスヴェガスに移り住んだ女性だ。これまで見てきたとおり、彼女も負けをコントロールすることに強い関心があることがわかるが、シャロンは、イザベラのようなギャンブラーとはかなり異なった方向から、マシンプレイ依存に至った。人生への主体性を欠いていたわけではまったくなく、むしろ過剰な主体性に苦しめられていたと言っていい。彼女が依存に陥ったのは、自分を最大限に高め、人生のすべてをコントロールしたいという衝動が、壁にぶち当たったからだ。

「私の物語は、手に入れられなかったものの物語じゃないんです。手にしたものを『浪費した』物語ですね」。シャロンは、自分の人生はコントロールを追い求めた旅だったと語る。成果においても浪費においても。「最初の計画では、大学でいくつか学位をとって、トップクラスのメディカルスクールに進み、有名な医者になるつもりだった」という。これまで学生が夏学期に取得した最多単位が一九だったことを知ると、彼女は六つの超過嘆願をして二四単位を取得した。「これまでに達成された例はないし、されると考えられたこともなかったんです」。シャロンはカジノのカードディーラーとしてフルタイムで働きながら、休憩時間を勉強に充ててその難題に挑んだ。

彼女のコントロール欲は学業面だけではなく、自身の肉体面にも向けられた。「あの頃は自分の身体を完璧につくり変える計画に夢中になっていました」。体重を欠かさず測り、飲むのはオーガニックのジュースだけ、食べるのは自然食品のみ、体重は五七キロを超えたことはなく、一日に一〇キロ走り、毎朝ビール酵母を服用して、体内から水分を排出する方法、筋肉量を維持し体脂肪を減らす方法を身につけた。「コントロールは外面だけでなく、体内でもおこないました。アミノ酸のXという化合物を生成するためにマクロ分子を操ることができたけど、有害物質は決して取り込みませんでした」。だが、ある時点で彼女は限界に直面することになる。

完璧さを維持できない、自然より強くなることはできないんだとわかったとき、すっかりあきらめてしまったんです。美容整形が必要になるところまで理想を引き上げてしまったから、負けるのはわかっていた。何カ月も特別な健康施設みたいなところにいなければならなくなりそうで、限界に達したことは明らかでした。理由は簡単で、計画をやり遂げるだけの資金がなかったからです。完全にはコントロールできないんだと思い知ったとき、すべて放り投げてしまいました。

シャロンはマシンプレイに取りつかれるようになった経緯を語ったが、転換点になったのは、自分が闘っているのは自然を相手にした勝ち目のないゲームであり、いずれは年を取り死を迎えるという運命から逃げられないと気づいたときだ。

この認識は別の州で通っていたメディカルスクールの最後の学期のときに、決定的となった。親友が自殺し、兄が殺されたのだ。この悲劇に襲われたことで、完璧な自分になるというシャロンの目標は捨て去られ、自分を消滅させることに変わった。彼女は敗北を画策しはじめ、今度はその敗北そのものが勝つべきゲームとなっていった。

メディカルスクールの最後の年、私は勉強に打ち込みました。その年が終わったときに成し遂げられているはずのものは、長いあいだ記憶されるとわかっていたから、そしてあらゆるギャンブルをやりまくるつもりだったから。誰にもそのことを知らせず、一年かけて準備をしました。間違いなく自己破壊的な旅になるとわかっていたから、最後の年はちゃんと勉強しようという気になりました。それが終われば授業もとるべき学位もなくなる。学生時代は終わるのだと。

時計が夜の一二時を告げた瞬間、義務や責任はなくなり、すべてが白紙に戻りました――私はシャワーも浴びず、着替えもせず、何もかまわなかった。それが私のアジェンダのプランBだったからです。当座預金に入っていた最後の八〇〇ドルを使ってユーホール社のトラックを借り、荷物を全部詰めこんで三つの州を眠らずに走り抜けて、実家に向かいました。救急病棟での一六時間勤務のあいだ着ていた汚い手術着のままで。実家の前にトラックを停めてユーホール社との契約書を読むと、ある時間までに返せば五九ドル返金されることに気がつきました。そこでガレージのドアを開けてトラック後部のドアを開けると、段ボール箱をすべて寝室に運び入れました。二列に積み上げたあと、上にシートをかけ、それからセーターに着替えてトラックを返しに行くと、今度は四泊五日の旅に出たんです。

ビデオ・ポーカーのマシンの前にすわり、貯めてきたお金、家に帰ったとき私を待っていたもののすべてを、注ぎこみました。一線を越え、ドミノ倒しのように、一〇年間勉強してきたことが無駄になるのが目に見えるようでした。私は自分自身を肉体的、経済的、精神的に壊滅させたんです。

シャロンはまるで、高レベルのコントロールという、いつもの戦略がうまくいかなくなったために、高レベルの破壊という手段に訴え、自分を完全に〝壊滅〟させることで、兄と親友を突然失った痛手と釣り合わせる、中和させる、あるいは拭い去ろうとしたかのようだ。経緯を説明したあと、彼女は半分冗談でこう言った。「私ってあなたがインタビューしたなかで、いちばん優秀な機能不全の依存症者じゃない？　依存症でAプラスをとれるかしら？」

ギャンブルでハメを外したあと、シャロンはかつて父親がピット・ボスを務めていたカジノでブラックジャックのディーラーとして働くことになった。そこで得た収入をビデオ・ポーカーに使いはじめ、生活のすべてを脅かすようになるのに、それほど時間はかからなかった。私が初めて彼女に会ったのは、稼いだそばからギャンブルに注ぎこむという悪循環から、ようやく抜け出したばかりのことだった。「マシンの前にいると、偶然の要素なんて何もないんです。だって、負けるってわかってるから。そのほうがよほど安全よ――現実をコントロールしてるっていう気になれるんだから。やることといえば、カジノに行ってATMでお金を引き出し、ビデオ・ポーカーで失うことだけ。確実な資金移動です。もしこのコントロールを続けていくだけのお金を持っていたら、いまでもやりつづけていたでしょうね。私はただお金が尽きてしまっただけなんです」

シャロンの〝自発的に負ける〟という精神状態は、これまでに見てきたケースと一致するところもあるし、異なるところもある。彼女は負けの度合いやタイミングをコントロールしようとせず、完全に運にゆだねてしまう。壊滅的な負けに直面してコントロールしようと努力するより、必然的な死と闘い続けざるを得ない状況において、経験的な確率に頼ることに近い。彼女がコントロール不能の域まで行ったというのは、マシンギャンブルを通じて最終的に得られるのは、運をコントロールする可能性ではなく不可能性だという意味においてだろう。

シャロンの物語がありありと伝えているように、負けをコントロールできるという仮説がギャンブラーたちにとってマシンプレイへ金を注ぎこむことの説明になっているとはいえ、新たな疑問が生まれる。彼らのプレイを見てきて明らかになったのは、完全なコントロールは、手に入るどころか可能性として遠のいているのではないかということだ。「悲しいのは、本当にコントロールできるのは終わりが早く来るようにすることだけよ」とマリアも認めている。マシンプレイではほんのわずかな領域のコントロールしか与えられないとわかっていながら、ギャンブラーたちはプレイを続けている。彼らにとって〝コントロール〟とは何か、それによって何を達成しようとしているのかを、私たちに再評価させようとしている。

すでに述べてきたように、ここではマシンそのものが大きな役割を果たしている。ギャンブラーが衝動を表すための受動的な媒体ではなく、〝プレイヤーの消滅〟というプログラムを実行し、その過程でプレイの結果を制約しうる相互的な力をもっているからだ。だが、プレイヤーの消滅というギャンブリング・マシンのスクリプト以外に、コントロールの〝回転〟を逆にすることを説明できるものがあるだろうか。アレクサンドラがこのように疑問を投げかけている。

最初はいつ行っていつ帰るかコントロールできていたし、勝って帰ることもあった。でもほかの何かがコントロールするようになってしまった。太陽がのぼってきたのを見て、私はこう自問するの――帰りたいのに、なぜここに座ってるのって。これが忍び寄ってきて、プレイし続けさせるのよ。これが私を所有して、依存させ、その場から離れられなくさせる。私をコントロールしているこれって何？

フロイトも同じように困惑した。もしエルンストの「いない」ゲームの目的がコントロールだとしたら、なぜ解決をみていないように見えるのに、エルンストは何度も喪失を繰り返したのだろう。何に突き動かされて無駄に見える行動を続けていたのだろうか。

辛い出来事を追体験するエルンストの「機械的な」衝動を見て、フロイトは〝快楽原則を超える繰返しの衝動〟に気づいたと答えている。前期の研究で、フロイトは人間のほとんどの行動の裏には、欲望を求め苦痛を避ける傾向があることを説明するのに〝快楽原則〟という概念を確立した。この原則によれば、欲望の追求と苦痛の回避は人間が永遠におこなう〝生の本能〟である。だがエルンストの行動を見てフロイトが推測したのは、この行為の最終的な目的は、欲求や欲望（自我の基盤）がすべて打ち消される休息や静寂、平穏状態を取り戻すことではないかということだった。そして、孫のゲームで見られる生の本能は、突き詰めると〝死の本能〟に寄与していると考えるに至った――より根源的な傾向で、その目的は生の興奮を静め均衡を取り戻すことである。フロイトが死の欲動と（〝ニルヴァーナ原則〟や〝運命強迫〟とも）呼ぶものは、死への憧憬や自己破壊願望とは異なると定義され、「内面の緊張を緩和する、一定に保つ、または取り除くための努力」を示すとされている。[5] 死の欲動は、自己の欲望を充足させたり制御することが目的ではなく、それを中和したり排出したりすること――つまり自己を解消することだという意味において快楽原則を〝越えて〟いる。[6] 完全な自己解消は死を含むため、「死ぬこと」は生の逆説的な目的だと考えられる。

とはいえ疑問が残る。もしそうなら、なぜフロイトはこう考えたのだろう。「生命のある有機体は、生命の目標を短い経路（いわゆる短絡路）を通って実現するのに役立つような作用には激しく抵抗するのである」。[7] そして、人間の自己保存行為は、世のなかで遭遇する特定の刺激を緩和し、元の静止状態を取り戻すために必要な手段だと解釈できると結論づけた。人の生活を構成している〝回り道〟や〝迂回路〟と見えるものも、言い換えれば、終着点の〝平穏〟には特定の道をたどらなければならないことを示していると言える。いわゆる死の欲動は、生のみならず緊張と解放の果てしない反復を（阻害するよりむしろ）活性化させるのだ。

この解析的枠組みにおいて、依存症は死の欲動が病的に増大したものと解釈することができる。フロイトの言葉を借りれば、「生命の目標を短い経路（いわゆる短絡路）を通って実現する」ために人生の苦しみを回避しようとするわけだ。依存症者は死それ自体を望むわけではなく（もっともすぐにわかるように、文字どおりの意味でギャンブル依存では死が重要な意味を持っているが）、不安をかきたてる不確実性や実在のおぼつかなさからの解放を欲しているのだ。アルコールや薬物、そしてマシンギャンブルなどの人をのめりこませる娯楽は、そうした不確実性やおぼつかなさを低減したり、認知的緊張や情動的緊張を緩和したり、自意識を一時的に保留するための実効性のある手段として機能している――すなわち非主観化の状態と、「完璧な偶然性」というタイトルをつけた六章で論じた世界との魔法のような〝一体性〟を獲得するためである。シャロンたちにとってビデオ・ポーカーゲームは、ゼロ状態の〈ゾーン〉にスムーズに移行するためのメカニズムになっている（「運命に至る、より直接的な道」と薬局のスロットアテンダント、バーニーは語っていた）[8]。精神分析学者のリック・ルースは、ギャンブル依存について、「彼らは近道を行く、近すぎて短絡《ショート》する」と書いている[9]。

自己解消への衝動は、すさまじい勢い（ギャンブラーの強烈な「追求」という言葉で表現される）を産み、緊張と解放の反復を調整することを超え、前章のパッツィの言葉を借りれば、〝マシン・ライフ〟に至るところまで生活を追い込むことになる。ギャンブラーたちはマシンギャンブルが可能にする生活の短絡化への耐性を増すにつれ、迂回に我慢できなくなる——プレイが中断される、とりとめのない無駄話から、円を描くようなデザインの絨毯といった視覚的なもの、アニメのおまけ映像やクレジットが「積み重ねられる」のを待つ時間といった、一瞬で終わる些末なものまで耐えられなくなる。「これまでに観察したほとんどの人が、勝ちを積み重ねるのを待っていられないんです」というカトリーナの指摘は、フロイトの考えに通底している。「代わりに彼らはプロセスを〝短絡化〟しようとします。何度も続けてボタンを押して支払いをクロックアップさせたり、〝清算〟ボタンを使ったり、マシンによってはクロップアップしているあいだにコインや紙幣を投入したり」。すでに見た自動プレイモードは、プレイヤーたちがすべてのコントロールを放棄し、ゲームそれ自体にプレイさせることによって、プロセスに完全に身をゆだねることになるものだが、そこで〝迂回路〟にどこまで耐えられるかギリギリの限界点が測られ、プレイヤーたちは完全に〝マシン・ライフ〟に身を明け渡すことになる。最終的にシャロンが、配られたカードを見るのをやめたことを思い出してほしい。「極限に達すると、自分が何かをコントロールしていると信じ込むこともできなくなり、負けるまでマシンに張りついていることになります……。初めに引きつけられたもの——画面、選択、決定、スキル——それらはすべて奪い取られ、運という確実性を受け入れることになる。証拠は最後にゼロになることなんです(10)」

緊張を「ゼロにしたい」というギャンブラーたちの衝動は、負けを飼いならし制御したいという衝動よりも深いと言うことができそうだ。フロイトの洞察と一致しているところだが、彼らの〝コントロールのためのギャンブル〟は、コントロールしたいという欲求そのものをやり過ごしたいという望みによって、支えられているように見える。この観点から見れば、彼らがこうむる経済的損失は、コントロールを手に入れようとしたことに付随する結果というだけではなく、より深い目的だったということができる。こう考えれば、マシンギャンブルのなかで最も直観に反した側面のひとつが、より意味を成しはじめる——それは勝つことに耐えられないことだ。アルヴィンはかつてラスヴェガスに住んでいたが、「ビデオ・ポーカー・マシンから逃げるため」に中西部に居を移し、そこから子供たちに会いに通いながら、ギャンブル依存症者の自助集会に出席するようになった。以前あった出来事について、彼は語ってくれた。自宅に戻る帰りの空港でのこと、搭乗ゲート付近のビデオ・ポーカー・マシンで六〇〇〇ドルの大当たりを出した。予定どおりの便に乗って帰途についたものの、当たりを持っていることに耐えられなくなったことに気がついた——容認できない過剰さとして、重くのしかかっていたのだ。「あの金を持って帰ったことに耐えられなかった。まだ終わっていなかったんだ。すべて失わなければならなかった。金を返す。まさにそのとおりのことをした——すぐにとんぼ返りして、マシンにその金を全部注ぎこんだ」。ラスヴェガスを一度去ってまた戻るという円運動は、彼の勝ちが開いた円を閉じなければならないという衝動の迂回路をなぞったものである。

シャロンにも、似たような経験があった。メディカルスクールから実家に帰ったあと、四日間にわたるギャンブル祭りを繰り広げたときのことだ。「すべてを使い果たして家に帰りました。自分が空っぽで、死んだような気分になって疲れ果てていた。引っ越しの段ボールの上に横になって、こんなふうに首を曲げたとき、段ボール箱の隣に三枚の五セント硬貨が落ちているのが鏡に映っていました。そのとき、信じられないくらいのアドレナリンが放出されたんです。まだ全部負けたわけじゃないって」。「希望が戻ってきたの？」と私は尋ねた。「いいえ、希望とは言えない——希望みたいにいいものじゃない。

まだ終わっていないという感覚かな――まだ休めないっていう。午前三時だったけれど、ガソリンのほとんど入ってない車に飛び乗って、いちばん近いカジノに乗りつけた――そこでその一五セントを使い果たしたんです」

ロッキーはこう語る。「ときどきひどく疲れて負けてしまいたくなることもあります。家に帰れるようにね。でも負けに近づいたところでもう一度勝つと、こう思うんです。参ったな、これがなくなるまでここに座ってなくちゃならない」。アレクサンドラも詳しく語る。「ときどき変な満足感を覚えるの――ううん、満足感じゃない、安堵感ね――負けたときに。手持ちが全部なくなって、これ以上プレイできなくなれば、家に帰って眠れるから」。ギャンブルのクレジットは、彼女の目を覚ましておく興奮剤だ。エネルギーはすべてそれが消えることに使われる。すべてなくなったときに初めて、彼女は眠りにつけるのだ。引退した消防士のピートは、クレジットが完全になくなることを祈るところまでいった――ギャンブルを続けたいという衝動から解放してくれる唯一のものだ。

一四時間マシンの前に座りっぱなしのせいで疲れ果て、目も開けていられなかった。ポケットのなかは空っぽで、車にはガソリンもなく、家には食べ物もなかったけれど、マシンに四〇〇ドルのクレジットが残っていたから、帰るわけにはいかなかった。そこであと一時間、負けますようにと祈りながら、全部なくなるまで座っていた。神様、この金を持っていってください、そうすれば立ち上がって家に帰れますってね。どうして清算ボタンを押さないんだ、と思うかもしれないけれど、そんなことを思ったことは一度もない――そういう選択肢はないんだ。

ピートはこう続けた。「まだ遊べる金が残っているというのは、マシンに貼りつけられていることと同じだ。まわりが火事になってもまだクレジットが残ってれば、そこを離れるなんてありえない、きっと自分にこう言うだろう――ほっとけ、マシンを担いで逃げるのでなきゃここを動かないぞ、先に煙を吸って死んでやるってね」。ランダルはこう言っている。「払い戻しボタンを押したいのに押せないんです。もし金が苔みたいにトレイに出てくるんだったら、歩き去るのはもっと簡単だったでしょうが、マシンのなかにクレジットとして残っていたら、それを取り出すのは容易なことじゃない」。マリアが語ってくれたのは、負けてそのセッションを終えようとしたところ、ふたたび勝ちが来てプレイを続けることになったときのことだ。「それで二〇〇ドルになったんだけど、また一ドルまで減って、それからまた一〇〇ドル稼いだ。でもその一〇〇ドルを使うまで帰らなかった。すべて使ってしまうまでどうしても帰れなかったの」[11]

ギャンブラーのなかには、勝ちの状況について、哲学者ジョルジュ・バタイユが「呪われた部分」と呼ぶ重荷のように感じる人もいる――あまりの過剰さに不安を感じ、その所有者はそれを交換、取り消し、あるいは処分しようとして失敗するのだ[12]。ギャンブル依存症者はマシンを通じて、まさに同じことをしようとしている。クレジットを払い戻し、負債を清算し、円運動をやめ、ゼロ状態に戻ろうとする。アレクサンドラのケースで言えば、ギャンブルを通じて彼女が逃がれようとしているものの正体を見つけ出すのは、そう難しいことではない。彼女がギャンブルに注ぎこんだ金の大半は、息子の死亡保険金四万五〇〇〇ドルだ。その「呪われた部分」の存在を、彼女は息子が死ぬまで知らなかった。この苦い遺産を失うことが自分のギャンブルの目的の一部であると認識しながら、二五セントマシンで一一〇〇ドルの大当たりを当てたときに感じた、いら立ちを思い出した。「一ドルマシンに移ったの――もっと早くお金を失うために。投げ捨てるみたいにプレイしたわ」

二章でナンシーが見せてくれた銀行取引明細書のことを思い出そう。六時間のプレイのあいだに何度もATMから引き出して、残高がすっかりなくなってしまった記録だ。ゼロに向かう衝動が記録された印刷物とでも言おうか。「車のローン、保険の支払い、家賃――すべてを注ぎこみました。ATMとマシンのあいだをひと晩に四、五回行ったり来たりして、五時間で全部なし。五セントマシンにすべてを注ぎこんで、死ぬまでプレイしたんです」

死ぬまでプレイする

フロイトのいう〝死の欲動〟における「死」は、文字どおりの意味より比喩的な意味が強いが、ギャンブル依存症者が〈マシン・ゾーン〉について語るとき、しばしば文字どおりの――特に自分たち自身の――死を想起している。それは暗示（「まちがいなく自己破壊的な旅」）や関連（「先に煙を吸って死ぬ」）、隠喩（「死ぬまでプレイする」）、そして直接的な言及（次に紹介する）を通じて行われる。ギャンブラーたちの話にこの種のテーマがよく出てくるのは、彼らの実際の死との関係と、死のような〈ゾーン〉の状態との関係に関連があるという可能性を示唆している。以下、この関連が特に際立っているケースに焦点を当てる――これらのケースの特殊性を示すためではなく、ギャンブル行為に共通する死への拘泥が特に顕著であるからだ。[13]

「世界からこぼれ落ちたようだった」。ジョアンはマシンギャンブルにのめりこんでいた、もっともひどい時期についてこう語った。たまたま彼女は、世界からこぼれ落ちるという経験をよくしていた。なぜラスヴェガスに住むようになったのかと尋ねると、こう答えた。「本当はね、ここにいるはずじゃなかったの。死んでいるはずだった。私は医学の奇跡が歩いているようなものよ。私の症例は世界中で報告されてるの。私がまだ生きていることを信じる医者はいない」。ジョアンは、予定されていた手術を受けるために三八歳の誕生日の直後に入院した。ところが半年後、数百キロ離れた病院で目を覚ますと、手術を担当した医師が原因で、感染症にかかり、深刻な臓器不全を起こしていたことがわかった。「縫合したところが裂けて、腰の右から左にかけて傷口がぱっくり開いたままだった。医学生たちが見学に来たわ」。昏睡状態に陥って外科医の元へ飛行機で運ばれたときには、体重が三八キロにまで落ちこんでいた。外科医はあまりの状態に驚き、彼女を助けられるか疑問をもった。それから数年のあいだに、ジョアンは二六回の手術を受けた。四年間固形物を食べられず、二つの人工肛門をつけたのち、最後の手術が行われた。その後ヘルニアを患い、臓器を元の位置に戻すために金属のメッシュを埋め込む手術を受けた。今、彼女の腹部は全体がほぼ傷跡に覆われている。

「これをすべて乗り越えたことで、不死の感覚が生まれたんだと思う」とジョアンは振り返る。「自分が特別な存在で、死なないように感じたの、何があっても生き残るサバイバーみたいに。雷に打たれたような目にあったけど、私は生きていた。こんなについていてなくて、同時にラッキーな人っている?」。さらに彼女は、現在の行動パターンを、死の縁をさまよった過去に結びつけた。「自分が危険なことをしてしまうと気づいたの、ガソリンがほとんど空っぽなのに車で出かけたり、ちょっと危険な運転をしたり——もちろん赤信号では停まったけど、角を曲がるときにまわりを見なかったり。ギャンブルもそういうものだった――自分を危険にさらすもの、自分の死と遊ぶようなものよ」。そしてこう続けた。「ギャンブリング・マシンは、そういうリスクをとらせようとするの、止めるつもりはまったくない」。マシンは命の危険にさらされたトラウマを、再現によってコントロールする手段であると同時に、あらゆるトラウマを超えて自分をゼロ状態にもっていくための手段だった。

似たような死との関係は、ダイアンの証言にも表れている。赤毛で長身の、四〇代のカクテル・ウェイトレスである彼女は、自身の依存症をある種の運命だとみなしている。ずっと自分の内側に抱えていたものが、たまたま出会ったギャンブリング・マシンによって外側からスイッチが入ったものだと。「マシンのことを知る前から、私には素質があった」と彼女は説明する。「だから原因はマシンではなく、マシンはこれまで出会ったなかで、私の依存心を最も満たしてくれるものよ、私のなかにあったものを大きくして乗っ取るの」。その「なかにあったもの」とは何かを語るうちに、彼女のトラウマ的な経験や、死と紙一重の出来事に満ちた過去が浮かび上がってきた。三人姉妹と三人兄弟の四番目だった彼女の人生は、たびたび兄弟の死に襲われている。ひとりは幼いころに亡くなり、もうひとりは一三歳のとき薬物の過剰摂取で命を落とした。そして三人目は、大人になってからだが、ボルダー・ハイウェイでの信じがたい自動車事故で亡くなっている。「彼も死んだと聞いても驚かなかった」と彼女は振り返った。だがそれだけではない。父親は自殺し、祖父もおじの何人かも、みずから命を絶っている。「気味の悪い、家族の伝統なのよ」と彼女は皮肉めいた口調で言った。私が初めて会った少し前には、「五人の子持ちでひどいギャンブル癖のある」従姉妹が、フーバーダムに身を投げた（「彼女は橋に車を停めてダムに飛びこんだんだけど、おかしなことに車のなかから二〇〇〇ドルが見つかったの……たぶんそれを使わないようにする唯一の手段は、自分の命を絶つことだと思ったのね」)。ダイアンは最後に、一七歳のとき危うく死にかけたときのことを語ってくれた。知らない男にレイプされて首を絞められたのだ。「誰かが自分を殺して放置していくつもりだと知って、妙な気分だったわ」

彼女はこの「妙な気分」を、一〇代の息子が心配でたまらない心情に結びつけている。「夜、息子が息をしているか三回も四回も確かめてしまう。ひとりにしておくのが、とても不安なの」。だがマシンの前では、マシンに向かっているときだけは、息子の心配をしなくてすむことに気がついた。「麻痺した安堵のようなものが感じられた、息子のことを忘れられる場所は、ほかにはなかったから」。所持金が尽きてプレイが終わると、たちまち息子のことがよみがえる。「私がここにいたあいだに、あの子に何かあったらどうしよう？　それが最初に思うことで、すぐに家に帰って確かめるの」。ダイアンの妹も、同じような過剰な心配にとりつかれている。「私たちがこんなふうなのは、ひどいことは起きるものだと知ってるからだと妹は考えているわ。ほかの人たちは、みんな成長して子供をもって、無事に暮らせると信じているけれど、私たちはそうじゃないって知ってるのよ」

彼女の人生を考慮すると、ダイアンがギャンブルをするのは、コントロールを掌握し、家族の半分を失った痛手や、同じように息子も奪い取られてしまうのではないかという恐れをやわらげるためだと、思うかもしれない。そしてまた、死という「ぼんやりした安堵」に近づくための手段だと――それ以上の喪失を恐れる必要のない状態だ。彼女がこの可能性を示唆したのは、ミステリ小説の結末に魅力を感じるという話をしているときだった。「私はミステリ小説をうしろから読むの。結末を最初に読んで、そのあと最初に戻って残りを読んでいく。作家の心が結末に向かってどういうふうに作用するかを見たいから」。彼女は筋立ての構造や、回り道を経て目的地まで物語を運ぶ、作家の筆さばきに魅了された。どうやって結末が訪れるか知るために、それが明らかになる場所を捜した。「早送りして、それから戻りたかった。自分が何を見ているか逐一知るために。マシンはライブゲームよりもその点優れているわ。最後まで早く行かせてくれるから」。またしても彼女の言葉には、人生を支配したいという欲望と、人生が終わってしまいたい、「なくなって」ほしいという欲望の両方が表れている。最終的にフロイトは、孫息子のエルンストが自分自身を消す方法を見つけたことに気がついた——鏡の下にしゃがみこんで鏡に映る自分を消すのだ。ある意味で、ギャンブラーたちはマシンを通じてこれをおこなっているとも言える。

ダイアンと同様、シャロンも人間存在のおぼつかなさにとらわれ、この世ではいつ何が起きてもおかしくないという不安に絶えず悩まされていた。「消滅の可能性に、いつも直面しているようなものです。グレイゾーン、未知のもの、不安と期待がないまぜになってあらぬ妄想に取りつかれる。あらゆる結末のシナリオが頭のなかで繰り広げられる。私の頭のなかには、安全な家なんてないんです」。これもダイアンと同じだが、彼女もギャンブリング・マシンが提示する選択肢を選びつづけることで、頭のなかでさまざまなシナリオが暴走するのを食い止められることを実感している。「やりとりは明快で、パラメーターもはっきり決まっている——どのカードをとっておき、どれを捨てるか決めれば一件落着。私はイエスかノーかを選べばいいだけです」。マシンプレイにおけるリスクは、単調なスイッチの切り替えだけになっている。オン／オフ、イエス／ノー、勝ち／負け、オープン／クローズ、いた／いない。一か八かリスクをとった瞬間、結果が表示される——一件落着《ケース・クローズド》だ。

シャロンはこの閉鎖効果《クロージャー》を〝マシン・ライフ〟のほかの領域でも再現しようとしている。たとえば眠る前、彼女は〝随伴性〟の侵入をすべてふさぐ《クローズ》必要に迫られる。車の走行距離計を〝ゼロ〟にし、家じゅうのドアや窓に鍵をかけ、電話のプラグをすべて抜く。「完全に切断する必要があるんです」と彼女は説明する。「これを〝内的現実を外から整える作業〟と呼んでいるわ」。アルヴィンやダイアンと同様、シャロンもあとに残すことが耐えられない――ビデオ・ポーカー・マシンに残ったクレジット、鏡のなかで光るベッド下の三枚の五セント硬貨、限度の五七キロを超えた余分なぜい肉、毎日の動きを記録する、走行距離計に蓄積された距離数。不確かで、はかない人生を示す残り物は――しかも悲惨な過去を思い起こさせるものでもある――もし休息を求めるのであれば、ゼロにしなければならない。

シャロンの〝ゼロ状態〟への強迫観念は自分自身にまで及び、自分を消し去りたいという内なる衝動を示唆している。それは儀式めいたコントロールとなって表われ、空想はしばしば自身の死にまで至ることがある。非の打ちどころのない完璧な清算になることだろう、と彼女は言う。

自分という存在について考えたとき、私が自慢できる部分って、死んだときに所持品を調べるのはとても簡単だろうということだと思うんです。すべて整理され、分類され、きちんと手入れされているはずだから。私が成し遂げるのはそれだけだと思う。私のいちばんの目標は、面倒と混乱を避けることだったから。人が死んだとき、残されたものを整理するのって信じられないほど大変でしょう？　私に言わせれば、そういう無秩序って、その人たちが生きてきた人生を表わしていると思う。私が死んだときは、成し遂げたことがなんであれすべてが保管され、整理され、なくなっているはずです。

生命保険会社の連絡先ももってるし、葬儀プランも立ててある。誰かが遺品を整理して、シャロンの全存在を消すのに本当に二時間しかかからないと思う。物語はそこで終わりなんです。

シャロンが思い描いているのは、彼女も彼女の所有物もきれいにまとめられてリボンをかけられ、消え去るだろうという図だ――彼女の人生など、なかったかのように。「私、問題の大きな部分を見逃してます?」と彼女は疑問を投げかけた。「そこまで整然として確実なやり方で生きるっていう考えかしら? 私は人生に論理と安全を見出そうとしたけれど、できなかった」

シャロンのビデオ・ポーカーへの強迫観念的なのめりこみ具合は、人生をどう生きるべきかという、彼女が直面している〝問題〟を反映していると言える。マシンギャンブルは彼女を直接運の影響下に置くのと同時に、決意や確信を与える意味で運の仲立ちをしている。本書の初めに紹介した彼女の言葉を思い出してみよう。

たいていの人が、ギャンブルはまるっきりの運まかせで結果はわからない、と考えています。でも、マシン・ギャンブリングの結果なら私にはわかります。私は勝つことになるのか、負けることになるのか、どっちかしかない。コインが必要だとか、コインを支払うとかは、どうでもいい。新しくコインを入れたら新しいカードが五枚手に入り、並んでいるボタンを押せば続けることができる。それだけです。

だから、本当はぜんぜんギャンブルなんかじゃない。――そう、私が何かを確実だと思える、数少ない場所のひとつなんです。運だめしだとか、変数が任意の時点で何かを進めるんだとか考えていたら、おじけづいちゃってギャンブルなんかできなかったでしょうね。もしマシンを信用できないとしたら、人間の世界だって、やっぱりぜんぜん予測がつかないことでは変わりないでしょう。

シャロンのマシンへの〝信頼〟という言葉で思い出すのは、マシンプレイにおいてプレイヤーたちが次々とコントロールを迫られることだ。コントロールを手に入れ、それを失い、さらにそれを超えて〈ゾーン〉へ突き進む心理は、単にコントロールに対する既存の先入観を表しているわけではない。むしろ、この先入観とゲームの設計との相互作用でできた産物を示していると言える（ラトゥールの言葉を借りればギャンブラーとマシンとの〝共同制作〟）。ギャンブラーの精神力動的プロセスとマシンプレイのプロセスのあいだには、選択的親和力のようなものが存在しているのだ。

ギャンブラーのマシンに対する信頼は、そのデバイスが約束を、あるいはシャロンが上先ほど語ったように〝契約〟を破ったときに、もっとも明白になる。彼女はそのような契約違反に襲われたときの影響を、こう語っている。

コインが詰まったり、ホッパーが空だったりすると、本当に身体が麻痺したようになるんです。隣の台に行けばいいという問題でもないし、修理を待てばいいという問題でもない、どうしてこの台は動いてないの⁉っていう問題。洗濯機や車が故障したときよりもひどいわ。ビデオ・ポーカー・マシンのこととなると、どんな誤作動にも耐えられない。だって私が唯一頼りにしているものだから。もしマシンが動かなくなったり、コインが切れていたら、そのマシンを信じて安心することはできなくなるだろうから、そのマシンからは離れるし、ときにはそのカジノさえ出なければならなくなる。だって基本的な契約が反故にされたんですもの。私はこういう事実を突きつけられるの、自分がコントロールできてないって。そんなときはますますのめりこんでしまう、当てにしている行動的反応が起きないから。

シャロンの言葉が示すとおり、マシンの故障に際して表面化するのは、ギャンブラー自身の弱さや依存心だけでない。人間的側面をもっているように見える、マシンの脆弱性、信頼性の欠如、予測不能性、そして背信能力である(14)。

この背信行為は、明白な誤作動という形で起きるというより、むしろマシン側がいやいやギャンブラーに好きなゲームをプレイさせている、と思わせる形をとることがある――それは完璧な随伴性のゲームで、そこでは自己とマシンの区別が消滅する。イザベラがこんな例を紹介してくれた。

祭りが終わりに近づき、私はマシンの真ん前で壊れたように泣き崩れました。その日マシンは、私が求めていたものを与えてくれなかった。あっという間に私のお金を巻き上げた。神に祈りながらプレイしていたのに、最後のコインもなくなった。私はすすり泣きを始め、涙が頬を伝い落ちました。こう考えていたわ。『こんなのバカげてる、マシンの前で泣きながら座ってるなんて、まるでマシンが気にしてるみたいに』。監視カメラがあちこちにあって、それを見た人が笑っているだろうとわかってたけれど、涙が止まらなかった。それから二週間は、ギャンブルしかしませんでした。わざと全部負けたんです。一からやり直せるように。

この場面では、ギャンブル資金を失うことよりも、より重要な問題が危機に瀕している。シャロンと同様、イザベラも完全な随伴性と自己保留を求めていた。だが、気づかないうちに投入していた最後のコインを失って元の世界に戻ると、マシンで自分を「消す」ことができない現実に、直面せざるを得なくなった。裏切られたように感じたのは、このケースではマシンの成功がきっかけになっていると言えるだろう。マシンは設計どおりに機能し、彼女の資産を清算するというプログラムを達成したのだから。代わりに「壊れた」のはイザベラのほうであり、自己清算という彼女のプログラムを阻害したのは、勢いを生むことを許していた、まさにそのデバイスだからだ。プレイが中断され、彼女の〈ゾーン〉が崩壊したとき、ギャンブリング・マシンとの共謀関係の非対称性が暴かれた。絶望を記録する隠し、カメラの目を通して自分を見たとき、彼女は被験者としての自分にはっきりと気づいたのだ。

だがイザベラは、この残酷な現実を乗り越えて、この出来事を、負けのコントロールをわずかでも得る可能性に転換しようとした。「それから二週間……わざと全部負けたんです。一からやり直せるように」。自分を解放する試みのなかで、そもそもその場に来ることになった同じ衝動を繰り返しているのだ。

アレクサンドラの疑問──「私をコントロールしているこれって何?」──に戻ると、「これ」というのは人間の内にだけあるものでも、マシンのスクリプトに書かれているだけのものでもなく、両者が組み合わさった力である。マシンギャンブルにおいて、プレイヤーの資産を清算する（あるいは〝プレイヤーの消滅〟を引き起こす）という業界の狙いは、プレイヤー自身が自己清算（あるいは〝自己消滅〟）へ突き進む心理と、ある種の提携作用が働いてうまく機能していると言える。この意味で、マシン設計の有効性は、人間の心理に外部のもしくは堕落させる力をもち込むことではなく、すでにギャンブラーに内在する傾向を引き出し、誘導する能力にある。ダイアンはこう語っていた。「マシンはこれまでに出会ったなかで、私の依存心を最も満たしてくれるものよ、私のなかにあったものを大きくして乗っ取るの」(15)。ギャンブリング・マシンは、フロイトが呼ぶところの死の欲動から精神的秩序を抽出し、人生の不安定な回路をスムーズな道に変え、〈ゾーン〉に向かわせるものだと言うことができる。

第四部　順応 アジャストメント

人間の条件が、神から授かったものであろうと人間がつくり上げたものであろう
と、すべてのものが直ちにそのさらなる存在の条件になるような、条件づけられ
た存在であることに基づいているとすれば、人は機械を考案した瞬間に、機械環
境に自分を〝順応〟させるだろう。

——ハンナ・アーレント

テリーのマシン

テリーは、白髪のショートヘアに深くくぼんだ青い目をした六〇代前半の小柄な女性だ。彼女は、ラスヴェガス北部の〈アーチー・グラント・プロジェクツ〉という公営住宅の一階の部屋に住んでいる。夜になると、部屋の明かりは、私たちが座っている椅子と目の前のテレビとのあいだに置かれたランプの光しかない。彼女は膝の上に乗せた大きな黒い灰皿に灰を落としながら、一二〇ミリというロングサイズの煙草を吸っている。カーペットやカーテンの繊維の一本一本に、煙草の煙が染みついているかのようだ。鼻用酸素吸入器が、耳のまわりで縛ってちょうど顎の下で合わさっている細いビニールチューブで固定されている。チューブは彼女の部屋着の裾まで垂れ下がり、足のまわりで渦を巻き、それからモーターのようなゴボゴボという音のほうへ続いている。酸素吸入器に酸素を送る機械の音なのだろう。それは、このアパートの反対側の雑然とした陰地のほうから聞こえてくる。薬剤が入った大きな箱が、積み上げられた三台のテレビのいちばん上に鎮座している。一台のテレビには『ターミネーター』が映し出されていて、アーノルド・シュワルツェネッガーが鋼のように固い表情で私たちをにらんでいる。テリーがリモコンのボタンを押しながら「もう彼はターミネート（終わりに）しましょう」と言うと、シュワルツェネッガーの顔が一瞬のうちに画面から消えた。

「依存症は家系なの」と彼女は切り出す。煙草の合間に、彼女は六人の子供たちの依存症をひとつずつ挙げていく。末息子はアルコール依存で、かつては薬物依存症でもあった。長女はビンゴ狂で、宝くじを買い漁っている。もうひとりの娘は男から男へとわたり歩いている。そのほかの二人の娘は過食症を患っている。そして末娘はいくつもの依存症――クラック・コカイン、アルコール、虐待癖のある恋人、キノマシン〔訳注／賭博の一種で、番号を当てると金がもらえる〕、ビデオ・ポーカーなど――を抱えている。

「おそらく私は、今言ったもののほとんど全部に依存していると思う」とテリーはつぶやく。「程度の差はあるけどね」

テリーに会ったのは先週のことだった。〈サムズタウン〉カジノにほど近いボウルダー・ハイウェイの外れにある〈トライアングル・クラブ〉でおこなわれた、ギャンブラーズ・アノニマス（GA）のミーティングでだ。このクラブは依存症者のためのセルフヘルプの会議場で、カフェにもなっている。テリーは一九八三年にイリノイ州からラスヴェガスに移り住んだ。肺の持病には乾燥した砂漠の風土が合っているだろうと、担当医に勧められたのだ。会計の学位を修了したばかりだった彼女は、ラスヴェガスならその資格を生かせる仕事があるだろうと考えていた。そしてしばらくのあいだは、計画どおり簿記係の仕事をしていた。「そのうちにクビになったの。何もかもがコンピューター化されて、私はコンピューターの訓練を何も受けてこなかったから」。そして毎日のようにギャンブルにのめり込むようになった。皮肉にも、彼女はコンピューター化されたビデオ・ポーカー・マシンを好んだ。「ただリールを回転させて、オールセブンが出るのを待つだけのマシンには、まったく興味がなかった。ビデオ・ポーカーなら、もっと自分でコントロールしている気分になれたのよ」。プレイヤーのスキルのあるなしに関係なく、デジタルチップが確率をコントロールしているということに気づくまでに、さほど時間はかからなかった。「今でも途方に暮れる思いよ。こんなチップがいったいどうやって確率をコントロールしているかと思うと……あのマシンを自分でコントロールできると思っていたなんて、私も愚かよね」

テリーのプレイは途切れることなく続いた。「私の依存症記念日を書くとしたら、一九八八年の四月二五日ね。クウォーター・プログレッシブ・マシン［賭けが行われる毎に特定の当たり役の賞金が少しずつ増加していく］でロイヤルフラッシュを当てて、二四九五ドルを儲けた日よ」。テリーがその日をこれほどはっきり記憶しているのは、手にした金額のせいだけではなく、その日が娘の誕生日で、しかも数年後の同じ日に妹が亡くなったからだ。「忘れようったって忘れられないものよ」。この偶然の悲劇のあと、彼女は連勝し、その状態が春いっぱい続いた。〈エル・コルテス〉という、彼女が「第二の家」と呼ぶダウンタウンのカジノでは、賞金を稼ぎすぎて、無料でもらえる食事を全部食べ切ることがとうていできなかった。それから突然、運気が変わった。最後の無料夕食チケットを手に取ったとき、カウンターにいた女性が話しかけてきた。「これが最後よ。食べたかったらまた大金を当ててきな」

夏の終わりには、稼いだ賞金で購入した車を売却せざるを得なくなり、四〇〇ドルの家賃を支払わなかったらアパートを立ち退くよう命じられた。街なかにいるのが怖くなった彼女は教会に向かい、なんとかローンを工面してもらった。以来、今日までの一〇年間、テリーはギャンブルで失ったものを取り戻す日々に追われている。その一環として、彼女はGAミーティングや個人カウンセリング、ラジオから情報を得た入場自由のセラピー・グループなどに参加している。だが、どれもほとんど役に立っていない。「テクノロジーが発展しつづけても何の助けにもならない。どんなにそれに囲まれて生きていてもね」と彼女は言う。

「きっと、こうしたトリガーになるもののすべてに近づかないようにするのが、いちばんの方法なのよ」と考えながら言う。「でもそんなことをしたら、自分が受けている支援もすべて失うことになる。だってラスヴェガスっていうのは、〝問題のあるギャンブリング〟対策のブートキャンプなんだから。だからある意味、私はここから離れられないのよ」

第九章　両天秤策《バランシング・アクト》　治療の二重拘束《ダブルバインド》

〈ストリップ〉地区から数マイル東にある小さなショッピング・プラザの二階で、ギャンブラーズ・アノニマス（GA）のミーティングがおこなわれている。えび茶色のパンツスーツに縫り合わされたゴールドのネックレスという出で立ちの不動産業者が、今日も自分はギャンブルをしてしまうのか、それともしないですむのか、どちらかわからないまま毎朝家を出る、とグループのメンバーに話している。

「アポとアポのあいだに、何かが私のボタンを押して、いつプレイの引き金を引いてしまうかもしれない。本当に何がきっかけになるかわかりません。そこらじゅうに危険が潜んでいるように感じます」

ブルージーンズにスウェットシャツを着た中年の男性が、この危険に満ちた感覚に反応してきた。

「もちろん（GAの）ルールは知ってます。カジノに行くな、（ギャンブル）マシンから離れていろ。でもヴェガスに住んでいる以上、そんなことできるわけがないでしょう？　バーに行って、時には一杯ひっかけたい。でもそこに行けば必ず、あの忌々しいマシンがじっと見つめ返してくる。まったく、ドラッグストアに行ったってマシンは置いてあるんだ。処方箋を書くたびに、何時間もマシンの前から離れられないというリスクを負うなんて」

「スーパーマーケットはひと晩中開いているわ」と、六〇代とおぼしき小柄な女性が言う。キラキラと光る大ぶりのハンドバックを膝の上でしっかり握りしめているので、指輪のまわりの関節が白くなっている。彼女は、成功した銀行家の夫が出張で街にいないとき、ひとりで買い物に出かけるのがどれほど怖いかを認めている。〈ラッキーズ〉スーパーマーケットの屋外駐車場で祈りながら、「食べなきゃ、食べなきゃ」と独り言を繰り返す。それから入口のところにあるビデオ・ポーカー・マシンの前を足早に通り過ぎる。

ウェイトレスの制服を着た三〇代の女性が次に口を開く。「ギャンブルは身のまわりのいたるところにあります。私はそのなかで生き、そのなかで働いていています。それがずっと続くんです。職場の同僚も、私がレストランでディナーを運ぶお客さんも、その話しかしません。着いた瞬間から帰りの車に乗り込むまでずっと。それから家までの帰り道、ボウルダー・ステーションを過ぎ、ギャンブル街を通り過ぎるあいだ、ずっとそれと闘わなければなりません。同じ車線をキープして、ただ黙々と運転を続けなければならないんです」

「毎日、毎秒、徹底的に警戒している必要があるんだ」と、何年もGAに通いつづけている年配の男性が言う。「ちょっとそこまでの買い物で運転していただけのはずが、何の気なしにガソリンスタンドに入って、何時間もそこから動けなくなる。まるでほかの誰かが運転していて、自分はただドライブに付き合っているだけみたいな感覚だ。今自分がしているのは、マシンが置いてある場所を通り過ぎるときは、両手が使えない状態にしておくことだ。何かを握っているとか、ポケットに手をつっこんでいるとか」。彼は腕を上げ、拳をぎゅっと握りしめるポーズをしてみせた。

前述のように、テリーはラスヴェガスを「問題のあるギャンブリング対策のためのブートキャンプ」

と呼んだ。その言葉が証明しているように、この街の広範囲にわたるマシンギャンブルの下部構造には、どうにもならなくなるほどその装置に熱中してしまった人々を救うための、堅固な治療ネットワークが敷かれている。[1]

一九九八年、私はある住宅街を訪れた。地域の人々が利用するガソリンスタンドには、ビデオ・ポーカー・マシンがずらりと並んでいて、その上の掲示板に留められたフライヤーには、セルフヘルプ・グループや有料クリニックのほか、ギャンブル問題を取り扱う、地域で利用できるセラピーの広告が掲載されている【図i．3下】。マシンそのものにも、ラスヴェガスとその近郊で週に一〇〇回も開かれる会合、ギャンブラーズ・アノニマス（GA）のフリーダイヤルが貼られていた。[2] 一九九七年、〈問題のあるギャンブリング対策のためのトライメリディアン・リソーシズ〉と呼ばれる営利団体が、個人とグループのカウンセリング・オプションを提供するクリニックを、ラスヴェガスにオープンした。[3] ラジオのコマーシャルを通じて地域の人々に知られるようになった頃、製薬会社のイーライ・リリーはトライメリディアンに対し、地元のビデオ・ポーカー・プレイヤーを募って、ジプレキサ錠を取り入れた二重盲検臨床実験をおこなうよう依頼した。ジプレキサ錠というのは、ギャンブルへの衝動を軽減する働きがあるかもしれないと調査員が期待する、広く処方されている抗精神病薬だ。[4] この臨床実験は〈チャーター・ホスピタル〉を拠点に行われた。一九八六年から、そのホスピタルチェーンが全国的に崩壊した一九九八年までのあいだ、問題のあるギャンブラーのための入院患者向け治療クリニックを備えていた病院だ。チャーターが閉院した後、このクリニックの元責任者ロバート・ハンターは、ダウンタウンの荒廃地域に非営利の〈問題のあるギャンブリング〉センターを創設した。グループカウンセリング一回につき五ドルしかかからないこのセンターは、他の地元ギャンブルビジネスから、なかでもとりわけ、〈ステーション・カジノ〉から財政支援を受けて設立された[5]。

一見したところ、治療事業と営利目的のギャンブルは違う目標を持って運営をしている。ギャンブル業界がさらなる消費を誘発するテクノロジーを開発する一方で、回復活動に携わる業界――研究者、財政支援団体、入院患者および外来患者用のセラピーグループ、個人カウンセリングの提供者などから構成されるもの――は、この消費への縛りつけを弱めることを約束する技法と技術をデザインしているからだ。対立する目的を追求しているからには、この二つの業界が取る方法もまた異なることが予想される。しかし、これらはきわめて重要な二つの特徴を共有している。第一に両者とも、行動は外的調整によって修正することができるという考えと連動している。ギャンブリング・マシンと同様、治療のための製品は〝ユーザー本位〟に設計されており、オーダーメイドに快く応じる。第二に両者とも、内的および外的変動からユーザーを隔離するような感情のバランス状態をもたらすことによって機能する。

マシン・ギャンブラーがギャンブルの技術を利用することと、治療技術を利用することのあいだにある同質性は、その他の点では回復と依存として明確に隔てられているように見える一線が、どれほどあいまいかを示している。どちらにおいても、ギャンブラーは継続的で恒常性のある状態をつくり出すことのできる自己変調の手段を求め、リスクを回避している。あとで見るように、マシン・ギャンブラーが〝回復〟とみなす注意深いバランス状態には、彼らが〈ゾーン〉と呼ぶ、緊張のない状態との不気味な類似点がある。「(治療) 行為中に感じるある種の安らぎは、マシンに向かっているときに感じた安らぎにいちばん近い」と、テリーは私に言った。それは、ギャンブル依存症者のマシンプレイがその治療行為と構造を同じくするというだけでなく、ある程度の共謀と相互交換性とも言えるものが両者のあいだに生じ、それが自己喪失と自己回復の〈ゾーン〉を融合しているのだ。「なかなか難しい問題です」と、地域のセラピストは話す。「マシンをプレイしているときに感じる解放感を高めるために、抗不安剤を使用する人を何人も見てきましたから」

二つの「自己治療」テクノロジーに同時につながれている、ラスヴェガスにいる回復中のギャンブラーたちは、自分が二重拘束《ダブルバインド》に陥っていることを知る。依存症の終わりだと思っていた地点が、大きな円を描いてまた元の位置まで戻ってしまうように見えるからだ。モリーは、視覚的に安堵をもたらしてくれるものへと円を描きながら戻っていくこの様子を、本書のはじめに紹介した地図に描いている。この地図では、彼女のクリニックとGAミーティングの場所は、カジノやスロットマシンがあるスーパーと同じ道沿いにある【図i・4】。テリーをはじめとする、ギャンブルから手を引きたいと思っている人々と同様、モリーもまた、治療薬を飲みながらそのリスクを回避するという方法で、この出口のない道をどう進むかという試練に直面している。本章では、こうした試練とその結果について考えていきたい。

リストをつくり、リスクを管理する

ある日曜の朝、〈トライメリディアン〉のオフィスの窓のない会議室で、長年ギャンブル依存症のセラピストをしているジュリアン・テイバーが、自分が担当するグループセラピーの参加者に、四ページからなる書類を配っていた。彼が「消費者ライフスタイル・インデックスと欲求リスト」と呼んでいる依存項目の目録だ。(6) 項目は順不同にリストされていて、そのそれぞれに「六〜一二カ月間使用」とか「常時使用」というチェックボックスがある【図9.1】。参加した私たち一〇人は、一緒にそのリストに取りかかり、途中で新しい項目を追加しながら、それぞれの意志の働きのなかで自分が弱いと思う項目にマークをつけていった。声高に主張する若い女性が、「ただ出費するだけのために出費する」や「あるアイテムを求め、購入し、収集する」という項目は、どちらも新しい二つのカテゴリー――「買い物するために買い物する」、「ものを買っては返す」――に分類するべきだと提案した。これらは同じ系列ではあるが、すでにインデックスに含まれていた二つとは若干異なる強迫傾向があると考えたのだ。(7) 依存症者の行為の非生産的で循環する性質を強調しながら、テイバーは、「返品〝するために〟買う」の方が彼女の言う第二の習性をより正確に述べているのではないかと提案し、これがリストに加えられた。私を含め、会議室にいた人々の半数がこの行動にチェックマークを入れた。

本書にすでに登場した、元電気通信技師のダニエルは、「炭水化物食品」と「ビタミン／その他の健康食品」をインデックスに含めるべきだと考え、前者は身体に悪く、後者は身体にいいものだが、彼はその両方に依存していると小さな声でつぶやいた。ある若い男性は、「ビデオゲーム」と「インターネットの使用」が明らかにこのリストから抜けていると指摘した。また、別の柔らかい語り口の女性は、「子供の世話をする」というあまり明らかとは言えない項目を提案し、ちょっとした静寂のあと、これがリストに付け加えられた。「セルフヘルプ」――テープ、文献、テクニック、自主およびグループプログラムなどを含む包括的なカテゴリー――を配布物に載せることには、誰もが同意を示した。この時点で、すべての意見が出尽くしたように見え、一時間前に始まった共同でのリストづくりの作業も終わ

両天秤策《バランシング・アクト》

- コカイン
- ヘロイン
- アンフェタミンまたは類似の「活力」剤
- モルヒネまたは関連するアヘン様薬剤
- 金のためのギャンブル
- マリファナ
- 他人とのセックスを求め、その行為をする
- ポルノを求め、使用する
- テレビを見る
- 話すために話す
- あるアイテムを求め、購入し、収集する
- （正当な理由なく）横になる
- アスピリンまたはその他の非処方箋鎮痛剤
- 管理（処方箋が必要な）鎮痛剤
- 便秘薬
- 鼻充血除去スプレーおよび吸入剤
- 窃盗、買い物、軽窃盗など
- 糖分の多い食品（キャンディ、焼き菓子、アイスクリーム）
- 脂質や油分の多い、脂っぽい食品
- 塩をかける／塩気の強い食品
- パイプ、葉巻、煙草、嗅ぎ煙草、または噛み煙草
- アルコール、ビール、ワイン、リカー、ウィスキーなど
- バルビツール塩酸および類似の鎮痛剤
- 幻覚誘発剤（ＬＳＤ、ＰＣＰ、メスカリンなど）
- カフェイン（紅茶、コーヒー、コーラ飲料など）
- エクササイズ、ジョギング、スポーツまたはワークアウト
- ただ出費するだけのために出費する
- 忙しくなるために仕事をする
- 怒り、喧嘩、および口論
- 他人を支配／コントロールしようとする
- 注目を得るために注目を得ようとする
- 読むために読書する
- 他人に自分を気遣わせる／気遣うようなことをさせる
- 抗ヒスタミン剤またはその他の充血除去剤
- 制酸薬、胃薬
- 高速／向こう見ずな運転（飲酒運転を除く）
- バリウム、リブリウム、および関連する「緩和な精神安定剤」
- 身体的暴力
- 咳／風邪薬
- 宗教活動

図9.1　消費者ライフスタイル・インデックス／欲求リスト。ギャンブル依存治療用にジュリアン・テイバーが作成。

りに近づいていた。私たちは立ち上がって、伸びをしたり、トイレに行ったり、外に出て一服したりした。

　私たちが実施した演習から得た教訓は、（社会学者アラン・ハントが記しているように）「毎日のリスク項目が増えつづける」という消費者が直面する問題と、一九八〇年代から文化的潮流に加わるようになった依存症の定義が、かつてないほど広範なものになっているということの、両方を反映していた。[8] リストにあ

る非常に多くの幅広い項目から得られた最初の教訓は、『どんなものにも依存しうる』ということだった。それ自体が悪であるようなものや行動はひとつもないとはいえ、いかなる消費者行動も——慎重に、規則的におこなったときにはどれほど必要で、善意があって、人生を充実させるものであっても——それが過度に、「それ自体の目的で」実行されたときには問題となり得る。「何ごともやりすぎは良くありません。ランニングでさえ、やりすぎれば依存症なのです」と、ダニエルは言う。「宗教もしかりです。いつも教会に行かないと気がすまない人がいますが、それも依存症のひとつです」。参加者が満場一致で、依存項目のリストにセルフヘルプそのものを入れることに一票を投じたとき、この教訓は確かなものになった。その言外の意味には目まいを覚えるほどだった。依存症の可能性が、その治療を意図した対策そのものにも存在するとすれば、依存はいったいどこから始まり、どこで終わるのか、そしてどうやってそれを阻止したり、そこから回復したりすることができるのだろうか?

第二の教訓は、『誰でも依存症者になりうる』ということだった。グループの年配の参加者は、こうコメントした。「私たちはみな、ある程度まで依存傾向をもって生まれてきたのではないでしょうか? ある人にとってそれは買い物であり、ある人にとっては掃除や仕事だったりします。私にとってはギャンブルと煙草です」。ダニエルもこれに賛同した。「どうやら、依存症とか衝動強迫といったものは誰にでもあるようですね。人によってそれが何かは違いますが、健康な一般の人にも依存はあるのです」。元核地質学者のロッキーは、依存影響を受けやすいということは、正常であることのひとつの証だとも主張した。「私たちはみな、ある行動が過剰になる可能性をもっています。それは単に、ほとんどの人がひとつの行動を埋め合わせるために、もうひとつの行動をしているというだけのことです。私がずっと弄んできた（健康に関する）考え――ある行動が、何か複雑な方法で別の行動のバランスを保っているということ――は、釣り合いの概念なのです[9]」。健康とは、彼が解釈するように、もともと良いものでも悪いものでもない行動と行動とのあいだの、バランスを保つ機能なのだ。依存症になる可能性は、異常なのではなく、すべての人間が負っている責任だということを私たちは学んだ[10]。気質だけでも環境だけでも決めることのできない依存症は、その二つのあいだの相互作用の結果なのだ。したがってそれは、特定の対象へのヒンジが外され、自由につながりをもったり、それを代用したりすることが許されるような、気まぐれで、状況に左右される状態なのである。この第二の教訓の副次的要素は、それぞれの人間は複数の感受性、ティバーの言葉を借りれば〝可能性のあるさまざまな依存状態〟をもつ傾向があるということだ（GAミーティングの参加者は、〝強迫型ギャンブラー〟という典型的な自己同定を、しばしば〝強迫型の人〟や、より広義に〝強迫型のすべてのもの〟へと拡大して解釈する）。

これら二つの教訓――世のなかは潜在的に依存症になる要素を含むものであり、人間は潜在的に依存状態になるものだということ――は、最も重要な第三の教訓の土台をつくっている。それは、私たちはいかに、依存状態における自分自身の役割を理解するべきかということに関わっている。セッションの終わりに、ティバーはこの教訓を次のようにまとめた。「依存はあなた自身の人生を統制するあなたの問題であって、あなたのためにそれをしてくれる統制者の問題ではありません」。彼は〝統制〟という言葉に、ギャンブラーは潜在的に依存性のあるすべての活動を〝慎む〟べきだという意味を込めたのではなく――これは不可能なことだ。というのも、それは生きることを慎むということになるから――自分の行動を調整し、必要に応じて治療をおこないながら、自分自身を慎重に〝監視し、管理する〟という意味を込めていた。この最後の教訓は、個々人は経済的なものから、法的、医学心理学的なものにいたるまで、自分のおこないに責任をもつことを前提に、消費市場にしっかりと参加するべきだという新自由主義社会の、より一般的な需要と見事に一致している。賭博を専門とする社会学者のゲルダ・リースが記しているように、回復中のギャンブラーは、第七章で見た保険数理上の自己のテンプレートに従いながら、「自分の内的状態を継続的に点検し、自分自身の行動を修正していくことが期待される」のだ。[11] あるギャンブラーがインターネットの回復フォーラムに投稿した以下の文章は、この勧告と共鳴している。

私は今、自分の病気を維持し、抑制しながら、一時的な緩和状態にあります。息子がADHDの薬物療法で、夫が糖尿病の薬物療法で、義理の母がガン支援グループでおこなっているのと同じように。ガンの人、糖尿病の人、一般的な風邪の人でも、私は彼らと同じように自分の面倒を見、自分の薬を飲まなければなりません。私は毎日治療を実行しています。たとえばカウンセリングを受けたり、祈ったり、投稿を読んだり、同じ仲間とメールのやりとりをしたり、ミーティングに出かけたり、自分自身について学んだり、仲間を助けたり、それに不安／強迫行動のための薬物治療を受けることもあります。今の私には、そうしたリスクを再び味わわずにすむような〝薬〟があります。

個人が自分自身の回復に責任をもつことを前提とする、〝一二ステップ[12]〟プログラムのおなじみのルールをただ反復する以上に、この投稿にはっきりと述べられている個人的な教理は、責任とは多様な治療技術とテクノロジーを利用することであり、そのすべてが〝薬物治療〟という名のもとにあるということを明確に示している。やるべきことは、行動上のリスクが生じたときに、こうしたノウハウや技術のどれが、求められる順応を可能にするかを見極めることである。[13]

この技術に汚染された依存回復のビジョンは、新自由主義的な指令だけでなく、健康という概念における大きな転換とも相互に関係している。健康はしだいに、初期状態としてではなく、また必ず達成したり〝回復〟したりすることのできるものとしてではなく、医療技術の介入を通じた継続的な監視と調整を必要とする、両天秤策《バランシング・アクト》とみなされるようになっている。健康とはつねに不安定な均衡である、というロッキーの先のコメントと同じく、人類学者のジョゼフ・ダミットは、この健康の系統的論述に〝依存的正常性〟という言葉を充てた。彼がこの健康様式の主体として名づけた〝薬学的自己〟は、みずからの症状を「あたかも麻薬をやってセロトニンが過度に減少しているために、この麻薬を相殺して、生化学的なレベルと症状のレベルの両方を適切な値にするための良薬を必要としているような状態」として経験している。[14]回復中のギャンブル依存症者も同様に、健康バランス——ある種の恒常性ゼロの状態（後述するように、これは〈ゾーン〉とはまったく異なる）——が維持できるような、異なるノウハウや技術を求めるよう強く勧告される。[15]

依存からの回復（より広義には健康）を、テクノロジーによる自己管理の問題として理解することは、現代資本主義の自己起業精神に負うところが大きい。たとえば、〈トライメリディアン〉のカウンセラーがクライアントに対して準備している、毎日／毎週の〝渇望尺度〟は、消費者が未来を計画したり、人生を統制したりする際に利用する、より大規模な計算用ツール（費用対効果分析、会計監査、予算予測、

氏名：＿＿＿＿＿＿＿＿＿＿＿＿＿＿　日付：＿＿＿＿＿＿＿＿＿＿＿

身分証明書番号：＿＿＿＿＿＿＿＿＿＿＿＿＿

PG（病的ギャンブリング）渇望尺度

100mm視覚的アナログ尺度

0＝まったく当てはまらないない　100＝最も当てはまる

0＿＿＿＿＿＿＿＿＿＿＿＿＿＿＿＿＿＿＿＿＿＿＿＿＿＿100

「ギャンブルがしたい」

0＿＿＿＿＿＿＿＿＿＿＿＿＿＿＿＿＿＿＿＿＿＿＿＿＿＿100

「近い将来ギャンブルをするつもりだ」

0＿＿＿＿＿＿＿＿＿＿＿＿＿＿＿＿＿＿＿＿＿＿＿＿＿＿100

「ギャンブルをすると気分が良くなる」

0＿＿＿＿＿＿＿＿＿＿＿＿＿＿＿＿＿＿＿＿＿＿＿＿＿＿100

「ギャンブルは自分が感じる不快感を取り除いてくれると思う」

0＿＿＿＿＿＿＿＿＿＿＿＿＿＿＿＿＿＿＿＿＿＿＿＿＿＿100

「自分はギャンブルをコントロールできると思う」

図9.2　病的ギャンブリングに関する毎日の渇望尺度。ラスヴェガス・トライメリディアン〈問題のあるギャンブリング〉クリニックが使用する、クライアントの自己監視ツール。

その他の会計・保険数理上のテクニックなど）から借用したものである。[16]この尺度は依存症者に対し、ギャンブル衝動の継続期間、度合い、頻度を、ひとまとまりの主観的測定にしたがって数値として評価することを、求めるものだ。これにより彼らは、自分の依存行動のリスク状態を、よりよく評価することができる[17]【図9.2】。財務バランスシートと同じく、「0」は「ギャンブルをすると気分が良くなる」や「ギャンブルは自分が感じる不快感を取り除いてくれると思う」といった評価基準の目標レートである。前述のリスト作成演習と同様、この自己評価技術は、基礎症状を取り除くのではなく、それを常にチェックできるようにするために、依存症者がその依存の兆候的な不安定を見つけ出す手助けを意図するものだ。

ダニエルが〈トライメリディアン〉の回復プログラムに参加するに至った経緯は、ギャンブル依存症者に勧められる、いわば計算による自己点検を実証している。年に二四〇〇ドル、月に二〇〇ドルをスロットマシンに使うことができると計算したあと、彼は入念に記録したギャンブルセッションの台帳を調べた。すると一年の日数の二五パーセント、一セッションにつき平均五から七時間プレイしており、これは計算した限界値をかなり上回っていることがわかった。さらに調査を続けると、年間のギャンブル出費が一万五〇〇〇ドルと二万ドルのあいだにあることもわかった。費用対効果分析に基づけば、それは〈トライメリディアン〉の五週間集中外来プログラムに参加する治療費に相当する、彼はそう結論した。つまり、スライド制の一二セッションにつき平均一〇〇〇ドルという計算だ。これに登録したことで、〈トライメリディアン〉の渇望尺度を使って彼が作成した自己評価には、特定の〝依存トリガー〟を避ける、または生活から取り除く方法や、自分をゼロのレベルに戻す、彼の言葉を借りれば「赤から黒にする」のに、どの反作用的行動を採用することができるかに関する指導による戦略化が、個人およびグループセラピーのなかで追加された。

本章の残りの部分では、前のセクションで一目瞭然だったように、「自分をゼロにすること」がマシンプレイの〈ゾーン〉特性をも明らかにしているという事実によって、ギャンブル依存症者の治療プロジェクトがどれほど複雑なものになっているかを検討する。回復プロジェクトは保険数理上の自己の具体《インスタンス》化であり、〈ゾーン〉はその拒絶のように見えるが、ギャンブラーはそのどちらをも、定期的に自己を調整することで彼らが維持している、力学的な均衡状態だと説明する。つまり、回復中の対象者のマイクロ技術には、依存症者のそれと同様、システム内の変動を鎮め、余計な感情を「ゼロにする」働きがあるということだ。この類似点は両者のあいだの境界線を侵し、一方が他方の原因となっていることを示している。第七章で見たように、依存的なマシンギャンブルは、毎日の生活のなかでプレイヤーに重荷を負わせる保険数理上の自己モードからの、単なる逃避ではない。というのも、それはまさにこの自己モードを詳細に物語っているからである。同様に、依存回復という〝両天秤策《バランシングアクト》〟は、克服を目的とする逃避メカニズムそのものを物語っているのである。

自己治療の回路

ギャンブラーは、マシンプレイと治療行為の利用の両方を、自己治療という観点から説明する。彼らの話では、自己治療のどの事例が自己破壊的逃避（心理学者チクセントミハイの言う〝後ろ向きの逃避〟）のラインに沿っているのか、そしてどれが自己配慮的回復のラインに沿っているかが、つねにはっきりしない。求められる感情バランスの種類と、そのバランスを支える手段が、それぞれのケースで似通っているため、互いに入り混じって違いがわからなくなっているように見えるのだ。こうした状態が、モリーのコメントにも表われている。「GAハンドブックを声に出して読むとき、必ずしてしまう言い間違いは、『私たちは祈りと瞑想《メディテーション》を求めてきた』と言うべきところを、『治療《メディケーション》』と言ってしまうことです――笑われるかもしれませんが、本当のことなんです。だって私たちはみんな、あまりにも自己治療に専念してきたんですから[18]」

ジャネットはこの自己治療を、自分の内面状態を調節するさまざまなテクノロジーをつねに最良の状態に調整したり、再調整したりすることだと説明する。分厚いメガネと補聴器をつけたこの若い女性は、ほとんどいつも不安を感じているという。相手が言っていることが聞き取れないときに、もう一度言ってくださいと頼むのは恥ずかしいし、頭が悪いと思われるのではないかと恐れているのだ。インタビュー当時、彼女はこの不安から解放されたいがために、毎日のようにスーパーマーケットでビデオ・ポーカーをしていた。補聴器の電源を切っているときや、「別の周波数」に合わせているときに、最も効率的に〈ゾーン〉に入ることができるということが、彼女にはわかっていた。ビデオ・ポーカーと、この補聴器の周波数を変えるという行為を、夫が取り引きしているアンフェタミンや、息子が注意欠陥障害のために服用しているリタリンと結びつけたとき、彼女はもっと簡単に安堵感を得ることができるようになったという。

ギャンブル依存症者にとって、マシンプレイの効果を薬のようなものとして説明するのは、珍しいことではない。「マシンは本当に即効性のある精神安定剤のようなものです」とランダルは言う。「プレイを始めると、二分後には消え、忘れ、感じなくなる。自分の現実を変えるすばらしい方法――すぐに気分を変えられる調整器みたいなものです」。マシンプレイは、肉体的な感覚も変えてくれる。前章に登場した看護士のナンシーは、ある日ボウルダー・ハイウェイを運転中に突然けいれんのようなものを感じ、そのままギャンブルをするためにガソリンスタンドへ直行した経緯について、詳しく話してくれた。プレイを始めるやいなや、麻痺状態に支配され、それは最後の二五セント硬貨を使い切るまで続いた。それから激しい痛みを覚え、見下ろすと、多量に出血していたという。「痛みを感じる受容体か何かを妨害するんですね」と、鎮痛作用を説明するかのような言い方でマシンのことを説明しながら、彼女は語ってくれた。

最も依存性の高い薬物と同様、マシン・ギャンブルが自己治療の目的で使用されるという事実は、その効果と治療のための医療との区別を難しくする。テクノロジーが可能にする、自己治療による〈ゾーン〉の均衡状態と、今検討したような回復モデルの均衡状態は、類似しているだけでなく、互いにからみ合ってもいるのだ。以下のページでは、依存症者のマシン・ギャンブル行為が、その治療経験にどのように作用し、どのようにそれを扇動するのか、そして逆に、依存症者の治療行為がマシン依存経験にどのように作用し、ときにその度合いを増大させるかについて考える。

モリーは、自己喪失状態でプレイをしているときと同じ結合性の衝動で、自己回復プロジェクトに取り組み、自分自身のバランスを取り戻すためのツールと技術を寄せ集めている。

私には違う薬が必要だと言う人もいます。社会不安障害のサイトの掲示板に相談するべきだと言う人もいます。また、〝一二ステップ〟をこなせば大丈夫だと言う人も。おそらくみんな正しいのでしょう。グループ治療と個人治療の組み合わせ、薬剤、GA、インターネット上のバーチャル・セラピー、そのどれもが重要です。

ギャンブル依存症者のためのオンライン・フォーラムに投稿されたモリーの発言は、このフォーラムのほかのギャンブラーを刺激し、さまざまな治療法を組み合わせた、みずからの体験談を打ち明ける気にさせた。ジェフと名乗る男性も、複数のテクニックをひとまとめにすることで、自分を依存に追い込むような肉体的精神的不安に、うまく対処しようとしている。「メディテーション――シンプルな呼吸法――は、頭のなかのおしゃべりを二時間ぐらいのあいだコントロールしてくれる。エクササイズもこれと同じだ。エンドルフィン・ラッシュも必要だから、ときどきハンドボールをする。地元のジムでウェイト・トレーニングもやるし、スイミングもする。ジムにはヨガクラスもある。こうしたすべてが私には効果がある」。メディテーション、さまざまなかたちのエクササイズ、そしてヨガ、それらはすべて、ジェフが自分でこしらえたセルフケア戦略の装備一式で、エンドルフィン、頭のなかのおしゃべり、自制心などのバランス状態を保ち、〈ゾーン〉の外側の、普通の世界にずっといられるように工夫されている。

このスレッドに回答した別の人にとっては、向精神薬が効果絶大だという。オンライン・フォーラムに参加するギャンブル依存症者は、自分が処方されたことのあるさまざまな薬――ザナックス、ニューロンティン、パキシル、ゾロフト、プロザック、パーコセット、リタリンなど――に関する擬似専門的なアドバイスともいえる意見交換を、頻繁におこなっている。「回復には抗不安剤を追加するといいみたいですね」と、ある女性は書いている。「医療保険さえ受けられれば、ニューロニンが必要なところですが」と別の人は書いている。[19] 多くの人が自分の薬の服用量を慎重に測り、調節する方法に関して、正確な洞察力を身につけている。「私は自分が飲んでいる薬を、細心の注意を払って記録しています」とロッキーは私に話した。「どこでザナックスの量を半分にし、四時間おきに飲めばよいかというポイントがわかってきました」

ギャンブル依存症者が説明しているように、依存症治療は、彼らの依存対象であるマシンと同様、そのときどきの感情要件に合わせて要素を構成したり再構成したりすることのできる、ユーザー志向のゲームとたいして違わない。メディテーション、ヨガ、エクササイズ、薬剤など、直感に反した方法で均衡状態を求めるような治療も、強迫的なマシンプレイの〈ゾーン〉状態に近づくことができるという彼らの能力〝ゆえに〟――〝にもかかわらず〟ではなく――マシン・ギャンブラーには効果がある。[20] 以下で見るように、その落とし穴は、これらの治療が〈ゾーン〉へ逆戻りするルートを与えることにもなりかねないということだ。

依存症者の治療が、実質的には依存と同様の原理、すなわち均衡を保つための、テクノロジーによる継続的な自己調整に従って作用することが、あまりにも頻繁にあるとすれば、モリー、ジェフ、ロッキーといったギャンブラーを治療することはとてつもなく難しいというのも、驚くには値しないだろう。この自己調整こそまさに、自分を失いかねないようなゲームにのめり込むという依存リスクから、彼らを遠ざけることを約束する手続きだからである。「ある一定のエクササイズや、（セルフヘルプの）手順に夢中になりすぎて、自分が向かおうとしている道筋を失ってしまうことが、ときどきあります」とモリーは言う。自分の治療行為がマシンプレイと同様の強迫的性質を帯びることがあるということに、彼女は気づいているのだ。どんなときも彼女の治療の軌道は、現実逃避に意識的に陥ることを避けながら、それが目指す目的からは逸脱しやすい（この観点から見れば、チクセントミハイが〈フロー〉の自己実現的感覚と自己破壊的感覚とのあいだにつけた区別は、彼がもくろむほど直線的ではないように見えるかもしれない。〝前方（良い方への）逃避〟によって、ギャンブラーはときに〝後方（悪い方）〟のまわりを回っている自分に気づく。ドゥルーズが麻薬依存症について観察したように、きわめて重要なものが自己破壊へと「変わる」のだ。「麻薬常習者は高揚のアクティブな線を描く。しかしこれらの線は旋回しながら上昇し、ブラックホールへと姿を変えはじめる[21]」。

この影響の受けやすさが、マリアの前に立ちはだかったジレンマの核心にある。彼女は薬やメディテーションが自分をふたたび依存に導くのではないかと恐れ、それらを回復ツールとして使用することを警戒していた。彼女がギャンブルを始めたのは、離婚と望まない妊娠という苦しみを鎮めるためだった。ギャンブルをやめようと試みたとき、パニック状態に陥り、これは「マシンからの離脱」によるものだと決めてかかった。ところがパニック状態がなかなかおさまらないため、薬理学的な治療法を提供する医師のもとを訪れた。しかし、マシンに依存したのと同じように、薬にも依存してしまうのではないかと心配して、「投薬を拒否」したのだ。「薬物治療は問題になりやすいのよ」と彼女は言う。自由に利用することが許されていた、薬物を使わないメディテーションでさえ危険だという感覚が、彼女を襲った。それは、ギャンブルに依存していた頃の「使用方法」が原因だという。

ひとつの回復ステップとして、「祈りとメディテーションで、神を理解するように神との意識的接触を高める」というのがあるの。霊的なこと《スピリチュアリティ》は回復ステップにおいて重要な役割を果たすけれど、私のジレンマは、ギャンブルそれ自体が、そもそもの初めから霊的なものにリンクしていたということよ。夜になるとメディテーションして、次の日にマシンに現れるカードを予測しようとした。幽体離脱ではないけれど、飛んでいくような感じがしたと思ったら突然、どこかのマシンの前に自分がいたの。まるで映像のような感じだった。あるカードの組み合わせが見えた気がした。だから私は、回復中に祈ったりメディテーションしたりするのが怖くなったの。ギャンブルをしていたときの自分の経験と結びつけて考えてしまうから。『このステップはやらない方がいい』と思ったのは、そのためよ。

まさにメディテーションという行為のなかで、マリアは依存というリスクを冒した。というのもこの行為は、彼女が〈マシン・ゾーン〉とあまりにも深く結びつけていた状態を生み出すリスクを孕んでいたからだ。

このリスクと同じ例を、抗不安剤ゾロフトとモリーの関係性にも見ることができる。ゾロフトというのは、もともと彼女がマシンプレイをすることで避けようとしていた、社会とのつながりに対処するために処方された薬だが、結局は社会からさらに孤立することを彼女に許してしまった。義足をつけ、杖をついて歩くモリーは、ビデオ・ポーカーは他者から、そして自分自身の肉体から逃避するためのメカニズムとして作用すると、率直に告白した。にもかかわらず、プレイすると肉体的感覚が心地よく刺激されることも知っていた。「マシンの前にいると、ちょっとしたオーガズムのようなものを感じるんです——圧迫感のようだけれど、ごくわずかで、ある種の刺激的な解放感みたいなもの。あるカードの組み合わせが浮かんだときに、それが起こるんです」。プレイの守られた空間のなかでは、また他人との近さを感じる社会的状況や瞬間には、難しくてできないと思っていた方法で、モリーは自分の肉体を経験することができた。社会からの孤立を克服するために服用していたゾロフトは、結局は孤独感をさらに強めることになってしまった。というのも、この薬を飲むと、夫との性行為中にオーガズムを感じることができなくなり、夫婦関係がさらに危うくなることを知ったからだ。ゾロフトを飲みはじめてから、性行為は「きわめて機械的」なものになった。性的感覚によって、危険にさらされるような感じや、刺激を受けすぎているような感じ、「あまりに近すぎる」感じが残るのだとすれば、彼女にはそれが機械的になるほうがむしろよかった。こうして、社会とふたたび接触し、社会とのつながりを持続できるようにと処方されたまさにその薬が、結局は他者との関係を断ち、コントロールされた個人的な方法で自分の肉体を経験するために彼女が選んだ、ギャンブルというテクノロジーと手を組むことになってしまったのだ。

医薬品の服用がどれほどギャンブル行為を補い、〈ゾーン〉経験の促進にもつながるかということをギャンブラーが発見したとき、それは回復の必要条件から依存要素へと、きわめて明確に「姿を変える」。たとえば、パッツィが初めてパキシルという薬を使ったのは、感情を「安定させ」、マシンに導かれるという心配を制御するためだった。「パキシルの前は、マシンが私の薬でした。でも当時は、プレイのあとに顎と耳に奇妙な痛みを覚え、生理周期と食欲が不規則になりました。パキシルは本当にすばらしい奇跡だった——それが脳に届き、不安の形成を止めるのを感じると、すべての痛みが同時に消えていったんです」。マシン・ギャンブルは彼女にとって、感情的肉体的不均衡を治癒するための、ある種の薬だった。ビデオ・ポーカーはこの不均衡をある程度まで軽減してくれたが、新たな不均衡と不規則性を悪化させるばかりか、さらにそれらを生みだし、〝薬〟——この場合はマシンでなく薬剤としての薬——をさらに必要とする気持ちを、増幅させるという効果もあった。しかしパキシルによって、罪悪感をもたずにギャンブルをしている自分に気づくほど無感覚になりはじめたとき、最初はうまく作用しているように見えたその薬の治療効果は、より複雑なものになっていった。さらにパッツィは、パキシルの服用中はより簡単に〈ゾーン〉状態に入ることができるということも発見した。「薬を飲んでいれば、ゾーンに到達するのにそれほど時間がかかりませんでした」

マシンプレイへの渇望を沈静化させるために処方された薬が、その影響を増強させるものとして機能することになったという、もっと驚くべき例は、エイミーのケースだ。最近離婚したばかりの、中小企業のオーナーである五〇代後半の彼女は、ギャンブルによって相殺しようとしていた不安と同じ症状を和らげるために、ザナックスを処方された。そしてほとんどすぐに、その薬をプレイに取り入れた。

マシンをプレイしていると、ものすごく不安になり、パニックに襲われます。医者からザナックスを処方されましたが、人生であれほどいい気持ちになったことはありません。八年間、依存状態でした。ギャンブル中にその薬を飲むんです。負けはじめるとパニックになり、勝ってもパニックになり、まるで興奮過多の状態でした。そしてさらにザナックスを二錠か三錠飲み込みます。すると徐々に落ち着いてくるんです。当時は一日に四錠飲んでいました。一錠しか飲んではいけないのですが。医者はギャンブルのことは何ひとつ知らなかったし、ギャンブルで私がどんなふうにその薬を使っているかも知りませんでした。ただ処方箋を書いてもらっていただけです。処方箋が切れると、一錠あたり一、二ドルで薬を手に入れてくれる、北ラスヴェガスに住んでいる知人に頼みました。

もともと治療のために医者から処方された薬の服用が、依存という効果を増大させてしまう結果になったというエイミーの話は、調剤用の処方箋が「非公式の、違法なネットワーク（薬剤経済学）」に移行するという、アン・ラヴェルの言う〝薬剤流出〟を物語っている。[22] この流出の途上で、二つの〝薬〟が互いの作用を増強させながら融合していくのだ。エイミーが、ザナックスはマシンで勝ったり負けたりしているときに感じる〝興奮過多〟を効率的に相殺するということを学んだとき（彼女にとっては、勝っても負けても、残りの感情をかき乱すという点では同じだった）、この薬は彼女のプレイ・プロセスの一部となった。同時に、彼女のマシン・ギャンブルは、ザナックスの鎮静効果を調節し、そうすることで薬剤的プロセスに入っていったのだ。

薬の感情制御特性とマシンのそれとのあいだに発生する予期せぬ相互依存は、セルフケアと衝動強迫との区別を妨げる。〝ファルマコン〟という概念は、ジャック・デリダが論じているように、治療が毒になり毒が治療になるという、この勝算のない状況をうまく説明している。デリダはこう書いている。「〝ファルマコン〟が単に利益をもたらすということは決してない……（なぜなら）ポジティブなものを生成し、ネガティブなものを排除するはずのものは、ネガティブなものの効果を置き換えると同時にそれを増殖させるだけであり、まさにその増殖の原因である欠如へと導くからである」。[23] ギャンブラーも認識しているとおり、彼らが自己管理する治療法——薬であれメディテーションのようなものであれ——は、複数の、不確定な、最終的にはハイリスクを伴うような影響をもたらす。これらの治療法は〈ゾーン〉の均衡を壊したり、それが求められる理由を強固なものにしたり、また麻酔のような悪循環のなかで、その影響をたやすく強化したりすることができるのだ。

本章では治療の失敗、または治療がその「姿を変える」実例に焦点を当ててきたが、ギャンブル依存症者のセルフケア・プロジェクトがつねに、そして必ず失敗するとは限らないことに、留意しなければならない。にもかかわらず、それが成功した瞬間でさえ、ダブルバインドの痕跡を残す危険にさらされやすいことが、私たちの考察でわかった。たとえば、あるインターネット・フォーラムへの投稿では、かつてオンラインのビデオ・ポーカーに依存していたギャンブラーが、自分のコンピューターが依存の手段から回復の手段に姿を変えたことに着目している。「私はこの数カ月のあいだ、ほとんどの時間をコンピューターの前で、完全にひとりの状態でギャンブルをして過ごしました」と彼女は書いている。「このコンピューターによって私の資金は底をつき、そしてコンピューターがあるからこそ、このオンラインの回復サイトが、私にとってこれほど重要なものになっているのです」。彼女が語っているように、回復の条件は依存の条件に深く根ざしていた。同フォーラムの別のギャンブラーは、このダブルバインドが彼にもたらした内在する課題について、書いている。「〝ギャンブル〟とか〝ギャンブラー〟といったキーワードを使って、ギャンブルサイトにフィルターをかけようとしましたが、それは今の私にとって、また私自身の個人的な回復にとって、非常に重要なものになった、このサイトのようなオンライン回復サイトへのアクセスも、妨げてしまいました」

ラスヴェガスの人々は、オンラインというよりむしろ毎日の暮らしのなかで、この葛藤を経験している。前述のテリーのコメントにはこうあった。「こうしたトリガーとなるもののすべてに近づかないようにするのがいちばんの方法なのよ。でもそんなことをしたら、自分が受けている支援もすべて失うことになる。だからある意味、私はここから離れられないの」。話の最後に、テリーは最近のギャンブル・エピソードを語ってくれた。酸素ボンベを携えて〈サヴォン・ドラッグズ〉まで歩き、肺の病気に必要な処方箋をもらいに行こうとしていたときのことだった。煙草を持ってくるのを忘れたことに気づき、薬局に到着するころには吸いたくてたまらなくなり、地面に落ちていた吸い殻を拾って吸ったという。「座って一服できる唯一の場所が、ポーカー・マシンの目の前だった。そのマシンに近づくだけでも愚かだったわ――そこから立ち上がるまでに、一〇〇ドル札一枚分をつぎ込んでしまったので、私はまた一文無し。目的の薬も手に入れられず、家までタクシーにも乗れず、かといって歩いて帰ることもできず、ほとんど酸欠状態だった」。そこで彼女は、駐車場にいた女性に家まで乗せてほしいと頼んだが、その人物は、ギャンブラーズ・アノニマスで知り合った女性だった。家までの道すがら、テリーのように肺の病気を患うその女性は、常連客に酸素ボンベの補充を無料でしてくれるカジノや、プレイヤーがスロットクラブ・カードで「稼いだ」クレジットの数だけ、処方箋なしで薬を譲ってくれるカジノについて、テリーに話した[24]。テリーはカジノの役割を果たす薬局と、薬局の役割を果たすカジノとのあいだで、身動きがとれなくなってしまった【図9．3】。

これまで見てきたように、不可欠なものから有害物質を「フィルターにかけて」取り除き、治癒へのつながりを保持しながら病気へのつながりを取り除きたいという、ギャンブラーの、そして治療プログラムの願いは、失敗というハイリスクを伴う。前述の消費者ライフスタイル・インデックスを思い出してみると、参加者が追加した新しい依存要素のそれぞれが、ネガティブなものとポジティブなもの、不健康なものと健康なものを区別したいというその願いを物語っている。この演習には最後の教訓が――治療そのものがきわめて危険な行為のリストに含まれたときに、図らずも確かなものになってしまった

図9.3　ビデオ・ポーカーの宣伝をするラスヴェガスのドラッグストアの看板、2002年。写真は著者。

教訓がある。それは、依存とその依存をコントロールする手段が途切れのない回路上を動いているような文脈では、この両者を明確に区別することはできないということだ。[25]

保険数理上の依存症者

テリーと最初に会った日から数カ月後、私はふたたび彼女の家を訪れた。生活で何か改善されたことはあるかと尋ねたところ、アパートを取り囲む暗い陰地を身振りで示し、さまざまなテクノロジーを列挙しながら、次のように答えた。あえて遠くまで行かなくてもすむところに酸素ボンベを置いていたのだが、頻繁には出ることのない屋外からそれを引きずってくるのは、ひと苦労だった。やっとの思いで購入した車も盗まれてしまい、処方箋の薬を再調合してもらうのが難しくなってしまった。「かなり頼るようになった」という電子レンジは、一週間前から動かなくなった。コンピューターもなく、あるのは壊れたタイプライターだけ。ラジオも動かない。こうした機器を修理する金もないが、「順応する方法は学んでいる」という。三台のテレビのうちの一台はかろうじて機能する。「これも動かなくなったら――いつそうなってもおかしくはないけれど――テレビなしで生活することも学ばなければならなくなる」

テリーを囲み、テリーが利用して生きているテクノロジー。そのいくつかは機能を停止しているか、今にも停止しそうだが、それは消耗と蘇生の交互発生の根源だった。ビデオ・ポーカー・マシンは報酬と征服感を約束してくれた一方で、財産を枯渇させた。新しい酸素ボンベは彼女を生きつづけさせてくれる一方で、その動作を制限した。カジノは無料の食事と酸素ボンベ、リフィル処方箋を与えたが、それはプレイヤーカードに充分なクレジットがあるときだけだった。薬局は薬と、マシンの前で一服する場所を提供してくれた。潜在的に依存性のあるものが、セルフケアというタスクの戦術的な構成要素となり、緩和要素が潜在的に依存性を有するような世界で、テリーはテクノロジーとの相互関係を修正したり、再修正したりしながら、どうにか自分を〝順応〟させようとしていたのだ。

ギャンブリング・マシン依存から回復しようとしている人たちのダブルバインドは、本章で述べてきたように、より一般的な消費者の境遇と共鳴している。というのも消費者は、その効果と相互作用を予測するのが、しばしば難しいような商品やサービスのなかから選択し、その選択を管理するという、二つのことを同時におこなおうとして四苦八苦しているからだ。マシン依存症者は、こうした苦境に立たされた保険数理上の自己に求められる、ある種の順応性を実証している。一見したところ、順応性を求めるのは直感に反している。依存症者は通常、健康的な自己が成功裏に世渡りするために必要とする、自己適応能力に欠ける者として定義されるからだ。彼らは〝阻害された集団〟だと、社会学者のニコラス・ローズは記している。「(依存症者は)自分の人生を企てたり、自分自身のリスクを管理したりすることができないか、またはそうする気がなく、責任ある自己統制ができないのだ」[26]。したがって「依存症の統制は、教育、雇用、消費、娯楽といったものに組み込まれている制御のサイバネティクスに、ふたたび取り組んでいけるような日常生活の回路に、個人がふたたび参入できるようにする」という介入の形をとる[27]。だがギャンブリング・マシン依存症者の行動は、企てと責任という理想とは確かに一致しないものの、日常生活に組み込まれている「制御のサイバネティクス」の本筋からは外れていない。実際、ギャンブル依存症者は、そのおこない――回復行為の実践中だけでなく、依存症そのものの習慣における行為も含め――によって、消費を要請する声に影響されない世界で、純粋なままの、首尾一貫した、矛盾のない欲望を巧妙かつ合理的に最大化する、「消費の最高権力者」という架空の人物よりも、現代の保険数理上の自己を代表するにふさわしい[28]。ギャンブル依存症者は、「リスク社会」における他の消費者と同じく、最大化するよりはむしろ管理するために行動している。この目的で依存症者は、変化する状況や起こりうる事態に自分を柔軟に順応させながら、環境のフィードバックに対応できるように、その行動を絶えず再修正しているのだ。

第一〇章　修正に次ぐ修正　リスクを規制するためのヒント

一九九九年、ラスヴェガス・コンベンションセンターの会議室で、アリストクラーツ・スチュアート・ブルというオーストラリアの会社が、市場に拡がる「テクノロジーに対する耐性」をテーマにした講演をおこなった。それから五年後の二〇〇四年、私は別のオーストラリアのギャンブル事業経営者が、この業界のテクノロジーに対する「不耐性」の増大について話すのを聞いた。[1]「オーストラリアの製品は技術的には世界最高です。われわれはゲーム市場をリードしています。一方で、何が人々にとって良いものなのかを誰よりも心配しているのも、私たちなのです」。彼は北米の同業者に警告した。「気をつけなければならないのは――われわれの国では、ある一定の時間が過ぎたらリールの速度を弱め、マシンをシャットダウンし、スクリーンに『もう二時間もプレイしています。もっとプレイを続けたいかどうか真剣に考えてください……』といったメッセージを流すことを検討する話し合いが、実際におこなわれているということです」。さざなみのような笑いが聴衆に沸き起こる。「冗談を言っているのではありません」と彼はやわらかく抗議する。「一〇分間マシンをシャットダウンして、『ギャンブルは危険をもたらすおそれがあります。少し休憩しましょう』というメッセージを一〇分おきに画面に流すことを、われわれは真剣に考えているのです」

アメリカの聴衆はおもしろがっているようだったが、この五年前には、オーストラリアの独立連邦委員会が、スロットマシンのいくつかの機能を規制または最小限に抑えることによってギャンブル依存の緩和を求める、いくつかの法案をすでに定めていた[2]。その五年後、第二の政府委員会が、ギャンブル環境とテクノロジーのさらなる調整を推奨する、二巻からなる一一〇〇ページにも及ぶ報告書を作成した[3]。こうした調整はオーストラリアのみならず、カナダやイギリス、ノルウェー、スウェーデン、スイスでも推奨されている。これらはすべて、マシン・ギャンブリングが一九九〇年代に財政上の目的で自由化され（州自体が運営するものもいくつかあった）、のちに国民の不安が広く普及するようになった地域だ。

民間企業が商業的ギャンブルを支配し、規制撤廃の倫理が広く行き渡っているアメリカ合衆国でさえ、ギャンブル産業とその製品は、問題のあるギャンブル行為に対する責任の一端を担っているのではないかという考え方が、増加傾向にある。この考え方はいくつかの側面で、二〇世紀最初の四半世紀を思い起こさせる。当時は、スロットマシンが日常的に押収され、司法本部に持って行かれ、その破壊命令を裁判所が下すのを待っている状態だった。その結果、スロットマシンは一斉に壊されたり、水路に捨てられたりした。ギャンブリング・マシンそのものが罪あるものとして扱われ、文字通り裁判にかけられたのだ【図10.1】。しかし今日、アメリカやその他の自由市場の民主主義国では、有罪性の提議は、規制という比較的温和なかたちをとっている。政府はマシンが生み出す税金に頼りきっているため、それらを禁止したり、厳しく制限したりすることができず、日々の生活の自由化と相まって、ギャンブルという行為は、消費者が権利をもち、消費者自身が責任を負わされるものという認識へと変化しているのだ。こうした風潮のなかで、禁止と告発というパフォーマンス的な儀式が、害の最小化という方法に道を譲った[4]。この規制戦略は、消費者がギャンブル市場に参加しつづけることを前提としている。その

図 10.1　上：スロットマシンをハンマーで壊すシカゴの政府職員、1910 年。下：コイン式マシン事業の調査のために集まる上院労働賭博委員会の会合、1959 年（前列左から、顧問ロバート・ケネディ、議長ジョン .L. マクレラン、上院議員フランク・チャーチル）。写真提供は Bettmann/Corbis。

目的は、前章で述べた治療技術と同様、リスクをすべてなくすことではなく、それを管理することなのだ。

とはいえ、リスク管理が取るべき正しい形態については、さかんに議論が繰り広げられている。前述のオーストラリアのギャンブル事業幹部が提案して嘲笑をかった、いわゆるテクノロジーによる救済策の擁護者は、最も損害を誘発するとみなされるマシンの既存機能に、特に厳しい規制を敷こうとしている。当然のことながらギャンブル業界は、テクノロジーがその問題のひとつであるという可能性、またその設計を調整することが解決策のひとつになるという可能性を、積極的に退けている。「問題は彼らが乱用する機器にあるのではなく、個々人のなかにあるのです」と、全米ゲーミング協会は主張する。[5] それを受けて、圧力団体が好むリスクマネジメントという形態は、前章で見た治療アプローチと同じ自己統制のコースを辿っている。[6] 消費者保護団体としては、安全警告や確率、勝率の知恵までもマシンに載せる〝情報による救済策〟があれば、ギャンブラーは自己統制をよりよく達成できると考えている。単なる情報を超え、既存のマシン機能に上塗りするかたちで〝管理支援〟を設計し、プレイヤーがまさにプレイ中にみずからを守ることができるようにしてはどうかと、提案する人もいる。さらに、注意義務を示すことで将来の訴訟責任を軽減しようという、ギャンブル会社の努力に誘発された別のアプローチもある。これは、リスクのあるプレイの監視と、そこへの介入に対する初期責任を、カジノそれ自体のプレイヤー追跡／マーケティング・システムに割り当てるというものだ。

この技術官僚《テクノクラート》的な規制の議論のあいだには、マシン・ギャンブリング経験を管理するのは誰なのか、または何なのか、制御不能に対する責任は誰が、または何が負うべきかという問題をめぐって、より深刻な文化的政治的緊張が走っている。マシンか？　プレイヤーか？　はたまたその相互作用なのか？　どれを、どのように規制すればよいのか？[7]このあと見ていくように、責任を負わせる《フィックス》さまざまな方法は、問題のあるギャンブルを〝修正する《フィックス》〟さまざまな方法につながり、逆もまたしかりである。さらにあとで検討するように、責任の属性は多様であるにもかかわらず、アプローチの大半が、個々人の行動を介入と調整の最終的な対象として扱っている。マシン動作の調整を目指すアプローチでさえ、その消費という観点を根本から変えるよりも、消費者の自己規制を促進するような方法でなされているのだ。

責任キャンペーン

一九九六年、アメリカ合衆国連邦政府は、二党派からなる〈ギャンブルの影響調査のための全国委員会〉を設立し、合法的ギャンブルとそれに伴う社会病理についての調査資金として五〇〇万ドルを投資することで、ギャンブルの全国的拡散への対応を示した。[8]これを受けて、ワシントンの内部関係者フランク・ファーレンコフは、ギャンブル業界の保護と促進を目的に、全米ゲーミング協会（ＡＧＡ）を設立した。[9]この業界をギャンブル依存症問題と関連づけて、戦略的に位置づけることが協会の最重要課題だということを、彼は初期の段階で認識していた。ＡＧＡの設立後まもなく、ファーレンコフはラスヴェガスで上位を占める業界幹部の前でスピーチをおこなった。そのなかで彼は、問題のあるギャンブルをその取引の「アキレス腱」[10]と呼び、こう警告した。「われわれの業界の成長は、この問題によって確実に危険にさらされています。そして、この業界の存在そのものが危うくなっているといっても過言ではありません」

ファーレンコフは同業者に対し、著名な煙草産業の幹部一団が一九九四年の米議会の委員会の前に、ニコチンと依存症とのつながりを満場一致で否認した、あの悪名高きシーンを思い起こさせながら、煙草産業が犯した過ちを繰り返さないよう要請した。一九九〇年代の中頃までには、ギャンブル機器で過度に浪費した個人に対してなされた医療診断が、潜在的に問題があるとされる機器の役割から目をそらし、代わりにそのごく少数の顧客の生物学的、心理学的脆弱性に注意を向けることができるということを、ギャンブル業界はすでに学んでいた（アルコール業界がその数十年前にそうであったのと同様に）[11]。ネヴァダ州ゲーミング管理委員会のカジノ取締官、カジノの理事長、スロットマシン製造会社の幹部、ネヴァダ州〈問題のあるギャンブル〉委員会の初代会長といった多彩なキャリアをもつ故シャノン・バイビーは、一九八八年にこの役割について発言した。「ギャンブル衝動に抵抗できないということは、私にとって、問題が――そしてその解決策が――個人の内部にあるということを意味します。ギャンブル衝動をコントロールできない人は、行動障害、もしくは病気を患っているに違いありません」[12]。その言葉は、一九八〇年にアメリカ精神医学会によって承認された〝病的ギャンブリング〟という診断用語から引いたものであることは明らかだった[13]。ギャンブル業界はこうした状況が存在していることを認めるべきであるばかりか、ファーレンコフがAGAメンバーへのスピーチのなかで思い切って発言したように、この分野での調査活動をリードしていかなければならないのだ[14]。

この方向性で、まずは一九九六年に、AGAが〈責任あるゲーミング（賭博）全国センター〉（NCRG）を発足させ、同年、アメリカの議会は〈ギャンブルの影響調査のための全国委員会〉を招集した。NCRGは、「医者が心筋梗塞の発生よりずっと前に心臓血管病のリスクのある患者を特定できるのと、まったく同じように、ゲーム障害のリスク要因を特定し、障害を治療するだけでなく、それを予防するための方法を決定する調査」の資金集めのために設立された。[15] この設立許可は、問題のあるギャンブル行為を、ギャンブル環境やテクノロジーと消費者との相互作用の結果としてではなく、「リスクを抱えた」個人からなる小さな限定されたグループの内部に、以前からある傾向を表すものとして位置づけた。このセンターの最初の賞は、ハーヴァード大学の精神医学科教授ハワード・シェーファーに授与された。彼の成果はアメリカとカナダにおけるギャンブル障害率に関する、業界でいうところの〝最初の信頼できる統計〟とされた。この統計は、成人人口の一・一四から一・六〇パーセントが〝病的ギャンブリング〟の診断基準を満たすことを示していた（本書序文で述べたとおり、成人の〝ギャンブル人口〟については、パーセンテージがもっと高いと予想される）。これらの数値が一九九八年に全国委員会の前に提示されて以来、業界の代表者らは、端数を切り捨てた「一パーセント」という数値を得意げに使うようになった。グローバル・ゲーミング・エキスポ二〇〇三の「業界の現状」と題したキーノート・パネルに出席した大勢の同業者の前で、ハラーズ社のCEO、ゲイリー・ラヴマンは、こう語った。「ハーヴァードの最近のリサーチでは、ギャンブルに依存しやすい人がいないことはないが、大多数の人々は事実上、依存症になるリスクを負っていないということがわかっています」。[16] この研究のさらなる所見――成人の四パーセントに近い人々が、問題のあるギャンブリングの、よりゆるい評価基準に該当し（数名の調査員によれば、これは控えめな見積もりである）、成人の「一生涯の」（「今現在の」との対比で）問題のあるギャンブリング率は、一九七七年から一九九七年のあいだで倍になったということ――が言及されることはめったにない。[17]「ギャンブルの支持者は、より低い方の数字に注目する傾向があります」とシェーファーは言っている。[18]

NCRGは、設立当初から合衆国内のギャンブル依存症に関するほとんどの調査に財政支援をおこなってきたが、その理事会には、業界最大手のさまざまな会社（MGMリゾーツ、ハラーズ・エンターテインメント、インターナショナル・ゲーミング・テクノロジー、ゲーミング・ラボラトリーズ・インターナショナル、ステーション・カジノ、WMSゲーミング、アリストクラート、ウィン・リゾーツなど）からの数多くの代表者だけでなく、全米ゲーミング協会の専務取締役などが名を連ねている。ボイド・ゲーミング社はスタートアップ資金として、一〇年担保で八七万五〇〇〇ドルを投資した。[19]「二二〇〇万ドル以上がNCRGに託されてきたが、これは民間企業からのギャンブル調査資金としては前代未聞のレベルです」——二〇〇八年のAGAのウェブサイトには、誇らしげにそう書かれていた。[20]調査員や倫理学者、業界批評家のなかには、この投資スケールによって生じる利害対立の可能性に不安を抱いている人もいる。問題のあるギャンブルを研究する二人の学者、ヘンリー・レシアーとリチャード・ローゼンタールは、この業界の資金割り当てをめぐる影響を懸念して、NCRGの顧問委員会を一九九七年に辞職した。実際は、問題のあるギャンブリングにおける、ギャンブルへの近づきやすさ《アクセシビリティ》やマシン設計の役割といった問題に関する調査に、センターが資金を出すかどうか疑問を抱いたのだ。[21]

みずからを偏見から守るため、AGAは二〇〇〇年、ハーヴァード・メディカルスクールの依存症研究部門を拠点とし、シェーファーを責任者とする〈病的ギャンブリングおよび関連障害に関する調査機関〉を設立した。[22]この団体の役割は、調査への申請書類を精査し、NCRGに資金を分与することで、「ゲーム業界と、どの調査に資金を与えるかという決定とのあいだに存在するファイアーウォールを、さらに強化する」ことだった[23]。NCRG顧問委員会のメンバーは、プロジェクトを直接選択したり、調査結果を管理したりはしないが、それにもかかわらず、業界寄りの空気が資金援助のプライオリティを先導しているということは、あまりにも明白だった。「さまざまなゲームの依存的性質に踏み込んだ調査は見当たらず、ビデオマシンをプレイする人々がなぜ、比較的早く依存症になるように見えるかという研究もありません」。レシアーは二〇〇八年、あるジャーナリストにそう語った[24]。

この調査機関は、ギャンブル業界の製品や、それらが問題のあるギャンブリングにおいて果たす役割に関する調査には、実質的に資金を提供しない。それだけでなく、製品と問題のあるギャンブリングのあいだに関係性が存在することさえ、はっきりと否定している。「問題は依存ということではありませんと事務局長のクリスティン・ライリーは主張する。アルコール依存症が酒瓶の問題ではないのと同様、ギャンブル依存症もマシンの問題ではない、と。「私なら、スロットマシンを一〇分間もプレイしたら、ものすごく飽きてしまって、自分を殺したくなります。弱さがなかったら、確率からして依存症にはならないでしょう」[25]。彼女が言うように、この調査機関の目的は、そうした脆弱性の根源を追求することなのだ。弱さは（ギャンブルに特有のものではなく）、すべての依存症者に共通していると、彼女は考える。「客観的な対策をとるほうがいいのではないでしょうか？　血液テストとか、遺伝子マーカーとかを使って、この人は依存症になる遺伝的傾向があると見きわめる、というように」。この目標に沿って、NCRGの資金の最大の分け前は、依存症の遺伝学的、神経科学的、心理学的な決定要因の調査に充てられている[26]。問題のあるギャンブルの、社会的環境的決定要因に関する調査に割り当てられる資金は最も少なく、これらは二〇〇四年にシェーファーがおこなったような調査に与えられている。こうした研究では、ギャンブルを新しい地域に導入したばかりの時期に依存症が急上昇し、時間を追ってそれが消滅するのは、ギャンブルにさらされた住民がその誘惑の目新しさにしだいに〝順応《アダプト》〟していくからだ、という主張がなされている。[27]

NCRGの顧問委員会からアプローチを受ける前から、シェーファーはギャンブルの普及による付加的損害に対して、学界で最も厳しい警告のいくつかを発していたと、一九九八年に「ロサンゼルス・タイムズ」の記者は指摘している。[28] 序文でも見たように、シェーファーはビデオ・ポーカーを「ギャンブル界のクラック・コカイン」と呼んだ最初の人物で、さまざまな機会にその言葉を繰り返してきた。実際、この業界に参入したあとも、彼はことあるごとに、ギャンブル・テクノロジーの設計はギャンブル問題の増加に重要な役割を果たしていると、報道陣らに伝えてきた。「それらはスピード感のあるゲーム、すばやいプレイ、比較的プライベートなもので、嗜癖（依存）障害になる可能性が高い。というのも、これらは最も恐るべき方法で、人間の神経系に働きかけるからです」――二〇〇一年、スロットマシンについて彼はそう語った。二〇〇四年の初頭にも、同様にこうコメントしている。「自然が私たちに与えた配線は、コンピューター・ゲームの装置を予測していなかった」。[29] だが、これ以後に発表された論文のなかで、シェーファーはテクノロジーがギャンブラーに与える影響に関してより慎重になり、「精神病理学は、テクノロジーとの過度な関わりを偏って優先している」と主張している。[30] 依存症は主体と客体の相互関係として捉えるべきだという、過去のみずからの勧告にもかかわらず、最近の演説や書物では、ギャンブリング・マシンへの依存の技術的側面にあまり重きを置かないか、あるいは明らかにそれを否定しているのだ。「外的要因に対して控えめになっているということは、業界から彼が受けている支援と何らかの関係があると疑わざるを得ないだろう」と、シェーファーの元同僚は匿名を条件に私に語った。「最近の彼の発言は、研究者というよりもロビイストのように聞こえる」

二〇〇三年、ハラーズとアリストクラートからの代表とともに、シェーファーがG2Eの閉会キーノート・パネルに現れたときには、かつての「厳しい警告」は明白な弁護に変わっていた。そのパネルの司会を務めたのは、共和党の世論調査員で社会的影響力の大きいフランク・ランツだった。彼は当時、カジノ娯楽に対するアメリカ人の印象について、AGAに報告書を書くよう依頼されていた[31]。ランツがシェーファーに、その仕事は仲間の研究員の反感を買っているかと尋ねたところ、シェーファーはこう答えた。「(ギャンブルの)ネガティブな側面だけを研究するという傾向がありますが、ギャンブルにはポジティブな側面もあります——それは経済的効果にとどまるものではありません」。そして、ゲームは子供だけでなく、大人や老人にも意味があるということを示した、新規の調査を引き合いに出し、心理的刺激による心臓血管への効用と、認知力および問題解決能力を養う好機という利点を挙げた[32]。「ギャンブルが低容量で医療上の目的を果たすということは、充分にあり得ます」と、彼は聴衆の前で語っている。

二〇〇六年、NCRGは業界メンバー、学術研究員、治療提供者、政策立案者、ゲーム規制者らの相互関係をより高めるひとつの方法として、年次会議をグローバル・ゲーミング・エキスポの日程と同じ日に開催することを決定した。のちのNCRG議長となったフィル・サートル(ハラーズ・エンターテインメントの元会長兼CEOで、IGTの議長にもなろうとしていた)は、こう切り出した。「われわれのイベントをG2Eと同じ土俵に上げることで、ギャンブル調査という分野のなかで、より生き生きとした意見交換が促進され、最終的にはカジノ・コミュニティのなかに、この極めて重要な調査のポジティブな影響が広まることを願っています[33]」。だが、調査委員会の懐疑論者が指摘するように、そこで発生する意見交換は、この会議が招待スピーカーだけで構成され、学術研究員がほんのわずかしか含まれていないという状況である限り、極めて限られたものになる。G2Eとの「団結」をさらに固めながら、NCRGは二〇〇七年、両会議に参加できる特別価格の共通パスを提供し、そのセッションの多くをラスヴェガス・コンベンション・センターのG2E本社で開催することにした。このコンベンション・センターは、〈パリス・カジノ・リゾート〉にある本社から、同じモノレールでほんの数駅先にある。その年、シェーファーは取締役会から全国科学功績賞を授与された。それはIGTがスポンサーとなり、豪華料理が惜しげもなく振舞われたレセプションで発表された。ライトが暗くなり、スクリーンにはMGMミラージュの制作チームがつくった一〇分間のトリビュート・ビデオが流された。ビデオはシェーファーを、データと「科学に身を捧げた」男として大げさに称賛した。業界と学界との強い提携が、個々の体質に根ざした別々の病弊として、ギャンブル依存症理解の周辺に形成されたことは明らかだった。

NCRGが病的ギャンブラーに非常線を張るために使用する、精神的生物学的病理という決定論的言語には、それ以外の人々はこの影響を受けないということを暗に含んでいるが、コンベンション・センターの教育プログラム——責任あるゲーミングの全国教育キャンペーン、責任あるゲーミング・リソース・ガイド、責任あるゲーミング教育ウィーク、責任あるゲーミング講義シリーズなどを含む——は、これに矛盾して、私たちの〝誰か〟が責任ある行動をしなければ、その人はしだいに同じ問題に陥っていく可能性があることを示唆している。この矛盾は、『楽しいままで――責任あるゲーミングのためのガイド』と題された小冊子のなかで表面化した。この小冊子には五人のギャンブラーが紹介されており、そのそれぞれが、責任に関するさまざまなメッセージを伝えている。そのうち三人は白人。やせた年配の女性が、はにかんだ笑顔を浮かべている。「制限時間を設けてそれを守れば、ギャンブルはもっと楽しくなる」。毛髪の薄い紺色のスポーツジャケットを着た四〇代の男性はこう語る。「制限時間がないと、調子に乗って簡単にわれを忘れてしまいます」【図10．2】。ドレスシャツを着て、片腕を腰に当てている自信満々の若い男性は、「自分でどうにかできなくなるまで負けたことはない。それはつまり、負けを知らないということだ」と語る。ふだん着の三〇代のアジア人女性は、自信に満ちた態度でこう発言する。「どのプレイヤーも、自分には秩序があると思っている。私の秩序は、自分でどうにかなる分しか持たないということ」。ポロシャツを着た年配の黒人男性は、腰に手を当て、優しそうな笑顔でこう語る。「ものすごく楽しむために、ものすごくリスクを負う必要はありません」

責任あるゲーミングの〝行動基準〟に従って、自己制限と予算管理をするギャンブラーたちは、この小冊子のなかで、ほかの人々の規範となるような消費者行動を示していた。――これまで見てきたように、これは回復中の問題のあるギャンブラーに見られる、充分な訓練を積んだときの自己監視や自己規制の行動と、たまたま合致している。彼らはリスクを負い、同時にみずからを管理している。ギャンブルはリスクマネジメントにおける訓練となる。それぞれの写真の下には、同じメッセージが書かれている。「楽しみを持続するために、時間と金を制限し、それを守ること。勝算を知ること。そしてひとりのとき、怒っているとき、落ち込んでいるときはギャンブルをしないこと。そんなときは判断が鈍りま

When you gamble for fun, you've already won.
"Without setting limits, it's easy to get carried away."
KEEP IT FUN
WE'RE BANDING TOGETHER TO KEEP IT FUN.
To order responsible gaming awarness wristband, visit www.americangaming.org.
Proceeds benefit the National Center for Responsible Gaming.
Responsible gaming is a social activity, best enjoyed with family and friends. To keep it fun, set time and money limits and stick with them. Understand the odds. And please don't gamble when you're lonely, angry or depressed. It clouds your judgement.
For a free guide to responsible gaming go to americangaming.org
AMERICAN GAMING ASSOCIATION

図 10.2 全米ゲーミング協会の『楽しいままで——責任あるゲーミング・キャンペーン』からの写真。全米ゲーミング協会のウェブサイトからダウンロード。

す」。「大多数の人々は事実上、依存症になるリスクを負っていない」というラヴマンの先の声明にもかかわらず、こうした広告は、リスクはすべてのギャンブラーに存在し、用心深くそれを阻止しなければならないということをほのめかしている。[34]

シェーファーは、ギャンブルとそのリスクは責任感を養い、訓練の貴重な〝機会〟を個々人に提供するとまで主張している。「誘惑的な行動（ギャンブル、投資、セックスなど）は、その誘惑が自己管理を学び、人格を形成するための機会を提供するというところに、その価値がある」と、彼は二〇〇五年に書いている。「自己規制は誘惑との寛大な相互作用から生まれる。こうしたアクセスがないと、みずからを規制する方法を学ぶことが、不可能とは言わないまでも、いっそう難しくなる」[35]。彼が言うように、人間とギャンブリング・マシンとの「寛大な相互作用」は、無責任や制御不能ではなく、責任と制御へと自然に向かう。彼の発言は、自立した個人が自分自身に責任をもつ上での強い道徳論理に従っている。

「一線を越えてしまったことを、どのように知るのですか？」二〇〇三年のキーノート・パネルで、ランツはシェーファーに尋ねた。「何か兆候があるのでしょうか」。シェーファーはこう答えた――自分が思っていたよりも金を使っていたり、予算を超えていたり、その行為がしたくて我慢できなくなりはじめたとき、それが警告サインだ、と。「カジノは、このサインで充分な警告を与えてくれますか？」という問いに対し、人に警告を与えるのはカジノの義務ではないと思う、とシェーファーは答えた。ランツは同じ質問を聴衆にするために、室内ライトを明るくするよう要請した。「もう限界点に来ていますよ、と客に警告するのは、カジノの責任でしょうか、それとも、もう充分だということを知るのは個人の責任でしょうか？」ほとんどすべての人が「個人の責任」の方に挙手した。この光景が示しているように、〝責任あるギャンブリング〟にまつわる話し合いは、科学的なものからモラルや政治的領域へと容易に移行し、業界の参加者はあからさまに、どんな規制が商業的消費の領域を特徴づけるかという社会的議論の側についたのだった。

ギャンブル業界がそのキャンペーンで、責任あるギャンブリングをまじめに促進していようといまいと、また、このキャンペーンの背後にある目的（アルコールや煙草産業による同種のキャンペーンの背後にあるのと同じもの）が、この業界の製品や行為を問題のある消費者行動への責任から隔離することであろうとあるまいと、業界の莫大な収益のほとんどが、その問題のある消費者行動に由来しているという事実に、変わりはない[36]。ある研究によると、「責任あるゲーミングの行動基準」に従おうとするギャンブラーは、ギャンブル業界の収益のたった四パーセントにしか貢献していないという[37]。この研究の著者は、あるラジオジャーナリストにこう話している。「責任あるゲーミングというものが成功するとすれば、この業界は収益不足で閉鎖することになるでしょう[38]」。業界の責任というレトリックと、無責任から享受している利益とのあいだの矛盾により、責任あるギャンブリングの促進は何よりもまず、利益を守ることに力を注ぐ広報戦略だという、皮肉な結論を下す人もなかにはいるだろう。カナダのギャンブル研究者ジェイムズ・コスグレイヴは、こうコメントしている。「責任あるギャンブリングは、個人に対して、そして個人のために教えるリスクマネジメントの一形態です。しかしそれは、国やギャンブル業界にとっては、リスクマネジメントの手法そのものでもあるのです[39]」

消費者に選択肢を伝える

消費者保護のアプローチでは、責任ある消費者モデルを支持する一方で、責任ある選択をする能力は、完全な情報が与えられているかどうかにもよると主張している。[40] 無責任なギャンブリングのための、いわゆる情報による救済策は、その運用と真価によってギャンブラーを逃しかねないギャンブリング・マシンの属性を、標識や表示、パンフレットなどをで彼らに教育することで、「ギャンブラーが良き顧客となる手助けをしている」という。法学部教授で消費者保護団体に属するカート・エガートは、次のように書いている、「理性をわきまえた顧客になってもらうために、ギャンブラーには適切な価格情報を与えるべきである[41]」

マシンは、記号やカードの特定の組み合わせにいくら賞金を出すかを細かく記載した価格表を提示しているが、これらはテーブルゲームと同様、その組み合わせを当てるための〝確率〟までは教えてくれない。ある特定のマシンは、その〝理論上の支払い率〟や〝返還率（RTP）〟（八九パーセント、など）を示している場合もあるが、〝控除率〟（〝ハウスアドバンテージ〟や〝ハウスエッジ〟としても知られる）が示されることは絶対にない。[42] 二〇〇七年、「ギャンブルとそのリスクに関する国際会議」を主催したレイク・タホのホテルロビーの外れにある〈スターバックス〉で、業界起業家の一団が、コーヒーを片手にセッションの合間の時間を潰していた。「マシンに確率を示したとしても、業界に損害を与えることとはないと思う」と、すでに出席したパネルのトピックを振り返って、ひとりが言う。「確率は有利には働かないことは、ほとんどの人が知っているからね」。また別の誰かが切り出す。「確かにそうだが、賭けすぎるとチャンスがなくなるということに、みな気づいていない」。つまり、プレイヤーはマシンの控除の〃累積的な〃性質を簡単には把握できないということだ。「支払い率九〇パーセント」というのは、一〇〇ドルから始めたプレイヤーが、ある一定のセッションが終わるまでに失う金額は、一〇ドルだけだという意味ではない。賭けるたびに資金の一〇%を失うことになるという意味であり、その結果、第四章の図4.2.で示した〃チャーン（解約）効果〃により、資金は徐々にゼロに近づいていくのだ。(43)

　ギャンブラーがマシンの控除率を自分で把握するのはほとんど不可能なので（エガートの報告によれば、製造業者は消費者に気づかれることなく、ゲームの控除を五倍に増やすことができる）(44)、マシン製造業者のなかには、賭けるときにプレイヤーが押すボタンのすぐ横に、一時間ごとのゲームの平均コストと損失率を掲示すればいいと提案する人もいる。これは、アルコール製造業者がその製品のアルコール含有量（九〇プルーフとか一二〇プルーフとか）を開示するよう求められているのと、非常によく似ている。また〃動的な価格表示〃を提案する人もいる。スロットマシンの確率は、ギャンブラーがどれくらいのクレジットをいくつのラインに賭けるかによって変動するからだ。プレイの変動〃価格〃を、支払い率や控除率ではなくドルとセント単位で表示することで、プレイヤーの予算内で〃チャーン〃の金銭的影響をリアルタイムで知ることができる。

　さらに、消費者のための情報は掲示するだけでなく、〃説明〃するべきでもあると主張する人もいる。これは、〃勝ち〃、〃ニアミス〃、マルチライン・スロットの〃勝ちに見せかけた負け〃、そして〈バーチャルリール・マッピング〉などの、ランダム性と実現性について、画面上に教育モジュールをつくることによって実現される。Safe@Playという、ギャンブラーのための教育ソフトのデザイナー、ロジャー・

ホーベイは、リスクマネジメントの一形態として、すべてのマシンユニットにこのソフトウェアを追加することを提案している。彼は、昔ながらのリール回転式スロットに対しては、リール上に現れるブランクと図柄の数は勝利の確率を示すものではないという警告を、表示すべきだという。また、複数の擬似リールを使うビデオスロットでは、タッチスクリーンのリンクで各リールの実際のストップ構成を図式的に示し、プレイヤーがリール上の図柄の配置と重み付けを簡単に確認することができるようにする。この手の透明性がないマシンは、同種の製品に必須とされる消費者の安全性基準に違反する、誤解を招く恐れのある画像を消費者に示していると、ホーベイは主張する。

問題のあるギャンブリングのリスクマネジメントに対する、もうひとつの〝情報による〟アプローチとして、画面上にメッセージが定期的に流れるようにプログラミングされたマシンが挙げられる。これは、NCRGの責任キャンペーン広告で使われたのと同じような言い回しによって、ギャンブラーの理性に訴えようとするものだ。たとえばこんな――「運が左右するゲームの結果を、自分でコントロールすることはできません」、「ギャンブルはエンタテインメントであり、収入を得るための手段ではありません」、「これらのゲームをするにはお金がかかります」、「あなたが勝利するよりもゲームにかかるお金の方が多いのです」、「プレイすればするほど、お金をたくさん使うことになります」、「予算を決め、それを守ってください」、「ほかのことをするためのお金を、ここで使わないでください」、「定期的に休憩をとってください」。ホーベイは自身のリスクマネジメントのインターフェースにある教育メッセージを、衝突に備えて装着するシートベルトやエアバッグのようなものではなく、「事故が起きる前に人々の目を覚ます」ハイウェイのスピード防止帯になぞらえている。情報が整ったマシンは、問題あるプレイパターンに陥ってしまっているギャンブラーに、責任あるギャンブリングのヒントや、問題に対処するためのガイドライン、カウンセリングのリソースや照会、ホットラインヘルプ、自己排除措置などを提供してくれる。(45)

すべての情報による救済策——控除率の提示から動的な価格表示、教育モジュールからスクロールメッセージまで——は、消費者の理性的な選択を助けることで、問題のあるギャンブリングに取り組むことができるという確信を共有している。しかし、これらを擁護する人たちは、そもそも理性的選択を損なうものとは何なのかに関する個々の理解となると、その考えは二分される。情報提供を、歪められた認知の矯正手段として見るグループと、人の目を欺くようなマシン設計の歪曲を矯正する手段として見るグループだ。ギャンブル業界が支持する前者は、問題あるプレイは、認知エラーと欠陥のある経験則の作用——コントロールできるという幻想、誤った結果の評価、勝利の可能性の非理性的な図式、ランダムなイベントをコントロールできるという誤った信念、因果関係の誤帰属、その他の「誤った認識」——であるという、ギャンブル依存調査で優勢な見方に固執している。(46) シェーファーとその同僚は、次のように書いている。「ギャンブルにおけるあらゆる情報選択プログラムにとって極めて重要なのは、欠陥のある認知をターゲットにすることだ」(47)。(この見方を擁護する者は、どんなかたちの情報が実際に役立ち、どれが逆効果であるかを特定する将来の「根拠に基づく調査」を支持しているため、そうした認知をどれくらい正確にターゲットにすればよいかということについては、特定しないままにするのが常だ。(48))

消費者保護を擁護する後者のグループにとっては、ギャンブラーではなく、ギャンブリング・マシンが修正のターゲットになっている。この見解に従うと、問題あるプレイは、マシンの不透明性と、人を欺こうとする内部メカニズム――〈バーチャルリール・マッピング〉、ニアミスなど――の働きとなる。「それは人間の正しい処理能力です。問題は、テクノロジーによるごまかしなのです」とホーベイは私に語る。マシンは人間の認知システムに妥当な予想を設定し、そのあとでそれらの予想の裏をかく――これにより、マシンは、ギャンブラーの理性の欠如ではなく、理性そのものを食い物にしているというのだ。[49] したがってマシンは、ギャンブラーを教育し、彼らの歪められた考え方を修正するための潔白なメディアではなく、その台本どおりの歪曲を製品の透明性によって相殺し、これにより、ギャンブル市場に本来備わっている情報の非対称性を軽減するという、戦略的に構成されたテクノロジーなのである。だから、この、より急進的な消費者保護対策でさえ、マシンを責任あるものとみなしながらも、最終的には消費者の行動をターゲットにしている。情報による救済策は、基本的なマシンの特性と機能を損なわずに、ギャンブラーの理性に訴えるような方法としてのマシンの働きを暴き出している。

ギャンブル業界のほとんどのメンバーは、情報による対策――特に、静的で「受動的な」もの――を、利益への重大な脅威としてではなく、問題あるギャンブル責任に対する価値ある防衛策とみなしている。[50] スクロール・メッセージなど、プレイの最中に「積極的」なかたちで伝達される情報は、「(プレイ中の)休憩時間を増やし」、業界利益の損害につながるような「自己意識を高める」ことになるのではないかと懸念する人もいる。[51] つまり、あまりにもあからさまにギャンブラーの理性に訴えると、マシン収益が減少するのではないかと心配しているのだ。

しかし、臨床サイドから来た情報救済策の批評家らは、いったん情報を得た消費者は、継続中のギャンブル・セッションのあいだに自分の行動を実際に変える、という考え方に疑問を呈している。ボー・

バーンハード（ラスヴェガスのネヴァダ大学にある国際ギャンブリング協会の会長で、地域の問題のあるギャンブリングの診療所と長年の付き合いがある）は、「選択肢を考え、プレイのサイクルを切断する機会」をギャンブラーに与えるように設計された画面上のメッセージは、「彼らの脳の理性的な部分が遮断されるとき」にこそ理性に訴えると指摘している。これは、酔いつぶれたアルコール依存症者に言い聞かせて、道理をわからせようとするのと非常に似ている。[52]

心理学者のマーク・ディッカーソンは、マシン・ギャンブリングは、その「価格」が適切に公示されていようといまいと、「マシンから提供される情報に基づいて、次のゲームをするかどうかについて理性的な選択をするというプレイヤーの能力を侵害する」と論じている。[53]ギャンブリング・マシンとそれらが経験を構成する方法は、「責任あるゲーミング戦略との直接的な衝突」の内部にあり、したがってそれは、情報による対策の潜在的有効性を徐々に蝕んでいく、と彼は言う。ホーベイは、スロットマシンに関する責任あるゲーミング・メッセージの設計に足を踏み入れたときのことを振り返り、こう語る。「それはギャンブラーに対して、アクセルとブレーキを同時に踏めとか、時速二〇〇マイルで走り続けろと要求するようなものだ」

テクノロジーによる救済策

情報による救済策の擁護者よりもさらに一歩進んで、ギャンブラーを保護するためにはマシン設計そのものを修正するべきだという人もいる。ギャンブラーにアクセルペダルをもっと軽く踏めと要求する代わりに、ペダル側のスピードアップ機能を弱めたらどうなのか、ということだ。ギャンブラーが責任ある行動を実践できるようにしたり、プレイの認知的解釈を正したりすることを彼らに求めるよりも、テクノロジーによる救済策は、より速く、より長く、より集中したプレイのための、マシンの「台本」レベルに介入するものである。それは、ディッカーソンが「上昇、増加、拡張傾向」によって特徴づけられる〝依存的〟シーケンスと表現した台本だ[54]。

プレイの〝速度〟を下げるという修正は、ビデオリールの回転率を遅くしたり、スピン間でリールを休止させたり、ベット（賭け）とその結果との間のインターバルを長くしたりすることになる。プレイの〝継続時間〟を減らすという修正は、あるインターバルで強制的にタイムアウトしたり、画面上にデジタル時計を永久的に表示したり、費やした時間と金額についてプレイヤーに警告するポップアップ・リマインダーが定期的に現れるようにしたりする（より厳しい時間ベースの対策では、一四五分間継続してプレイすると強制的にキャッシュアウトが要求され、その後、五〜一〇分間の警告が現れるという仕組みになる）。〝ベット（賭け金）の大きさ〟を減らすという修正は、スピンあたりのベットの最大サイズを小さくしたり、紙幣識別器を廃止（または少額紙幣に制限）したり、プレイ・クレジットではなく実際の現金価値として賭け金を示し、簡単に再ベットできるようなトークンやチケットではなく、現金、小切手、または銀行振込によってすべての賞金を分配したりすることになる。マルチライン、マルチコインなどのゲームは、ベットするライン数を減らし、〝マックスベット〟［最大金額をかけること］の機能を除去したりすることが必要になるだろう[55]。そのほかの修正では、ニアミス効果を排除したり、勝ちに見せかけた負けを制限したり、ビデオ以外のリールスロットでの〈バーチャルリール・マッピング〉を廃止したり、プレイヤーの直感に従って、すべてが同じ図柄を含むように、ビデオスロットが「リールのバランスをとる」ことを要求するなどによって、マシンの数学的なごまかしに対処することもできる。さらには、「環境面での修正」として知られるものもある。これは、スロットエリアに自然光を取り入れたり、禁煙にしたり、「衝動的な出金」を制限するための「流動性コントロール」（たとえばATMを近くに設置しないとか、ATMの引出し限度額を設定するとか、クレジットカードのアクセスを制限するなど）を施したりすることが必要になる。[56]

これまで考察してきたその他の「修正」と異なり、問題のあるギャンブリングのためのこれらの救済策は、ギャンブル・テクノロジーとギャンブル環境の材料設計の特性――必ずしもそれらを根本的に変えたり排除したりするということではなく、その有効性を弱めるということ――に焦点を当てている。車のエアバッグと同じように、重要なのはリスクのある行動をやめさせるのではなく、その不利な結果を最小限に抑えるということだ。この損害最小化をどれくらい正確に、そしてどの程度まで進めればよいかということは、テクノクラート的な極めて退屈なトピックである。リールスピンをどれくらい遅くしたらよいか――二・一四秒か、二・五秒か、五秒か？　スピン間の〝アイドルタイム〟は一・五秒に設定すればよいか、それとも二秒か？　マシンの紙幣識別器に入金できる金額は、最大で二〇ドル札、五〇ドル札、それとももっと高額紙幣なのか？　ATMの引出し限度についてはどうか――二〇〇ドルまでか、四〇〇ドルまでか？　ATMはギャンブリング・マシンから一定の距離内に置くべきか？　マシンエリアからなくすべきか？　ギャンブルの敷地内全体からなくすべきか？　理論上、各介入の目的は、ギャンブリング・マシンでトラブルを起こしたことのないプレイヤーを排除することなく、衝動的なマシン・ギャンブリングを阻止することのできるバランスを見つけ出すことである。たとえば、「現金投入額を低くし、それにいらだちを感じれば」、「解離性障害のギャンブラーや熱狂的なペースでプレイするギャンブラーには大きな代償」となるが、普通のプレイヤーには気づかれずに済む、といった具合だ。[57]

ギャンブル業界はこうした主張を疑わしいものとし、その行く末に慎重な姿勢をとっている。二〇〇六年のG2Eミーティングの最終日曜日の朝八時、ボー・バーンハードは『ベル、ホイッスル、警報――安全なギャンブリング・マシン』と呼ばれるパネルを紹介した。ここで検討されたのは、彼が「人々を守るギャンブリング・マシン用シートベルトの第一世代」と呼ぶものだった。[58] IGT(このような立場を確立した最初の会社)の「責任あるゲーミング」担当事業部長、コニー・ジョーンズが、オープニングのプレゼンテーションをおこなった。彼女はギャンブリング・マシンについて提案された修正案の包括的なリストのすべてに目を通し、それらを支持する実証に基づいた証拠が何もないとして――さらにひどいことには、それらは問題あるプレイを阻止するどころか、結果的には意図せずにこれを推奨しているとして――そのそれぞれを却下した。彼女は、ある問題のあるギャンブル・センターを訪れ、ひとりのマシン・ギャンブラーと出会ったときのことを話した。画面上の時計が、セッションタイムのリミットがきたことを告げたとき、彼はくすっと笑ったという。「時間がないと知れば、私ならベットを倍にするでしょう」。同様に、一回ごとのクレジットベットの数を制限すれば、出費を抑えるどころかプレイを長引かせることになるし、一方でリールスピードを遅くすれば、より攻撃的なプレイを誘発し、ランダム・タイムアウトによってギャンブラーは違うマシンに飛び移りたくなるだろう、とジョーンズは推測した。問題のあるギャンブラーは、マシンにプログラムされたどんな制限をも回避し、行き過ぎた行為によって、あくまでもゲームを続ける方法を探すだろうと、彼女は確信していた。

次のスピーカーは、ハーヴァード大学のNCRGが資金を提供した調査機関から来た、クリスティン・ライリーだった。彼女も、安全修正をエアバッグと比較して、エアバッグは命を助けるための装置にもかかわらず、ときに小さな子供をひどく傷つけたり、死に至らしめたりすることもあると指摘し、意図しない結果というテーマで話を続けた。両スピーカーとも、「意図しない結果」という考え方でプレゼンテーションを構成しているのは、偶然の一致ではなかった。二人とも、司会者のバーンハードが同じタイトルで学術記事に書いた、社会学的な概念の議論を念頭に置いていたのだ。この記事には、「問題のあるギャンブリングの方針に潜在的に潜む、はっとさせられるような結果」というサブタイトルがつけられていた。[59] カナダの会社テックリンク・エンターテインメントは、二〇〇六年、バーンハードに対し、マシン用にこの会社が開発してきたさまざまな安全修正について、調査をおこなうよう要請した。この調査の参加者のひとりは、「ギャンブラーの累積損失を表示するという修正の、意図しない結果を明敏に特定し、この機能は、ギャンブラーがより多くの金をかけてその損失を取り返そうとする、あと追い行動のきっかけになる」と推測した。[60] ギャンブラーに出費の現実的な金額を示すことを意図した表示が、うかつにもその出費を増やしてしまっている、と彼は警告する。

ジョーンズとライリーのプレゼンテーションが証言しているように、全米ゲーミング協会は、意図しない結果という考え方を、マシンに加える安全修正への反論であるとして受けとめてきた。「マシンに変更を加えても、人助けにはなりません」と、AGAの代表は二〇〇八年、オーストラリアのポーカー損害最小化法案に反対する文書のなかに記した。というのも「ギャンブラーは、自分のギャンブルに制限を加えようとするテクノロジーベースの試みを相殺するように、自分の行動を調整しようとする」からだという[61]。方針を有効にするためには、「問題を抱える人々の行動を間接的に修正しようとするのではなく、そうした人々を助けることに集中するべきだ」と彼らは主張する。

ジョーンズとライリーがこの点において正しいかどうかにかかわらず、「行動を間接的に修正しようとすること」は、まさに業界自体が製品設計のあらゆる段階で——害のある意図しない結果というものは存在しないという証拠が何もないなかで——試みようとしていることと同じである。この事実によって、彼らの発言は完全に危ういものとなってしまった。消費者行動を指導しながら、そうしたテクノロジーとの相互関係全体にわたって、「普通の（ノーマルな）」消費者を、強い責任感を保持できる自己決定的主体としてみなすようなテクノロジーに、精力的に投資することは、無視することのできない矛盾を生み出している。「人に無責任な行動をさせるようなマシンをつくっているというのに、いったいどうしたら、人々に責任あるギャンブリングを期待できるんでしょう？」と、話し合いのために落ち合ったデニーズのテーブルの灰皿に煙草の灰を落としながら、シェリーが尋ねた。「問題はギャンブルをすることではないと、彼らは言っています——それは私たちの過ちですね。だって私たちは、普通の人と同じようにギャンブルすることはできないのだから。私はそこに座って考える。『でたらめを言うな』って。マシンの前に座ってボタンを押したらお金がなくなっていくっていうことの、いったいどこがノーマルだというんでしょう？」

シェリーのコメントは、無責任な行動を誘発するものが、マシン・ギャンブリングの設計に組み込まれているということをほのめかしている。「意図したとおりに（ギャンブリング・マシンを）プレイしただけで、当然の結果として金の使いすぎになる」と、ある調査員は指摘する。[62] オーストラリアで二〇一〇年に開催されたギャンブルに関する連邦委員会は、先に引用したとおり、最終報告書のなかでこの点を繰り返している。「ギャンブラー――その多くが一般人――が経験する問題は、ゲームのテクノロジーとそのアクセシビリティ、現場の雰囲気とそこでの行為の結果なのです。というのも、そうした問題は、消費者自身がもつ特性の結果なのですから」。[63] 先に検討したテクノロジーによる救済策は、ギャンブル製品とその環境が、問題のあるギャンブリングにおいて重要な役割を果たしているという確証に根ざしているのだ。

しかしこれらの救済策は、消費者責任に基礎を置く対策とあわせて考えると、急進的に見えるかもしれないが、それは、リスクを取り除くのでなく、管理しようとする規制的戦略に向かう、より幅広い転換の一部なのだ。修正を加えたマシンは、潜在的に問題のあるマシン・ギャンブリングの特性を取り除くことはなく、むしろ二つの矛盾する「台本」をギャンブラーに提示する。ひとつは、より長く、より速く、より集中して彼らにプレイさせるようなものとして、もうひとつは、彼らの速度を弱め、より早くやめさせ、賭け数をより減らすようなものとして作用する。

責任あるギャンブリング・マシン

問題のあるギャンブリングの修正更生現場では比較的新しいものとして、テクノロジーによる救済策に関連した、矛盾する台本の解決法として示されるアプローチがある。これは、ギャンブリング・マシンを何らかの方法で〝修正〟することを求めるのではなく、リスクマネジメントと責任のための手段として――統制の対象ではなく道具として――マシンを〝配備〟しようとするものである。マシンに、それ自体の技術的な作用をわかりやすく説明する手段を備えさせるような、情報による救済策のひとつ上を行くこのアプローチは、プレイヤーが自己統制の自発的行為（予算管理、自己排除、個人的リスク評価など）を実行することができるようなソフトウェアをマシンに搭載するというものだ。二人のオーストラリア人研究者は、自国の二〇〇八年損害最小化法案に関連する報告書に、こう記している。「ギャンブル問題を抱える人々、あるいは、問題が悪化するというリスクを負うおそれのある人々の利益のために活用できる、可能性を秘めた〝ツール〟としての（電子ギャンブリング・マシンの）技術的なシステムというものに、関心が高まっているようだ[64]」

カナダのギャンブリング・マシン製造会社テッククリンク・エンターテインメントは、こうしたツールの第一号となるものを二〇〇四年に発案し、それに〝責任あるゲーム装置（RGD）〟と名づけた。この装置は、端末上に搭載された小さなタッチスクリーンのかたちをしていて、ギャンブラーはこれによって、自分がギャンブルに使った金と時間を追跡、監視、管理することができるような仕組みになっている。テッククリンク社はこれを「衝動的なプレイや、ゲームで〝自分を見失う〟可能性を軽減するパーソナル・ナビゲーター」として機能する、「途切れなくプレイヤー環境の一部になるような」、双方向の、プレイヤー中心の機器と表現している[65]（少しおかしなことに、この会社のウェブサイトの別のページには、「さらなるプレイと双方向性レベルの拡大を可能にする、革新的なボーナス・ラウンドが利用できる」ゲームの広告が掲載されている）。テッククリンク社のウェブサイトは、この発明をより幅広い社会的政治的コンテクストのなかに置いた。

新しいテクノロジーはさまざまな努力で新たな分野を刺激し、国の社会的経済的性質を永久に変えようとしている。この新しいミレニアムの最初の一〇年において、それは通常のビジネスではない。通常のギャンブルでもない。変化を受け入れ、それに対応しなければならないということは明白だ。社会が必要とするのはそれだけであり、規制のない問題のあるギャンブリングに、社会は明らかに耐えられなくなっていくだろう。

ある種の〝規制〟の必要性に応え、テックリンクのデバイスは「本来無責任なプレイの結果として起こる、個人的な損害を最小限に抑えるための制限をプレイヤーに与えている」。同時にそれは「控えめで、重荷がなく満足できるような楽しいゲーム体験も可能にする」。換言すれば、この装置は一見不可能なこと——ギャンブル業界の最大限の経済的活力を阻害することなく、消費者の最大限の理性を回復するということ——を約束してくれる。なぜ一見不可能かといえば、ギャンブル業界の経済的発展は、消費者の自己放棄にかかっているからだ。「プレイヤーに自己管理の権限を与えること」によって、ギャンブラーの楽しみ——ひいては業界の利益——を無償のままにしておくことができる。RGDは製品の透明性を求める消費者の訴えと、個人的責任を求める業界の訴えとのあいだの、ある種の妥協といってもよい。すなわち、拘束のない自由な市場を信じる人々と、消費者は何らかのかたちの「拘束」が必要だと信じる人々とのあいだの妥協、ということである。この妥協は、ギャンブラーの〝自己拘束〟を助けるような装備がなされたマシンというかたちをとる。

「スマートカード」(皮肉にもそれは、カジノのプレイヤー追跡手段としても機能する)を挿入することで起動する、このシステムは、プレイヤーに「各ゲームセッションのコントロール能力を高めるデジタルツール一式」を提供する。これまで考察してきたアプローチ――責任あるゲーミングの行動基準、ギャンブラーにマシン機能について教育する情報による救済策、マシンの動作を修正するテクノロジー面の救済策――とは異なり、ギャンブラーはRGDと新たに開発されたシステムのおかげで、プレイそのもののプロセス中に、マシンとの再帰的相互作用によって、みずからの行為を管理することができるようになる。二人の社会学者が、次のような意見を述べている。「これらの対策は、ギャンブル・テクノロジーとギャンブラーとのあいだの関係性に再帰的要素を組み込むことを目指し、情報が与えられた、自己監視と自己統制ができる消費者になるための能力を、〝責任ある〟ギャンブラーに与えている」[66]

このシステムの予算管理ツールには、以下のものが含まれる。〝マイ・アカウント〟は、時間単位（日ごと、週ごと、月ごと、年ごと）でギャンブル活動や勝敗を追跡するプログラム。〝ライブ・アクション〟は、今現在のプレイセッションの最新の出費を追跡する。〝マイマネー・リミット〟は、ギャンブラーが一定期間の出費上限を設定できるようにする（上限に達すると、システムはその管轄区域全体でマシンプレイができないようにする）。その他のツールには〝マイ・プレイリミット〟という、ある一定時間プレイをロックすることができるシステムがある（クロージングまでとか、給料日、子供の誕生日、日曜日など）。〝ストップ〟機能は、二四時間、四八時間、または七二時間というように、ギャンブルから自分を締め出す時間（または〝クールダウン〟期間）を制定することができ、これは画面に触れた瞬間有効になり、取り消しがきかない[67]【図10.3】。問題のあるギャンブラーだと自覚している人には、画面上でリスク評価を自己管理し、プログラムのさまざまな対処メカニズムから選択することのできるツー

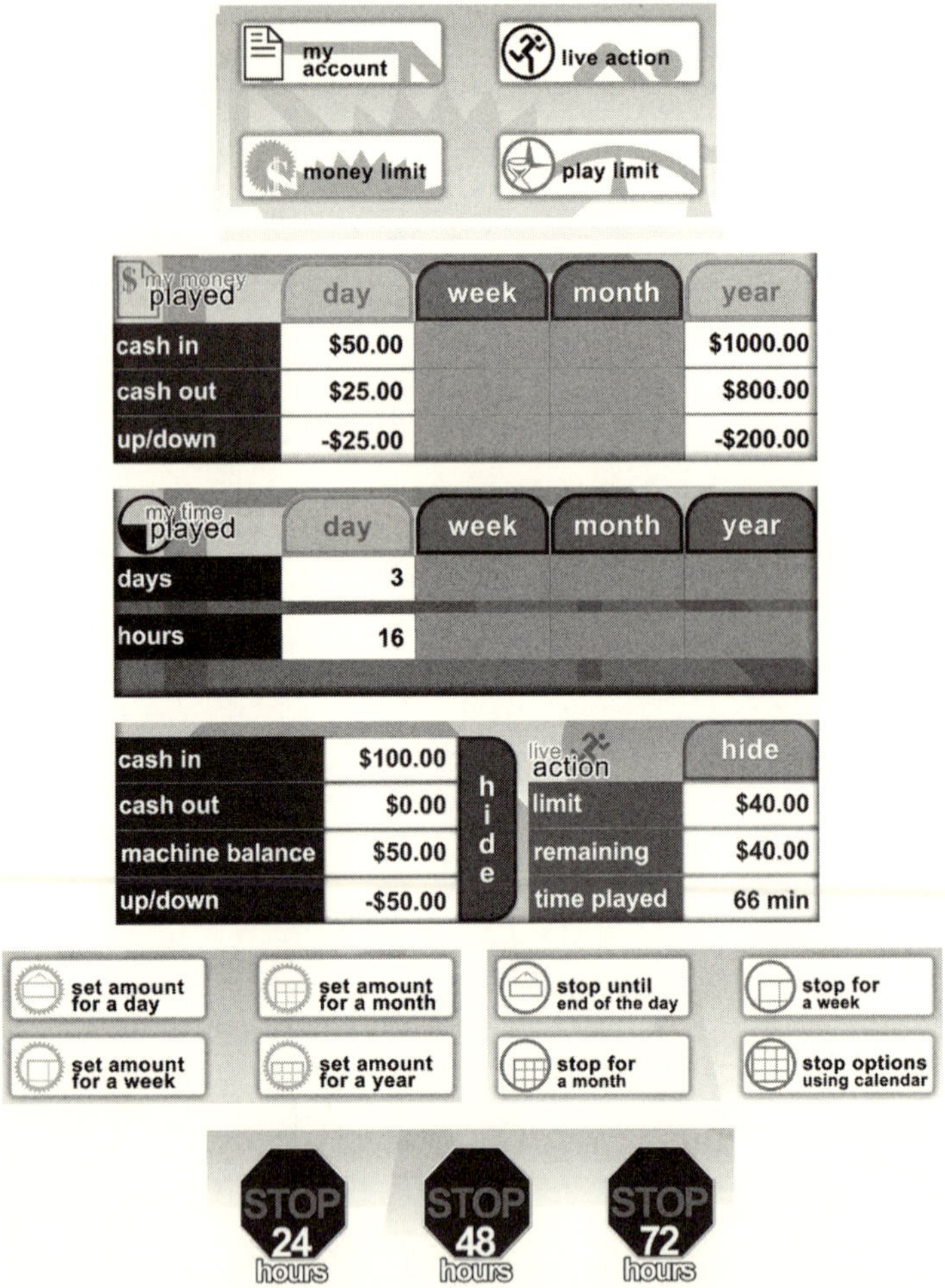

図 10.3 テックリンク社の責任あるギャンブリング・システムから選択した画面。当初は“責任あるゲーミング装置”（RGD）と呼ばれていたが、現在は“ゲームプラン”と名づけられている。写真提供はテックリンク・エンターテインメント。

ルが与えられる。治療が、まさにマシンでおこなわれるということだ。

みずからギャンブル組織を経営するカナダのノヴァスコシア州政府は、テックリンクに九〇〇〇万ドルの契約金を与えてシステムの改善をはかり、その名を〝情報に基づくプレイヤーの選択システム《インフォームド・プレイヤー・チョイス・システム》〟と改名した。匿名を条件に、このシステムの開発者のひとりがこう話してくれた。議員に「選択肢はなく」、彼らはそれを受け入れるしかない。彼らはギャンブルの収益に頼ってはいるが、問題のあるギャンブリングという現実があるおかげで、その「注意義務」が疑問に付され、これがあまりに広く普及してしまったために無視することができなくなったからだ。「そこで彼らはこう考えた。装着を拒否できるシートベルトと同じように、プレイヤーが自分たちで問題を管理できるように手はずを整えよう、と」。研究者グループが記しているように、テックリンクのシステムは「非自主的な〝エアバッグ〟という安全装置」を、ギャンブラー自身がその使用を選択できる「自主的な〝シートベルト〟タイプの機能」に置き換えた」のだ[68]

「ギャンブラーのための第二世代のシートベルトには、選択の自由が保護されている」とバーンハードはG2Eの聴衆に語った。「自分でそうしたければ、カチッとはめてバランスを確かめることができる」。二〇〇六年に彼がおこなったこの装置の研究では、プレイヤーはその強制的な機能のいくつかに抵抗したが、自主的なものは受け入れたことがわかった。「これはすばらしい選択肢を与えてくれます」と、ある参加者は言う。「今の世のなかの人はみな、選択肢が好きですから[69]」。バーンハードとそのチームは、このシステムが「相対的に見て、全ゲーム人口に機能を強制してはいない」という点と、「個人的責任を〝制定する〟機会をプレイヤーに与えている」点を称えた[70]。IGTのジョーンズも、このシステムに同じような同意を示している。「自己排除措置と自己制限を与えるという機能は、その行動まで取り締まろうとはしません――プレイヤーに直接責任を負わせるのです」。オーストラリアの二〇一〇年の委員会が指摘しているように、このアプローチは「消費者主権と一致している。というのもギャンブラーには、それぞれ自分にとってどの限界が適切かを決める選択肢があるのだから[71]」

ノヴァスコシア州がRGDを採用するより前の、二〇〇七年におこなわれた現地調査では、六カ月以上この装置を使用している一八五四人の成人を監視し、三万回に及ぶプレイセッションが記録された[72]。バーンハードの研究にもあるように、プレイヤーは〝マイアカウント〟と〝ライブ・アクション〟という自主的機能を好んだ。おもしろいことに、このシステムを使用することで、プレイセッションが八〇%長引くことと、賭博行為が一三二%増加することがわかった。しかし、このシステムが出費率の低下とも結びついていることから考えて、研究者たちは、費やされた時間と賭博への集中度の増大を、失敗の兆候としては解釈しなかった。逆に「プレイヤーは、参加レベルが高いときに、思ったほどお金を使っていなかったことから、この機能の使用はプレイ価値の増大と関連がある」としたのだ[73]。この純粋に経済的な評価においては、「プレイ価値」が、プレイコスト対プレイ時間比の関数として解釈された。プレイヤーは金をさらに使うことなく、プレイにより多くの時間を費やしていたため、この経験は彼らにとってポジティブな側面に違いなかった。研究者は報告書にこう綴っている。「おそらくは、この機能を利用することを選び続けることで、客は価値を得ることができるだろう」――これは、ある行動の継続性と集中度との間のつながりや、その行動が個人に与える価値を推測することのできない、依存症のケースで導かれたものとは逆の結論だった。

この報告書はRGDを成功とみなし、その「機能は、ギャンブルそのものに費した『合計時間と合計金額を減らす』ための構造ではなく、むしろプレイヤーが出費を追跡・管理する手助けとなるような構造になっていた……情報を知らせ、プレイヤーに『モチベーションを与えて』予算を管理させる〝情報機能〟と、オプションの〝管理機能〟を使用することで、プレイヤーはこの機能の使用を促されたときだけ、出費を管理することができる」ということを強調している。[74]この研究の著者は、システムのユーザーが出費を減らすことができるのは確かに有益なことことだが、「プレイヤーが自分の行動を管理するために、効果的にこのシステムを利用しているという証拠を見つけることは……システムの価値とインパクトを示すことと同じくらい望ましい」と結論した。[75]したがってこの装置は、〝ギャンブリング価値〟を最大化するという目的のために、ギャンブラーが自分の保険数理的能力を行使できるようにする──彼らがそう望んだ場合だけであるが──ある種の制御支援または理性の補綴としての役割を果たしていたのだ。

RGDの責任機能は、ギャンブラーに金銭的自己規制というタスクの支援を提供する、多くの独立した技術とテクノロジーを補い、拡張する。たとえばグローバル・キャッシュ・アクセス社は、問題のあるギャンブルに関する全国委員会と手を組んで、「責任あるゲーミングのためのパートナーシップ・プログラム」を実施し、そのキャッシュ・アドバンス装置上に「決断ポイント・メッセージ」(二四時間無料ヘルプラインなど)や、問題を抱えるギャンブラーにATMのクレジットカードやデビットカードでの即時融資へのアクセスをブロックする方法を提供する、自己排除プログラム(STEP)を表示している。[76]このいわゆる流動性管理の、初期の、より原始的な型といえるものが、元マシン設計者が描い

DATE	TIME	PLACE	MACHINE		AMOUNT SPENT		AMOUNT WON		NET LOSS		NET GAIN		WITNESSES / COMMENTS
			TYPE	NO.									

図 10.4　マシン・ギャンブラーのための金銭管理チャート。ドワイト＆ルイーズ・クレヴェルト著『スロットマシン・マニア』より。1988年、107ページ。

たシンプルな金銭管理チャートの類いであり、その有名な一九八八年の著書『スロットマシン・マニア』のなかで読者に紹介されている。この本の序文には、こんなことが書かれている。「ポケットカレンダーを持って、使った金額と、プレイした日の儲けを記入すること。また、どこでどんなタイプのゲームをしたかも書くこと。その他の効率的な記録方法としては、必要なデータをすぐに記録できるように、小さなノートブックを財布のなかやポケットに入れておくといい」[77]【図10.4】。プレイデータの記録と追跡が管理手段になるということだ。

　ギャンブル出費の自己追跡方法に関するアドバイスを提供する、雑誌《ストリクトリー・スロッツ》に掲載された、「あなたのキャッシュを管理する」と題されたビル・バートンによる連載コラムは、あるときギャンブラーに対し、彼が〝401-G〟アカウントと呼ぶギャンブル資金だけを目的とした口座を銀行に開設し、そこに退職金を預けるのと同じように金を預けるよう勧めた。バートンは、年間のギャンブル予算を、週ごとや日ごとに分割して、こうした口座に預けられるような方法を提供したのだ。《ストリクトリー・スロッツ》に頻繁に寄稿している、バートンの仲間のジム・ヒルデブランドは、ギャンブラーが「終了ポイント」を設定したり、自分の儲けが事前に決めたギャンブルセッションの手持ち資金のちょうど半分になったときに、キャッシュアウトを設定したりする方法を開発した。「クレジットやチケット、貯金の管理は簡単な部分だ」と彼は記し、次のように続けている。

大変なのは……ゲームをやめ、椅子からおりて、賞金を回収して、歩き出すこと。椅子はよくない。あれは快適で、資金にとっては危険で、莫大な損失を生み出す可能性がある。決めておいた〝終了ポイント〟に到達しているのにプレイをやめることができないとわかったら、まず椅子から降りて、チケットを集めて、それから――本当に必要であれば――〝旅立つ前の一戦〟をやるという方法が役立つことがわかった。[78]

先に触れた責任あるゲーミング・キャンペーンと同様、ヒルデブランドのコラムは、その全読者――問題あるギャンブラーだけでなく全員――が、無責任なギャンブル行為に対して弱く、リスクマネジメント対策の候補者であることを暗に示している。

《ストリクトリー・スロッツ》やその他数多くの出版物に示された一般ギャンブラーのためのヒント、ツール、テクニックが、回復中のギャンブラーが臨床目的、セルフヘルプ目的で使用するよう促される渇望尺度と、ほぼ同じ方法で機能しているとすれば、問題のあるギャンブルとギャンブル全般のあいだにある一線は、よりあいまいなものになる。グローバル・キャッシュ・アクセス社は、そのシステムを

STEP（自己排除）とも呼んでおり、これは〝一二ステップ〟の用語と不思議なほど似ている。自己会計や自己規制に必要な、保険数理的なマインドフルネスを強化するために設計されたこれらのシステムは、消費者としてのギャンブラーが、自分の損失の「目録を作成し、損失のバランスをありのままに追跡する」手助けとなる。これまで見てきたように、RGDは、ギャンブラーがその経験の外部からだけでなく、内部からも再帰的にみずからを監視することができるように、これらのアプローチをゲームプレイのプロセスに統合している。その意味で、これは自己規制のためのツールとして機能するのだ。とはいえ、あらゆる治療ツールと同様、ギャンブラーがこれらのテクニックを目的どおりに利用しているかどうかは、また別問題である。ランダルは私にこう話した。

> 追跡し、スプレッドシートに記録するのが好きなんです。ペニーマシンでの勝利をすべて書き留め、プレイしたそれぞれの日について記録します。どのカジノでやったか、その日の勝利者は誰か、どれくらいの褒賞ポイントかなどをね。そうしたすべてを追跡し、毎年、勝利のトップテンを追跡しているから、どのマシン、どのカジノが自分に合っているかがわかってきます。
> でも、ほとんどの場合は、ただ〝知りたい〟だけです。自分の進歩がわかるし、ギャンブルの機会がどれだけ増えたかもわかる。年を追うごとに、自分がギャンブルに積極的にはまっていくのがわかるんです。

細部まで行き届いたランダルの予算管理は、ギャンブルに対するコントロール力を高めることはないが、これによって、年を追うごとに自分がギャンブルに「積極的にはまっていく」のを「知る」ことはできる。ホーベイはこう語る。「こうした予算管理ツールは、どれだけ金を使い、どれだけの時間そこにいるかをプレイヤーに知らせ、自分は選んでそこにいて、金を使っているのだという気分にさせるのです」。この意味でランダルは、ギャンブルによる出費を注意深く記録したことで自分自身の損失を暴くことになったダニエルや、ギャンブルのために「節約」したジュリーと同じように、ある種の「保険数理依存症者」と言える。前章で見たように、自己監視・自己管理のためのツールが、依存回路に関与するものになったのだ。

RGDも例外ではない。テックリンクのRGDに関するノヴァスコシア州のフィールドスタディに登場した、問題のあるギャンブラーたちは、ほかのギャンブラーと同じく、〝ライブ・アクション〟機能を三、四回使用し、このシステムの機能の最も高い活性率を示した。あるテックリンクのエンジニアが、私との会話のなかで述べていたように、〝ライブ・アクション〟とその定期的なフィードバックの流れが、「依存症を引き起こす戦略」になったようだ。ところが、問題のあるギャンブラーは、このシステムの制限設定ツールは使用したがらなかった。この研究の著者は、その興味深い所見についてこう推測している。

問題のあるギャンブラーは、責任あるゲームシステムからさまざまな価値を引き出しているように見える……プレイセッション中に〝ライブ・アクション〟を繰り返し利用することは、この機能がプレイ価値を高め、特に問題のあるギャンブラーにとっては、ギャンブル経験を高めていること、（そして）〝彼らは継続中のギャンブル行動を制御・監視するよりも、直接的なプレイセッションに関するフィードバックを得るために、このシステムを使用することを、示唆している。(79)

〝ライブ・アクション〟を使用して金銭バランスをリアルタイムで追跡することは、自己調整と〈ゾーン〉のバランスを生むように見える――ランダルがそのスプレッドシートでしていたように、そしてパッツィが「小切手が現金に換えられる時間枠を教えてもらう」ために一日一〇回も銀行に電話をしたり、プレイセッション中に賭け金の合計の予算立て直しを継続的におこなったりしたように。自分の行動に関するリアルタイムのフィードバックが、問題を増幅させるだけの、ある種の「制御」になったのだ。制御を加えるという機能は、うまく作用するもののひとつで、そうした機能はどういうわけか意図しない結果を逃れる、というバーンハードとジョーンズの確信にもかかわらず、これらの機能がリスクももたらすということは明らかだ。これまでの章では、いわゆる〝容量性〟のゲーム効果（ユーザーに双方向性、制御、操作可能な有効性を与えるなど）が、しばしばプレイへの熱中度を高め、動作主としての感覚を失うこととといかに関係していたかを示した。同様に、責任あるギャンブリングの選択ベースの自己追跡・予算設定機能は、皮肉にも、強迫的な行動のもとになり、ギャンブラーの自己管理能力を衰えさせる可能性がある。

ＲＧＤなどの再帰的なリスクマネジメント・テクノロジーの失敗は、結果的に、それらがそもそも個人的な責任をかわすのと、まさに同じマシン・インターフェースを通じて個人的責任に訴えることにより、損害を制限しようと試みているという事実に由来する。さらに、これまで考察してきたほとんどの救済策と同様に、RGDとその他の制御支援は、問題のあるギャンブルで問題になっている人間対マシンの、相互作用の一面だけをターゲットにしている。あるカナダの調査グループが指摘するように、RGDはギャンブリング・マシンを規制のためのツールとして位置づけている一方で、根本的なゲーミング・テクノロジー（情報、アクセス、管理に関する以外の）というよりも、〝ギャンブラーの〟変化に焦点を当てつづけている。[80] ここでも、リスクと管理義務は、西洋資本主義社会における規制の傾向と足並みをそろえて、個人に取り込まれるのである。[81]

リスクを追跡する

問題のあるギャンブリングに対する最も新しい技術的アプローチであり、本章でこれから見ていく最後のアプローチとなるものも、再帰的な情報追跡に依存する。ただしそれは、このタスクをプレイヤーでもマシンでもなく、マシンとプレイヤーの双方がつながれているネットワーク上で実行される、プレイヤー追跡ソフトウェアに託す。第五章で見たように、追跡能力は一九八〇年代半ばより、ギャンブリング・マシンの機能レパートリーを増やしはじめ、それらを単なるゲームから監視モニター、データ収集装置、マーケティング・ツールへと変えた。うかつにも、こうした展開は、また別の仕事を彼らに課した。問題のあるギャンブル行為を示すパターン上で、ライブプレイ・データが選ばれるように、それらのデータを監視するというタスクだ。このソフトウェアを開発したカナダのゲーム会社、iView の販売促進パンフレットには、次のように記載されている。

従来のプレイヤー褒賞プログラムでは、カジノがスロットマシンから常連客のプレイデータにアクセスできるようになっている。つまり、彼らが一日何時間プレイするか、どれくらいお金を使っていて、どれくらい勝ち、どれくらい負けていて、どのマシンを好み、どのくらいの頻度で賭けているかといったことだ。ほとんどのカジノは、こうした情報をマーケティング戦略のために利用し、プレイ習慣に基づいて褒賞プログラムをカスタマイズしている。

カジノのプレイヤー追跡システムがライブデータを高速処理し、マーケティング目的で〝プレイヤー価値〟のレーティングを生成しつづけている一方で、iViewのシステムはまさに同じデータを利用して、問題のあるギャンブリングに関するプレイヤーのリスクを特定し、その格付けをしているのだ。

これらのレーティングは、いくつかの段階を踏んで生成される。まず、システムがプレイヤーのカードデータを集める。次に、インテリジェント・ゲーミング測定指数、またはiGMindと呼ばれる予測アルゴリズムが、ハイリスクのギャンブルパターンを特定するために、このデータの詳細な分析をおこなう。このアルゴリズムを開発したのは、ノヴァスコシア州政府からRGDのテストを依頼された、同じくカナダの、フォーカル・リサーチ・コンサルタンツという会社だ。これを構築するため、彼らは二年半をかけて、サスカチュワン州のカジノからプレイヤー追跡データを集め、五〇〇を超える行動変数を特定した。プレイしたマシン・ギャンブラーの数、彼らの全セッション時間、マシンによる賭け率、週に何日プレイしたか、などのデータだ。自動化された初のリスク評価ツールであるこのシステムは、プレイヤーのリアルタイム・データをその履歴データと比較する。『このプレイヤーのいちばん長い連敗はどれくらい続いたか？　連敗した翌日もプレイに戻ってくるか？　通常いくらぐらい金を使うか？　どれくらいの時間プレイするか？』このプログラムは、ゼロから三までのスコア範囲で、各プレイヤーのリスク指数を生成する。

何らかのリスク測度が検出されると、システムはカジノの自動化されたマーケティング・モジュール（これによってそのプレイヤーに対するすべての広告がフリーズする）と、カジノの管理モジュール（プレイヤーのカードがフリーズする）、そしてカジノの顔認識モジュール（リアルタイムの身体特徴記憶による監視を常に実行し、禁止された、または自己排除されたプレイヤーを検出する）と交信する。システムはさらに、カジノの支配人にカラーコード化されたリスク警告を発信し、問題ある客にフラグを立てる。スロットフロアのサーモグラフでの可視化のように、またはアニメ化された顔が上を向いたり下を向いたりして、プレイヤーが負けているか勝っているかを示すバリー社のポータブル端末機のように、iView のテクノロジーは、「何か漠然としたものを捉え、それを具体的なものにする」（この会社の販売促進資料からの引用）。この場合、テクノロジーによってカジノスタッフが判読できるものとなった「何か漠然としたもの」は、マーケティング・チャンスではなく、むしろギャンブラーの依存的行動である。監視システムに統合され、その使用法を警備員が学んでいる、カジノ後の心臓発作による死亡率を軽減するためのAEDといったものとは異なり、iView のアルゴリズムは、目で検出しにくい問題のあるギャンブリングのリスクをふるいにかけ、そこに介入するのだ。(82)

リスク検出という、最も難しく手間のかかる作業をソフトウェアに割り当てる一方で、このシステムはさらに、リスクの高い行動の手がかりを探してカジノフロアを巡回する、訓練を受けた従業員の観察記録を統合する。問題のあるギャンブラーは、身体的な兆候によって（ろれつが回っていなかったり、足取りが不安定だったりすることで酒に酔った人を検出できるのと同様に）、はっきりと特定することはできないが、フォーカル・リサーチ・コンサルタンツは、非常に信頼できる「視覚的手がかりの分類法」を思いついた。この分類法が最も頻繁に検出する、問題あるプレイは、なかでも特に、ＡＴＭに何回も行ったり、クレジットカードで現金をおろしたり、三時間以上ギャンブルをしたり、同時に二つのマシンでプレイしたり、ため息をついたり、うめき声をあげたり、継続的な自動プレイを求めてマシンを故障させたり（第六章で説明した行為）するものや、嘔吐、震え、ドライアイなどといった症状だ。[83] こうした行動が、ギャンブラーのコンピューター化されたリスクスコアで三角測量されると、問題のあるギャンブラーを正しく検出したという確信レベルが、九五％にまで達する。

「誰もが、フロアの用務員でさえ、赤いフラグがついたゲーム行動を認識する訓練を受けています」と、Ｇ２Ｅ二〇〇七の iView エキスポブースで出会ったローリー・ノーマンは言う。早口で、エネルギッシュな三〇代女性のノーマンは、このシステムの使用が義務づけられているカナダのサスカチュワン州にあるカジノに勤務する、問題のあるギャンブルのためのカウンセラーだ。iView の責任あるゲーミング・モジュールである iCare は、「プレイヤーへの情報伝達、教育、照会のために雇われた、現場の健全を守る専門家が常駐する、責任あるゲーミングセンターの設立」を伴う。[84] リスクの高いプレイが検出されたという警告を受けると、ノーマンは問題のギャンブラーに近づく。システムは「クリニックからスロットフロアへと介入の場を変えるのです」と、マーケティングを専門とする教授であり、このアルゴリズムの開発者でもあるトニー・シェリンクは言う。

ノーマンの介入作戦は多様だ。

私はプレイヤーに対し、マシンについて、ランダム性について、そしてどうやってカジノが金を儲けているかについて教えます。ギャンブルをすればするほど、失うものは大きいということも伝えます。Safe@Playのビデオと、実際のマシンの内部も見せるし、ときどきペンと紙を使って、偶然性を川の流れになぞらえて描きます。勝敗の定石などなく、ただ終わりのないチャンスの流れだけがあり、いつ元金に手をつけることになるか決してわからないのだと伝えるんです。

場合によっては、ノーマンの戦略はギャンブラーに、その累積損失の規模についての情報を与えることもある。二五万ドルをマシンにつぎ込んだ常連客の農夫は、システムが損失額を示しても驚くことはなかった、「彼の問題は、気づいていないということでも、否定しているということでもありません。だから私は彼に、予算管理の戦略について教えようとしました」。iCare介入の目標は、ノーマンが言うように、プレイヤーにゲームをやめるよう説得するのではなく、「より節度あるプレイに導くこと」である。本章で考察したほかのアプローチと同様、このシステムは病気の診断ではなく、リスクマネジメントのロジックに従っているのだ。「これは診断ではなくリスクの検出です」とノーマンは説明する。「病院に行って、コレステロール値が高いというリスクがあるとわかったら、その予防のためにみずからの行動を変えるでしょう。たとえば毎日マクドナルドで食べるのをやめてみるとか」

ひとりひとりのギャンブラーと会った最後に、ノーマンはシステムにメモを入力して、ほかのスタッフにメッセージとフォローアップすべき事項を残す。システムは、プレイヤーのリスクコードと一緒にこれらのメモを追跡することで、その介入がうまく作用しているかどうかを「学び」、それがより低いリスクレベルに下がっているかどうかを確認することができる。iCareの製品パンフレットが示しているように、プレイヤーのリスクスコアは「関連する依存と行動に基づいた増大と減少が起こりやすく……両方向に動的」である。この会社は、時間をかけてリスクを追跡することにより、カジノ運営者は「問題のあるギャンブルを継続的に測定、評価、監視し、それに対する取り組みを改善すること」ができると説明する。[85] iViewの追跡システムは、最終的にギャンブラーを自己規制プログラムに迎え入れるような働きをするが、リスクの再帰的監視とそれへの介入の初期責任を、ギャンブラーからカジノへと移行しているのだ。

カジノの運営者は、なぜそうした移行を承認しようとするのか？ 実際、彼らの多くが、この方法で自分たちのプレイヤー追跡データを使用することに、かなりの不安を覚えている。シェリンクは、このシステムについて運営者たちが口にした、延々と続く心配話を振り返る。『私たちの収益の七〇%と、私たちのプレイヤーの五〇%が、問題のあるギャンブラーだということがわかってしまうのか？ 私たちの最優良顧客が全員、このシステムによって問題のあるギャンブラーだと特定されてしまうのだろうか？ こうした人々に近づいたら、彼らはひょいと頭を下げて逃げ去るのだろうか？ こんなネガティブな感じが私たちの利益にも影響するのではないだろうか？』しかし、このシステムを実施しようとする気持ちは、こうした危険の種よりも上回っている。ひとつには、ノーマンが働いているようなカジノは、長期的なプレイヤーの保持に関心をもつ地域密着型の施設であるという理由からだ。「誰もが一生自分の顧客でいてくれるような、幸せで健康で社会的なギャンブラーを求めています——肩を叩いて追い出すようなことはしたくない。そんなことをしたら嫌われてしまうんです」と彼女は私に話してくれた。iViewのプレスリリースに書かれているように、「iCareプログラムは、世界中にゲームが拡大するにつれて、持続可能であるために、ゲーム業界は生涯のプレイヤーを保持しなければならない、という概念に基づいている」

とはいえ、iViewがその販売促進資料のなかで強調しているように、最も差し迫った動機は、「問題のあるギャンブル関連の起こり得る訴訟を取り扱うための、効果的なリスクマネジメント戦略を導入すること」だ。iViewが管理している主なリスクは、あとで述べるが、ギャンブラーのリスクではなく業界のリスクである。このリスクは、ギャンブラーがプレイすればするほど、カジノがより積極的に彼らにマーケティングするように設定されている、カジノの追跡／マーケティング・システムの、まさにその構造のなかにある。カナダの研究者たちは、次のように説明する。「ギャンブルへの牽引力が損失とともに増え続けた場合、業界は『依存性が高そうなギャンブラーを積極的に誘惑している』とみなされるおそれがある」[86]。ギャンブル業界が受け入れてきた、意図しない結果というテーマに皮肉なひねりが加えられるなかで、マーケティング目的で集積されたプレイヤーの追跡行動に関するカジノのデータベースは、特にそれが、プレイを続けると即座に得点が与えられたり、その他の優遇措置が受けられたりといったかたちで、ギャンブラーにリアルタイムの魅力を伝える際に利用された場合、責任を問われる可能性がある。「訴訟のための潜在的なネタの宝庫だ」とホーベイは言う。「追跡された素材を召喚することなどできるだろうか？ 誰がその所有者なのか？ それを解析しないと、犯罪に値する怠惰だと思われるのだろうか？」

オーストラリアでは、こうした問題に対するギャンブル業界のおそれが、スキャンダルにまで発展した。内部告発者のフィル・ライアンは、業界をリードするゲーム会社の元業務部長だった。彼は自分の会社が他社と共謀して、問題のあるギャンブラーを特定するために当局から被った法的責任について、弁護士から警告を受けたあと、プレイヤー追跡システムをシャットダウンしたと申し立てたのだ。「私たちは弁護士から、すべての収集データを匿名にするために、収集データと個々のプレイヤー記録とのあいだの電子的リンクを切断するようにという提案を受けました」とライアンは主張する。「それをやらなければ注意義務が生じ、最終的にはネットワークから問題のあるギャンブラーを締め出すことになり、利益は軽減すると忠告されたのです[87]」

カナダのカジノ保険業者は、顧客のリアルタイムのプレイヤー・データによって、問題あるプレイ・パターンがわかるということに気づいたとき、訴訟に関する保証適用を撤廃し、ゲーム会社に圧力をかけ、オーストラリアの同業者たちがおそれたのと同じ種類の「注意義務行為」をさせた。サスカチュワン・ゲーミング・コーポレーションのプレスリリースには、こう書いてある。「保険会社がもはや、（カジノの）運営者に対して、問題のあるギャンブリング関連のクレームを保証したがらなくなったせいで、（カジノの）運営者はリスクを管理するため、注意義務に取り組まなければならなくなった」。マシンとギャンブラー、追跡プログラムとスタッフ、スタッフとプレイヤー間の相互関係の連鎖について書かれたiViewの文書は、「カジノに対し、みずからを守りながらプレイヤーを保護することを示す証拠を提示する」ことを約束した[88]。

会社の注意義務を要求することは、ビジネス・フレンドリーなアメリカでは珍しいことだが、アメリカのギャンブル会社は、しだいに自社の追跡行為の法的リスクに同調する意向を示している。なかには、みずからを将来の訴訟から守るため、予備方策をとる会社もある。たとえば、マーケティング・キャンペーンにプレイヤー追跡データをかなり利用してきたハラーズ社は、経営幹部に対し、ギャンブラーの財務情報や銀行情報をマーケティング目的で使用することを禁じ、それによって金銭的余裕のない人々のプレイを促進しているとか、可処分所得の多い人々をターゲットにしているといった理由での告訴を、逃れようとしている。[89]

ハラーズ社はさらに、第五章で検討したラック・アンバサダーというマーケティング・システムを新たな目的のために採用することで、iView のシステムの基礎となる型を導入した。ギャンブラーを追跡し、プレイを〝続行する〟ための誘因が必要だと判断されたときに彼らに近づくのでなく、この新しいアンバサダー戦隊は、自己破壊的な方法でプレイしていると判断したときにギャンブラーに近づき、タイムアウトをとって、その行動について話し合うよう促すものだ。iView の追跡システムやカウンセラーと同様、アンバサダーはギャンブル装置のメカニズムを妨げることもなければ、プレイセッション中のギャンブラーにみずからを管理するよう要請することもない。その代わり、黙ってプレイを監視し、リスクが認識されたときだけ介入するのだ。ハラーズのアンバサダー・プログラムの介入主義的イニシアチブは、自己排除、セルフヘルプ、自己規制を強調するアメリカの業界の典型的な態度から逸脱しているように見えるが、それは主に、法的責任が発生しないようにしたいという願望が動機となっている。[90]ギャンブラーが特定され、アンバサダーが近づくと、彼らはみずからの行動の規制に加わるよう求められるのだ。

本章で考察したその他の救済策と同様、リスク追跡対策は、そもそもギャンブラーからそうした行動を求めるようなプラットフォーム上で――そのプラットフォームを変えることなく――保護プログラムを構築しようとしている点で、意見を同じくしている。このシステムの依存検出アルゴリズムとそれが動員するレスポンス・ネットワークは、そのパラドックスを具現化している。iViewのシステムはこのパラドックスを具現化運用を可能にするプレイヤー追跡システムの主要なマーケティング目的に逆らって、またその作動のトリガーとなるまさにそのギャンブル装置の誘惑に逆らって、作用するのである。

リスク管理の断層

説明責任に関して一致を見ることのないさまざまな話が、業界の代表、規制者、調査員、消費者団体、ギャンブラー、そして徐々に増えつつある弁護士のあいだで展開する、問題あるマシン・ギャンブリングをどう規制するかという議論のなかで、ひしめき合っている。論点となっているのは、ギャンブラー、ギャンブリング・マシン、そしてギャンブルをする場所の内部の働きだ。消費者に対して責任を果たすことで(それができない場合は、治療や薬物といった方法によって)、自分のプレイを規制するよう彼らに期待するべきか? また規制者は、プログラム化された確率や錯覚を消費者に知らせるメッセージを、マシンに表示するよう要求するべきか? RGDのような〝制御支援〟をマシンに追加し、消費者が再帰的にみずからを監視し、より責任感をもって自分を規制できるようにするべきなのか? そのタスクを、バックグラウンドで作動するアルゴリズムに割り当て、リスクのあるプレイを追跡してその多様な法的責任を管理するべきか？　さらに、プレイヤーを潜在的損害から保護するように、マシン設計を再構成するべきか？

ギャンブリング・マシンをめぐる論争は、西洋社会で消費という分野をより幅広く悩ませる緊張状態を表している。西洋では、自由市場の精神と消費者主導という理想が、消費者対製品の有害な相互作用や、デザイン対消費の連鎖における完全なる非対称性といった現実と、あまりにもしばしば激しく衝突している。しかし、それぞれ異なるとはいえ、マシンのなかに、マシンの上に、またマシンのまわりに書かれた矛盾する救済策のすべては――これらは、責任に関するポップアップ・メッセージ、確率の掲示、リールのブレイク、予算管理チャート、プレコミットメント（自主的制限）カード、ネットワーク化された追跡ソフトウェアなどのかたちをとる――損害をなくすよりも、それを最小限に抑えることを目的とし、個々の消費者行動を最終的な関心の対象とする、リスクマネジメントの統治ロジックに従っている。本書で考察したこれらの救済策のなかで、マシンそのものの動作に取り組んでいるものは、ほんのひと握りしかない。そして、たとえそれに取り組んでいたとしても、マシンにプログラム化されたコアな使用モードに挑むよりも、特定の設計要素の損害を軽減することに、焦点が置かれている。ギャンブル製品の消費者は、回復中の依存症者と同じ苦境に立たされている。彼らはみずからの性向を統制するというタスクを任されている一方で、そうした性向を刺激するように設計された活動にも、参与しているのである。

終わりに――賭け金《ステイクス》を上げる

タウンホール・フォーラムとともに幕を開けた、二〇〇七年の責任あるギャンブル全国センターのミーティングは、〈パリス・カジノ・リゾート〉の裏手にある会議施設の広々とした一室で開催された。この会合を取り仕切ったハワード・シェーファーの目的は、「問題のあるギャンブリングに関する『従来の常識に異議を唱える』」ことだった。四〇〇人ほどの参加者を構成するのは、医療従事者（二四％）、学術研究員（二四％）、ギャンブル業界のメンバー（二七％）、政府関係者（一四％）、その他の専門分野の代表（一一％）だった。「ステークホルダー（利害関係者）のみなさんがこうして一堂に会するのは、とてもすばらしいことです」。この会合にギャンブラーの参加者があまりいないことに触れることなく、シェーファーはそう言った。

参加者はダンスホールの入り口で、〝レスポンス・イノベーション〟と呼ばれるクリック装置を受け取っていた。広く一般的に信じられている考え方のいくつか――合法的なギャンブラーの拡散は、問題のあるギャンブリングを食い止めることにつながる、など――について、シェーファーが私たちに質問し、それに対してこのポータブル機の小さなボタンをクリックして答えるという仕組みだ。私たちの回答は送信され、集計された上で、会議室の前方にある大きなスクリーンに映し出される。それぞれの質問が終わると、シェーファーは、「従来の常識」を擁護する聴衆を中央列にあるマイクの前に集め、あなた方の信念はこれから始まるパネルセッションで覆されることになるだろうと、確信をこめて言った。数人がこのやり方から身を引き、シェーファーに挑戦状を返した。ある中年の男性が、問題のあるギャンブリング研究のイニシアチブを擁護する業界の動機に疑問を呈した。「以前このカジノのツアーを実施したところ、一日二〇〇万ドルの儲けがあることを知りました。〝それほど〟儲かるなら、業界がそれを守ろうとするのは無理もないことだし、その状況を変えるようなものを奨励しようとは思いませんよね?」シェーファーはそれに答えるかたちで聴衆に尋ねた。「莫大な収益をあげながら、ギャンブル関連の害を減らすことは不可能でしょうか?」このアドリブの質問に対してはクリック装置を使わず、誰もがわかるように挙手を求めた。「莫大な収益を得ながら、同時にギャンブル関連の害を減らすことができると思う人は?」

また別の聴衆がマイクをとった。「それは単に利益を生むということではなく、利益を〝最大化〟するということで、問題はそこにあるのです」。これに対してシェーファーは尋ねた。「最大化に制限はありますか? あるとすればどんな制限でしょうか?」うしろのほうの席の誰かが大きな声で答えた。「この業界に制限はありません」。前列の女性が立ち上がり、業界の収益は爆発的に増大し、ここ最近だけでも三倍に膨れ上がっていることを指摘した。「反対するわけではありませんが」とシェーファーは答えた。「あなたが言っていることは批判ではありません。ディズニーも同じことをしていますからね」。まだ立ったままのその女性は反論した。「ディズニーの乗り物には制限があります」。これに対して意見を述べようと手を挙げた人がたくさんいたが、シェーファーは会話を打ち切り、次の話題に移った。

最大化とその不満

ギャンブル業界とその代表が、収益を最大化するために実行していることを、問題のあるギャンブリング行為と切り離して考える――それができるような倫理的枠組みを設定しようというシェーファーの試みは、彼の期待に反して何度も遮られた。おそらくは、業界以外の聴衆からの反論だろう。これまで見てきたように、この業界のメンバーの大多数は、依存問題をみずからの職業上の実践から遮断しようとする傾向がある。「わが社のゲーム・デザイナーたちは、依存症のことなど考えてもいません」と、IGTのコニー・ジョーンズは本書の冒頭で私たちにそう語った。「彼らの頭にあるのは、バリー社はじめ他社をしのぐことです。最大の収益を生むマシンをつくりたいと願うクリエイターたちなのです[1]」。あるジャーナリストがこの会社の設計主任、ジョー・カミンコウに、パワーがありすぎるマシンをいつか製作できると考えているかと尋ねたところ、彼はシンプルにこう答えた。「それはどういう意味ですか？[2]」

しかし、私が調査中に話を聞いたゲーム開発者のほとんどは、カミンコウほど横柄ではなかったし、相当数の人が純粋に、みずからの創造的な収益最大化の努力の潜在的後遺症に悩まされているように見えた。消費者の嗜好を形成するという業界の一致したプログラムと、消費者主権の不可侵に対するこだわりとのあいだの、不調和に巻き込まれたゲーム開発者は、技術的に優れていることに裏打ちされたプライドに満ちた語りと、そうしたテクノロジーがもつ力への不安とのあいだを行ったり来たりしている。これから見ていくように、問題のあるギャンブリング行為とその設計、マーケティング、経営革新とのあいだのつながりを考えるよう迫られたとき、保守的になったり皮肉な態度をとったりする人もいれば、確かな信念をもった立場を示す人もいる。つまり、個人の自由という理想と、みずからを説得する行為とのあいだにある、あいまいな領域を進もうとする彼らの多様な試みは、消費社会の、より幅広い倫理的断層線をはっきりと映し出しているということだ。

責任あるギャンブル全国センターが、その会議開催日をグローバル・ゲーミング・エキスポの日程に合わせて変更する前の二〇〇一年一二月、この年の会議は、ラスヴェガスのミラージュ・コンベンション・センターでおこなわれた。議題には、会議参加者も招待されているギャンブラーズ・アノニマスのセッションが含まれていた。「本当に考えさせられますね」。セッションも終盤に近づくころ、となりに座っていた男性がそう言った。「私のビジネスではめったに聞かないことです」。デニスと名乗るこの男は四〇代前半で、整った顔に眼鏡をかけ、ヒゲをはやし、薄くなりかけた頭部を隠すために髪をきれいに剃っている。私は、彼がカジノの管理者だと知って驚いたことを伝えた。というのも、参加者のほとんどが問題のあるギャンブリングの研究者、臨床医、カウンセラーだったからだ。「実は、金目当ての雇われ人で、金を稼ぐことに〝私自身が〟依存しているのです。だから、自分がここにいるのもちょっと変なのですが。といってもこの市場はどんどん発展していますから、私たちのような進歩的な人間はそのトップにいなければならない。私の施設内に強迫症の人はいらないし、人の人生をだめにする必要もない」

防音カーペットが敷かれた会議施設の玄関広間から、〈ミラージュ・カジノ〉の忙しいフロアに出てくると、デニスの静観的な態度は一変した。彼は活気に満ちた表情で壁やカーペット、スロットマシンを指差しながら、自分のカジノフロアをどのようにレイアウトしているか説明しはじめた。話を聞いているうちに、彼がカジノの内装設計に、ビル・フリードマンの原則を忠実に実行しているとわかってきた。「黄色いレンガの道をつくると、それを越えてゲームエリアに行こうとはしなくなる。みんな、崖から飛び降りるような気持ちになるからです。このカジノフロアはピンボールゲームのようなセットになっている。空間を壊して別々のエリアに分け、それぞれをカーペットでつないでますね」。デニスは収益問題を抱えるカジノのやりくりを得意とし、そうしたカジノに設計コンサルタントとして日常的に出向いていた。「カジノは巨大な洗濯機のようなものです。なかでぐるぐる回して、そこから予算を引き出す」。彼はスロットマシンの構造について特許をとっていた。ジャックポットの賞金が増えるにつれて、当選確率が徐々に低くなっていく方法を編みだしたのだ。「テクノロジーがギャンブラーのパラノイアに追いつこうとしているんです」と彼は私に言った。

GAミーティングからの参加者一行が、私たちが立ち止まって話をしていたマシンの列の前を通り過ぎようとしたとき、デニスはまたギャンブル依存症の話題へとすんなり戻った。「重要なのは、強迫神経症の人、つまり楽しむためでなく、すぐに気分を良くしてくれるものだけを求めてそこにいて、結局は自分がもっているすべてのものを失ってしまうような人を、フィルターにかけることです」。デニスはある研究者に、問題のあるギャンブリング研究用の〝試験場〟として自分の施設を使わせていた。「いずれにせよ、ある種の研究所なのだから、それをシェアするようなものですよ」と、彼は自分が運営するカジノについて言った。「研究者たちは私の考えを受け入れてくれます――私は倫理的な見地から、先頭を切ってやっていますし」。デニスにとって、倫理的な葛藤は何もない。強迫症的なギャンブラーは、完全にできあがったかたちで彼の施設にやってくるのだから、「フィルターにかけて」除外しなければならないのだ。残りの人については、おとがめなしとしてカジノ内を回らせ、彼が金目当てだとみずから認める戦略を使って、しぼりとるのだ

ハラーズ社の営業開発担当本部長、リチャード・マーマンは、もっと不確かな足取りで、みずからのフィールドのあいまいな倫理的領域を進んでいた。利益の九〇パーセントを一〇パーセントの常連ギャンブラーから得ているという、フランチャイズの舵をとっていた彼は、こんな心配をしている自分に気づいた。「われわれは正しいことをしているのだろうか？　人をギャンブルにおびき寄せるのは正しいことなのだろうか？」同じ心配を抱える年上の同僚の女性に相談したところ、彼女は前章で検証した、プレイヤー責任の既存の倫理的逃避ルートを引き合いに出した。『やりたくないことを人にさせることはできない』ということだ。「思いとどまるようにと言われました」とマーマンは振り返る。[3] しかし彼は、特に顧客と面と向かったときに、その危ない崖にふたたび戻っていく自分に気づいた。あるジャーナリストが、マーマンとその〝ベスト・カスタマー〟三人と二〇〇八年に会ったときのことを書いている。ベスト・カスタマーのひとりであるロビーは、週に二、三回、たいていは仕事のあとに、ミシシッピ州トゥニカ［「ギャンブル・リゾート」で活性化した町］にあるハラーズのカジノまで車で通っていた。そしてひと晩中ギャンブルを楽しんだあと、早朝、仕事のためにまた戻っていく。カジノでのギャンブル中、従業員はつねに彼女をフォローし、マシンから離れないですむように、ときには食事やドリンクを彼女のもとに運んでやる。携帯電話で、「ロビー、何か欲しいものは？」と聞くのだ。彼女に金が足り

なくなったとき、ハラーズ側はほかのベスト・カスタマーのひとりを「雇い」、彼女がギャンブルの合間に仕事の時間を調整できるようにした[4]。マーマンはそのジャーナリストに対し、「自分のトップ・カスタマーがギャンブル習慣について語るのを聞いたとき、吐き気をもよおした」と、率直に言ったという[5]。「ギャンブルをしている人間はすぐにわかる」と、マーマンはルイジアナ州やインディアナ州の地元カジノで過ごした時間を思い起こす。「特にVIPの人たちはね[6]」

彼の同僚をして、「新たに出現したテクノロジーを駆使して人の弱みにつけこみ、彼らを五時間ではなく二四時間そこに居座らせることができる天才」と言わしめた、ゲーム開発者のガードナー・グラウトも、自分が開発したマシンをプレイするギャンブラーに会ったとき、同じような吐き気を感じたことを思い起こしていた。自社の研究所でギャンブリング・テクノロジーの設計している限りでは、自分はエンターテインメント業界に身を置いているという感覚を保つことができた。「この仕事でいちばん大変だったのは、フォーカス・グループでした」と彼は記憶を辿る。「そのときこそ、自分が誰のためにマシンを作っているのかを思い知らされるわけですから。自分がつくったゲームを二三時間もプレイしている、生活保護を受けている女性と話してごらんなさい。なぜ自分たちはこんなことをしているのか考えさせられ、すべてのものを非難したくなるでしょう。でも私たちは、それを正当化することに非常に長けていたのです」。二〇〇一年にその話を聞いたとき、グラウトはすでにギャンブル業界を離れ、おもちゃ製造会社で働きはじめていた[7]。

〝スロット界のミケランジェロ〟と呼ばれるランディ・アダムズは、自分の設計活動の潜在的な害に対して別のアプローチをとった。正当化したり否定したりするのではなく、それを積極的に追求したのだ。一九八〇年代、先ほどのデニスがミラージュでのギャンブラーズ・アノニマス・ミーティングに出席するよりもはるか以前、アダムズは、当時ロバート・ハンターが運営していたチャーター・ホスピタルのプログラムがおこなっていた、ギャンブル依存症者のためのミーティングに定期的に参加していた。「強迫性のギャンブラーと見せかけて、そのグループに参加しました。『マシンの設計をしている』とは言いませんでした。自分も依存症者のひとりとして振る舞ったのです。依存症のギャンブラーの話を聞き、彼らと話がしたかったからです」。そこで何を学んだのか、アダムズに聞いた。「たくさんのゲーム設計をしていたころにさかのぼりますが、私はその強迫的な面について知りたいと思っていました。依存させるものは絶対につくりたくなかったからです。個人的に、それには心から反対しています。道徳的にもね。そのグループに参加して、何を『するべきではないか』がわかりました。自分のマシンがそうなって欲しくなかったのです」

アダムズの誠意に納得させられるか否かにかかわらず、「依存させるものはつくりたくない」という彼の主張は、問題のあるギャンブリング行為において製品設計が重要な役割を果たすことを、わかりやすく説明していた。しかしこの点については、アダムズも首尾一貫しているわけではなかった。彼はまず依存症を本人の内部に位置づけることからはじめ、「それを楽しみから依存に変える部分を〝コントロールできない人がいます」と述べた。「楽しみから依存に変える部分」とは、具体的にどんなことかと尋ねると、「ゲーム設計の部分」だという。そして、設計におけるこの特徴は、「私たち側で意図したものではなく、たまたまそうなってしまったということ」だと付け加えた。まずそれがどんな人かをほのめかし、次にその製品がどんなものかを暗に示し、最後に製品設計を人間の意図と切り離すことで、彼は話を締めくくった。ほかの多くのゲーム開発者の話と同じように、依存的行動に対する説明責任は、ある地点から別の地点へと飛び移り、決して定着することはなかった。

本書に登場したもうひとりのゲーム開発者、ニコラス・ケーニヒは、説明責任に対するみずからの前提に関して、珍しくも首尾一貫していた。「自分がつくるゲームが依存的だということを私は認めています。この仕事を始めたころ、自分がしていることが道徳的に正しいかどうか、かなり疑問を感じていました。それは今も変わりません。つねにそれと闘っています」。二〇〇九年のG2Eが佳境を迎えていた〈ラスヴェガス・コンベンション・センター〉のエントランスの外にある、細長いコンクリートのベンチに座っていたとき、紫色のベロア素材のパンツスーツを着た女性が通りかかった。「あの女性は、私たちの主なターゲット層です」と彼は言った。

ああいった五〇〜七〇歳ぐらいで資金的余裕が多少ある女性を、どうすれば引き寄せられるか、私は知っています。ただ、年配の女性の心理的弱みに漬け込むのは、気持ちのいいことではありません。だから単刀直入に言うだけです。自慢はしません。ここに座って、「私はただ爆弾を組み立てているだけです。弾頭を付けているだけなんです」なんて言うことはできない。自分がつくった製品が、どこかで誰かの人生をダメにしていることは確かですから。(8)

自分の行為が害を生み出していることを、包み隠さず認めているという点で、他と一線を画する業界の利害関係者はもうひとりいる。〈ラスヴェガス・ストラトスフィア・ホテル&カジノ〉のCEOを務めたこともある、リチャード・シュッツだ。「ギャンブルに関する何らかの執着や依存、問題を抱えるゲーム人口の割合については、多くの議論がなされてきました」。二〇〇〇年に開催された第一一回『ギャンブルとそのリスクに関する国際会議』のおり、かなり露骨な告白が繰り広げられたランチョンの席で、彼はそう語った。「これは、マーケッターでありマネジャーである私にとっては、つねにばかげた問題でした」と彼は続ける。「私にとっての問題は、簡単明瞭に言って収益でした。そして事実、収益の極めて重要な部分が、何らかのギャンブル問題を抱える人たちから得られていました。そういう人たちが私たちの顧客だというだけのことです[9]」。自己非難的な苦しみを見せながらも、シュッツは、業界の利益追求が必然的にその行動を決定づけているという、「簡単明瞭な」事実を指摘している。あるギャンブラーがは、私にこう語った。「企業は奪いつづけてきました。彼らは金のことしか考えていない。彼らが、意図的に人を強迫的なギャンブラーにしようとする悪だと言っているのではありません――そんなことは少しも思っていない。しかし、決定的要因を示すことが、彼らにとってよいということは、確かです」。シュッツの考えを繰り返すかのように、彼はこうまとめた。「企業は金儲けがしたい。だからみんなにギャンブルをさせたい。簡単なことです」。おそらくそう診断するのは簡単だ。だが、解決するのはそれほど簡単ではない。

商業的ギャンブルの提供者は、そこから税収を得る政府と並んで、みずからをギャンブル収益の〝依存症者〟にしてきたということは、よく言われてきた。「ギャンブルによるドルの最大化と維持への執着を考えると、ギャンブル組織は依存的な世界観を獲得し、関与する個々の依存症者と似た行動を取りやすい」と、カナダの二人の研究者は記している[10]。シェリーは、彼女自身のようなギャンブル依存症者の制御不能な行動と、彼女が賭け事で稼いだお金を、みずからの成長を促進するひとつの方法として要求する商業的ギャンブル企業の制御不能な行動とのあいだには、何らかのつながりがあると見ている。「彼らは私たちギャンブラーのことを、充分が決して充分にならない人間だと言います。でも充分が充分でないのは〝彼ら〟の方なのです──彼らは何百万ドルも稼ぐことしか考えていませんから」。デラウェアから来た代表は「私たちはギャンブル収益に酔っている」と言って同意した。「最大の依存症者は、（ギャンブル収益に）頼ることになった州政府だということです」と、サウスダコタの上院議員は言う。[11]「彼らは、スロットマシンをプレイする人々と同じようになってしまった」と、サウスカロライナ・ギャンブル研究所の所長、フランク・クウィンはコメントする。「彼らは長期的な問題をすばやく解決することを求めています。ちょうど依存症者がしているように、自分たちの損失を追いかけはじめています。みずからの現実感を留保しながら[12]」。

最大化する利益追求への勢いに巻き込まれた業界の利害関係者たちが、みずからの活動を正当化する手段としている伝統的な依存の防衛メカニズムを、こんなふうに列挙する人もいる。「他人を非難し、反対の見解をけなし、ネガティブな結果に対する責任を否認し、争いを避けたがり、直接的な話し合いや誠実さ、単刀直入さに耐えようとしない[13]」。自身もかつて依存症者だったシュッツは、カジノ経営者として、自分の過去の行動を振り返ってこう語る。

問題の本質の程度に関して、私にはすばらしい考えがありました。というのも、私はカジノのデータベースにアクセスできたからです。しかし私が採用したのは、最小化、合理化、そして否定でした

――『それはゲーム人口のほんのわずかな割合を占めるにすぎない、金の使いみちを決めるのは個々人の権利だ、自分はエンターテインメント業界にいる』などという考えです。そして研究は？　間違いなく必要でした。しかも数多くの研究が。私の目的は、いかなる変化をも遅らせ、いかなる理解も得ないということでした。（この業界が）善悪の観念なく存在しているように見えるとしたら、それは理にかなっています。自分が依存症者だったころ、私にも善悪の観念はありませんでしたから。

ここ数年で、「企業の社会的責任」（CSR）という言葉は、シュッツがほのめかす「善悪の観念」を表すようになった。G2Eミーティングは、シェーファーが〈ストリップ〉地区から数マイルのところでタウンホール・ミーティングを開催したのと同じ年、CSRの名を冠したパネルを追加した。「何年も前、ミルトン・フリードマンが世のなかを牛耳っていたときは、ビジネスをやって利益を生むだけで、やるべきことをやっているということになっていました」と、「CSRとは何か？」というパネルの司会者は思い起こした。ところが、経済的アモラリズム（無道徳的主義）は、もはやビジネスにおける事態ではなくなったと彼は述べる。「私たちが今、身をおいている動作環境は、かつて経験したものとはまったく違います」。聴衆のなかには、この新しい環境に対処するための方法として、規制を好む人もいる。少なくとも、業界の誠実さに対する一般市民の信頼を維持するために、政府が「強い姿勢で関与し」、「より多くの指導を提供してくれる」ことを期待しながら。一方で、そうしたアプローチに慎重な姿勢をとる人もいる。「いかなるものも義務づけてはいけないし、私たちの頭の上にステッキを振りかざしてはいけない。なぜなら、そのステッキをどかしたとたん、あるいは誰も見ていないときに、私たちは手っ取り早い方法を使おうとするから」。義務づけるのではなく、インセンティヴ（動機づけ）がその答えだと彼らは主張する。「政府は〝動機を与える〟べきだ。そうすれば私たちも自分から、内面から、そうできる」。しかしインセンティヴに何ができ、それがどうあるべきかをはっきりと説明しようとする人は、誰もいなかった。さらに、規制監督やインセンティヴといったことを話題にすること自体を慎み、フリードマンの有名な金言、すなわち企業は株主だけに責任があり、したがって必要な手段はどんなものでも利用して、利益の増大に励むべきだという考え方を、忠実に守っている。

この忠誠は、大胆にも『余計なお世話――規制された法的救済のケース』と題されたパネルでの、デフォルトの立場だった。業界研究者のリチャード・タールハイマーは、地域マネジャーが、「消費者が求めているもの（どこにマシンが欲しいか、何台欲しいか、どんな種類のマシンか、掛け金の制限はどうか）に応える」ことができるように州のゲーム規制が緩和されたあと、ウェストヴァージニア州のある会場が、スロットの儲けを六八七パーセントも増加させたという経緯について触れ、このケースにプレイヤー本位の視点をなんとか与えようとした。彼の考えにあったのは、「マネジャーの決断がプレイヤーの好みと調和し、大きな利益が生まれる」という、「双方が満足する」結果になるシナリオだった。消費者の需要と業界の供給との関係の、こうした楽観的な見方においては、問題のあるギャンブリングから引き出されていると思われる利益の、あまりに不釣り合いな割合には注意が向けられないままだった。(14)

規制緩和の支持者は、ギャンブルは最も規制されている業界のひとつだということを、しばしば指摘する。「スロットマシンが発展するにつれて、規制はこれまでにないほど厳しくなっている。ゲーム業界ほど重い規制が敷かれている業界は、ほとんどない」と、最近のプロ・ギャンブリングに関する論文の著者は書いている。[15]だが、彼が言及する「州当局による厳格な規制」の特定の内容を考えるとき、その言葉は重みを失う。実際、規制当局はマシンが不正開封防止機能を持つこと（いかさま防止のため）、当局の財政監査システムが正しく作動していること（会計と徴税を容易にするため）、そして当局が「信頼でき、公平である」こと——つまり、その乱数発生器が正しく機能し、当惑することには、ニアミスが偶然のみで起こる場合の〝六倍しか〟多く現れないこと——を確認するためだけにマシンをチェックしている。[16]「規制者はゲーム改革の消費者への影響を注意深く検証している」という全米ゲーミング協会の主張にもかかわらず、実際はマシン機能の潜在的に有害な影響や、ユーザーに関するプレイヤー追跡システムを評価するためのテスト（食品、薬、車、子供のおもちゃといった消費者製品に対するテストのようなもの）は、何も実施されておらず、その設計内容を知らせるための安全ガイドラインも存在しない。[17]こうした機能やシステムがユーザーの心理や行動に与える深刻な影響——本書で長々と考察してきたような影響——は、規制者によってまったく検討されずにきてしまった。マシン・ギャンブリングが「普通の商品ではなく」、ほんの少しずつ消費される製品であり、そのそれぞれが、消費しつづけようというユーザーの意向に劇的な変化をもたらすような、迅速かつ連続的な方法で次に続いていくという事実は、この規制の欠如を特に問題あるものにしている。[18]

ジャーナリストや業界批評家がしばしば指摘してきたように、既存の規制は主に商業的ギャンブルの収益を合理化し、保護するように機能し、消費者の利益ではなくビジネスや政府の利益に寄与している。[19]ギャンブル業界とその規制者とのあいだの結託は、この国トップのスロットマシン規制当局である全米ゲーミング協会やゲーミング・ラボラトリーズ・インターナショナルが、前述のプロ・ギャンブリングに関する論文の共同スポンサーになっていることにも、現れている。[20]「それは非常に共生的で、『私たちを助けることがあなたを助けることにもなる』といったたぐいのことだ」と、ある規制承認研究所の所長は述べ、ギャンブル業界と国が「効率的な承認プロセスから利益を得ることで、（スロット）マシンがフロアに踊り、両者のためにお金を儲けるようになる」経緯について、言及した。[21]二〇〇七年のG2Eでは、ある業界メンバーが、マシン製造業者と規制研究所との共生関係の本質について、詳しく論じている。「私たちはテクノロジーを徐々に増産しているので、規制者のさらなる教育が必要になっています。私たちは、彼らと長い時間をかけて話し合っています……たとえば『私たちが希望していることを、どうすれば実現できるか？』（と尋ねると）、彼らからこう返ってきます。『そんなふうにしたら、押し売りになってしまう』と。彼らは私たちに忠告するのです[22]」。ギャンブルと法の権威、I・ネルソン・ローズはこう書いている。「あなたがたの仕事はカジノの利益を最大化することではなく、一般市民を、そしてカジノそのものを自己破壊から守ることなのだということを、規制者に納得させるのが難しいときもあります[23]」

ケーニヒは、ギャンブル業界の活動や製品を、まともな規制制度がないなかで昨今の経済的崩壊を引き起こした、利己的な融資行為や革新的な金融商品と比べている。[24]二〇〇九年、彼は私にこう言った。「現在の金融危機のなかで起きているのは、リノのスロット・メーカーで働くゲーム数学者になっていたかもしれない人々が、ニューヨークやシカゴのブローカーになって、こうしたすべての魅惑的な金融商品を考案し、規制者に、自分たちが支払いのエスクロー（預託）をしないことを許してもらっている、というようなことです」。ギャンブル業界の近視眼的な利益増大のロジックは、それが規制者と築き上げてきた緊密な関係と相まって、優れたものになるどころか、よりシステマティックになった、と彼は言う。

多くの業界で、ギャンブル製品のもつ依存への誘惑と同じものを目にするようになり、ときにそうした製品は、ギャンブル業界内よりもっと悪質にマーケティングされている。保険業界は、その最たるものだ。ギャンブル業界で私たちが見ているこの事態は、より幅広い範囲で起ころうとしている。自分の、あるいはゲーム業界の名誉挽回のために言っているのではない――それではあまりに日和見主義すぎるので、よりよい規制が必要なのだ。

ギャンブル業界を規制し、その「依存への誘惑」をチェックするよりよい方法は何かとケーニヒに尋ねると、彼はシェーファーのタウンホールでもち上がった、制限という問題を挙げた。

なかには、ギャンブルに対してもっと健全な態度をとっている国もあります。そうした国々は、ギャンブルを直接的な消費者取引のようには扱っていません。ギャンブルそのものとして――つねに制御不能になる可能性のあるものとして、扱っている。結果として、それは自己破壊的にはなりません。というのも、活動には制限があるからです。そうした制限を適所に敷くことで、その活動は人間の行動の自然なかたちとして容認され、このアメリカのような、歯止めのきかなくなる事態にはならなくなります。〝ネット（網）〟があるからです。そうした国々では、悪質なエネルギーはここよりも少ないのです。アメリカは、人をみずから破滅させています。

少し間をおいて、ケーニヒは皮肉をこめてこう結論した。「しかし、厳しい規制がアメリカにおける話し合いの一部になるとは思いません。この業界はあまりに考え方が凝り固まり、あまりに税金に頼りすぎていて、圧力団体がただ単にあまりにもパワフルなのです。規制の抜け穴を実際につくったとしたら、私たちのような人間は、そこをすり抜けて先に進むでしょう」

新しい市場の門戸を叩く

アメリカを拠点とするギャンブル業界は、短期的な利益を最大化しようとする衝動から生まれる〝ダークエネルギー〟を抑制する方法を考えるのではなく、新しい市場の門戸を叩くことを求めはじめている。現在の景気後退がこうした努力へと駆り立て、マシンによるリピート・ギャンブリングのノウハウを、新しい州、新しい国、新しい特定のターゲット市場に拡大しようとしている。ゲーム機器メーカーの分野は「こうした困難な経済状況における成長分野だということが証明されつつある」と、全米ゲーミング協会は報告している。[25] 全体としての業界収益は二〇〇八年以降赤字を出しているものの(二〇一一年からリバウンドしはじめた)、マシンのサプライヤは記録的な財務実績を国内外で達成している。

国内的に見れば、この安定した実績は、充分な資金のない州がマシン・ギャンブリングの合法化や拡大をおこなった結果である。「北米の新興市場」と題した二〇〇八年のG2Eパネルの広告には、こう書かれている。「どの州も深刻な予算赤字に苦しむなか、ゲーミングはかつてないほど多くの州に伝染していくことになりそうです」。また、二〇一〇年のG2Eのスロット製造業者ラウンドテーブルのパネリストは、「私たちはのちにこの財政危機を振り返りながら、それが爆発的に拡大した様子を見ることになるでしょう」と述べた。これを機に、イリノイ州はオハイオ州と同様、マシン・ギャンブリングを合法化した。メソジスト教のオハイオ州知事は、ビデオスロットに対する初期の否定的態度を翻し、スロットはオハイオ州に七億六〇〇〇万ドル以上の収益をもたらすだろうと説明している。[26] 本書が刊行されるころには、マサチューセッツ州が最近通過したギャンブル法案の実施準備を始める一方で、その他多くの州も同じような法案を考えはじめているだろう。ギャンブルがすでに合法化されているいくつかの州は、賭け金の制限額を増やした。その他の州は、思うようにいかないレース場を〈ラシノ〉［レース場とカジノの合体施設］につくり変えて、収益の九〇パーセント以上をスロットマシンから得ている。[27]「政府は大赤字を出しているので、資金がいいますぐに必要なのです」と二〇〇八年のG2Eスピーカーは語る。「州はほかの州がしていることに影響されます――境界の不安がたくさんあるからです。まるで軍備競争です」。[28] 業界アナリストのなかには、ギャンブリング・マシンの需要激増は即座の利益を生み出すためのポテンシャルを弱めていると推測する者もいる。また、マシンを求める消費者の需要は、その拡大と歩調を合わせていると信じる人もいる。

マシンの需要を確かなものにするため、ギャンブル業界は、そのテクノロジー主導のギャンブリング・モデルのための市場を海外に獲得する努力を進めている。一九九〇年代、かつてギャンブルに反対していた地域（とりわけカナダ、オーストラリア、ニュージーランド、スカンジナヴィア、南アフリカ、イギ

図11.1　ネヴァダ州リノにあるインターナショナル・ゲーミング・テクノロジー社の製造施設。IGT.comからダウンロード。

リス）が、収益の必要性からこのモデルを容認したことを受けて、アフリカ、東ヨーロッパ、中東、ラテンアメリカの管轄区域のなかでも、マシン・ギャンブリングに市場門戸を開いた地域の数は増え続けている。[29]たとえばメキシコで急成長するマシン市場は、「アメリカのサプライヤにとっていいニュースだ。というのも、アメリカはトラック輸送によって端末装置を国境の南のギャンブル地域に出荷しているからだ」と、二〇〇五年に業界記者は記している。[30]その同じ年、ロシアの記者は次のように書いた。「成熟に向かって高速で進んでいる市場であり……ギャンブルに精通した常連客の訪れる場所だ[31]」

海外に進出するにつれて、マシン・ギャンブリングはさまざまな形態をとるようになった。問題のあるギャンブリングということになると、それぞれの管轄区域が異なるタイプのゲームや製品基準、規制仕様、個人と政府の、それぞれの責任に向けた文化的態度を採用している。[32] しかし、ゲーム、販売活動、政府の方針の地域的な違いにもかかわらず、マシン・ギャンブリングの核となる方式は変わらないままだ。[33] メキシコに製品を供給しているサプライヤの経営者は、こう語る。「基本的に、今やっていることは〝プレイヤーの習慣を確立する〟ことです。マシンを備えつけ、プレイヤーがそれらに慣れ、好きになり、われわれはそうしたプレイヤーを保持することになる[34]」。この見方によると、新市場の形成は、触れることからなじみやすさへ、なじみやすさから習慣へと発展していく。

四〇億を超える人口に対して三万台に満たないスロットマシンしかない極東地域は、マシン・ギャンブリングの拡大と新しいプレイヤー習慣の確立の鍵ともいえる、フロンティアである。サンズ・コーポレーションのCEOによると、アジアは「ラスヴェガスを五個から一〇個分」収容できるという。[35] 二〇〇六年、ある業界アナリストはこう書いている。「業界、特にスロット・ベンダーは、一般的にこんなふうに感じている――アジアのプレイヤーは、ひとたびマシンに触れさせれば、われわれアメリカの同類たちと同じくらい、いやそれ以上に、スロットを楽しむだろう、と[36]」。とはいえ、これまで証明されてきたように、昔から卓上ゲームに慣れ親しんでいるアジア市場をマシンに「触れさせる」ことは、かなり難しい。「まずは彼らをテーブルから離れさせる方法が見つかればいいのですが」と、あるカジノ経営者は言う。「でも、それは本当に複雑な問題です。というのも、そこには社会全体にかかわる側面があるからです」[37]。「中国の文化は何でも共同社会でおこなうが、ギャンブリング・マシンの前にひとりで立っているときは共同とは言えないのです」。これは「未来をつくる――二一世紀の電子ゲーミング」と題された二〇〇七年G2Eパネルの司会を務めたAGAの社長、ファーレンコフの言葉を彷彿とさせる。「私たちは人々を製品に近づける努力を続けてきました」と、かつて極東のギャンブルシーンの中心地だったマカオにあるカジノのスロット担当部長は語る。彼の説明によると、地元のギャンブラーは「勝つためにプレイ」しているので、その主な魅力が〈タイム・オン・デバイス〉であるような賭け金の低いマシンよりも、高い変動性と高い賭け金のテーブルゲームを好むという[38]。賭け金の低さと単独でおこなうという性質よりもマシン・ギャンブリングの文化的障害となるのは、コンピューター化されたインターフェースだ。「アジアのプレイヤーは、電子ゲームに関するどんなことに対しても、強い疑念を抱いている」と、台湾のゲーム会社の社長はコメントする。「どんな手の裏にも、事前に決められたり、計算されたり、コンピューター化されたりしたものがつねに存在するため、それを信用することができないと考えるからだ」[39]

合衆国のゲーム収益率とはまったく対照的に、二〇一〇年、マカオではマシンが五パーセントをわずかに上回る収益しか引き出せなかった。この数字は低いが、二〇〇三年の〇・八パーセントに比べれば相当の収益で、業界アナリストは、この地域のスロット収益は、市場が「最終的にゲームマシンを信頼し、それに慣れ親しむにつれて、テーブルゲームの収益を超えることを期待している」という[40]。ある意味で、この信頼は若いプレイヤーが市場に参入するにつれて有機的に増えていくと、彼らは信じている。

「世界で最も急成長している、エレクトロニクス知識の普及した中国は、電子ゲームに触れている新世代のプレイヤーが育ちつつある」と、あるゲーム経営者は言う。「まだ改革段階のほんの初期なので、われわれは今後もこの市場に参入しつづけるだろう(41)」

既存のプレイヤー市場で信頼を築くために、ギャンブル業界はポーカーやブラックジャックなどの伝統的な集団志向ゲームや、クラップス［二個のサイコロを使うカジノの博打］といったゲームまでも電子フォーマットにし、〝自動化された〟テーブルゲームの開発に投資してきた。そして、〝本物《ライブ》のディーラーがまわりに集まるプレイヤーは、個々のビデオ画面とコンソールを装備する。こうしたテーブルのまわりテーブル上の中央スクリーンに取って代わられ、ときにプレイヤーに話しかけたりアイコンタクトをまねたりする、デジタル化されたクルーピエ［ルーレットなどカードゲーム以外のディーラー］が登場したりすることもある(42)。電子テーブルゲームは、おなじみの非仮想的要素（サイコロを振ったり、ボールが浮いたり、カードを配ったり）を組み入れているため、「プレイヤーがテクノロジーを受け入れるための教育的なツールとなり得ます……私たちにとって、人々をテーブルからビデオスロットへ移行させるためのとてもよいきっかけ――プレイヤーの習慣を変えるきっかけ――になるのです」と、アジアのギャンブル経営者は語る(43)。マカオのあるカジノに置かれた電子テーブルゲームは、「しだいにスロットマシンを物色しはじめた群衆を引きつけている」という。望むらくは、地元のプレイヤーが「マシンに慣れるにつれて」、プレイヤー追跡カードにも慣れ親しんでくれることだ(44)。プレイヤーの行動データを監視・分析する能力によって、ギャンブル業界は「スロットプレイヤーの心をつかむことができる」と、二〇一〇年のG2Eアジアで、バリー社の代表はコメントした(45)。

アジアのゲーム経営者は、電子テーブルゲームが、地元の市場をテクノロジー化されたギャンブリング・インターフェースに適合させる、移行手段としての役割を果たすことを期待している。その一方でアメリカは、まったく新しいプレイヤーたち、すなわち頑固なテーブル・プレイヤーを引き込むことを望んでいる。「プレイヤーは時間とともにビデオ画面に感化されていくだろう」と、二〇〇九年に書かれた「未来のフロア」という記事にはある。[46] この未来へ進むべく、完全に自動化された最初のカジノ、〈インディアナ・ライブ！〉が、二〇〇九年にオープンした。電子テーブルがアナログよりも著しい利益を生み出すのは、人的ミス（ハンドを読み違えたり、誤ってカードの表が見えてしまったり、不正確なディールがあったり、賞金の支払いに間違いがあったりなど）を取り除いただけでなく、はるかに早いペースでプレイができるようになったからでもある（ポーカーの場合、プレイのスピードは胴元《ハウス》の〝手数料〟を増やすことにもなる）[47]。ポーカーテック社のエンジニアは、自社の自動化されたポーカーテーブルが、フォールド［注ゲームから降りること］したプレイヤーや、一時的にプレイから離れたプレイヤーに、サイドベット［ゲームの本来の進行とは別に行われる余興の賭け］を与えることができるようにしている。[48] 彼らの説明によると、こうしたプレイヤーは「ディーラーが次に表に返すカードが何になるかに少額の賭けをしたり」、「三枚のフロップカードが赤——または可能性のあるいずれかの数——である確率に賭けたり」することができるという。これらのサイドベットは「プレイヤーにゲームを続けさせ、しかもより長くプレイさせることになり」、ほかのプレイヤーではなく胴元と向かい合っているため、ギャンブリング・マシンと同じくらいの利益が出せるゲームを提供することができる。[49] アジアと同様、機械化されたテーブルがハウスに与えるもうひとつの利点は、従来のテーブルゲームでは不可能だった離れ業、す

図11.2　2007年にマカオで開かれたグローバル・ゲーミング・エキスポの会議出席者が、ポーカーテック社の自動化されたポーカーテーブルを試している。写真提供：days2think。flickr.comよりダウンロード。

なわちプレイヤーのリアルタイムの行動の詳細が追跡できるという点だ。

ここ一〇年以上のあいだに、かなりのオンライン・ギャンブラーが、個人的なコンソールを介してブラックジャックやポーカーといった従来のカジノゲームを楽しむようになったが、ギャンブル業界は、電子テーブルがそうしたギャンブラーを魅了する助けになることも期待している[50]。インターネット・ギャンブリングに慣れ親しんだプレイヤーは、（実際のテーブルゲームとは対照的に）電子テーブルゲームに「引き寄せられて」いるということを、カジノ運営者たちは知った。「電子テーブルゲームは流れがスムーズで、より早いプレイができ、より攻撃的な賭けができる」からだ[51]。オンライン市場は、「自分だけのスクリーンで、他のプレイヤーを気にすることなく、プライベート空間でプレイすることができる」電子テーブルゲームを、評価している。[52] あるインターネット・ギャンブラーはブログのなかで、次のように称賛している。「この体験は、オンライン・カジノのブラックジャックで味わったものとほぼ同じだった。実際のテーブルでやるときとは異なり、プレイヤー同士の交流といった社会的側面はまったくない」

こうしたコメントは、合衆国ではその合法性があいまいであるにもかかわらず人気のあるオンライン・ギャンブリングが、ギャンブル習慣をマシンプレイの非社交的なほうへ傾けさせるうえで不可欠な力となってきたことを証明している。主要なオンラインゲーム（ポーカーなど）は複数のプレイヤーでおこなわれるが、それぞれが自分の端末で、ひとりでプレイをし、マルチテーブリング（ひとつ以上のテーブルで同時にプレイすること）によって、他のプレイヤーを待つ煩わしさを避けることができる。[53] ギャンブリング・マシンとまったく同じアフォーダンス——その人自身の選択、反復、継続のペース、やめる合図の欠如、内面状態を調整制御する感覚——が、オンラインのテーブルゲームにも存在し、それは実際のテーブルプレイよりもっと強く人を惹きつける媒体となっている。[54]「それぞれのハンドは次のハンドに連結している」と、二〇〇六年度のオンライン・ポーカー依存症分析の著者は記している。「現在から面々と続く時間は、ゆっくりと過ぎていき、終わりのない盛り上がりとクライマックスを繰り返す。儲けと損失が同じものに思えてくる」。[55] ネヴァダ大学を拠点とする、ある消費者心理研究プロジェクトは、オンライン・ギャンブリングの現象論的な特徴をさらに明らかにした。カジノでの実際のテーブルから、家でのオンライン・テーブルプレイに移行したラスヴェガスの地元民は、オンラインプレイを、「社会的」というよりも「匿名的」なものとして、「陽気になるもの」というよりも「黙っているもの」として、「感覚的な刺激」というよりも「感触の欠如」によって区別されるものとして、経験していることを発見したのだ。オンラインゲームは彼らに、つぎ込む時間、費やす金、そしてゲームの結果をコントロールできるという、膨れ上がる幻想を与えもするのだ。[56]

電子テーブルとオンライン・ギャンブリングが、マシン・ギャンブリングの単独プレイに対する消費者嗜好を拡大する手助けになっているのと同時に、新しいタイプのスロットマシンは、現代のビデオゲームの特徴をマシン・ギャンブリングに取り入れることによって、〝若年層の市場〟を育成することにひと役かっている。「スロット・メーカーは、こうした若い世代のプレイヤーをどう発展させていくかを知る必要がある」と、四〇歳以下のプレイヤーに人気の、ラスヴェガス地区のカジノの社長、ジョージ・マルーフ・ジュニアは語る。[57]「すばらしい新世界」と題された二〇〇八年のG2Eパネルで、IGTのある製品設計者は、この目標を達成するための「リール・パラダイムの破壊」について話をした。[58]WMSは、「プレイヤーがインターネットやイーコマース、コンソールベースのビデオゲームで慣れ親しんできたものと似たようなゲーム体験を提供する、〝アダプティブ・ゲーミング〟と呼ばれる、アクション志向でスキルベースの、没入型プラットフォームを開発した。[59]プレイヤーがプレイをするごとに新しい機能の鍵を順に開け、ランクを上げ、自分の進歩を保存し、あとで――別のカジノでも、別の州でも――プレイを再開できるような、展開型の壮大な行為にプレイヤーを関わらせるものだ。プレイヤーがマシン上で他のプレイヤーと競いながら、もっぱら自分のゲーム端末と相互作用しあうような〝共同ギャンブリング〟が最近急増しているのも、同様に、若い消費者にとって、よりなじみのある画面ベースのフォーマットと結合することで、彼らをマシン・ギャンブリングの細分化された活動に引き込もうとする試みを反映している。

この結合ロジックに従って、ギャンブル業界のなかには、スマートフォンやPDA（携帯情報端末）など、ギャンブル活動――およびその追跡――と毎日の生活の動作ややりとりおよびリズムを連結させるようなメディアから、賭け事をする消費者を見込んでいる者もいる。「ポータブル機器を使う人がますます増え、今や私たちの文化の一部となりつつあります」と、あるギャンブル経営者はコメントした。[60]）そうしたビジョンの実現は、消費者市場のシンプルな拡大以上のものを意味する。より個人的な規模でいえば、それはテクノロジーの影響を受けた主観的な撤退という行為をさらに確立し、マシン・ギャンブリングやその他、現代の人間対マシンの相互作用を特徴づける調整や、リスクマネジメントに影響をもたらす。この意味で、電子ギャンブリングの新しい消費領域への進出は――その新しい地理的区域への進出と同様――テクノロジーの拡大と同じ規模の〈マシンゾーン〉の拡大となるのである。

偶然をゲームする

本書の冒頭で私は、初期のころにギャンブルが民族誌学的に扱われていたことを、深い意味をもった社会的実存的ドラマとして思い起こした。アメリカでは一九六〇年代、アーヴィング・ゴッフマンがこの活動を、個々人がその毎日のルーティンの官僚化された同質性から離脱し、〝綱渡りの〟人生や偶然のリスクや可能性に自分をさらしながら、結果として生じる活動に従事できるような役割競争だと表現した。彼の前後にいたほかの人たちと同様、ゴッフマンはマシン・ギャンブリングを、われわれ自身のことやわれわれの世界のことを表現しないもの、浅はかで取るに足らない行為として、退けた。一方、私自身の民族誌学的アプローチは、異なる前提から始まり、モリーの地図の中央に描かれた人間とマシンの出会いを取り巻く環境、テクノロジー、慣行の回路に沿って、その出会いによって危険にさらされた設計ロジック、経験の形態、文化的価値が、現代の生活についてより一般的に伝えてくれるものの、手がかりを求めて進んできた。

仮にゴッフマンの社会的ギャンブラーが、〝宿命性〟というものを、その活動結果を制御する力を保持することと、その活動が制御から逃れようとすることとのあいだの〝閾値の水準〟として追求していたとすれば、今日の常習マシン・ギャンブラーは、その閾値から逃れ、その代わりに、予期しないことや驚かされることが何も起こり得ないような、障害のない絶縁された〈ゾーン〉――モリーが本書の冒頭で「台風の目」と表現した〈ゾーン〉――を探し求めていると言えるかもしれない。[61] 彼らは、綱渡りの人生の、むき出しで移り気な感情ではなく、自制した感情と、〈ゾーン〉の〝完全な偶発性〟に引き寄せられる。この〈ゾーン〉への誘引は、私が述べてきたように、個々のギャンブル依存症者の極端な傾向を示す兆候以上のものである。それは、不安定な経済と社会情勢をめぐる広範囲の不安と、個々人に柔軟性や適応力、みずからをこうした絶え間なく変わる状況に適合させることを求める、広く受け入れられている文化的期待に対する両面感情も示している。

マシン・ギャンブリングのインフラストラクチャーは、この〈ゾーン〉に対応している。これまで見てきたように、商業カジノのスロットフロアは、ギャンブラーが「実際には勝ち目のなさそうな賭けに出る」ことができるような、保護と制御の空間を提供するよう、整えられている。[62] ギャンブリング・マシンは、補助的な財政・追跡のテクノロジーと連動して、感情的なバランスとプレイの継続性を助長するよう設計されている——それにより、「継続的な生産性」が促進されるのだ。ギャンブラーと同様、ギャンブル業界もまた、テクノロジーを通じて偶然を管理しようとしている。分析的に情報が与えられた設計、マネジメント、マーケティング技術は、軽減すべき不安定さ、リスク、責任によって、ある一定の利益を保証するように合わせてある。社会学者のジェイムズ・コスグレイヴはこう書いている。「カジノでは、確率を計算することが原則であり、胴元《ハウス》側が優位に立ち、できるだけ偶然に任せないようにしている」[63]。これは業界が偶発性を根絶・除去しようとしているということではなく、それを育て、制御しようとしているということだ。私たちはその偶然的な領域の特定の正当化を、イアン・ハッキングが一九世紀に統計的な計算による思考の台頭のなかで発見した、「偶然を飼い慣らす」という用語をもじった「偶然をゲームする」と名づけられるものとして、理解することができる。それは、偶発性、プレイ、感情〝に対して〟ではなく、それら〝を通じて〟なされる正当化の一形態なのだ[64]。リスクの内部に確実性の〈ゾーン〉をなんとかつくり上げたいというギャンブラーの、そしてギャンブル業界の願いは、ある起業家が〈ゲーム保険〉と名づけたもののビジョンに現れている。

消費者は、その生活のほぼあらゆる分野で起こる、金銭的に好ましくない予期せぬ事態に対処するために保険を購入する。だったら、ある一定の時間内での、ある一定の金額を超えるゲームの損失や、運が悪すぎて思いがけない趨勢になったことに対して、なぜ保険をかけないのか？　カジノはプレイヤーに、その財布のより大きな割合を占領するために、そしてプレイヤーが統計的に避けることのできない不運という困難を経験したときに、競合相手のところへ彼らを行かせないようにするために、

プレイヤーが保険をかけることを望んでいる。(65)

ゲーム保険と機会損失に対する保護は、業界とプレイヤー間の相互に利益のあるパートナーシップとしての役割を果たしている。しかし、偶発性を管理したいという願望を巡るプレイヤーと業界間のうわべだけの協力関係は、本書全体で述べてきたように、リスクと報酬、制御と強制、損失と利益の不調和を覆い隠してしまう。

自己変調における実験的試み（ギャンブラー）と、利益を生む行動工学における実験的試み（ギャンブル業界）が結びつくなかで、それぞれの当事者は、まったく異なる利害関係をもってテーブル——言うなればマシン——に集まる。ギャンブル依存症者は、勝利のクライマックスで金銭的な見返りを最大限にするためよりも、平衡的な感情状態に自分を留保するために、マシンをプレイする。彼らは、〈マシン・ゾーン〉とその感情的持続性を不可能にする何らかの不均衡を検出したとたん、ゲームのペースや賭けの勢いを調整しながら、ゲーム結果のフィードバックに応えるように、自分のプレイを再調整する。(66)ギャンブル業界の建築家、マネジャー、この〈ゾーン〉を促進すると同時に、不均衡をゲーム対マシンのやりとりへと巧妙かつ継続的に誘導し、その勢いと持続時間——ギャンブル用語で言えば「アンティ（賭け金）の引き上げ」——を徐々に増やすようなゲームスケジュールとマーケティング・システムを考案する。(67)この不均衡を埋め合わせ、〈ゾーン〉の安定状態を維持するために、ギャンブル依存症者はマシンにこれまでにないほどエスカレートする投資をしなければならない。こうした投資は、〈ゾーン〉の内的状態を持続させる以上のことをする。それらはテクノロジー、設計活動、規制方針、そして、プレイヤーが巻き込まれている人間対マシンの関係を構成する政治経済的価値といった、外的な組み合わせも持続させるのだ。

モリーはこの組み合わせに関するみずからのビジョンを、本書の冒頭に示した地図に示している。その後に続く章で、私はこの枠組みの補足説明とその拡張を試みた。カジノフロアの建築上のカーブをマシン・コンソールの人間工学的カーブと結びつけ、ゲームソフトの数学的アルゴリズムをギャンブラーのプレイパターンと結びつけ、ギャンブラーの生活の移り気な伝記的変化と毎日の出来事を、彼らが安堵を求める反復的な賭けのスムーズな〈ゾーン〉と結びつけ、依存とセルフケアの物語を、ギャンブル業界の製品のベストな規制方法をめぐる、消費者責任と方針論争のための企業キャンペーンと結びつけるといった経緯をたどりながら。どの段階においても、私は経験と設計のあいだの動的なつながりを引き出そうとした。そうしたマッピングは、マシン・ギャンブリング依存の特異な事例を明らかにする以上に、現代の生活を明確に示す特徴となった人たちとテクノロジー間の密接なかかわり合いのなかに、またそのかかわり合いを通じて見えてくる、複雑性や結果、課題を解析するための方法論的・分析的枠組みを示唆している。

謝辞

本書ができあがるまでの道のりは長かった。ギャンブル産業が急速に発展した一九九〇年代初頭の、ラスヴェガスにおけるカジノのデザインおよび経営をテーマにした論文として着手したのは、もう二〇年近くも前のことになる。その論文が結果的に、当時カジノのフロアで優位を占めはじめていたギャンブリング・マシン――ギャンブル業界のデザイン戦略、経営戦略が統合され、新たな創意が加わり、高い精度にまで達したデバイスである――の考察となった。その後、大学院生としてもまた同じテーマをたどり、ラスヴェガスの街を再訪して、ギャンブリング・マシン依存症者に混じって論文のための長期的な調査研究をおこなった。最終的にその二つの研究が一体化し――そして発展して――ギャンブル業界のテクノロジーとギャンブル依存症のあいだの関係をさぐる、本書にまとまったのである。

誰よりもまず、ラスヴェガスのギャンブラーたちと、元ギャンブラーたちに、深い感謝を捧げたい。実に多くの人たちが、自分の経験を語ってくれ、最初から最後まで私の調査と分析の軌道を示唆してくれた。問題のあるギャンブリング・クリニック〈トライメリディアン〉には、ラスヴェガスでの長期フィールドワークのあいだ、進んで拠点を提供してもらった。また、ギャンブル依存症研究で先駆的な心理学者のリチャード・ローゼンタール、ロバート・ハンター、ジュリアン・テイバーとの対話が、研究を進めるうえで道しるべになった。お礼を申し上げたい。また、ギャンブル業界の人たちにも感謝する――テクノロジー・デザイナー、カジノのスロット部門マネジャー、マーケティング戦略担当者の方々に、デザインやビジネスのやり方について解説や意見をいただいた。

指導教官、同僚、友人といった大きなグループには、試行錯誤の繰り返しだったプロジェクトを終始一貫、支持、強化してもらった。まず恩義があるのは、当初の調査および分析に共同で取り組んだ、学士論文の共著者マイク・パナシティ。彼の洞察は、本書にいくつも生かされている。カリフォルニア大学バークレー校文化人類学部のローラ・ネイダーとポール・ラビノウには、論文の段階で眼識ある助言や励ましをいただいた。このUCバークレーで書き上げた博士論文は、すばらしい文化人類学者からなる委員会に監修していただけた。委員会のステファニア・パンドルフォ、ポール・ラビノウ、ローレンス・コーエンの各氏から、このプロジェクトに対して激励や指導、重要な民俗学ツールや分析ツールを与えていただいた。特に大学院で私の指導教官だったステファニア・パンドルフォに、喜びでもあり苦しみでもあるフィールドワークと執筆を通してずっと、知的情熱と友情をもってたゆまず導いてもらったことを感謝する。論文が完成したのは、思慮深く寛大なジュディス・バトラーとジーン・ロクリンが参加してくれたおかげである。

本書の着想は、数え切れないほど大勢の研究者仲間や同僚たちとのやりとりを通じて、しだいにはっきりしたかたちになっていった。私が研究の成果を発表したさまざまな会議、ワークショップ、講演で聴衆からの貴重なフィードバックを拾い集めたほか、ありがたいことに以下の諸氏からも情報をもらった。ボー・バーンハード、マリア・ブリーディング、デイヴィッド・ブック、ライザ・デイヴィス、ジェニファー・フィッシュマン、デュアナ・フルワイリー、クリスティアナ・ジョルダーノ、ユーリ・グレゼムコフスキー、マイムナ・フーク、ニコラス・キング、エリック・クライネンバーグ、エデュアルド・コーン、アンドルー・ラコフ、カーウィー・リー、ジョシュア・リンフォード＝スタインフェルド、レベッカ・ルモフ、タニア・ルーアマン、トマス・マラビー、リン・メスケル、アーロン・ネイサン、アナンド・パンディアン、エイドリアーナ・ペトリーナ、タマル・ポスナー、エリザベス・ロバーツ、スティーヴン・ローゼンバーグ、ラシュミ・サダナ、サラ・ショスタク、ピーター・スカフィッシュ、ミリアム・ティクティン、スー・ウィルスン、ケイトリン・ザルーム。ここに記した同僚たちは長年にわたって、対話相手として、読者として、また共同執筆者として、必要欠くべからざる審査員団の役割を果たしてくれた。

研究と執筆ができたのは、数々の奨学金や補助金のおかげである（〃参与観察法〃にギャンブル資金込みの経済的支援が割り当てられたのかという質問をよく受けるが、そんなばかなことはない）。博士論文のフィールドワークを後援してくれたのは、米国科学財団／全国科学基金学士奨学金、学士研究のためのバークレー奨学金、およびロバート・H・ローウィ学士奨学金、バークレー人文科学研究補助金、学生友愛会学士奨学金などの、少額賞金である。博士論文執筆を後援してくれたのは、ウッドロー・ウィルソン財団（シャーロット・W・ニューカム博士論文奨学金）、アルフレッド・P・スローン財団（バークレー・ワーキングファミリー・センター博士論文奨学金、ドーリーン・B・タウンゼンド人文科学センター、米国科学財団／全国科学基金・科学技術研究養成補助金だ。ニューメキシコ州サンタフェの先進研究大学には、博士論文の最終仕上げのためにすばらしい学生用住宅と惜しみない支援を提供していただいた。

私が書籍としてプロジェクトを再構成しはじめたのは、ロバート・ウッド・ジョンソン財団ヘルス・

アンド・ソサイエティ研究員としてコロンビア大学に在職中のことだった。プログラム・ディレクターのピーター・ビアマンとブルース・リンクが、また仲間の学者たちが、学際的なコンテキストを提供してくれ、そのなかで題材が新たなかたちをとっていった。ピーターの熱意、支援、指導は格別に重要だった。ティム・ミッチェルとトマス・ベンダーが率いる、活気に満ちたニューヨーク大学国際先進研究センターは、このプロジェクトの第二の知的本拠地となった。やはりNYUを本拠とする、エミリー・マーティンとレイナ・ラップの先進研究ワークショップは、博士課程修了後の私のニューヨーク時代、仲間とのやりとりをシミュレートする公開討論の場だった。

プリンストン大学出版局のメアリ・マレルが最初に私の原稿を引き受けたあと、彼女自身が本を書くことになって、後任のフレッド・アッペルに引き継がれた。校閲担当のルーシー・サッチマン、エミリー・マーティン、ヴィンセント・クラパンザーノは、初稿に貴重なフィードバックをくれた。ギャンブル研究者のヘンリー・レシアー、チャールズ・リヴィングストン、ロジャー・ホーベイは、本書の校正刷りを読んで、すばらしい助言と提案をしてくれた。レイチェル・ヴォルバーグは、かなりの分量になる本文に編集上の徹底的かつ的を射たコメントをしてくれた。ミルコ・アーンクヴィスト、ナイジェル・ターナー、ケヴィン・ハリガンは、ゲームデザインをとりあげた章を読んで、確率のプログラミングについて重要な細部をわかりやすくする手助けをしてくれた。ギャンブリング・マシン専門家のマイク・シャックルフォード（またの名を〝オッズの魔法使い〟）、ボブ・ダンサー、ステイシー・フリードマンにも助けてもらった。ラスヴェガスのネヴァダ大学ギャンブル研究センターのおかげで大量の公文書調査をすることができ、センターの有能なスタッフには、出典をたどるというやっかいな作業でたびたび手を貸してもらった。

本書の最終的な修正作業は、私がマサチューセッツ工科大学科学技術社会プログラムに在籍した一年目におこなわれた。同僚のマイク・フィッシャー、デイヴィッド・カイザー、デイヴィッド・ジョーンズ、ヴィンセント・ルピネイ、ハナ・シェルが原稿について思慮深いフィードバックをくれ、シェリー・タークルは、〝熱烈校正作業〟中だった彼女の編書 *The Inner History of Devices* に、この作品の一部を収めてくれた。文化人類学のステファン・ヘルムライヒ、ヘザー・パクソンは、一連の特に率直で有用なコメントをくれた。研究を指導、支援してくれたデイヴィッド・ミンデル、ロズ・ウィリアムズ、ロー・スミスにも感謝する。

スティーヴン・ローゼンバーグ、ピーター・スカフィッシュ、メアリ・マレル、デイヴィッド・ブックは、本書の修正の最終段階で、編集上不可欠な作業に手を貸してくれた。刺激的な知識の持ち主であるジェーイン・ストウ、ドロシー・ダフに、書名と表紙に賢明な助言をくれたジュディ・スピッツァーに、画像や書式設定、引用参考文献一覧の作成を上機嫌で手伝ってくれたエイン・カヴィッキにも感謝する。マリー・バークスは、索引を整然とバランスのとれた、非常に正確なものにしてくれた。ディミトリ・カレトニコフとマーティン・ホイアムは、画像の解像度を上げ、レスリー・グランドフェストは制作工程を頼もしい落ち着きぶりでしめくくってくれた。担当編集者のフレッド・アッペルは、本書の企画から脱稿まで進行が長びくなか、数え切れないほどもちあがった不測の事態にも実ににりっぱに根気よくつきあってくれた。そういう不測の事態をうんざりするほど時間をかけて切り抜けていく私に思いやり深く耐えてくれた、ジーン・ウルフ＝バーンスタイン、マグダレーナ・J・フォッシーにも、心からの感謝を。

学界の外の友人たちは、本書を生み出すどの段階においても、生き生きとした観点や独創的なひらめきのもととなってくれた。カリフォルニアからニューヨークまで、あちこちのカフェのかたすみや図書館の奥まった席で、私と一緒に自分の仕事をすることがよくあった友人たち。彼らがいてくれたことで、がぜんやる気がわいた。ありがとう、ニコール・アルパー、マット・バード、パロ・コールマン、ロドニー・エヴァンズ、ポール・グランドル、アニー・ヒューイット、マーカス・ジョンソン、エリザベス・コルスキー、ジョシュア・クローネン、キャサリン・レダラー、ヒレヴィ・ローヴン、ガブリエル・ルチェロ、ミランダ・マクガイアー、エリーゼ・モーゲンセン、アンナ・モスコヴァキス、ソニア・ペレル、カッサンドラ・リタス、ブルーノ・シュール、ジュリア・スヴィーラ、パウエル・ウォータシク、アーモンド・ジグムント。アーモンド、ケイティ、そしてレダラー家には、ラスヴェガス滞在中に温かくもてなしてもらったこと、ニューヨークのGグループには何度となく元気づけてもらったことを、特に記して感謝する。

両親のウォルター・シュールとディアンサ・ダウ・シュールは、たびたび長いあいだひきこもって執筆する私に自宅を提供し、頼まれればいつでも私の文章を修正し、長年のあいだ新聞で関連記事を見つけては、こつこつとメールで教えてくれた。夫のモレノ・ディマルコは、本書の調査から完成までの長い期間、私に付き添ってくれた。休暇が返上されたり先延ばしになったり、そうでなくても台無しになったこともたびたびあった。彼がカジノ行きを決していやがらなかったのは、ありがたかった。彼の忍耐に、何章ぶんも校正刷りを読んでくれたことに、この作品の価値を信じつづけてくれたことに、感謝する。終幕間際になって私たちのジンジャーが舞台に登場し、彼女の泣き声や喜ぶ声のおかげで、どうしても完成させられないのではないかと思えていた本書の展望が開け、めぐり合わせというものの不思議に、改めて気づかされた。

本書所収のうち、別掲既発表資料の出典は、以下のとおり。

"The Touch-point Collective: Crowd Contouring on the Casino Floor." *Limn* 2, pp. 10-13. © 2012.

"Video Poker." In *The Inne History of Devices*, edited by Sherry Turcle, MIT Press. © 2008.

"Machines, Medication, Modulation: Circuits of Dependency and Self-Care in Las Vegas." *Culture, Medicine, and Psychiatry* 30, pp. 1-25. © 2005.

"Digital Gambling: The Coincidence of Desire and Design." *The ANNALS of the American Academy of Political and Social Science* 597, pp. 65-81. © 2005.

訳者あとがき

本書は二〇一二年にプリンストン大学出版局から出版されたAddiction by Design: Machine Gambling in Las Vegasの全訳である。訳出には二〇一四年刊のペーパーバック版を使用した。

「アメリカを理解するにはラスヴェガスを見ればいい」、あるいは「ラスヴェガスが存在するのは、それがアメリカを映す鏡だからだ」などと言われるが、本書はそのラスヴェガスを舞台に、この二〇年ほどで最新のマシン・ギャンブリングが急激に広まった意味を、ギャンブル行動のテクノロジー面での変遷と、ギャンブラーの体験の変化との関係を調べることによって、さぐろうとするものだ。八〇人におよぶギャンブラーと、数多くの業界人（スロットマシンの設計開発者からメーカーの幹部まで）、それにギャンブルや依存症の研究者たちへのインタビューを通じて、ギャンブリング・マシンとギャンブル依存症の問題を鋭くえぐったことで、刊行後大きな反響を呼んだ。

本書の原注にも書かれているが、ラスヴェガスのさまざまな場所でおこなわれた著者のインタビューは、どのような経緯でラスヴェガスに住むことになったのか、どのようにしてギャンブルを覚えたのかという質問から始まる詳細なものであり、ギャンブラー当人の人生を語る、長い物語になることもしばしばだったという。訳者である私がその語りに思わず引き込まれてしまう例もあった。

しかし、本書の目的がギャンブル依存症者の現状を語ることだけでないことは、すぐにわかると思う。純粋に機械的なスロットマシンがエレクトロニクス技術のおかげで息を吹き返し、ビデオスロット、ビデオポーカー、さらにはオンラインゲームによるギャンブルの世界へと進化していくなか、マシンメーカーやカジノ業界がどのようにマシンを設計し、カジノを設計し、マーケティングをおこなってきたかが、克明に描かれている。まさに本書のタイトルどおり、カジノ関連産業が「依存症をデザイン」してきたことが、よくわかるのではないだろうか。

もちろん、著者も序文などで書いているとおり、著者には業界を批判したり告発したりする意図はない。ギャンブリング依存症の言う〈ゾーン〉（マシン・ゾーン）とはどんな〝場所〟なのか、問題のあるギャンブリングとはなんなのか、カジノ関連産業の人たちはどのように依存症を「デザイン」してきたのか、「金を儲けたくてスロットマシンを続けているのではない」という依存症者たちは、では何をしたいのか……著者がインタビューを続けるうちに見えてきた数々の事実は、北米やオーストラリアの業界と行政、それに現ギャンブラーとギャンブラー候補者だけでなく、これから新たなギャンブル（カジノ）問題に直面していくはずの日本の読者にとっても、貴重な教訓となることだろう。

著者ナターシャ・ダウ・シュール（Natasha Dow Schuell）は文化人類学者で、ニューヨーク大学メディア文化コミュニケーション学科の准教授。一九九三年にカリフォルニア大学バークレー校の人類学科を卒業し、その後復学して二〇〇三年に博士号を取得した。二〇〇七年にMIT（マサチューセッツ工科大学）の科学・技術・社会学課程の准教授になったあと、二〇一五年にニューヨーク大学に移り、現在に至っている。《ニューヨーク・タイムズ》や《エコノミスト》をはじめ、数々の雑誌・新聞に寄稿しているほか、ネット上の〝セルフ・トラッキング〟技術のリスクを分析する第二作、Keeping Track を執筆中とのこと。

なお、訳出にあたっては、以下の方々に協力いただいた。記して感謝したい（順不同、敬称略）。高里ひろ、吉嶺英美、堤朝子、飯嶋貴子。

二〇一八年六月

訳者

註

序

1　Legato 2005b, 30.

2　"Slot Symphonies: The Importance of Peripherals," G2E 2009. ギャンブリング・マシンは「多要素開発」された人工物として考えることができる（Law 1987, 113）。つまり、科学知識と産業におけるイノベーションを、イノベーション、変更、洗練などの継続的なかたちで統合することで生まれるものだと考えられるのである（Woolley 2008も参照）。

3　現代のギャンブリング・マシンの系譜のより詳細なものは第三章にある。マシンの呼び方に関しては国によってかなりのばらつきが認められる。北米では物理的なリールがあるものは「スロット・マシン」や「ステッパ・スロット」（ステッパモーターを利用していることから）と呼ばれているのに対し、スクリーンを用いたものは「ビデオ・リール・スロット」や「ビデオ・ポーカー」と呼ばれる。対してオーストラリアではすべてのマシンがスクリーンを用いており「ポーカー・マシン」や「ポーキー」という名で呼ばれている。カナダ、そしてアメリカの一部では「ビデオ・ロッタリー・ターミナル」、略してVLTというひとつの機械で様々なゲーム（ポーカー、ビデオリール）が遊べる端末《ターミナル》が存在する。これが端末と呼ばれるのは、すべての機械に表示される結果が中央システムから引き出されているからである。これは州営宝くじと同じ仕組みである。イギリスではスロットマシンは「フルーツ・マシン」、「ジャックポット・マシン」、「アミューズメント・ウィズ・プライズ」略してAWPなどと呼ばれる。また、四つのリールとひとつのペイラインからなる「フィクスト・オッズ・ベッティング・ターミナル」なるものが存在し、最大でも高くない支払いレートとゆっくりとしたプレイ速度が特徴である。こういった機械はドイツ、スペイン、日本でも見られる。日本では「パチンコ」（金属の玉を用いるピンボールのような機械）や「パチスロ」といったスロットマシンの派生機器があり、これらは報酬が［表向きは］現金以外の形を取る。業界で、形態や地域を超えてギャンブリング・マシンについて語る際には「電子ギャンブリング・マシン」（EGM）や「電子ギャンブリング・デバイス」（EGD）などの用語が使われる。以後、本書では「ギャンブリング・マシン」を用いる。

4　特定の機械はこれに加えて「払い戻しの理論値」、またの名を「リターン・トゥ・プレイヤー」（RTP）を表示する。これは極端に長いプレイ（一〇〇万回スロットを回すなど）をした場合にプレイヤーが受け取るであろう払い戻し率を示している。短期プレイの場合は受け取る量がこの数値から大きく外れることもある。RTPは工場でつくられたコンピューターチップによって小数点第一位まで事前に定められており、州のゲーミング担当者がランダムに抜き打ち検査をおこなっている（Cooper 20014, 116）。地域によって異なる最低RTP値が定められており、ラスヴェガスでは七五％だ。一般的に、電子ギャンブリング・マシンの製造者は八八％から九七％のあいだの五つの払い戻し率を提示し、カジノ経営者がそのうちのひとつを選択する。もしカジノが九四％のRTPをあるゲームに関して設定すれば、それに対応したチップが組み込まれる。のちにRTPを変更する場合には、別のチップを購入し、組み込まなければならない。「作業の観点からいうと、カジノが常にチップを交換するということは馬鹿げた話なんだ。高くつくし、効率的じゃない」と、ある有名製造会社のゲーム開発担当者は語ってくれた。RTP率とそれがプレイヤーにとってどういう意味を持つかについては、該当する第四章と第一〇章の注を参照。

5　G2Eで『サーバー・ベース・ゲーミングII——業界の状態について』でパネリストをつとめたサイバービュー社のトッド・エルサッサー。アクター・ネットワーク理論の語を用いれば、カジノのネットワーク・システムにおいて電子ギャンブリング・マシンは「厚いノード」となった。第五章で論じるように、最近勃興しつつある「ネットワーク・ゲーミング」（あるいは「ダウンローダブル・ゲーミング」や「サーバー・ベース・ゲーミング」）、つまり、ゲームのコンテンツ、顧客追跡、その他のサービスがオンラインサーバーから個々のマシンにダウンロードされる仕組みのおかげで、スロットマシンはカジノの中でもより中心的な存在になっていくのである。

6　Turdean 2012. 一九八〇年には、ネヴァダ州にあるカジノ面積の四五%がコインを用いるギャンブリングに使われていた。この数字は一九九〇年代後半には、八〇%まで上昇した（Thompson 1999; Garrett 2003）。アトランティック・シティでも同様だった（Marriott 1998, G7）。

7　二〇〇三年（ワールドシリーズ・オブ・ポーカーのテレビ中継中にアマチュアが二五〇万ドルの優勝賞金を手にしたとき）に始まったライブポーカーの人気急上昇にもかかわらず、二〇〇七年の調査ではわずか三%の人しかポーカーを好きなカジノゲームとして挙げていない（AGA 2008a, 3）。ポーカーは、スキルが物を言い、対ハウスではなく個人間で争われるゲームだ。控除率が存在しえないため、カジノからすればフロアスペースの無駄である（そのかわりに少量の交換手数料を設定し、毎回ポわずかな割合を「掠め取る」）。歴史的にはラスヴェガスのいくつかの店舗が、地元のチャンピオンとプレイしたがる裕福なクライアントのためにポーカー部屋を用意していただけであった。ポーカーの試合がテレビで放映されるようになってからは、より多くのカジノでポーカーが遊べるようになったが、二〇〇五年がその人気の絶頂だったようだ（ibid.）。マーク・クーパーが書いているように、「テキサス・ホールデム・ポーカーなどのテーブル・ゲームは、テレビでもベン・アフレックの身内のなかでも最新のブームなのかもしれないが、カジノからすれば、やっぱり一にマシン、二にマシン、三にマシンなわけだ（Cooper 20015, 121）。

8　二〇〇三年のG2Eの『業界の状態について』のパネリスト。ネヴァダ州ではふつうギャンブリング・マシンが売上のうちに占める割合は他州に比べて低い（八三から九〇%に対して七〇%）。

9　Rivlin (2004, 44) 内の引用による。

10　ギャンブルを通じて収益を上げることを「無知への課税」だとの見方も多い。また、低所得集団から得た収入が高所得集団に再分配されるため、「逆進課税」だと見る者もいる（たとえばVolberg and Wray 2007）。いずれにせよ、地方政府がギャンブル事業による収入で財政赤字に梃子《てこ》入れをしようとしつづけていることが後押しし、過去三〇年間でギャンブルはアメリカ国内で広まっていった。だが一九七六年までネヴァダ州以外ではカジノは見られなかったうえ、宝くじも一三の州でしか行われていなかった。今日では、ハワイ州とユタ州以外のすべての州で何かしらのギャンブルができ、一九八八年の発足以後、ネイティブ・アメリカン・カジノは二七〇億ドルもの巨大産業となり、四四二のカジノが二八の州で運営されている（North American Gaming Almanac 2010）。

11　一八〇〇年代なかばまでは、アメリカにおいては「ゲーム」と「ギャンブル」は置き換え可能な言葉だったが、そのうち、後者は不確定な出来事に賭ける行為のみを意味するようになった（ただ、ネヴァダ州内の規制という文脈においては「ゲーム」ということばは遅くとも一九二〇年代からは使われている [Burbank 2005, 4]）。一九七〇年代には、業界のイメージ改善キャンペーンに対応して、《ウォール・ストリート・ジャーナル》の記者が「ギャンブル」ではなく「ゲーム」の方を使い始めた。一九八〇年代後半には他のメディアもこれにしたがって変わり始め、一九九〇年代には広く受け入れられた。この用語の変化を正当化する際、全米ゲーミング協会は『オックスフォード英語辞典』を引用している。そこでは「ゲーミング」という言葉は一五一〇年ごろから用いられており、「ギャンブリング」より二六五年前もから使われているとされている（AGA website, americangaming.org/Industry/factsheets/general_info _detail.cfv?id=9, 2007年2月閲覧）。しかしながら、英語の辞書は一貫して、ゲームを技術が関係する営為、ギャンブルを運が関連する営為としている。件の業界においては売上の四分の三が技術が関係ないマシンゲームから上がっていることと、この本のトピックがそれらのマシンであることを考えて、私は「ギャンブル」という語を用いている。同時に、家庭用コンピューター・ビデオゲーム、アーケードゲームなどの賭け事とは関係のないゲームとの混乱を防ぐためでもある。

12　一九八三年には三七％のカジノプレイヤーしかマシン・プレイを最も好きなギャンブリングだと報告していないのに対し、二〇〇五年には、この数字は七一％まで上昇した（ハラーによるアメリカにおけるカジノ・ギャンブラーのプロファイル）。第四章では技術の変化とプレイヤーの好みの変化の関係について論じている。Ernkvist 2009では、経営史学者による技術革新と「カジノ賭博における需要側の変化」の説明が見られる。

13　North American Gaming Almanac 2010, 2. ここで公式には数えられていない違法なマシンには「8ライナー・マシン」や「スウィープステイク・マシン」などがある。これらの場合、プレイヤーにチケットが戻され、それをバーテンダーやマネージャーが貨幣と交換する。マシンが法規制をかいくぐるためにどう設定されるかについてはPlotz 1999とRobertson 2009を参照。

14　Comments made as moderator for "The Problem Gambler: Emphasis on Machine Gambling," 11th International Conference on Gambling and RiskTaking, Las Vegas, 2000. Bernhard et al. 2007, 2. も参照。

15　スロットマシンの典型的な値段（店が製造者に利益分配しない場合）は、ゲームが一般的なものであるか高価なものかによって異なるが、一万ドルから一万五、〇〇〇ドルまでの範囲に収まる（Stewart 2010）。gゲームの典型的な「寿命」は七年である。一〇〇日ほどあればもとが取れる市場もあれば、さらに時間がかかることもある。「サーバー・ベース」ゲーミング（ゲームのコンテンツがオンライン・メニューからマシンへとダウンロードされる）へと、より多くのカジノが移行していくなか、新たな値段設定がみられることになるだろう。

16　Cooper (2004) の引用による。

17　Anderson (1994) の引用による。

18　一九九九年、何人かの社会学者が両方向への運動を確認している。「国の他の部分がよりラスヴェガスに似通ってきており、ラスヴェガスはより典型的なアメリカの街になってきている。」(Gottdiener, Collins, and Dickens 1999, xiii)。

19　ディストピア的な観点に関してはBrigham 2002; Cristensen 2002; Moehring 2002; Epstein and Thompson 2010. を参照されたい。

これらの著者は、局地的な社会問題を指標として、ある街がどれだけ人間福祉を軽視し、「強欲さ、利己性、愚かさの危機」がそこでどれほど進んでいるかを測っている（Epstein and Thompson 2010）。ラスヴェガスは貧困、犯罪、経営破綻、自動車事故、児童虐待、各種依存症、そして自殺の率が格別に高いことで悪名高い。ラスヴェガスの自殺件数は国の平均の二倍と国内でもっとも多く、その死者の多くが地元住民である（"Suicide Rates by State" 1997; Woo 1998; Wray et al. 2008）。

20　Rothman and Davis 2002, 5.

21　一九六九年の法律は、ハワード・ヒューズの要請で制定されることになった。彼はロビイスト集団に法案の通過を任命して、ラスヴェガスの〈ストリップ〉に沿って不動産を購入できるようにしたのだ。あるギャンブル研究者が報告するように、一九七六年までには、カジノ総売上の七〇%は、〈ストリップ〉沿いで一二の公開会社が運営する一九のカジノによるものとなっていた（Schwartz 2003）。

22　この建築ラッシュは、一九八九年にスティーヴ・ウィンよってジャンク債を財源に六億四〇〇〇万ドルをつぎ込んで建てられた、三四〇〇室を誇る熱帯雨林がテーマのリゾート、〈ミラージュ〉の目を見張る成功がきっかけとなったものだった。ネヴァダ州では、個人の所得税や法人に対する税がない（法人所得税、フランチャイズ税、資産税、ユニタリー税は存在しない）ため、経済成長にやさしい環境が保たれている。代わりに三四〇あるカジノにおけるギャンブルの売上に軽く課税することで財政を補っている（一九九七年にはギャンブル業界への六・七%の課税によって州の運営費の三三%がまかなわれた）。

23　この人口増加の結果、一九八〇年と一九九〇年のあいだで六〇%、一九九〇年から二〇〇〇年の間に九〇%近くも人口が増加した。これは当時のアメリカの都市部で最大の増加率であり、国内平均のなんと八〇〇倍であった（The Center for Business and Economic Research, University of Nevada, Las Vegas, http://cber.unlv.edu/stats.html, 二〇〇九年十月閲覧）。一九九五年から二〇〇〇年代中頃まで、ラスヴェガスは国内最高の雇用成長率を保ち、「国内あるいは全世界でもっとも発展した低スキルサービス業経済」と評された（Rothman and Davis 2002, 8.）。街へやってくる者は「脱産業化からのあぶれもの」（ibid., 14）、「遅れてやってきたオーキー（オクラホマ州からの貧しい移民に対する蔑称）の波」、ラストベルトで職を失って移ってきた人々、などと形容され、「ネヴァダの砂漠でホテルの料理人やメイドとして、あるいは大工、ボード張り工や、クラップスのディーラー、パーキング・ドライバーなどとしてスキルを獲得しなおした」（Cooper 2004, 63）。ラスヴェガスは観光業、建築業そして不動産産業に依存していたため、二〇〇八年の不景気に対してどの州よりも脆弱だった（ラスヴェガスの失業率は二〇一〇年には全米でもっとも高かった）。

24　ロバート・グッドマンはアメリカでのギャンブリングの爆発的な広がりに関する研究で以下のように述べている。「そのときすでに、ネヴァダ州の雇用の約半分が直接的にあるいは間接的にギャンブル業界に依存していたと予想されていた」（Goodman 1995b, 19）。ラスヴェガスでもっとも雇用を生んでいる会社のトップ二〇のうち一四はカジノであり、その他はギャンブリング用品の製造会社、銀行、イベント会社、リネンサプライ会社などだ。（www.nevadaworkforce.com, "largest employers," 二〇一一年二月閲覧）。

25　Shoemaker and Zemke 2005, 395. GLSリサーチの二〇〇九年の研究は同様に、ラスヴェガス住民の三分の二が「たまには」

ギャンブルをすることを明らかにしている。このうち四四%が最低でも一週間に一度、二七%が週に二度以上ギャンブルをしている（Woo 1998, 4; Volberg 2002, ii も参照。

26　GLS Research 2011, 35（アメリカにおけるカジノ観光客の六七%がギャンブルの際にカードゲームを行う（[AGA 2010, 30]）。地元のギャンブラーによって生まれる売上の半分が〈ステーション・カジノ〉が持っていくことになる。ステーション・カジノは一九七六年に設立された公開会社のフランチャイズであり、今日ではギャンブルの地元市場において主な供給者となっている。ほとんどの住民は、一〇あるフルサービス・カジノか八つの小規模のギャンブリング・ホールまで自動車ですぐにいける距離に住んでいる。他にもボイド・ギャンブリングという九つのカジノを保有している地元のチェーン店が存在する（Shoemaker and Zemke 2005; Skolnik 2011）

27　「コンビニエンス・ギャンブリング」という言葉は一九九五年にはすでに使用がみられ（Goodman 1995b）、「デスティネーション・ギャンブリング」や観光ギャンブリングと区別するために用いられている。ギャンブルをするラスヴェガス地区の住民の五人にひとりはコンビニエンス・ストア、食料雑貨店、ガソリンスタンドなどでギャンブルをしており、四分の一は地元のバーやレストランで行っている（GLS Research 2009, 6, 36–37）。多くの「コンビニエンス・ギャンブリング」の現場では、制限付きのゲーミング・ライセンスによってひとつの施設において最大一五台までしかマシンが設置できないようになっている。こういった場合は、マシン製造者は普通場所代を家賃やリースなどの形で払いつつ、マシンの売上をすべて回収するか、マシンを提供する分、その場のオペレーションで上がる収益から歩合をとるなどしている。

28　GLS Research 1995, 14. 二〇〇八年と二〇一〇年には、数字は七二%だった（GLS Research 2009, 4, 19; 2010, 4, 19）。

29　現在クラーク郡内（ラスヴェガスとその郊外を含むが、一〇〇〇以上のマシンがあるマッカラン国際空港は含まない）では、のべ一四〇〇の施設に一四万五〇〇〇ものギャンブリング・マシンが存在する（gaming.nv.gov, 二〇一二年二月閲覧）。

30　Brenda Boudreaux of Palace Station, panelist for "The Video Future," World Gaming Conference and Expo 1999.

31　Calabro 2006.

32　Kent Young of Aristocrat, Green (2006, 10) の引用による。第四章で論じるように、「マルチライン・ビデオスロット」の興隆はオーストラリアでもともと始まり、ネイティブアメリカン・カジノや中西部を経由してアメリカへとやってきたため、ラスヴェガスは一時期ギャンブリングの流行の中心から外れることとなった。

33　二〇〇九年と二〇一〇年のあいだに、合計三七の州が、すでに存在していたギャンブルの形態を拡張するか、新たな形態を合法化した（これらの規制に関する動きの包括的な評に関しては Skolnik 2011, 14–18 を参照）。それ以前のギャンブルの拡大に際してと同じように、マシン・ギャンブリングはここでも主要な役割を担った。二〇一〇年のギャンブリング業界に関する報告が示すように、「州がすでに有している宝くじ運営権のもとで承認できるため、ギャンブルの拡大を検討する際、政策立案に携わるものは他の形式よりもゲーミング・マシンを好んできた」(Stewart 2010, 4)。

34　カイヨワの著作を紹介する中で、バラッシュ（1979 [1958], ix）はカイヨワがゲームを「文化的な手がかり」だと考えているということを観察している。カイヨワの考えのもとになっているのは、オランダの歴史学者であり文化理論家のホイジンガ（1950 [1938]）の著作である。この中には、文化と社会における遊びの要素の重要性についての著書『ホモ・ルーデンス』が含まれている。カイヨワが自身の文章の冒頭で指摘するように、ホイジンガは運のからむゲームに対しては否定的だった（1979 [1958], 5）。ホイジンガは以下のように書く。「ギャンブリング・ゲームは文化研究の対象としてそれ自体非常に興味深いものであるが、文化の発達という意味ではあまり生産的ではない。人生や精神に何も加えない不毛の行為である」（1950 [1938], 48）。カイヨワは根本的に意見が異なり、不確実性とリスクがすべての遊びにおいて重要な側面だと指摘した（1979 [1958], 7; see also Malaby 2007）。

35　Goffman 1967, 260–61. ゲルダ・リースが書くように、社会的な説明の仕方では、ギャンブルという非生産的な行為を「何かしらの功利主義的な機能」があるとして奨励しようとしてきた（1999, 8）。たとえば、エドワード・デヴァルーが一九四九年に書いた分析ではギャンブルは「経済的な苛立ち、疲弊、ぶつかりや不確定さの心理的な結果を、社会秩序を乱さないかたちで解決する、特に便利なメカニズムである」（1980 [1949], 955）。資本主義的経済システムの「安全バルブ」や「衝撃吸収材」としてギャンブルを捉える見方は一九七〇年代を通じて見られた。ギャンブルは日常のルーティンや労働階級の人生の虚しさからの逃避として理解されていた（e.g., Zola 1963）。カイヨワが以前に書いていたように「運に頼ることは、過度に不公平だったり、不正の見られる競争に耐えるのを助ける。同時に、身分が低くとも、自由競争がまだ可能だという希望を、貧しいものへもたらす」（1979 [1958], 115）。

36　Goffman 1961, 34.

37　Geertz 1973.「深い遊び」という概念は、運が結果を決定するという事実にもかかわらず、金融リスクが「不合理に」高いプレイにおいては、金銭以外の要素が絡んでいるということを示そうとジェレミー・ベンサムによって最初に考えられた（in ibid., 431）。

38　Dostoyevsky 1972 [1867], 199. この半自伝的小説はドストエフスキーがギャンブルのしすぎで苦しんだ時期に書かれた。引用された部分はシラーのドイツ・ロマン主義によるギャンブルの見方と共鳴するところがある——「男はその言葉における完全な意味で男であるときにのみ賭け、賭けるときにのみ完全に男になるのだ」(quoted in Caillois 1979 [1958], 163 の引用による)。ギャンブリングへの実存主義的観点については Kusyszyn 1990, 159 を参照。

39　「現代におけるスロットマシンの発展と、人に引き起こす魅惑や執念には本当に目覚ましい」とカイヨワは自身の著作の脚注に書いており、一九五〇年代中ばに三〇万台ものスロットマシンがアメリカにあったことに目を向けている。カイヨワはそのあと、一九五七年のタイムズ・スクエアのレポーターによる長い文章を引用している——「ドアのない広大な部屋に様々な色のスロットマシンが完全な順番で並んでいる。それぞれの機械の前には快適な革張りの椅子があり…十分に資金のあるプレイヤーは何時間でも座っていられるようになっている。灰皿もあるし、ホットドッグとコカ・コーラを置く場所も確保してあり…これらは席を離れることなく注文できる（1979 [1958], 183）。カイヨワは日本での「パチンコ」の愛好者たちがあまりに熱狂しすぎるため、隣の部屋にドクタールームが設置されたことを述べてている。こういった奇妙な機械を観察している人の言葉をカイヨワは引用している——「実に風変わりなゲームだ。負けることしかできないのに、怒りを持つものを誘惑する」(ibid.)。

40 Goffman 1967, 270.

41 Geertz 1973, 435–36.

42 Lears 2003. アメリカで人々と社会との関わりが稀薄になってきたことを示すため、社会学者ロバート・パットナムは多方面に影響を及ぼした著書『孤独なボウリング』において、ひとりでのマシン・ギャンブリングを引き合いに出している。「点在している新しいメガ・カジノへやってくる人たちは、何エーカーにもわたって孤独な「プレイヤー」たちが片腕の山賊の前で静かにうなだれているという背筋の凍える光景を忘れることができない(2005, 105)。

43 Borrell 2008, 213.

44 Giddens 1991; Beck 1992, 1994, 2006; Lupton 1999; Lakoff 2007. などを参照。

45 社会学者のアンソニー・ギデンズは、リスクとして物事を考えることは「日常へと染み込んでおり、現代社会一般に見られる実存主義的な側面」を形成している、と書いている(1991, 3)。現代リスク社会の実存主義的没落を民族誌的な視点から検証している学者には以下の者がいる。Rapp 2000; Petryna 2002; Kaufman 2005; and Fullweily 2008。技術がいかに、リスクと不確定性のある状況において、感情の管理に寄与するかについて考慮している著作は以下の通り。Turkle 1984, 1997, 2011; Biehl, Coutinho, and Outeiro 2004; Martin 2004, 2007; Roberts 2006, 2007; Clough 2007; Biehl and Moran-Thomas 2009。

46 Latour 1999, 199. ドン・アイディは同様に「存在は技術的に色づい」ており、それは単に大きなスケールだけでなく、「日常生活のリズムと空間において」もそうであると書いている(1990, 1)。Turkle 1984, 1997, 2011; Lurhman 2004, 526; Clough 2007; Biehl and Moran-Thomas 2009も参照。技術哲学を研究しているハンス・ジョナスは、一九七九年に「電化製品業界における家庭内の端末」の登場と同時に動力工学からコミュニケーション工学への移行が起きていると書いた際に、感情の自己調節への動きを認めている——「感覚と精神に対して働きかけている」電話、ラジオ、テレビそしてレコード・プレイヤーは「非物質的で精神に対する出力を提供している」(2010 [1979], 19)。現代資本主義社会においてそういった技術が主観に与える影響に対しての学術的批判は、技術には疎外や非人間化の効果があるといった産業時代の批判に立脚すると同時に、そこから出発している(Marx 1992 [1867]; Marcuse 1982 [1941]; Heidegger 1977 [1954]; Ellul 1964; Winner 1977; Borgmann 1984)。

47 依存に関する研究は幅広い社会実験や社会経験に光を当ててくれる——たとえば利益追求、社会関係、自己管理、政策決定などの分野などにである。《Addiction Trajectories》の近刊で編集者が論じるように、依存は「近代的な生活の形に特徴的で、それは消費対生産、病気対健康、通常性対病理性、放置対干渉、所属対疎外などのパターンなどを含む——端的に言えば現代社会を形づくる「もの」それ自体なのである」(Raikhel and Garriott, 2013)。依存に関する近年の文化人類学的な論文に関しては、Bourgois and Schonberg (2009) and Garcia (2010) を見られたい。近代資本主義において依存が占める重要な位置に関する歴史的、文化的な研究については Sedgwick (1992); Courtwright (2001, 2005); Brodie and Redfield (2002) を参照。

48 Comments made as moderator for "The Problem Gambler: Emphasis on Machine Gambling," 11th International Conference on Gambling, 2000。Bernhard et al. 2007 も参照。他の地域でおこなわれた研

究によると七〇%にものぼるギャンブラーが、電子ゲーミング・マシンをギャンブルにおける唯一あるいは第一の問題だと考えている（Schellinck and Schrans 1998, 2003; Breen and Zimmerman 2002; Gorman 2003, A20 などを参照）。

49　APA 1980. 病的賭博がは「他のどこにも分類されない衝動制御障害」としてAPAの『精神障害の診断と統計マニュアル（DSM-III）』に公式に掲載されたにもかかわらず、ほとんどの精神科医や臨床医はこの状態は依存症と考えるのがよいと感じ、マニュアルの後のDSMのバージョンで病的賭博の基準が変更された際には、精神刺激薬使用障害の分類がモデルとして用いられた（APA 1994, 4th ed. Castellani 2000, 54; Lesieur and Rosenthal 1991 も参照）。DSM-V（二〇一三年に発表された）においては「病的賭博」は「ギャンブル障害」へと変更され、「物質関連障害および嗜癖性障害群」の下に分類されることになった。

50　Zangeneh and Hason 2006, 191-93.

51　APA 200, 616。「依存」という言葉の初出はローマ法であり、ある人物が他者へ隷属するということを示す文にあらわれている。普通これは借金を返すためであった（なぜなら、通常借金というのはギャンブルを通じて発生するものであったためであり、ギャンブルに関する研究の中には、ギャンブル依存症が最初の依存症であったと主張するものもある［Rosenthal 1992.］）。後にこの言葉は習慣や趣味に対するより強い献身を指すようになる。「依存」が向精神薬物に関連付けて使われたのは一八世紀になってからである（Shaffer 2003, 1）。この用語は二〇世紀により広い薬物に使われるようになり、すぐにすべての人間の行為へと拡張していった（Sedgwick 1992, 584; Berridge and Edwards 1981; Courtwright 2001; Brodie and Redfeld 2002; Vrecko 2010; Keane and Hamill 2010; Kushner 2010; and various essays in Raikhel and Garriott 2013 も参照）。

52　過度な賭博に関する早期の文章には France 1902; Freud 1966 [1928]; and Bergler 1957 などがある。ギャンブルに対する投薬については Collins 1969, 70; Castellani 2000 を参照。

53　Castellani 2000, 123.

54　Ibid., 132–34; Orford 2005.

55　Dickerson, Haw, and Shepherd 2003, described in Abbott 2006, 7 (Orford 2005, 1237; Cosgrave 2010, 118 も参照). ギャンブル業界がこの診断を受け入れたのは、アルコール業界が似た姿勢を見せて成功したこと、タバコ業界による有名な喫煙と依存症の関係の否定が大きな動機となっている（第一〇章を参照）。病的賭博の診断とそれに対する「個人の感受性」の枠組みについては Wakefield 1997; Castellani 2000; Volberg 2001; Dickerson 2003; Abbott et al. 2004; Orford 2005; Livingstone and Woolley 2007; Reith 2007; Borrell 2008 を参照。

56　Shaffer, Hall, and Vander Bilt 1999.「問題のあるギャンブラー」とは、診断基準を満たさないため病的賭博だと診断されないが（図 i.4 を参照）、ギャンブルにかける時間と金銭を制御することが困難で、その結果、家族、コミュニティそして自身に対して負の影響を経験しているものを指す。問題のあるギャンブルはシェーファー、ホール、ヴァンダービルト（1999）によってギャンブル障害の「レベル2」だと言及されている。全国委員会における証言ではシェーファーはレベル2のギャンブラーのうち四分の一から三分の一がレベル3まで進行するとしている。

57　ギャンブルに関する問題の広まりを計測することの難しさについてに関しては Volberg 2001（特に第四章）2004; Reith 2003;

13–14; Dowling, Smith, and Thomas 2005; Abbott 2006; Doughney 2007; Smith, Hodgins, and Williams 2007を参照。近年ギャンブル業界が多く引用している研究では、商用ギャンブリングが拡大したにもかかわらず、病的賭博で苦しむアメリカ人の割合はこの二五年のあいだ、安定しているとの主張がなされている(Shaffer, LaBrie, and LaPlante 2004a; Shaffer 2005; LaPlante, Shaffer 2007を参照。また、第四章、第十章も参照)。この主張にはいくつかの問題があるが、そのうちでも重要なのが、過去に用いられていたよりも厳しい基準で、あるギャンブラーに問題があるかどうかが判断されているという事実である。アメリカ内外での病的賭博と問題のあるギャンブルについての第一人者であるヴォルバーグが観察するには「羅患率は変わっていないが、それは問題のあるギャンブルを測る方法が過去と近年で異なっていることに多く起因する」(Green 2004内の引用による)。さらなる問題としては、計測された存在率は、ある個人がその一年間にギャンブル関連の問題を持っていたかどうかであって、その人が一度でも問題を抱えていたかを示すものではないということだ。ギャンブルの問題には強弱の波があるということを示す証拠が次々に出てきている(Slutske 2007; Abbott and Clarke 2007; Nelson et al. 2009)——つまりこのサンプリング方法では問題の全貌を把握することはできないのである(Abbott and Volberg 2006)。

ギャンブルに関する問題がある時点で人口のどれくらいに見られるかはさておき、ヴォルバーグは過半数の研究が「合法的なギャンブルの機会の拡大とギャンブリング関連の問題の発生率に関連があるということ」を示していることを指摘する(2004, abstract)。たとえば、一九九九年のギャンブリング国家委員会ではカジノの五〇マイル以内に住んでいる人は二倍も病的賭博になっていることが明らかになっている(Gerstein et al. 1999)し、二〇〇四年の大規模な研究では、大規模なゲーミング施設の一〇マイル以内に住んでいる人はギャンブル問題になるリスクが九〇%も高いことがわかった(Welte et al. 2004)。二〇〇二年には、ヴォルバーグはラスヴェガスでの病的賭博の羅患率はアメリカ全体よりも七五から八五%高いことを発見している——病的賭博と問題のあるギャンブリングを合わせるとラスヴェガス地区の住民の六・七%であった(2002, 136)。この発見を支持するように、二〇〇三年の研究はネヴァダ州南部の住民の三一%が、みずからの世帯には一年以内にギャンブル問題で苦しんだ者がいるとし、六%以上が、深刻に苦しんでいると報告した((United Way of Southern Nevada and Nevada Community Foundation 2003)。

58 PC 1999, 6.1; Abbott and Volberg 2000; Schellinck and Schrans 2004, xi; MacNeil 2009, 142; 154. オーストラリアにおける独立行政委員会が近年報告したように、「ほとんどの成人が日常的にギャンブルをおこなっていない、あるいはまったくギャンブルをおこなっていないなかで、問題のあるギャンブルの羅患率を成人人口における割合として表示することは、実在するリスクを誤解を招く形で提示するものである」(PC 2009, xxi-xxii)。

59 これらの研究の第一波は一九九八年にあらわれた。この年にルシュールは、アメリカの四つの州とカナダの三つの州を検証したところ、病的賭博者と問題のあるギャンブラーがギャンブルによる支出のうち平均で三〇・四%を占めていること——最低は二二・六、最大は四一・二であった——を示した。彼は、問題のあるプレイと関連付けられるゲームを特定し、この群にスロットマシンをおいた(Lesieur 1998, 164–65)。モンタナ州ギャンブリング研究委員会に提出された報告書では、病的賭博者と問題のあるギャンブラーがビデオ・ギャンブリングに対する支出（あるいは売上とも言える）の三六%を占めていた（比較として、この割合はビンゴでは二五%、宝くじでは一一%であった）（Polzin et al. 1998, see fig. 6, p. 25）。翌年ルイジアナ州ギャンブリング規制委員会へ提出された報告書でも同様に、リバーボート・カジノに対する全支出の三〇%、ギャンブリング・マシンに対する支出の二七%が病的賭博者と問題のあるギャンブラーによるものであった（Ryan and Speyrer 1999）。一九九八年のノヴァ・スコシア州での研究は、ネット・ギャンブリング・マシン（あるいはビデオ・ロッタリー）の売上のわずか四%が「時たまプレイする」者からのものであり（人数としては七五%にのぼるのだが）、九六%の売上は全体の六%のみずからを「日常的なギャンブラー」とする人々から上がっていることを発見した（Schellinck and Schrans 1998, 7）。これらの日常的なギャンブラーのおおよそ一六%が「問題のあるギャンブラー」であり、全体のプレイヤー人口の一%でしかないにもかかわらず、マシンから上がる売上の五三%を構成していた(ibid., 14)。オーストラリア政府に提出された大規模な疫学的報告書では、軽度、重度の問題のあるギャンブラーは人口の四・七%しか占めていないが、ギャンブリングの総売上の三三%、ギャンブリング・マシンの売上の四二・四%を占めていると予想している（PC 1999, 6.54; 7.46; appendix P, p. 16）。二〇〇一年の研究は同様に、すべての商用ギャンブリングの売上の三七%と、ギャンブリング・マシンの売上の四八・二%が問題のあるギャンブラーによるものだと明らかにしており（AIGR 2001, table 25, 114）、二〇〇五年の研究はギャンブリング・マシンの売上の四三%は問題のあるプレイヤーから上がっているとしている（Young, Stevens, and Tyler 2006, 46）。二〇〇四年のオンタリオ州での報告は、ゲーミングから上がる売上の三五%が軽度あるいは重度の問題のあるギャンブラーからで、マシン・ギャンブリングの売上の六〇%が問題のあるギャンブラーから上がっているとしている（Williams and Wood 2004, 6, 42, 44）。オーストラリア政府の最新の包括的な研究は、問題のあるギャンブラーによる支出は「四〇%程度を占めており、ある予測によると、六〇%ものシェアがあるとの可能性が指摘されており、もっとも保守的な見方でも、二二%以上だ」と確認している。この研究はさらに、一週間に一回以上ギャンブリング・マシンでプレイする人のうち一六%が問題のあるギャンブラーで、それに加えて一五%がギャンブル問題を抱える「軽度のリスク」を背負っていることを明らかにした（PC 2010, 16）。

60 ある研究では、常にギャンブリング・デバイスの前に座っている人の半数近くが問題のあるギャンブル行為を示すと断定された（Schellinck and Schrans 1998; 2004, xi）。連続体的観点から罹患率の尺度を考えるべきだとする議論については、Dickerson 2003、Volberg 2004 を参照。

61 Smith and Wynne 2004, 54.

62 Gerstein 1999、PC 1999, 2010、Dickerson, Haw, and Shepherd 2003、Smith and Wynne 2004、Dowling, Smith, and Thomas 2005、Abbott 2006、Smith and Campbell 2007, 86 を参照。人類学者サラ・ジェーンは「製造物責任法は、設計と使用との不安定なネットワーク内に、説明と責任の二つの場、つまり人と物という立ち位置を提供する」（2006, 12）と書いている。煙草をめぐる「人か製品か」の議論については、Brandt 2007 を参照。より全般的な依存症における同様の議論については、Courtwright 2001, 94-97 を参照。ギャンブリング・マシン依存症に特化した同議題のより詳細な議論は、第十章を参照。

63 Breen and Zimmerman 2002; Breen 2004. より短時間で依存症になる現象は「テレスコーピング」として知られている。

64 Abbott 2006, 7（Dickerson, Haw, and Shepherd 2003 についての記述）。あわせて Schellinck and Schrans 1998、Griffiths 1999、Dickerson 2003、Turner and Horbay 2004, 32、Livingstone and Woolley 2008, 120、Hancock, Schellinck,and Schrans 2008 を参照。この見解については、第十章の終わり近くと「終わりに」で充分に検討する。

65 PC 2009, xxvii.

66 ギャンブル業界の見解については Stewart 2010 を参照。

67 Shaffer 2004, 9.

68 Shaffer n.d. 1996年、シェーファーは次のように書いた。「依存症を定義するのは、人と、その人が依存する対象との関係である」(1996, 465–66)。その後見解を改め、「技術と過度に関わるよりもかなり前に精神機能障害が生じる」と述べた(Shaffer 2004, 10)。この見解の変化は、シェーファーが 1990 年代後半にギャンブル業界から献金を受け始めたことと関係していたかもしれない。詳細は、第十章および「終わりに」を参照。

69 Shaffer n.d. シェーファーは次のように書いている。「潜在力とは、薬物またはギャンブルの、主観的体験を変化させる能力を指す」(Shaffer 2004, 15)。「新たな技術」は「情緒状態を変える相対的に確実で、効能のある現代的な手段を提供する」というスロットマシンの能力を強化することで、スロットマシンの潜在力を向上させた、と言及している（Shaffer 1996, 461)。

70 ギャンブリング的な活動が脳にどう影響するかを、脳神経学的な見地から研究した事例は、Breiter et al. 2001、Lehrer 2007、Vrecko 2010、Keane and Hamill 2010、Kushner 2010 を参照。行動的依存は、摂取した精神活性物質というやっかいな存在によって問題が複雑化することがないため、「薬物依存の情報モデルとしての機能を果たす可能性がある」（Bechara 2003, 44）とまで示唆する科学者もいる。シェーファーが 1998 年の全国ギャンブリング研究委員会に有利な証言をしているように、「ギャンブル障害の研究は、われわれの薬物依存症に対する理解を活性化する可能性があり、その可能性は逆の場合よりも大きい」。

71 Eggert 2004, 227. この調子で、素早いスロットプレイヤーであれば、一時間あたり平均およそ一〇〇〇回賭けられる（Grochowski 2003)。

72 Griffiths 1993, 1999. 発生頻度はあらゆる依存症の発症と相関関係にある。

73 ヘンリー・レシアーの発言。Green (2004) 内の引用による。Lesieur 1977.

74 ひとつ目はロバート・ブリーンの発言 (Green 2004 内の引用による)。私はロバート・ハンターが「電子版モルヒネ」という用語を使ったのを聞いた。ハンターもハワード・シェーファーも、そして他の人たちも、ギャンブリング・マシンについて語る際、「クラック・コカイン」の比喩を使ったことがある（例として、Bulkeley 1992、Simurda 1994、Dyer 2001 を参照)。

75 Bacon (1999) 内の引用による。シェーファーは一九九四年に「それはコカインにとってのラックのようなものだ」と述べている。「ギャンブルをすることがあまりにも簡単になってきている」（Simurda 1994 内の引用より。あわせて Dyer 2001、Rivlin 2004, 74 を参照)。もともとマシン・ギャンブリングの「クラック・コカイン」とはビデオ・ポーカーという特定の遊びを指すものだった (Bulkeley 1992) が、すぐにすべての形態のビデオ・ギャンブリングを指すようになった。

76 Rivlin (2004, 74) 内の引用による。

77 ハンターとの私信（1999）より。あわせて Dickerson 2003、Shaffer 2004, 15、Parke and Griffiths 2006 を参照。

78 Rivlin (2004, 74) 内の引用による。

79 Reith 1999, chapter 3. Elster (1999) および Malaby (2003) も同様の所見を述べたことがある。

80 Thomas, Sullivan, and Allen 2009, 3. 三人の研究者は、過度なプレイにのめりこむ理由として、マシン・ギャンブラーが挙げた主な理由を一覧にまとめた。いろいろな問題について考えないようにするため。悩みから一時的に開放されるため。義務について考えないようにするため。人生の重圧から気をそらすため。マシンが焦点を与えてくれるため。煩わしい物事を忘れられるため。ひとりで逃避する場所。様々な要求に押しつぶされそうになったときに行く場所。屋外の問題から気をそらすため。自分がそこにいるとは誰も知らないため。口論の後に行く場所（ibid, 8）。あわせて Jacobs 1988、Wood and Griffiths 2007、Borrell 2008 を参照。ギャンブリングは、個人的な悩みとネガティブな感情状態からの逃避手段であるという考え方は、「ニード・ステート理論」と呼ばれることも多い。

81 医師であり、スロット愛好家でもあるデイヴィッド・フォレストの示唆するところによると、ギャンブリングはそのペースとリズム（一〇秒ごとに三回転、すなわちフォレストの言葉を借りると「基本的スロットプレイ率」）が人間の呼吸ペースと一致しているため、トランスのような瞑想状態をつくり出すという（2012, 49）。

82 〈ゾーン〉という用語は、マシン・ギャンブリングとの関連で他の英語圏の国々でも使用されている。ある著者の報告によると、オーストラリアでは、「〈ゾーン〉という概念ほど」ギャンブラーにとって重要なテーマはなく、「問題のあるギャンブラーがプレイに没頭するうち突入するように見える乖離状態を表現するために、多くのギャンブラーとカウンセラーが〈ゾーン〉という用語を用いる」（Livingstone 2005, 528）。ゾーンは「人生の他の部分と調和しない、特殊な空間と時間であり（中略）世間から隔離した場所である。そこでは今現在の、永遠に続く瞬間以外はたいして重要でない」とリビングストンは詳述している（ibid. あわせて PC 2010,11.16 を参照）。ギャンブラーたちの説明に現れる語彙から分かるように、集中的なマシンプレイで達する〈ゾーン〉は、他の主体一時停止状態および主体不在状態と共通の性質を有している。〈ゾーン〉に相似するものの例として、人類学の文献においては悪魔憑き、宗教儀式によるトランスが、宗教学研究においては神秘論、瞑想、忘我状態の祈祷が、心理学の文献においては催眠状態、離人症、乖離、解離性とん走、各種依存状態、さらにはある心理学者が「フロー」（Csikszentmihalyi 1975, 1994. あわせて Luhrmann 2000 を参照）と命名した創造的な没入状態が挙げられる。これらの様々な現象は似たような（もしくはまったく同一とさえ言える）心理変化を伴うかもしれないが、背景となる社会環境や文化的理念、発現技術、表現形式、必要な装身具はそれぞれ異なる。私の〈マシン・ゾーン〉の分析においては、他の「変容状態」との共通点よりも相違点に焦点を当てる（マシン・ギャンブリングと心理学的「フロー」の相違について詳しくは第六章を参照）。

83 Sojourner 2010, 149.

84 Woolley 2009, 187. 歴史家デイヴィッド・コートライトが指摘するように、テクノロジーの進化はあらゆる依存症の重要な要素である。「改良されたスティル（ウィスキーの蒸留器）、皮下注射器、ブレンデッド・シガレットといった発明品は、洗練された化学物質を消費者の脳に行き渡らせるより効果的で、迅速で、うまみのある方法をもたらした」(2001, 4)

85 Ihde 1990, 2002. Ihde はそのアプローチを「ポスト現象学的」と呼ぶ。存在や現実の確かなエッセンスを照射するのではなく、人間と世界の関係を照らし出そうとしているためだ。より近年では(Ihde 2002)「ポスト主観主義」という表現を編み出し、この関係論的アプローチを現象学から説明しようと試みている(Verbeek 2005a, 2005b を参照)。

86 ラトゥール曰く、非人間存在は生きていないし意思も持たないが、まだこの世界において活動し、影響を与え得る。その意味において主体と客体は共に「アクタン」であるとラトゥールはみなす。(Latour 1988, 1992, 1994, 1999; Akrich 1992; Akrich and Latour 1992). 多少の違いはあるものの、ラトゥールの「アクタント」の概念に類似しているのがイドの「テクノロジー志向性」(1990, 141-43) および Andrew Pickering の「機械的作用」である。

87 Gomart and Hennion 1999, 243.「アフォーダンス」という用語は心理学者ジェームズ・ギブソンが1970年代後半に提唱したもので、行為者と与えられたシステムの相互活動を支える「環境における対象物や配置の性質」を説明するものである。

88 依存症が主観と客観の同時生産物だとする分析は Gomart 1999; Hennion and Gomart 1999 を参照。

89 Stewart 2010, 18. ギャンブリング業界がよく行うのが、利用者に有害とされる別の製品と同一視する比喩を用いて、自分たちの製品を擁護するやり方である。たとえばアルコール(「アルコール依存症は瓶詰めになっているわけではなく、人間の問題だ」)、自動車(「馬力のある車がドライバーに速度を出させるわけではない」[Blaszczynski 2005]) など。

90 引用は VLT に依存性があるか否かをめぐるカナダの訴訟において、被告側を弁護したオーストラリア人ギャンブル研究者ブラスズチンスキーの巧みな証言の一部である。(Blaszczynski 2008, 7). この証言においてブラスズチンスキーは、スピード違反が「究極的にはドライバーの心理状況および選択に依るものであるように」、スロットマシン依存症も「(マシンではなく)個人に内在する要素から」派生すると主張した。(Blaszczynski 2008, 12).

91 Roberts 2010.

92 Latour 1999, 179. イド自身も銃を例にして類似の分析を行っている。(1990, 26–27). ラトゥールとイドの微少な差異と共通点については Verbeek 2005a を参照。

93 Winner 1986; Latour 1994, 1999; Verbeek 2005a, 2005b; Poel and Verbeek 2006; Suchman 2007a. 人間=非人間を分析する際により対称性を要求するアクターネットワーク理論を踏まえつつ、そこから離れる形で、サッチマンは人間と非人間が互いを構成する際の非対称性や不均斉に十分注意するよう学者に呼びかける。(Suchman 2007b, 268–69)「人間と非人間はより大きなシステムにおいてパラレルでも交換可能でもない」と、ジェインは製造物責任法を分析する中で鋭く指摘する。(2006, 16).

94 Grint and Woolgar 1997, 71. See also Woolgar 1991; Akrich 1992, 205–24; Akrich and Latour 1992, 259–64; Latour 1992, 152; Latour 1999; Verbeek 2005a, 2005b; Poel and Verbeek 2006, 233; Suchman 2007a, 2007b.

95 Quoted in Rotstein (2009, n.p.).

96 Panasitti and Schüll 1993.

97 本書で「強迫性」または「依存性」と言うときは、臨床的あるいは症例的な意味合いではなく、より砕けた説明のために（ギャンブラー自身がするように）過剰、コントロール不能、やめられない、破壊的といった状態を示すため使っている。注意していただきたいのは、それらの単語のあいだには技術的な意味合いの差が数多くあるということだ。ギャンブラーズ・アノニマスは「強迫性」という単語を好むが、精神科医の多くはその単語には語弊があり、過剰なギャンブリングには実際「衝動性」があるのだと指摘する。強迫性が自身の内なる欲求とは異なる外側の力に左右される感覚を示すいっぽう、衝動性はある行動を期待して緊張感あるいは興奮が増し、その後喜び、満足感、達成による解放感を味わうことを意味する。言い換えるなら衝動性は「自我同調的」で（意図的で目的があること）、強迫性は「自我異和的」（無意識かつ単発で目的もない）なのだ。ギャンブリングは自我同調的で快適な行為だとして（少なくとも最初のうちは）、元のアメリカ精神医学会の病的ギャンブリング診断タスクフォースは、症状は強迫性ではなく衝動コントロール障害と分類されるべきだとして一致した。（APA 1980）しかしギャンブリングが問題になるのは、一般的にそれが自身の意図に関わりなく、かつ強制であると感じられるようになったときなので、一部でその決断は物議を醸した。最近、病的ギャンブリングを「ギャンブル障害」と名称変更し、衝動制御障害ではなく依存症に再分類することが決まったので、先の議論はおそらく廃れることだろう。

98 既に廃業しているが、ラスヴェガス・トライメリディアン診療所が誕生したのは一九九七年だった。投資家たちとしては、病的ギャンブリングの診断が保険の対象である、と保険会社を説得できるなら利益は出ると踏んでいた。保険会社は今も説得されていない。会社の役員にして精神科医のリチャード・ローゼンタールは、著者の研究プロジェクトに詳しく、研究の一環として新しいラスヴェガス支部で研修する機会を作ってくれた。同僚のロリ・ルグルがさまざまな手配をしてくれた。研修生という立場で、著者は詳細なクライアントインテーク［受理面接］、グループセラピー、職員ミーティングに参加し、書記を務めた。その結果として著者はトライメリディアンが製薬会社エリ・リリィの委託を受けて実施していたビデオポーカー依存症の臨床薬の実験アシスタントとして採用された。被験者を実験に参加させる過程で、著者は個人でもグループでも一切セラピーに参加したことがないというギャンブラーたちに出会い、のちにインタビューを行った。

99 一九九〇年、ハンターは彼の女性患者の九五％と男性患者の七四％が、ギャンブリング・マシンだけをプレイしていると報告した。著者がGAのミーティングに参加するようになった一九九五年には、その数字は女性患者九七％、男性患者八〇％に変わっていた。過去十五年で、そのジェンダーギャップはさらに狭まっている。マシンをプレイする男性が増えたこともあり、どちらの性もギャンブルに晒されれば同様に問題を抱える可能性があることが明らかになった。（Breen and Zimmerman 2002, 48; Breen 2004; see also Abbott 2006). ギャンブリングの歴史が異なる国では、マシン・ギャンブリングのジェンダー差は存在しないか、逆の結果を示す。たとえばオーストラリアでは、男性は女性よりマシンで遊んだ経験が多い。カナダでは、スロットマシン市場の六〇％を占めるのは若い男性だ。ロシアでは、市場の七〇％は男性だ。（Schellinck and Schrans 1998; AIGR 2001, 9, 54; Rutherford 2005b, 22). アメリカでは、一九七〇年代以前はテーブル・ギャンブリングをできるのはほぼ男性に限られていたという経緯のため、女性はマシン・ギャンブリングを好む。女性がマシンをプレイしたのは、テーブルには女性の場所はないと考えられており、そのため遊び方を覚えられなかったせいだ。いっぽうスロットマシンが女性のものとして定着したため、男性はそれで遊ぼうとは思わなかった。だがひとたびマシンがコンピューター化されると——そして業界により利益をもたらすようになると——マシン・ギャンブリングを女性のものとする考え方は廃れた。ラスヴェガスで年二回発行される「レジデント・サーヴェイズ」によると、一九九〇年代によくマシンでプレイしたと答えるのは女性が「桁違いに」多いが（GLS Research 1993; 1995; 1997; 1999）、2002年の時点ではわずか七〜十%上回る程度だった。ジェンダーとギャンブルについては第七章を参照。

100　ロードアイランド病院でギャンブル依存症の専門医を務めるロバート・ブリーンは、この連続的な経験について次のように述べている。「私はカジノに入れる年齢にもなっていない人々が、既にビデオスロットにのめり込んでいるのを見ました。70代や80代、黒人、白人、富裕層、貧困層、大学院生、高校を出ていない人間、精神的な問題——うつ、アルコール依存、セラピーの経験に縁のない人間、安定した職があり、税金を払い、家族を養い、子供たちを大学にやった人間を見ました。条件さえ整えば、ほとんど誰でもスロットに取り憑かれてしまうのです」（エリザベス・マシーが二〇〇八年におこなったビデオ・インタビューより。youtube.com/watch?v=jNL3FzU_glU, 二〇一〇年一月閲覧）ギャンブル依存はしばしば「機会均等依存症」と呼ばれ、元麻薬統制政策局長ウィリアム・バネットのように社会的に成功を収めた人物が陥ることもある。バネットはビデオポーカーを2〜3日連続ですることもあるのが知られていた（Green 2003）。それでも、特定の社会層は飛び抜けて依存症に脆弱だ——学歴が高卒かそれ以下、年収の低い人間、高齢者、女性、ギャンブル業界の労働者、移民して間もない人間。社会的な差異が過剰なギャンブリングをどのように引き起こすか、特定の少数派（たとえば経済的に恵まれていない層）がどのように突出して「問題あるギャンブラー」と呼ばれることになるか、その議論はVolberg 2001, 55–57; Volberg and Wray 2007を参照。

101　本プロジェクトを通して著者は約八〇人のギャンブラーに話を聞いた。インタビューに形式はなく、オープンエンドで、ほぼ二時間強で終わった。場所は個人の家、ホテルの客室、チェーンのレストラン、地元のバー、カジノのビュッフェ、女性洗面所のラウンジ、ショッピングセンターの駐車場の車の中だった。著者は毎回、どのような経緯でラスヴェガスに住むことになったのか、どのようにしてギャンブルを覚えたのか聞くところから始めた。その質問はしばしば長い物語の引き金になり、途中で口を挟んで説明を求めたり、より詳しく語るよう頼んだりすることもあったが、誘導はしなかった。ギャンブラーには特定のプレイについて解説するよう頼み、プレイするマシンについても詳しく聞いた。インタビューはカセットテープに録音し、ノートも取った。二〜三回、面会したギャンブラーもいたし、一度しか話を聞かないギャンブラーもいた。電話や手紙、Eメールで連絡を取り合う相手もいた。

102　Katrina, quoted in Borrell (2004, 183, 182).

103　Venturi, Izenour, and Brown 1972.

104　モリーのマップで本書を始めようというアイデアは、人類学者ステファニア・パンドルフォが自身の本の冒頭に、地元民に描いてもらったモロッコの村の地図を載せていたのを見て生まれた。パンドルフォは、それが「これから読者が旅する空間 - 時間的宇宙の詩的な海図で」であり、「その『地図』に、民族誌学ではおおむね背景の説明に用いられる冒頭の頁を与えた」と記していた。(1997, 6)

105 「相互的な出会いは」と、サッチマンは述べる。「例外なく多くの他の人間、人工物、進行中のアクティビティが混在する場所で起きる。すべてがさまざまに影響を与えあうのだ」(2007b, 284) テクノロジーの研究者も「社会技術的アンサンブル」、「社会物質的アサンブラージュ（寄せ集め）」といった用語を使い (Bijker and Law 1992; Latour 1999)、サッチマンの提示する人間、人工物、アクティビティの配列を説明している。より一般的に社会理論で概念化されているように、アサンブラージュには人工物、慣習、欲求、それらの連携のための集団が必要で、各自が制御と可能性、意図と不確実性のダイナミクスを備えている。ポール・ラビノウはアサンブラージュを「異質な要素、テクニック、概念の実験的マトリクス」と表現し、「現代の人類学」とは台頭するアサンブラージュの発見と、それを広いコンテクストに置くことだと定義する。(2003, 56) 著者はこの課題に、「ゾーン」を出発点としてアプローチしたい――「ゾーン」とは広範囲な技術的、社会的、政治経済的コンテクストからの逃避の場所であり、実証的にその中に存在もし得る場所だ。ドゥルーズとガタリが記したように、すべてのアサンブラージュには「一筋の逃避」がある（注意いただきたいのは、ギャンブラー自身の表現から派生した著者の用語「ゾーン」は、「技術的ゾーン」として人工物あるいは習慣に関わる共通の単位、コミュニケーション、法のスタンダードのアサンブラージュを説明しようとしたBarry [2006] より、感情および現象学的な側面により重きを置いているという点である）。

第1章

1 Venturi, Izenour, and Brown 1972. 現在、本書はポストモダン美学および建築環境の基本書とみなされている。

2 Ibid., 50.

3 Ibid., 49.

4 Reisman 1950.

5 建築学者アラン・ヘスは、1980年代以降の「企業花盛り」ラスヴェガスの大物たちが「新たな建築を発注するとき、しばしばスタイル面での安全に慎重になりすぎ」た結果「大型経済には合致するが、大衆の好みには合わない似たり寄ったりの建物」を量産したと指摘する。(1993, 100, 102)「ラスヴェガスのホテルやカジノ建築は創造と想像のたまものにも見えるが、そこには目的に見合った計画があり、ハイレベルな専門性と知識が要求される」と、別の研究者も記す。(Ötsch 2003, 135). Gottdiener, Collins, and Dickens 1999, 92も参照のこと。

6 Jameson 1991. 本書の内容と影響についてのより詳細な言及はIzenour and Dashiell (1990) およびアンソロジー Relearning from Las Vegas (Vinegar and Golec 2008) を参照。資本主義における空間の重要性については、空間が「生産的消費」に不可欠であり、最終的には支配層の経済的関心に利すると論じたLefebvre (1991 [1974], 21, 374-75) が詳しい。

7 Jerde Partnership社Michael Hong、Ötsch 2003, 91, 93のインタビューより。カジノ設計者はショッピングモールなどの商業施設の設計者同様、空間とは客を活発かつ不断に動かし続ける永続的な「絵コンテ」で、「理想的な消費者活動を可能にする」と見なしている。フレデリック・ジェイムソンは1991年、「最近の建築に関する学説は、他の分野からナラティヴ分析を拝借するようになっている」と述べた。「こうした建物を通り抜ける人間の身体的な軌道を、仮想的なナラティヴあるいはストーリー、ダイナミックな道筋あるいはナラティヴの地平として捉えている。訪問者はそれを満たし、自身の肉体とムーヴメントで完成させることを求められているのだ」(42)

8 Sweephand のウェブサイトより。二〇〇四年五月に閲覧。

9 Friedman 1982 [1974].

10 Friedman 2000, 63.

11 Otsch は同じ用語を使って Friedman のアプローチを説明している。(2003, 135)

12 Friedman 2000, 64.

13 カジノ設計における主要な競争モデルは、ゲームコンサルタントのデイヴィッド・クレーンズ (1995) によるものだ。フリードマンと対照的に、クレーンズが強調するのは混乱ではなく「読みやすさ」、大量の刺激ではなく環境的な刺激からの解放、密集状態ではなく風通しのいい空間、人工的な光ではなく自然光である。ギャンブルのみではなく、建物そのものを体験の一部とする観光地は、しばしばこのデザインモデルを取り入れている。一部の研究者は、フリードマンの指針に従ってデザインされたカジノは客のギャンブルに対する衝動と欲求を高め、いっぽうクレーンズに従えば認知的な明瞭性および理性的な判断が後押しされるとしている。(Finlay et al. 2006)

14 Ibid., 42.

15 Ibid., 84.

16 Friedman 2000, 104.

17 Ibid., 105.

18 Panelist for "Casino Floor Layout: Variations from Around the World," G2E 2009.

19 トーマス・サリバンおよびアレンも、マシン・ギャンブリングをする人たちが求めるのは「邪魔されることのない自分だけのオアシス」だと論じる。(2009, 3)

20 Friedman 2000, 66. リースが指摘するように、カジノの外観は不定形で「迷路のような混乱」を呈しているかもしれないが、ギャンブリングという行為自体はギャンブラーがコントロールを達成するための手段である。「この行為を通して、カジノ施設の感覚的な混乱から秩序と規則性が生まれる。ゲームの反復的な動作を通して、世界はふたたび整頓されたものとなる」(Reith 1999, 123) リースはマシンを「秩序のオアシス」と表現する。「マシンに近づくにつれてプレイヤーの注意と行動の範囲は絞られ、ゲームの能動性によって次の行動を選ぶという重圧から徐々に解放される」

21 Friedman 2000, 70.

22 フリードマン曰く、同様のルールは日用品店ほかの消費施設にもあてはまる。客は開放された空間ではなく、「遮断された洞窟」で消費活動に当たるのを好むのだ。

23 Ibid., 51.

24 Ibid., 64.

25 高さの変化のみならず幅と奥行きの高さとの関連も視野に入れた、恐ろしく綿密な「天井の高さとプレイヤーのカウントの関連についての方法論的研究」の結果、フリードマンは12フィートを超す天井は避けるべきだと結論している。(ibid., 20).

26 ここで言及されているのは近隣のカジノ、〈サンタ・フェ〉である。

27 Ibid., 331.

28 Ibid., 48.

29 哲学者ドゥルーズとガタリの用語を借用するなら、ギャンブリング・ゾーンを「平滑空間」、すなわち区切りがなく継続的で、分割や境界が存在しない場所と表現することもできるだろう。「そのような空間を生み出し、使い、利用しようとする」という点で（Osborne and Rose 2004, 218）、フリードマンは「平滑空間の技術者」である。ギャンブルにおいて「滑らかさ」を有効活用するため、彼は囲み空間の形成、セグメンテーション、建築、知覚的分断など、建築における戦略を取り入れている。

30 最近オーストラリアで発表された研究の執筆者たちは、カジノ建築はプレイヤーの聖域を生み出すとしている。「中にはゲーミング・ルームを比較的オープンなレイアウトにしているものもあるが、多くはEGMがプレイ中に他人の視線を浴びることを好まない客に「覆い」を与えるよう設計している。EGMがゲーミング・ルームの奥にずらりと配置され、客の姿を見えにくくしているのは珍しいことではない」（Livingstone and Woolley 2008, 108）他のオーストラリア人研究者は、カジノ環境がギャンブラーの求める逃避を可能にするため、どのようにして退避地域または隠れ場所を作っているか研究している。（Thomas et al. 2011）

31 Friedman 2000, 22.

32 Ibid., 52.

33 Allen 1992, 6.

34 一九九二年のバトラー・デレイターによるインタビューから（Panasitti and Schüll 1993）。「〈ミラージュ〉の内部デザインの主たる指針は、大きなものを小さく見せることだった」と、スティーヴ・ウィン（World Gaming Congress and Expo 1990の〈カジノデザイン〉パネリスト）の兄弟でもあるケネス・ウィンは語っている。外観としては、巨大な建物に三段重ねの窓と大きなシャッターがあしらわれ、家庭的で小規模な印象を与えるようになっていた。このデザイン戦略はウィンの次なる大作〈The Bellagio〉でも、六枚の窓を一枚に見せるという形で使われている。

35 Friedman 2000, 82, 69.

36 別のカジノ設計の研究者も、フリードマンの典型的な「オープンスペースの欠如が混乱を招き、場面の論理的解釈を妨げるかもしれない」と述べている。（Finlay et al. 2006, 580）

37 ジャン・ボードリヤールが指摘したように、商品の陳列は「無秩序を装ってさらに客を誘惑しているようだが、必ず行くべき道を察知させるよう並べられている」。（1988, 31）マーガレット・クローフォードがショッピングモールの研究の中で述べたように、この並べ方が適切ではないと、「その結果起きる混乱のせいで客は急性麻痺を起こす」（1992, 17）フリードマンもカジノと小売店の設計の類似性を認め、その先駆けとなったウールワスの手法を想起している。そこでは「棚卸し表が客の目の前に突きつけられている」のだ。（2000, 82; 消費空間についてより詳しいことを知りたければ Crawford 1992; Williams 1992; Benjamin 1999 を参照）。

38 Friedman 2000, 56.

39 Ibid., 64, emphasis mine.

40 Ibid., 63–64.

41 フリードマンは劇的な調子で「一段高くなったエントランスと納屋効果の組み合わせによる破滅的な効果」について語る。客は「地球の胎内に下っていく深い洞窟のような、巨大で未分化な広がりを見下ろすことになる」

42 "Cashless Slot Machines" 1985, 25, 26. デザイン会社社長ディレオナルドは、一九八〇年代半ばに環境心理学者をスタッフに加えている。「環境心理学とは空間の性質に対して人々がどう反応するか研究する、新しい科学のカテゴリだ」

43 Zia Hanson、Otsch のインタビューより抜粋。対照的に出口は「控えめで、カモフラージュに近い状態で、知覚的に室内の環境に埋没するよう作られるべき」（Friedman 2000, 149）

44 Friedman 2000, 81.

45 Gasser Chairs の CEO、Legato より抜粋（1987, 15）「曲線の優美さは」と、哲学者ガストン・バシュラールは The Poetics of Space に記した。「その場に留まろうという誘いだ。そこへ戻ってこようと思わないかぎり、われわれはそれから逃れられない。美しい曲線には網のような力がある。われわれの所有欲を煽るもので、曲線状の袋小路、人間の作る幾何学だ」（Bachelard 1969 [1958], 146).

46 Panelist for "Casino Floor Layout: Variations from Around the World," G2E 2009.

47 Friedman 2000, 147.

48 建築を使って歩行者をギャンブルに誘い込もうとする初期の例が、Reno のみずからのカジノから窓ガラスを取り除くという 1967 年の William Harrah による決断だ。代わりに使われたのは Harrah 呼ぶところの「空気カーテン」（濾過された一陣の空気が下に向かう）だった。こうして歩行者はカジノの中を見るだけでなく、コインがぶつかる音や、サイコロのディーラーが声を上げるのを聞くようになった。「その場を通り過ぎる人間はほぼプレイの一部だと言ってもいい」と、Harrah の従業員のひとりは言った。「衝動的な反応の速度を緩めるバリアはどこにもない」（Sanders 1973, 106–7 より引用）

49 Friedman 2000, 81.

50 Ibid., 81.

51 Ibid.

52 Ibid., 84.

53 Mayer and Johnson 2003, 22.

54 スピノザに倣い、ドゥルーズとガタリ（1988）はアフェクト（感情）を「感情を与える能力、そして感情を与えられること」と定義する。マッスミ（1995; 2002）の指摘では、感情とは意識以前および意識の外にあるもので、エモーション（社会言語学的なもの）やフィーリング（個人的かつ伝記的なもの）とは異なる。リオタール（1993）は感情を「リビドー的エネルギー」にして「強烈なもの」と捉え、解釈と搾取の余地があり、環境、システム、構造の中にのみ存在するものとする。Negri 1999 および Clough 2007 も参照のこと。感情と主観性に関する人類学的テキストは Desjarlais 2003; Biehl 2004; Luhrmann 2004, 2005; Pandolfo 2006; Biehl, Good, and Kleinman 2007; Stewart 2007; Masco 2008; Mazarella 2008; Biehl and Moran-Thomas 2009 を参照。

55 Masumi 1995; 2002. ポストモダンの世紀とは縮小あるいは平板な情動だとするジェイムソン（1999）の主張に対し、マッスミは情動の氾濫こそ現代の資本主義社会の特色だとする。(1995, 88; 2002, 27) 価値の生産と情動に関するさらなる議論は Negri (1999), and Clough (2000, 2007) を参照。

56 Hirsch 1995. Hirsch は精神科医および神経学者である。

57 Ibid., 593.

58 Ibid., 585–86.

59 Friedman 2000, 136.

60 Ibid., 140.

61 Ibid., 101–2. フリードマンは過剰な装飾がギャンブル用の設備を隠してしまったとして、〈ミラージュ〉の室内を手掛けたデザイナーらを批判している。そこには「青々とした植物、美しい花、夢のような水槽」が置かれていたという（Friedman 2003, 82)。そのような華やかさから想起されるデザインモデルはクレーンズのものだ（1995)。

62　Ibid.

63　Friedman 2000, 7, emphasis mine.

64　Ibid., 135.

65　Ibid., 136.

66　Manager for Digigram (quoted in Holtmann 2004, 30), emphasis mine.

67　Ötsch 2003, 137.

68　Quoted in Holtmann (2004, 30, emphasis mine).

69　Ötsch 2003, 137.

70　Karen Finlay、Thompson より引用（2009, n.p.）ギャンブル研究者のリビングストンとウーリーは、問題のあるギャンブラーはギャンブリング・マシンの大音量の音楽やサウンドを嫌うと指摘している（2008, 102)。

71　一九〇〇年代前半、ある工場エンジニアが仕事の流れにおける物理的な設計の役割を指摘している。「建物の設計は、あたかも建物が一切存在しないかのように、仕事の進捗を促すものであるべきだ（Charles Day, Biggs 1995, S183 による引用）ビッグスによると近代産業の歴史研究家たちは機械にばかり注目し、「工場そのもの――その設計、レイアウト、構造」には注意を払っていない。だが一部のエンジニアは建物を「主要な機械」または「すべての小規模な機械を含むか、それらを関連づける大きな機械」と見なしていたという（Biggs 1995, S174, S181)。ビッグスは工場の分析とは副次的なものではなく、「生産のプロセスにおけるダイナミックな要素」だと断言する。本章もカジノの内部設計に関して類似した分析をおこなう。

72　Reith 1999, 143, 144. カジノ設計と興味深い対をなすのは、関連こそあるが金とリスクという面で大きく異なる、株取引に使われる建物の設計である。人類学者ケイトリン・ザルーム（2006）は、旧シカゴ証券取引所の株取引用フロアを「循環する設計」と呼ぶ。そのデザインはヒエラルキー、ステータスの表明、リレーショナリティ、具体化を促進するのだ。頭上の巨大な時計は、そこを通る者に金と時間の関連を思い出させ、未来に対する意識を刺激する。広々とした空間は人の行き来をたやすくする。情報に対する平等なアクセス権は、合理的な判断を可能にする。ザルームは株取引という行為を、相関的なリスクのフィールドにおいて自己を危険にさらすギアツの「深い遊び」になぞらえている。ザルーム曰く、取引人たちの行為は自己を制御する資本主義的倫理の体現なのだ。

73　"Design/Construction Firms" 1985, 25.

74　Foucault 1979, 172.

75　Ötsch 2003, 138; Klein 2002.

76　ドゥルーズは権力の型をおおまかに「君主型」、「規律型」、「管理型」に分類したが、「新旧の」権力の型について明確な線引きはしなかった。代わりにそれらが「必要な修正のもと」相互に乗り入れる可能性を論じている。マルクス主義的な視点からは同様にハーヴェイ（1989）とジェイムソン（1991）が、産業主義的フォーディズムの戦略は衰退したわけではなく、新たな型と時空間の圧縮のもと強度を増していることを指摘している。根底にある資本主義的蓄積の論理に変化はないのだ。

第二章

1　Cummings 1997, 64, 63.

2　経済状況の変化によって新しい生産的な価値が付与されるま

で、ギャンブルはカイヨワが遊びをそう呼んだように「純然たる無駄な出来事」だと思われていた。（1979 [1958], 5）遊びと非生産性が結びつけられたのは、主にその物質的生産性の欠如によっていたが（Malaby 2007）、サービス産業において「非物質的な」労働と消費が増加するにつれて、その視点は後退した。(Hardt 1999; Negri 1999; Terranova 2000; Courtwright 2001, 2005; Dibbell 2006, 2007, 2008; Andrejevic 2009).Cosgrave（2009）はギャンブルを「生産的消費」のひとつの型としている (Reith 2006, 132; 2007, 39 も参照)。

3　労働の手段としての時間とエネルギーに関する議論については Marx 1992 [1867]; Taylor 1967 [1911]; を参照。皮肉にも悪名高いアメリカ人マネジメント・コンサルタントフレデリック・テイラーはそのアイデアの多くを、先だって最小限の改装を経て「工場がテーマの」カジノに変貌したペンシルヴェニア州のベスレヘム・スチールから得たという。

4　Dibbell 2008.「およそ人間の入力を要するコンピューター・プログラムといえる生産プロセスはすべて」と、Dibbell はデジタルなオンライン・ゲームの研究をおこなう中で指摘する。「理論上、人間が『プレイ』したいと思うようなプログラムを通して、その入力を得るよう設計することも可能だろう」現代の資本主義経済における遊びと労働の接点をめぐる有力な論では——しばしば「遊び《プレイ》」と「労働《レイバー》」を掛けあわせて「プレイバー」と呼ばれる——遊びは労働搾取の論理のアンチテーゼではないとされる。(Hardt 1999; Negri 1999; Terranova 2000; Dibbell 2006, 2007, 2008; Andrejevic 2009 などが参考になる)

5　Thrift 2006, 282. スリフトは経験から価値を掘り起こすことを、新たな経済価値と利益の源泉を見出そうとする資本主義の「あがき」の症例だとする。(2006, 280- 81)「感情経済」についての議論を参照。(Massumi 1995, 2002; Hardt 1999; Negri 1999; Clough 2000, 2007; Terranova 2000).

6　Pine and Gilmore 1999, WMS の Mark Pace の引用による。Pace は "CRM and Data Analytics: Make Me Money or Save Me Money," G2E 2009 のパネリストである。著者たちは「経験経済」という用語をサービス経済の「後に来る」ものとして使っているが、一方ではサービス経済の性質を説明するものとして使われることもある。(Callon, Méadl, and Rabeharisoa 2002 など)

7　Mark Pace of WMS, panelist for "Slot Appeal: Applying New Technologies," G2E 2007; Kathleen McLaughlin of Las Vegas Sands, panelist for "Harnessing the Market: The Potential of Server-Based Gaming," G2E 2008.

8　Christopher Strano of AC Coin, panelist for "Boosting Machine Productivity: Creating an Environment," G2E 2007. 行動主義の範疇では、これら「補助的な製品」は「二次条件づけ」または「古典的条件づけ」の例である。マシンが報酬をもたらす手順の一環になっていたり、「オペラント条件づけ」（第四章を参照）になっていたりして、プレイしようという意欲を加速させるからだ。

9　元カジノディーラーのアレクサンドラは回想する。「上の人たちにはずいぶん気に入ってもらいました。彼らには1時間に三五〇回のゲームというノルマがあり、私は五〇〇回もディールできたからです。マシンで遊ぶようになってからも、あっという間に速くできるようになりました」保険会社で働くジョシーも、仕事と遊びのスキルの関連を指摘している。「私がマシンを操る速さときたら、目で追えないくらいでした——タイプライターみたいなもので、全部のボタンを記憶しているのです。そうやってずっとプレイしたおかげで、手は素早く動くし、目の動きともうまく一致しています。タイピストになりたければ、ビデオ・ポーカーで訓練することをお勧めします」

10 バルキリーによるニール・ニカストロの引用（1992, B1）今日、「片腕の山賊」に両腕があったとしても、彼らは単なる退化の例に過ぎないだろう。「山賊の進化の軌跡というだけだ」(Cummings and Brewer 1994, 75).

11 Cummings 1997, 76; see also Lehman 2007a.

12 プレイヤーが片手でカードを選び、三、五、一〇、一五、場合によっては一〇〇のデッキにまで同時に配れるマルチプレイ型のビデオ・ポーカー・マシンでは、この回数はさらに上がる。（第四章を参照）

13 Harrigan and Dixon 2009, 83.

14 Hans Kloss of Bally Technologies, quoted in "A Slot Maker for All Seasons" 1996, 18.

15 Warren Nelson, quoted in Turdean (2012, 11).

16 Stuart Bull of Aristocrat, panelist for "The Video Future," World Gaming Conference and Expo 1999.

17 Jack O'Donnell, quoted in "Cashless Slot Machines" 1985, 14.

18 "Cashless Slot Machines" 1985, 14.

19 Palmeri 2003; Joseph Pitito, director of investor relations for Global Payment Technologies, quoted in Emerson (1998a, 31).

20 Foucault 1979, 152–54.

21 Marx 1992 [1867], 352.

22 Cummings 1997, 76. 時間を最大限利用する業界の論理を茶番レベルまで引き上げるなら、と業界誌《グローバル・ゲーミング・ビジネス》の編集者は述べる。「彼らは脳波を賭けごと用のデバイスに接続するテクノロジーを開発して、寝ながらスロットをプレイできるようにするかもしれない。睡眠とは、カジノ施設にしてみたらこの上ない時間の無駄だ」(Legato 2006, 114)

23 Benjamin 1968 [1939], 179n11.

24 Turkle 1984, 83.

25 〈ファントム・ベル〉はシリコン・ゲーミング社のオデッセイ・ラインの一部だった。その〈ダイナミックプレイ・レート〉は同社の US Patent No. 5758875 を参照。スピニングリール式スロットマシンのために開発された初期バージョンでは、プレイヤーがレバーを引く強さに合わせて、機械的なドライブがリールの回転速度を上げ、やがて Variable Speed Gaming Device の導入とともに電気回路がさらにその効果を増した。(US Patent No. 4373727 を参照)

26 US Patent No. 5758875.〈ダイナミックプレイ・レート〉のコンセプトの単純版として、一部のマシンはプレイヤーごとの速度を察知するシンプルなスピード・ゲージを搭載した。

27 プレイヤー中心型スロットマシンの歴史的な先達は、19世紀後半の娯楽用マシンだ（主に「コイン・イン・ザ・スロット」と呼ばれた）。それらのマシンはユーザーに「ともかくも行為主体性の幻想をもたらしたが、あらかじめ厳密に定義された範囲内だった」とゲームの歴史研究者エルッキ・フータモ(2005, 8) は指摘する。そのようなマシンの広告のひとつでは、マシンの動作は「クランクの回し方によってユーザーが完全にコントロールできる」と謳われていた。「ユーザーは思うが儘に動作を早めることも、遅くすることもできる」フータモが指摘するように、これらのマシンは「工場や事務所の製造用マシンのアンチテーゼともいえたが」、その目的は「ユーザーがより早く、より多くのコインを投入するよう仕向けること」で、そのマシンで遊ぶのは「機械化された工場で労働者が強いられる反復的な動作と大差ない」のだった。現代のスロットマシン同様、それらはユーザーに「一定の生産性および科学的に規定された仕事のルーティンという資本主義的な概念から抜け出すチャンスを作ると同時に」、「仕事と余暇をいっそう緊密に結びつけた」のだった。

28 Jim Medick, industry consultant, interview with the author.

29 Panelist for "Games and Expectations: The Slot Floor of the Future," G2E 2004.

30 Tony Testolin of Billy's West, quoted in Rutherford (1996, 83).

31 Cummings 1997, 71.

32 Ibid., 73.

33 独立デザイナーのニコラス・ケーニッヒ。IGTやシリコン・ゲーミング社といった製造会社にギャンブリング・マシンを提供している。

34 Cummings 1997, 68.

35 Witcher 2000, 25.

36 Thrift 2006, 288.

37 Rivlin 2004, 47.

38 Kranes 2000, 33.「私の仕事の基本的なコンセプトは、すぐさまプレイヤーを惹きつけるサウンドを作ることです」と、あるベテランのギャンブリング・マシンのサウンドデザイナーは語る。「目的はプレイヤーを取り込み、プレイしたいという気分にさせておくことです」(Daniel Lee, Villano 2009 の引用).

39 ゲーム業界のコンサルタント、クレーンズは次のように記す。「元になるのはパブロフ博士と合図を聞いて涎を垂らす犬だ。いわゆる条件反射だ。コインのじゃらじゃらという音、ステンレスのトレイに落ちる音、それらの刺激により、プレイヤーは勝利を求めて涎を垂らすようになる」(2000, 32) 1985年、あるラスヴェガスの店長がトレイの位置を六〜八インチ低くして、音が大きくなるようにしたところ、設備の稼働率が大きく向上したという("Cashless Slot Machines" 1985, 14; 彼が働いていたのはサムズ・タウンおよびカルフォルニア・ホテルである).

40 Quoted in Rivlin (2004, 45).

41 Spencer Critchly, as paraphrased by his former colleague Nicholas Koenig in an interview with me in 2009.

42 Kranes 2000, 33.「ノイズとは『反』秩序な (dis-ordered) サウンドだ」クレーンズはより詳しく述べる。「ノイズは行動を阻害する。つまり論理的な帰結として、プレイを妨げるのだ」

43 イマージョン・コーポレーションの販促用マテリアルおよびプレスリリース、3M news より November 13, 2007. イマージョンのハプティック・ソフトウェアは3Mに買収され、マイクロタッチ・キャパシティブ・タッチスクリーン・システムとして再リリースされた。

44 IGT's 2003 AVP のクリエイティブ・ディレクターのニコラス・ケーニッヒはマシーンのトップを傾けた (www.nkadesign.net を参照).

45 Croasmun 2003. 人間工学的なデザインの導入を支えるのは、ギャンブラーがそのガイドラインに従ってふるまうという確信だ。あるギャンブル業界アドバイザーはコンピューター会社の社員についてのヒントを取り入れつつ、スロットマシンのプレイヤー向けに、目、手首、指を痛めたり、慢性的な故障を起こしたりしないための「簡単なエクササイズ」のリストを作った。「スクリーンの一点をじっと見つめるのではなく、左右を見ること。それをしながら、ゆっくりと深呼吸すること。……ときどきプレイを中断して、指や手首をほぐすこと。指先を動かして、血流をよくしよう」(Burton, n.d.)

46 Legatoより引用（1987, 15, 強調は著者）プレイヤーの快適さに対する新たな関心はカジノホテルの客室にも及び、けばけばしい縞の壁紙や使い勝手の悪い調度品は、より抑制が利き、落ち着いた、家庭らしい装飾に差し替えられた。「かつてカジノの運営者たちは、客室の居心地が悪ければ悪いほどプレイヤーはそこにいることを嫌がり、カジノで長時間を過ごすだろうと信じていた」と、ある業界ジャーナリストは1987年に記した。「今日では、その感覚は大きく変わった……幸福と快適さが保証されれば、客は将来またカジノを訪れるのだ」(Carroll 1987b, 22).

47 現代の人間工学はタスクやそれに要求されるテクノロジーを、人間の行動様式や認知のキャパシティおよび限度に合わせることを旨としているが、二〇世紀前半にこの分野の研究が始まった際は、「デザインの都合に関してはマシンが優先され、オペレーターは二の次だった」(Tilley 2002, 158; Meister 1999も参照)。戦争が到来すると、仕事に最適な人間を見つけることは不可能になり、さまざまな条件の集団を考慮してデザインせざるを得なくなった。変化の波は戦後の消費経済への移行によってさらに大きくなり、製品のデザイナーはスキルを持たない大衆により注意を払うことを余儀なくされた。パソコンが普及すると、使い勝手のいいハードウェアとソフトウェアの設計が求められ、1980年代には「ヒューマン・ファクター・エルゴノミクス(HFE)」と呼ばれる新たな人間工学の分野が生まれた。主に物理面に重きを置く産業界の人間工学と違い、HFEは「いかにして快適さと満足感を……マシンに埋め込むか」を課題とする。(Meister 1999, 19) HFEの前段階として重要なのは「モチベーション・リサーチ」と、戦後のマネジメント論における「労使関係」である。(Dichter, 1960 および McGregor, 1960 を参照)

48 椅子は耐久性のためだけに作られるのではない、とPlease Remain Seatedの著者は言う。「プレイヤーが座り続けるようでなければいけないのだ」(Knutson 2006, 32)

49 Ibid.

50 Frankhouser, director of slot operations at Red Rock Casino, quoted in Wiser (2006, 36).

51 Lars Klander of Tech Results, moderator for “CRM and Data Analytics: Make Me Money or Save Me Money,” G2E 2009.

52 IGT 2005, 43.

53 Royer 2010.

54 チケットイン／チケットアウト（TITOシステム）の例はIGT社のEZ-payやBally社のe-ticketだ。客は最初そのテクノロジーに拒否反応を示していたが、低額のゲームが登場するに至って態度を変えた。一セントずつ投入しなくていいし、大きなコインバスケットを抱えてカジノフロアを移動する面倒も、手が汚れることもなくなるからだ。(Emerson 1998b, 34) 二〇〇五年の段階で、TITOはアメリカのスロットマシンの七〇％で使われていた（現在ではほぼすべて使用できる）。

55 Lehman 2007a.

56 プレイが終了すると、獲得賞金のあるプレイヤーはセルフサービスのキオスクに向かい、チケットを現金に換える。

57 Eadington 2004, 10–12.

58 Steven Kile of Imperial Bank and Richard Lightowler of Bank of America, quoted in Parets 1996, 65.

59 2006年、グローバル・キャッシュ・アクセス社からカジノのプレイヤーに流れた現金の総額は一七兆ドルにのぼり、二〇〇七年には二一兆ドルになった。

60 強調は著者。〈アライバ〉の幹部は次のように述べる。「客がキオスクを好む理由は、ケージに拒まれる恥辱を免れるからだ。われわれの機械を使えば、承認も拒絶もプライベートに行われる。初めての客にとってはとりわけ重要なことだ」(www.macaubusiness.com/newsadmin/preview.php?id=804 の引用による。二〇〇七年七月閲覧)

61　2008年までに〈アライバ〉カードは世界中の1000軒のカジノおよびゲーミング施設で使えるようになり、前払い金として40兆ドル近くを投入していた。グローバル・キャッシュ・アクセス社は世界的な経済状況の危うさを理由にカードの使用を停止した。(「現状では、どのようなクレジットも損失を免れるものではない」と、ある広報担当は述べた)。ただし同社は「カジノ施設により多くの現金がもたらされるよう、革新的な新製品やサービスを生み出す努力を絶やさない」とのことだった。("Global Cash Access to Discontinue" 2008).

62　Parets 1996, 64.

63　Eadington 2004, 10–12.

64　同社の販促用マテリアル(Hodl 2008)も参照。本書の執筆当時、2007年に開発されたシステムはカリフォルニア州とコロラド州のカジノで採用されていたが、ネヴァダ州ではまだ使用の認可が下りていなかった。

65　〈チケット・アウト・デビット・デバイス〉(TODD、2004年開発)はかつてQuikPlay ATMとして知られていたが、ATM機能のスロットマシンへの搭載を禁止する法律のせいで、その名前では承認を得るのに差し障りがあった。(Parets 1996, 64)

66　Hodl 2008; Stutz 2007a; Grochowski 2006.

67　Aaron Righellis, marketing manager for Cash Systems, quoted in Grochowski (2006, 32).

68　Stutz 2007a.

69　Legato and Gros 2010, 14.

70　Neal Jacobs, CEO of Automated Currency Instruments, quoted in Mc- Garry (2010).

71　Foucault 1979, 153.

72　ドゥルーズ、一九九二年。第一章を参照。一九九〇年代半ばのこの変化をさらに解釈する形で、カステーレス(1996)は現代の資本主義を「流動的な空間」と呼んだ。空間的な境界はなし崩しにされ、市場は開かれ、製品は「脱領土化されている」のだ(「脱領土化」はドゥルーズとガタリの造語で、新規の市場や労働力を求めて資本が移動させられることを指す)。ハートとネグリも同様に述べる。「資本は暗号化されていない流れ、柔軟性、継続的な変調という特徴を持つ平滑空間に流れる傾向がある」(2001, 327)

73　Dibbell 2008, 3. アンドレジュビック(2009)の主張では、自主性と搾取はどちらも無形かつ感情による形式の労働に属する。リッツァによると消費者は生産者同様、みずから搾取可能な集団と化しているが、いくつか重要な違いがある。「消費者はあからさまな強制のもとにあるとは限らないが——一切そうではないという可能性さえあるが——それでもよりソフトで魅惑的な、多岐にわたる管理技術の対象なのである」(2005, 53) リッツァはラスヴェガスのカジノ・リゾートを(そしてショッピングモール、クルーズ船、ファストフードのチェーン・レストランを)「新たな消費の手段」のパラダイムとみなしている。そこには(消費を加速させるための)官僚的な合理化のプロセスと、(消費者を誘惑し、とらえるための)魅惑的な要素が混在している。歴史家のデイヴィット・コートライトも、ラスヴェガスを「辺縁系的資本主義」(あるいは「それがドラッグであれ、ギャンブルという名のポルノであれ、甘みと脂を含んだ食べ物であれ、一過性の、しかし習慣的な娯楽をもたらすための資本主義的事業の再配列」の格好の例と見なす。(2005, 121).

74 Terranova 2000.

75 Thrift 2006, 284, 279.

76 Callon, M.adl, and Rabeharisoa 2002, 202. 強調は著者。キャロンと共同研究者たちは、カスタム化の反復プロセスとは「資格認定」と「再資格認定」の一環であり、製品の質が徐々に属性化され、均質化され、具体化され、配分される過程だという。ニコラス・ローズがみずからの論文で記したように、彼らは「個人の嗜好と愛着、そして製品の属性とイメージがどのように伝達され、関係するのかという点」に興味を持っている。(1999, 245)

77 Callon, M.adl, and Rabeharisoa 2002, 202. キャロンと共同執筆者たちは、消費者の意向が変化を起こすことを認めているが、現代の消費者が製品に触れて「みずからの好みを明確化し」、「製品の特性を見極める」力をいささか過大評価しているのではないか。代わりに過小評価されているのは、製品デザインが戦略的に消費者の好みを形成する過程だ。第四章で述べるように、後者に充分な注意を払わない分析は、さまざまな種類の消費者の依存性を説明できないことになる。

78 このようにして心理学者ミハイ・チクセントミハイは自己目的的な「フロー」の性質を解説する。(1985; 490. フローとマシン・ギャンブリングの関係についての包括的な議論は第六章を参照) 人類学者グレゴリー・ベイトソンも同様に、「目的があるのではなく——つまりある種の遠くにあるゴールを目的に据えるのではなく——それ自体に価値のある」行為について述べている。(Bateson 1972, 117).

79 Heidegger 1977 [1954], 15.

80 Sylvie Linard, panelist for "Slot Systems: New Innovations, New Experiences, New Efficiencies," G2E 2005. ライナードは条件反射の中断を説明するため、「自滅」という用語を行動主義的な意味合いで用いている。ただしこのケースでは、行動が中断されるのはその行為が主体にとって魅力を失ったからではなく、主体がそれを続ける手段を失ったからである。「自滅するまでプレイする」のは、あくまでプレイという行動の消滅であり、プレイの意欲が失われたわけではない。

81 Cummings 1997, 65.

82 Deleuze 1992.

第三章

1 「プレイヤーは短期的には勝ったり負けたりするだろうが」と、テクノロジー・コラムニストにしてゲーム・デザイナーのジョン・ウィルソンは記した。「(胴元は) ずっとそこにいる」(2009a) 確率論の「大数の法則」が説くように、何万回のプレイにおけるひとつひとつのゲームの累積的な結果は、プログラミングされた「控除率」(ハウスエッジ) に一致する。「プレイヤーが長時間プレイするとしたら」と、三人の業界のコンサルタントは述べる。「カジノを出し抜くチャンスはまったくない」(Singh, Cardno, and Gewali 2010; Turner 2011も参照)。時間的にも不均衡なギャンブルにおいて、時間はハウスの味方だ。

2 Coser 1977, 233.

3 Weber 1946 [1922], 139. ヴェーバーは「幻滅」という概念を使って、古代の宇宙論的な伝統の衰退と、機械的な思考および近代科学の台頭を説明している。

4 Woolley and Livingstone 2009, 48; Weber 1946 [1922], 139.

5 Bauman 1991, 125; Weber 1946 [1922], 216.

6 「つくられた計算不能性」はベック（1994, 11）の造語で、「リスク社会」をめぐる議論の中で用いられている。ヴェーバーに依って論を組み立て、そのいっぽうで彼から距離を置くリスク社会の研究者たちは次のように述べる——人間とテクノロジーの接点が増え、またこれらのテクノロジーは世界により大きな影響を及ぼすことができるため、リスクは増殖し、コントロール不能に陥り、計算して管理することが難しくなる。合理化と安定のために開発されたテクノロジーは、実質的に新たな不安定さと非合理を生むのだ。ベックはそれこそ近代化の核にある欠陥であり、「決して周縁で起きていることではない」と言う。(Beck 1994, 10; Giddens 1991, 1994; Beck 1992; Beck, Giddens, and Lash 1994も参照)。

7 Malaby 2007.「つくられた偶然」の一例は、プレイにランダム性をもたらすためサイコロが使われたり、乱数発生器を用いたりすることだろう。

8 Jenkins 2000, 18. 歴史家リチャード・ジェンキンス曰く、ギャンブル会社の経済的成功が示すように「欲望も遊び心も、整理整頓され、完璧に合理化され、幻想のベールを剥がされた資本主義のスキームや戦略と対立するものではない」資本主義の合理化の中で「魅惑」がどのように生き延びているか論じたものとしてはWilliams 1982, Campbell 1987, Schneider 1993がある。リッツァ（2005）は、レクリエーションと逃避の手段も合理化され、なおかつ「ふたたび魅惑を装って」客を惹きつけているという。

9 Weber 1946 [1922], 139. ヴェーバーは「技術」という用語を合理性、テクノロジー、近代特有の技術を説明するのに使っているが、前近代の歴史的資料にも「技術的な手段と計算」がスピリチュアルかつ魔術的な慣習において重要な役割を果たす場面がある。美術史家グナラン・ナタジャランによると、たとえば初期のイスラム教オートマタ（機械人形）は神の気紛れな意志を体現するものであり、目に見える神意の顕れなのだった。(2007, 13)

10 Falkiner and Horbay 2006を参照。

11 Harrigan Commissioner Hyte（2009b, 73）の引用による。言うなれば競馬やスポーツも、プレイヤーとハウス双方に確率が不明なゲームである。

12 Joe Kaminkow, quoted in Rivlin (2004, 44). Kaminkow was then vice president of IGT's central design team.

13 Malaby 2007, 108.

14 Woolley 2008, 143.

15 King 1964; Costa 1988, 21; Nassau 1993; Huhtamo 2005.「マシンの大量生産の始まりは、ゲームプレイを含む娯楽を提供する雑多にして膨大な装置の登場と時を同じくしていた」と、ゲームの歴史を研究するフータモは述べる。「都市におけるスロットマシンの増殖は、それらの台頭と同じ時期に起きた」(2005, 3)

16 “Slot Machines and Pinball Games” 1950, 62.

17 Fey 1983, 13.

18 フルーツの図柄がスロットマシンに登場するのは「オペレーター・ベル」と呼ばれるフェイの二番目のモデル以降だ。フェイはフルーツの図柄を使うことでマシンをガムの自販機と偽り、反ギャンブル法の網の目をかいくぐった。

19 Collier 2008.

20 Fey 1983. ピンボール・ギャンブリング・マシンのスロット業界における重要な役割の議論はKing 1964を参照のこと。

21 一九六四年、バリーは「Money Honey」と呼ばれる初の完全な電気機械式スロットマシンを開発した。マシンはそれ以前の装置の払い戻しがすべて二〇枚のコインだったところ、自動で五〇〇枚のコインを払い戻すという未だかつてない動作が可能だった。

22　それまでは本体をいじることでマシンを不正に操ることができた。たとえば「リズム・プレイ」は、リールの停止に影響が出るようにレバーを引くやり方だ。「ストリンギング」は、一回のスピンごとにコインをスロットに出し入れする。「ハンドル・スラミング」をすれば、古いマシンなら支払いに関わる構造に障害が起きる。「スプーニング」は特殊な装置を必要とする。(Friedman 1982 [1974]; Turdean 2012, 15–16)「スラッグ」(偽のコイン)を使って不正を働く者もいれば、マシン本体やガラスに穴を開けて「シムズ」と呼ばれる針金を差し入れる者、単純にペイスロットに何かを流し込んでレバーをプレイモードに固定する者もいた。磁石を使ってリールを特定の位置で止めようとする者もいた。

23　Turdean 2012, 46.

24　US Patent No. 4095795, 強調は著者。

25　形式という面ではRNGは「疑似ランダム」で、つまりデザインされたプログラムである以上、その動作が真にランダムというわけにはいかない(周囲のランダムなノイズを検討し、数字を選んでいるのでなければ)。RNGスロットマシンはリアルタイムの内部時計を使って「シード値」を決定し、反復機能にもとづいて、直前のナンバーを参考にランダムなナンバーを抽出する。そのサイクルに約四兆三千億の個別値数が含まれていることを考えると、ほぼ予測不可能だ。不定期なインターバルを挟んでプレイを始めるというギャンブラー側の行動を勘案するなら、なおさらだろう。

26　アルゴリズムは生成されたランダムな数字を使って、バーチャルリール上のストップの数で割っていき、残りが出るまでそれを続ける。残った数がリールの位置を決定することになる。

27　Rogers 1980, 25.

28　Ellul 1964, 333.

29　Rogers 1980, 25.

30　President of Bally's gaming machine division, quoted in "The New Generation of Slots" 1981, 28.

31　Mark Pace of WMS, panelist for "Slot Appeal: Applying New Technologies," G2E 2007.

32　Hodl 2009, 15.

33　Reiner 2009.

34　Harrigan and Dixon 2009, 84.「ストップ」ボタンはカナダの一部の地域で使われるマシンや、日本の「パチスロ」に搭載されている。アトランティック・シティでギャンブルが合法化された際も、同様の「スキルを要するストップ」ボタンが導入された。ニュージャージー州のゲーミングに関する法律は、一部でも実際にプレイヤーがコントロールすることを求めるためだ。以降、アメリカのゲーミングに関する法律は、ギャンブリング・マシンの「スキル要素」を違法にしている(視覚的なスキルを要するビデオ・ポーカーは除く)。ゲーム開発者たちは、細かなスキル要素を盛り込み、プレイヤーにコントロールへの幻想を持たせるため、長らくその法律の変更を望んできた。二〇〇七年、WMS Gamingの「PONG」は、プレイヤーの器用さを求めるボーナスラウンドを作り、法的な承認を得た。ギャンブリング・マシンのスキルに関する法律に変化が起き始めたということだ。二〇一〇年、IGT社とコナミ社はボーナス画面として単なる「認知スキル」ではなく、実際にピンボールに似たフリッパーとジョイスティックを使い、手と目の運動神経を要求されるゲームを開発した。

35 ラドゥーサとセヴィニーにはストップ装置に関する論文が二本ある（2005）。一本目ではプレイヤーの八七%が、ストップを使うタイミングによってビデオリール上の図柄の配置に影響を与えられると信じており、半数以上がストップによってゲームの結果を左右できると思っており、半数近くがそれにはスキルが必要だと考えていることがわかった。二本目の論文では、ストップのあるマシンで遊んでいるギャンブラーは、それなしの比較群の二倍プレイしていることがわかった。IGT社の二〇〇九年の「REEL Edge」ゲームシリーズでは、プレイヤーに各ビデオリールを止めるタイミングが任される。プレスリリースにはこのように記されている。「プレイヤーが『ストップ』ボタンを押すと、リールは速度を緩め、一五〇ミリ秒以内に停止する」

36 "IGT product profile" 2000, 39.

37 Scoblete 1995, 5.

38 Ibid.

39 Suchman 2007b; Turkle 1984, 2011; Ihde 1990; Nadarajan 2007も参照。

40 Turkle 1984, 29.

41 ナダラジャンによる初期のイスラム教オートマタの研究は、現代のギャンブリング・マシンと一致し、類似するマラビーのアイデアを借りるなら「偶然性をつくりだす」ところも同じである（2007）。ナダラジャン曰く、これらの装置は「予測可能な行動ではなく、予期せぬ結果を目指した意図的かつ複雑なプログラミングを擁しており」、「ある一定の秩序にもとづいているが、完全にコントロールされたパラメータではない」動きをしている。

42 Dancer 2001, 26.

43 Randy Adams of Anchor Gaming, quoted in Legato (1998b, 74).

44 Crevelt and Crevelt 1988, 17.

45 Robison 2000.

46 US Patent No. 4448419. テルナエスはバリー・ディストリビューティングに務めていた一九七〇年代後半にソフトウェアを開発した。1982年に特許を申請し、一九八四年に認可を得た。

47 Turner and Horbay 2004, 16.

48 Ibid., 11. US Patent No. 4448419.

49 Turner and Horbay 2004, 21.

50 Wilson 2004a. バーチャルリール・マッピングの特許を得たのはテルナエスが初だった。一九八九年にIGT社が買い上げ、ライセンスするようになった（Ernkvist 2009, 169）

51 Legato 2004.

52 US Patent No. 4448419.

53 Ernkvist 2009, 166–68.

54 Ibid.

55 Harrigan 2007, 2008.

56 Falkiner とHorbay 2006を参照。あるソフトウェアのエンジニアは、技術の専門家向けのオンライン掲示板に、彼らの記事に対する感想を投稿した。「彼らはニアミスやバーチャルストップ・リールに関して、いい点を突いていると思う。『ルーレット』をバーチャルなスロットだと考えてみてほしい。プレイヤーはテーブルに向かうだろう。ホイールはカバーの下に隠され、駒が最終的に留まる小さな一部分しか見えない。カジノ側はそれぞれの数字が最低一度見えさえすれば、自分たちの好きなように作ったホイールを置く権利を持つんだ。法律で決められたとおり少なくとも七五%は払い戻すという事実のほかは、

客にホイールについての詳細を明かす義務はない。ルーレット・テーブルはすべて、同じカジノ内でも異なっている」（引用）

57　Regulations 465.015 and 465.075 (Nevada Gaming Commission 2010b).

58　Regulation 14.040 (Nevada Gaming Commission 2010a).

59　Nevada State Gaming Control Board, 1983, 39, 強調は著者。

60　このコメント内でIGT社の弁護士レイモンド・パイクが触れているのは、支払い線の上下でより多くの当たりの図柄を表示し、ニアミス効果を演出するマシンの能力である。詳細は次のセクションにて。

61　Nevada Gaming Commission 1989, 280.

62　Nevada Gaming Commission 1983, 88.「興味を惹かれる理由の一端は欺瞞なのかもしれない」と、International Game Technologyで健全なゲーミングを主導するコニー・ジョーンズは語る (Green 2004の引用)。彼女の意見は、あるギャンブル業界のジャーナリストの最近の発言と対立する。「スロットマシン・ビジネスに不正やトリックはない」(Roberts 2010)

63　Turdean 2012, 31; see also Davis 1984, 18.

64　"Gaming Laboratory International: The Testing Standard" 2007, 72. GLIは1996年に業界誌International Gaming, Wagering, and Businessで、業界で影響力を持つ25人の1人に選ばれたジェイムズ・マイダが運営する。Maida 1997; Bourie 1999;Wilson 2003, 2004a, 2004b, 2004c, 2004d, 2004e, 2004f. も参照。マシンの製造者、テストを行う代理店、オーストラリア政府の「三角関係」については、Woolley 2008を参照。

65　電気機械からデジタルへのパラダイム移行をめぐる企業政治の歴史的研究は、Ernkvist 2009を参照（特に第七章）。Ernkvistが語るように、IGT社の台頭には（最高潮だった二〇〇六年、同社はアメリカのギャンブリング・マシンの七〇%を供給していた）一九八六年に「メガバックス」と呼ばれる広域プログレッシブ（WAP）テクノロジーを開発したという経緯もあった。WAPはバーチャルリールの技術と、黎明期だった遠隔コミュニケーションを組み合わせたシステムで、中央システムを通して複数の施設のギャンブリング・マシンを同期させるものだった。各プレイヤーの賭け金の一部が、リアルタイムで巨大ディスプレイ上の集合的ジャックポットに集められ、一台のマシンでは遥かに及ばない規模を達成したのだ。他のスロットマシン製造業者も、のちに自社のバージョンを導入した。

66　Maida 1997, 45. バーチャルリール・マッピングが禁止されているオーストラリアとニュージーランドでは、マシンは徹底してビデオ主導で、独自の「知覚的ゆがみ」を搭載している。その点については次の章で述べる。英国のスロットも一部ユニークで、「適応ロジック」あるいは「補償」と呼ばれる一種の「負のフィードバック制御」にもとづき、目標とする払い戻し率と一致するようにオッズが絶えず調整されている。(TurnerおよびHorbay 2004を参照)。

67　Bourie 1999.

68　アメリカとカナダのスロットマシン製造業者が非公式なルールとして受け入れているのは、ニアミスがすぐ上または下にある「ブランク」は偶然による場合の一二倍以上現れてはいけないということだ（上に六回、下に六回）。一部の地域のカジノは、それよりも低い倍率を設定している (Stewart 2010, 13)。

69　匿名で提供されたPARシートと集中的な実証的研究をもとにしたゲーム同士の比較レポートは、http://wizardofodds.com/slots/slotapx3.html. を参照。

70 Nevada State Gaming Control Board 1983, 44, 強調は著者。

71 Cote et al. 2003.

72 Blaszczynski, Sharpe, and Walker 2001, 86. 長期的なプレイにおけるニアミスの有効性についてはSkinner 1953, 397; Dickerson 1993; Delfabbro および Winefeld 1999; Kassinove および Schare 2001; Blaszczynski および Nower 2002, 491; Dixon および Shreiber 2004; Parke および Griffiths 2004; Haw 2008a; Harrigan 2009b を参照。

73 Harrigan 2009b; Reid 1986.

74 Skinner 1953, 397. スロットマシン製造業者は、あまり多くのニアミスが生まれないよう気を遣っている。ある域を超えるとその効果は薄れてしまうからだ。（Collier 2008）

75 ニアミスに関する公聴会と、背景の企業政治についての詳細な議論はBurbank（2005, 104-27）を参照。企業政治は主に業界の支配を目論むＩＧＴの意思から生まれたものだった。

76 プレイヤーの負けを確認したのちユニヴァーサルのマシンは、あらかじめ決められていたジャックポットの図柄を含む負けの手を表示した。（Rose 1989）

77 Thompson 2009; see also Rose 1989; Turner and Horbay 2004, 29; Burbank 2005, 104–27.

78 Raymond Pike, quoted in Reich (1989).

79 Burbank 2005, 107, xvii. バーバンクはネヴァダ州のゲーミング規制エージェンシーと、ギャンブリング・マシンのコンピューター管理された複雑なテクノロジーの発展に置いていかれまいとする彼らの歴史を詳しく追っている。

80 Rose 1989.

81 Regulation 14.040 (Nevada Gaming Commission 2010a). この法律が起案されるまで、「ランダム性として知られることになる概念を規制する明文化された法律はなかった」(Burbank 2005, 107, xvii).

82 Falkiner and Horbay 2006, 10. 二番目のリールでは当たりの図柄を減らし、三番目のリールではいっそう少なくするというのは、初期の機械的なリール・スロットの時代から存在したデザイン戦略である。

83 オンラインの「娯楽およびギャンブリング業界に身を置く人間のための情報共有サイト」New Life Games Tech Forum で、あるエンジニアが解説している。「ゲームの最中に目の前を流れていくコマは、リールが停止したときに見えるものとは違う。あれは『見せゴマ』で、ゲーム時には沢山のジャックポットと価値の高い図柄を見せているんだ。リールが順番に停止するとき、マシンは最後の方に見せゴマを割り込ませる」別のソフトウェアのエンジニアが返信した。「しーっ……君が黙っているなら、僕もビデオ・スロットの戦略については言わないでおこう」(http://newlifegames.net/nlg/index.php?topic=6532.msg5818;topicseen, 二〇一〇年五月閲覧）

84 ヴェーバーは続ける。「野蛮人は自分の道具について驚くほどよく知っている。つまり知性化と合理化を推し進めても、自分が置かれた環境についての全般的な知識がより深まるというわけではない」

85 PAR シートにはゲームのリールの構造（リールに現れるすべてのシンボルのリストと配置を含む）、賞金が発生する組み合わせ、払い戻し率、当選率、変動指数、確信レベルの統計などが記されている。

86 より最近ではカナダ人研究者のハリガンとディクソンが(2009)、情報公開法にもとづいてPAR シートを入手している。

87 ソフトウェアはオンラインで入手可能。ホーベイとハリガンはのちに「マルチラインの」ビデオ・スロットのため類似したソフトウェアを開発している。詳細は次章。

88 Suchman 2007b, 42. See also Turkle 1984, 272; 2011, 111.

89 Livingstone and Woolley 2007, 369.

90 Borrell 2004, 181.

4章

1 Stuart Bull of Aristocrat, panelist for "The Video Future," World Gaming Conference and Expo 1999.

2 Michael Pollack of The Gaming Observer, moderator for "The Video Future," World Gaming Conference and Expo 1999.

3 処方の解読ヒントはゲームの「配当表とリール・ストリップ・シート」つまりPARシートにある。PARシートは「確率説明報告書」とも呼ばれる（第三章を参照）

4 たとえばデルファブロらによるギャンブリング行動の研究は、「（強化の）頻度は一般的に規模より重要だと考えられる」と結論づけている。(Delfabbro, Falzon, and Ingram 2005, 20). この点は大半のギャンブラーのプレイスタイルから明らかである。彼らは最低限あるいは中程度の金を最大数のラインに賭け（「最低／最高」アプローチ）、賞金の程度は抑えるいっぽう、安定した流れを維持するのだ。(Livingstone and Woolley 2008, 25; Legato 2005a, 74). 安定的で少額な勝ちがギャンブラーのプレイ・レートを増加するいっぽう、高額な当たりはむしろそれを妨げることがわかっている。(Dickerson et al. 1992; Delfabbro and Winefield 1999).

5 ジェフリー・レーベンハートはIGT社代表だった（のちに同社を離れてカジノの経営者になり、現在は世界各地でギャンブル設備運営のコンサルタントを務めている）。彼が著者に『報酬と罰』(Logan and Wagner 1965) という本を紹介した。スキナーの説には「オペラント条件づけ」（強化スケジュール）、「古典的条件づけ」、「二次条件づけ」（サウンド、音楽、視覚情報ほかの環境的な刺激が報酬と結びつき、強化を促進）が含まれる。行動の学習において「スケジュールは最も大事な要素だ」とスキナーは強調する。(Skinner 1953, 104).

6 多くの研究者がギャンブリング・マシンと強化の関係について述べている。(Dickerson et al. 1992; Dickerson 1993; Delfabbro and Winefield 1999; Kassinove and Schare 2001; Blaszczynski and Nower 2002; Dixon and Shreiber 2004; Parke and Griffiths 2004; Delfabbro, Falzon,and Ingram 2005; Haw 2008a, 2008b; Livingstone and Woolley 2008; Harrigan 2009b). ギャンブリング・マシンの払い出しの仕組みを「変動比率」強化スケジュールとする見方があるが（比率は事前に決められた報酬の数にもとづいているため、失われたチャンスごとに当たりの確率は増加する）、実際はランダム比率強化スケジュールである（各ラウンドは前ラウンドから独立しており、報酬の確率は同じ）(Haw 2008a を参照). ギャンブリング・マシンが断続的に当たりを出すと「しばしば『薬物性ハイ』と同等の興奮状態を引き起こすといわれ」、より長時間のプレイを誘発するとブラスズチンスキーおよびナウワーは述べる。(2002, 491).

7 Skinner 2002 [1971], 35.

8 Ibid., 強調は著者による。

9 Chris Satchell, Fasman (2010, 10) の引用による。

10 プレイターは現在ギャンブリング・テクノロジー製造業者の国際商業グループ、the Association of Gaming Equipment Manufacturers の会長を務める。

11 「スロットマシンを脱神話化する」と題された業界委託によ

るレポートでは、変動性が高く当たりの少ないゲームは「客が多くの時間を費やさない」としている。「客はより大きな獲物を狙うという興奮と引き換えに、ギャンブル用の資金をより早く消費するからだ」(Stewart 2010, 10). Eisenberg 2004 も参照。

12 Ibid. 変動性の低さと当たりの多さは一対一で合致するわけではないが、おおむねそのような対応になっている。変動性の高いゲーム（ジャックポットが大きい）は、一般的に変動性の低いゲームよりはるかに当たりの確率が低い。このように式を設定するほうが簡単だからである（変動性のあるゲームで当たりの確率を高く保つには、本章の後半で詳しく述べるビデオ・スロットの計算式同様、ゲームの控除率と「ラインの数」をそれぞれ増加しなければいけないのだ）。ゲームの「変動指数」が低いほど、プレイヤーの実体験はゲームの提示する払い出し率に合致するが、変動性が高いほどプレイヤーの実体験とは乖離する。(Harrigan 2009a, 3–4; see also Lehman 2007a; Wilson 2009a, 2009b; 2010a; 2010b; Singh and Lucas 2011; Turner 2011).

13 Wilson 2009a.

14 IGT 2005, 48, 49.

15 ギャンブルの商業化が加速するにつれて、ギャンブラーの目的は勝利することから「参加時間を引き延ばす」、つまりお金よりも価値のあるものを手に入れることに変わった。(Reith 1999, 133; Findlay 1986 も参照).

16 Jay Walker of Walker Digital, Legato (2007a) の引用による。

17 Kent Young, panelist for "Content Is King: Developing the Games," G2E 2008.

18 Author's interview with Butler DeRhyter in 1993.

19 地元市場を確保するためカジノに必要なことは、販促用の無料サンプルを配ることでも、小切手の現金化サービスでも、保育スペースの設置でもなく、「自宅から簡単に車で来られること」だった。他にリストの上位を占めるのは「安全な雰囲気」、「フレンドリーで礼儀正しい係員」、「使い勝手のいい駐車場」だった。(Shoemaker and Zemke 2005, 403).

20 「Poker Matic」と呼ばれる白黒画面のビデオ・ポーカーが開発されたのは一九六七年、ディル・エレクトリック社によってだった。バーリー・ディストリビューション社のサイ・レッドが別バージョンを一九七六年に作ったが、同社と決別してフォーチューン・コインに加入する際にその特許を持っていった。フォーチューン・コインでは一九七七年、スタン・フルトンが最初の色つきビデオ・ポーカーを開発し、「Draw Poker」と名づけた。フォーチューン・コインは一九七八年にIGTに買収された（一九八一年まではSIRCOMAすなわち〝サイ・レッド・コイン・マシン〟と名乗っていた）。IGTが同社のバージョンをリリースするまで、そのゲームはニッチ市場で目新しい存在だった。

21 Ernkvist 2009, 146.

22 五枚と七枚のスタッドポーカー・バージョンも試されたが、今日流通するビデオ・ポーカーはほとんどファイブカードのドローポーカーの類型である。

23 Len Ainsworth, Rutherford (2005a, 17) の引用による。

24 ビデオ・ポーカー・マシンの払い戻し率はおおむね九六％強だが、これは「パーフェクト・ストラテジー」を想定して計算されている。プレイヤーがポーカーのルールや戦術に疎い場合、実際のレートは三四％まで暴落する (interview with Dom Tiberio at Bally; Stacy Friedman at Silicon). ある程度知識のあるプレイヤーにしても、実際の払い戻し率はパーフェクト・プレイにもとづいた最大限の金額より二〜四％落ちる。

25　Si Redd, Ernkvist (2009, 147) の引用による。リブリンの研究にあるように、IGT社のトップ開発者ジョー・カミンコウは、プレイヤーはより長時間のプレイが可能なゲームを好むというレッドの洞察を参考にしていた。地元のカジノで過ごしたのち、カミンコウは同社の数学者たちに、ゲームがプレイヤーの資金を回収するのに掛かる時間を引き延ばすよう求めた（正確に言うと、二〇ドル札一枚には少なくとも一五〜二〇分掛けるよう指示した）。(Rivlin 2004, 46).

26　小規模あるいは中程度の報酬が頻繁に起きる強化スケジュールは、より高い「イベント率」あるいは与えられた時間枠の中でギャンブルをする機会を増やす。「負けの時間帯は短く、懐具合を検討するために与えられた時間はあまりなく」、そのような状況でプレイヤーは賞金を直ちに次のギャンブルに充てるかもしれない。(Dickerson et al. 1992, 246; Griffiths 1993, 101, 107; 1999, 268).

27　Si Redd, Ernkvist (2009, 147) の引用による。

28　Hevener 1988, 10. 例えばゴールド・コースト・カジノでは、1988年の時点では八四%のギャンブリング装置がビデオ・ポーカーで、地元カジノにおける経済的な重要性を証明していた。

29　Ernkvist 2009, 142. 一九九〇年半ばから後半にかけて、IGT社はアメリカ北部のビデオ・ポーカーの九〇%を供給していた。現在では九五%である。IGT社が業界トップに登りつめるまでのビデオ・ポーカーの役割については、Ernkvist 2009を参照。

30　IGT website (www.igt.com, 2007年6月閲覧).

31　Colin Foster, "IGT Unveils" 1983, 31. の引用による。

32　Woo 1998. 4. The Las Vegas Convention and Visitors Authority はその年、地元でビデオ・ポーカーが好まれた割合を四四％と計算した。

33　ネヴァダ州のゲーミングに関する法律では、実際のサイコロとカードを模したマシン・ゲームの場合、実際のバージョンと同じ確率を設定するよう定められている。

34　Friedman 1982 [1974], 235.

35　ハンターの言う「学習」には文字通りの場合もある。たとえば地元住人の六〇〜八〇%はボブ・ダンサーのビデオ・ポーカーのワークショップに参加している。（ウェブサイトを参照。www.bobdancer.com/seminars.html, 二〇一〇年五月閲覧）ダンサーは著者に次のように語った。「知識レベルは相当上がった。負の側面としては、皆が学習するごとにゲームが勝ちにくくなったことだ。カジノとプレイヤーのいたちごっこだよ」

36　Buckeley 1992, B1.

37　本書の序章で触れたように、ハンターらは現代のビデオ・ポーカーとスロットマシンのプレイヤーが、現実のゲームのプレイヤーの三倍近い速度で不健康なほどギャンブリングにのめりこむと指摘している。彼らが過去に他の形式のギャンブルをおこない、問題を抱えていなかったとしても同様だ。(Breen and Zimmerman 2002; Breen 2004, 48).

38　オーストラリアでは一九五〇年代半ばにギャンブリング・マシンが合法化されたものの、規制のもとにあった。一九九〇年の規制緩和が状況を変えた。今日では西オーストラリア州を除くすべての州に計二〇万台超のマシンがある。大半は「クラブ」のある地域に設置され、地元住人に娯楽を供給している。

39　Dettre 1994, 3.

40　PC 1999, 12.

41　Ibid., 2.11

42　観光に依存する小規模な国（モナコ、アルバ、マカオなど）の多くは、オーストラリアより一台に対する成人人数の割合が高い。オーストラリアのギャンブル産業は日本も割合が高いと主張するが（TNS Consultants 2011 参照）、パチンコやパチスロはその独自の性能と、金ではなくトークンを使ってプレイされるという理由のため、形式上はスロットとしてカウントされない（業界は換金可能な特殊景品を狙わせるという巧みな手を用いているが）。

43　オーストラリア人はスロットマシンを「ポーカー・マシン」あるいは「ポーキー」と呼ぶが、ビデオ・ポーカーが搭載されているわけではない（ポーキーと呼ばれるのは、初期の機械式装置でポーカーができたためである）。

44　最初のコインの乗数機は早くて一九四一年にバリーによって導入されたが、電気機械式のテクノロジーと一体化する1967年まで市民権を得ることはなかった。

45　キーニー・カンパニーは早くて一九四一年に機械式の「マルチライン」スロットマシンを開発していたが、普及するには至らなかった。(Fey 2006, 237).

46　Aristocrat website (www.aristocrat.com.au/history.aspx, 2009年2月閲覧).

47　Ibid.

48　Stuart Bull of Aristocrat, panelist for "The Video Future," World Gaming Conference and Expo 1999.

49　ある人気ゲームの場合、最大数のラインに賭けたプレイヤーはスピンの三回に一回「当たり」を経験する。これらの「当たり」のうち、大半（60％）は実際のところ賭け金より安かった。(Harrigan and Dixon 2009, 102).

50　Wilson 2010a.

51　Harrigan and Dixon 2009, 102; Dixon et al. 2010. オンライン・ビデオのデモンストレーションに関しては problemgambling.uwaterloo.ca/other/losses-disguised-as-wins/ldw-intro-video/and problemgambling.uwaterloo.ca/other/losses-disguised-as-wins/examples-of-ldws/ を参照。ディクソンとハリガンらは生理的なデータ採取（心拍数、呼吸数、血圧、瞳孔の収縮）の設備が整った研究室で、ギャンブラーがスロットマシンに向かうあいだのデータを取った。その結果、プレイヤーは「まるで勝ったかのようにLDWに生理的反応を示す……LDWが負けなのは明らかだが、スロットのプレイ中に流れる洪水のような図柄とサウンドが、その事実を覆い隠しているのかもしれない」。ディクソンらは指摘する。「負けたにも関わらず、LDWは問題のあるギャンブリングの形成に重要な興奮という名の強化を引き起こす」(Dixon et al. 2010, 1820, 1824).

52　少額の当たりがギャンブラーの耐久心とプレイ頻度を増加させ、高額の当たりは逆の作用を起こすという研究については、Dickerson et al. 1992 and Delfabbro and Winefield 1999. を参照。

53　オーストラリアのギャンブル研究者二人は指摘する。「ギャンブラーは選択をすることができ、続けるかどうか決めることができる。これによってある種の主体性が生まれる——装置はまったくのランダムで、ギャンブラーの行為がテクノロジーの稼働に影響を及ぼすことは一切ないのだが」(Woolley and Livingstone 2009, 51). ビデオゲームの研究者も同様に記す。「ゲームはプレイヤーの感情に働きかけるさまざまな参加させるための手段を用意し、またプレイヤーにゲームの設定を操作させることで、必要な感情の変化を起こす」(Calleja 2007, 244–45).

54　Haw 2008a. ハウは続ける。「こうしてプレイヤーの中に、よりよい結果を挙げることができるという思い込みが生まれる。『もっと多くのラインを購入したら勝率が上がる』というように）それは（少額の）当たりの確率に関しては正しいが、結局は負けの確率を上げる」Delfabbro, Falzon, and Ingram 2005; Delfabbro 2008, 11; Haw 2008a, 11; Livingstone and Woolley 2008, 25も参照。

55 Livingstone and Woolley 2008, 29; Woolley and Livingstone 2009, 44. See also Delfabbro, Falzon, and Ingram 2005; Delfabbro 2008, 11; Haw 2008a, 11.

56 Michael Pollack of The Gaming Observer, moderator for "The Video Future," World Gaming Conference and Expo 1999.

57 Stuart Bull of Aristocrat, panelist for "The Video Future," World Gaming Conference and Expo 1999.

58 Frank Neborsky of Mohegan Sun, panelist for "The Video Future," World Gaming Congress and Expo 1999.

59 ネヴァダ州で最初に承認されたマルチライン・ゲームはWMS社の「Reel 'Em In」で、リール五本にペイライン5本、アメリカのブルーカラーの「釣り」というテーマをオーストラリアのマルチライン・モデルに掛け合わせたものだった。WMS（旧Williams）は、今日のビデオ・テクノロジーを牽引するアメリカの会社だが、その立ち位置を得たのはテルナエスの特許を独占的に保有していた時代、IGT社に後押しされてのことだった。(Ernkvist 2009を参照）

60 World Gaming Conference and Expo 1999の"The Video Future"パネリストにしてパレス・ステーションのブレンダ・ブードロー。ブードローはのちにIGT社の製品開発部門の副代表になる。

61 Panelist for "Get Real: Reel Slots vs. Video Slots," Global Gaming Expo 2005.

62 Aristocrat website (www.aristocratnz.co.nz/AUS/What/Games.asp, accessed July 2008).

63 各リールにつき二〇本のペイラインがあり、プレイヤーはブロック単位でこれらに賭けることができる。一ブロックにつき一〇クレジットだ。（WMS社ウェブサイト"Wrap Around Pays"解説より。wms.com/wraparound/ 二〇〇九年一〇月閲覧）WMSのもうひとつの発明は「キャスケーディング・リール」と呼ばれ、最初のスピンのあとは当たりのコンビネーションが消されて、それ以外の図柄が残る。二度目のスピンでは新しい図柄が空のスポットになだれ込み、新たな勝利のコンビネーションを作る。逆バージョンとして「スピニング・ストリーク」があり、最初のスピンのあと勝利のコンビネーションを固定し、それ以外の図柄が再び回転する。

64 Reiner 2009.

65 Michael Pollack of The Gaming Observer, moderator for "The Video Future," World Gaming Congress and Expo 1999.

66 World Gaming Conference and Expo 1999の"The Video Future"パネリストでWMS社のジョン・ジョビー。オーストラリアの研究によると、五セント硬貨を使うゲームの平均的な賭け金の額はコイン一五〜二四枚だった。（いっぽう一セントの平均的な賭け金は三三〜五〇倍だ）。(Livingstone and Woolley 2008, 54). 五セント・マシンと一ドル・マシンの採算性を考えるときに追加で検討すべき要素として、後者のほうが高い控除率を持つ。（五セントのゲームは平均七%だが、一ドルのゲームは三%）(Lehman 2009).

67 Ernkvist 2009, 221. ラスヴェガスの「地元の」カジノでは一セント［ペニー］を使用するマシンの割合がかなり高い。（二〇〇五年までに「ステーションズ・カジノ」ではスロットの三分の一がペニー・マシンだった）。(Legato 2005a, 74).

68 Weinert 1999, 77.

69 Jerald Seelig of AC Coin and Slot, Green (2006) の引用による。

70 ギャンブル産業を代表するコンサルタントたちは変動性の高いゲーム、とりわけ高い確率の当たりを出すよう設計されたゲームからは手を引くよう忠告している。これらの装置は膨大な結果の組み合わせがあるため、理論上の控除率を達成し、カジノに利益をもたらすまで数年かかるかもしれないのだ。(Wilson 2010a, 2009b; Lehman 2007a). 単価が低くヒット率の高いゲームの変動性を減らすことで、より「滑らか」かつ安定した採算の流れができ、カジノの求める利益をより早く達成することができる。

71 Kent Young, "Aristocrat Technologies to Display 140 InnovativeGames" 2000. の引用による。

72 Kent Young, quoted in Legato (2005b, 52, 50).

73 The Las Vegas Convention and Visitors Authority は一九九二年以降、地元のギャンブリングの傾向を追っている。一九九二年当時は地元のギャンブラーの五三%がビデオ・ポーカーを好み、スロットを好むのはわずか一八%だった。(GLS Research 1993). オーストラリア式のビデオ・スロットが市場に参入したことにより、この不均衡は徐々に解消され、二〇〇四年には地元のギャンブラーのビデオ・ポーカーとスロットの好みは半々だった。(GLS Research 2005). しかし別のメソッドを用いた二〇〇五年の研究によると、地元のギャンブラーの半数がビデオ・ポーカーをプレイしたのに対して、スロットは一八%だった。(Shoemaker and Zemke 2005, 395).

74 Legato 2005a, 74.

75 GLS Research 2007, 5; 2009, 20, 21; 2011, 20, 21.

76 Woolley 2009, 187.

77 「圧倒的多数の問題のあるギャンブラーが」と、リビングストンとウーリーは指摘する。「複数あるいは最大数のラインに少額の金を賭ける……この「プレイスタイル」はかなりの部分まで、ゲーミング・マシンの強化スケジュール技術によって作られたものと解釈できる」(2008, 25)

78 Ibid., 104.

79 Cooper 2005, 128. ギャンブルへの逃避——極端な場合は依存——は、社会学者イアン・ハッキングが比喩として用いた「生態的地位」というフレームワークで理解できるかもしれない。「現代の精神の病」が（慢性疲労症候群、注意欠陥・多動性障害など）特定の社会的、経済的、技術的な環境に「一時の住まい」を見出す事情を理解するのと同様だ。(Hacking 1998, 13)

80 ビデオ・ポーカーのプレイヤーはプレイの頻度が高い傾向も（週に二回以上、四時間以上）、中程度の傾向もあるが（月に一〜四回、一〜四時間）、スロットを好むプレイヤーはより「ライトな」場合が多い。（「ライト」は月に一回かそれ以下、一時間以内を指す）。(Shoemaker and Zemke 2005, 395).

81 See IGT's website for its current video poker variations (www.igt.com).

82 Legato 2007a.

83 「トリプルプレイ」のビデオ・ポーカーでは、上二列はカードを伏せた状態、下一列は上を向けた状態でプレイする。プレイヤーがホールドしたいカードを下のほうのハンドから選ぶと、同じカードが対応する上二つのハンドのスペースに自動的に表示される。「ドロー」ボタンを押すと、プレイヤーは三つの異なるデッキから三つの異なるドローができる。

84 IGT website (www.igt.com, accessed May 2010).

85 Legato 2007b.

86 Grochowski 2000.

87 「マルチ・ストライク」と呼ばれるビデオ・ポーカーはさらに、ギャンブラーに各ラウンドにつき四つの異なるハンドを操作させる。プレイヤーが最初のハンドで勝てば、次回の当たりのオッズは二倍で、そのようにして四番目のハンドまで続く。(プレイヤーが最初のハンドで勝てなければ、最高二〇クレジットの賭け金すべてが失われる)「マルチ・ストライクの素晴らしいところは」と、あるライターは記す。「少なくともカジノの立場からすれば、理論上はほかのビデオ・ポーカー・マシンと同じだけの払い戻しをすることになるのだが、プレイは非常に複雑、画面上ではあらゆることが起きている。そのため賭けは非常に戦略的におこなわれなければならず、完璧にプレイするには宇宙飛行士並みの集中力を必要とするのだ」(Cooper 2005, 130)。二五コイン単位のゲームで、一時間に二五〇〇ドルの負けを喫することもある。「ビデオ・ポーカーがマシンのクラック・コカインなら、マルチ・ストライクはトニー・モンタナが映画『スカーフェイス』のラストシーンで顔を突っ込む白い粉の山のようなものだ」

88 Linard of Cyberview, panelist for "Slot Systems: New Innovations, New Experiences, New Efficiencies," G2E 2006.

89 プレイヤーはゲームのアルゴリズムに適応することで依存症への道をたどることがあると著者は論じてきたが、ハワード・シェーファーらが提起する「適応仮説」は少々異なる(第一〇章の脚注を参照)。プレイヤーはゲームに対峙するうちにある種の保護抵抗あるいは免疫力を身につけるので、奇妙にも次のような結論が導き出されるというのだ。「ゲーミング産業が常に新しいゲームを開発する理由のひとつがそれで、プレイヤーもギャンブルの提供者も、それが生来的に依存状態を作ることはないと知っているのだ」(Shaffer, LaBrie, and LaPlante 2004a, 46)。ゲームの新規開発が依存症の危険に対する防御だとは不思議な話だ——イノベーションとはそれ以前のゲームに比べていっそう複雑かつ強烈な要素を含むのであり(質的に異なるゲームを導入するのではなく)、それだけで古典的な依存症の兆候、すなわち耐性形成の説明になるのだ。同じ状態を経験するのにより多くが必要とされるのである。

90 「カトリーナ」という名前はジェニファー・ボレル(2004)がこのギャンブラーに与えたものだ。ボレルはカトリーナが手紙を書いたもうひとりの研究者であり、彼女の別の手紙も公開している。

91 ボーナス・ゲームは最初ビデオ・スロットのみだったが、今ではリール・スピナーとビデオ・ポーカーにも普及している。ギャンブル産業はボーナス・ゲームの最中、一切の利益を得ないが(プレイヤーは勝つか、負けても何も失わない)、ボーナスとしてギャンブラーに与えられた金は税控除の対象になるマーケティング費用だと考えられる。つまりボーナス・ゲームとはギャンブラーに引き延ばされた〈タイム・オン・デバイス〉を与える、経済的に賢明な手段なのだ。ハリガンとディクソン(2009)は、ボーナス・ゲームが二次的な強化スケジュールだと指摘している。

92 「ゲームの過程とプレイヤーのあいだで生まれる認知、感情、運動感覚性のやり取りの連環によって、ゲームはとりわけプレイヤーの心理と感情面に大きな影響を及ぼす手段となる」と、あるビデオゲームの研究者は記す。(Calleja 2007, 244–45).

93 カトリーナのようなマシン・ギャンブラーはリズム、安心感、習慣性がリスクや混乱、驚きを上回る「ゾーン」を求めるが、そのゾーンは後者の要素抜きには存在しないことを忘れてはならない。ギャンブルから偶発性がすっかり失われてしまった場合、プレイヤーが没入することはなく、ゾーンにアクセスする手段は失われる。このことは二〇〇六年に登場したマシン・ギャンブリングの新たな宣伝公式が敗北したことで明らかになった。その公式は〈タイム・オン・デバイス〉を求める常習的なプレイヤーと、ギャンブルという不確実性に慣れるため「補助輪」を求める、リスクを避けたい初心者の両方を対象としていて、2つのバージョンで登場した。IGT社のそれは「ギャランティード（保障された）・プレイ」と呼ばれ、サイバーヴューのは「タイム・プレイ」と呼ばれた。（"Cyberview Technology" 2007; Green 2007; Legato 2007a; Reiner 2007).「ギャランティード・プレイ」の場合、プレイヤーは前もって数セットのハンドまたはスピンを一定の価格で購入し、クレジットのメーターはゼロの状態でスタートする。同時に別のメーターが残りのハンドまたはスピンの回数をカウントする。「プレイは止まらない――クレジット・メーターがどれだけゼロを下回ろうと」と、IGT社のウェブサイトには記されている。「ハンドやスピンの残数が（保障される回数の内に）あるかぎり、プレイヤーは単純に勝とうとしてゲームを続け、クレジットのバランスをプラスに戻そうとする」「基本的には、ギャンブラーにいっそう心地よさを味わってもらうためだ」と、二〇〇七年にIGTのG2Eブースに参加していた自称「数学男」は著者に言った。「タイム・プレイ」の場合、プレイヤーはハンドではなく時間を購入し、文字通り〈タイム・オン・デバイス〉を買うことになる。こちらの公式の場合、クレジットのメーターがマイナスを指すことは決してないが、当たりを引くまでゼロに留まり、負けるとゼロに戻る。その間、時計の針はセッションの終わりに向けて進み続ける。どちらのシステムも論理は同じだった。勝負の不確実性がプレイ時間の長さを決めるのではないのだ。プレイヤーはいつセッションが終わるのか明確に知っている。理屈ではこの安心感によってプレイヤーはより長くゲームを続け、より簡単に没入するはずだった。「五〇〇のハンドを持っていると知っていれば、楽にのめり込めるだろう」この設計では偶然性に何が起こるのか、と開発側の代表に著者が尋ねたところ、答えは次の通りだった。「我々は保障された時間のブロックを売る。そのブロック内では、まだ偶然は起こり得る」だが偶然性を取り除く試みは明らかに行き過ぎだった。ギャンブラーはそっぽを向いたのだ。

94　マシン・ギャンブリングの需要と供給の関係についての議論は、ウーリーとリビングストン（2009、38）およびコスグレイヴ（2010、124）を参照。コスグレイヴは両者の関係を「ダイナミックな行動主義」としている。第二章を参照。

95　ギャンブル研究者の二人は、ギャンブル依存症が二つのフィードバックシステムの相互作用だという興味深いモデルを立ち上げた。「（ギャンブラーの）システムが『不快』または『問題のある』入力とされるコンテクストや状況にさらされると、より『快適な』状況が達成されるまでポジティブなフィードバックの円環が発動する……必要な変化が起きたあともポジティブなフィードバックの円環が安定しないかぎり、システムは不適応のスパイラルをたどり、より大きな逸脱行動を起こす」(Zangeneh and Haydon 2004, 27; 類似した依存症のサイバネティックな概念についてはBateson 1972, 448, 109を参照).

5章

1　アンカー・ゲーミング社は二〇〇一年にIGT社に吸収された。

2　四章を参照。

3　IGT advertisement, in Casino Gaming, April 1988, 42.

4　Panelist for "Cashless Cow: The Next Step in Ticket-In/ Ticket-Out," G2E 2004.

5　Gregg Soloman of IGT, panelist for "Sensory Overload: Light, Sound and Motion in Slot Machines," G2E 2005.

6　Wilson 2008.

7　Eadington and Cornelius 1992, xxv.

8　Cardno, Singh, and Thomas 2010.

9　Nickell 2002.

10　クラブは「キャプテンズ・サークル」と呼ばれ、開始から数カ月で一万五千人の顧客を獲得した。システムの開発はIGTの子会社エレクトロニック・データ・テクノロジーだ。

11　カジノは長いこと、プレイヤーの賭け金の額を従業員がシートに記入するという方法でテーブルゲームの様子を「追跡」していた。そうすればあとで運営者には誰が金払いのいい客かわかり、賭けの金額に応じて食事、ホテルの客室、移動手段といった無料サービスを提供することができたからだ。より高い金を賭け、大きくリスクを冒した客は「コンプ」とも呼ばれる無料サービスでもてなされ、ふたたびカジノを訪れるよう促された。

12　"Player Tracking" 1990, 6.

13　Crary 1999, 76. 現代の「領域確保や定住化を用いて注意力を管理し、選択と『インタラクティブ性』の幻想を振りまきながらも、客の身体を一度に管理可能かつ利用可能にするメソッド」についてはAndrejevic 2007を参照。Deleuze 1992も参考になる。

14　パノプティコンをめぐる議論はFoucault 1979を参照。ラスヴェガスのカジノの監視インフラは、その技術の現代版だ。カメラはあらゆるエリアを監視し、一台のゲーム・テーブルには最高六〇台のカメラが設置され、デジタル画像を瞬時にネヴァダ・ゲーミング・コミッションに送っている。カメラは隠されているか、色を塗られているため、ある瞬間に何を撮ろうとしているのか当てるのは難しい。こうして客や係員は、盗難防止のためとして絶えず視線にさらされている。

15　Deleuze 1992. 現代の顧客監視と追跡テクノロジーについてのより詳細な議論はAndrejevic 2007を参照。

16　Ed McDonald of SAS Customer Intelligence, panelist for "Casino Operations: Leveraging Analytics Technology," G2E 2007.

17　Binkley（2008, 193）の引用による。マーマンはのちにゲーム産業を去る。

18　Cummings 1997, 68.

19　各カジノの物理的境界を超えた追跡メソッドは、遠隔コミュニケーションおよび軍事の進化と足並みをそろえていた。元CIAの科学およびテクノロジー・アドバイザーにして、インターネットの開発に資金が投入された時期のアメリカ国防高等研究計画局（DARPA）責任者クレイグ・フィールズは、のちにラスヴェガスのアリアンス・ゲーミング・コーポレーション副代表にしてテクノロジーの碩学になった。彼はゲーム同士、カジノ同士の繋がりを改善することに注力した。ある業界ジャーナリストは述べる。「フィールズがDARPAを去ったのは、最もハイテクのユーザーが多いのは軍隊ではなくエンタメ業界だと気づいたからだ」(Rutherford 1996, 81; Kaplan 2010も参照).

20　Harrah's Total Rewards website (https://Harrah's.com/TotalRewards/Total Rewards, 二〇一〇年一一月閲覧). トータル・リワーズ・プログラムは一九九八年にトータル・ゴールドとして始まり、

二〇〇〇年の「プレイヤー層」追加を機に名称を変更した。二〇〇四年には三〇〇〇万人のカードホルダーがプログラムに登録していて、今日その数は四〇〇〇万人に上る。
21 Press release for G2E institute conference, February 7, 2006.
22 See Andrejevic 2007 for a discussion of the use of RFID in the domain of commerce (89–90, 122–23).
23 Barrett and Gallagher 2004.
24 Brock, Fussell, and Corney 1992.
25 Compudigm International website (www.compudigm.com, 2007年6月閲覧).
26 Javier Saenz of Mariposa (who would become vice president of "strategy for network systems" at IGT), panelist for "Increasing Slot Revenue: New Techniques," G2E 2007.
27 Tracey Chernay of Transact Technologies, panelist for "CRM Part II: Technology and Applications," G2E 2008.
28 Scheri 2005, 145; IGT 2007, 47. 2007年にIGT社が買収した「マリポーサ・システム」は、Venture Capitalist, Incの支援のもとハビエル・サエンスが開発した。
29 Mariposa website (http.mariposa-software.com/software_datavis.html, 2007年6月閲覧).
30 Founder and chief technology officer of Compudigm Andrew Cardno, "Harrah's Sees Success" 2003. の引用による。
31 Compudigm press release, August 31, 2005. Compudigm executive Rob Berman quoted in "Harrah's Sees Success" 2003.
32 Andrejevic 2007, 4, 33.
33 Thomas Soukup of Konami, panelist for "Casino Operations: Leveraging Analytics Technology," G2E 2007.
34 Panelist for "Bonus Bonanza: How Bonusing Software Is Changing," G2E 2005.
35 Brian Macsymic of Progressive Gaming International Corporation, panelist for "Patron Rating: The New Definition of Customer Value," G2E 2008.
36 Andrejevic 2007, 4. スラヴォイ・ジジェクも同様に述べる。「今日のわれわれの日常生活における飛躍的なコンピューター化」は、「人々がよりいっそう『メディア化』され、力が増していると騙されながら、いつしかそれを否定されている」のだ。
37 Reiner 2009.
38 Tim Stanley of Harrah's, panelist for "CRM Part II: Technology and Applications," G2E 2008.
39 Bruce Rowe of Bally, panelist for "Increasing Slot Revenue: New Techniques," G2E 2007.
40 Jeff Cohen of Konami, "Patron Rating: The New Definition of Customer Value" G2E 2008パネリスト。最新スコア、頻度スコア、金額スコアを組み合わせたものは「RFM」価値スコアと呼ばれ、将来的な顧客の行動を予測するのに使われる。
41 Richard Mirman, Nickell (2002) の引用による。
42 Binkley 2008, 174, 194.
43 Ibid., 175.
44 Ibid., 177; Kontzer 2004; Freeman 2006.
45 Freeman (2006) の引用による。
46 Kontzer 2004. ネヴァダ州法では、カジノがマシンの確率を変更できるのはマシンが四分間アイドル状態に置かれたあとで、新しいプレイヤーがそのマシンでギャンブルできるにはさらに四分待たなければいけない。
47 マリポーサの「プレイヤー・コンタクト」にも、同じような機能が搭載されている。フロアにいるプレイヤーのアイコンを色分けし、彼らが価値を増すか（緑）、減らすか（赤）、現状に留まるか（黄）を判定するのだ。

48　Wilson 2007. 視覚的分析ツールは感情を除去する機能があるとされるが、それらのツールも不安その他の要因として分析者に影響する可能性がある点は注意すべきだ。人類学者ザルーム（2009）は「利回り曲線」のケースにおいてそのことを指摘した。経済のプロフェッショナルが視覚的ツールを使って市場モデルを作り、巧みな介入を目指す手法についてはKnorr Cetina and Bruegger 2002; Mackenzie 2006; Preda 2006; Zaloom 2006を参照のこと。市場を可視化するツールは、より大きな現代のトレンドの一端で、「ナラティヴ、モデル、シナリオが（作られて）、複雑なテクノロジーやインタラクションに内在するリスクの不確実性、偶発性、見積もりをやりやすい方法で捉えようとする」のだ。(Fischer 2003, 2).

49　グリーンの引用によるIGT社のAndy Ingram（2007, 34）. MGMミラージュのトレジャー・アイランドはダウンロード・ギャンブルを試験的に導入し、同社のアリア・カジノはそのテクノロジーを初めて大々的に披露した。欧州の司法はダウンロード・ギャンブルに関してより素早く動いていた。もともとはビデオ・フォーマット向けとされていたが、今では巧妙なテクノロジーを通してリール回転式スロットマシンにコンテンツを落とすことができる。ビデオ画像を空白の機械式リールに巧みに投影することができるのだ。（第二章を参照）

50　Richtel 2006.

51　Macomber and Student 2007a, 28.

52　Green (2007, 34) の引用による。

53　Legato 2005b, 47.

54　Neil Crossman of IGT, panelist for "Evolution or Revolution: How Technology Will Impact Asian Casinos," G2E Asia 2010.

55　フレキシブルな分化および関連する資本主義の総合的な指針の変化についての議論はPiore and Sabel 1984; Harvey 1989; Martin 2004を参照。

56　この反応性はGame King'sのようなマシン・キャビネットには既に「ビルトイン」されており、プレイヤーは何十種類ものゲームを楽しめる。Flex Play Pokerでは、プレイヤーはポーカーのタイプと一度にプレイしたいハンドの数（1、2、3、5、10）を選ぶことができる。ゲームの広告にはこう記されている。「Flex Play Poker——すべては選択の自由」（引用）

57　Justin Beltram, Richtel (2006) の引用による。

58　Todd Elsasser of Cyberview Technology, panelist for "Server Based Gaming II: The State of the Industry," G2E 2007.

59　Macomber and Student 2007a, 28.

60　Ibid., 30.

61　マコンバーとステューデントはこれら環境の小エリアに触れて言う。「近隣の食品直販店は、ターゲットとされた文化あるいは市場区分に合わせて発展するだろう。有線放送の音楽も同じだ。結果、そこにはアジアやラテンアメリカ系といった大きな枠のエリアから、ベトナム人やメキシコ人の要望に沿うよう設計されたミクロエリアまで、何でも登場するはずだ」。これらの小エリアでは、ゲームの製造者はスペイン語も言語の選択肢に含む「ラティーノ・マチーノ」ゲーム、ユダヤ人市場向けの「マッツァボール・ボーナス・ゲーム」、アフリカ系アメリカ人市場を標的にした「ソウルトレイン」がテーマのゲームなどを思い描くだろう。「われわれには黒人プレイヤーという大きな顧客層がある。彼らはこの業界で開発されてきたものを見て『この手には興味がないし、琴線に触れないね』と言うだろう」と、G2E 2005のパネリストは述べる。「われわれは前向きに境界を広げ、文化に敏感になるいっぽう、例のフォーチュンクッキー・ゲームのように差別主義者の非難を浴びてはならない」彼が言っていたのは、中国人市場をターゲットにして失敗したゲームだ。点字加工したボタンとレイ・チャールズの歌を使って、視覚障害のあるプレイヤー向けのゲームを作るという案もある。(Cooper 2004, 121).

62 Macomber and Student 2007a, 30.

63 Peter Ing, director of slot operations at Fallsview Casino Resort and Casino Niagara, panelist for "Boosting Machine Productivity: Creating an Environment," G2E 2007.

64 Javier Saenz of IGT, panelist for "Server-Based Gaming: Beginning to Begin," G2E 2008.

65 Christopher Strano of AC Coin, panelist for "Boosting Machine Productivity: Creating an Environment," G2E 2007.

66 Todd Elsasser of Cyberview Technology, "Slot Systems: New Innovations, New Experiences, New Efficiencies," G2E 2006.

67 Sylvie Linard of Cyberview, panelist for "Slot Systems: New Innovations, New Experiences, New Efficiencies," G2E 2006.

68 Macomber and Student 2007b.

69 David Durst of IGT, panelist for "Slot Systems: New Innovations, New Experiences, New Efficiencies," G2E 2006. Andrejevic 曰く、顧客を単一の集団あるいは単純に好みで区分できる集団として扱うマーケティング手法は全般的に人気を失い、「個人レベルで管理しようとする」「パーソナライズしたフィードバック」に傾きつつある。

70 Macomber and Student 2007b.

71 Rich Schneider of IGT, panelist for "Slot Systems: New Innovations, New Experiences, New Efficiencies," G2E 2006.

72 Sylvie Linard of IGT, panelist for "Slot Systems: New Innovations, New Experiences, New Efficiencies," G2E 2006.

73 Butch Witcher, moderator for "Games and Expectations: The Slot Floor of the Future," G2E 2004.

74 Mick Roemer, moderator for "Slot Appeal: Applying New Technologies," G2E 2007.

75 Panelist for "Games and Expectations: The Slot Floor of the Future," G2E 2004.

76 Bruce Rowe of Bally, panelist for "Server-Based Gaming III: The Potential," G2E 2007.

77 Al Thomas of WMS, panelist for "Brave New World: Emerging Games and Alternative Technologies," G2E 2008. Callonらはeコマースの提供者についてこう述べる。「顧客のそれまでの購買品と、新たな品物に対する反応を記録することで、供給者は顧客自身と同じくらい何が欲しいか、期待するか理解が可能になった。新たな体験の蓄積と同時に進化する共有知識であり、それは顧客が社会技術デバイスと接することで進化する」(Callon, Méadl, and Rabeharisoa 2002, 210).

78 Green 2010, 28.

79 Larry Hodgson, quoted in Grochowski (2010).

80 Velotta 2009. ジョン・エーカーが特許を保有するタロの「変動性デバイス」(US Patent No. 20100004047) は、カジノの追跡キャパシティを補強するもので、ゲームの状況をモニタリングし、変動性を最大にすることができる。「追跡の対象となるゲームの状況には、プレイヤーの選択による賭け金のパターン、直近の勝敗のパターン、時間に対する考慮、あるいはプレイヤーの特性またはゲームに関連した状況がある」。たとえば「ゲームのデバイスは、特定の時間帯に一般的なプレイヤーの好みに合わせて変動レベルを変えられるかもしれない」。その特許が示唆するのは、そのデバイスが一般的な市場の好みにマッチするだけではなく、プレイ中に変動性を操作して個別のギャンブラーの好みに合わせられるかもしれないということである。たとえばあるプレイヤーの負けが込んでいた場合、「変動性の低い（当たりの確率が高い）配当表が、あらかじめ決められた回数のゲームにおいて使われるか、プレイヤーが当たりを引くまで使われるかもしれない。プレイヤーは変動性を受け入れても拒絶してもいいが、配当表の差し替えはデバイスによって自動的にできるかもしれない」。プレイセッションの最中に配当表を変更するのは法の範疇だ。全体的な確率や「払い戻し率」を変えることはないからだ。

81 Rich Schneider of IGT, panelist for "Server-Based Gaming III: The Potential," G2E 2007.

82 Kathleen McLaughlin of The McLaughlin Gaming Group, moderator for "Host in a Box: Interface to the World," G2E 2010.

83 Mark Pace of WMS, panelist for "The Possibilities: The Impact of Networked Gaming, Part II," G2E 2009.

84 The Nevada Gaming Control Board は Cantor Gaming 社が開発したワイヤレスのポータブル端末（ウォール・ストリートでワイヤレスの相互債券取引に使われるソフトウェアが基盤）を2006年に承認した。こうして端末はラスヴェガスのヴェネツィアンで限定的かつ試験的に使われることになった。(Weingarten 2006, 4)IGTも製造および販売のライセンスを得た。「モバイルのゲームアプリはあらゆる製品に適応するもので、われわれがサーバーベースのゲームを展開する足がかりになるだろう」と、IGT社の広報担当エド・ロジチは語った。

85 Robert Bittman of IGT, panelist for "Future Watch: Electronic Gaming in the 21st Century," G2E 2007.

86 Kevin Kerr of Microsoft, panelist for "Future Watch: Electronic Gaming in the 21st Century," G2E 2007.

87 モバイルゲームに対するカジノ運営者たちのビジョンは、世界的な商業の大きな流れを踏まえたものだ。個人のモバイル機器に搭載されたGPS機能を使用することで、時間と場所を絞り込んだマーケティングが可能になる。その潮流はドゥルーズの指摘を思い起こさせる。「開かれた環境のもと、ある瞬間における要素の位置を特定することは（電気首輪のごとく、それが保護区域の動物だろうと会社にいる人間だろうと）必ずしも……SF小説のなかの出来事ではない」

88 "Player Tracking" 1990, 6.「操縦するコントロール」という表現はサイバネティクスの分野を連想させる。サイバネティクスはギリシャ語の Kybernetikos、すなわち「巧みな操縦」を語源とする。それが適切な連想であるのは、サイバネティクスが「循環因果律」すなわちフィードバックの連鎖を重視していることからもわかる。

89 ドゥルーズはコントロールという概念を、命令であり同時に無制限なものとして捉えている。「たとえば高速道路を作る場合、それが人々を囲い込むわけではないが、管理の手段は増える。それだけが高速道路の目的だとは言わないが、人々は際限なく『自由に』、一切囲い込まれることなく運転ができるいっぽう、なお完璧に管理されているのだ。それがわれわれの未来だ」(1998, 18, 強調は著者)「ムーヴメントを制限する代わりに」と、アンドレジュビックも現代のモニタリングと監視の種類についての研究の中で触れる。その目的は「モビリティの生産的なポテンシャルを搾取すること」なのだ。

90 Parets 1999, 19.

91 たとえばカジノは監視の手段として生物測定システムを用いた先駆けで、法の執行機関、空港警備、主要なビジネスより遥かに動きが早かった(Schwartz 2003, 216–17)。不正の共謀を発見するためカジノで使われていた「明らかでない関連性識別」(NORA)ソフトを、国土安全保障省がテロ容疑者の関わりを調査するために使うようになったのは相当後のことだ。(Kaplan 2010を参照)だが、それはお互いさまである。たとえばサーバーベースのギャンブルは、アメリカ国家安全保障局と同じ暗号法を採用している。

92 Lars Klander of Tech Results, moderator for "CRM and Data Analytics: Make Me Money or Save Me Money," G2E 2009.

93 この再帰的プロセスはベックが提示した現代の資本主義社会と合致する。そこでは技術システムの効果が絶えずシステムそのものに還元され、改善を保障するのだ。(Beck, Giddens, and Lash 1994). スリフトが述べるように、今日では製品デザイナーは「客をより深くプロセスに引き込み、彼らの商品に対する知識を搾り取り、システムに還元している」(Thrift 2006, 282; Callon, Méadl, and Rabeharisoa 2002も参照)「電子ギャンブリングマシンの技術システム構造は」と、オーストラリア人研究者2人は記す。「消費パターンとギャンブラーの体験を形成し、調節しているように見える。同時にギャンブリング行動が、技術システムの構造にフィードバックしているのだろう」(Livingstone and Woolley 2008, 156) 顧客データ取得という現代のテクニックが可能にしたサイバネティクスの行動「操縦」をめぐる詳細な議論は、Andrejevic（2007）を参照。

第六章

1 Csikszentmihalyi 1993, 184. 1985; 1994も参照。チクセントミハイは〈フロー〉を普遍的な現象とみなしている。「文化、近代化の段階、社会的階級、年齢、性別に関わりなく、回答者はこれを非常に似通った言葉で説明していた」(1994, 48)。彼によると、フローとは単なる私たち自身の幸福への鍵であるばかりか、集合的な幸福への鍵でもある。集合的活性に関するエミール・デュルケームの作品、儀式に関するヴィクター・ターナーの作品、新しい現実を創造する逃避形態としての芸術と科学の価値に関するアルベルト・アインシュタインの作品を引用し、文化はフロー経験を通じて発展すると、彼は述べている。この概念を形成した初期の頃、チクセントミハイはフローを説明するのに「ゾーン」という言葉を使用していた（1975)。

2 チクセントミハイは次のように明らかにしている。「フロー状態にあるとき、人は実際のところ完全には制御していない……むしろ、そこで起きているのは、制御が原理上可能だということをその人が知っているということだ。毎日の生活の中には、制御可能と人が感じていることがあまりに多く起こっている」(1993, 182)。

3 Griffiths 1993, 1999; Morgan et al. 1996. Parke ad Griffiths 2006. ゲーム研究家カジェハも同様に、次のように述べている。「フローという概念は、プレイヤーのスキルへの挑戦、明確に決められたゴールの存在、即座のフィードバックの提供を調整する能力など、その設計の核となる側面としてのデジタルゲームに特に関連し、このことがデジタルゲームをフロー経験の理想的手段にしている」(Calleja 2007, 255)。

4 Csikszentmihalyi 1994, 62-66.

5 フローは、哲学者ドゥルーズが述べているような感覚において、ある種「何かになること」として記述することができる。「何かになるということは、形（同定、模倣、ミメーシス）を獲得することではなく、ある女性、ある動物、ある分子ともはや区別できなくなるような近接性、識別不可能性、差別化不可能性のゾーンを見つけることである」（Deleuze 1997, 1; Deleuze and Guattari 1987, 262も参照）。何かになることは自己の外側の動き、肉体的基礎知識の解体、時間の時計的順序からの解放を伴う。存在は主体としてのその本質を失い、異なる速度、感情、強度、流れ、力の交点となる。フローと同様、「なること」は熱意、肯定、発明、変身、終わりのないことと関わりがある。これに対してマシン・ギャンブリングは、ある種の石化（無感覚状態）――その途切れのない反復がもはや人生や出来事に対して開かれておらず、そこから何の創造的行為も生まれそうにないような活動――である。（フロー概念を含む病理的ギャンブリング研究については、Wanner et al. 2006を参照）。

6 Csikszentmihalyi 1985, 495; 1994, 69, 61. チクセントミハイは精神的エントロピーを「恐怖、退屈、無関心、心配、混乱、嫉妬として経験される情報処理システム内のノイズ」と定義している（1988, 24）。参加者が「調和したパターンで精神的エネルギーを使っている」と仮定した場合に、フローはこのノイズを軽減する（1993, 176）。この調和は「構造化された経験……その魅力にほとんど依存的になるような経験」を生み出す（1975, xii）。「私たちは種として、フローに依存していると言えるかもしれない」と彼は記している（1993, 198）。

7 Csikszentmihalyi 1993, 30.「それは、経験の質を決定する客観的、外的条件ではなく、私たちがそれにどう答えるかである」とチクセントミハイは書いている（ibid., 203）。主観的であることを彼が強調しているのは、ある意味で、彼が最初に「フロー」の概念を形成した当時の先進的な心理学分野であった行動主義の、機械論的順応や刺激応答パラダイムに対する反応として読み取ることができる（1975, 7）。

8 Csikszentmihalyi 1975, 18; 1994, 5. テレビに関してロバート・クビーと共に著したチクセントミハイの作品（1990; 2003）は、フローの客観的条件づけに関して彼が口を閉ざした例外的作品である。

9 Csikszentmihalyi 1997, 74.

10 ケント・ヤング、アリストクラットの元CEO、「スーパー・スロット」（2005, 50）の引用による。

11 ミック・ローマー、Legato（2005b, 58）の引用による。

12 IGTのグレッグ・ソロマン、「感覚過負荷――スロットマシンの光、音、動き」（G2E 2005）のパネリスト。

13 「ゲームと期待――未来のスロットフロア」（G2E 2004）のパネリスト。

14 匿名の幹部、二〇〇五年の著者とのインタビューより。

15 キャスリーン・マクローリン、「市場を生かす――サーバベースのゲーミングの可能性」（G2E 2008）のパネリスト。

16 バリーのブルース・ロウ、「サーバー・ベースのゲーミング3――可能性」（G2E 2007）のパネリスト。マシンに流れる押しつけがましいメッセージのすべてをプレイヤーが見る時間が長ければ長いほど、マシンにお金をつぎ込む時間は減る。つまり、カジノにとってもメーカーにとっても、スピンの数も金も減るということを意味する」と、ある業界アナリストは繰り返し指摘する。

17 バリーのラメシュ・スリニヴァサン、「箱の中のホスト――世界へのインターフェイス」（G2E 2010）のパネリスト。

18 キャスリーン・マクローリン、「市場を生かす――サーバベースのゲーミングの可能性」（G2E 2008）のパネリスト。

19 Dickerson 1996, 147. 同様の見解については、Walker 1992, 259を参照。

20 Calleja 2007, 256. チクセントミハイは次のように記す。「フロー状態では、行為者による意識的な介入をまったく必要としないような内的論理に従って、行為は行為に続く」（1975, 36）。同じような感覚の自己の融合と喪失が、金融取引活動の中で展開されている。これを、人類学者ザルームは次のように述べている。「トレーダーはしばしば、〝ゾーンのなかに〟いる状態や〝フロー〟経験について話す。ゾーンのなかでは、経済的判断と行為は、トレーダーの本能から難なくやって来るように見える。市場とトレーダーとの融合は、金融変動の自然なリズムへの特別なアクセスを彼に与える」（2006, 135-36）。トレーダーが開かれた競売席の、豊かな対人的かつ肉体化された空間マトリクスから、オンライン・トレーディングのビデオスクリーンに移行するにつれて、この「特別なアクセス」はより密にフレーム化、フォーマット化される。「競売席での圧倒的な感覚的情報とは対照的に、スクリーンベースのテクノロジーは、トレーダーが入手できる情報の範囲を実際には狭めてしまう」とザルームは指摘する（2006, 151: Knorr Cetina and Bruegger 2000, 2002: Zwick 2005; Zaloom 2010も参照）。この情報の狭まりは、身体的な動きと社会的交換を伴って、マシン・ギャンブラーが言うところのスクリーン上のプロセスとの融合に似た没入の、脱肉体化した、非社会的な形態を生み出す。

21 Ito 2005, 85.

22 Ibid., 96. ズウィック（2005）は次のように述べている。「オンライン金融取引のテクノロジーによるインターフェースとプロセスは、株式市場にビデオゲームの特性を与え、「株式市場の現象学的統覚作用」を作り出す。このなかで、「スクリーンの美的特性が、これを消費の相互作用的または反応存在型の対象として構成し……これにより、個々のオンライン投資家は（消費の）行為主体および自己実現の感覚を得ることができるようになる」。伊藤が指摘するように、反応存在型の対象との反復相互作用は、行為主体の感覚を融合の感覚に変える可能性がある。

23 Turkle 1984, 4, 14.

24 Winnicott 1971. ウィニコットによると、内的なものと外的なものを関連づける作業は決して完了することはない。大人は芸術や依存といった経験分野で、この作業の緩和を見出す。乳児が融合状態から相関的存在へ移行するときに経験する幻滅は、「鏡像段階」の疎外と類似している。これはジャック・ラカン（1977）が提唱した概念で、子どもが交換（言語、他者性、関係性）という象徴界へ参入することを意味する。

25 育児や社会関係における突然の制御喪失を繰り返し経験する子どもはさらに、感情規制のモードとしての自己ベースの「完全な偶然性」に引きこもる傾向があるが、自閉症の子供と異なり、彼らの撤退は生まれつきというよりも一時的なものである。

26 Calleja 2007, 241. これより前の機械の例にピンボールがあり、ロックミュージック映画『トミー』（Ken Russell, 1971）には、「耳が聞こえず、口もきけず、目も見えない」にもかかわらず、魔法のような完璧さでゲームをプレイする同名の主人公の姿が描かれている。『ピンボール・ウィザード』というタイトルの主題歌が物語っているように、トミーは「マシンの一部になる」。こんにち、「ピンボール・ウィザード」でインターネット検索をすると、その名は、テーマにもなっているスロットマシンに与えられたＩＧＴのトレードマークになっているのも、決して皮肉ではない。

27 二〇〇四年三月三一日に、ウィリアム・フーバーによって投稿された（http.ludonauts.com/archives/000028.shtml、二〇〇八年四月閲覧）。ゲーム「ワールド・オブ・ウォークラフト」のプレイヤーは、たとえば、ダニエル・サールが個人文書のなかで書いているように、ある生き物を「何度も繰り返し」殺すといった、なんらかの物や力を獲得するためにやらなければならない反復的で循環する行為を説明するために、「粉砕する」という言葉を使う。「高等動物であるキャラクターがこうした仮想モンスターを繰り返し殺すことには、絶対的になんの困難もスキルも伴わない。プレイヤーはただ、同じ三つか四つのコマンドを行使して、何度もそのアバターをやっつけるだけなのだ」。プレイヤーが社会的、物語的認知に関わるのをやめ、こうした相互作用的なループに熱中するようになるという事実は、いわゆるゲーム研究における「物語／ゲーム学」につながる。この議論の中心的問題は、ビデオゲームのプレイヤーが物語的意味の進展に投資されているのか、もしくは彼らはプレイそのもののため」」――ゲームの「ゲーム性」のため――にプレイしているのかという点である。後者の立場をとる「ゲーム学者」は、物語的要素のみならず、特定のゲーム活動の物質的、相互作用的な細部を考慮することも重要だと強調している（Malaby 2007; Calleja 2007も参照）。

28 Ito 2005, 95.

29 Turkle 1984, 70.

30 ハラーズのティム・スタンリー、『未来を観察する――改善される顧客経験のためのテクノロジーと意欲』（GE2 2006）のパネリスト。

31 ハラーズのティム・スタンリー、『CRMパート2――テクノロジーとアプリケーション』（GE2 2008）のパネリスト。

32 Ihde 1990.

33 Ibid., 74. 芸術史家でありメディア理論家であるオリバー・グラウも同様にこう書いている。「没頭は、アート作品と技術装置、メッセージと知覚媒体が融合して、分離不可能なひとつの全体になるときに立ち現れる。一般原則として、没頭の原理は、伝達されるメッセージの強度を最大化するために、観察者の知覚から幻想の媒体装置を回収するのに使用されると言うことができる。その媒体は目に見えなくなる」（2003, 349）。

34 ドゥルーズ＝ガタリは、麻薬中毒者を「臓器のない肉体」として記述してきた。著者らが積極的に重きを置く、臓器のない「完全な」肉体と対象的に、これは「空っぽ」であり――フローというよりも石化作用によって特徴づけられる。（1987; Keane 2002, 34も参照）。

35 Turkle 1984, 4.

36 ビデオポーカーでのオートホールドの使用は、一時間あたりにプレイできるハンドの数を増やすことでプレイのスピードアップを図り、勝つために最適なプレイ戦略を保証する（しかしながら以前は、ボブ・ダンサーが私に話したように、オートホールドは「パーフェクトに一歩届かない」戦略に従うようにプログラミングされていた。「カジノはプレイヤーに、下手にプレイする方法を〝教える〟機能を提供しようとしている」）。

37 マラビーが提唱するように、すべてのゲームは「複数の随伴性を企み、較正し、予測可能な結果と予測できない結果が入り混じった状態を生み出す」（2006, 106）。彼が考える随伴性には以下が含まれる。行為遂行的随伴性、すなわちその人の戦略的な動きを伴う予測不可能性、社会的随伴性、すなわち他人の戦略の予測不可能性、記号論的随伴性、すなわちゲームの結果に起因する可能性のある意味の予測不可能性、そして最後に純粋な随伴性、すなわち制御不可能なゲームのランダム性である。この用語（マラビーがマッキンタイヤー（1984）から一部引用した）に従うと、純粋な、または「完全な」随伴性がマシンギャンブリングでは優勢である一方で、行為遂行的、社会的、記号論的随伴性は不在であるか、または大幅に減退していると言うことができる。

38 Haraway 1991. サイボーグに関する文献については、Gray 1995; Balsamo 1996; Downey and Dumit 1997; Jain 1999 を参照。

39 デジタルメディアおよびその他現代のテクノロジーのアナリストらは、サイボーグの世界は、その警告を考慮に入れることなく、または既存の人間と機械の融合の害を詳細に調べることなしに、どんなものになり得るかというハラウェイの見解をしばしば称賛してきた。ひとつの例外として、サッチマンが指摘する、製品設計と人間の傷害に関するジェインの文献（1999）が挙げられ、これは「プロテーゼ（人工装具）が人の動きを可能にすると同時に人を傷つけてもいるという複数のあり方を考慮に入れた、人工装具の安易な受け入れに対する修復的対抗手段を提示している。肉体に関する議論の容易な解決とは対照的に、肉体と人工物の適合はしばしば滑らかであるとは言い難く、その言葉が示すよりは辛い痛みを伴う。こうした認識で重要なのは、かつては価値あるものとされていた人工装具を悪者扱いすることではなく、人間／機械の総合体の中に必然的に存在する不均衡を認識することだ」（Suchman 2007a, 148-49）。

40 第十一回国際ギャンブリング会議（二〇〇〇年）の『問題のあるギャンブラー——マシン・ギャンブリングに注目して』の議長によるコメント。

41 Livingstone and Woolley 2008, 18.

42 Csikszentmihalyi 1985, 491. チェス研究のなかで、人類学者ロバート・デスジャレはライブチェスとオンラインチェスを区別している。ライブチェスは、プレイヤーが積極的に「自分の生活の経験的土台に手を加え」、「自分の意のままに意欲をそそる世界を作り直す」ことができる媒体であるのに対し、「オンラインチェスは、一定の警戒の再帰的ループを促進し、「その反復的な動き、集中した注意深さ、ゲームからゲームへの容易な移行が、トランス状態のようなものを誘発する可能性がある」と彼は指摘している。オンラインチェスの技術的フォーマットは、これを「プレイヤーがゲームのよってプレイされる」ような相互作用に変える（Desjarlais 2010, 43, 191）。

43 Legato 1998a, 98. 元カジノスロットの参加者によって書かれた、スロットプレイヤーの鈍感な身体動作に関するユーモラスなドキュメンタリーについては、ゴールドバーグ（Goldberg 2006）を参照。

第七章

1 Huizinga 1950 [1938], 8. Caillois 1979 [1958], 43 も参照。

2 Goffman 1961, 27, 34.

3 Csikszentmihalyi and Bennet 1971, 49.

4 Malaby 2003, 147. マラビーは「景気変動、社会的緊張、個人的危機、そしてゲームそのもの」を、同位の不確定性として解釈している。

5 Malaby 2009, 208.

6 Rose 1999, 164. Burchell 1993; Miller 2001; Martin 2002; Reith 2007 も参照。

7 Rose 1999, 152, 214. Weber 1978 [1956], 86-90; Miller 2001;

Martin 2002 も参照。

8　O'Malley 1996, 198. 現代社会におけるリスク思考の高まりにかんする詳細は、Giddens 1991, 1994; Beck 1992, 1994, 2006; Luhmann 1993; Lupton 1999 を参照。これは、過去と比べて人々の生活がかなり不安定になったということではなく、「リスク」と、こうした不確定性にうまく対処する上で人が取るべき責任への期待という観点から構成される、新しい種類の不確定性が起ころうとしているということである。「私たちがリスク社会ならば、それは自分たちが冒しているリスクに対してより意識的になったからであり、それらを判断し、管理しようとする試みにより深く関わるようになったからである」と、社会学者デヴィッド・ガーランドは書いている（2003, 71）。

9　エンギン・ウシュンは、数理的自己を「満ち足りた、計算可能な、責任感のある、自立した、誰にも邪魔されないバイオニックシチズン（超人的市民）」と称する。それは、「合理的な計算能力によって自らの行いを調整することができる主体」である（2004, 217, 222）。リスク評価をする自己モデルは、人類学者エミリー・マーティンの言う「フレキシブルセルフ（柔軟な自己）」の変形として解釈することができる（1994）。このような自己は、製品の加速化する技術革新、専門的なニッチ創造、市場の劇的な再構築と可処分性ともいうべきもの、短期的な労働契約、慢性的な職の不安定、そして個人的責任という倫理に置き換えられた社会的保護など、現代資本主義の一モードとしてのフレキシブルな蓄積を含む、より幅広い政治的・経済的不安定状況に対応する、と彼女は論じている（Harvey 1989; Lears 2003, 21, 321）。

10　Hunt 2003, 169. ハントは、「これらの選択の重要性は、自分の生活というものを、意図的に、また長期的に計算する努力をすべきプロジェクトとして取り扱うことを私たちに要求する責任化のメカニズムによって、さらにその度合いを高めている」と述べている。

11　Rose 1999, 87. Giddens 1991, 3; 1994, 76、および Beck 1994, 14, 20, 25 も参照。アルベルト・メルッチ（1996, 44）も同様に、「選択は私たちの時代の避けられない運命だ」と記している。

12　Schwartz 2005, 44. シュワルツはベストセラーになった著書『選択のパラドックス』（本書の前半で、ギャンブル業界の代表がこれを引用している）で、経済学者、政策立案者、社会科学者、市民のあいだでは、選択と自由の強くポジティブな文化的関係性があるにもかかわらず、選択肢が増えたところで必ずしも社会がより良くなるとは限らない、と述べている。シュワルツは他でも、上流、中流階級のアメリカ市民は、選択を自由、行動、制御と結びつける傾向がある一方で、労働者階級の市民はこれを恐怖、疑念、困難と結びつける傾向があると記している（Schwartz, Markus, and Snibbe 2006, 14-15）。Rosenthal 2005 も参照。

13　スラヴォイ・ジジェクはこの考えに沿って、経済的、実存的偶然性に直面した「リスク社会」の市民は、実際に合理的行為者としてふるまうという理論家の暗黙の仮定を明確にし、これに疑問を呈している（1998, 1999; Giddens 1991, 1994; Lash 1994 も参照）。フーコーの言う「統治性」の枠組みを通じてリスクにアプローチする学者にも同様の誤りを指摘するウシュンは、「統治行為の中心にいる主体は、相対的成功によって選択肢を評価することでリスクを避けたり排除したりすることのできる、合理的で計算高い有能な主体としてではなく、ストレスやますます不安定になる状況下で不安を感じ、みずからの神経症に対処することを求められるような者」——自己統制が、その合理的能力を結集した道筋を進むのと同じくらい、「不安に対処する感情の経路を」たどるような主体――として解釈されるべきだと提案する。Hunt 2003 も参照。

14　Goffman 1961, 18.

15　Bell 1973.

16　Hochschild 1983, 5, 11. その他の人々もこの分析を、「感情的」または「非物質的」労働、サービス労働の結合を目的とする条件、無報酬のケアのかたち、労働の知的・認知的形態といった、より幅広い領域に拡張している（Hardt 1999; Negri 1999; Terranova 2000; Dibbel 2006, 2007, 2008; Andrejevic 2009）。

17　Benston (2009) に引用。

18　Davis 2002.

19　Goffman 1967; Lesieur 1977; Custer 1984, 35-38. 一九八〇年代にマシンギャンブラーが治療現場に現れるようになるまで、女性は問題のあるギャンブリングに関する文献で広く無視されていた。病理学的ギャンブリングは「白人、中年、中産階級のビジネスマンで、カトリックやプロテスタントよりもユダヤ教徒であり、既婚、三人の子供の父親という特徴をもつ人だけに影響を及ぼしているように見えた」。彼らは通常、「競馬、カード、商品取引、カジノゲーム」に金を投入していた（Lorenz 1987）。例外として挙げられるのがバーグラーの一九五七年の精神分析的学説で、このなかで彼は、女性ギャンブラーを「男性を扱うのと同じように冷たく、たかるような態度でギャンブルを取り扱うような、冷淡でヒステリックな女性」とみなした（Mark and Lesieur 1992, 553 に引用）。その他の例外については、レイクが一九五一年に発表した、強迫性の女性ポーカープレイヤーに関するケーススタディを参照）。

20　レシュール（1988）は一九八〇年代後半、五十人の女性ギャンブラーにインタビューを実施したあと、行動型ギャンブラーと逃避型ギャンブラーを初めて区別した（逃避型ギャンブリングに関するその他の研究については、Jacobs 1998, 2000; Lesieur and Blume 1991; Mark and Lesieur 1992; Diskin and Hodgins 1999, 18 を参照）。ヒングとブリーン（2001）は、女性と男性のマシンプレイのパターンを比較し、女性はギャンブルの継続的形態に引かれ、勝利のチャンスよりもプレイ時間をできる限り長引かせる方を好むことを発見した。他の研究者の発見によると、女性は通常、安全で予測可能な環境を提供し、日々の生活からの小休止を与えるようなギャンブリングに魅力を感じるという（Dixey 1987; Brown and Coventry 1998）。男性がしだいにプレイの逃避的モードに関わる態度を見せる一方で、女性は男性ほどアクションプレイには移行していない。性差とギャンブリングに関するその他の研究については、Koza 1984; Lesieur and Blume 1991; Specker et al. 1996; Trevorrow and Moore 1998; McLaughlin 2000; Boughton and Falenchuk 2007 を参照。

21　人類学者とゲーム学者は、オンラインのバーチャルな世界は、取引商売、統治、恋愛関係、職業、共有された意味と価値が充満する豊かな社会的領域だということを発見した（Dibbell 2006; Malaby 2006; Taylor 2006; Boellstorff 2008; Turkle 2011）。マシンプレイのゾーンは、交流のパラレルワールド（異世界）ではなく、従来の価値が消滅した世界である。

22　Reith 1999, 146. ボードリヤールが書いているように、「ギャンブリングの謎は、お金が価値として存在しない」ということだ（1990, 86）。

23　オーストラリアのスロットマシン・プレイに関する定量分析の参加者は、「すぐに勝つのは良くない」という意見で一致していた。ある人はこう言っている。「私は勝ちたいのではなく、ずっとプレイをしていたいのだ!」(Livingstone and Wooley 2008, 107)。大きな勝利がマシンプレイのフローを中断することについて、現在おこなわれている行動研究については、Dickerson et al. 1992, 246 を参照。

24 Reith 2007, 42. コクレック(2012)は、一九七〇年代から八〇年代のコイン投入式のアーケードゲーム(ゲームセンターなどのゲーム)は、クレジット文化とそれが求める新しい消費行為の出現を反映していたと述べている。

25 Livingstone 2005, 533.

26 Adams n.d., 35.

27 Livingstone 2005, 530; Adams n.d. も参照。

28 「チェイス」とは「負けを求める」という意味のギャンブラー用語の短縮形で、さらに賭けることによってこれまでの負けを取り戻すためのレースを表す表現である(「ロスカット」の対義語)。ギャンブラーの「チェイス」に関する議論については、レシュールの同名のタイトルの著書を参照。このなかで彼は次のように書いている。「ギャンブラーがみずからを捧げるようになるスパイラルに引き込み、そのスパイラルの速度を上げるのがチェイスである」(1977, 2)。ギャンブラーのはまる「選択肢のスパイラル」というレシュールの表現は、それ以前にデヴルーが言った「絶望のサイクル」という表現を思い起こさせる。デヴルーはギャンブラーについてこう書いている。「ギャンブラーは、どんどん深みにはまっていく自分を見ている。しかし今やめてしまえば、このすべてが回復不能なまでに失われる。それを取り戻す唯一の方法は、プレイしつづけることだ」(Devereux 1949, 729)。

29 Livingstone 2005, 533.

30 Lears 2003 8; Lears 2008 も参照。

31 「この消費の独特な形態は、何もないものの消費として現れる」と、リアズはギャンブリングについて書いている(2007, 51)。

32 現代のマシンギャンブラーは、不法な金儲けのための策略に関わるよりも、レシュール(1977)が述べているようなカードやスポーツのギャンブルに参加する。これは、彼らがギャンブルの社会的ネットワークやブックメーカーの文化に加わっていないということが大きな理由だろう。マシン依存者の毎日の生活はもっと孤立したもので、彼らがお金を稼ぐ方法は、消費者金融やクレジットカードといった合法的なシステムと一体化している。

33 大型金融取引行為が、いかに毎日の社会的拠り所から価値を切り離すことができるかについての最近の民族誌学的学説については、LiPuma and Lee 2004; Zaloom 2006, 2009; Ho 2009; Lepinay 2011 を参照。

34 Livingstone 2005, 527.

35 Deleuze and Guattari 1987, 262.

36 Csikszentmihalyi 1994, 66, 67.

37 Reith 1999, 124, 122.

38 Ibid., 140.

39 Benjamin 1968 [1939], 178-79n11.

40 Goffman 1967, 156.

41 Borrell 2008, 213.

42 Thompson 1967.

43 Harvey 1989; Giddens 1990; Virillio 1995; Castells 1996; Wacjman 2008 を参照。

44 Lesieur 1977, 14. 強調は著者。

45 Benjamin 1968 [1939], 155-200.

46 一九八四年、タークルはビデオゲームに関して同様の観察をおこない、次のように述べている。ビデオゲームが「魅力的なのは、そこにルールがあり、プログラムがあり、構成があるからだ。つまり、生活を簡素化する〝二者択一の〟構想に従ってプレイが構成されているからである」(Turkle 1984, 5, 13)。彼女が話をしたゲームプレイヤーのひとりは、こう語った。「私たちは自分がすべきことがわかっています。外的な混乱もなく、矛盾するゴールもなく、ゲーム以外の世界に充満する複雑さも何もない。いたってシンプルです。マシンという生き物に飲み込まれないように、この小さな迷路を通り抜けるか否か、そのどちらかです」。

47 France 1902, 397. 強調著者。チクセントミハイのある信奉者は、大胆にも、確かさへの欲求を何らかの社会的文脈に結びつけて次のように述べている。「毎日のルーティンが脅威にさらされ、不確かなものだとすれば、そして世界に存在することが不安なものであるならば、別の領域での気晴らしを探し求めようとするだろう——たとえばそれは……行為者が選択の必要性から大方解放されているような状況だ」(Mitchell 1988, 45)。彼はその洞察を、疎外とアノミー(没価値状態)の社会学的概念の観点から言い換えて、こう続ける。「生活において過剰な確かさを経験している人、疎外されている人は、プレイに不確かさを求める。一方で、世界を主に不確かなものとして見ている人、すなわちアノミーな(社会的規範が欠如した)人は、娯楽に確かさを求める」。

48 Goffman 1961, 261.

49 Terranova 2000, 54.

第八章

1 イザベラの許可を得て、彼女の手書きの手記からの抜粋をここに転載している。

2 Burke 1969, 14.

3 Freud 1961 [1920]. その超歴史主義と精神分析学の普遍的な心理学的解釈には問題があるにもかかわらず、反復強迫に関するフロイトの研究は本章の題材を考える上で有益な洞察を与えるため、そうした意図に則って私は彼の学説に頼っている。ただし私がここで提示している分析は、強迫性ギャンブリングを自慰にまつわる恐れと罪悪感とみなすフロイト自身の解釈から逸脱しているということは、指摘しておかなければならない(Freud 1966 [1928])。

4 Freud 1961 [1920], 9-15.

5 Ibid., 55-56. しばしば誤って解釈されているが、「死の欲動は、単なる死の願望と同等であるとみなすことはできない」とルースは述べている(2002, 135)。

6 ヘロインは「緊張、解放、休息の全サイクルを一時停止する」と書いたとき、ウィリアム・バロウズは死の欲動を想起させている(2004 [1959], 31)。ルースはバロウズについてこう言及している。「快楽原則の規制・抑制効果は、バロウズのなかにある何かを和らげるには不十分だった。彼が解放されたかったのは緊張からだけではない。彼はすべての生命過程からの解放を求めていた」(2002, 185, 強調著者)。この意味で、「依存は快楽の彼岸の化身であり——それをあからさまに示すものである」(ibid., 110)。

7 Freud 1961 [1920], 32.

8 ギャンブル依存症を研究する学者のなかには、ゾーンを欲望と想像のプレイのための豊かでシンボリックな内的空間として解釈する者もいるが、私が話をしたギャンブル依存者は、これを死の欲動――劣等感、関係性、意味に対応する空間をもたない純粋なプロセスおよび融合である何か――という文脈に沿って説明していた（Livingstone 2005; Adams n.d.）。ラカンの言葉で言えば、ギャンブル依存者は「他者を通る迂回」（言語の長く曲がりくねった道）を拒絶し、その代わりに「一なるもの（一者）」（または「純粋なチャンス」）への直接的なアクセスを探し求め、「人生の運命に対する問い」への即座の答えを要求する（Loose 2002, 159）。ルースは次のように続ける。「他者ではなく一なるもの（一者）を求めることは、この目的への到達が他者および――したがって――この領野に構成される主体を消滅させるという意味で、死の欲動である」（ibid.）。

9　Loose 2002, 153.

10　「負けはそのゲーム内で取り戻さなければならない」とギャンブル依存者についてルースは書いている。「ゲームの終わりは結局訪れる。そしてこの終わりが、彼らが求める答えである。死は、彼らの目的地の問いに対する根本的な答えであり、これこそが、ゲームが最終的に彼らに示すものなのだ」（2002, 157）。

11　オーストラリアの問題のあるギャンブラーにかんするある定量分析では、「ギャンブリング・セッションを終了させるためのうまい戦略があると答えた者はいなかった。参加者の大多数は、ゲームセッションが終了するのは、持ち金がなくなったときだけだと答えた。『そこに行って、金を稼いで、帰ってくるだけ』、『すべてを使い果たすまで満足しない』といった回答が、彼らの典型的なコメントだった。ほとんどの参加者が、金を残したまま去ることは滅多にないか、あるいは非常に珍しいことだと話し、勝ちの状態のまま店を出るというセルフコントロールができる人も、たいてい翌日か次の機会（多くは同じ日）にまた戻ってきて、持ち金のすべてを賭けてしまうという」（Livingstone and Woolley 2008, 106）。

12　Bataille 1991, 25-26.

13　依存者の生活は「死と深く関わり合っている」――しかしこれは、非依存者にとってもまったく無関係なことではない、とルースは指摘している（Loose 2002, 138）。

14　ラトゥールが述べているように、通常は隠されている人工物の動作メカニズムは、この人工物が壊れるときに前面に現れてくる（1994; 1999）。コンピューター・サイエンティストのロザリンド・ピカードは、「感情コンピューティング」にかんする研究で、これが真実であることを発見した。この研究は、ユーザー感情の最大の急転は、ゲームとの相互作用の途上ではなく、テクノロジーが急に停止したり、機能不全になったりして、ゲームプレイのフローを中断するときに起こるということを示した（Picard 1997, 163）。

15　依存症がその人の内的力学、または彼らが相互関係をもつ物質や活動の外的力学にどの程度起因するかについて私が冒頭で述べた議論に傾聴し、ルースはこう振り返る。「薬物はたしかに影響力がある。それは否定できない。問題は、その影響がどこにあるかということだ。薬物にあるのか、それとも精神のなかにあるのか？　精神にあるとすれば、そのなかの一体何が薬物に反応したり、実際に相互作用したりするのか？」（Loose 2002, 116）。この疑問に対する私自身の答えは、マシンと精神の相互作用（そしてその相互作用が展開する環境）を強調するものであるのに対して、ルースは、薬物の影響は最終的にはその人のなかにあると結論している。「力は、ひとたび動作を開始すると、個々人のエネルギー特性に応じたそれ自体の力学を獲得する」（119）。

第九章

1 ラスベガスには全国で最も強力なギャンブラーズ・アノニマス・グループが存在するが、問題のあるギャンブリング・プログラム向けの州予算は、他の多くの州に提供される予算のほんのわずかを占めるに過ぎず、施行されたのも二〇〇五年になってからだった。この年、スロットマシン一台につき二ドルが、治療および予防プログラムに充てられた（Skolnik 2011）。最近になってアメリカ上院議員は、財政赤字を埋め、他のサービスを市民に提供することにこれらの資金を向け直す動きを示している。これにより、問題のあるギャンブリング・プログラムへの資金は、半分にカットされた（Coolican 2009）。

2 ミーティングは早朝八時から夜九時までおこなわれる。十五のミーティングがスペイン語で実施される。これらは病院やショッピングセンター、VA（復員軍人）クリニック、教会などで開催され、原子力発電所でおこなわれることもある。

3 「序」を参照。この会社のスポークスマンは、プレスリリースの中に次のように書いている。「多くの資本主義国と同じように、民間企業は治療設計とその実施の最前線に立っている」（Franklin n.d.）。

4 ジプレキサ（オランザピン）錠は、ビデオポーカー依存者のギャンブル行動を軽減する効果は見られず、研究結果も公表されていないが、トライメリディアンは、ある主要な製薬会社（イーライリリー）に対して、満足のいく薬物実験を提供するという主要目的を達成した。

5 Simpson 2000; Strow 2000. 週に四日、夜におこなう六週間の治療プログレムを提供するこのクリニックは、〈ステーション・カジノ〉から五万ドルの開業資金を受け取った。

6 テイバーが一九九〇年代に書いたこの資料は、彼が記しているように「すべての依存行動の目録を作成する必要性」からヒントを得ている（Taber 2001）。「目録」という言葉を彼が使用しているのは、アルコホーリクス・アノニマス（米アルコール依存症者更生会）で、「モラル目録」という言葉が昔から使われていること、また自分の価値を「見直す」手段としての価値表示在庫資産から来ている。

7 『我買う、ゆえに我あり——強迫衝動的購買と自己の探求』と題された編書の中で、著者らは病的買い物の他の形態の中でも特に、出費障害と購買障害との間の区別を同じようにおこなっている（Benson 2000）。

8 Hunt 2003, 185. 一九九〇年代までに、アルコホーリクス・アノニマスをモデルにした二百を超えるセルフヘルプグループが組織され、買い物、テレビ、エクササイズ、食事、コンピューター、セックスといった行動に自分が依存していると思っている人々の救済にあたっている。多くの学者が依存症の拡大に対し、それを通して後期資本主義のより幅広い苦境を考えるためのレンズのようなものとして取り組んでいる。イヴ・セジウィックは論文「意志の流行病」の中で、「依存症の問題と、世界資本主義の消費者フェーズのそれとのあいだに起きていると見られる奇妙に共鳴する関係性」（1992）について述べている。同様の考えに沿って、フレデリック・ジェイムソンはアメリカについてこう記している。「これほど依存症が蔓延し、依存状態から逃れることができなくなった社会はこれまでになかった。社会がギャンブルを発明したのではないことは確かだが、強迫衝動的な消費というものは発明した」（2004, 52）。

9 ロッキーがここで使用する均衡という概念は、物理学の熱力学から、ナッシュ均衡のような経済的概念、管理と規制のサイバネティクス理論、体系的バランスといった生態学的概念、快楽原則と死の欲動がどのように作用して興奮を消滅させ、休息状態を回復するかという精神分析的理解にいたるまで、多様な専門的意味合いを連想させる（Freud 1961 [1920]; Bateson 1972）。均衡状態は一見、依存状態（過剰と関連がある）とは矛盾するようだが、実際は依存プロセスにおいて重大な役割を果たしている（第四章参照）。

10　普通の人間の生まれつきの欠陥としての依存症という考え方は、現代の神経科学に反映されている。ここでは、依存はすべての人間の潜在的なプロセスとして理解されるようになっている。依存のこの科学的正常化は、ドラッグやある一定の活動に依存性があるのは、セックスや食事といった生存にかかわる行動や、人や場所への愛着の形成と同じ恩恵の進路を刺激または「乗っ取る」ためだということを示している（Bozarth 1990; Breiter et al. 2001; Vrecko 2010）。ニコラス・ローズ（2003）が述べているように、たとえば、依存症が逸脱行為の道徳的重みをもはや持たず、むしろ神経系統に影響を及ぼす機械装置のエラーとして理解されるように、「規範の論理には常に浮き沈みがある」（419）。

11　Reith 2007, 48. 人類学者のエミリー・マーティン（2004, 2007）は、気分障害をもつ人の治療への関わりに関する研究で、同様の論述をしている。責任ある市民は、「健康を定期的に監視する」ことに携わらなければならない、とローズは記している（1999, 234）。

12　「十二ステップ」プログラムにおいて、回復中の依存症者は、みずからの依存症を克服するためにいくつかのステップを踏むことが必要になる。たとえば第一のステップは、「自分には問題があるということを認めること」だ。

13　回復中のギャンブラーに求められる自己調整は、フーコーが説明するように、古典的なギリシャやキリスト教のセルフケアの制度とは異なり、個々人が「ある一定の幸福、純粋、叡智、不死の状態に到達するためにみずからを変える」ことができるような「自己のテクノロジー」に関連している（Foucault 1988, 1990）。ローズも、この自己変身から自己調整への移行について言及している（2003）。現代のテクノロジー科学に横たわる、「生き方」に関する古典的な倫理問題が取り入れる方法については、コリアーとレイコフ（2005）の「生きることの制度」に関する議論を参照（Rabinow 1996, 1999; Fischer 1999, 2003; Biehl, Coutinho, Outeiro 2004; Ong and Collier 2005, 8 もあわせて参照）。

14　Dumit 2002, 126.「神経科学的自己」という用語を使用した同じような議論については、ローズ（Rose 2003）を参照。ヴレコが述べているように、現代の向精神性治療は、〝治す〟ことではなく、衝動の強さと頻度を調整することを意図している（Vrecko 2010, 45）。

15　気分障害を持つ人の自己規制手段としての気分チャート分析の中で、マーティンは、ビジターのゲストがサポートグループでどのように自己紹介するかについて、スピーカーが今の自分の気分状態をマイナス五からプラス五までの数の中から選ぶという手順に従って説明している。「私はブラッドです。今の私はゼロだと思います」（Martin 2007, 187）。このブラッドの言葉は、健康の対する理解を、ある種のゼロ状態として表現している。

16　Valverde 1998, 175. Miller 2001 もあわせて参照のこと。ピーター・ミラー（2001）は、管理会計行為を繰り返し教え込むことが、どれほど人生の主観的領域にまで拡張され、個々人が、ある種責任ある「自己会計」の中でみずからの内面状態を管理するために、どれほどそれらを配備できるようなったかを説明している（Martin 2004, 2007も参照）。セラピストのテイバーのリスト（目録）作り演習が勧める自己監査は、この典型的な例となる。

17　それぞれの新しいクライアントは、自分の行動をコード化、評価、管理するために使用される一連のテストを受けた。調査書類には、「人間行動アンケート」、「嗜癖重症度指標」、「家庭環境尺度」、「バレッタ衝動性尺度」、「状態特性不安尺度」、「ベックうつ病特性尺度」、「解離性体験スケール」、その他ギャンブルに特化したさまざまなテスト文書が含まれる。

18　この人類学者とサイバネティクス理論家のグレゴリー・ベイトソンが、一九六〇年代におこなったアルコール依存症者の調査で言及しているように、彼らのアルコールの使用は、「より正しい精神状態への近道」だった（Baterson 1972, 309）。均衡は依存症と関係があるというベイトソンの考えは、ギャンブル依存症の「ニード」理論とその特性を同じくしている（Jacobs 1998, 2000を参照）。ここでは、ギャンブラーは個人的なトラブルからの逃避を求め、ギャンブルによってネガティブな感情を自己治療しているとされている。

19　ギャンブラーらが言う治療は、不安から憂鬱、痛み、注意欠陥障害にいたるまで、さまざまな症状を対象にしている。一九九〇年代に始まったアヘン拮抗剤（「ナルトレキソン」など）が、特に病的ギャンブリングを含む依存症を管理するためにテストされ、処方されたという言及はなかった。ヴレコが述べているように、この最近の進展は、「パラダイムシフト」しているのだ（Vrecko 2010, 42. Potenza 2001; Grant, Kim, and Potenza 2003; Grant et. al. 2006も参照）。ビデオポーカー依存症者にジプレキサ錠の効果をテストしたトライメリディアンの薬物実験は、私が調査中に出会った、ギャンブル依存症に対する唯一の抗精神病薬の適用例だった（そしてこの場合でも、この薬の抗精神病性の属性や気分を変えるという副作用が、実験立案者が強迫性のギャンブルを緩和することができると期待した属性なのかどうかは明らかにされていなかった）。

20　拒食症の場合に関する同様の分析については、グレミリオン（Gremillion 2001）を参照。障害を助長させる同様の自己管理、自己計算的行為（カロリー計算、メニュー選び、定期的な監視、摂取のごまかしなど）は、治療プロセスで問われるものである。グレミリオンが言及しているように、「治療行為は、そもそも拒食症の構成を助ける身体的コントロールの形態を再形成する可能性がある」（ibid., 385）。

21　Deleuze 2007, 153.

22　Lovell 2006, 138. 人類学者フィリップ・ブルゴワも同様に、メタドン［ヘロイン依存症の治療薬］患者がどのように、薬と他のさまざまなもの（コカイン、ワイン、処方薬、ヘロインまでも）を「混合」するかについて述べている（Philippe Bourgois 2000, 170）。「大量の薬剤消費によって、みずからの投薬の効き目を戦略的に変えたり、補ったり、弱めたりすることで、メタドン依存症者は、この薬のごく些細な、不確かながらも楽しい気分になれる効果を増強させることができる」（ibid., 180; Lovell 2006, 153も参照）。

23　Derrida 1981, 100.

24　Rivlin 2004, 45を参照。ラスヴェガス地域の人口の二〇%が年長者で構成されていることを考慮すると、多くの地元志向のカジノは、生活支援センターとのあいだを頻繁に往復する路線バスを運行することが最優先だと考えている。一軒のカジノで、月に八〇〇〇から一万人の年長者を輸送することになるからだ。「何らかのハンディキャップを抱える人々、酸素タンクや歩行器と共に移動する人々を、私たちは喜んでお連れします。そうした経験は豊富で、車椅子もたくさん用意しています」と、アリゾナ・チャーリーズのカジノシャトルバスの運転手は語る（Rivera 2000 に引用）。

25　コートライトは「辺縁系資本主義」の研究の中で、食品や薬などの消費者製品に関連する悪癖から副次的利益を引き出す、数多くの新商品や新サービス（たとえば、ダイエット産業、ドラッグ依存症のリハビリテーション、ニコチンパッチといったようなもの）へとわれわれの関心を向け、「必然的に、この二つの種類の製品の需要カーブは相関関係にある」と述べている（Courtwright 2005, 212）。

26　Rose 1999, 259, 263. キアヌも同様に、依存症を「健康という領域の外側に構成される要素」として特徴づけている（Keane 2002, 8）。

27　Rose 2003, 431. ヴレコはこうした介入を「文明化テクノロジー」と呼んでいる。というのも、これらは個人が「より健康に、より責任をもって、そして家族や社会の義務や期待、責務をより遵守することができるような状態を生みだす」作用があるからだ（Vreco 2010,45）。

28　歴史家のコリン・ゴードンの言葉から連想されるように、「ホモエコノミクスとは本来、その活動の源泉を、政府が永遠に触れることのできないままにしておかなければならない主体である一方で、アメリカの新自由主義的な〝ホモエコノミクス〟は、みずからの環境における修正に絶え間なく対応する操作可能な人間である」（Colin Gordon 1991, 43）。私たちはこのモデルを、〝ホモエコノミクス〟の利己的な人物像との対比で、〝ホモアディクタス〟と呼ぶことができるかもしれない（Schull 2006）。

第一〇章

1　『ゲームと期待 ――未来のスロットフロア』（〝Games and Expectations: The Slot Floor of the Future〟）のパネリスト、G2E二〇〇四。ジャン・マクミラン（2009）が説明しているように、オーストラリアでは、ギャンブルのモラルに関する問題は、北米ほど重きが置かれていない。その代わり、「どの種類のギャンブルを許可し、どれを制限するべきか」ということに焦点が置かれている（93）。

2　PC 1999. 二〇〇一年、クイーンズランド州政府は、電子ギャンブルマシンは二〇ドル以上の金額を受け入れることができないことを法令で定めた。ヴィクトリア州の二〇〇二年のゲーミング法令は、百ドル札の紙幣識別機とオートプレイ機能を禁止し、二・一四秒を超えるマシンのスピン速度を廃止し、スピンとスピンのあいだに一・五秒の「アイドルタイム」を義務づけ、最大ベット額を一〇ドルに設定し、勝率の情報だけでなく、プレイヤーが費やした時間と金額を表示することを要請した（Blaszczynski, Sharpe, and Walker 2001; SACES 2005; Livingstone and Wooley 2008 を参照）。南オーストラリア州は、二〇〇三年にゲーム承認ガイドラインを制定し、「問題のあるギャンブリングの悪化につながりそうな」ゲームの新しい機能や特徴を評価することを要請した（www.iga.sa.gov.au　付則五・〇、二〇〇八年七月閲覧）。

3　PC 2010. オーストラリアの州の現行の規制対策には、マシン番号に蓋をすること、ギャンブル施設の夜間閉鎖、スロットエリアの一時閉鎖、連続二時間のプレイごとに二〇分の休憩の義務化、マックスベット額の制限、ATM機の数の制限または設置禁止、ATMでの引出限度額の引き下げ、三〇〇ドル以上の賞金は小切手での支払い（即座に再ベットできないようにするため）などがある。

4　現代資本主義社会における「リスクマネジメント」規制の原理についてのさらなる情報は、Ewald 1991; Castel 1991; O'Malley 1996; Garland 2003 を参照。特にギャンブルに関連したこの原理の議論に関しては、Reith 2008; Cosgrave 2009, 2010 を参照。

5　この声明は、AGAを代表する会社の弁護士が著した「スロットマシンの神秘性を暴く」（"Demystifying Slot Machines"）と題された二〇一〇年白書にある（Stewart 2010, 18）。

6　Reith 2008, 150; Volberg and Wray 2007, 67; Borrell 2008 を参照。

7　現代の「リスク社会」を研究する卓越した社会学者、ウルリッヒ・ベックは、自身の考察の中で同じような疑問を投げかけている。「製品、危険性、リスクの危害性は、誰が定義し、決定するのか？　責任の所在はどこか――リスクを生みだした人か、そこから利益を得る人か、潜在的にそれらの影響を受ける人か、それとも公的機関なのか？」（Beck 2006, 78; Orford 2005 も参照）。

8　この委員会は調査の最後で、その結果をさらに調査するために、合法的ギャンブルの拡大を一時的に停止することを推奨した（Gerstein et al. 1999）。活動停止後、AGAなどの業界ロビイストや団体から圧力がかけられ、それに伴って委員会メンバーからのリーダーシップが不足したこともあり、この勧告は黙殺された。より詳しい議論については、Volberg 2001 を参照。

9　フランク・ファーレンコフは、長らく共和党全国委員会の議長を務めていた。そのリーダーシップのもと（彼には年間二〇〇万ドル以上の給与と報酬が支払われていた）、ギャンブル業界は、徹底したロビー活動と政治キャンペーンへの資金援助により、この国最大の政治的発言力をもつようになった。一九九二年から二〇〇二年までの間に、ギャンブル業界は政治キャンペーンへの寄付金を、十倍の一五〇〇万ドルに増やした。二〇〇二年、一連の選挙資金再融資改革が終わると、金融出資は個人や政治行動委員会（PAC）からの寄付に取って代わられた（Smith 2003; Benston 2004）。二〇〇八年、業界は連邦組織のロビー活動に二六〇〇万ドルを、PACや連邦議会議員候補への選挙献金に一七〇〇万ドルを費やした（最も浪費したカジノのトップ3は、MGMミラージュ、ハラーズ、ステーションカジノだった）（Skolnik 2011）。ファーレンコフ（2010）はこう述べている。最近の最高裁判所の判決は、キャンペーンの選挙資金制度改革を元に戻し、業界が参与できる政治的主張の類を拡大している。「一歩先をゆく全米ゲーミング協会は、AGAの政治行動委員会に課された寄付金の限度を顧みることなく、政治家候補者を間接的にサポートすることができる。さらにAGAは、独立した政治宣伝を後援する連合に参加したり、それをサポートしたりすることもできる」(18)。

10　AGAのウェブサイト（www.americangaming.org/Press/speeches_detail.cfv?ID=88 二〇〇八年一月閲覧）。業界のアナリストや批評家は、ギャンブル依存症に関して、しばしば「アキレス腱」という用語を用いる。

11　ギャンブルを研究するある学者は、次のように述べている。「こんにちの合衆国におけるゲーミング調査の取り決めは、一九四〇年代から一九五〇年代のアルコール分野のそれを思い起こさせる。当時、アルコール業界と、そこから資金を得ようとしていたアカデミックな起業家たちは、調査の焦点を〝アルコール依存症〟という、人口のほんのわずかな部分に限定されていた不可解な病気の原因に限定する暗黙の協定を結ぶに至った（Room 2005; Volberg 2001, 87-91 も参照）。こうした人々は、病的ギャンブリングの診断を満たす基準の閾値が少しずつ上昇したことで、ある程度はわずかな割合のまま保持されていた」。たとえば一九八〇年に三%だったのが、一九八七年には四%、一九九四年には五%に増えただけだったと、この学者は指摘する（APA 1980; 1987; 1994）。二百九十九ページにも及ぶ関係学者らによる報告書は、この業界の位置づけについて言及している。「通常のスタンスとしては、病的ギャンブリングは主に身体的および／または心理的に決定された、稀な精神障害だということだ」（Abbott et al. 2004, 53）。Vrecko 2007, 57も参照。

12 Bybee 1988, 304; Castellani 2000, 130, 125.

13 DSM（精神障害の診断と統計マニュアル）の一九八〇年度版では、「衝動に抵抗することが〝できない〟」という言葉が使われていたが、これは一九八七年の改訂で「衝動に抵抗〝しそこなった〟」に変わっている（APA 1987）。カステリャーニが述べているように、（「衝動制御障害」に基づく条件の初期分類は言うまでもなく）、このように言葉遣いが変化したのは、この診断が、法廷での精神異常者の抗弁の基準として利用される可能性があるという懸念と関係がある（2000, 125）。「病的ギャンブリング」の診断についての詳細は、「序」を参照。

14 煙草産業と、喫煙依存症問題に向けた戦略的位置づけに関する包括的な研究については、ブラント（2007）を参照。この位置づけのひとつの側面として、一九五四年に「業界の盾」として制定された、煙草産業調査カウンシルの設立がある（ibid., 333）。その後このカウンシルは、遺伝的なつながりが曝露や使用といった要因から注意を逸らすことを期待して、ニコチン依存症の遺伝的特徴についての調査を推奨した。

15 NCRGのウェブサイト（www.ncrg.org 二〇〇九年一月閲覧）。

16 ゲイリー・ラヴマンは、「業界の現状」（GE二〇〇三）キーノートパネルのスピーカー。

17 Shaffer, Hall, and Vander Bilt 1999.「今現在の」問題も「一生涯の」問題も含めた、ギャンブル問題の蔓延の正確な測定についての議論は、「序」の巻末の注を参照。

18 Howard Shaffer, Gold and Farrell（1998, A1, A8-A10）に引用。

19 AGAは業界および非業界メンバーとのあいだのバランスとして、その理事会を売り込んでいるが、「非業界代表の一〇人中四人が、NCRGの出版物や連邦税の申告書内でも開示されていない業界との金銭的結びつきがある」ことを、『ボストン・グローブ』（Boston Globe）誌が二〇〇四年に発見した（Mishra 2004）。

20 AGAのウェブサイト（www.americangaming.org/programs/responsiblegaming/history.cfm 二〇〇九年一月閲覧）。

21 レシュー（2008）とローゼンタール（2000）との個人的通信。Mishra（2004）も参照。

22 批評家は、ゲーム業界とハーヴァードとの間の「取り決めは、医学部での調査の薬学的資金援助を含む協定とは異なるクラスに属する」ことを指摘する。というのも後者の場合、「治療法を見つけることに共通の関心」があるからだ（Mishra 2004）。これに対してギャンブル業界の製品は、「患者を治療することとは何の関係もない」。

二〇〇九年、NCRGはその助成金提供団体の名称を「ギャンブル障害に関する調査機関」に変えた。この機関は、数多くの指定された「ギャンブル調査の拠点」のひとつとして、シェーファーが今も相当額の資金を受け取り続けてはいるものの、もはや彼が率いるハーヴァードの一部門（現在はワシントンDCの、ホワイトハウスからそれほど遠くないAGAと同じビルの中にある）による運営はおこなわれていない。

23 ＮＣＲＧ概況報告書（http.ncrg.org/press_room/factsheet.cfm 二〇〇九年一月閲覧）。アメリカ国立精神衛生研究所（ＮＩＨ）の同業者評価と資金構造を見習ったにもかかわらず、ＮＣＲＧは、ギャンブル依存症に関する調査に二〇〇〇万ドル、治療と予防に関してさらに五〇〇〇万ドルをＮＩＨに授与した米国議会の法案を支持することを、繰り返し拒否してきた。

24 Henry Lesiur, Strickland（2008）に引用。ヴレコが指摘するように、他の調査にその資格がないことは明示されていないが、「ＮＣＲＧの政策やギャンブル業界を支持するような所見を生みだす可能性のあるプロジェクトを実現可能なものとするといった、根本的な構造的偏見が働いている（Vrecko 2007, 59）。

25 Christine Reilly, Strickland（2008）に引用。

26 ＮＣＲＧの設立と同時に、ハワード・シェーファーと彼のハーヴァードの同僚は、この分野の雑誌では最も定評のある「ギャンブル研究」誌の編集者になった。この雑誌に公開された二〇〇〇年の統計分析記事によると、心理学的、社会学的、経済的、政治的、文化的要因にはほとんど注意が向けられていないことがわかった。その代わり、「ギャンブルの調査対象としては、神経伝達物質、神経学的論争、生化学的不均衡、認知障害といったものが挙げられる」（Castellani 2000, 51-52, 60; Borrell 2008, 69-71 も参照）。資金調査におけるＮＣＲＧの役割の考察など、ギャンブル業界と神経科学との関係性の現代社会学的分析については、Vrecko 2007 を参照。

27 Shaffer, Hall, and Vander Bilt 1999; Shaffer, LaBrie, and LaPlante 2004a; Shaffer 2005; LaPlante and Shaffer 2007.「適応仮説」が、「曝露仮説」（または「アクセス」／「有用性」仮説とも呼ばれている）の代替物として提示されている。これは、問題のあるギャンブリングの蔓延が、ギャンブル・マシンへの曝露によって増加すると予測するものである。適応仮説は、ある空間にいる個人が、ギャンブルに新たに晒された場合、問題のあるギャンブルの発生率が上昇するということを認めているが、「初期の曝露による目新しさを超えると、人はしだいに依存の潜在的対象と関連のあるリスクや危害に順応していく」と主張する（Shaffer 2005, 1228）。しかし調査の大半においては、問題のあるギャンブリングの蔓延は、ギャンブルの有用性とそこへのアクセスと直接的な関係があるということを示しつづけている。三人の調査員による最近のメタ分析（そのうちのひとりが適応仮説の元提案者）では、「アクセス仮説と一致して、（ギャンブルマシンの）ひとりあたりの密度が増えるとその蔓延も増大するということに、可能性のある統計上の意義ある関係性が見出された」Storer, Abbott, and Stubbs 2009, 225）。この研究の著者らは、マシンの密度に変化がないときには、ごくわずかな蔓延の減少が見られることを発見したが（「自然な順応」ではなく、治療および予防プログラムの増加と関連づけられることのある効果）、問題のあるギャンブリングの蔓延は、マシンへのアクセスが増えると停滞または減少するという発見はなかった（ibid., 239）。Abbott and Volberg 1996; Volberg 1996; Room, Turner, and Ialomiteanu 1999; NationalResearch Council 1999; PC 1999; Gerstein et al. 1999; Grun and McKeigue 2000; Gambling Review Body 2001; Welte et al. 2004; Orford 2005 も参照。蔓延測定がいかにこの論争を複雑にさせるかについて、詳しくは「はじめに」を参照。

28 Gold and Ferrell 1998, A-1.

29 Dyer (2001) に引用；Rivlin 2004, 47.

30 Shaffer 2004, 10.

31 ザ・ワールド・ドクターズという会社のオーナーであるラン

ツは、みずからのスキルを、「言語を試し、クライアントがその製品を売ったり、あるひとつの問題に世論を向けさせたりするような言葉を探す」才能だと定義する（「フランク・ランツとのインタビュー」二〇〇七年、「PBSフロントライン」 www.pbs.org/wgbh/pages/frontline/shows/persuaders/interviews/luntz.html 二〇〇七年三月閲覧）。

32 彼が引用している調査は、ヴァンダー・ビルトらが二〇〇四年におこなったもの。Shaffer 2005も参照。ある批評家が指摘しているように、「心拍数を上げる方法は、そのすべてが推奨されているとは限らないが、ほかにもたくさんあるに違いない。」（Orford 2005）。

33 Phil Satre, AGAに引用（2006, n.p.）。二〇一一年に始まったNCRGとG2Eは、まったく同じ展示スペースにあった。

34 私以外のギャンブル調査員は、「誰もが無責任なギャンブルのリスクを負って」おり、「普通のギャンブル」とは消費者が実行しなければならないものだ、という提言の中で、責任あるギャンブリングの言説が、病気としての問題のあるギャンブリングという概念と逆の方向に向かっていると指摘している（Campbell and Smith 2003, 14; Cosgrave 2009, 60; 2010, 128）。医療化の決定論的言語と、責任のエージェントベースの言語は、互いに矛盾するとはいえ、どちらもギャンブル業界が示すような、問題のあるギャンブリングを個人のものとする言説の一因となる。

35 Shaffer 2005, 1229. LaPlante and Shaffer 2007, 621にもある。責任あるゲーミングの言説が、ある種のリスク志向を繰り返し教え込むことによってギャンブラーのふるまいを形成しようとする方法についての批評は、Cosgrave 2009を参照。ローズ（2009）の議論と同様、リスクの論理は、個人の「責任化」を必要とする。ギャンブラーに対する責任の下方拡散は、製品設計、サプライ、有用性よりも、「個々の消費者の選択、自由、好み、習慣」に焦点を当てるより幅広い政治的財政的方針と類似している、とリース（2008）は述べる。「責任という概念の主体として現れる当事者こそ、ひとりひとりのギャンブラーなのだ」（151; Campbell and Smith 2003も参照）。

36 「序」を参照。

37 Schellinck and Schrans 1998, 11.

38 トレイシー・シュランス、レインによるインタビュー、二〇〇六年。

39 Cosgrave 2009, 60.

40 「最適な選択をするため、個々人は自分たちが手に入れることのできる選択肢のすべてを、完全に知らされる機会を持たなければならない」と、このアプローチの四人の擁護者は書いている（Blaszczynski et al. 2008）。

41 Eggert 2004, 286.

42 第三章を参照。Eggert 2004, 220, 233-38, 266. 通常、プレイヤー・パーセンテージへの理論上のペイアウト（支払い）やリターン（返還）は、一〇〇万スピンをベースにしている。

43 Eggert 2004, 267. 二〇一〇年、オーストラリアの政府委員会が一台のビデオスロットマシンをテストしたとき、「一時間から一六時間にプレイ時間を変えるだけで」、勝率を三〇%から七%に引き下げることになる一方で、「六四時間プレイを続けると、勝つ人は一%に満たない――そして勝ったとしても、ずっと勝ちつづけることはない」と彼らは判断した（PC 2010, 11.8）。チャーン効果は、ギャンブラーが「運命を変えるほど」多額の賞金を稼ぎ、同じセッションでふたたびギャンブルすることができないようなときには起こらないが、賞金が比較的少なく、それらがなくなるまで何度でもプレできるというシナリオの方が起こりやすい（Turner and Horbay 2004, 20; Turner 2011; chapter 4も参照）。

44　Weatherly et al. 2004; Turner 2011.

45　Blaszczynsky et. al. 2008, 114-15. 弁護士であり、消費者保護団体にも属しているエガートは、教育や「情報による救済策」は、個々人がそもそも問題のあるギャンブラーにならずに済むようにすることはできるが、すでにマシンにはまってしまっている人を助けることはできないかもしれない、と認めている。それにもかかわらず、認知面での再構成により、非理性的な期待を修正するなど、ギャンブル依存症のための治療の成功例はいくつかある（たとえばLadouceur et al. 2001; Ferland, Ladouceur, and Vitaro 2002など）。

46　実例や批評については、Gaboury and Ladouceur 1989; Walker 1992; Ladouceur and Walker 1996; Eggert 2004. 255-56; Delfabbro 2004; Livingstone and Woolley 2008, 139; Blaszczynski et al. 2008; Bennis n.d.; Adams n.d. を参照。社会学者リースが述べているように、「問題のあるギャンブリングの認知的解釈と、これらに基づく治療の形態は、さまざまな活動形態の利益とリスクの計算を基に個々人が情報に基づく決定をするような、理性的な経済行動のモデルに基礎を置いている」（2007, 43）。

47　Blaszczynski et al. 2008, 112.

48　Ibid., 109. スロットマシン・ギャンブリングの規制に対する、「証拠ベース」というよりも「予防的な」アプローチを支持する議論については、MacNeil 2009; PC 2010, Overview を参照。予防的アプローチは、「危害が起きるという決定的証拠よりも先に、消費者とコミュニティを保護するような行動をとるべきだ」という考え方（McMillen 2009, 111）や、製品に安全性を提供する責任を負うのは一般市民ではなく、製品から利益を得る人々だという考え方に従っている。

49　ある調査員は、この考え方をギャンブル環境とテクノロジーとの関連で発展させ、次のように書いている。「環境構造に関する詳しい研究によると、エラーとされてきた多くの判断が、実際は適応性があることがわかっている……この誤りは、基準を満たしていない考え方ではなく、誤解を招きやすい環境の性質によって助長される」（Bennis n.d., 3）。同著者とその同僚は、他のところで次のように書いている。ギャンブラーの認知的欠陥の根源は「偏見や非理性的な考え方よりも、ギャンブラーの環境やその環境との相互関係の方に根ざしている。とりわけ、一方でギャンブラーが利用する（通常は適応性のある）発見的学習法と、他方でカジノ環境の構造とのあいだにミスマッチがあるのだ」。この不一致が起こるのは、「ミスマッチの存在に関心のあるカジノ側に問題があるからであり、それが起こるようにカジノ側がギャンブラーの環境を構成しているからである」（Bennis et al. n.d.）。

50　製品警告ラベルなど、情報による対策は遡及効果のある業界責任を暗に含んでいる場合があるが、それらは、製品の製造業者を顧客と同程度に保護する役目を果たすこともある（Jain 2006, 164n31; Brandt 2007, 277, 322）。ある煙草産業の弁護士は、かつて次のように述べた。「買い手に危険性を告知すると、その危険性によって引き起こされた損害の補償が、買い手自身にシフトする」（Brandt 2007, 322 に引用）。

51　業界メンバーは、ポップアップ・メッセージに関するプレゼンテーションの聴講中にこれらの問題について意見を述べたと、ふたりの調査員は報告している（Monaghan and Blaszczynski 2009）。

52 Bernhard, Lucas, and Jang 2006, 516. バーンハードと共著者のフレッド・プレストンはこう書いている。「問題のあるギャンブラーがそのギャンブル行為の最中に、かなりの非理性的・認知的歪曲を経験しているということが真実ならば、これは、理性的なメカニズムを導入することによって彼らに介入する最適なタイミングではないということになる」(2004, 1402-03)。Sharpe et al. 2005; Borrell 2008, 210 も参照。ラドスールは次のような発見をしている。「二つのそれぞれ異なるギャンブルに関する認知的な組み合わせが、ギャンブラーの心の中に存在している可能性がある。ひとつはゲームセッションの外側にある理性的なもので、もうひとつはゲームの性質によって引き起こされる非理性的なものだ」(2004, 557)。

53 Dickerson 2003, 40. 製品の中には「理性的な行動の定義に反し」、責任をもって行動するという消費者の能力を損なっているものもあると、人類学者のジェインは、製造物責任法に関する研究の中で述べている。そうした製品を「選んだり好んだりする傾向が、自由に選択したいという嘆願とともに、落ち着きなく共存している」と、彼女は続ける(2006, 127, 17)。「その製品に依存性があることが判明したら、これは私たちの責任認識をどのように変えるでしょうか?」と、ブラントはニコチンに関する研究の中で疑問を投げかけている(2007, 355)。リースが指摘するように、責任というのは、「それを管理あるいは制御している状態、理性的なおこないができる状態」と定義される(2008, 149)。

54 Dickerson 2003, 40. Livingstone and Woolley 2008, 29.

55 損害最小化戦略に関する研究については、Blaszczynski, Sharpe, and Walker 2001, 2003; SACES 2005; Sharpe et al. 2005; Livingstone and Woolley 2008 を参照。

56 IPART 2003; PC 2010, 13.4.

57 PC 2001 11.38.

58 『ベル、ホイッスル、警報——安全なギャンブルマシン』(G2E二〇〇六)の司会者としてのコメント。バーンハードは他で、自動車との比較を引き合いに出して次のように述べている。「自動車産業がひと世代前にやっていたのと同じように、世界中のゲーム産業はしだいに、それを必要とする人々を保護するための安全対策を提供する、調査ベースの戦略を求めはじめている」(Allen 2006 に引用)。安全修正に関する論文の中で、バーンハードは「これらのメカニズムは、〝普通の〟ギャンブラーの大多数をあまりにも失望させる可能性があるため、彼らはゲームを安全にやめてしまうのではないか」と推測し、この業界の不安について提言している(Bernhard and Preston 2004, 1403)。「独善的な慈善家の多くは、問題のあるギャンブリングへの答えは、ゲーム業界に対し、人々がプレイしたくなくなるようなマシン設計をするよう強制することにあると思い込んでいるようだ」と、オーストラリアのゲーミングマシン製造業者協会の幹部はコメントしている(Ferrar 2004, 29)。

59 Bernhard and Preston 2004.

60 Bernhard 2006, 22.

61 AGA 2008b, 1, 5.

62 トレイシー・シュランス、レインによるインタビュー、二〇〇六年。シュランスの「意図されたとおりの使用」という言葉は、製造物責任法の言語を彷彿とさせる。

63 PC 2009, xxvii.

64 Livingstone and Woolley 2008, 154. Hancock, Schellinck and Schrans 2008, 61, 64 もあわせて参照のこと。

65 テックリンクのウェブサイト(www.techlinkentertainment.com

二〇〇七年六月閲覧)。テックリンクは現在、RGDを「ゲームプラン」と呼んでおり、ノヴァスコシア・ゲーミング・コーポレーションは、それを「情報に基づくプレイヤー選択システム」として採用している。

66 Livingstone and Woolley 2008, 31.

67 ノルウェーも同様のシステムを実行し、すべてのギャンブラーに対して、自分の時間と資金の限界を設定できるようなアカウント(取り消し可能)に登録することを要求している。ノルウェーでひとつ異なるのは、政府自体が、ギャンブラーがそれを超えて消費することのできない初期制限値を設定し(一日七〇ドル、月四〇〇ドルなど)、その限界値に達したら彼らにゲームをやめさせているという点だ。アリストクラートも、あるオーストラリアの管轄区域による要請で、責任あるギャンブル機能を備えたギャンブル・マシンを製造してきた。テックリンクのシステムと同様、これらの機能は、マシンの構造的特徴ではなく、ギャンブラーのための情報管理および自己管理に焦点を当てている。国際的視野で見たこのようなシステムの他の例については、PC 2010 の第十章を参照のこと。

68 Hancock, Schellinck, and Schrans 2008, 65. Schellinck and Schrans 2007, 101-4 も参照。

69 Bernhard 2006 , 27. このシステムに関するカナダの研究も同様の発見をしている。この研究では、プレイヤーは自主的機能を比較的頻繁に利用するが、実際に尋ねてみると、ギャンブラーは、限界値の設定が限られているとか、これらの機能から身を引くための方法が少ないなど、より自主的ではない要件の方を好むことがわかった。たとえば彼らは、自分のアカウントを見るかどうか選択するのではなく、それが見える状態にしておくべきだとか、ポップアップリマインダーをある一定時間、またはそれに応答するまで、画面上にそのまま残すべきだ、などと提案した(Omnifacts Bristol Research 2007, 66-68)。

70 Bernhard 2006, 11, 20.

71 PC 2010, xxx.

72 Shellinck and Schrans 2007.

73 Ibid., 48; vii (44, 53 も参照)。さらに Hancock, Schellinck, and Schrans 2008, 65 も参照。

74 Schellinck and chrans 2007, 12, オリジナルでも同じ箇所が強調されている。

75 Ibid., 49

76 グローバル・キャッシュ・アクセスのウェブサイト(www.globalcashaccess.com/press_apr19_06.html 二〇〇七年六月閲覧)。

77 Crevelt and Crevelt 1988, 106.

78 Hildebrand 2006, 39.

79 Schellinck and Schrans 2007, 83, 84. でこの箇所が強調されている。RGDに関する別の報告書でも同様に、ユーザーは「自分のプレイを積極的にコントロールする」情報ではなく、プレイに関する情報を提供してくれる機能の方を好むことが示されている(Omnifacts Bristol Research 2007, 21)。

80 Ibid., 34.

81 電子ギャンブリングが国際的に普及するにつれて、責任あるギャンブリング問題とそれに伴う規制論理もまた、世界に、また東洋にさえ拡がりつつある。たとえば、ギャンブル・マシンも製造している、ある主要な中国の宝くじ経営者は、責任あるギャンブリング方針を設計すること、特に責任あるギャンブリングを推奨し、「プレイヤーの出費を管理し、それを効果的に制限することのできる先進ソフトウェアを通じて、規律あるゲーミング習慣を養う」手助けとなるようなテクノロジーのメカニズムを作成することをＩＧＴに求めている」（China LotSynergy のウェブサイト www.chinalotsynergy.com/en/Social.html 二〇〇九年七月閲覧）。

82 スウェーデンは、サスカチュワンのリスク追跡アルゴリズムと同じ方法で機能する、国営のオンライン・ギャンブリング・ネットワークのためのシステムを実行している。インターネット・ギャンブリングの、差し迫った広範囲にわたる合法化を期待して、同様のシステムが、一般大衆向けのオンライン・ギャンブリング・サイトでの運営を目指して開発されている。

83 Hancock, Schellinck, and Schrans 2008, 61.

84 Austin 2007, 4.

85 Ibid., 13.

86 Hancock, Schellinck, and Schrans 2008, 63（Sasso and Kalajdzic 2007 を引用）

87 Ferguson 2008.

88 Austin 2007, 8. iView は販売促進資料の中で、ギャンブル業界にこう警告している。「将来の責任は、ゲーム運営者が大衆に、また潜在的には法廷に、〈弱き者〉を守るために理性的な責任あるゲーミングの〈最善の行為〉を実行しているということを示すことだ。ゲーム運営者は、問題のあるギャンブリングに関連する法的責任を軽減するために、顧客に適切な配慮と注意義務を示す準備ができていなければならない」

89 Binkley 2008, 192. アメリカ合衆国のカジノの中には、この方法で常連客の銀行情報を直接知るという行為から身を引いた後、ＡＴＭ販売業者からそのカジノで金を引き出した顧客の名簿を購入し、この情報をマーケティング・キャンペーンに利用しているところもあった。イリノイ州のあるカジノは、支配人が、カジノから自発的に去った問題のあるギャンブラーに、マーケティング用の販売促進資料を送ったとして、八〇万ドルの罰金が課せられた。支配人は、カジノのＡＴＭ販売業者からその名簿を買ったことを主張し、みずからの行為を弁護した。

90 Benston 2006.「ラック・アンバサダーズ」システムと異なり、ハラーズの責任あるゲーミング・アンバサダーズは、常連客の「傍受」につながるとして、プレイヤー追跡データを使用せず、ギャンブラーの状態のより主観的な印象に頼っている。

終わりに

1 Rotstein（2009）の引用による。

2 Rivlin（2004, 74）の引用による。

3 Binkley（2008, 184, 197）の引用による。

4 Binkley 2008, 194-95.

5 Ibid., 198.

6 Ibid.

7 グラウトは仕事の変化を次のように回想している。「スロットマシンの設計から小さな子供向けのソフトウェアゲームの設計に変わって奇妙に思えたのは、これがそれほど大きな変化ではなく、実際、その二つはとても似ているところがあるということだった。それにはほんとうに驚いた。私はこれを、心のなかの同じ部分を魅了するもの、気晴らしのための非常に単純化した本能として見た。子供とギャンブラー、それらは似たようなタイプの顧客なのだ」。

8 核兵器の科学者が、自分の作った武器の有害な影響を知っていることにどう耐えているかについての議論は、ガスターソン（1996）を参照。武器と異なり、ギャンブル業界の製品は遊び心のある無害なものとして提供されており、エンターテインメントと健全な経済というレトリックに適している。

9 Schuetz 2000.

10 Smith and Campbell 2007, 98.

11 Butterfield 2005. Goodman 1995b も参照。

12 Green (2004) の引用による。

13 Smith 2008. Borrell 2008, 213 も参照。

14 「序」を参照。

15 Steward 2010, 2. スチュワートは次のように続ける。この業界は「銀行や仲介会社、保険会社より厳しく規制されている」(ibid., 5)。

16 Ibid., 13. ニアミスについては第三章を参照。

17 Stewart 2010, 12.

18 「普通の商品ではない」という表現は、Babor (2003) がアルコールに関する著作のタイトルで使用したもの。

19 第三章を参照。

20 Borrell (2008, 116, 152) は「システム結託」という言葉を、ギャンブル業界とその規制者との間の緊密な関係を述べるのに使用してきた。

21 ペンシルヴェニア・ゲーミング研究所のマイケル・クルーズ、Mangels (2011) に引用。

22 『スロット・アピール——新しいテクノロジーの適用』(G2E 2007)のパネリスト、WMSのマーク・ペイス。

23 Rose 1989.

24 反作用の規制メカニズムがない状況で、最大化に価値を置くシステムは「ますます大きなレートと強度で明確に機能することになるだろう」と、人類学者のグレゴリー・ベイトソンはカリフォルニア州の依存者を対象におこなった研究に書いている。調速機のない蒸気機関のように、こうしたシステムはとめどない成長状態に陥り、ともすると自己破壊を招きかねない(Bateson 1972, 447)。ベイトソンはこの傾向を、彼が研究を実施したカリフォルニア州の依存者のみならず、資本主義の経済システムや、軍事力競争などのグローバルな政治情勢にも見ている。学者やジャーナリストは以来、ベイトソンの人工頭脳生態学的枠組みに還り、依存症、肥満、地球温暖化、石油依存といった現代の問題の系統的な原動力を浮き彫りにしてきた。こうした豊富な独特の現象を、ひとつの診断的・分析的傘下に組み込むことは怠慢かもしれないが、それぞれは同種の最大化ロジックと、ベイトソンが説明する下部構造によって保持されている。

25 この記述は、二〇〇九年以来、AGAの年次報告書やウェブサイト (http.americangaming.org/industry-resources/research/fact-sheets/gaming-equipment-manufacturing. 二〇一一年五月より閲覧)に繰り返し掲載されている。

26 『興奮を売る——スロット製造業者のラウンドテーブル』(G2E 2010)のパネリスト。

27 二〇一二年には十二の州にラシノ(カジノ併設競馬場)があった。

28 『ゲーミングの拡大——二〇〇八年以降の押しと引き』(G2E 2008)のパネリスト。

29 一九九〇年代のギャンブル業界のグローバリゼーションについての詳細は、McMillen 1996 を参照。国内規制を受けた開発国への煙草輸出消費量に関する同様の説明については、Brandt 2007, part V を参照。

30 Burke 2005. スロットマシンに対する規制の便宜を図るため、メキシコ政府はこれらのマシンを「ビデオビンゴ端末」として分類し、独立したゲーム装置ではなく「ビンゴをプレイするためのテクノロジー的支援」として説明している。これらのマシンがビンゴ端末かどうか、もしくは実際に"tragamonedas"（スペイン語で「スロットマシン」の意）として知られる、ヴェガス・スタイルのスロットマシンであるかどうかを巡っては、議論が交わされている。

31　Rutherford 2005b, 20. ロシアでは一九九〇年代後半、大きな税収益を期待して、地域当局がギャンブリング・ライセンスを大量に発行した。その導入からたった十年で、この国は五十万台のマシンを保有し、鉄道の駅やバス停、食料品店、診療所、コミュニティセンター、アパートのロビーといった公共の場でも見かけるようになった。二〇〇九年、猛威を振るうほど蔓延した問題あるマシン・ギャンブリングに対処するため、ウラジーミル・プーチンが、ギャンブリングにふたたび国の規制を課し、カジノとスロットマシンをロシアの街から一掃し、ギャンブリングを遠隔地の四つのゲーム村に集中させた。

32　最終章で、オーストラリアとカナダの規制方針について詳しく見た。その規制アプローチで注目すべき国がほかにもある。イギリスでは、カジノの宣伝とマーケティングを（「刺激のない需要」という考え方に従って）厳重に縮小している。またノルウェーでは、政府が国営のカジノでのプレイに対して厳しいデフォルト時間と金額制限を設けている。二〇〇五年スイスは、一九九〇年代にそれらが一斉に初公開された後、多くのコミュニティからスロットマシンを完全に除去した。シンガポールはギャンブラーに対して、合衆国と同じ自己排除を強制しているが、規制者や方針作成者にも、生活保護を受けたり破産宣言をしたりしている人のアクセスを禁止することができるようにしている。さらに政府は「家族排除」の方針も義務づけており、これにより個々人は自分の親族をカジノから締め出すことができる。その他の市民はすべて、法外な入場料を払わなければならないことになっている。韓国では、一四のカジノのうちたったひとつだけしか地域の人々に開放されておらず、駐車場にギャンブリング処置センターがあるのも特徴的だ。北朝鮮やエジプトは、国民がカジノに出入りするのを禁じている。その他多くの世界の国々では、規制は合衆国よりもかなり緩い。こうしたさまざまな規制的風潮のなかで、スロットマシン製造業者とギャンブリング会社は、これとは別のテーマで論文を書いた人類学者アドリアナ・ペトリーナが「倫理的ばらつき」と呼ぶものを行使している（Petryna 2009）。

33　ハンコックとその同僚らが言及しているように、マシン・ギャンブリングの規制基準とガイドラインについての州や地域、全国的な水準にもかかわらず、「区域を超えた類似性がゲーム製品の相違性より上回っている」（Hancock, Schellinck, and Schrans 2008, 63; McMillen 2009 も参照）。

34　キャディラック・ジャック・カジノのマイク・マッケ、Burke に引用（2005, 19, 強調著者）。

35　シェルドン・アデルソン、Fasman に引用（2010, 5）。

36　Anderer 2006, 4.

37　「未来をつくる——二十一世紀の電子ゲーミング」（Ｇ２Ｅ２００７）のパネリスト。

38　リンゼイ・スチュワート、「成長するゲーム——スロットオペレーターのラウンドテーブル」（Ｇ２Ｅアジア２０１０）のパネリスト

39　サイモン・リウ、ジャンボ・テクノロジーのビジネス開発部長、「偽のテーブル——電子ゲーミングの新しい交差点」（Ｇ２Ｅ　２０１０）のパネリスト。マシンは、その隠された内部のプロセスを信用することができない「飢えたトラ」とみなされ

る（Jalal 2008 も参照）。
40 Legato 2008. 収益統計はマカオのゲーミング検査・調整局から引用。
41 リンゼイ・スチュワート、「成長するゲーム――スロットオペレーターのラウンドテーブル」（Ｇ２Ｅアジア２０１０）のパネリスト。
42 Grochowski 2007, 36.
43 サイモン・リウ、ジャンボ・テクノロジーのビジネス開発部長、『偽のテーブル――電子ゲーミングの新しい交差点』（Ｇ２Ｅ ２０１０）のパネリスト。
44 ジャズビール・シュー、ジャンボ・テクノロジー社長、『進化か革命か――テクノロジーはアジアのカジノにどのような影響を与えるか』（Ｇ２Ｅアジア２０１０）のパネリスト。
45 キャサリン・バーンズ、アジア・パシフィック・バリー・テクノロジーズの副社長兼常務取締役、『進化か革命か――テクノロジーはアジアのカジノにどのような影響を与えるか』（Ｇ２Ｅアジア２０１０）のパネリスト。
46 Macomber および学生、2007b。
47 たとえば、シャッフル・マスターのテーブルマシン「テーブル・マスター」と「ライトニング・ポーカー」は、一時間ごとに、プレイしたハンドの数を二倍にする。テーブルマシンは、所有が許可されているマシン数に特性が制限されている管轄区域において、さらなる利益になる。こうしたマシンはしばしば、複数の席があるにもかかわらず、ひとつの巨大なスロットマシンとしてカウントされるからである。
48 Downey 2007.
49 Ibid.
50 AGA 2009; Skolnik 2011 の特に五章を参照。最初のオンライン・ギャンブリングのサイトは一九九五年に開始され、一〇年以内で二〇〇〇を超えるサイトが稼動している。オンライン・ギャンブリングの合法性と運営管理は、合衆国においてかなり議論を呼んでおり、連邦レベルでも議論が繰り返されているが、司法省の二〇一一年の方針変更によってこれが合法となり、各州はオンライン・ポーカーを始めることができるようになっている。業界アナリストは、最近の金融危機がオンライン・ギャンブリングの合法化のきっかけになることを期待している。
51 Grochowski 2007, 37.
52 Ibid., 36
53 一度に複数のテーブルでプレイすることに加えて、オンライン・ギャンブラーはハンドとハンドの間に、自分のスクリーンの右隅で、スロットマシンのリールを回すことができる。これは電子ゲームとよく似たシナリオだ。「このマルチタスキングは、未来のゲーマーとなる六歳の息子の関心を持続させる方法だ。それはプレイヤーの心をつかんで離さない」と、ブルー・ヤンダー・ゲーミングのピーター・シューブリッジ（「ネットワーク化されたゲーミング、パート２――業界の現状」Ｇ２Ｅ ２０１０のパネリスト）は言う。
54 インターネット・ギャンブリングに関する研究は、Shaffer 2004 を参照。他の研究では、大学生グループの四人のオンライン・ギャンブラーのうちひとりは、病的ギャンブラーの臨床的定義に当てはまった（Griffiths and Barnes 2008）。
55 Schwarts 2006, 55.
56 Cotte and Latour 2009. この研究のほかには、オンライン・ギャンブリングの消費者経験に関する研究はほとんどない。
57 Rivlin (2007) に引用。Roemer 2007, 40; Russell 2007, 94 も参照。
58 ＩＧＴのライアン・グリフィン、『勇気ある新世界――台頭するゲームともうひとつのテクノロジー』（G2E　２００８）のパネリスト。業界専門家のアンドルー・マクドナルドはこう予測する。「比較的高度なテクノロジー環境のなかで育ち、コンピューターが生成するゲームにのめり込むことに慣れている世代にとって、未来のゲームは……その子供時代に遡った消費者への提供をもくろんで、それに合わせてつくられることになる」（Ward 2005, 26 に引用）。その逆の動きとして、子供の玩具は大人のギャンブリングを模倣している。トイザらスには、八歳以上向けの「ビッグスクリーンポーカー」や「ビッグスクリーンスロット」の玩具や、「五リールで九ラインの賭けができ、アニメ化されたボーナスラウンドが特典として付いてくる」ビデオスロットバージョンもある。こうした玩具は、「自分の手のひらでカジノスロットマシンがプレイできるという楽しさがある」（トイザらスのウェブサイト、二〇〇七年六月より閲覧）。

59　「WMSショーケース」二〇〇八年。

60　ジーン・ジョンソン・スペクトラム・ゲーミング、「ポータブルカジノ――ワイヤレスゲーミングはいかに利益を増やせるか」（G2E　２０１０）の司会者。

61　Goffman 1967, 27.

62　Hannigan 1998, 71.「ゲーミングの魅力はリスクではなく確実性だ。それは秩序への逃避である」と、「リスクビジネス」（Abt, Smith, and Christiansen 1985, 122）の著者は書いている。反対のエビデンスのように見えるにも関わらず、ギャンブルへの衝動は、「安全が保証されているという確信への願望」が付随する、不確実性を払いのけたいという強い欲求を表しているという、心理学者クレメンス・フランスが一九〇二年に述べた提言が思い起こされる（France 1902, 397）。

63　Cosgrave 2008, 3, 85.「ギャンブル業界は〝ギャンブルをしない〟」とターナー（Turner 2011, 609）は書いている。Smith and Campbell 2007, 97 も参照。

64　Hacking 1990. リアーズは、二十世紀の業界マネジャーの歴史的分析のなかで同じような意見を述べている。「リスクを最小限にし、利益増大の確実な流れを制御する」というその試みは、彼らがリスクや経済的不安定を避けているということではなく、「本当のリスク」を従業員に転嫁し、それによってそこから自分を安全に隔離していることを意味する（Lears 2003, 322）。彼が述べるシナリオは、ギャンブル業界からギャンブラーへの不平等なリスク転嫁と似ていなくもない。

65　Reiner 2007, 3; chapter 4 を参照。ギャンブリングと保険は、常に法で区別されてきたわけではない。一八七〇年代になってようやく、生命保険がギャンブリングの一形態ではなく合法的な投資として見られるようになった（Zalizer 1979; O'Malley 2003）。オマリーは次のように書いている。「リスクと確実性は行政テクノロジーのまったく異なる種であるかのように見えるが、一緒に編み合わせ、おそらくは異種交配することさえ難なくできるような種なのだ」（2003, 250）。

66　Ibid., 124, 125.

67　技術哲学者ジョナスは、技術的「革新は、要求と供給のバランスに関しては平衡化というよりも不安定化している」と指摘している（Jonas 2010 [1979]）。

参考文献

Abbott, Max. 2006. "Do EGMs and Problem Gambling Go Together like a Horse and Carriage?" Gambling Research 18: 7–38.

Abbott, Max, and D. Clarke. 2007. "Prospective Problem Gambling Research: Contribution and Potential." International Gambling Studies 7 (1): 123–44.

Abbott, Max, and R. Volberg. 1996. "The New Zealand National Survey of Problem and Pathological Gambling." Journal of Gambling Studies 12 (1): 43–160.

———. 2000. "Taking the Pulse on Gambling and Problem Gambling in New Zealand: A Report on Phase One of the 1999 National Prevalence Survey."

Wellington, New Zealand: Department of Internal Affairs.

———. 2006. "The Measurement of Adult Problem and Pathological Gambling."

International Gambling Studies 6 (2): 175–200.

Abbott, Max. M., R. Volberg, M. Bellringer, and G. Reith. 2004. "A Review of Research on Aspects of Problem Gambling: Final Report." Prepared for the Responsibility in Gambling Trust, UK. Auckland, New Zealand: Gambling Research Centre, Auckland University of Technology.

Abt, Vicki, J. F. Smith, and E. M. Christiansen. 1985. The Business of Risk: Commercial Gambling in Mainstream America. Lawrence: University Press of Kansas.

Adams, Peter. N.d. "Gambling, Finitude, and Transcendence: Explaining the Psychological'Zone' Generated during Frequent Gambling." Unpublished article.

AGA (American Gaming Association). 2003. "State of the States: The AGA Survey of Casino Entertainment." A survey prepared by Luntz Research Co. and Peter D. Hart Associates, Washington, DC.

———. 2006. "NCRG Conference to Focus on Turning Research into Best Practices."

Responsible Gaming Quarterly, Fall, www.americangaming.org/rgq/rgq_detail.cfv?id=411, accessed July 2007.

———. 2007. "State of the States: The AGA Survey of Casino Entertainment." A survey conducted for the American Gaming Association, Washington, DC.

———. 2008a. "State of the States: The Survey of Casino Entertainment." A survey conducted for the American Gaming Association, Washington, DC.

———. 2008b. "Comments of the American Gaming Association Poker Machine Harm Minimization Bill." Community Affairs Committee of the Australian Senate, www.aph.gov.au/senate/committee/clac_ctte/poker_machine_harm_minimisation/submissions/sub02.pdf, accessed August 2008.

———. 2009. "State of the States: The AGA Survey of Casino Entertainment." A survey conducted for the American Gaming Association, Washington, DC.

———. 2010. "Taking the Mystery out of the Machines: A Guide to Understanding Slot Machines." A brochure produced by the AGA, Washington, DC.

———. 2011. "State of the States: The Survey of Casino Entertainment." A survey conducted for the American Gaming Association, Washington, DC.

AIGR (Australian Institute for Gambling Research). 2001. Survey of the Nature and Extent of Gambling and Problem Gambling in the ACT. University of Western Sydney, Australia.

Akrich, Madeline. 1992. "The Description of Technical Objects." In Shaping Technology / Building Society: Studies in Sociotechnical Change, edited by W. Bijker and J. Law, 205–24.

Cambridge, MA: MIT Press.

Akrich, Madeline, and B. Latour. 1992. "A Summary of a Convenient Vocabulary for the Semiotics of Human and Nonhuman Assemblies." In Shaping Technology/ Building Society: Studies in Sociotechnical Change, edited by W. Bijker and J. Law, 259–64. Cambridge, MA: MIT Press.

Allen, Todd D. 1992. "Successful New Gambling Entries: Planning, Execution, and Competitive Response." In Essays in Business, Economics, Philosophy and Science, edited by W. Eadington and J. Cornelius, 3–12. Reno: University of Nevada Press.

Allen, Tony. 2006. "High Stakes Research." Innovation (Winter): 20–23.

Anderer, Charles. 2006. "As the World Turns." International Gaming and Wagering Business 27 (2): 4.

Anderson, Kurt. 1994. "Las Vegas, USA." Time, January 10.

Andrejevic, Mark. 2007. iSpy: Surveillance and Power in the Interactive Era. Lawrence: University Press of Kansas.

———. 2009. "Exploitation in the Digital Enclosure." Paper presented at The Internet as Playground and Factory, The New School for Social Research. New York City.

APA (American Psychiatric Association). 1980. DSM-III:Diagnostic and Statistical Manual of Mental Disorders, 3rd ed. Washington, DC: American PsychiatricAssociation.

———. 1987. DSM-III-R:Diagnostic and Statistical Manual of Mental Disorders,3rd ed., rev. Washington, DC: American Psychiatric Association. [American Psychiatric Association 編『DSM-III-R 精神障害の診断・統計マニュアル』医学書院、1998]

———. 1994. DSM-IV:Diagnostic and Statistical Manual of Mental Disorders,4th ed. Washington, DC: American Psychiatric Association.[American Psychiatric Association 編『DSM-IV 精神疾患の診断・統計マニュアル』医学書院、1996]

———. 2000. DSM-IV-TR:Diagnostic and Statistical Manual of Mental Disorders,4th ed., text-revision.Washington, DC: American Psychiatric Association. Arendt, Hannah. 1958. The Human Condition. Chicago: University of Chicago Press. [ハンナ・アレント『人間の条件』志村速生訳、筑摩書房、1994]

"Aristocrat Technologies to Display 140 Innovative Games and Products at 2003

Global Gaming Expo." 2003. PRNewswire, August 18, http2.prnewswire.com/cgi-bin/stories.pl?ACCT=104&STORY=/http/story/08-18-2003/0002002765&EDATE=,

accessed June 2007.

"Aristocrat Technologies, Inc. Receives Key Product Approvals in Nevada, GLJurisdictions." 2005. PRNewswire, April 26, http.prnewswire.com/news-releases/aristocrat-technologies-inc-receives-key-product-approvals-in-nevada-gli-jurisdictions-54413047.html,accessed June 2007.

Austin, Michelle. 2007. "Responsible Gaming: The Proactive Approach / Integrating Responsible Gaming into Casino Environments." Prepared by iView Systems inCooperation with the Saskatchewan Gaming Corporation, www.iviewsystems.com/assets/products/iCare_

Responsible_GamingWhitepaper_V2.pdf, accessed August 2008.
Australian Bureau of Statistics. 2008. "Population by Age and Sex AustralianStates and Territories." Cat. No. 32010. A report prepared by the Office of Economic and Statistics, Queensland, Australia.

Australian Gambling Council. 2008. Australian Gambling Statistics 1981–82to2006–07,25th edition. Australian Gambling Statistics, Queensland, Australia.

Babor, Thomas. 2003. Alcohol and Public Policy: No Ordinary Commodity. Oxford: Oxford University Press.

Bachelard, Gaston. 1969 [1958]. The Poetics of Space. Boston: Beacon Press.

Bacon, Katie. 1999. "The Net's Next Vice." The Atlantic Online,
www.theatlantic.com/unbound/citation/wc990729.htm, accessed June 2007.

Balsamo, Anne. 1996. Technologies of the Gendered Body: Reading Cyborg Women. Durham, NC: Duke University Press.

Barash, Meyer. 1979 [1958]. Foreword to Man, Play, and Games. New York: Free Press of Glencoe.

Barrett, Larry, and S. Gallagher. 2004. "What Sin City Can Teach Tom Ridge."

Baseline Magazine, April, http.baselinemag.com/c/a/Past-News/What-Sin-City-Can-Teach-Tom-Ridge/, accessed June 2007.

Barry, Andrew. 2006. "Technological Zones." European Journal of Social Theory 9 (2): 239–53.

Bataille, Georges. 1991. The Accursed Share. Vol. 1, Consumption. Translated by R. Hurley. New York: Zone Books.

Bateson, Gregory. 1972. Steps to an Ecology of the Mind: Collected Essays in Anthropology, Psychiatry, Evolution, and Epistemology. New York: BallantineBooks. ［グレゴリー・ベイトソン『精神の生態学』上下、佐伯泰樹，佐藤良明、高橋和久訳、思潮社、1986-87］

Baudrillard, Jean. 1988. "The System of Objects." Art Monthly 15 (April): 5–8.

Bauman, Zygmunt. 1991. Modernity and Ambivalence. Oxford: Polity.

Baumeister, Roy F. 1991. Escaping the Self: Alcoholism, Spiritualism, Masochism, and Other Flights from the Burden of Selfhood. New York: Basic Books.

Bechara, A. 2003. "Risky Business: Emotion, Decision-Making, and Addiction."Journal of Gambling Studies 19: 23–52.

Beck, Ulrich. 1992. Risk Society: Towards a New Modernity. London: Sage.

———. 1994. "The Reinvention of Politics: Towards a Theory of Reflexive Modernization."
In Reflexive Modernism: Politics, Tradition, and Aesthetics in Modern Social Order, edited by U. Beck, A. Giddens, and S. Lash, 1–55. Stanford,CA: Stanford University Press.

———. 2006. "Risk Society Revisited: Theory, Politics, and Risk Programmes." In The Sociology of Risk and Gambling Reader, edited by J. F. Cosgrave, 61–84. New York: Routledge.

Beck, Ulrich, W. Bonss, and C. Lau. 2003. "The Theory of Reflexive Modernization: Problematic, Hypotheses, and Research Programme." Theory, Culture, and Society 20 (2): 1–33.

Beck, Ulrich, A. Giddens, and S. Lash. 1994. Reflexive Modernism: Politics, Tradition, and Aesthetics in Modern Social Order. Stanford, CA: Stanford University Press.

Becker, Howard. 1986. "Consciousness, Power, and Drug Effects." In Doing Things Together: Selected Papers, edited by H. Becker. Evanston,

IL: Northwestern University Press.
Bell, Daniel. 1973. The Coming of Post-IndustriaSociety: A Venture in Social Forecasting. New York: Basic Books.［ダニエル・ベル『脱工業社会の到来』上、内田忠夫ほか訳、ダイヤモンド社、1975］［ベル『脱工業社会の到来』下、内田忠夫ほか訳、ダイヤモンド社、1990］
———. 1976. The Cultural Contradictions of Capitalism. New York: Basic Books.［ダニエル・ベル『資本主義の文化的矛盾』上中下、林雄二郎訳、講談社、1976-1977］
Benjamin, Walter. 1968 [1939]. "On Some Motifs in Baudelaire." In Illuminations: Essays and Reflections, edited by H. Arendt, translated by H. Zohn, 155–200. New York: Schocken.
———. 1999. The Arcades Project. Translated by H. Eiland and K. McLaughlin.
Prepared on the basis of the German volume edited by R. Tiedemann. Cambridge, MA: Belknap Press of Harvard University Press.
Bennett, William. 1996. The Book of Virtues: A Treasury of Great Moral Stories. New York: Simon and Schuster.
Bennis, William. N.d. "Environmental Design and Rational Choice: The Case of Casino Gambling,"northwestern.academia.edu/WillBennis/Papers/111745/Environmental_Design_and_Rational_Choice_The_Case_of_Casino_Gambling, accessed November 2010.
Bennis, W. M., K. V. Katsikopoulos, D. G. Goldstein, A. Dieckmann, and N. Berg. N.d.
"Designed to Fit Minds: Institutions and Ecological Rationality. In Ecological Rationality: Intelligence in the World, edited by P. M. Todd, G. Gigerenzer, and The ABC Research Group. New York: Oxford University Press. Forthcoming.
Benson, April Lane, ed. 2000. I Shop, Therefore I Am: Compulsive Buying and the Search for Self. Northvale, NJ: Jason Aronson.
Benston, Liz. 2004. "Political Donations Flow from Gaming Industry." Business
Las Vegas October 15: 1.
———. 2006. "When Casinos Decide You're Losing Too Much Money." Las Vegas Sun, August 28, http.casinocitytimes.com/news/article/when-casinos-decide-youre-losing-too-much-money-160709, accessed November 2009.
———. 2009. "Illness Theory Gaining Ground for Gambling Addiction." Las Vegas Sun, November 23, http.lasvegassun.com/news/2009/nov/23/illness-theory-gaining-ground/, accessed November 2009.
Bergler, Edmund. 1957. Psychology of Gambling. New York: Hill and Wang.
Bernhard, Bo, D. R. Dickens, and P. D. Shapiro. 2007. "Gambling Alone: An Empirical Study of Solitary and Social Gambling in America." Gaming Research and Review Journal 11 (2), 1–13.
Bernhard, Bo, A. Lucas, and D. Jang. 2006. "Responsible Gaming Device Research." A report prepared by the Las Vegas International Gaming Institute. Las Vegas: University of Nevada.
Bernhard, Bo, and F. W. Preston. 2003. "On the Shoulders of Merton: Potentially Sobering Consequences of Problem Gambling Policy." American BehavioralScientist 47 (11): 1395–405.
Berridge, Virginia, and G. Edwards. 1981. Opium and the People: Opiate Use in Nineteenth-CenturyEngland. London: St. Martin's Press.
Biehl, João. 2005. Vita: Life in a Zone of Social Abandonment. Berkeley: University of California Press.
Biehl, João, D. Coutinho, and A. L. Outeiro. 2004. "Technology and

Affect: HIV/AIDS Testing in Brazil." Culture, Medicine, and Psychiatry 25: 87–129.

Biehl, João, B. Good, and A. Kleinman, eds. 2007. Subjectivity: Ethnographic Investigations. Berkeley: University of California Press.

Biehl, João, and A. Moran-Thomas.2009. "Symptom: Subjectivities, Social Ills, Technologies. Annual Review of Anthropology 38: 267–88.

Biggs, Lindy. 1995. "The Engineered Factory." Technology and Culture 36 (2):S174–S188.

Bijker, Wiebe E., and John Law, eds. 1992. Shaping Technology / Building Society: Studies in Sociotechnical Change. Cambridge, MA: MIT Press.

Binkley, Christina. 2008. Winner Takes All: Steve Wynn, Kirk Kerkorian, Gary Loveman, and the Race to Own Las Vegas. New York: Hyperion Press.

Blaszczynski, Alex. 2005. "Harm Reduction, Secondary Prevention and Approaches,and Trying to Make a Machine a Safer Product." Journal of Gambling Issues15, jgi.camh.net/doi/full/10.4309/jgi.2005.15.4, accessed August 2008.

———. 2008. "Expert Report of Professor Alex Blaszczynski: In the Matter of Jean Brochu v. Loto Québec et al.—Classaction. Available online at media.
cleveland.com/metro/other/Blaszczynski%20expert%20deposition%20on%20slots%20addictiveness.pdf, accessed October 2011.

Blaszczynski, Alex, R. Ladouceur, L. Nower, and H. Shaffer. 2008. "Informed Choice and Gambling: Principles for Consumer Protection." Journal of Gambling Business and Economics 2 (1): 103–18.

Blaszczynski, Alex, N. McConaghy, and A. Frankova. 1990. "Boredom Proneness in Pathological Gambling." Psychological Reports 67 (1): 35–42.

Blaszczynski, A. and L. Nower. 2002. "A Pathways Model of Problem and Pathological Gambling." Addiction 97 (5): 487–99.

Blaszczynski, Alex, L. Sharpe, and M. Walker. 2001. "The Assessment of the Impact of the Configuration on Electronic Gaming Machines as Harm Minimization Strategies for Problem Gambling." A report prepared for the Gaming Industry Operator's Group. Sydney: University Printing Service.

———. 2003. "Harm Minimization in Relation to Gambling on Electronic Gaming Machines." Submission to the IPART (Independent Pricing and Regulatory Tribunal) Review. Sydney: University of Sidney Gambling Research Unit.

Boellstorff, Tom. 2008. Coming of Age in Second Life: An Anthropologist Explores the Virtually Human. Princeton, NJ: Princeton University Press.

Borrell, Jennifer. 2004. "Critical Commentary by an EGM Gambler." International Journal of Mental Health and Addiction 4 (2): 181–88.

Borgmann, Albert. 1984. Technology and the Character of Contemporary Life: A Philosophical Inquiry. Chicago: University of Chicago Press.

Borrell, Jennifer. 2008. "A Thematic Analysis Identifying Concepts of Problem Gambling Agency: With Preliminary Exploration of Discourses in Selected Industry and Research Documents." Journal of Gambling Studies 22: 195–217.

Boughton, Roberta, and O. Falenchuk. 2007. "Vulnerability and Comorbidity Factors of Female Problem Gambling." Journal of Gambling Studies 23: 323–34.

Bourgois, Philippe. 2000. "Disciplining Addictions: The Bio-Politics of Methadone and Heroin in the United States." Culture, Medicine, and Psychiatry 24:165–95.

Bourgois, Philippe, and Jeffrey Schonberg. 2009. Righteous Dopefield. Berkeley: University of California Press.

Bourie, Steve. 1999. "Are Slot Machines Honest?" American Casino Guide,

http.americancasinoguide.com/Tips/Slots-Honest.shtml, accessed December 2006.

Bozarth, Michael. 1990. "Drug Addiction as a Psychobiological Process." In Addiction

Controversies, edited by D. Warburton, 112–34. London: Harwood Academic.

Brandt, Allan M. 2007. The Cigarette Century: The Rise, Fall, and Deadly Persistence of the Product That Defined America. New York: Basic Books.

Breen, Robert B. 2004. "Rapid Onset of Pathological Gambling in Machine Gamblers: A Replication." eCommunity: The International Journal of Mental Health and Addiction 2 (1): 44–49.

Breen, Robert B., and M. Zimmerman. 2002. "Rapid Onset of Pathological Gambling in Machine Gamblers." Journal of Gambling Studies 18 (1): 31–43.

Breiter, H. C., I. Aharon, D. Kahneman, A. Dale, and P. Shizgal. 2001. "Functional Imaging of Neural Responses to Expectancy and Experience of Monetary Gains and Losses." Neuron 30: 619–39.

Brigham, Jay. 2002. "Lighting Las Vegas: Electricity and the City of Glitz." In The Grit beneath the Glitter: Tales from the Real Las Vegas, edited by H. Rothman and M. Davis, 99–114. Berkeley: University of California Press.

Brock, Floyd J., G. L. Fussell, and W. J. Corney. 1992. "Predicting Casino Revenue Using Stochastic Migration Simulation." In Gambling and Commercial Gaming: Essays in Business, Economics, Philosophy, and Science, edited by W. Eadington and J. Cornelius. Reno: University of Nevada Press.

Brodie, Janet F., and M. Redfield, eds. 2002. High Anxieties: Cultural Studies in Addiction. Berkeley: University of California Press.

Brown, Sarah., and L. Coventry. 1997. "Queen of Hearts: The Needs of Women with Gambling Problems." Melbourne: Financial and Consumer Rights Council.

Bulkeley, William. 1992. "Video Betting, Called Crack of Gambling, Is Spreading." Wall Street Journal, July 14, B1.

Burbank, Jeff. 2005. License to Steal: Nevada's Gaming Control System in the Megaresort Age. Las Vegas: University of Nevada Press.

Burchell, Graham. 1993. "Liberal Government and the Techniques of the Self." Economy and Society 22 (3): 266–82.

Burke, Anne. 2005. "Que Pasa en Mexico? Quite a Lot." International Gaming and Wagering Business (December): 16–19.

Burke, Kenneth. 1969. A Grammar of Motives. Berkeley: University of California Press. ［ケネスバーク・『動機の文法』森常治訳，晶文社，1982］

Burroughs, William. 2004 [1959]. Naked Lunch. New York: Grove Press. ［ウィリアム・バロウズ『裸のランチ』鮎川信夫訳，河出文庫，2003］

Burton, Bill. N.d. "Slot Machine Ergonomics: Preventing Repetitive Stress Injury," casinogambling.about.com/od/slots/a/Ergonomics.htm, accessed June 2010.

Butterfield, F. 2005. "As Gambling Grows, States Depend on Their Cut." New York Times, March 31.

Bybee, Shannon. 1988. "Problem Gambling: One View from the Gaming

Industry." Journal of Gambling Studies 4 (4): 301–8.

Caillois, Roger. 1979 [1958]. Man, Play, and Games. Translated by M. Barash. New York: Free Press of Glencoe.

Calabro, L. 2006. "Station Casino's Glenn Christenson," CFO Magazine, July 1,

www.cfo.com/printable/article.cfm/7108950/c_7129649?f=options, accessedJune 2007.

Calleja, Gordon. 2007. "Digital Game Involvement: A Conceptual Model." Games and Culture 2: 236–60.

Callon, Michel, and B. Latour. 1981. "Unscrewing the Big Leviathan: How Actors Macrostructure Reality and How Sociologists Help Them to Do So." In Advances in Social Theory and Methodology: Toward an Integration of Micro-and Macro-Sociologies, edited by K. Knorr-Cetina and A. V. Cicourel, 277–303.

Boston: Routledge and Kegan Paul.

Callon, Michel, C. Méadl, and V. Rabeharisoa. 2002. "The Economy of Qualities." Economy and Society 31 (2): 194–217.

Campbell, Colin. 1987. The Romantic Ethic and the Spirit of Consumerism. New York: Blackwell.

Campbell, C. S., and G. J. Smith. 2003. "Gambling in Canada: From Vice to Disease to Responsibility: A Negotiated History." Canadian Bulletin of Medical History 20: 121–49.

Cardno, Andrew, A. K. Singh, and R. Thomas. 2010. "Gaming Floors of the Future, Part 1: Downloadable Games." Casino Enterprise Management, July,

http.casinoenterprisemanagement.com/articles/july-2010/gaming-floors-future-part-1downloadable-games, accessed February 2011.

Carroll, Amy. 1987a. "Casino Construction: The Nuts and Bolts of the Industry."

Casino Gaming Magazine, November: 15–19.

———. 1987b. "Step Inside: A Look at Interior Design in the Casino Industry." Casino Gaming Magazine, October: 18–22.

Casey, Maura. 2002. "An Equal Opportunity Addiction." The Day: A Special Report on Problem Gambling. Reprinted from the edition of March 17.

"Cashless Slot Machines: The Industry's View." 1985. Casino Gaming Magazine,August: 11–16.

Castel, Robert. 1991. "From Dangerousness to Risk." In The Foucault Effect: Studies in Governmentality, edited by G. Burchell, C. Gordon, and P. Miller,281–98. Chicago: University of Chicago Press.

Castellani, Brian. 2000. Pathological Gambling: The Making of a Medical Problem.New York: University of New York Press.

Castells, Manuel. 1996. The Rise of the Network Society. Cambridge, MA: Blackwell Publishers.

Clough, Patricia Ticineto. 2000. Autoaffection: Unconscious Thought in the Age of Teletechnology. Minneapolis: University of Minnesota Press.

———. 2007. The Affective Turn: Theorizing the Social. Durham, NC: Duke University Press.

Collier, Roger. 2008. "Doctored Spins," Ottawa Citizen, July 26,

http.canada.com/ottawacitizen/news/observer/story.html?id=df9b06d4-005a-4303-b351-794c75171a05, accessed October 2009.

Collier, Stephen, and Andrew Lakoff. 2005. "On Regimes of Living." In Global Assemblages: Technology, Politics, and Ethics as Anthropological Problems, edited by A. Ong and S. Collier, 22–39. Oxford: Blackwell.

Collins, A. F. 1969. "The Pathological Gambler and the Government of Gambling." History of the Human Sciences 9: 69–100.

Conrad, Dennis. 2009. “Marketing: Unintended Consequences.” Casino Journal, November: 40.

Coolican, Patrick. 2011. “Severing Lifeline for Gambling Addicts Would Be a Shame.” Las Vegas Sun, February 18,
http.lasvegassun.com/news/2011/feb/18/severing-lifeline-gambling-addicts-would-be-shame/, accessed February 2011.

Cooper, Marc. 2004. The Last Honest Place in America: Paradise and Perdition in the New Las Vegas. New York: Nation Books.

———. 2005. “Sit and Spin: How Slot Machines Give Gamblers the Business.” Atlantic Monthly 296: 121–30.

Coser, Lewis. 1977. Masters of Sociological Thought: Ideas in Historical and Social Context. New York: Harcourt Brace Jovanovich.

Cosgrave, James F. 2008. “Goffman Revisited: Action and Character in the Era of Legalized Gambling.” International Journal of Criminology and Sociological Theory 1 (1): 80–96.

———. 2009. “Governing the Gambling Citizen: The State, Consumption, and Risk.” In Casino State: Legalized Gambling in Canada, edited by J. F. Cosgrave and T. Klassen, 46–68.
Toronto: University of Toronto Press.

———. 2010. “Embedded Addiction: The Social Production of Gambling Knowledge and the Development of Gambling Markets.” Canadian Journal of Sociology / Cahiers Canadiens de Sociologie 35 (1): 113–34.

Cosgrave, James F., ed. 2006. The Sociology of Risk and Gambling Reader. New York: Routledge.

Costa, Nic. 1988. Automatic Pleasures: The History of the Coin Machine. London: Kevin Francis.

Cote, Denis, A. Caron, J. Aubert, V. Desrochers, and R. Ladouceur. 2003. “Near Wins Prolong Gambling on a Video Lottery Terminal.” Journal of Gambling Studies 19: 380–407.

Cotte, June, and K. A. Latour. 2009. “Blackjack in the Kitchen: Understanding Online versus Casino Gambling.” Journal of Consumer Research 35: 742–58.

Courtwright, David T. 2001. Forces of Habit: Drugs and the Making of the Modern World. Cambridge, MA: Harvard University Press.

———. 2005. “Mr. ATOD’s Wild Ride: What Do Alcohol, Tobacco, and Other Drugs Have in Common?” Social History of Alcohol and Drugs 20: 105–40.

Coventry, Kenny R., and B. Constable. 1999. “Physiological Arousal and Sensation-Seeking in Female Fruit Machine Gamblers.” Addiction 94 (3): 425–30.

Crary, Jonathan. 1999. Suspensions of Perception: Attention, Spectacle, and Modern Culture. Cambridge, MA: MIT Press. 〔ジョナサン・クレーリー『知覚の宙吊り：注意、スペクタクル、近代文化』石谷治寛、大木美智子、橋本梓訳、平凡社〕、2005

Crawford, Margaret. 1992. “The World in a Shopping Mall.” In Variations on a Theme Park: The New American City and the End of Public Space, edited by M. Sorkin, 3–30. New York: HarperCollins.

Crevelt, Dwight E., and L. G. Crevelt. 1988. Slot Machine Mania. Grand Rapids,MI: Gollehon.

Cristensen, Jon. 2002. “Build It and the Water Will Come.” In The Grit beneath the Glitter: Tales from the Real Las Vegas, edited by H. Rothman and M. Davis, 115–25. Berkeley: University of California Press.

Croasmun, Jeanne. 2003. “Ergonomics Makes the Slot Player More Productive.” Ergonomics Today, September 26, www.ergoweb.com/news/detail.cfm?id=806, accessed June 2007.

Csikszentmihalyi, Mihaly. 1975. Beyond Boredom and Anxiety: Experiencing Flow in Work and Play. San Francisco: Jossey-Bass.〔ミハイ・チクセントミハイ『楽しみの社会学』今村浩明訳、新思索社、2000〕

———. 1985. "Reflections on Enjoyment." Perspectives in Biology and Medicine 28 (4): 489–97.

———. 1988. "The Flow Experience and its Significance for Human Psychology." In Optimal Experience: Psychological Studies of Flow in Consciousness, edited by M. Csikszentmihalyi and I. S. Csikszentmihalyi, 15–35. Cambridge: Cambridge University Press.

———. 1993. The Evolving Self: A Psychology for the Third Millennium. New York: HarperCollins.

———. 1994. Flow: The Psychology of Optimal Experience. New York: HarperCollins.

Csikszentmihalyi, Mihaly, and S. Bennet. 1971. "An Exploratory Model of Play."

American Anthropologist 73 (1): 45–58.

Cummings, Leslie E. 1997. "A Typology of Technology Applications to Expedite Gaming Productivity." Gaming Research and Review Journal 4 (1): 63–79.

Cummings, Leslie E., and K. P. Brewer. 1994. "An Evolutionary View of the Critical Functions of Slot Machine Technology." Gaming Research and Review Journal 1 (2): 67–78.

Custer, R. 1984. "Profile of the Pathological Gamblers." Journal of Clinical Psychiatry 45: 35–38.

"Cyberview Technology Introduces New Gaming Cabinet and Operating Systems at G2E." 2007. Global Gaming Business, November 9.

Dancer, Bob. 2001. "Beginners Corner: How Do You Know When to Quit?" Strictly Slots, October, 26.

Davis, M. P. 1984. "A 'Virtual' Success." Gaming and Wagering Business, October 18.

Davis, Mike. 2002. "Class Struggle in Oz." In The Grit beneath the Glitter: Tales from the Real Las Vegas, edited by H. Rothman and M. Davis, 176–85.Berkeley: University of California Press.

Deleuze, Gilles. 1990. The Logic of Sense. Translated by M. Lester and C. Stivale. New York: Columbia University Press.

———. 1992. "Postscript on the Society of Control." October 59: 3–8.

———. 1997. Essays Critical and Clinical. Translated by D. W. Smith and M. A. Greco. Minneapolis: University of Minnesota Press.

Deleuze, Gilles. 1998. "Having an Idea in Cinema." In Deleuze and Guattari: New Mappings in Politics, Philosophy, and Culture, edited by E. Kaufman and K. J. Heller, translated by E. Kaufman, 14–22. Minneapolis: University of Minnesota Press.

———. 2007. "Two Questions on Drugs." In Two Regimes of Madness, edited by D. Lapoujade, translated by A. Hodges and M. Taormina, 151–55. Cambridge, MA: MIT Press.

Deleuze, Gilles, and Félix Guattari. 1987. A Thousand Plateaus: Capitalism and Schizophrenia. Translated by Brian Massumi. Minneapolis: University of Minnesota Press.

Delfabbro, Paul. 2004. "The Stubborn Logic of Regular Gamblers: Obstacles and Dilemmas in Cognitive Gambling Research." Journal of Gambling Studies 20(1): 1–21.

———. 2008. "Australian Gambling Review June 2007." A report prepared for the Independent Gambling Authority of South Australia.

Delfabbro, P. H., K. Falzon, and T. Ingram. 2005. "The Effects of Parameter Variations in Electronic Gambling Simulations: Results of a

Laboratory-Based Pilot Study." Gambling Research 17: 7–25.

Delfabbro, P. H., and A. H. Winefield. 1999. "Poker-Machine Gambling: An Analysis of Within-Session Characteristics." British Journal of Psychiatry 90:425–39.

Derrida, Jacques. 1981. "The Pharmakon." In Dissemination, by Jacques Derrida, edited by B. Johnson, 95–116.Chicago: University of Chicago Press.

"Design/Construction Firms: Providing a Return on Casino Investment." 1985.

Casino Gaming Magazine, November: 24–26,39–41.

Desjarlais, Robert. 2003. Sensory Biographies: Lives and Deaths among Nepal's Yolmo Buddhists. Berkeley: University of California Press.

———. 2010. Counterplay: An Anthropologist at the Chessboard. California: University of California Press.

Dettre, Stephen. 1994. "Profile: Big Changes at Aristocrat." Slotworld (3): 3–4.

Devereux, E. C. 1980 [1949]. Gambling and the Social Structure. New York: Arno Press.

Dibbell, Julian. 2006. Play Money; Or, How I Quit My Day Job and Made Millions Trading Virtual Loot. New York: Basic Books.

———. 2007. "The Life of the Chinese Gold Farmer." New York Times Magazine, June 17: 36–40.

———. 2008. "The Chinese Game Room: Play, Productivity, and Computing at Their Limits." Artifact 2 (3): 1–6.

Dichter, Ernest. 1960. The Strategy of Desire. New York: Doubleday Press. [アーネスト・ディヒタ『欲望を創り出す戦略』多湖輝訳、ダイヤモンド社、1964]

Dickerson, Mark. 1993. "Internal and External Determinants of Persistent Gambling: Problems in Generalizing from One Form to Another." In Gambling Behavior and Problem Gambling, edited by W. R. Eadington and J. Cornelius.

Reno, NV: Institute for the Study of Gambling and Commercial Gaming.

———. 1996. "Why 'Slots' Equals 'Grind' in Any Language: The Cross-Cultural Popularity of the Slot Machine." In Gambling Cultures: Studies in History and Interpretation, edited by J. McMillen, 140–52. London: Routledge.

———. 2003. "Exploring the Limits of Responsible Gambling: Harm Minimization or Consumer Protection?" Gambling Research: Journal of the National Association for Gambling Studies (Australia) 15: 29–44.

Dickerson, M., J. Haw, and L. Shepherd. 2003. The Psychological Causes of Problem Gambling: A Longitudinal Study of At Risk Recreational EGM Players. Sydney: University of Western Sydney, School of Psychology, Bankstown Campus, www.austgamingcouncil.org.au/images/pdf/eLibrary/1575.pdf, accessed June 2007.

Dickerson, M., J. Hinchy, S. L. England, J. Fabre, and R. Cunningham. 1992. "On the Determinants of Persistent Gambling Behaviour. I. High-Frequency Poker Machine Players." British Journal of Psychology 83: 237–48.

Diskin, Katherine M., and D. C. Hodgins. 1999. "Narrowing of Attention and Dissociation in Pathological Video Lottery Gamblers." Journal of Gambling Studies 15: 17–28.

Dixey, Rachael. 1987. It's a Great Feeling When You Win: Women and Bingo. Leisure Studies 6 (2): 199–214.

Dixon, M. J., K. A. Harrigan, R. Sandhu, K. Collins, and J. A. Fugelsang. 2010."Losses Disguised as Wins in Modern Multi-Line Video Slot Machines." Addiction 105 (10): 1819–24.

Dixon, M. R., and J. E. Schreiber. 2004. "Near-Miss Effects on Response Latencies and Win Estimations of Slot Machine Players." Psychological Record 54 (3): 335–48.

Dostoyevsky, Fyodor. 1972 [1867]. The Gambler. Translated by H. Alpin. London: Hesperus Press.

Doughney, James R. 2002. The Poker Machine State: Dilemmas in Ethics, Economics, and Governance. Melbourne: Common Ground.

———. 2007. "Ethical Blindness, EGMs, and Public Policy: A Tentative Essay Comparing the EGM and Tobacco Industries." International Journal of Mental Health and Addiction 5 (4): 311–19.

Dowling, N., D. Smith, and T. Thomas. 2005. "Electronic Gaming Machines: Are They the 'Crack-Cocaine' of Gambling?" Addiction 100: 33–45.

Downey, G. L., and J. Dumit, eds. 1997. Cyborgs and Citadels: Anthropological Interventions in Emerging Sciences and Technologies. Santa Fe, NM: School of American Research Press.

Downey, John. 2007. "PokerTek Betting on Expansion." Charlotte Business Journal, October 19, bizjournals.com/charlotte/stories/2007/10/22/story1.html?page=2, accessed July 2009.

Dumit, Joseph. 2002. "Drugs for Life." Molecular Interventions 2: 124–27.

Dyer, Scott. 2001. "Professor Says Video Poker 'Crack Cocaine' of Gambling." Capital City Press, The Advocate, February 16.

Eadington, William R. 2004. "Gaming Devices, Electronic Money, and the Risks Involved." GamCare News 19 (Winter): 10–12.

Eadington, William R., and J. Cornelius, eds. 1992. Gambling Commercial Gaming: Essays in Business, Economics, Philosophy, and Science. Reno: University of Nevada Press.

Eggert, K. 2004. "Truth in Gaming: Toward Consumer Protection in the Gambling Industry." Maryland Law Review 63: 217–86.

Eisenberg, Bart. 2004. "The New 'One-Arm Bandits': Today's Slot Machines Are Built like PCs, Programmed like Video Hames." Software Design, January,
gihyo.jp/admin/serial/01/pacific/200402, accessed March 2006.

Ellul, Jacques. 1964. The Technological Society. Translated by J. Wilkinson. New York: Knopf.

Elster, Jon. 1999. "Gambling and Addiction." In Getting Hooked: Rationality and Addiction, edited by J. Elster and O. J. Skog, 208–34. Cambridge: Cambridge University Press.

Emerson, Dan. 1998a. "Virtual Money." Casino Executive Magazine, January 31.

———. 1999b. "Will Cashless Be King?: Casino Gambling Debates a Future without Bills and Coins." Casino Executive Magazine, October 3.

Ernkvist, Mirko. 2009. "Creating Player Appeal: Management of Technological Innovation and Changing Pattern of Industrial Leadership in the U.S. Gaming Machine Manufacturing Industry, 1965–2005."PhD diss., Department of Economic History, School of Business, Economics and Law, University of Gothenburg.

Epstein, William M., and W. N. Thompson. 2010. "The Reluctance to Tax Ourselves: Nevada's Depravity." Las Vegas Review, May 2,
http.lvrj.com/opinion/nevada-s-depravity-92614189.html, accessed January 2011.

Ewald, Francois. 1991. "Insurance and Risk." In The Foucault Effect: Studies in Governmentality, edited by G. Burchell, C. Gordon, and P. Miller, 197–210. Chicago: University of Chicago Press.

Fabian, Ann. 1999. Card Sharps and Bucket Shops: Gambling in Nineteenth-Century America. New York: Routledge.
Fahrenkopf, Frank J. 2003. "State of the Industry Keynote Panel." Global Gaming Expo (G2E), Las Vegas, Nevada.
———. 2010. "The Changing Game in D.C." Global Gaming Business, March:18.
Falkiner, Tim, and Roger Horbay. 2006. "Unbalanced Reel Gaming Machines,"
www.gameplanit.com/UnbalancedReels.pdf, accessed June 2007.
Fasman, Jon. 2010. "Shuffle Up and Deal: A Special Report on Gambling." The Economist, July 8, www.economist.com/node/16507670, accessed July 2010.
Ferguson, Adele. 2008. "Screw Problem Gamblers: Tatts." The Australian, February13, http.theaustralian.news.com.au/story/0,25197,23205436-2702,00.html,accessed April 2008.
Ferland, F., R. Ladouceur, and F. Vitaro. 2002. "Prevention of Problem Gambling:Modifying Misconceptions and Increasing Knowledge." Journal of Gambling Studies 18: 19–29.
Ferrar, Ross. 2004. "Challenging Times Ahead for Australia: Jobs and Tax Revenues on the Line as Governments in Oz Crackdown." Global Gaming Business,August: 28–29.
Ferster, C. B., and B. F. Skinner. 1957. Schedules of Reinforcement. New York: Appleton-Century-Crofts.
Fey, Marshall. 1983. Slot Machines: An Illustrated History of America's Most Popular Coin-Operates Gaming Device. Reno: Nevada Publications.
———. 2006. Slot Machines: America's Favorite Gaming Device. Reno, NV: Liberty Belle Books.
Findlay, J. M. 1986. People of Chance: Gambling in American Society from Jamestown to Las Vegas. New York: Oxford University Press.
Finlay, Karen, V. Kanetkar, J. Londerville, and H. Marmurek. 2006. "The Physical and Psychological Measurement of Gambling Environments." Environment and Behavior 38: 570–81.
Fischer, Michael. 1999. "Wording Cyberspace: Toward a Critical Ethnography in Time, Space, and Theory." In Critical Anthropology Now: Unexpected Contexts, Shifting Constituencies, Changing Agendas, edited by G. E. Marcus, 245–304. Santa Fe, NM: School of American Research Press.
———. 2003. Emergent Forms of Life and the Anthropological Voice. Durham, NC: Duke University Press.
Forrest, David V. 2012. Slots: Praying to the Gods of Chance. Harrison, NY: Delphinium Books.
Foucault, Michel. 1979. Discipline and Punish: The Birth of the Prison. Translated by. A. Sheridan. New York: Vintage Books.
———. 1988. "Technologies of the Self." In Technologies of the Self: A Seminar with Michel Foucault, edited by L. H. Martin, H. Gutman, and P. H. Hutton,16–49.Amherst: University of Massachusetts Press.
———. 1990. The History of Sexuality. Vol. 3, The Care of the Self. New York: Vintage Books. 〔ミシェル・フーコー『自己への配慮 性の歴史Ⅲ』田村俶訳、新潮社、1987〕
France, Clemens, J. 1902. "The Gambling Impulse." American Journal of Psychology 13: 364–407. Franklin, Joanna. N.d. Press release,
www.responsiblegambling.org/articles/Problem_and_Pathological_Gambling_A_view_from_the_States.pdf, accessedOctober 2011
Freeman, Mike. 2006. "Data Company Helps Wal-Mart, Casinos, Airlines

Analyze Customers." Consumer Reports / San Diego Union-Tribune,February 4,

www.signonsandiego.com/uniontrib/20060224/news_1b24teradata.html, accessed June 2007.

Freud, Sigmund. 1961 [1920]. Beyond the Pleasure Principle. New York: W. W.Norton.

———. 1966 [1928]. "Dostoevsky and Parricide." In Standard Editions of the Complete Psychological Works of Sigmund Freud. Vol. 11. Edited by J. Strachey. London: Hogarth.

———. 1989. Introductory Lectures on Psychoanalysis. Translated by J. Strachey. New York: W. W. Norton.

Friedman, Bill. 1982 [1974]. Casino Management. New York: Lyle Stuart Publishers. ［ビル・フリードマン『競争に打ち勝つ勝者、敗者の創造：市場を独占するための経営戦略』タヤマ実践カレッジ訳、しののめ出版、2003］

———. 2000. Designing Casinos to Dominate the Competition. Reno, NV: Institute for the Study of Gambling and Commercial Gaming.

———. 2003. "Casino Design and Its Impact on Player Behavior." In Stripping Las Vegas: A Contextual View of Casino Resort Architecture, edited by K. Jaschke and S. Otsch. Weimar: Bauhaus Weimar University Press.

Fullweily, Duana. 2008. "The Biologistical Construction of Race: 'Admixture' Technology and the New Genetic Medicine." Social Studies of Science 38 (5): 695–735.

Gaboury, A., and R. Ladouceur. 1989. "Erroneous Perceptions and Gambling." Journal of Social Behavior and Personality 4: 411–20.

Gambling Review Body. 2001. "Gambling Review Report." A report prepared for the UK government. Norwich: The Stationary Office. "Gaming Laboratory International: The Testing Standard." 2007. Company Profile:G2E Overview, 72.

Garcia, Angela. 2010. The Pastoral Clinic: Addiction and Dispossession along the Rio Grande. Berkeley: University of California Press.

Garland, D. 2003. "The Rise of Risk." In Risk and Morality, edited by R. V. Ericson and A. Doyle, 48–86. Toronto: University of Toronto Press.

Garrett, T. A. 2003. "Casino Gambling in America and Its Economic Impacts."

August, www.stls.frb.org/community/assets/pdf/CasinoGambling.pdf, accessed

January 2004.

Geertz, Clifford. 1973. The Interpretation of Cultures: Selected Essays. New York: Basic Books. ［クリフォード・ギアーツ『文化の解釈学Ⅰ、Ⅱ』吉田禎吾ほか訳、岩波書店、1987］

Gerstein, D., et al. 1999. "Gambling Impact and Behavior Study." A report to the US Congress National Gambling Impact Study Commission. Chicago: National Opinion Research Center.

Giddens, Anthony. 1990. The Consequences of Modernity. Cambridge: Polity. ［アンソニー・ギデンズ『近代とはいかなる時代か？：モダニティの帰結』松尾精文，小幡正敏訳、而立書房、1993］

———. 1991. Modernity and Self-Identity.Cambridge: Polity. ［アンソニー・ギデンズ『モダニティと自己アイデンティティ：後期近代における自己と社会』秋吉美都，安藤太郎，筒井淳也訳、ハーベスト社、2005］

———. 1994. "Living in a Post-Traditional Society." In Reflexive Modernization:

Politics, Tradition, and Aesthetics in the Modern Social Order, edited by U. Beck,

A. Giddens, and S. Lash, 56–109. Stanford, CA: Stanford University Press.

"Global Cash Access to Discontinue Arriva Credit Card." 2008. Business Wire, February 28, findarticles.com/p/articles/mi_m0EIN/is_2008_Feb_28/ai_n24354292,accessed October

2009.

"Global Games 2005." 2005. Global Gaming Business, September: 58–76.

GLS Research. 1993. "1992 Clark County Resident's Study: Survey of Leisure Activities and Gaming Behavior." A report prepared for the Las Vegas Convention and Visitors Authority.

———. 1995. "1994 Clark County Resident's Study: Survey of Leisure Activities

and Gaming Behavior." A report prepared for the Las Vegas Convention and Visitors Authority.

———. 1997. "1996 Clark County Resident's Study: Survey of Leisure Activities and Gaming Behavior." A report prepared for the Las Vegas Convention and Visitors Authority.

———. 1999. "1998 Clark County Resident's Study: Survey of Leisure Activities and Gaming Behavior." A report prepared for the Las Vegas Convention and Visitors Authority.

———. 2001. "2000 Clark County Resident's Study: Survey of Leisure Activitie and Gaming Behavior." A report prepared for the Las Vegas Convention and Visitors Authority.

———. 2003. "2002 Clark County Resident's Study: Survey of Leisure Activities and Gaming Behavior." A report prepared for the Las Vegas Convention and Visitors Authority.

———. 2005. "2004 Clark County Resident's Study: Survey of Leisure Activities and Gaming Behavior." A report prepared for the Las Vegas Convention and Visitors Authority.

———. 2007. "2006 Clark County Resident's Study: Survey of Leisure Activities and Gaming Behavior." A report prepared for the Las Vegas Convention and Visitors Authority.

———. 2009. "2008 Clark County Resident's Study: Survey of Leisure Activities and Gaming Behavior." A report prepared for the Las Vegas Convention and Visitors Authority.

———. 2011. "2010 Clark County Resident's Study: Survey of Leisure Activities and Gaming Behavior." A report prepared for the Las Vegas Convention and Visitors Authority.

Goddard, L. 2000. "S. C. Video Poker Ban Energizes Gaming Friends, Foes," September

7, www.stateline.org/live/printable/story?contentId=14114, accessed June 2007.

Goffman, Erving. 1961. "Fun in Games." In Encounters: Two Studies in the Sociology

of Interaction, edited by E. Goffman. Indianapolis: Bobbs-Merrill Educational Publishing.

———. 1967. Where the Action Is: Three Essays. London: Allen Lane.

Gold, Matea, and D. Ferrell. 1998. "Casino Industry Fights an Emerging Backlash."

Los Angeles Times, December 14, articles.latimes.com/1998/dec/14/

news/mn-54012,accessed June 2007.

Goldberg, David. 2006. Stupidity and Slot Machine Players in Las Vegas. Maryland: Publish America.

Golub, Alex, and K. Lingley. 2008. "Just Like the Qing Empire." Games and Culture3: 59–75.

Gomart, E. 1999. "Surprised by Methadone: Experiments in Substitution." PhDthesis, Centre de Sociologie de l'Innovation, École des Mines, Paris.

Gomart, Emilie, and A. Hennion. 1999. "A Sociology of Attachment: Music Amateurs, Drug Users." In Actor Network Theory and After, edited by J. Law and J. Hassard, 220–47. Malden, MA: Blackwell Publishers.

Goodman, Robert. 1995a. "Gamble Babble." Washington Post, November 12.

———. 1995b. The Luck Business: The Devastating Consequences and Broken Promises of America's Gambling Explosion. New York: Free Press.

Gordon, Colin. 1991. "Governmental Rationality: An Introduction." In The Foucault Effect: Studies in Governmentality, edited by C. Gordon, G. Burchell, and P. Miller, 1–52. Chicago: University of Chicago Press.

Gorman, Tom. 2003. "Casinos Bet on High-Tech Slots to Improve Returns." Los Angeles Times, February 16, articles.latimes.com/2003/feb/16/nation/na-slots16,accessed June 2007.

Gottdiener, Mark, C. C. Collins, and D. R. Dickens. 1999. Las Vegas: The Social Production of an All-American City. Malden, MA: Blackwell Publishers.

Grant, J. E., S. W. Kim, and M. N. Potenza. 2003. "Advances in the Pharmacological Treatment of Pathological Gambling." Journal of Gambling Studies 19 (1):85–109.

Grant, J. E., M. N. Potenza, E. Hollander, R. Cunningham-Williams,

T. Nurminen,G. Smits, and A. Kallio. 2006. "Multicenter Investigation of the Opioid AntagonistNalmefene in the Treatment of Pathological Gambling." American Journal of Psychiatry 163 (2): 303–12.

Grau, Oliver. 2003. Virtual Art: From Illusion to Immersion. Cambridge, MA:MIT Press.

Gray, C. H. 1995. The Cyborg Handbook. New York and London: Routledge.

Green, Joshua. 2003. "The Bookie of Virtue: William J. Bennett Has Made Millions Lecturing People on Morality and Blown It on Gambling."

Washington Monthly, June, www.washingtonmonthly.com/features/2003/0306.green.html,

accessed July 2007.

Green, Marian. 2006. "Player's Choice." Slot Manager (Winter): 8–13.

———. 2007. "Station Casinos Carefully Rolls Out Guaranteed Play Option to Video Poker Crowd." Slot Manager, November/December.

———. 2009. "Top 20 Most Innovative Gaming Technology Products of 2009."

Casino Journal, May, www.casinojournal.com, accessed July 2010.

———. 2010. Casino Journal (May): 24–30.

Green, Rick. 2004. "Long-Shot Slots, Part I." Hartford Courant, May 9, articles.

courant.com/2004-05-09/news/0405090003_1_gambling-machines-long-shot-slotsproblem-gambling/2,accessed July 2007.

Greeno, James. 1994. "Gibson's Affordances." Psychology Review 101 (2): 336–42.

Gremillion, Helen. 2001. "In Fitness and in Health: Crafting Bodies in the Treatment of Anorexia Nervosa." Signs: Journal of Women in Culture and Society 27 (2): 381–414.

Griffiths, Mark. 1993. "Fruit Machine Gambling: The Importance of Structural Characteristics." Journal of Gambling Studies 9 (2): 101–20.

———. 1996. "Gambling on the Internet: A Brief Note." Journal of Gambling Studies 12: 471–73.

———. 1999. "Gambling Technologies: Prospects for Problem Gambling." Journal of Gambling Studies 15 (3): 265–83.

———. 2003. "The Environmental Psychology of Gambling." In Gambling: Who Wins? Who Loses?, edited by G. Reith, 277–92.

Amherst, NY: Prometheus Books.

Griffiths, Mark, and A. Barnes. 2008. "Internet Gambling: An Online Empirical Study among Student Gamblers." International Mental Health Addiction 6:194–204.

Grint, Keith, and S. Woolgar. 1997. The Machine at Work: Technology, Work, and Organization. Cambridge: Polity Press.

Grochowski, John. 2000. "Video Poker Drawn Into a Multihand Revolution."

Casino City Times, January 12, grochowski.casinocitytimes.com/articles/791.html, accessed October 2006.

———. 2003. "The Faster the Game, the Faster You Stand to Lose Your Bankroll." Detroit News, January 23.

———. 2006. "Technology Spurs Improved Functionality in Next Generation ATMs." International Gaming and Wagering Business 27 (5): 28, 32.

———. 2007. "Beyond the Green Felt Jungle: Electronic Multiplayer Games Broaden the Appeal of Traditional Table Products, Finding a Home on the Slot Floor as well as the Pit." Slot Manager, November 1.

———. 2010. "Slots Let You Choose Volatility." Casino City Times, February 16,grochowski.casinocitytimes.com/article/slots-let-you-choose-volatility-57751,accessed May 2010.

Grun, L., and P. McKeigue. 2000. "Prevalence of Excessive Gambling before and after Introduction of a National Lottery in the United Kingdom: Another Example of the Single Distribution Theory." Addiction 95: 959–66.

Gusterson, Hugh. 1996. Nuclear Rites: A Weapons Laboratory at the End of the Cold War. Berkeley: University of California Press.

Hacking, Ian. 1990. The Taming of Chance. Cambridge: Cambridge University Press. ［イアン・ハッキング『偶然を飼いならす：統計学と第二次科学革命』石原英樹，重田園江訳、木鐸社、1999］

———1998. Mad Travelers Reflections on the Reality of Transient Mental Illnesses. Charlottesville: University Press of Virginia. ［イアン・ハッキング『マッド・トラベラーズ：ある精神疾患の誕生と消滅』江口重幸ほか訳、岩波書店、2017］

Hancock, Linda, T. Schellinck, and T. Schrans. 2008. "Gambling and Corporate Social Responsibility (CSR): Re-Defining Industry and State Roles on Duty of Care and Risk Management." Policy and Society 27: 55–68.

Hannigan, John. 1998. Fantasy City: Pleasure and Profit in the Postmodern Metropolis.

New York: Routledge.

Hanson, Zia, and M. Hong. 2003. "Interview with Ötsch." In Stripping Las Vegas: A Contextual Review of Casino Resort Architecture, edited by K. Jaschke and S. Ötsch. Weimar: Bauhaus Weimar University Press.

Haraway, Donna. 1991. "A Cyborg Manifesto: Science, Technology, and Socialist-Feminism

in the Late Twentieth Century." In Simians, Cyborgs, and Women: The Reinvention of Nature, edited by D. Haraway, 149–81.

New York:Routledge.

Hardt, Michael. 1999. "Affective Labor." Boundary 2 (26): 89–100.

Hardt, Michael, and A. Negri. 2001. Empire. Cambridge, MA: Harvard University Press.

"Harrah's Sees Success with Compudigm's Advanced Retail Visualization

Solution Running on Teradata." 2003. Business Wire, June 10,
http.businesswire.com/news/home/20030610005463/en/Harrahs-Sees-Success-Compudigms-Advanced-Retail-Visualization, accessed June 2007.

Harrigan, K. A. 2007. "Slot Machine Structural Characteristics: Distorted Player Views of Payback Percentages." Journal of Gambling Issues (June): 215–34.

———. 2008. "Slot Machine Structural Characteristics: Creating Near Misses Using High Symbol Award Ratios." International Journal of Mental Health and Addiction 6: 353–68.

———. 2009a. "Comments and Suggestions Regarding $120 Hourly Losses." A report to Australian Government, Productivity Commission.

———. 2009b. "Slot Machines: Pursuing Responsible Gaming Practices for Virtual Reels and Near Misses." International Journal of Mental Health and Addiction 7: 68–83.

Harrigan, Kevin A., and M. Dixon. 2009. "PAR Sheets, Probabilities, and Slot Machine Play: Implications for Problem and Non-Problem Gambling." Journal of Gambling Issues 23: 81–110.

Harvey, David. 1989. The Condition of Postmodernity: An Enquiry into the Origins of Cultural Change. Oxford: Blackwell［デーヴィッド・ハーヴェイ『ポストモダニティの条件』吉原直樹監訳、青木書店、1999］

Haw, John. 2008a. "Random-Ratio Schedules of Reinforcement: The Role of Early Wins and Unreinforced Trials." Journal of Gambling Issues 21: 56–67.

———. 2008b. "The Relationship between Reinforcement and Gaming Machine Choice." Journal of Gambling Studies 24: 55–61.

Heidegger, Martin. 1977 [1954]. The Question concerning Technology and Other Essays. New York: Harper.

Hellicker, Kevin. 2006. "How a Gamble on Defibrillators Turned Las Vegas into the Safest Place to Have Your Heart Give Out." Wall Street Journal, January28, A1.

Hess, Alan. 1993. Viva Las Vegas: After Hours Architecture. San Francisco: Chronicle Books.

Hevener, Phil. 1988. "Video Poker." International Gaming and Wagering Business, October 10.

Hildebrand, James. 2006. "Knowledge Is Power: The More You Know, the Better Off You Are." Strictly Slots, January: 38–39.

Hing, Nerilee, and H. Breen. 2001. "Profiling Lady Luck: An Empirical Study of Gambling and Problem Gambling amongst Female Club Members." Journal of Gambling Studies 17 (1): 47–69.

Hirsch, Alan R. 1995. "Effects of Ambient Odors on Slot-Machine Usage in a Las Vegas Casino." Psychology and Marketing 12: 585–94.

Ho, Karen. 2009. Liquidated: An Ethnography of Wall Street. Durham, NC:Duke University Press.

Hochschild, Arlie. 1983. The Managed Heart. Berkeley: University of California.［アリー・ホックシールド『管理される心：感情が商品になるとき』石川准，室伏亜希訳、世界思想社、2000］

Hodl, James. 2008. "Cashing Out." Casino Journal, November 1, http.casino
journal.com/Articles/Products/2008/11/01/Cashing-Out.

———. 2009. "World of Slots 2009: The Great Game Search Is On." Slot Manager, November/December.

Holtmann, Andy. 2004. "The Sound of Music: Hi-Tech Audio Systems Are Giving Casinos a Wider Variety of Musical Offerings to Choose From; and More Control over Them." Casino Journal, July: 3–49.

Huhtamo, Erkki. 2005. "Slots of Fun, Slots of Trouble: An Archaeology of Arcade Gaming." In Handbook of Computer Game Studies, edited by J. Raessens and J. Goldstein, 3–23.

Cambridge, MA: MIT Press.

Huizinga, Johan. 1950 [1938]. Homo Ludens: A Study of the Play Element in Culture. Boston: Beacon Press.

Hunt, Alan. 2003. "Risk and Moralization in Everyday Life." In Risk and Morality,edited by R. V. Ericson and A. Doyle, 165–92. Toronto: University of Toronto Press.

IGT (International Gaming Technology). 2005. "Introduction to Slots and Video Gaming," media.igt.com/Marketing/PromotionalLiterature/IntroductionTo Gaming.pdf, accessed July 2007.

———. 2007. "SlotLine: Special Show Edition." Company promotional material G2E 2007, 47.

———. 2008. "The Right Choice."

Company Annual Report, homson.mobular.net/thomson/7/2831/3632/, accessed August 2009."IGT Product Profile." 2000. Casino Journal (February): 39.

"IGT Unveils New Line of Video Gaming Equipment." 1983. Public Gaming Magazine (November): 31.

Ihde, Don. 1990. Technology and the Lifeworld. Bloomington: Indiana University Press.

———. 2002. Bodies in Technology. Minnesota: University of Minnesota Press.

IPART (Independent Pricing and Regulatory Tribunal). 2003. "Review into Gambling Harm Minimization Measures Issues Paper." New South Wales, Australia,

www.ipart.nsw.gov.au/welcome.asp, accessed July 2007.

Isin, Engin F. 2004. "The Neurotic Citizen." Citizenship Studies 8 (3): 217–35.

Ito, Mitzuko. 2005. "Mobilizing Fun in the Production and Consumption of Children's Software." Annals of the American Academy of Political and Social Science 597 (1): 82–102.

Izenour, Steven, and D. A. Dashiell III. 1990. "Relearning from Las Vegas." Architecture 10: 46–51.

Jacobs, D. F. 1988. "Evidence for a Common Dissociative-Like Reaction among Addicts." Journal of Gambling Behavior 4: 27–37.

———. 2000. "Response to Panel: Jacob's General Theory of Addiction." The 11th International Conference on Gambling and Risk-Taking. Las Vegas, Nevada.

Jain, Sarah S. Lochlann. 1999. "The Prosthetic Imagination: Enabling and Disabling the Prosthesis Trope." Science, Technology, and Human Values 24: 31–54.

———. 2006. Injury: The Politics of Product Design and Safety Law in the United States. Princeton, NJ: Princeton University Press. Jalal, Kareen. 2008.

"A New Slot." International Gaming and Wagering Business,February, http.igwb.com/Articles/Games_And_Technology/BNP_GUID_9-5

-2006_A_10000000000000261686, accessed July 2011.

Jameson, Frederic. 1991. Postmodernism; Or, the Cultural Logic of Late Capitalism.

Durham, NC: Duke University Press.

———. 2004. "The Politics of Utopia." New Left Review 25: 35–54.

Jaschke, Karin. 2003. "Casinos Inside Out." In Stripping Las Vegas: A Contextual Review of Casino Resort Architecture, edited by K. Jaschke and S. Ötsch. Weimar: Bauhaus Weimar University Press.

Jaschke, Karin, and S. Ötsch, eds. 2003. Stripping Las Vegas: A Contextual Review of Casino Resort Architecture. Weimar: Bauhaus Weimar University Press.

Jenkins, Richard. 2000. "Disenchantment, Enchantment, and Re-Enchantment: Max Weber at the Millennium." Max Weber Studies 1 (1): 11–32.

Jonas, Hans. 2010 [1979]. "Toward a Philosophy of Technology." In Technology and Values: Essential Readings, edited by C. Hanks, 11–25.

Malden, MA:Wiley-Blackwell Publishing.

Kaplan, Michael. 2010. "How Vegas Security Drives Surveillance Tech Everywhere."

Popular Mechanics, January 1, http.popularmechanics.com/technology/how-to/computer-security/4341499, accessed August 2009.

Kassinove, J., and M. Schare. 2001. "Effects of the 'Near Miss' and the 'Big Win'at Persistence in Slot Machine Gambling." Psychology of Addictive Behavior15: 155–58.

Kaufman, Sharon R. 2005. And a Time to Die: How American Hospitals Shape the End of Life. New York: Scribner.

Keane, Helen. 2002. What's Wrong with Addiction? New York: New York University Press.

Keane, H., and K. Hamill. 2010. "Variations in Addiction: The Molecular and the Molar in Neuroscience and Pain Medicine." Biosocieties 5 (1): 52–69.

King, Rufus. 1964. "The Rise and Decline of Coin-Machine Gambling." Journal of Criminal Law, Criminology, and Police Science 55 (2): 99–207.

Klein, N. K. 2002. "Scripting Las Vegas: Noir Naïfs, Junking Up, and the New Strip." In The Grit beneath the Glitter: Tales from the Real Las Vegas, edited by H. Rothman and M. Davis, 17–29. erkeley: University of California.

Kleinman, Arthur, and E. Fitz-Henry.2007. "The Experimental Basis for Subjectivity:How Individuals Change in the Context of Societal Transformation."

In Subjectivity: Ethnographic Investigations, edited by J. Biehl, B. Good, and . Kleinman, 52–65. Berkeley: University of California Press.

Knorr Cetina, Karin, and U. Bruegger. 2000. "The Market as an Object of Attachment: Exploring Post-SocialRelations in Financial Markets." Canadian Journalof Sociology 25 (2): 141–68.

———. 2002. "Traders' Engagement with Markets: A Postsocial Relationship."

Theory, Culture and Society 19 (5–6):161–85.

Knutson, Chad. 2006. "Please Remain Seated." Casino Enterprise Management(March): 32.

Kocurek, Carly. 2012. "Coin-Drop Capitalism: Economic Lessons from the VideoGame Arcade." In Before the Crash: An Anthology of Early Video Game History,edited by Mark J. P. Wolf. Detroit, MI: Wayne State University Press.

Kontzer, Tony. 2004. "Caesars and Harrah's Have Big Plans—If Their Merger Gets Approved."

Information Week, August 23, http.informationweek.com/

news/global-cio/showArticle.jhtml?articleID=29112699, accessed August 2008.

Korn, David A., and H. J. Shaffer. 1999. "Gambling and the Health of the Public: Adopting a Public Health Perspective." Journal of Gambling Studies 15 (4):289–365.

Koza, J. 1984. "Who Is Playing What: A Demographic Study (part 1)."

Public Gaming Magazine.

Kranes, David. 1995. "Playgrounds." Journal of Gambling Studies 11: 91–102.

———. 2000. "The Sound of Music: Is Your Slot Floor a Deafening Experience?"

Casino Executive Magazine 6 (5): 32–33.

Kubey, Robert, and Mihaly Csikszentmihalyi. 1990. Television and the Quality of Life: How Viewing Shapes Everyday Experience. Mahwah, NJ: Lawrence Erlbaum.

———. 2002. "Television Addiction Is No Mere Metaphor." Scientific American:48–55.

Kuley, Nadia B., and Durand F. Jacobs. 1988. "The Relationship between Dissociative-Like Experiences and Sensation Seeking among Social and ProblemGamblers." Journal of Gambling Behavior 4 (3): 197–207.

Kushner, H. I. 2010. "Toward a Cultural Biology of Addiction." Biosocieties 5 (1):8–24.

Kusyszyn, Igor. 1990. "Existence, Effectance, Esteem: From Gambling to a New Theory of Human Motivation." Substance Use and Misuse 25 (2): 159–77.

Lacan, Jacques. 1977. "The Mirror Stage as Formative of the Function of the I." In Écrits: A Selection, translated by A. Sheridan, 3–9.

New York: W. W. Norton.

Ladouceur, R. 2004. "Perceptions among Pathological and Nonpathological Gamblers, Addictive Behavors." Addictive Behaviors 29, 555–65.

Ladouceur, R., and S. Sévigny. 2005. "Structural Characteristics of Video Lotteries:Effects of a Stopping Device on Illusion of Control and Gambling Persistence." Journal of Gambling Studies 21 (2): 117–31.

Ladouceur, R., C. Sylvain, C. Boutin, S. Lachance, C. Doucet, J. Leblond, and C. Jacques. 2001. "Cognitive Treatment of Pathological Gambling." Journal of Nervous and Mental Disease 189 (11): 774–80.

Ladouceur, R., and M. Walker. 1996. "A Cognitive Perspective on Gambling." In Trends in Cognitive and Behavioural Therapies, edited by P. M. Salkovskis.

London: John Wiley and Sons.

Lakoff, Andrew. 2007. "Preparing for the Next Emergency." Public Culture 19(2): 247–71.

Lane, Terry. 2006. "Canadian Pokie Lessons." Radio interview with Tracy Schrans on ABC National Radio, Australia, January 8.

LaPlante, D. A., and H. J. Shaffer. 2007. "Understanding the Influence of Gambling Opportunities: Expanding Exposure Models to Include Adaptation." American Journal of Orthopsychiatry 77 (4): 616–23.

Lash, Scott. 1994. "Reflexivity and Its Doubles: Structure, Aesthetics, Community."

In Reflexive Modernization: Politics, Tradition, and Aesthetics in the Modern Social Order, edited by Ulrich Beck, A. Giddens, and S. Lash. Stanford, CA: Stanford University Press.

Latour, Bruno. 1988. "The Prince for Machines as Well as Machinations." In Technology and Social Process, edited by B. Elliott, 20–43. Edinburgh: Edinburgh University Press.

———. 1992. "Where Are the Missing Masses? The Sociology of a Few Mundane Artifacts." In Shaping Technology / Building Society: Studies in Sociotechnical Change, edited by W. E. Bijker and J. Law, 225–58. Cambridge, MA: MIT Press.

———. 1994. "On Technical Mediation." Common Knowledge 3 (2): 29–64.

———. 1997. “The Trouble with Actor-Network Theory.” Philsophia 25: 47–64.

———. 1999. “A Collective of Humans and Non-Humans.” In Pandora’s Hope: Essays on the Reality of Science Studies, edited by B. Latour, 174–215. Cambridge,MA: Harvard University Press.

———. 1999. Pandora’s Hope: Essays on the Reality of Science Studies. Cambridge, MA: Harvard University Press. 〔ブルーノ・ラトゥール『科学論の実在：パンドラの希望』川崎勝、平川秀幸訳、産業図書、2007〕

Law, John. 1987. “Technology, Closure, and Heterogeneous Engineering: The Case of the Portuguese Expansion.” In The Social Construction of Technological Systems: New Directions in the Sociology and History of Technology, edited by W. E. Bijker, T. P. Hughes, and T. J. Pinch, 111–34. Cambridge, MA: MIT Press.

Lears, J. 2003. Something for Nothing: Luck in America. New York: Viking Press.

———. 2008. “Fortune’s Wheel.” Lapham’s Quarterly, About Money 1 (2):192–99.

Lefebvre, Henri. 1991 [1974]. The Production of Space. Edited by R. Tiedeman. Translated by H. Eiland and K. McLaughlin. Oxford: Blackwell.

Legato, Frank. 1987. “Right Down to the Finest Detail.” Casino Gaming Magazine(October): 14–16.

———. 1998a. “Future Shock.” Strictly Slots (December): 98.

———. 1998b. “Weighing Anchor.” Strictly Slots (December): 74.

———.2004. “The 20 Greatest Slot Innovations.” Strictly Slots (March), www.strictlyslots.com/archive/0403ss/SS0304_Innovative.pdf, accessed June 2007.

———. 2005a. “Penny Arcade.” Strictly Slots (June): 68–76.

———. 2005b. “Super Slots.” Global Gaming Business (September): 30–76.

———. 2006. “Newfangled Gadgetry: The Brave New World of Techno-Slots Is Here.” Strictly Slots (May): 114.

———. 2007a. “Paying to Play: ‘Guaranteed Play’ Gives Video Poker Fans Their Money’s Worth, Win or Lose.” Casino Player Reprint, November.

———. 2007b. “Triple Play Poker: The First Real Change to Video Poker Revolutionized the Game.” Strictly Slots,
www.strictlyslots.com/archive/0707ss/hall.htm, accessed August 2009.

———. 2008. “Tough Crowd: Operating and Selling Slots in Table-Heavy Macau Is a Tall Order—butThings Are Improving.” Global Gaming Business, August,
ggbmagazine.com/issue/vol__7_no__8__august_2008/article/tough_crowd, accessed August 2009.

Legato, Frank, and Roger Gros. 2010. “Ten Years of Innovation: Marketing and Game Technology during the First Decade of G2E.” An IGT White Paper.

Lehman, Rich. 2007a. “Game Selection Criteria, Part IV: Payout Frequency.”
CasinoEnterprise Management, December, http.casinoenterprisemanagement.
com/articles/december-2007/game-selection-criteria-part-iv-payout-frequency,accessedMay 2010.

———. 2007b. “Time, TITO, and Bonus Games: Where Do We Go from Here?”
Casino Enterprise Management, June, http.casinoenterprisemanagement.com/

articles/july-2007/time-tito-and-bonus-games-where-do-we-go-here, accessed May2010.

———. 2009. "How Can Free Play Be So Misunderstood?" Casino Enterprise Management, November,

http.aceme.org/articles/november-2009/how-can-free-play-be-so-misunderstood,accessed May 2010.

Lehrer, Jonah. 2007. "Your Brain on Gambling: Science Shows How Slot Machines Take Over Your Mind," Boston Globe, August 19,

www.boston.com/news/globe/ideas/articles/2007/08/19/your_brain_on_gambling/,accessed May 2010.

Leibman, Bennet. 2005. "Not All That It's Cracked Up to Be." Gaming Law Review9 (5): 446–48.

Lepinay, Vincent. 2011. Codes of Finance: Engineering Derivatives in a Global Bank. Princeton, NJ: Princeton University Press.

Lesieur, H. R. 1977. The Chase: Career of the Compulsive Gambler. Garden City,NY: Anchor Press.

———. 1988. "The Female Pathological Gambler." In Gambling Research: Proceedings of the Seventh International Conference on Gambling and Risk-Taking,vol. 5, edited by W. R. Eadington. Reno: Bureau of Business and Economic Research, University of Nevada.

———. 1998. "Costs and Treatment of Pathological Gambling." Annals of the American Academy of Political and Social Sciences (March): 153–71.

Lesieur, H. R., and S. B. Blume. 1991. "When Lady Luck Loses: Women and Compulsive Gambling." In Feminist Perspectives on Addictions, edited by N. Van Den Bergh, 181–97.

New York: Springer.

Lesieur, Henry R., and R. Rosenthal. 1991. "Pathological Gambling: A Review of the Literature." Journal of Gambling Studies 7 (1): 5–39.

Lipton, Michael, and Kevin Weber. 2010. "Ontario Court Rejects Certification of Class Action." Gaming Legal News 3 (11), law-articles.

vlex.com/vid/gaming-legal-news-volume-number-199183983,accessed January 2011.

LiPuma, E. and B. Lee. 2004. Financial Derivatives and the Globalization of Risk. Durham, NC: Duke University Press.

Littlejohn, David. 1999. "Epilogue: Learning More from Las Vegas." In The Real Las Vegas: Life beyond the Strip, edited by D. Littlejohn, 281–90. Oxford:Oxford University Press.

Livingstone, Charles. 2005. "Desire and the Consumption of Danger: Electronic Gaming Machines and the Commodification of Interiority." Addiction Research and Theory 13 (6): 523–34.

Livingstone, Charles, and R. Woolley. 2007. "Risky Business: A Few Provocations on the Regulation of Electronic Gaming Machines." International Gambling Studies 7 (3): 361–76.

———. 2008. "The Relevance and Role of Gaming Machine Games and Game Features on the Play of Problem Gamblers." A report to Independent Gambling Authority of South Australia.

Logan, Frank A., and A. R. Wagner. 1965. Reward and Punishment. Boston: Allyn and Bacon.

Lorenz, Valerie C. 1987. "Family Dynamics of Pathological Gamblers." In The Handbook of Pathological Gambling, edited by T. Galski, 71–88.

Springfield,IL: Charles C. Thomas.Loose, Rik. 2002. The Subject of Addiction:Psychoanalysis and the Administration of Enjoyment. London: Karnac Press.

Lovell, Anne M. 2006. "Addiction Markets: The Case of High-Dose Buprenorphine in France." In Global Pharmaceuticals: Ethics, Markets,

Practices, edited by A. Petryna, A. Lakoff, and A. Kleinman, 136–70. Durham, NC: Duke University Press.

———. 2007. "Hoarders and Scrappers: Madness and the Social Person in the Interstices of the City." In Subjectivity: Ethnographic Investigations, edited by J. Biehl, B. Good, and A. Kleinman, 215–39. Berkeley: University of California Press.

Luhmann, Niklas. 1993. Risk: A Sociological Theory. Berlin: Walter De Gruyter.

Luhrmann, Tanya. M. 2000. Of Two Minds: The Growing Disorder in American Psychiatry. New York: Alfred A. Knopf.

———. 2004. "Metakinesis: How God Becomes Intimate in Contemporary US Christianity." American Anthropologist 106 (3): 518–28.

———. 2005. "The Art of Hearing God: Absorption, Dissociation, and Contemporary American Spirituality." Spiritus: A Journal of Christian Spirituality 5 (2):133–57.

———. 2006. "Subjectivity." Anthropological Theory 6 (3): 345–61.

Lupton, Deborah. 1999. Risk. New York: Routledge.

Lyng, S. G. 1990. "Edgework: A Social Psychological Analysis of Voluntary RiskTaking." American Journal of Sociology 95: 851–86.

Lyotard, Jean François. 1993. Libidinal Economy. Bloomington: Indiana University Press.

MacIntyre, Alasdair. 1984. After Virtue: A Study in Moral Theory. South Bend,IN: University of Notre Dame Press.［アラスデア・マッキンタイア『美徳なき時代』篠崎榮訳、みすず書房、1993］

Mackenzie, Donald. 2006. An Engine, Not a Camera: How Financial Models Shape Markets. Cambridge, MA: MIT Press.

MacNeil, Ray. 2009. "Government as Gambling Regulator and Operator: TheCase of Electronic Gambling Machines." In Casino State: Legalized Gambling in Canada, edited by J. F. Cosgrave and T. Klassen, 140–60. Toronto: Universityof Toronto Press.

Macomber, Dean, and R. Student. 2007a. "Floor of the Future I." Global Gaming Business 6 (11).

———. 2007b. "Floor of the Future II." Global Gaming Business 6 (12), www.ggbmagazine.com/articles/Floor_of_the_Future_part_II, accessed August 2009.

Maida, J. R. 1997. "From the Laboratory: No More Near Misses." International Gaming and Wagering Business (July): 45.

Malaby, Thomas M. 2003. Gambling Life: Dealing in Contingency in a Greek City. Urbana: University of Illinois Press.

———. 2006. "Parlaying Value: Capital in and Beyond Virtual Worlds." Games and Culture 1 (2): 141–62.

———. 2007. "Beyond Play: A New Approach to Games." Games and Culture 2(2): 95–113.

———. 2009. "Anthropology and Play: The Contours of Playful Experience."New Literary History 40: 205–18.

Mangels, John. 2011. "Pennsylvania's Gaming Lab Improves Accountability of Slot Machines." The Plain Dealer, May 15, blog. cleveland.com/metro/2011/05/pennsylvanias_gaming_lab_impro.html, accessed May 2011.

Marcus, George E. 1998. Ethnography through Thick and Thin. Princeton, NJ:Princeton University Press.

Marcus, George E., and M. Fischer. 1986. Anthropology as Cultural Critique: An Experimental Moment in the Human Sciences. Chicago: University of Chicago Press［ジョージ・E・マーカス『文化批判としての人類学：人間科学における実験的試み』永渕康之訳紀

伊国屋書店、1989〕.

Marcuse, Herbert. 1982 [1941]. "Some Social Implications of Modern Technology."

In The Essential Frankfurt School Reader, edited by A. Arato and E. Gebhardt,138–62. New York: Continuum.

Mark, Marie E., and H. R. Lesieur. 1992. "A Feminist Critique of Problem Gambling Research." British Journal of Addiction 87: 549–65.

Marriott, Michel. 1998. "Luck Be a Microchip Tonight: Gambling Goes Digital,"New York Times Magazine, December 17.

Martin, Emily. 1994. Flexible Bodies. Boston: Beacon Press. 〔エミリー・マーチン『免疫複合：流動化する身体と社会』菅靖彦訳、青土社、1996〕

———. 2004. "Taking the Measure of Moods." Paper presented at the Society for Social Studies of Science annual meeting. Paris, France.

———. 2007. Bipolar Expeditions. Princeton, NJ: Princeton University Press.

Martin, Randy. 2002. Financialization of Daily Life. Philadelphia, PA: Temple University Press.

Marx, Karl. 1992 [1867]. Capital: A Critique of Political Economy, vol. 1. Edited by B. Fowkes. Translated by E. Mandel. New York: Penguin Classics.

Masco, Joseph. 2008. "Survival Is Your Business: Engineering Ruin and Affect in Nuclear America." Cultural Anthropology 23 (2): 361–98.

Massumi, Brian. 1995. "The Autonomy of Affect." Cultural Critique, no. 31, The Politics of Systems and Environments, Part II (Autumn): 83–109.

———. 2002. Parables for the Virtual: Movement, Affect, Sensation. Durham, NC: Duke University Press.

Mayer, K. J., and L. Johnson. 2003. "Casino Atmospherics." UNLV Gaming and Review Journal 7: 21–32.

Mazarella, William. 2008. "Affect: What Is It Good For?" In Enchantments of Modernity: Empire, Nation, Globalization, edited by S. Dube, 291–309. NewDelhi and New York: Routledge.

McGarry, Caitlin. 2010. "Casinos & Cash." Global Gaming Business 9 (5), ggbmagazine.com/issue/vol-9-no-5-may-2010,accessed June 2010.

McGregor, Douglas. 1960. The Human Side of Enterprise. New York: McGraw-Hill. 〔ダグラス・マクレガー『企業の人間的側面』高橋達男訳、産業能率短期大学、1966〕

McLaughlin, S. D. 2000. "Gender Differences in Disordered Gambling." Paper presented at the National Council on Problem Gambling, Philadelphia.

McMillen, Jan. 1996. "From Glamour to Grind: The Globalisation of Casinos." In Gambling Cultures: Studies in History and Interpretation, edited by J. Mc-Millen, 240–62. London: Routledge.

McMillen, Jan. 2009. "Gambling Policy and Regulation in Australia." In Casino State: Legalized Gambling in Canada, edited by J. F. Cosgrave and T. Klassen,91–118.

Meister, David. 1999. The History of Human Factors and Ergonomics. Mahwah,NJ: Lawrence Erlbaum.

Melucci, Alberto. 1996. The Playing Self: Person and Meaning in the Planetary Society. Cambridge: Cambridge University Press.

Miers, David. 2003. "A Fair Deal for the Player? Regulation and Compensation as Guarantors of Consumer Protection in Commercial Gambling." In Gambling:Who Wins? Who Loses?, edited by G. Reith, 155–74. Amherst, NY: Prometheus Books.

Miller, Peter. 2001. "Governing by Numbers: Why Calculative Practices

Matter." Social Research 68 (2): 379–96.
Mishra, Raja. 2004. "Gambling Industry Link to Harvard Draws Questions." Boston Globe, November 6,
www.boston.com/news/local/articles/2004/11/06/gambling_industry_link_to_harvard_draws_questions/, accessed August 2008.
Mitchell, Richard. 1988. "Sociological Implications of the Flow Experience." In Optimal Experience: Psychological Studies of Flow in Consciousness, edited by M. Csikszentmihalyi and I. S. Csikszentmihalyi, 36–59. Cambridge: Cambridge University Press.
Moehring, Eugene. 2002. "Growth, Services, and the Political Economy of Gambling in Las Vegas, 1970–2000." In The Grit beneath the Glitter: Tales from the Real Las Vegas, edited by H. Rothman and M. Davis, 73–98.Berkeley: University of California Press.
Monaghan, Sally, and A. Blaszczynski. 2009. "Impact of Responsible Gambling Signs for Electronic Gaming Machines on Regular Gamblers: Mode of Presentation and Message Content." Paper presented at the 14th International Conference on Gambling and Risk Taking. Lake Tahoe.
Morgan, Timothy, L. Kofoed, J. Buchkoski, and R. D. Carr. 1996. "Video Lottery Gambling: Effects on Pathological Gamblers Seeking Treatment in South Dakota." Journal of Gambling Studies 12 (4): 451–60.
Nadarajan, Gunalan. 2007. "Islamic Automation: A Reading of al-Jazari's The Book of Knowledge of Ingenious Mechanical Devices (1206)," MediaArt HistoriesArchive, hdl.handle.net/10002/469, accessed September 2009.
Nassau, David. 1993. Going Out: The Rise and Fall of Public Amusements. NewYork: Basic Books.
National Research Council. 1999. "Pathological Gambling: A Critical Review." Art prepared by the Committee on the Social and Economic Impact of Pathological Gambling. Washington, DC: National Academy Press.
Negri, Antonio. 1999. "Value and Affect." Boundary 2 (26): 2.
Nelson, S. E., L. Gebauer, R. A. Labrie, and H. J. Shaffer. 2009. "Gambling Problem Symptom Patterns and Stability across Individual and Timeframe." Psychology of Addictive Behaviors 23 (3): 523–33.
Nevada Gaming Commission. 1989. Hearing to Consider: Universal's Motion for Reconsideration/Rehearing of the Decision of Nevada Gaming Commission Made on December 1, 1988 in the Matter of Universal Company, Ltd. And Universal Distributing of Nevada, Inc., Case No. 88-4,pp. 256–300.
February23. Sierra Nevada Reporters. Las Vegas.
———. 2010a. "Manufacturers, Distributors, Operators, of Intercasino Linked Systems, Gaming Devices, New Games Inter-Casino Linked Systems and Associated Equipment." Regulations of the Nevada Gaming Commission and State Gaming Control Board. Regulation 14.040, gaming.nv.gov/stats_regs.htm#regs, accessed July 2008.
———. 2010b. "Provision on Unlawful Acts and Equipment within Chapter on Crimes and Liabilities concerning Gaming." Regulations of the Nevada Gaming Commission and State Gaming Control Board. Regulation 465.015,
gaming.nv.gov/stats_regs.htm#regs, accessed July 2008.
Nevada State Gaming Control Board. 1983. Agenda Item 6, "New Games/ Devices
(Request for Approval) Device: Virtual Reel Slot Machine." Transcript of discussions, i, ii, iii, 2–97,August 10. Sierra Nevada Reporters. Carson City,Nevada.

"The New Generation of Slots." 1981. Public Gaming Magazine, March: 26–38.

Nickell, Joe A. 2002. "Welcome to Harrah's: You Give Us Your Money. We Learn Everything about You. And Then You Thank Us and Beg for More. How's That for a Business Model?" Business 2.0, April, faculty.msb.edu/homak/homahelpsite/webhelp/Harrahs_-_Welcome_to_Harrah_s_Biz_2.0_April_2003.htm, accessed August 2008. North American Gaming Almanac. 2010. Casino City Press.

O'Malley, Pat. 1996. "Risk and Responsibility." In Foucault and Political Reason:Liberalism, Neo-Liberalism,and Rationalities of Government, edited by A. Barry,T. Osborne, and N. Rose, 189–208. Chicago: University of Chicago Press.

———. 2003. "Moral Uncertainties: Contract Law and Distinctions between Speculation, Gambling, and Insurance." In Risk and Morality, edited by R. V.

Ericson and A. Doyle, 231–57. Toronto: University of Toronto Press.

Omnifacts Bristol Research. 2007. "Nova Scotia Player Card Research Project: Stage III Research Report." A report prepared for the Nova Scotia Gaming Commission.

Ong, Aihwa, and S. Collier. 2005. Introduction to Global Assemblages: Technology, Politics, and Ethics as Anthropological Problems, edited by A. Ong and S. Collier, 1–2,8. Malden, MA: Blackwell.

Orford, Jim. 2005. "Complicity on the River Bank: The Search for the Truth about Problem Gambling: Reply to the Commentaries." Addiction 100: 1226–39.

Osborne, Thomas, and N. Rose. 2004. "Spatial Phenomenotechnics: Making Space with Charles Booth and Patrick Geddes." Environmental and Planning D: Society and Space 22: 209–28.

Ötsch, Silke. 2003. "Earning from Las Vegas." In Stripping Las Vegas: A Contextual Review of Casino Resort Architecture, edited by K. Jaschke and S. Ötsch. Weimar: Bauhaus Weimar University Press.

Palmeri, Christopher. 2003. "Hit a Jackpot? You Won't Need a Bucket." Business Week Online, www.businessweek.com/magazine/content/03_13/b3826076.htm,accessed August 2006.

Panasitti, Mike, and N. Schüll. 1993. "A Discipline of Leisure: Engineering the Las Vegas Casino." Honors thesis, Anthropology, University of California, Berkeley.

Pandolfo, Stefania. 1997. Impasses of the Angels: Scenes from a Moroccan Space of Memory. Chicago: University of Chicago Press.

———. 2006. "Nibtidi mnin il-hikaya [Where Are We to Start the Tale?]": Violence, Intimacy, and Recollection." Social Science Information 45 (3): 349–71.

Parets, Robyn Taylor. 1996. "Cash Is No Longer King." International Gaming and Wagering Business 17 (12): 64–65.

———. 1999. "Advances in Linked Gaming Technology." International Gaming and Wagering Business (Special Issue for World Gaming Congress and Expo) (September): 19–20.

Parke, J., and M. Griffiths. 2004. "Gambling Addiction and the Evolution of the'Near Miss.'" Addiction Research and Theory 12 (5): 407–11.

———. 2006. "The Psychology of the Fruit Machine: The Role of Structural Characteristics (Revisited)." International Journal of Mental Health and Addiction 4: 151–79.

Parke, Jonathan, J. Rigbye, and A. Parke. 2008. "Cashless and Card-Based Technologies

in Gambling: A Review of the Literature." A report prepared for the Gambling Commission, Great Britain.

Patterson, Judy. 2002. "Harm Minimization: A Call to Action for the International Gaming Community," June 28,
www.americangaming.org/Press/speeches/speeches_detail.cfv?id=111, accessed October 2006.

PC (Productivity Commission). 1999. "Australia's Gambling Industries." A report prepared for the Australian Government.

———. 2009. "Australia's Gambling Industries: Draft Report." A report prepared for the Australian Government.

———. 2010. "Australia's Gambling Industries." A report prepared for the Australian
Government.

Petryna, Adriana. 2002. Life Exposed: Biological Citizens after Chernobyl. Princeton,
NJ: Princeton University Press.

———. 2009. When Experiments Travel: Clinical Trials and the Global Search for Human Subjects. Princeton, NJ: Princeton University Press.

Picard, Rosalind. 1997. Affective Computing. Cambridge, MA: MIT Press.

Pickering, Andrew. 1993. "The Mangle of Practice: Agency and Emergence in the Sociology of Science." American Journal of Sociology 99: 559–89.

Pine, J., and J. Gilmore. 1999. The Experience Economy. Boston: Harvard Business School Press.

Piore, Michael J., and C. F. Sabel. 1984. The Second Industrial Divide: Possibilities for Prosperity. New York: Basic Books.［マイケル・J・ピオリ『第二の産業分水嶺』山之内靖ほか訳、筑摩書房、2016］"Player Tracking . . . It's a Service Business." 1990. Casino Gaming Magazine(April): 6–7.

Plotz, David. 1999. "Busted Flush: South Carolina's Video-Poker Operators Run a Political Machine." Harpers (August): 63–72.

Poel, Ibo van de, and Peter-Paul Verbeek. 2006. "Editorial: Ethics and Engineering Design." Science, Technology, and Human Values 31: 223–36.

Polzin, P. E., J. Baldridge, D. Doyle, J. T. Sylvester, R. A. Volberg, and W. L. Moore.1998. The 1998 Montana Gambling Study: Final Report to the Montana Gambling Study Commission. Helena: Montana Legislative Services Division.

Potenza, M. N. 2001. "The Neurobiology of Pathological Gambling." Seminars in Clinical Neuropsychiatry 6: 217–26.

Preda, Alex. 2006. "Socio-Technical Agency in Financial Markets: The Case of the Stick Ticker." Social Studies of Science 36: 753–82.

Putnam, Robert. 2000. Bowling Alone: The Collapse and Revival of American Community. New York, NY: Simon & Schuster.［ロバート・パットナム『孤独なボウリング：米国コミュニティの崩壊と再生』柴内康文訳、柏書房、2006］

Rabinbach, Anson. 1992. The Human Motor: Energy Fatigue, and the Origins of Modernity. Berkeley: University of California Press.

Rabinow, Paul. 1996. Essays on the Anthropology of Reason. Princeton, NJ: Princeton University Press.

———. 1999. French DNA: Trouble in Purgatory. Chicago: University of Chicago Press.

———. 2003. Anthropos Today: Reflections on Modern Equipment. Princeton, NJ: Princeton Press.

Raikhel, Eugene, and W. Garriott. 2013. "Addiction Trajectories: Tracing New Paths in the Anthropology of Addiction." In Addiction Trajectories, edited by E. Raikhel and W. Garriott. Durham, NC: Duke University Press.

Rapp, Rayna. 2000. Testing Women, Testing the Fetus: The Social Impact

of Amniocentesis
in America. New York: Routledge.

Reich, Kenneth. 1989. "Misleading Slot Machines Retrofitted, Nevada Says." Los Angeles Times, June 4, articles.latimes.com/1989-06-04/news/mn-2501_1_slot-machines-international-game-technology-near-miss, accessed June 2007.

Reid, R. L. 1986. "The Psychology of the Near Miss." Journal of Gambling Behavior2: 32–39.

Reik, Theodor. 1951. Dogma and Compulsion: Psychoanalytic Studies of Religion and Myths. Translated by B. Miall. New York: International Universities Press.

Reiner, Krista. 2007. "Jay Walker: A Step Ahead." Casino Enterprise Management, October 31, http.casinoenterprisemanagement.com/articles/november-2007/jay-walker-step-ahead, accessed August 2008.

———. 2009. "The 2009 Casino Enterprise Management Slot Floor Technology Awards." Casino Enterprise Management, April 30,
http.casinoenterprisemanagement.com/articles/may-2009/2009-cem-slot-floor-technology-awards,accessed May 2010.

Reisman, David. 1950. The Lonely Crowd: A Study of the Changing American Character. In collaboration with N. Glazer and R. Denney. New Haven, CT:Yale University Press. 〔デヴィッド・リースマン『孤独な群衆』加藤秀俊訳、みすず書房、2013〕

Reith, Gerda. 1999. The Age of Chance: Gambling in Western Culture. New York:Routledge.

———. 2003. "Pathology and Profit: Controversies in the Expansion of Legalized Gambling." In Gambling: Who Wins? Who Loses?, edited by G. Reith, 9–29. Amherst, NY: Prometheus Books.

———. 2006. "The Pursuit of Chance." In The Sociology of Risk and Gambling Reader, edited by J. F. Cosgrave, 125–43. New York: Routledge.

———. 2007. "Gambling and the Contradictions of Consumption: A Genealogy of the 'Pathological' Subject." American Behavioral Scientist 51 (1): 33–55.

———. 2008. "Reflections on Responsibility." Journal of Gambling Issues 22:149–55.

Richtel, Matt. 2006. "From the Back Office, a Casino Can Change the Slot Machine in Seconds." New York Times, April 12,
www.nytimes.com/2006/04/12/technology/12casino.html.

Ritzer, George. 2001. Explorations in the Sociology of Consumption: Fast Food,Credit Cards, and Casinos. London: Sage.

———. 2005. Enchanting a Disenchanted World: Revolutionizing the Means of Consumption. Thousand Oaks, CA: Pine Forge Press. 〔ジョージ・リッツァ『消費社会の魔術的体系：ディズニーワールドからサイバーモールまで』山本徹夫、坂田恵美訳、明石書店、2009〕

———. 2007. Culture and Enchantment, and Enchanting a Disenchanted World. Thousand Oaks, CA: Pine Forge Press.

Rivera, Geraldo. 2000. "Geraldo Rivera Reports: Las Vegas, the American Fantasy." National Broadcast Company.

Rivlin, Gary. 2004. "The Tug of the Newfangled Slot Machines." New York Times Magazine, May 9: 42–81.

———. 2007. "Slot Machines for the Young and Active." New York Times,December10, www.nytimes.com/2007/12/10/business/10slots.html, accessed December 2007.

Roberts, Elizabeth. 2006. "God's Laboratory: Religious Rationalities and Modernity in Ecuadorian In-Vitro Fertilization." Culture Medicine and

Psychiatry 30(4): 507–36.
———. 2007. "Extra Embryos: The Ethics of Cryopreservation in Ecuador and Elsewhere." American Ethnologist 34 (1): 188–99.
Roberts, Patrick. 2010. "Slot Sense." Global Gaming Business 9 (8), August2,
ggbmagazine.com/issue/vol-9-no-8-august-2010/article/slot-sense, accessed,September 2010.
Robertson, Campbell. 2009. "Video Bingo Has Alabamians Yelling Everything But." New York Times, November 12, www.nytimes.com/2009/11/12/us/12bingo.html, accessed November 2009.
Robison, John. 2000. "Ask the Slot Expert: Casino Random Number Generators."Casino City Times, robison.casinocitytimes.com/articles/349.html, accessed March 2005.
Roemer, Mick. 2007. "Guest Column: Skill-Based Gaming—the New Frontier." Slot Manager, November, www.roemergaming.com/articles.html, accessed December 2007.
Rogers, Michael. 1980. "The Electronic Gambler." Rocky Mountain Magazine,19–30.
Room, Robin. 2005. "The Wheel of Fortune: Cycles and Reactions in Gambling Policies." Addiction 100: 1226–39.
Room, Robin, N. E. Turner, and A. Ialomiteanu. 1999. "Community Effects of the Opening of the Niagara Casino." Addiction 94: 1449–66.
Rose, I. Nelson. 1989. "Nevada Draws the Line at Near-Miss Slots." Casino Journal (July): 51. Also available at Gambling and the Law Columns, www.gamblingandthelaw.com/columns/13.htm.
Rose, Nikolas. 1996. Inventing Our Selves: Psychology, Power, and Personhood. Cambridge: Cambridge University Press.
———. 1999. Powers of Freedom: Reframing Political Thought. Cambridge: Cambridge University Press.
———. 2003. "The Neurochemical Self and Its Anomalies." In Risk and Morality, edited by R. V. Ericson and A. Doyle, 407–37.Toronto: University of Toronto Press.
Rosenthal, Edward C. 2005. The Era of Choice: The Ability to Choose and Its Transformation of Contemporary Life. Cambridge, MA: MIT Press.
Rosenthal, Richard J. 1992. "Pathological Gambling." Psychiatric Annals 22 (2): 72–78.
Rothman, Hal. 2003. Neon Metropolis: How Las Vegas Started the Twenty-First Century. New York: Routledge.
Rothman, Hal, and M. Davis, eds. 2002. The Grit beneath the Glitter: Tales from the Real Las Vegas. Berkeley: University of California Press.
Rotstein, Gary. 2009. "Some Say Slots Gambling Most Addictive." Pittsburgh Post-Gazette,
September 6, http.post-gazette.com/pg/09249/995723-455.stm.
Royer, Victor. 2010. "Manufacturer Maladies." Casino Enterprise Management, March, http.casinoenterprisemanagement.com/articles/march-2010/manufacturer-maladies.
Russell, Rob. 2007. "Fun and Games: Convergence of the Slot Machine with the Arcade Experience." Global Gaming Business, November/December.
Rutherford, James. 1996. "Creative Alliance." Casino Journal 9 (3): 80–85.
———. 2005a. "Games of Choice." International Gaming and Wagering Business,January.
———. 2005b. "Russia Grows Up: Political Uncertainty Clouds the Future, but It Hasn't Dimmed the Possibilities." International Gaming and Wagering Business(December): 16–22.
Ryan, T. P., and J. F. Speyrer. 1999. "Gambling in Louisiana: A Benefit/

Cost Analysis 99." A report prepared for the Louisiana Gambling Control Board.

SACES (South Australian Centre for Economic Studies). 2003. "Community Impact of Electronic Gaming Machine Gambling." Discussion Paper 1: Review of Literature and Potential Indicators. Victoria: Gambling Research Panel.

Sanders, Barbara. 1973. "A History of Advertising and Promotion in the Reno Gaming Industry." Master's thesis, Journalism, University of Nevada, Reno.

Sasso, W. and J. Kalajdzic. 2007. "Do Ontario and Its Gaming Venues Owe a Duty of Care to Problem Gamblers?" Gaming Law Review 10 (6): 552–70.

Schellinck, Tony, and T. Schrans. 1998. "The 1997/98 Nova Scotia Regular VL Players Study Highlight Report." A report prepared by Focal Research Consultants, Ltd., Nova Scotia.

———. 2002. "The Nova Scotia Video Lottery Responsible Gaming Features Study." A final report prepared by Focal Research Consultants, Ltd., for the Atlantic Lottery Corporation, Nova Scotia.

———. 2003. "Nova Scotia Prevalence Study: Measurement of Gambling and Problem Gambling in Nova Scotia." A final report prepared by Focal Research Consultants, Ltd., Nova Scotia, for the Atlantic Lottery Corporation, Nova Scotia.

———. 2004. "The Nova Scotia Video Lottery Self-Exclusion Process Test, NSVLSE Responsible Gaming Features Enhancements." A report prepared for the Nova Scotia government.

———. 2007. "VLT Player Tracking System: Nova Scotia Gaming Corporation Responsible Gaming Research Device Project." A final report prepared by Focal Research Consultants, Ltd., Nova Scotia, for the Atlantic Lottery Corporation,Nova Scotia.

Scheri, Saverio. 2005. The Casino's Most Valuable Chip: How Technology Changed the Gaming Industry. Institute for the History of Technology.

Schneider, Mark A. 1993. Culture and Enchantment. Chicago: University of Chicago Press.

Schrans, Tracy. 2006. Interview with Terry Lane. ABC Radio National, January 8,

www.abc.net.au/rn/nationalinterest/stories/2006/1533815.htm, accessed July 2006.

Schuetz, Richard. 2000. "In Search of the Holy Grail (in Las Vegas): Love and Addiction from Both Sides of the Table." Keynote speech delivered at the 11th International Conference on Gambling and Risk-Taking,Las Vegas.

Schüll, Natasha. 2006. "Machines, Medication, Modulation: Circuits of Dependency and Self-Care in Las Vegas. Culture, Medicine, and Psychiatry 30: 1–25.

Schwartz, Barry. 2005. The Paradox of Choice: Why More Is Less. New York: ECCO.

Schwartz, Barry, H. R. Markus, and A. C. Snibbe. 2006. "Is Freedom Just Another Word for Many Things to Buy? That Depends on Your Class Status." New York Times Magazine, February 26: 14–15. [バリー・シュワルツ『なぜ選ぶたびに後悔するのか：「選択の自由」の落とし穴』瑞穂のりこ訳、ランダムハウス講談社、2004]

Schwartz, David G. 2003. Suburban Xanadu: The Casino Resort on the Las Vegas Strip and Beyond. New York: Routledge.

Schwartz, Mattathias. 2006. "The Hold-'Em Holdup." New York Times, June 11:55–58.

Scoblete, Frank. 1995. "The God in the Machine." Casino Player (March):

5.
Sedgwick, Eve. 1992. "Epidemics of the Will." In Incorporations, edited by J. Crary and S. Kwinter, 582–95.New York: Zone Books.
Shaffer, Howard. 1996. "Understanding the Means and Objects of Addiction, the Internet, and Gambling." Journal of Gambling Studies 12 (4): 461–69.
———. 2003. "Shifting Perceptions on Gambling and Addiction." Journal of Gambling Studies 19: 1–6(editor's introduction).
———. 2004. "Internet Gambling and Addiction." A report prepared for Mark Mendel and Robert Blumenfeld, of Mendel Blumenfeld, LLP,
www.divisiononaddictions.org/html/publications/shafferinternetgambling.pdf.
———. 2005. "From Disabling to Enabling the Public Interest: Natural Transitions from Gambling Exposure to Adaptation and Self-Regulation."Addiction100: 1227–30.
———. N.d. "What Is Addiction? A Perspective," www.divisiononaddictions.org/
html/whatisaddiction.htm, accessed November 2009.
Shaffer, Howard, M. N. Hall, and J. Vander Bilt. 1999. "Estimating the Prevalence of Disordered Gambling Behavior in the United States and Canada: A Research Synthesis." American Journal of Public Health 89: 1369–76.
Shaffer, Howard, and D. A. Korn. 2002. "Gambling and Related Mental Disorders:A Public Health Analysis." Annual Review of Public Health 23: 171–212.
Shaffer, Howard, R. A. LaBrie, and D. LaPlante. 2004a. "Laying the Foundation for Quantifying Regional Exposure to Social Phenomena: Considering the Case of Legalized Gambling as a Public Health Toxin." Psychology of Addictive Behaviors 18 (1): 40–48.
———. 2004b. "Toward a Syndrome Model of Addiction: Multiple Expressions, Common Etiology." Harvard Review of Psychiatry 12: 367–74.
Sharpe, Louise, M. Walker, M. Coughlan, K. Emerson, and A. Blaszcynski. 2005."Structural Changes to Electronic Gaming Machines as Effective Harm Minimization Strategies for Non-Problem and Problem Gamblers." Journal of Gambling Studies 21: 503–20.
Shoemaker, S. and D.M.V. Zemke. 2005. "The 'Local Market': An Emerging Gaming Segment." Journal of Gambling Studies 21: 379–410.
Simpson, Jeff. 2000. "Evening the Odds: Station Casinos Helps Fund Clinic for Problem Gamblers." Las Vegas Review Journal, February 7.
Simurda, Stephen J. 1994. "When Gambling Comes to Town: How to Cover a High-Stakes
Story." Journalism Review (January/February): 36–38.
Singh, A. K., A. Cardno, and A. Gewali. 2010. "The Long and Short of It: Slot Games from a Player's Perspective." Casino Enterprise Management, April, www.bis2.net/LinkClick.aspx?fileticket=2PieHrl5%2FAU%3D&tabid=1974.
Singh, A. K., and A. F. Lucas. 2011. "Estimating the Ability of Gamblers to Detect Differences in the Payback Percentages of Reel Slot Machines: A Closer Look at the Slot Player Experience." UNLV Gaming Research and Review Journal 15(1): 17–36.
Skinner, B. F. 1953. Science and Human Behavior. New York: Free Press. ［B・F・スキナー『科学と人間行動』河合伊六ほか訳、二瓶社、2003］
———. 2002 [1971]. Beyond Freedom and Dignity. New York: Knopf.

［B・F・スキナー『自由と尊厳を超えて』山形浩生訳、春風社、2013］
Skolnik, Sam. 2011. High Stakes: The Rising Costs of America's Gambling Addiction.Boston: Beacon Press."Slot Machines and Pinball Games." 1950. Annals of the American Academy of
Political and Social Science 269: 62–70.
"A Slot Maker for All Seasons." 1996. International Gaming and Wagering Business, September 18.
Slutske, W. S. 2007. "Longitudinal Studies of Gambling Behavior." In Research and
Measurement Issues in Gambling Studies, edited by G. Smith, D. C. Hodgins,and R. J. Williams, 127–54. London: Elsevier.
Smith, Garry. 2008. "Accountability and Social Responsibility in the Regulation of Gambling in Ontario." Paper presented at the Alberta Gaming Research Institute Annual Conference. Banff.
Smith, Garry, and C. S. Campbell. 2007. "Tensions and Contentions: An Examination of Electronic Gaming Issues in Canada." American Behavioral Scientist 51: 86–101.
Smith, Garry, D. Hodgins, and R. Williams, eds. 2007. Research and Measurement Issues in Gambling Studies. Boston: Elsevier/Academic Press.
Smith, Garry, and H. J. Wynne. 2004. "VLT Gambling in Alberta: A Preliminary Analysis," hdl.handle.net/1880/1632, accessed August 2008.
Smith, Rod. 2003. "Seeking Power and Influence, Gaming Interests Contribute Increasingly to Election Campaigns." Las Vegas Review Journal, February 9,
http.reviewjournal.com/lvrj_home/2003/Feb-09-Sun-2003/news/20655447.html, accessed May 2010.
Sojourner, Mary. 2010. She Bets Her Life: A Story of Gambling Addiction. Berkeley:Seal Press.
Specker, S. M., G. A. Carlson, K. M. Edmonson, P. E. Johnson, and M. Marcotte.1996. "Psychology in Pathological Gamblers Seeking Treatment." Journal of Gambling Studies 12: 67–81.
Stewart, David. 2010. "Demystifying Slot Machines and Their Impact in the United States." American Gaming Association White Paper, http. americangaming.org/industry-resources/
research/white-papers, accessed May 2011.
Stewart, Kathleen. 2007. Ordinary Affects. Durham, NC: Duke University Press.
Storer, John, M. W. Abbott, and J. Stubbs. 2009. "Access or Adaptation? A Meta-Analysis
of Surveys of Problem Gambling Prevalence in Australia and New Zealand with Respect to Concentration of Electronic Gaming Machines." International Gambling Studies 9 (3): 225–44.
Strickland, Eliza. 2008. "Gambling with Science: Determined to Defeat Lawsuits over Addiction, the Casino Industry Is Funding Research at a Harvard-Affiliated Lab." June 16, www.salon.com/news/feature/2008/06/16/gambling_science/.
Strow, David. 2000. "Station Casinos Grant Aids in Opening Problem Gambling Clinic." Las Vegas Sun, February 3,
http.lasvegassun.com/news/2000/feb/03/station-casinos-grant-aids-in-opening-problem-gamb/, accessed October 2006.
Stutz, Howard. 2007a. "Debit-Slot Plan Gets No Votes: Bank Plastic Won't Be Connected with Slips for Ticket In–Ticket Out." Las Vegas Review-Journal,September21, www.lvrj.com/business/9914897.html,

accessed July 2007.
———. 2007b. “A Step Closer to Going Mobile.” Las Vegas Review Journal,October 30, www.lvrj.com/business/10884801.html, accessed July 2007.
Suchman, Lucy. 2007a. “Feminist STS and the Sciences of the Artificial.” In The Handbook of Science and Technology Studies, 3rd. ed., edited by E. Hacket, O. Amsterdamska, M. Lynch, and J. Wajcman, 139–64. Cambridge, MA: MIT Press.
———. 2007b. Human-Machine Reconfigurations: Plans and Situated Actions,2nd exp. ed. New York: Cambridge University Press.“Suicide Rates by State.” 1997. Associated Press, August 28.
Taber, Julian I. 2001. In the Shadow of Chance: The Pathological Gambler. Reno:University of Nevada Press.
Taylor, Frederick W. 1967 [1911]. The Principles of Scientific Management. New York: W. W. Norton. 〔フレデリック・テイラー『科学的管理法の諸原理』中谷彪，中谷愛，中谷謙訳，晃洋書房，2009〕
Taylor, T. L. 2006. Play Between Worlds: Exploring Online Game Culture. Cambridge,MA: MIT Press.
Terranova, Tiziana. 2000. “Free Labor: Producing Culture for the Digital Economy.” Social Text 18 (8): 33–58.
Thomas, Anna C., G. B. Sullivan, and F.C.L. Allen. 2009. “A Theoretical Model of EGM Problem Gambling: More Than a Cognitive Escape.” International Journal of Mental Health and Addiction 7 (8): 97–107.
Thomas, Anna C., S. Moore, M. Kyrios, G. Bates, and D. Meredyth. 2011. “Gambling Accessibility: A Scale to Measure Gambler Preferences.” Journal of Gambling Studies 27 (1): 129–43.
Thompson, E. P. 1967. “Time, Work-Discipline, and Industrial Capitalism.” Past & Present 38 (1): 56–97.
Thompson, Gary. 1999. “Video Slots Taking Over Casino Floors.” Las Vegas Sun, September 14.
Thompson, Isaiah. 2009. “Meet Your New Neighbor: How Slot Machines Are Secretly Designed to Seduce and Destroy You, and How the Government Is in on It.” Philadelphia City Paper, January 7, citypaper.net/articles/2009/01/08/foxwoods-sugarhouse-pennsylvania-gaming-control-board,accessed February2009.
Thrift, Nigel. 2006. “Re-InventingInvention: New Tendencies in Capitalist Commodification.”
Economy and Society 35: 279–306.
Tilley, Alvin R. 2002. The Measure of Man and Woman: Human Factors in Design. New York: Wiley.
Tita, Bob. 2008. “Casino fined $800K for Marketing to Banned Gamblers.” Chicago Business, May 19, http.chicagobusiness.com/cgi-bin/news.pl?id=29493&seenIt=1, accessed July 2009.
TNS Consultants. 2011. “World Count of Gaming Machines 2008: A Marketing Research Report.” A report prepared for the Gaming Technologies Association in Australia.
Trevorrow, K., and S. Moore. 1998. “The Association between Loneliness, Social Isolation, and Women’s Electronic Gaming Machine Gambling.” Journal of Gambling Studies 14: 263–84.
Turdean, Cristina. 2012. “Betting on Computers: Digital Technologies and the Rise of the Casino (1950–2000).” PhD diss., Hagley Program, Department of History, University of Delaware.
Turkle, Sherry. 1984. The Second Self: Computers and the Human Spirit. New York: Simon and Schuster.
———. 1997. Life on the Screen: Identity in the Age of the Internet. New

York: Touchstone.［シェリー・タークル『接続された心：インターネット時代のアイデンティティ』日暮雅通訳、早川書房、1998］

———. 2011. Alone Together: Why We Expect More from Technology and Less from Each Other. New York: Basic Books.

Turner, Nigel. 1999. "Chequered Expectations: Predictors of Approval of Opening a Casino in the Niagara Community." Journal of Gambling Studies 15:45–70.

———. 2011. "Volatility, House Edge and Prize Structure of Gambling Games." Journal of Gambling Studies 27: 607–23.

Turner, Nigel, and R. Horbay. 2004. "How Do Slot Machines and Other Electronic Gambling Machines Actually Work?" Journal of Gambling Issues 11,

http.ghsouthern.org.au/infobase/JGI-Issue11-turner-horbay.pdf, accessed April 2007United Way of Southern Nevada and Nevada Community Foundation. 2003.

Southern Nevada Community Assessment. September 2003. Las Vegas. Valenzuela, Terence D., D. J. Roe, G. Nichol, L. L. Clark, D. W. Spaite, and R. G. Hardman. 2000. "Outcomes of Rapid Defibrillation by Security Officers after Cardiac Arrest in Casinos." New England Journal of Medicine 343:1206–9.

Valverde, Mariana. 1998. Diseases of the Will: Alcohol and the Dilemmas of Freedom. Cambridge: Cambridge University Press.

Vander Bilt, J., H. H. Dodge, R. Pandav, H. J. Shaffer, and M. Ganguli. 2004. "Gambling Participation and Social Support among Older Adults: A Longitudinal Community Study." Journal of Gambling Studies 20 (4): 373–89.

Velotta, Richard N. 2009. "Manufacturer of Slot That Can Match Gambler's Desired Pace Is Licensed." Las Vegas Sun, September 25, http.lasvegassun.com/staff/richard-n-velotta/, accessed May 2010.

Venturi, Robert, S. Izenour, and D. S. Brown. 1972. Learning from Las Vegas.Cambridge, MA: MIT Press.［ロバート・ヴェンチューリ『ラスベガス』石井和紘、伊藤公文訳、鹿島出版会、1978］

Verbeek, Peter-Paul.2005a. "Artifacts and Attachment: A Post-Script Philosophy of Mediation." In Inside the Politics of Technology: Agency and Normativity in the Co-Production of Technology and Society, edited by H. Harbers, 125–46. Amsterdam: Amsterdam University Press.

———. 2005b. What Things Do: Philosophical Reflections on Technology, Agency, and Design. University Park: Pennsylvania State University Press.

Villano, Matt. 2009. "Daniel Lee: A Music Man of Slot Machines." SFGate, San Francisco Chronicle, December 3, articles.sfgate.com/2009-12-03/entertainment/17183069_1_slot-machines-igt-music,accessed May 2010.

Vinegar, Aron, and M. J. Golec, eds. 2008. Relearning from Las Vegas. Minneapolis: University of Minnesota Press.

Virillio, Paul. 1995. The Art of the Motor. Minneapolis, MN: University of Minnesota Press.

Volberg, Rachel. 1996. "Gambling and Problem Gambling in New York: A Ten-Year Replication Survey, 1986–1996."Report to the New York Council on Problem Gambling.

———. 2001. When the Chips Are Down: Problem Gambling in America. New York: The Century Foundation.

———. 2002. "Gambling and Problem Gambling in Nevada." Report to the Nevada Department of Human Resources. Gemini Research, Ltd.

———. 2004. "Fifteen Years of Problem Gambling Prevalence Research: What Do We Know? Where Do We Go?" Journal of Gambling Issues 10: 1–19.

Volberg, Rachel, and M. Wray. 2007. "Legal Gambling and Problem Gambling as Mechanisms of Social Domination? Some Considerations for Future Research." American Behavioral Scientist 51: 56–85.

Vrecko, Scott. 2007. "Capital Ventures into Biology: Biosocial Dynamics in the Industry and Science of Gambling." Economy and Society 37 (1): 50–67.

———. 2010. "Civilizing Technologies and the Control of Deviance." Biosocieties 5 (1): 36–51.

Wajcman, Judy. 2008. "Life in the Fast Lane? Towards a Sociology of Technology and Time." The British Journal of Sociology 59 (1): 59–77.

Wakefield, J. K. 1997. "Diagnosing DSM-IV—PartI: DSM-IVand the Concept ofDisorder." Behaviour Research and Therapy 35: 633–49.

Walker, Michael. B. 1992. "Irrational Thinking among Slot Machine Players." Journal of Gambling Studies 8 (3): 245–61.

Wanner, Brigitte, R. Ladouceur, A. V. Auclair, and F. Vitaro. 2006. "Flow and Dissociation:

Examination of Mean Levels, Cross-Links,and Links to Emotional Well-Being across Sports and Recreational and Pathological Gambling." Journal of Gambling Studies 22 (3): 289–304.

Ward, Matt. 2005. "The Gaming Crystal Ball." Global Gaming Business (September):25–28.

Weatherly, J. N., and A. Brandt. 2004. "Participants' Sensitivity to Percentage Payback and Credit Value When Playing a Slot-Machine Simulation." Behavior and Social Issues 13: 33–50.

Weber, Max. 1946 [1922]. "Science as a Vocation." In From Max Weber: Essays in Sociology, edited and translated by H. H. Gerth and C. Wright Mills, 129–56. New York: Oxford University Press.

———. 1978 [1956]. Economy and Society: An Outline of Interpretive Sociology. Berkeley: University of California Press.

Weinert, Joe. 1999. "High Profits for Low Denominations." International Gaming and Wagering Business, G2E Edition.

Weingarten, Marc. 2006. "In Las Vegas, the Wagering is Going Mobile." New York Times, May 3: 4.

Welte, J. W., W. F. Wieczorek, G. M. Barnes, M. C. Tidwell, and J. H. Hoffman. 2004. "The Relationship of Ecological and Geographic Factors to Gambling Behavior and Pathology." Journal of Gambling Studies 20: 405–23.

Williams, Rosalind H. 1982. Dream Worlds: Mass Consumption in Late Nineteenth-Century France. Berkeley: University of California Press.〔ロザリンド・H・ウィリアムズ『夢の消費革命：パリ万博と大衆消費の興隆』吉田典子、田村真理訳、工作社、1996〕

Williams, R. J., and R. T. Wood. 2004. "Final Report: The Demographic Sources of Ontario Gaming Revenue." Report prepared for the Ontario Problem Gambling Research Centre.

Wilson, John. 2003. "Slot Machine Volatility Index." Slot Tech Magazine, December:10–17.

———. 2004a. "Virtual Reels? Physical Reels? Just the Real Truth." Slot Tech Magazine (January): 18–22.

———. 2004b. "PAR Excellence: Improve Your Edge." Slot Tech Magazine (February):16–23.

———. 2004c. "PAR Excellence: Part 2." Slot Tech Magazine (March): 16–21.

———. 2004d. "PAR Excellence: Part 3." Slot Tech Magazine (April):

20–26.

———. 2004e. “PAR Excellence—Improving your Game, Part IV.” Slot Tech Magazine (May): 21–24.

———. 2004f. “PAR Excellence—PartV: The End Is Here!” Slot Tech Magazine(June): 24–29.

———. 2007. “Visual Analytics Part 3: The Power of Mariposa.” Casino Enterprise Management, May, http.casinoenterprisemanagement.com/articles/june-2007/visual-analytics-part-3-power-mariposa.

———. 2008. “The Slot Mathemagician Presents: Tapping the True Potential of Predictive Analytics.” Casino Enterprise Management, http.casinoenterprisemanagement.com/articles/july-2007/slot-mathemagician-presents-mathematical-magic-behind-producing-progressive-payou.

———. 2009a. “The Vicious Cycle, Part II: Volatility.” Casino Enterprise Management, April, http.casinoenterprisemanagement.com/articles/may-2009/vicious-cycle-part-ii-volatility.

———. 2009b. “The Vicious Cycle, Part IV: The Balancing Act.” Casino Enterprise Management, July, http.casinoenterprisemanagement.com/articles/july-2009/vicious-cycle-part-iv-balancing-act.

———. 2010a. “Meaningful Hit Frequency, Pt. I: An Operator’s Guide to Player Satisfaction.” Casino Enterprise Management, January, http.casinoenterprisemanagement.com/articles/january-2010/meaningful-hit-frequency-pt-i-operator%E2%80%99s-guide-player-satisfaction.

———. 2010b. “Meaningful Hit Frequency, Pt. II: Significant and Insignificant Wins.” Casino Enterprise Management, February, http.casinoenterprisemanagement.com/articles/february-2010/meaningful-hit-frequency-part-ii-significant-and-insignificant-wins.

Winner, Langdon. 1977. Autonomous Technology: Technics Out-of-Controlas a Theme in Political Thought. Cambridge, MA: MIT Press.

———. 1986. “Do Artifacts Have Politics?” In The Whale and the Reactor: A Search for Limits in an Age of High Technology, edited by L. Winner, 19–39. Chicago: University of Chicago Press.

Winnicott, D. W. 1971. Playing and Reality. London: Tavistock Publications. 〔D・W・ウィニコット『遊ぶことと現実』橋本雅雄、大矢泰士訳、岩崎学術出版社、2015〕

Wiser, Rob. 2006. “Running the Floor: Red Rock Casino Offers Cutting Edge Product.” Strictly Slots (May): 36.

Witcher, Butch. 2000. “Top 10 To-Do List for Slot Operations.” Casino Journal
(July): 24–25.

“WMS Showcases Casino Evolved at 2007 Global Gaming Expo with Innovation,Technology, and Networked Capabilities.” 2007. Business Wire, November 8,
findarticles.com/p/articles/mi_m0EIN/is_2007_Nov_8, accessed December 2007.

Woo, G. 1998. “UNLV Las Vegas Metropolitan Poll.” Cannon Center for Survey Research. Las Vegas: University of Las Vegas.

Wood, R.T.A., and M. D. Griffiths. 2007. “A Quantitative Investigation of Problem Gambling as an Escape-Based Coping Strategy.” Psychology and Psychotherapy: Theory, Research, and Practice 80: 107–25.

Woolgar, Stephen. 1991. “Configuring the User: The Case of Usability Trials.” In A Sociology of Monsters: Essays on Power, Technology, and Domination, edited by J. Law, 58–99. London: Routledge.

Woolley, Richard. 2008. “Economic Technologies: The Liberalizing and Governing of Poker Machine Gambling Consumption.” New Zealand Sociology 23:135–53.

———. 2009. “Commercialization and Culture in Australian Gambling.” Continuum
23 (2): 183–96.
Woolley, Richard, and C. Livingstone. 2009. “Into the Zone: Innovation in the Australian Poker Machine Industry.” In Global Gambling: Cultural Perspectives on Gambling Organizations, edited by S. Kingma, 38–63. New York:Routledge.
Wray, Matt, M. Miller, J. Gurvey, J. Carroll, and I. Kawachi. 2008. “Leaving Las Vegas: Does Exposure to Las Vegas Increase Risk for Suicide?” Social Science and Medicine 67: 1882–88.
Young, Martin, M. Stevens, and W. Tyler. 2006. Northern Territory GamblingPrevalence Survey 2005. School for Social and Policy Research, Charles Darwin University.
Zaloom, Caitlin. 2006. Out of the Pits: Traders and Technology from Chicago to London.
Chicago: University of Chicago Press.
———. 2009. “How to Read the Future: The Yield Curve, Affect, and Financial Prediction.” Public Culture 21: 2.
———. 2010. “The Derivative World.” The Hedgehog Review (Summer). Zangeneh, Masood, and T. Hason. 2006. “Suicide and Gambling.” International Journal of Mental Health and Addiction 4 (3): 191–93.
Zangeneh, Masood, and E. Haydon. 2004. “Psycho-Structural Cybernetic Model, Feedback and Problem Gambling: A New Theoretical Approach.” International Journal of Mental Health and Addiction 1 (2): 25–31.
Zelizer, Viviana. 1979. Markets and Morals. Princeton, NJ: Princeton University Press.〔V・R・A・ゼライザー『モラルとマーケット：生命保険と死の文化』田村祐一郎訳、千倉書房、1994〕
Žižek, Slavoj. 1998. “Risk Society and Its Discontents.” Historical Materialism 2(1): 143–64.
Zwick, Detlev. 2005. “Where the Action Is: Internet Stock Trading as Edgework.” Journal of Computer-Mediated Communication 11 (1): 22–43.

デザインされたギャンブル依存症

2018年7月10日　第一刷発行
2022年4月10日　第二刷発行

著　者　ナターシャ・ダウ・シュール
訳　者　日暮雅通

発行者　清水一人
発行所　青土社

〒101-0051　東京都千代田区神田神保町1-29　市瀬ビル
［電話］03-3291-9831（編集）　03-3294-7829（営業）
［振替］00190-7-192955

印刷・製本　ディグ
装丁　松田行正

ISBN978-4-7917-7058-8　Printed in Japan